Wolls Lehr- und Handbücher der Wirtschafts- und Sozialwissenschaften

Herausgegeben von
Universitätsprofessor Professor h.c. Dr. Dr. h.c. Artur Woll

Bisher erschienene Werke:

Aberle, Transportwirtschaft, 2. A.
Assenmacher, Konjunkturtheorie, 8. A.
Barro, Makroökonomie, 3. A.
Barro · Grilli, Makroökonomie – Europäische Perspektive
Barro · Sala-i-Martin, Wirtschaftswachstum
Blum, Volkswirtschaftslehre, 2. A.
Branson, Makroökonomie, 4. A.
Bretschger, Wachstumstheorie, 2. A.
Brösse, Industriepolitik
Büschges · Abraham · Funk, Grundzüge der Soziologie, 3. A.
Cezanne, Allgemeine Volkswirtschaftslehre, 3. A.
Fischer · Wiswede, Grundlagen der Sozialpsychologie
Glastetter, Außenwirtschaftspolitik, 3. A.
Leydold, Mathematik für Ökonomen
Rosen · Windisch, Finanzwissenschaft I
Rush, Übungsbuch zu Barro, Makroökonomie, 3. A.
Sachs · Larrain, Makroökonomik – in globaler Sicht
Schneider, Grundlagen der Volkswirtschaftslehre, 3. A.
Tirole, Industrieökonomik
Varian, Mikroökonomie, 3. A.
Wachtel, Makroökonomik
Wacker · Blank, Ressourcenökonomik I
Wohltmann, Grundzüge der makroökonomischen Theorie, 2. A.

Außenwirtschafts-politik

Problemorientierte Einführung

Von
Universitätsprofessor
Dr. Werner Glastetter

Dritte, völlig überarbeitete und erweiterte Auflage

R. Oldenbourg Verlag München Wien

Die Deutsche Bibliothek - CIP-Einheitsaufnahme

Glastetter, Werner:
Außenwirtschaftspolitik : eine problemorientierte Einführung / von Werner Glastetter. – 3., völlig überarb. und erw. Aufl. – München ; Wien : Oldenbourg, 1998
(Wolls Lehr- und Handbücher der Wirtschafts- und Sozialwissenschaften)
ISBN 3-486-23579-6

Rosenheimer Straße 145, D-81671 München
Telefon: (089) 45051-0, Internet: http://www.oldenbourg.de

Gedruckt auf säure- und chlorfreiem Papier
Gesamtherstellung: R. Oldenbourg Graphische Betriebe GmbH, München

ISBN 3-486-23579-6

INHALTSVERZEICHNIS

Teil B

INSTRUMENTARIUM DER AUSSENWIRTSCHAFTSPOLITIK

Teil C

INTEGRATIONSPROBLEME DER AUSSENWIRTSCHAFTSPOLITIK

VORWORT

Was die Weltwirtschaft angeht,
so ist sie verflochten.

(Kurt Tucholsky, 1931)

Die von Tucholsky gewiß eher ironisch gemeinte Feststellung hat gegen Ende des 20. Jahrhunderts an Bedeutung nachgerade dramatisch zugenommen. Die anhaltende Diskussion über „nationale Standortqualität" in Verbindung mit „internationaler Globalisierung" vermittelt mehr und mehr den Eindruck, daß die Volkswirtschaften einem immer schärfer werdenden internationalen Wettbewerb ausgesetzt und daß die Akteure in diesem Wettbewerb zunehmend gezwungen sind, sich dessen „Gesetzen" zu unterwerfen - unbeschadet der Rückwirkungen auf Entwicklungschancen und Gestaltungsmöglichkeiten nationaler Binnenräume. Nicht selten wird daraus bereits ein Alibi für Politikabstinenz abgeleitet, gestützt auf die Vermutung, sich den weltwirtschaftlichen „Sachzwängen" doch nicht entziehen zu können. Die Frage drängt sich förmlich auf, ob unter diesen Bedingungen „Außenwirtschaftspolitik" noch möglich oder letztlich obsolet geworden ist.

Diese neue Problemlage verknüpfte sich nun - zum einen - mit der Tatsache, daß die Ende der 70er Jahre abgeschlossene zweite Auflage meiner „Außenwirtschaftspolitik" zwischenzeitlich in vielen Lehrveranstaltungen didaktischen Tests unterworfen war, die Verbesserungen nahelegten. Und hinzu kam - zum zweiten - der Umstand, daß seither das internationale Umfeld erhebliche Weiterentwicklungen und politische Umgestaltungen erfahren hat, die eine Aktualisierung erforderlich machten. Die Vorlage dieser dritten Auflage mit einer umfassenden Überarbeitung zu verbinden, schien somit unumgänglich.

Geblieben ist allerdings das eigentliche Anliegen: die Problemorientierung. Ziel ist nach wie vor, über formale, theoretische Überlegungen hinausweisend, sich mit den konkreten außenwirtschaftspolitischen Probleminhalten auseinanderzusetzen. Damit ist nicht der Anspruch verbunden, für aktuelle Probleme „Patentlösungen" zu vermitteln. Wohl aber soll der Leser in die Lage versetzt werden, die aktuelle - und nicht selten reichlich kontrovers geführte - Diskussion kritisch nachvollziehen und sich eine eigene Meinung bilden zu können.

Zu diesem Zweck wird zunächst (Teil A) in einige Grundsatzprobleme der Außenwirtschaftspolitik, hinsichtlich ihrer Zielsetzung, ihrer theoretischen Fundierung und ihrer empirischen Hintergründe, eingeführt. Daran schließt sich sodann (Teil B) eine Analyse des Instrumentariums der Außenwirtschaftspolitik, einmal vor dem Hintergrund vorgegebener ordnungspolitischer Rahmenbedingungen, zum zweiten mit Blick auf Wirkungsbedingungen und Wirkungsprobleme, an. In einem dritten Schritt (Teil C) wird schließlich der Frage nachgegangen, inwieweit der Integrationsprozeß, damit die Etablierung der internationalen Arbeitsteilung, die außenwirtschaftspolitischen Gestaltungsmöglichkeiten begrenzt, insofern ihren Einsatz „Spielregeln" unterwirft, um die Voraussetzungen für diesen Integrationsprozeß einerseits zu schaffen und diesen andererseits zu stabilisieren.

Die Arbeiten an der nunmehr vorliegenden dritten Auflage der Außenwirtschaftspolitik wurden Ende 1997 abgeschlossen. Veröffentlichungen, die nach diesem Zeitpunkt erschienen bzw. Ereignisse, die nach diesem Zeitpunkt eingetreten sind, konnten aus redaktionellen Gründen keine Berücksichtigung mehr finden.

So bleibt abschließend die Dankespflicht. Zu danken habe ich meinen Mitarbeitern, Herrn Dipl.-Volkswirt Alexander Krüger und Herrn Dipl.-Volkswirt Frank Vollmann, für die Hilfe bei der Erstellung von Tabellen und Schaubildern sowie für die vielfältige und konstruktive Kritik. Zu danken habe ich auch Frau Erika Drexel für den Fleiß und die Sorgfalt, mit der sie das Manuskript erstellt hat, und für die geduldige Nachsicht, mit der sie meine ständigen Korrekturwünsche ertragen hat. Es versteht sich allerdings von selbst, daß alle noch verbliebenen Fehler und Defizite allein zu meinen Lasten gehen.

Bielefeld Werner Glastetter

Teil A

GRUNDSATZPROBLEME

DER

AUSSENWIRTSCHAFTSPOLITIK

I. BEGRIFFLICHE PRÄZISIERUNGEN

1) VOLKSWIRTSCHAFT UND AUSSENWIRTSCHAFT

Definiert man **Außenwirtschaftspolitik** als die Gesamtheit aller Maßnahmen, die von den dazu autorisierten Instanzen (Staat, Notenbank) ergriffen werden, um die außenwirtschaftlichen Transaktionen hinsichtlich qualitativer Art, quantitativem Volumen und/oder regionaler Richtung zu steuern, so kann diese Formaldefinition zwar als unstrittig gelten. Doch gewonnen ist damit noch nicht viel. Denn die meisten Fragen - nach den Zielinhalten der Außenwirtschaftspolitik sowie nach Art, Einsetzbarkeit und Geeignetheit der Instrumente - bleiben dabei noch offen und bedürfen der Konkretisierung.

Zunächst gilt es, das Objekt der Außenwirtschaftspolitik, eben die **außenwirtschaftlichen Transaktionen**, begrifflich präziser zu fassen. Darunter sind ökonomische Transaktionen (Waren-, Dienstleistungs- und Faktorverkehr) zu verstehen, die zwischen privaten und öffentlichen Haushalten und/oder privaten und öffentlichen Unternehmen des Inlands („Inländer") und des Auslands („Ausländer") getätigt werden und damit über die nationale Landesgrenze hinweg erfolgen. Eben dieser Tatbestand des Grenzübertritts macht eine wirtschaftliche Transaktion zu einer spezifisch „außen"-wirtschaftlichen Transaktion. Unter **Inländer** sind dabei jene Wirtschaftssubjekte zu verstehen, die - unbeschadet ihres völkerrechtlichen Nationalitätenstatus - ihren festen Wohnsitz im Inland haben. So zählen, gemessen an dieser Definition und unter rein ökonomischen Kriterien, inländische Arbeitnehmer, die nicht nur völkerrechtlich Inländer sind, sondern überdies ihren festen Wohnsitz im Inland haben, aber (als „Pendler") über die Grenze hinweg im Ausland arbeiten, ebenso zu Inländern wie etwa ausländische Gastarbeiter, die zwar nicht völkerrechtlich Inländer sind, wohl aber im Inland ihren festen Wohnsitz haben und im Inland auch arbeiten (was für einen besonderen Aspekt der Zahlungsbilanz noch bedeutsam wird - vgl. dazu später); und das gleiche gilt etwa für ausländische Niederlassungen im Inland und deren Mitarbeiter. (Demgegenüber zählen nicht zu Inländern die diplomatischen Vertreter des Auslands oder Mitglieder fremder Streitkräfte, die im Inland stationiert sind.) Im analogen Umkehrschluß lassen sich dann die **Ausländer** definieren.

Der Umstand, daß der Grenzübertritt eine wirtschaftliche Transaktion zu einer außenwirtschaftlichen Transaktion macht, kennzeichnet indessen allenfalls ihre **institutionelle Besonderheit** (Kriterium ist das Überschreiten der Staatsgrenze). Dies läßt aber die Frage noch offen, ob diese institutionelle Besonderheit auch **ökonomische Relevanz** gewinnt, d.h. ob die außenwirtschaftlichen Transaktionen gegenüber binnenwirtschaftlichen Transaktionen neue ökonomische Probleme mit spezifischen Probleminhalten schaffen. (Die Tatsache, daß es eine Fülle von Lehrbüchern gibt, die außenwirtschaftliche Problemstellungen in den Mittelpunkt rücken - „Außenwirtschaftstheorie" bzw. „Außenwirtschaftspolitik" -, ist keine hinreichende Beantwortung dieser Frage.) Im allgemeinen werden drei

Kriterien herangezogen, die - auf den ersten Blick - relevant sein könnten, um spezifisch **außenwirtschaftliche Problemstellungen** zu begründen.

a) Das Kriterium der **Mobilität**: Dieses Kriterium geht von der Vorstellung aus, daß die produzierten Handelsgüter national und international mobil, die Produktionsfaktoren selbst aber allenfalls national mobil seien. Dieses Kriterium (v.a. von der klassischen Nationalökonomie zugrundegelegt) entbehrt insofern nicht einer gewissen Plausibilität, als der Faktorwanderung von Arbeit und Kapital international eher größere Hemmnisse entgegenstehen als im nationalen Raum - seien diese politisch bedingt (andere Rechts- und Gesellschaftsordnung, einschließlich höherem Diskriminierungspotential), seien sie psychologisch bedingt (andere Sprache, Tradition und Kultur). - Doch völlig zu überzeugen vermag das Kriterium nicht. Zum einen ist die internationale Mobilität der produzierten Handelsgüter politisch ebenfalls begrenzbar; zum zweiten ist auch die nationale Mobilität von Produktionsfaktoren teils absolut (Boden) teils relativ begrenzt (Arbeit - bei gegebenen sozialen Bindungen - oder investiv gebundenes Sachkapital); zum dritten kann die Forcierung der internationalen Mobilität der produzierten Güter einhergehen mit einer systematischen Begünstigung der internationalen Mobilität der Produktionsfaktoren Arbeitskraft oder Finanzkapital (wie etwa im Gemeinsamen Markt der Europäischen Union intendiert - vgl. dazu später). Insgesamt gesehen, verfügt das Mobilitätskriterium allenfalls über eine gewisse Plausibilität, ohne aber eine neue, spezifisch außenwirtschaftliche Problemstellung eindeutig begründen zu können.

b) Das Kriterium des **Standorts**: Dieses Kriterium geht von der Vorstellung aus, daß im internationalen Verkehr der Standortfrage insoweit eine andere Qualität zukomme - gerade wenn man in der ökonomischen Analyse die Transaktionen am Markt nicht „raumlos“, sondern im Interesse einer größeren Realitätsnähe „raumbezogen“ interpretiert -, als die außenwirtschaftlichen Transaktionen mit höheren Transport- und/oder Versicherungskosten verbunden seien. - Dieses Kriterium entbehrt ebenfalls insofern nicht einer gewissen Plausibilität, als der internationale Leistungs- und Faktorverkehr in der Regel mit längeren Transportwegen und höheren Risiken verbunden sein kann. Doch dies bedeutet allenfalls eine zusätzliche Kostenbelastung der außenwirtschaftlichen Transaktionen für Transport oder Versicherung gegenüber dem Binnenverkehr, die sich überdies relativieren bzw. ins Gegenteil wenden kann, wenn man bedenkt, daß die Strecke Hamburg - Lörrach erheblich höhere Transportkosten auslöst als die Strecke Lörrach - Basel. So gesehen, bringt auch die Standortproblematik keine neue Qualität in die außenwirtschaftlichen Transaktionen, sondern allenfalls graduelle Verschiebungen bei deren Kostenfaktoren, die somit ebenfalls keine neuen, spezifisch außenwirtschaftliche Problemstellungen begründen können.

c) Das Kriterium der **Währung**: Dieses Kriterium geht davon aus, daß - mit wenigen Ausnahmen - politische Grenzen und Währungsgrenzen zusammenfallen und jede Volkswirtschaft ihre eigene Geld- bzw. Währungsordnung hat, die sich von Geldordnungen anderer Länder unterscheiden kann; es gibt kein

„Weltgeld“. Damit werden zwei Probleme aufgeworfen. Einmal entstehen Transaktionskosten beim Umtausch von einer Währung in eine andere; zum zweiten entstehen Wechselkursrisiken, wenn die Wertrelationen zwischen den Währungen sich ändern. Letzteres fällt v.a. dann ins Gewicht, wenn zwischen Vertragsabschluß (Kauf eines ausländischen Gutes durch Inländer) und Vertragserfüllung (Bezahlung des gekauften Gutes in ausländischer Währung) eine Zeitspanne liegt, in der sich die Währungsrelationen verändert haben. Dann ist nicht auszuschließen, daß die Planungen der Wirtschaftssubjekte bei außenwirtschaftlichen Transaktionen nicht nur mit (Transaktions-)Kosten, sondern zusätzlich mit (Wechselkurs-)Risiken belastet sind, und daß eben deshalb die Währungsproblematik Hemmnisse für derartige Transaktionen schaffen kann. - Auch dieses Kriterium ist plausibel und muß dennoch den außenwirtschaftlichen Transaktionen keine neue Qualität vermitteln. Denn derartige Hemmnisse lassen sich auch vermindern: Sei es durch Absicherung gegen Risiken (z.B. durch Exportversicherungen oder sog. Termingeschäfte) oder sei es durch völlige Vermeidung von Transaktionskosten und v.a. von Wechselkursrisiken (z.B. durch stabile Wechselkursrelationen oder gar durch eine Einheitswährung, wie sie in der Europäischen Wirtschafts- und Währungsunion angestrebt wird - vgl. dazu später). Somit begründet auch die Währungsproblematik keine neue, spezifisch außenwirtschaftliche Problemstellung.

Nimmt man die drei skizzierten Kriterien zusammen, so wird erkennbar, daß die außenwirtschaftlichen Transaktionen gegenüber binnenwirtschaftlichen Transaktionen zwar zusätzliche Dimensionen, aber keine eigenständige ökonomische Qualität aufweisen und deshalb allenfalls einen Spezialfall allgemeiner ökonomischer Transaktionen darstellen: Ökonomisches Handeln wird vom nationalen auf den supranationalen Raum übertragen. Diese Feststellung erlaubt eine wichtige Differenzierung. Die institutionelle Besonderheit (Grenzübertritt) hat keine Relevanz, soweit es um die wissenschaftliche **Analyse** der außenwirtschaftlichen Transaktionen geht; denn diese kann - eben weil keine gegenüber den nationalen Transaktionen eigenständige Qualität vorliegt - mit den gleichen analytischen Denkkategorien angegangen werden wie die volkswirtschaftlichen Transaktionen generell. Ein Blick in die Lehrbücher zur Außenwirtschaftstheorie zeigt auch, daß sich diese der gleichen analytischen Instrumente wie die herkömmliche, auf den Binnenraum bezogene Volkswirtschaftslehre bedient. Anders stellt sich das Problem, wenn es um die politische **Gestaltung** der außenwirtschaftliche Transaktionen geht. Diese erhält aufgrund der institutionellen Besonderheit nun eine eindeutig eigenständige Qualität. Denn die Nationalstaaten sind nicht nur politische Einheiten mit eigener Rechts-, Geld- und Finanzordnung, innerhalb derer sie - nach bestimmten Zielen und mit bestimmten Instrumenten - die Binnenwirtschaft zu steuern versuchen. Der Grenzübertritt vermittelt der hier angesiedelten politischen Gestaltung überdies insoweit eine zusätzliche Qualität, als von dem hier relevanten Instrumentarium nicht nur inländische, sondern auch ausländische Wirtschaftssubjekte direkt und unmittelbar betroffen sein können. Während die tradierten Instrumente der Ordnungs- und Prozeßpolitik auf die Binnenwirtschaft orientiert sind - in ihrer Wirkung allenfalls indirekt auf die Außenwirtschaft ausstrahlen (wobei noch offen ist, ob dies aktiv gewollt oder passiv hingenommen wird) -, sucht die Außenwirtschaftspolitik den gezielten Einfluß auf die außenwirtschaftlichen Transaktionen; und da diese definitionsgemäß zwischen Inländern und Ausländern erfolgen, sind logischerweise beide Partner betroffen.

2) DIE AUSSENWIRTSCHAFTSPOLITISCHE ZIELSETZUNG

Anknüpfend an die Definition der Außenwirtschaftspolitik stellt sich notwendigerweise die Frage, nach welchen Zielinhalten das (wie auch immer zu konkretisierende) außenwirtschaftspolitische Instrumentarium eingesetzt werden soll; denn „Gestaltung“ der außenwirtschaftlichen Transaktionen ist allenfalls eine Leerformel und ohne inhaltliche **Zielvorgaben** nicht konkretisierbar. Sieht man einmal von der bekannten wissenschaftstheoretischen Kontroverse über die Werturteilsproblematik ab - seit Max Weber wissen wir, daß wirtschaftspolitische Ziele nie wissenschaftlich-objektiv bestimmbar sind, weil sie immer auf „letzte“, subjektiv-bestimmte gesellschaftliche Normen zurückgeführt werden können und deshalb auch müssen, was dann notwendigerweise auch für außenwirtschaftspolitische Zielsetzungen gilt -, so ist nun zu differenzieren.

a) Auf der einen Seite ist davon auszugehen, daß es eigenständige außenwirtschaftspolitische Zielsetzungen nicht gibt. Zwar deuten Forderungen nach Autarkie, Freihandel, Exportförderung, Zollschutz, Währungskonvertibilität, Wechselkursstabilität, Zahlungsbilanzausgleich etc. scheinbar auf die Existenz eigenständiger Zielsetzungen hin. Doch bei genauem Zusehen wird rasch erkennbar, daß derartige Forderungen keinen Selbstzweckcharakter darstellen, sondern allenfalls die Eigenschaft von instrumentellen **Vorzielen** oder **Vorbedingungen** haben, die sich letztlich erst aus übergeordneten gesamtgesellschaftlichen bzw. gesamtwirtschaftlichen Zielsetzungen (Wachstum, Preisstabilität, hoher Beschäftigungsstand, Verteilungsgerechtigkeit etc.) rechtfertigen und von daher begründen lassen.

b) Auf der anderen Seite läßt sich die Zielsetzung der Außenwirtschaftspolitik auch wiederum nicht aus diesen **gesamtwirtschaftlichen Zielvorgaben** ableiten, wenn es gilt, die Wirkungen der Außenwirtschaftspolitik, gerade gemessen am Zielerreichungsgrad, abzuschätzen. Denn die Erreichung dieser gesamtwirtschaftlichen Ziele ist letztendlich ein Ergebnis des Einsatzes des gesamten Instrumentariums der Ordnungs-, Prozeß-, Struktur- und Verteilungspolitik und deshalb dem gezielten Einsatz des außenwirtschaftspolitischen Instrumentariums nur in Ausnahmefällen eindeutig zuzuordnen. Natürlich ist Außenwirtschaftspolitik ein Teilgebiet der Wirtschaftspolitik und muß - mit Blick auf die gesamtwirtschaftlichen Ziele - in diese widerspruchsfrei integriert werden können; dennoch bedarf ihre Zielsetzung der Spezifizierung.

Weder Einengung auf instrumentelle Vorziele noch Identifizierung mit gesamtwirtschaftlichen Zielvorgaben erscheinen deshalb angemessen, die außenwirtschaftspolitische Zielsetzung zu begründen und zu präzisieren. Um dieses zu erreichen, ist folgende grundsätzliche Überlegung angezeigt: Gehen wir davon aus, daß Staaten aus wohlfahrtsstaatlichen Gründen bzw. unter marktwirtschaftlichen Bedingungen frei agierende Wirtschaftssubjekte aus Gründen der Nutzen- oder Gewinnmaximierung die **internationale Arbeitsteilung** anstreben: Denkbar ist, daß sie dies müssen, weil sie nicht autark sind und einen unabweisbaren Importbedarf (an Rohstoffen oder Produktionsfaktoren) aufweisen; denkbar ist aber auch, daß sie dies einfach wollen, weil sie sich davon Spezialisierungsvorteile erhoffen (Bezug eines günstigeren ausländischen Leistungsangebots, Chance für zusätzliche Absatzmöglichkeiten auf Auslandsmärkten). In jedem Falle sind dann außenwirtschaftliche Transaktionen unverzichtbar und müssen deshalb möglich sein. Dies hat zur Folge, daß die völkerrechtlich bestehenden Grenzen ihre ökonomische Abgrenzungsfunktion verlieren. Im Falle der Zentralverwaltungswirtschaft mag die internationale Arbeitsteilung - wie noch zu zeigen sein wird: in Grenzen - dirigistisch-politisch steuerbar sein; unter den hier v.a. interessierenden marktwirtschaftlichen Bedingungen bedarf die Nutzung der internationalen Arbeitsteilung im Grundsatz der **Marktöffnung**, damit außenwirtschaftliche Transaktionen möglich werden. Eine solche Marktöffnung mag nun auf der einen Seite unter bestimmten Bedingungen zwar zu den erhofften **Wohlfahrtsgewinnen** führen; es ist aber nicht auszuschließen, daß auch **Wohlfahrtsverluste** eintreten. Diese können zwei Ursachen haben.

a) Zum einen ist nicht auszuschließen, daß nach einer Marktöffnung - aus welchen Gründen auch immer - bestimmte Unternehmen, Branchen und/oder Regionen in einer Volkswirtschaft dem internationalen Konkurrenzdruck nicht mehr gewachsen sind; andere Unternehmen, Branchen und/oder Regionen mögen einen zusätzlichen Nachfrage- und damit Expansionsschub erhalten. Eine rein binnenwirtschaftlich orientierte „Lösung" dieses Problems hieße, daß in einer solchen Volkswirtschaft dann eben ein Prozeß des **Strukturwandels** angezeigt sei: Produktionsfaktoren wandern von gefährdeten in begünstigte Branchen und/oder Regionen. Diese Feststellung gilt unabhängig von der Frage, ob dieser Strukturwandel ausschließlich dem marktwirtschaftlichen Steuerungsprozeß anvertraut werden oder durch Maßnahmen der binnenwirtschaftlichen Strukturpolitik begünstigt, gefördert oder zumindest sozialverträglich abgefedert werden sollte. Diese Frage mag strittig diskutiert werden; dies erscheint aber für die außenwirtschaftspolitisch orientierte Problemstellung zunächst nicht von zentraler Bedeutung. Hier relevant ist die Möglichkeit, daß ein solcher, unter rein ökonomischen Gesichtspunkten an sich notwendiger, Strukturwandel entweder politisch gar nicht gewollt wird, oder daß er zumindest politisch gestaltbar gehalten werden soll. Im ersten Fall ist denkbar, daß bestimmte Branchen aus metaökonomischen Gründen in jedem Falle erhalten werden sollen, oder daß der Strukturwandel wegen Unterschieden in der Kapital- und Arbeitsintensität der Produktionen so große Friktionskosten aufwirft - arbeitsintensive Produktion wird verdrängt, kapitalintensive Produktion wird begünstigt, ein Sockel an Arbeitslosigkeit bleibt erhalten -, daß die Vorteile der Arbeitsteilung überkompensiert werden. Im zweiten Fall ist denkbar, daß der Strukturwandel zwar akzeptiert wird, daß er aber zeitlich gestreckt werden soll, wenn ein rascher Strukturwandel mit erheblichen Friktions- und damit Wohlfahrtsverlusten einhergeht. In jedem Falle ist dann Außenwirtschaftspolitik gefordert, der in diesem Zusammenhang eine strukturpolitisch orientierte **Allokationsfunktion** i.S. einer branchen- und/oder regionalspezifischen **Schutzfunktion** zukommt; im Vordergrund steht die Steuerung nach der Art der Transaktionen.

b) Zum zweiten ist nicht auszuschließen, daß nach der Marktöffnung der noch zu präzisierende nominale Gesamtwert der außenwirtschaftlichen Transaktionen, die aus dem Inland ins Ausland fließen, größer (kleiner) ist als der nominale Gesamtwert der Transaktionen, die aus dem Ausland ins Inland fließen; die Volkswirtschaft gerät gegenüber dem Ausland in eine Überschußposition (Defizitposition). Beide Konstellationen können nicht von Dauer sein. Aus noch darzustellenden Gründen impliziert eine permanente Überschußposition, daß das Inland mehr Leistungen erwirtschaftet als es verbraucht, während es im Defizitfall mehr Leistungen verbraucht als es erwirtschaftet. Ersteres ist auf Dauer „unökonomisch"; im zweiten Fall lebt das Land „über seine Verhältnisse". Eine rein binnenwirtschaftlich orientierte „Lösung" dieses Problems hieße, daß in einer solchen Volkswirtschaft dann eben ein Prozeß der **gesamtwirtschaftlichen Anpassung** angezeigt sei, der sich auf die außenwirtschaftlichen Transaktionen so auswirkt, daß es zu einem Abbau der Überschuß- oder Defizitsituation kommt. Auch diese Aussage gilt erneut unabhängig von der Frage, ob dieser Anpassungsprozeß dem Markt anvertraut oder durch Maßnahmen der binnenwirtschaftlichen Prozeßpolitik gefördert werden soll. Diese Frage wird ebenfalls strittig diskutiert, trifft aber erneut nicht den Kern der außenwirtschaftspolitischen Problematik. Hier ist relevant, daß nicht ausgeschlossen werden kann, daß solche Anpassungsprozesse nicht hinreichend rasch oder angemessen funktionieren, oder daß sie zumindest mit inflationären oder deflationären Begleiterscheinungen (Preissteigerung, Produktionsrückgang, Arbeitslosigkeit) einhergehen können, die letztlich ebenfalls Wohlfahrtsverluste begründen. Auch dann ist Außenwirtschaftspolitik gefordert, der in diesem Zusammenhang eine gesamtwirtschaftlich orientierte **Ausgleichsfunktion** i.S. einer gesamtwirtschaftlichen **Stabilisierungsfunktion** zukommt; im Vordergrund steht die Steuerung des Volumens der Transaktionen.

Schutz- und Stabilisierungsfunktion stellen die beiden elementaren Kernaufgaben der Außenwirtschaftspolitik dar. Sie münden letztlich ein in das Ziel der **außenwirtschaftlichen Absicherung** - bei im Grundsatz gegebener Marktöffnung -, um die Wohlfahrtsgewinne der internationalen Arbeitsteilung einerseits nutzen doch andererseits gleichzeitig daraus sich ergebende Wohlfahrtsverluste vermindern zu können. Gewiß hat die dergestalt präzisierte Zielsetzung der Außenwirtschaftspolitik nach wie vor keinen **Eigenwertigkeitscharakter**, sondern rechtfertigt sich aus übergeordneten Wohlfahrtskriterien (Ermöglichung von Wohlfahrtsgewinnen bzw. Verminderung von Wohlfahrtsverlusten). Und ebenso unmittelbar einsichtig ist, daß dieses Ziel keinen **Eindeutigkeitscharakter** aufweist, sondern in seinem Gewicht variiert, d.h. in seiner Bedeutung um so geringer (höher) gesehen werden kann (muß), je höher (geringer) die Chance eingeschätzt wird, daß es zu einem reibungslosen strukturellen oder gesamtwirtschaftlichen Anpassungsprozeß in der Binnenwirtschaft kommt. Doch dies ist eine Tatbestandsfrage, die das marktwirtschaftliche Lösungspotential betrifft. Sie mag kontrovers diskutiert werden, ändert aber nichts am Bedeutungswert der theoretisch ableitbaren Zielfunktionen der Außenwirtschaftspolitik, die dann drei wichtige Eigenschaften aufweisen: Zum ersten gehen sie über die instrumentellen Vorziele und Vorbedingungen hinaus und erlauben eine eindeutige inhaltliche Präzisierung der außenwirtschaftspolitisch relevanten Zielsetzung. Zum zweiten sind sie nicht eingeschmolzen in allgemeine gesamtwirtschaftliche Zielvorgaben, sondern können genutzt werden als Referenzgröße für die Beurteilung des außenwirtschaftspolitischen Instrumentariums. Zum dritten befreien sie die Zielsetzung von der wissenschaftstheoretisch relevanten Objektivitätsproblematik; denn sie behalten den Charakter einer Wenn-Dann-Aussage: Wenn im Interesse von Wohlfahrtsgewinnen die internationale Arbeitsteilung angestrebt wird, wenn im Interesse der Nutzung dieser internationalen Arbeitsteilung eine Marktöffnung unverzichtbar wird, und wenn von einer Marktöffnung Wohlfahrtsverluste drohen - dann ist Außenwirtschaftspolitik erforderlich, und diese hat dann das Ziel der außenwirtschaftlichen Absicherung in seiner zweifachen Funktion.

II. ENTWICKLUNGSLINIEN DER THEORIE

3) ZUR FRAGESTELLUNG

Der Einsatz des noch zu konkretisierenden außenwirtschaftspolitischen Instrumentariums (vgl. Teil B) und seine Einbindung in die Integrationsproblematik (vgl. Teil C), jeweils orientiert bzw. gemessen an der Erreichung der bereits skizzierten außenwirtschaftspolitischen Zielvorgaben, ist nun ohne Kenntnis der relevanten theoretischen Zusammenhänge gewiß nicht angemessen zu diskutieren. Damit ist die **Außenwirtschaftstheorie** gefordert. Sie hat letztendlich die Aufgabe, die Wechselwirkungen zwischen der binnenwirtschaftlichen Entwicklung und den außenwirtschaftlichen Transaktionen - teils mit Blick auf die Auswirkung der binnenwirtschaftlichen Entwicklungen auf außenwirtschaftliche Transaktionen, teils mit Blick auf die Rückwirkung von außenwirtschaftlichen Transaktionen auf die Binnenwirtschaft - theoretisch zu analysieren. Damit stellt sich zunächst das Problem der **Anwendungsrelevanz** der Außenwirtschaftstheorie. Geht man nun davon aus, daß die Außenwirtschaftstheorie aus den bereits skizzierten Gründen nichts anderes darstellt - von Sonderproblemen einmal abgesehen (Zolltheorie) - als die Anwendung der Sätze der allgemeinen Wirtschaftstheorie (Wachstums-, Konjunktur-, Geld-, Preis- und Verteilungstheorie), vielfach als deren „Abschluß und Krönung" (Rose) bezeichnet, ergibt sich wie bei der allgemeinen Wirtschaftstheorie ein analoges Grundsatzproblem. Ohne hier auf die hinlänglich bekannte und strittig diskutierte wissenschaftstheoretische Kontroverse einzugehen - inwieweit rechtfertigen sich Modellkonstruktionen, die auf rein logisch ableitbare „Denkmöglichkeiten" reduziert sind, und inwieweit bedarf es der Erweiterung auf empirisch gehaltvolle Aussagen i.S. des kritischen Rationalismus -, konkretisiert sich dieses Problem in zwei Überlegungen:

a) Zunächst ist zu beachten, daß die praktische Umsetzungsmöglichkeit der Außenwirtschaftstheorie per se begrenzt ist. Denn angesichts der Notwendigkeit von Abstraktion und Vereinfachung wäre sie gewiß überfordert, wollte man von ihr erwarten, daß sie die außenwirtschaftlichen Transaktionen und ihre Wechselwirkungen mit der Binnenwirtschaft in ihrer realwirtschaftlichen Totalität (i.S. eines Gesamtmodells) erfaßt und erklärt. Denn die außenwirtschaftlichen Beziehungen und die daraus resultierenden Transaktionen sind in der Realität - gerade mit Blick auf ihre sachlichen und räumlichen Besonderheiten - zu komplex, um die Konstruktion eines solchen Gesamtmodells zu ermöglichen. Somit wäre es schon hilfreich, bestimmte „Mosaiksteine" herauszuarbeiten, die die Bedeutung und das Gewicht bestimmter Sachverhalte - Preisbildung, Faktorausstattung, Produktionsfunktion, Angebots- und Nachfrageelastizitäten - sichtbar machen, um damit die Wechselwirkungen zwischen Außen- und Binnenwirtschaft zu erklären. Hier bietet der Stand der Außenwirtschaftstheorie durchaus Ansatzpunkte, die für die Außenwirtschaftspolitik keineswegs irrelevant sind.

b) Hinzu kommt freilich, daß die praktische Umsetzungsmöglichkeit der Außenwirtschaftstheorie noch zusätzlich begrenzt wird, je mehr sie mit „heroischen Annahmen" arbeitet - über Marktform (vollständige Konkurrenz und Markttransparenz) oder Marktverhalten (unendlich rasche Anpassungsflexibilität bei Faktor- und Produktpreisen) - oder auf analytische Instrumente zurückgreift, die sich jeglicher empirischen Fundierung entziehen (gesamtwirtschaftliche Transformations- oder gesellschaftliche Indifferenzkurven). Die daraus abgeleiteten „Lösungen" gewinnen zwar an (logischer) Eindeutigkeit, verlieren aber an (praktischer) Relevanz. Dies kann so gewollt sein, wenn man der logischen Eindeutigkeit einen gewissen wissenschaftlichen Eigenwert zuweist und auf Umsetzungsmöglichkeiten bewußt verzichtet; für die Behandlung von außenwirtschaftspolitischen Problemstellungen sind derartige theoretische Lösungen dann freilich nur in engen Grenzen verwertbar. Will man jedoch die Anwendungsrelevanz, so ist es - auch und gerade für die Außenwirtschaftstheorie - unverzichtbar, die Prämissen systematisch realitätsnäher zu gestalten, was sich im übrigen in der Entwicklung der Theorie auch abzeichnet.

Es soll nun im folgenden weder darum gehen, die aufgeworfenen methodischen Probleme zu vertiefen, noch soll der Stand der Theorie mit seinen detaillierten modell-theoretisch ausgerichteten Lösungsansätzen referiert werden. Schließlich stehen die außenwirtschaftspolitischen Fragestellungen im Vordergrund. Da diese nun dennoch - wie erwähnt - nicht „jenseits" der Kenntnis analytisch aufbereiteter Zusammenhänge diskutiert werden können, sollen zumindest die grundlegenden **Entwicklungslinien** der Außenwirtschaftstheorie herausgearbeitet werden, um auch aus dieser Perspektive die außenwirtschaftspolitischen Problemstellungen ergänzend zu präzisieren.

Dabei ergibt sich für die Außenwirtschaftstheorie eine gewisse Besonderheit. Die allgemeine Wirtschaftstheorie hatte sich zwar von Beginn an in einer **Zweigleisigkeit** entwickelt: Auf der einen Seite wurde vom Faktor „Geld" abstrahiert mit dem Argument, daß diesem allenfalls eine multiplikative Funktion zukomme, die auf die Struktur der realwirtschaftlichen Prozesse (etwa Wachstums-, Beschäftigungs-, Preis- und/oder Einkommensrelationen) keinen Einfluß habe (sog. Geldschleierhypothese); auf der anderen Seite wurde der Faktor „Geld" einbezogen und der Frage nachgegangen, inwieweit er einen Einfluß auf das Volumen der gesamtwirtschaftlichen Prozesse (etwa Wachstums- Beschäftigungs-, Preis- und/oder Einkommensniveau) hat. Doch während man sich in der allgemeinen („Volkswirtschafts"-)Theorie mit Erfolg bemüht hat, beide Entwicklungslinien zu integrieren, ist dies in der („Außenwirtschafts"-)Theorie noch nicht in zufriedenstellender Weise gelungen. Ein Blick in die einschlägige Lehrbuchliteratur zeigt noch heute diese Zweigleisigkeit, weshalb zwei Entwicklungslinien zu unterscheiden sind, die - wie noch deutlich werden wird - in einer bemerkenswerten Analogie zu der skizzierten doppelseitigen Dimension der Zielvorgabe der außenwirtschaftlichen Absicherung stehen: die **reine Theorie** (i.S. der Allokationsfunktion außenwirtschaftlicher Transaktionen) und die **monetäre Theorie** (i.S. der Stabilisierungsfunktion außenwirtschaftlicher Transaktionen). Ihre Grundlinien seien im folgenden kurz skizziert, wobei wir uns bewußt auf die konzeptionellen Fragestellungen beschränken und - eben wegen der reduzierten Anwendungsrelevanz - auf eine vertiefte oder gar kritische Analyse der theoretischen Ergebnisse verzichten.[1]

4) DIE „REINE" THEORIE DER AUSSENWIRTSCHAFT

Die „reine" Theorie der Außenwirtschaft wird nicht zu Unrecht auch als **Außenhandelstheorie** bezeichnet. Denn im Vordergrund steht der Versuch, die Bestimmungsgründe für das Entstehen des Außenhandels überhaupt sowie seines Umfangs, seiner Richtung und seiner Struktur zu untersuchen und gleichzeitig seine Wirkung auf den Wohlstand der am Außenhandel beteiligten Länder zu prüfen. Sie hat insoweit **realwirtschaftlichen Charakter**, als sie vom Geld abstrahiert, dem - mit Blick auf die realwirtschaftlichen Prozesse - ein Neutralitätscharakter zugewiesen wird. Im Mittelpunkt stehen die realen Austauschverhältnisse zwischen den gehandelten Gütern bzw. die opportunity costs bei alternativer Güterproduktion. Die Hypothese von der Neutralität des Geldes ist schon problematisch. Und der Erkenntnisgehalt der reinen Theorie wird noch weiter reduziert, wenn noch zusätzliche **Prämissen** gesetzt werden: etwa vollkommene Märkte (mit vollständiger Transparenz und unendlicher Reaktionsgeschwindigkeit der Marktteilnehmer), vollkommene Konkurrenz (mit völliger Güter- und Faktorpreisflexibilität, somit Vollbeschäftigung der Produktionsfaktoren i.S. des Say'schen Theorems), gegebener und allenfalls national mobiler Bestand an Produktionsfaktoren (einschließlich gegebene Technologien und dadurch begründete Produktionsfunktionen) und schließlich Identität von individuellen und gesellschaftlichen Wohlfahrtsfunktionen (somit Abwesenheit von externen Effekten). Es liegt auf der Hand, daß die Ergebnisse der Theorie um so eindeutiger sind, ihr Erkenntnisgehalt aber um so geringer ist, je restriktiver diese Prämissen gesetzt werden; umgekehrt zeichnen sich in der reinen Theorie Versuche ab, diese Prämissen - zumindest partiell - systematisch realitätsnäher zu gestalten, ohne daß dies hier im Detail nachgezeichnet werden soll.

Nun konnte die Fragestellung der reinen Theorie erst relevant werden, als das Kriterium der **internationalen Arbeitsteilung** von der klassischen Nationalökonomie in den Vordergrund gerückt wurde. Zuvor - zu Zeiten des Merkantilismus - wurde der Außenhandel der politischen Vorgabe unterworfen, über Ausfuhrförderung bzw. Importhemmung (jeweils mit Ausnahme unverzichtbarer Nahrungsmittel und wichtiger Rohstoffe) den Ausfuhrüberschuß zu maximieren, der - soweit er faktisch zu einer Steigerung des Edelmetallbesitzes eines Landes

[1] Der Leser sei - was die Modellaussagen der Außenwirtschaftstheorie angeht - auf die Arbeiten von Adebahr, Behnke, Birnstiel, Borchert, Diekheuer, Ethier, Größl-Gschwendtner, Haberler, Jarchow, Konrad, Machlup, Rose, Shams, Ströbele (vgl. das beigefügte Literaturverzeichnis) verwiesen, die den Stand der Außenwirtschaftstheorie in entsprechend vertiefter Form präsentieren.

führte - politisch letztlich gerechtfertigt wurde mit der Reichtumssteigerung des absoluten Herrschers, die wiederum mit dem „Wohlstand" der Nation gleichgesetzt wurde. Im späteren merkantilistischen Schrifttum wurden gegenüber anhaltend hohen Ausfuhrüberschüssen zwar durchaus Bedenken angemeldet - nicht ganz zu Unrecht sah man hier auch Inflationsgefahren für die Binnenwirtschaft -, ohne indessen die merkantilistische Sichtweise in ihrer Substanz in Frage zu stellen. (Und zumindest psychologisch spielt diese Sichtweise - Ausfuhrüberschuß als Ausdruck der „Stärke" eines Landes - in vielen Teilen der Bevölkerung noch heute eine nicht unwesentliche Rolle.) Erst der Paradigmawechsel - vom Kriterium des Ausfuhrüberschusses (Reichtumsmehrung des Herrschers auf Kosten des Auslands) zum Kriterium der Arbeitsteilung (Reichtumsmehrung des Volkes im wechselseitigen Austausch mit dem Ausland) - schuf die Voraussetzung für die Entwicklung der reinen Theorie.

Der schon von Adam Smith vorgetragene Hinweis auf die Vorteile der internationalen Arbeitsteilung (in sinngemäßer Übertragung der nationalen Arbeitsteilung auf den internationalen Raum) ist nun zwar naheliegend, bedarf aber der Konkretisierung und Präzisierung, wenn es gilt, ihn für die theoretische Analyse (i.S. einer Erklärung des Entstehens außenwirtschaftlicher Transaktionen) zu nutzen. Dabei sind vorab drei Kriterien zu unterscheiden, die zwar ein hohes Maß an Plausibilität aufweisen, die aber dennoch nur bedingt geeignet sind, eine theoretische Erklärung außenwirtschaftlicher Transaktionen und damit des Entstehens von Außenhandel zu fundieren.

a) Das **Verfügbarkeitskriterium**: Dieses Kriterium führt den Außenhandel darauf zurück, daß Länder über unterschiedliche Produktionsmöglichkeiten verfügen - bedingt durch Unterschiede im Klima, bei Rohstoffvorkommen, beim Arbeitskraft- und Kapitalbestand oder technologischem Wissen - und dann in einen komplementären Warentausch mit inhomogenen Gütern treten (Weizen gegen Werkzeugmaschinen; Kohle gegen Fernsehgeräte). - Dieses Kriterium hat ein hohes Maß an Plausibilität und ist dennoch aus zwei Gründen nur in engen Grenzen zur Fundierung einer Außenhandelstheorie geeignet: Zum einen wird es dem Umstand nicht gerecht, daß die Unterschiede zumindest teilweise nur temporären Charakter haben können (Kapitalbildung oder technologische Entwicklung ist „aufholbar"), was die Gründe für die Entstehung von Außenhandel allenfalls auf eine Imitationsphase reduzierte. Zum zweiten kann das Kriterium nur den komplementären Warenaustausch erklären, nicht aber die Tatsache, daß der substitutive Warenaustausch (Handel mit homogenen Gütern, womit das Verfügbarkeitskriterium gegenstandslos würde) zwischenzeitlich gerade im wechselseitigen Warenaustausch der Industrieländer die eher größere Bedeutung hat.

b) Das **Präferenzkriterium**: Dieses Kriterium führt den Außenhandel darauf zurück, daß Länder zwar über vergleichbare Produktionsbedingungen verfügen, so daß sie auch vergleichbare (homogene) Güter produzieren können, daß aber von den Abnehmern der Güter zwischen diesen echte oder vermeintliche (Qualitäts-)Unterschiede unterstellt werden, was erklären könnte, warum im Ausfuhr- und Einfuhrsortiment des gleichen Landes vergleichbare Produkte auftreten (Autos gegen Autos). - Dieses Kriterium ist zwar geeignet, die Schwächen des Verfügbarkeitskriteriums zu überwinden - es erklärte dann auch den substitutiven Warenaustausch zwischen den Ländern -, es hat aber auch seine Defizite. Diese resultieren daraus, daß das Kriterium auf einer persönlichen Einschätzung seitens der Abnehmer beruht, die sich nicht nur im Zeitablauf wandeln kann, sondern sich vor allem auf rein subjektive und damit kaum objektivierbare Aspekte abstützt, wodurch sich der Bedeutungswert dieses Kriteriums für das Entstehen von Außenhandel einer präzisen und zeitlos gültigen (objektiven) Prüfung entzieht. Damit stößt auch dieses Kriterium - bei aller vordergründigen Plausibilität - an Grenzen der Fundierung einer Außenhandelstheorie.

c) Das **Preiskriterium**: Dieses Kriterium führt den Außenhandel darauf zurück, daß die Produkte im In- und Ausland zwar hergestellt werden können (womit das Verfügbarkeitskriterium überwunden wird), daß aber die einzelnen Länder - bei an sich vergleichbaren Produkten - unterschiedliche Preisvorteile aufweisen: Bestimmte Produkte werden im Ausland gekauft, weil sie dort billiger sind; andere Produkte können ins Ausland exportiert werden, weil sie gegenüber den vergleichbaren Konkurrenzprodukten des Auslandes preisgünstiger sind. - Dieses Kriterium hat seine Stärke darin, daß das subjektive Präferenzkriterium über den Preis objektivierbar wird. Es hat aber ebenfalls seine Schwächen. Zum einen läßt es offen, worauf sich die Preisunterschiede gründen. Zum zweiten scheiterte es analytisch spätestens dann, wenn ein Land - aus welchen Gründen auch immer - bei allen Produkten Preisvorteile aufwiese. Dieses Land hätte dann zwar die denkbar günstigsten Exportchancen. Und dennoch käme kein Außenhandel zustande, weil die potentiellen (an sich „interessierten") Importländer keine Möglichkeit hätten, ihre Importe durch eigene Exporte, die wegen ihres Preisnachteils gegenüber allen Produkten des Exportlandes chancenlos wären, zu finanzieren.

Alle drei Kriterien besitzen zwar zweifellos ein hohes Maß an vordergründiger Plausibilität, sind aber dennoch nicht geeignet, die Außenwirtschaftstheorie zu fundieren. Deren Geburtsstunde schlug, als sich David Ricardo mit der Frage auseinandersetzte, wann Außenhandel sinnvoll ist und auch zustandekommt. Mit seinem **Theorem der komparativen Kosten bzw. Kostenvorteile** wies er nach, daß für die Entstehung des Außenhandels nicht der absolute Kostenvorsprung entscheidend ist (was sich im Grunde hinter dem Preiskriterium verbirgt), sondern der relative Kostenvorsprung. Ricardo demonstriert dies an seinem berühmten Zwei-Güter-Beispiel (Tuch, Wein) im Zwei-Länder-Fall (England, Portugal). Dabei legt er einmal die **Arbeitswerttheorie** zugrunde, wonach alle Produktionskosten auf Arbeitskosten zurückzuführen und die Arbeitseinheiten homogen, also gleichwertig, sind. Sodann geht er von den Bedingungen der **vollständigen Konkurrenz** aus, wonach über eine Preis- und Lohnflexibilität die Vollbeschäftigung der Produktionsfaktoren sichergestellt ist.

a) Unterstellt man einmal, daß in England zur Herstellung einer bestimmten Menge Wein 120 Arbeitseinheiten, zur Herstellung einer bestimmten Menge Tuch 100 Arbeitseinheiten erforderlich sind, während in Portugal zur Herstellung der gleichen Menge Wein 80 Arbeitseinheiten bzw. zur Herstellung der gleichen Menge Tuch 90 Arbeitseinheiten benötigt werden, so ist unmittelbar erkennbar, daß Portugal bei beiden Gütern zwar einen „absoluten“ Kostenvorsprung aufweist (Wein: 120>80, Tuch: 100>90), daß aber in Portugal der „relative“ Kostenvorsprung beim Wein größer als bei Tuch ist (120 : 80>100 : 90). Portugal hat also bei beiden Produkten zwar einen „absoluten“ Kostenvorteil, aber nur beim Wein einen „komparativen“ Kostenvorteil, beim Tuch hingegen einen „komparativen“ Kostennachteil. Umgekehrt hat England zwar bei beiden Produkten einen „absoluten“ Kostennachteil, aber nur beim Wein einen „komparativen“ Kostennachteil, beim Tuch hingegen einen „komparativen“ Kostenvorteil. Daraus ergeben sich zwei weitere Konsequenzen.

b) Im autarken Zustand würde sich in beiden Ländern zwischen den beiden Gütern ein bestimmtes, in Arbeitseinheiten meßbares, realwirtschaftliches Preisverhältnis herausbilden: In England ist Wein wegen seines höheren Kostenaufwands teurer als Tuch; das Preisverhältnis beträgt 120 (Wein) zu 100 (Tuch), d.h. für eine Einheit Wein müssen 1,2 Einheiten Tuch aufgewendet werden, für eine Einheit Tuch erhält man 0,83 Einheiten Wein. In Portugal ist Tuch wegen seines relativ höheren Kostenaufwands teurer als Wein; das Preisverhältnis beträgt 80 (Wein) zu 90 (Tuch), d.h. für eine Einheit Wein müssen in Portugal 0,89 Einheiten Tuch bezahlt werden, bzw. für eine Einheit Tuch erhält man 1,125 Einheiten Wein. Im autarken Zustand zeigen sich somit - unbeschadet des nominalen Preis-„Niveaus“, über das der Faktor Geld erst entscheidet - deutliche Diskrepanzen in den realwirtschaftlichen Preisverhältnissen, die eben daraus resultieren, daß in England die Herstellung von Wein kostenaufwendiger ist als die Herstellung von Tuch, während sich in Portugal die Konstellation umgekehrt darstellt. Und diese unterschiedlichen Preisverhältnisse drängen letztendlich auf einen Außenhandel.

c) Unter Freihandelsbedingungen würde nämlich der portugiesische Weinhändler seinen Wein in England anbieten; denn dort erhielte er für eine Einheit Wein 1,2 Einheiten Tuch (während er „zu Hause“ nur 0,89 Einheiten Tuch erlöst); umgekehrt würde der englische Tuchfabrikant sein Tuch in Portugal anbieten, weil er dort 1,125 Einheiten Wein erhielte (während er „zu Hause“ nur 0,83 Einheiten Wein erzielt). Damit entsteht über eine Spezialisierung der Produktion zwischen den beiden Ländern ein Außenhandel, der es ermöglicht, daß die Produktionsfaktoren gegenüber dem Autarkiezustand „effizienter“ eingesetzt werden, weil beide Länder Spezialisierungsvorteile erzielen: Portugal erzielt mit seinem ausschließlichen Faktoreinsatz in der Weinherstellung mehr Tuch, als wenn es Teile der Produktionsfaktoren in der Tuchfabrikation einsetzte; analog ist in England ein ausschließlicher Faktoreinsatz in der Tuchherstellung lohnender. Am Ende der Spezialisierungsphase würde Portugal deshalb nur noch Wein,

England nur noch Tuch erzeugen; und beide Länder würden ihre Produkte teils im Inland, teils im Ausland absetzen.

Mit diesen Überlegungen war die „reine" Theorie der Außenwirtschaft erstmals analytisch fundiert. Ihre Weiterentwicklung stellt letztlich nichts anderes dar als eine Auseinandersetzung mit Ricardos Theorie bzw. als deren Verfeinerung und Präzisierung. Dies erfolgte analytisch in zwei Richtungen.

a) Eine Entwicklungslinie betraf die Produktionsbedingungen i.S. des **produktionstheoretischen Aspekts**: Die Arbeitswertlehre war natürlich nicht aufrechtzuerhalten, da es mehr als einen Produktionsfaktor gibt; sie wurde durch die Realkostentheorie (Viner) bzw. durch die Substitutionskostentheorie (Haberler) ersetzt bzw. erweitert. Dabei kann man die Substitutionskosten in sog. Transformationskurven abbilden, deren Gestalt entscheidend davon abhängt, wie sich die marginalen Substitutionskosten entwickeln. Damit stellt sich aber die naheliegende Frage, warum von Land zu Land die Transformationskurven unterschiedlich sind, was i.S. Ricardos den Außenhandel erst auslöst. Das Faktor-Proportionen-Theorem (Heckscher, Ohlin) führte dies auf eine unterschiedliche Faktorausstattung der Länder zurück. Danach würde sich ein Land auf jene Güter - im theoretischen Zwei-Güter-Modell: auf jenes Gut - spezialisieren, zu deren Herstellung Produktionsfaktoren erforderlich sind, von denen es - relativ - am meisten besitzt, weil dies den Faktorpreis drückt und damit die internationale Wettbewerbsfähigkeit dieser Produkte steigert: So müßten kapitalreiche Länder kapitalintensive Produkte, arbeitskraftreiche Länder arbeitsintensive Produkte ausführen. Mit diesem Theorem wurden dann aber weitergehende Fragen aufgeworfen. Zum einen stellte sich die Frage, ob und unter welchen Bedingungen es international zu einem Angleichungsprozeß bei den Faktorpreisen kommt (Samuelson), wenn man dann davon ausgehen muß, daß die partielle Spezialisierung in den einzelnen Ländern eine Mehr- bzw. Mindernachfrage nach Produktionsfaktoren und damit einen Preisanstieg bzw. Preisrückgang bei den jeweiligen Produktionsfaktoren auslöst. Zum zweiten stellte sich die Frage, ob die rein quantitative Faktorausstattung überhaupt eine hinreichende Erklärung des Außenhandels darstellt, als empirische Untersuchungen zeigten, daß die USA - im Gegensatz zu diesen theoretischen Überlegungen - mehr arbeits- als kapitalintensive Produkte ausführten (Leontief-Paradoxon). Insofern bedurfte es bei der weiteren Entwicklung der Theorie ergänzender Erklärungsansätze - unvollkommene Märkte, steigende oder sinkende Skalenerträge, human-capital-Investitionen, Prozeß- und Verfahrensinnovationen -, um der Frage nachzugehen, was außenwirtschaftliche Handelsbeziehungen letztendlich auslöst und in welchen Gleichgewichtslagen diese sich stabilisieren.

b) Eine zweite Entwicklungslinie betraf das Volumen des Außenhandels und seine Gleichgewichtsbedingungen i.S. des **nachfragetheoretischen Aspekts**: Schließlich ließ Ricardo noch die Frage offen, wie hoch das Außenhandelsvolumen ist, und welche Tauschverhältnisse sich am Weltmarkt zwischen den gehandelten Gütern herausbilden. Im Ricardo-Beispiel müßten in England für eine

Einheit Wein 1,2 Einheiten Tuch, in Portugal 0,89 Einheiten Tuch bezahlt werden; umgekehrt müßten in England für eine Einheit Tuch 0,83 Einheiten Wein, in Portugal 1,125 Einheiten Wein bezahlt werden. Kommt es nun zum Außenhandel, so steht zu vermuten, daß sich der Weltmarktpreis für Tuch und Wein und damit auch das Austauschverhältnis zwischen diesen beiden Produkten „irgendwo" zwischen diesen Grenzen bewegen dürfte. Dies war natürlich unbefriedigend, zumal auch noch die Frage offenblieb, ob sich dabei stabile oder instabile Weltmarktkonstellationen herausbilden. Schon früh (Mill) wurde auf die Bedeutung von Weltmarktangebot und -nachfrage verwiesen, um Transformationskosten- und Tauschkurven kombinieren und auf diese Weise die Volumina und Austauschverhältnisse der gehandelten Produkte, einschließlich der Gleichgewichtsbedingungen am Weltmarkt, erklären zu können. Mit der marginalanalytischen Weiterentwicklung der Theorie (Marshall) wurde der Einstieg für die Erkenntnis gewonnen, daß eine zentrale Bedeutung die gegebenen Angebots- und Nachfrageelastizitäten für die gehandelten Produkte in Bezug auf Einkommen und Preise haben, wobei die Theorie freilich gezwungen war, mit Annahmen - der Existenz von gesellschaftlichen Indifferenzkurven - zu operieren, die nur eine begrenzte außenwirtschaftspolitische Anwendungsrelevanz aufweisen. Insoweit ist es allenfalls unter sehr restriktiven Bedingungen möglich, sog. Gleichgewichtsaustauschverhältnisse (Volumina, Weltmarktpreise) im Außenhandel zu identifizieren, was indessen nicht ausschließt, daß bestimmte Gesichtspunkte gewonnen werden können, die für die Beurteilung des außenwirtschaftspolitischen Instrumentariums eine gewisse Rolle spielen.

Unbeschadet dieser doppelseitigen Weiterentwicklung stellte sich von Anfang an die über die analytische Frage nach den **Ursachen** des Außenhandels hinausweisende normative Frage nach dem **Nutzen** des Außenhandels. Schon Ricardo wollte sein Zustandekommen nicht nur „erklären", sondern seine freie Entfaltung auch „rechtfertigen". Mit dem Hinweis auf einen effizienten - arbeitsteiligen - Faktoreinsatz schien dies auch formal überzeugend gelungen; denn es mag - für sich genommen - als unstrittig gelten, daß ein „effizienterer" Faktoreinsatz ausschließlich aus ökonomischer Sicht, d.h. mit Blick auf einen produktiveren Faktoreinsatz und somit (bei gestiegener Produktivität eines gegebenen Faktorbestandes) eine höhere Güterversorgung der am Außenhandel beteiligten Länder, als positiv einzuschätzen ist. Doch läßt eine derartige - rein welfare-theoretisch orientierte - Sichtweise elementare Fragen offen, die bei national unterschiedlicher Teilhabe am Wachstumsprozeß auch über Kompensationszahlungen (Samuelson, Kaldor, Hicks) nur sehr bedingt da allenfalls formal lösbar erscheinen. Dies betrifft - zum einen - **verteilungspolitische Fragen**, wenn Länder oder gesellschaftliche Gruppen in einem Land unterschiedlich erfolgreich am Prozeß der internationalen Arbeitsteilung partizipieren; so kann das Weltmarktgleichgewicht - bei gegebenem Volumen und Austauschverhältnis - sich einseitig zugunsten bestimmter Länder oder gesellschaftlicher Gruppen einpendeln. Dies betrifft - zum zweiten - **strukturpolitische Fragen**, wenn innerhalb eines Landes der an sich angelegte Strukturwandel nicht friktionsfrei erfolgt; so ist nicht auszuschließen, daß der Strukturwandel externe Effekte (Ressourcenraubbau, Umweltbelastung) auslöst oder bei divergierender Arbeits- bzw. Kapitalintensität der Produktion Beschäftigungsprobleme aufwirft, wenn die durch den Außenhandel begünstigten Branchen nicht alle Beschäftigte integrieren können, die an anderer Stelle, nämlich von Branchen, die dem Konkurrenzdruck nicht gewachsen sind, freigesetzt werden. Dies betrifft - zum dritten - **entwicklungspolitische Fragen**, wenn ein Land durch den Strukturwandel seine entwicklungspolitischen Möglichkeiten verliert; so würde gerade an dem Ricardianischen Beispiel deutlich - Weinherstellung als „Landwirtschaft", Tuchfabrikation als „Industrialisierung" interpretiert -, daß der ökonomisch vermeintlich vorteilhafte Strukturwandel ein Land vom Industrialisierungs- und damit vom Entwicklungsprozeß abkoppeln kann und auf die Rolle eines Agrargüter- oder Rohstoffproduzenten reduziert. - Nimmt man diese drei Fragestellungen zusammen, so wird erkennbar, daß die reine Theorie des Außenhandels Entstehungs- und Stabilisierungsbedingungen von Außenhandelsbeziehungen zwar formal erklären, daß sie aber nur unter restriktiven Bedingungen die Vorteilhaftigkeit des freien Außenhandels nachweisen kann und deshalb nur bedingt einen Beitrag zur Lösung der eigentlichen allokationspolitischen Problematik leistet, weil sie unter Umständen relevant werdende Fragestellungen faktisch ausblendet. Eine solche isolierte Sichtweise wäre vertretbar, wenn man davon ausgehen könnte, daß die durch den freien Außenhandel hervorgerufenen „sozialen Kosten" anderweitig - etwa durch eine gezielte Verteilungs-, Struktur-, Beschäftigungs-, Umweltschutz- oder Industrieförderungspolitik - korrigierbar wären. Ist dies nicht der Fall, dann bleibt es bei der bereits skizzierten **allokationspolitischen Zielsetzung** der Außenwirtschaftspolitik i.S. deren Schutzfunktion, die dann letztendlich die Aufgabe hat, einerseits einen effizienten Außenhandel zu ermöglichen, aber andererseits den Außenhandel so zu steuern, daß möglichen verteilungs-, struktur- und entwicklungspolitischen Problemlagen und ihren wohlfahrtsmindernden Effekten Rechnung getragen werden kann.

5) DIE „MONETÄRE" THEORIE DER AUSSENWIRTSCHAFT

Die „monetäre" Theorie der Außenwirtschaft kann man mit guten Gründen auch als **Zahlungsbilanztheorie** bezeichnen. Denn wird der Geldfaktor in die Analyse einbezogen, ermöglicht dies, die realen Außenhandelsströme - nun unbeschadet der Gründe ihres Zustandekommens (die die reine Theorie zu erklären sucht) - in monetäre Umsatzströme zu fassen (Menge mal Preis), die dann in der Zahlungsbilanz ihren Niederschlag finden. Ohne auf deren Aufbau und Struktur hier schon einzugehen (vgl. dazu noch später), ergibt sich als das zentrale Problem der monetären Außenwirtschaftstheorie die Frage, was geschieht, wenn sich diese Umsatzströme - vom Inland ins Ausland und umgekehrt - in ihrem monetären Volumen nicht decken, wenn sich also positive oder negative Salden herausbilden. Die Frage wird unter doppelter Perspektive relevant: Einmal stellt sich die Frage, wie sich die monetären gesamtwirtschaftlichen Binnenaggregate (Nachfrage, Produktion, Preise, Volkseinkommen) auf die Entwicklung dieser Umsatzströme und die mögliche Herausbildung von Salden auswirken. Und zum zweiten stellt sich die Frage, wie grenzüberschreitende Umsatzströme bzw. mögliche Salden auf diese Binnenaggregate zurückstrahlen. Und beide Fragen kulminieren in der im engeren Sinne außenwirtschaftspolitisch relevanten Problemstellung, ob marktwirtschaftliche Mechanismen identifizierbar sind, die so definierte außenwirtschaftliche Ungleichgewichtslagen beseitigen bzw. in neue Gleichgewichtslagen überführen.

Um diese Fragestellung und mögliche Lösungsansätze präzisieren und konkretisieren zu können, bedarf es vorab einer - zunächst bewußt vereinfachten - Betrachtung des **Devisenmarktes**. Er verdankt seine Existenz der Tatsache, daß es kein „Weltgeld" gibt, sondern nationale Währungen existieren, wobei in der Regel die nationalen Währungsräume identisch sind mit den völkerrechtlich relevanten Staatsräumen. Devisenmärkte sind dann Märkte, an denen nationale Währungen frei und zu einem „Preis", der sich auf dem Markt bildet und letztendlich die Wertrelation zwischen den Währungen repräsentiert, gehandelt werden. (Wir unterstellen also marktwirtschaftliche Rahmenbedingungen, in denen der Staat darauf verzichtet, Devisen dirigistisch zuzuteilen bzw. ihre Preise administrativ festzulegen. Zu dieser Alternative vgl. noch später.) Die **Wertrelationen** zwischen den nationalen Währungen können dann alternativ notiert werden: Entweder in inländischer Währung für eine Einheit ausländischer Währung; wir sprechen hier von „Preisnotierung" oder „Devisenkurs" (w_i), d.h. ein Devisenkurs für den US-Dollar (bzw. ein US-Dollar-Kurs) von 2,- D-Mark besagt, daß ein US-Dollar 2,- D-Mark kostet bzw. für einen US-Dollar 2,- D-Mark erlöst werden können. Alternativ kann die Notierung in ausländischer Währung für eine Einheit inländischer Währung erfolgen; wir sprechen hier von „Mengennotierung" oder „Wechselkurs" (w_a) , d.h. ein Wechselkurs für die D-Mark von 0,50 US-Dollar besagt, daß 1 D-Mark 0,50 US-Dollar kostet bzw. für 0,50 US-Dollar 1 D-Mark erlöst werden kann. Beide Notierungen stehen in einem reziproken Verhältnis zueinander ($w_i = 1 : w_a$), so daß beide Notierungen zu identischen Aussagen über Sachzusammenhänge führen müssen. Im folgenden verwenden wir immer die Preisnotierung, die in der Bundesrepublik Deutschland üblich ist, während in den angelsächsischen Ländern teilweise die Mengennotierung vorherrscht. Sieht man einmal von technischen Besonderheiten ab - so verlangen Banken aus Kosten- und Rentabilitätsgründen unterschiedliche Kurse, je nach dem, ob sie ausländische Währungen ankaufen oder verkaufen, wobei aus naheliegenden Überlegungen der Devisenankaufskurs niedriger als der Devisenverkaufskurs ist -, so bildet sich am Devisenmarkt zu einem bestimmten Zeitpunkt nur ein bestimmter Devisenkurs heraus. Denn die Devisenmärkte erfüllen insoweit das Kriterium „vollkommener" Märkte, als die gehandelten „Produkte" - nämlich die verschiedenen nationalen Währungen - den Tatbestand der Homogenität voll erfüllen, persönliche, sachliche, räumliche und zeitliche Präferenzen entfallen und das Marktverhalten eine hohe Reaktionsgeschwindigkeit aufweist.

Um nun die Ablaufsprozesse am Devisenmarkt besser verstehen zu können, bedarf es einer präziseren Definition von Devisen. Unter **Devisen** verstehen wir - formal betrachtet - ausländische (inländische) Währungseinheiten, die sich im Besitz bzw. Eigentum von Inländern (Ausländern) befinden. Im Falle von „Sorten" reduzierte sich der Devisenbegriff auf ausländische (inländische) Münzen oder Noten im Besitz bzw. Eigentum von Inländern (Ausländern). Doch der ökonomisch relevante Devisenbegriff geht darüber hinaus, weil er auch Guthaben in ausländischer (inländischer) Währung einbezieht, die auf einen Inländer (Ausländer) lauten. Devisen repräsentieren dann - materiell betrachtet - **Forderungsrechte** eines Inländers (Ausländers), die letztlich einen Anspruch auf Teile des ausländischen (inländischen) Sozialprodukts begründen: Besitzt ein Deutscher US-Dollar - sei es in Form von Noten oder Guthaben -, so hat er, wieder marktwirtschaftliche Bedingungen unterstellt, das Recht und die Möglichkeit, damit US-amerikanische Produkte zu erwerben oder US-amerikanische Dienstleistungen in Anspruch zu nehmen; D-Mark im Besitz eines Ausländers vermitteln diesem analog einen Anspruch auf deutsche Produkte bzw. Dienstleistungen. Dabei weisen Devisen eine triviale und nachgerade selbstverständliche, gleichwohl bedeutsame Eigenschaft auf: Devisen können - im Gegensatz zur inländischen Währung - vom Inland bzw. der inländischen Notenbank nicht (wie eigene Währung) „hergestellt" werden, sondern sie müssen vom Inland aus dem Ausland durch eine realwirtschaftliche Vorleistung des Inlands (Waren- und/oder Dienstleistungsexporte ins Ausland) oder durch eine monetäre Vorleistung des Auslands (Kapitalimporte ins Inland als Schenkung oder Kredit) „erworben" werden.

Beschränken wir uns - aus Gründen der Vereinfachung - auf die monetäre Umsetzung des realen Leistungsverkehrs (Erweiterungen werden zunächst nur am Rande erwähnt und erst im Rahmen der Zahlungsbilanzanalyse konkretisiert), so ergibt sich ein spezifisches **Devisenmarktgeschehen** (vgl. Abbildung 1):

a) Kommt es zu Warenimporten aus dem Ausland, so führt dies aus naheliegenden Gründen zu einer **Nachfrage** nach ausländischen Devisen, die der Inländer (sei es der Käufer des Importgutes selbst, sei es der importierende Zwischenhändler) durch Hingabe von Inlandswährung bei seiner Bank kaufen muß, die sich wiederum bei ihrer Notenbank mit Inlandswährung refinanziert. (Dabei liegt es auf der Hand, daß diese Refinanzierung nur solange möglich ist, solange die inländische Notenbank über derartige Währungseinheiten verfügt.) Der Grund für diesen Devisenbedarf ist unmittelbar einsichtig: Der ausländische Produzent bzw. Exporteur wird in der Regel - mit Ausnahmen: etwa im nahen Grenzverkehr, oder wenn er beabsichtigt, im Gegenzug sofort inländische Produkte zu kaufen - darauf drängen, daß er für seine Waren eigene Währung erhält. Schließlich muß er im eigenen Land mit eigener Währung seinen Verpflichtungen - Bezahlung von Vorprodukten, Löhnen, Mieten, Zinsen, Steuern - nachkommen. (Es ist unschwer einsichtig, daß eine Devisennachfrage auch dann entsteht, wenn ein Inländer ausländische Dienstleistungen in Anspruch nehmen will - etwa als Urlauber -, oder wenn er ausländische Wertpapiere oder Grundstücke im Ausland erwerben will.) Im Umkehrschluß folgt daraus: Kommt es zu Warenexporten in das Ausland, so führt dies aus den gleichen Gründen und unter vergleichbaren Restriktionen zu einem **Angebot** von ausländischen Devisen; denn der inländische Produzent bzw. Exporteur wird aus den gleichen Gründen auf Bezahlung in inländischer Währung bestehen. Und der Ausländer erhält die Inlandswährung nur dann, wenn er sie mit eigener Währung kauft, was dann zu einer Erhöhung des ausländischen Devisenangebots führt; der gleiche Effekt tritt ein, wenn der inländische Empfänger ausländischer Devisen diese über seine Bank in Inlandswährung umtauscht. (Und analog gilt, wenn der Ausländer inländische Dienstleistungen in Anspruch nehmen oder inländische Wertpapiere oder Grundstücke erwerben will.)

Abbildung 1
Der Devisenmarkt

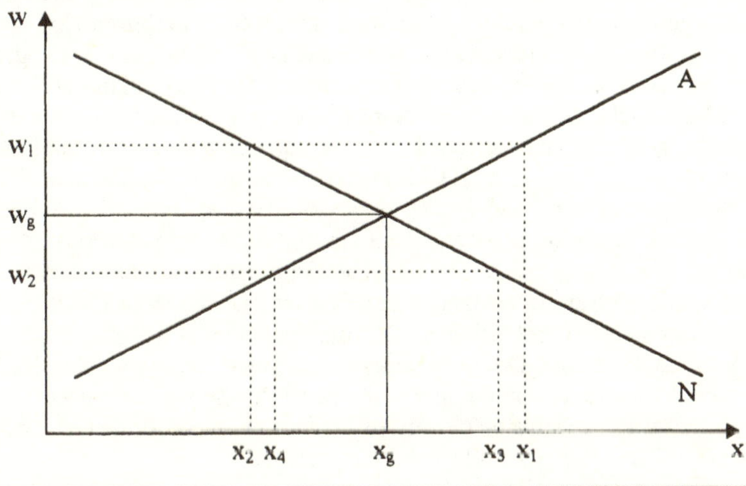

b) Beziehen wir nun die Höhe des **Devisenkurses** ein, so erhalten wir aus der Sicht eines Landes - aus Gründen der Vereinfachung einen „Normal"-Verlauf unterstellt (zu Besonderheiten: vgl. später) - die folgende **Devisennachfragefunktion** (N) und **Devisenangebotsfunktion** (A). Die Nachfrage nach ausländischen Devisen wird mit steigendem Devisenkurs abnehmen; ein amerikanisches Auto, mit einem Preis von 20.000 US-Dollar, kostet den deutschen Importeur, bei einem Devisenkurs von 1 D-Mark, 20.000 D-Mark, bei einem Devisenkurs von 4 D-Mark 80.000 D-Mark; das amerikanische Auto wird also mit steigendem Kurs für den Inländer - gemessen an einem qualitativ vergleichbaren Inlandsangebot an Autos und bei gegebenen Preisen in den jeweiligen nationalen Währungen sowie gegebenen Präferenzen - immer weniger attraktiv; allgemein gilt also, daß die Nachfrage nach ausländischen Produkten und damit die Devisennachfrage, gemessen in Devisenmengen (x), mit steigendem Devisenkurs (w) sinkt. (Und das gleiche gilt für die Inanspruchnahme ausländischer Dienstleistungen bzw. für den Erwerb ausländischer Wertpapiere oder Grundstücke durch den Inländer.) Umgekehrt wird das Angebot von ausländischen Devisen mit steigendem Devisenkurs zunehmen; ein deutsches Auto, mit einem Preis von 20.000 D-Mark, kostet den amerikanischen Importeur, bei einem Devisenkurs von 1 D-Mark, 20.000 US-Dollar, bei einem Devisenkurs von 4 D-Mark 5.000 US-Dollar; das deutsche Auto wird also mit steigendem Kurs für den Ausländer immer attraktiver; allgemein gilt also, daß die Nachfrage nach inländischen Produkten und damit das Devisenangebot mit steigendem Devisenkurs steigt. (Analoges gilt für die Inanspruchnahme inländischer Dienstleistungen bzw. für den Erwerb inländischer Wertpapiere oder Grundstücke durch den Ausländer.)

c) Stellen wir nun bei unterschiedlicher Höhe des Devisenkurses (w) die Devisennachfrage (N) und das Devisenangebot (A), jeweils mit Blick auf die gehandelten Mengen an Devisen (x), einander gegenüber, so ist unmittelbar einsichtig, daß nur zu einem bestimmten Devisenkurs (w_g) Devisenangebot und Devisennachfrage zum Ausgleich (x_g) kommen, somit ein **Devisenmarktgleichgewicht** gegeben ist. Ist - gemessen an dieser Gleichgewichtslage und bei gegebener Devisenangebots- bzw. Devisennachfragefunktion - der Devisenkurs zu hoch, ist also die ausländische Währung, in Inlandswährung gerechnet, zu „teuer“, die Inlandswährung somit „unterbewertet“ (w_1), ergibt sich ein Überangebot an ausländischen Devisen bzw. ein Nachfragedefizit nach ausländischen Devisen ($x_1 > x_2$). Ist umgekehrt der Devisenkurs zu niedrig, ist also die ausländische Währung, in Inlandswährung gerechnet, zu „billig“, die Inlandswährung somit „überbewertet“ (w_2), ergibt sich eine Übernachfrage nach ausländischen Devisen bzw. ein Angebotsdefizit an ausländischen Devisen ($x_3 > x_4$). Von daher gesehen, gilt, daß unter marktwirtschaftlichen Bedingungen nur bei einem bestimmten Kurs Devisenangebot und Devisennachfrage zu einem autonomen, d.h. durch Marktgegebenheiten bestimmten und außenwirtschaftspolitisch unbeeinflußten Ausgleich kommen, wobei zunächst offen bleiben kann, ob und unter welchen Bedingungen dieses Gleichgewicht stabil oder instabil ist.

Nun ist freilich nicht auszuschließen, daß in einer gegebenen Gleichgewichtssituation, d.h. bei gegebenem Gleichgewichtskurs und gegebener Räumung des Devisenmarktes, wo also das Devisenangebot gleich der Devisennachfrage ist, eine Ungleichgewichtssituation entsteht (vgl. Abbildung 2). Denkbar ist, daß die Devisennachfrage steigt: Sei es, daß das Ausland neue Güter anbietet (Verfügbarkeitskriterium), daß sich die inländischen Präferenzen zugunsten ausländischer Güter verändern (Präferenzkriterium), oder daß die ausländischen Güter wegen Verfahrensinnovationen preisgünstiger angeboten werden (Preiskriterium); denkbar ist auch, daß (aus welchen Gründen auch immer) ausländische Dienstleistungen verstärkt in Anspruch genommen werden oder die Kapitalanlage bzw. der Grunderwerb im Ausland attraktiver geworden ist. In jedem Falle erfolgt - bei jeweils gegebenem Kurs (w) und gegebenem Steigungswinkel der Devisennachfragefunktion (N), die wiederum durch die Elastizität der Devisennachfrage bestimmt ist (vgl. dazu noch später) - eine Rechtsverlagerung der Devisennachfragekurve (von N nach N_1). Denkbar wäre, daß - aus vergleichbaren Gründen (höhere Attraktivität des Inlandsangebots) - die Devisenangebotskurve (A) bei gegebenem Steigungswinkel der Angebotsfunktion eine Rechtsverlagerung (von A nach A_1) erfährt. (Theoretisch denkbar ist natürlich auch, daß Devisenangebots- bzw. Devisennachfragekurve Linksverlagerungen erfahren, weil - aus welchen Gründen auch immer - in- oder ausländische Leistungen unattraktiver geworden sind; aus Gründen der Vereinfachung soll dieser Fall einmal unberücksichtigt bleiben, obwohl er vergleichbare Schlußfolgerungen nahelegt.) Die **Verlagerung** der Devisenangebots- bzw. Devisennachfragekurve führt dazu, daß die Mehrnachfrage nach Devisen bzw. deren Mehrangebot sich bei **gegebenem Kurs** autonom einstellt (aus welchen Gründen auch immer) und eben nicht aufgrund einer Devisenkursveränderung erfolgt. In allen Fällen gilt, daß die bestehende Gleichgewichtslage in eine **Ungleichgewichtslage** übergegangen ist. Im Falle der Nachfrageverlagerung (auf N_1) entsteht - bei gegebenem Devisenkurs (w_g) und gegebener Angebotsfunktion (A) - ein Devisenangebotsdefizit ($x_1 > x_g$); im Falle der Angebotsverlagerung (auf A_1) entsteht - bei gegebenem Devisenkurs (w_g) und gegebener Nachfragefunktion (N) - ein Devisennachfragedefizit ($x_1 > x_g$).

Abbildung 2
Das Devisenmarktungleichgewicht

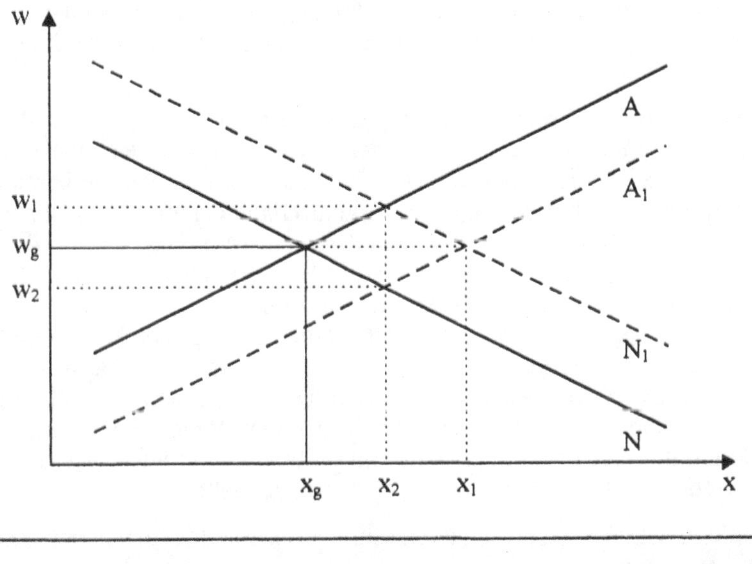

Vergleicht man beide Defizitpositionen, ist eine **Asymmetrie** zwischen den Ungleichgewichtssituationen unverkennbar, die einerseits ganz trivial erscheint, die andererseits aber noch eine nicht unwesentliche Rolle spielen wird (vgl. dazu später): Unmittelbar einsichtig ist, daß die Position eines **Devisenangebotdefizits**

(bzw. Devisennachfrageüberschusses) auf Dauer keinesfalls aufrechterhalten werden kann. Kein Land kann, gemessen an der Devisennachfrage, mehr Devisen ausgeben als es, entsprechend dem Devisenangebot, einnimmt, weil die Refinanzierungsmöglichkeit der Wirtschaftssubjekte über das Bankensystem bei der Notenbank „irgendwann" zu Ende geht, das Land also in Liquiditätsschwierigkeiten gerät. (Dies gilt auch dann, wenn man eine gewisse Kreditierung aus dem Ausland - bilateral oder über internationale Institutionen - in Rechnung stellte.) Umgekehrt erscheint die Position eines **Devisennachfragedefizits** (bzw. Devisenangebotsüberschusses) aus der Sicht des Inlands weniger problematisch. Denn das Inland nimmt dann mehr Devisen ein als es ausgibt, was vielfach sogar als Ausdruck der „Stärke" eines Landes angesehen wird; zumindest kommt es nicht in die vergleichbaren Liquiditätsschwierigkeiten wie im Falle des Angebotsdefizits. Dennoch ist auch diese Situation keine tragfähige Dauerlösung. Zum einen implizieren Devisennachfragedefizite im Inland logischerweise Devisenangebotsdefizite bei Partnerländern (mit den entsprechenden Liquiditätsproblemen für das Ausland). Zum zweiten bliebe für das Überschußland selbst dann, wenn diese Defizite über mehrere Länder „streuten" (also ein einziges Land nicht in unmittelbare Schwierigkeiten brächten), das Problem, daß - im Überschußfall - immer mehr reale Leistungen (Waren, Dienste) des Inlandes an das Ausland fließen. Ihr Gegenwert (Devisen) begründete zwar formal einen Anspruch des Inlands auf reale Leistungen des Auslandes, der aber materiell über höhere reale Leistungsimporte bei anhaltenden Überschüssen nicht realisiert wird und überdies bei einer anhaltenden Erhöhung der inländischen Geldmenge, die aus dem Umtausch der erworbenen ausländischen Devisen in Inlandswährung resultiert, im Inland eher Inflationsgefahren begründete.

Zieht man ein Fazit aus diesen Überlegungen, so ist davon auszugehen, daß - bei allen Differenzierungen und trotz gegebener Asymmetrie - weder eine Defizitposition noch eine Überschußposition eine dauerhafte Lösung ist; die bereits geäußerte Vermutung, daß Ungleichgewichtskonstellationen problematisch sind, findet in diesen Überlegungen ihre Konkretisierung. Und daraus folgt, daß ein **Devisenmarktgleichgewicht** angestrebt werden bzw. erreichbar sein muß. Damit ist die Kernfrage der monetären Außenwirtschaftstheorie angesprochen, nämlich welche Wirkungen, unter welchen Bedingungen und mit welchen Konsequenzen, von einer solchen Ungleichgewichtslage ausgehen bzw. ob es Mechanismen gibt, die eine neue Gleichgewichtslage herbeiführen. Diese zentrale Fragestellung begründete unterschiedliche Entwicklungslinien der monetären Außenwirtschaftstheorie, deren alternativer Standort sich logisch unmittelbar aus einer Devisenmarktungleichgewichtslage (vgl. Abbildung 2) ableiten läßt.

a) Denkbar ist, daß trotz eingetretenem Devisenmarktungleichgewicht der gegebene Gleichgewichtskurs (w_g) im Grundsatz - von technischen Sonderproblemen, etwa Einräumung von Bandbreiten (vgl. noch später), abgesehen - aufrechterhalten werden soll. Hintergrund dieser Vorstellung ist, daß über stabile Devisenkurse das Kursrisiko bei außenwirtschaftlichen Transaktionen vermieden werden sollte, um die außenwirtschaftlichen Transaktionen auf eine sichere Kalkulationsgrundlage für die Wirtschaftssubjekte zu stellen. Die Konsequenz liegt dann auf der Hand. Unter diesen Bedingungen muß entweder die Entstehung von Devisenmarktungleichgewichten außenwirtschaftspolitisch verhindert, zumindest im nachhinein beseitigt werden durch direkte Beeinflussung des Leistungs- und Faktorverkehrs. Anderenfalls müssen - wenn derartige Beeinflussungen des Leistungs- und Faktorverkehrs gegen international verbindliche, da vertraglich eingegangene Liberalisierungsbedingungen verstießen oder zumindest eine Abkehr von den Vorteilen der internationalen Arbeitsteilung implizierten - binnenwirtschaftliche Anpassungsprozesse ausgelöst (und auch politisch akzeptiert) werden, die eine neuerliche Verlagerung der Devisennachfrage- oder der Devisenangebotskurve auslösen und damit auch ein neuerliches Devisenmarktgleichgewicht herbeiführen. Die Anpassungsprozesse können über das binnenwirtschaftliche Preisniveau erfolgen; diese Vorstellung hat die älteste Tradition in der monetären Theorie. Oder sie können - bei gegebenem binnenwirtschaftlichen Preisniveau - über das binnenwirtschaftliche Realeinkommensniveau ausgelöst werden, diese Vorstellung führte zur Weiterentwicklung der monetären Theorie. Beide Aspekte kulminieren in einer wichtigen Fragestellung der monetären Theorie, inwieweit bei **gegebenem Devisenkurs** über **binnenwirtschaftliche Anpassungsprozesse** am Devisenmarkt **Verlagerungen** der **Devisenangebots-** oder **Devisennachfragefunktionen** ausgelöst werden und auf diese Weise neue Gleichgewichtssituationen begründen.

b) Denkbar ist, daß bei eingetretenem Devisenmarktungleichgewicht der gegebene Gleichgewichtskurs (w_g) nicht aufrechterhalten werden kann oder soll. Hier geht man teils von der Vorstellung aus, daß die politische Beeinflussung außenwirtschaftlicher Transaktionen entweder gegen bestehende Liberalisierungsbedingungen verstoßen oder die internationale Arbeitsteilung belasten könnte. Teils wird unterstellt, daß eine binnenwirtschaftliche Anpassung an Devisenmarktungleichgewichte an sachliche Grenzen stieße, weil die Anpassungsmechanismen als nicht hinreichend funktionsfähig angesehen werden, oder weil die Konsequenzen der Anpassungsmechanismen politisch nicht gewollt werden und damit auch nicht hingenommen werden sollen. In diesem Falle bleibt nur eine alternative Schlußfolgerung: Entweder muß der Gleichgewichtskurs politisch-administrativ neu bestimmt werden: Im Falle des Devisenangebotsdefizits erfolgt dies durch eine Abwertung der inländischen Währung (von w_g auf w_1, d.h. bei Preisnotierung wird die ausländische Währung „teurer"), in der Erwartung, durch eine kursbedingte Devisenangebotserhöhung (von x_g nach x_2) bzw. durch einen kursbedingten Devisennachfragerückgang (von x_1 nach x_2) aufgrund der im Steigungsmaß gleichen (allenfalls parallel verlagerten) Angebots- bzw. Nachfragefunktionen eine neue Gleichgewichtslage zu begründen (bei x_2). Im Falle des Devisennachfragedefizits erfolgt dies durch eine Aufwertung der inländischen Währung (von w_g auf w_2, d.h. bei Preisnotierung wird die ausländische Währung „billiger"), um so durch gegenläufige Entwicklungen eine neue Gleichgewichtslage (bei x_2) zu erreichen. Denkbar ist auch, daß auf die (politische) Festlegung neuer Gleichgewichtskurse völlig verzichtet und die Kursbildung einem freispielenden Angebots-Nachfrage-Mechanismus am Devisenmarkt anvertraut wird; dies geschieht dann in der Erwartung, daß dieser Kursmechanismus am ehesten zu neuen Gleichgewichtslagen führt. Diese Variante der monetären Theorie konzentriert sich auf die Frage, inwieweit bei **flexiblen Devisenkursen** über **außenwirtschaftliche Anpassungsprozesse** am Devisenmarkt bei veränderten (und dann aber als gegeben unterstellten) Devisenangebots- oder Devisennachfragefunktionen nun durch **kursbedingte Veränderungen** der **Devisennachfrage** und des **Devisenangebots** neue Gleichgewichtssituationen begründet werden.

Mit diesen alternativen Sichtweisen liegen die Grundlinien der monetären Außenwirtschaftstheorie vor. Im Zentrum ihrer Fragestellung steht der Versuch, die Bedeutung und das Gewicht relevanter Ausgleichsvariablen - Preise, Volkseinkommen, Devisenkurs - zur (Rück-)Gewinnung von Devisenmarktgleichgewichten theoretisch zu analysieren. Dabei geht sie teilweise isoliert vor, indem eine Variable verändert, die anderen konstant gehalten werden; teils versucht sie auch, das simultane Zusammenwirken in einem Totalmodell zu erfassen. Letzteres entspricht zwar eher der Realität, führt aber zu sehr differenzierten Modellen, die oft kaum noch überschaubar sind. Immer bleibt es indessen bei der zentralen Frage, ob und unter welchen Bedingungen Ungleichgewichtssituationen am Devisenmarkt sich wieder in Gleichgewichtssituationen überführen lassen, ohne in den internationalen Güter- und Faktorverkehr einzugreifen. Und mit dieser Fragestellung gewinnen wir letztendlich eine bemerkenswerte konzeptionelle Analogie zur „reinen" Außenwirtschaftstheorie: Soweit der Nachweis gelänge - wie gezeigt, ist dies nur unter sehr restriktiven Bedingungen unterstellbar -, daß der freie, ungehinderte Außenhandel ein höheres Maß an ökonomischer Effizienz auslöst als er soziale Kosten verursacht (bzw. daß letztere anderweitig korrigierbar wären), desto mehr würde Außenwirtschaftspolitik ihre allokationspolitische Schutzfunktion verlieren. Und analoges gilt nun für die „monetäre" Außenwirtschaftstheorie: Je mehr gezeigt werden könnte, daß Mechanismen - in welcher der beiden Varianten auch immer - das Devisenmarktgeschehen im Gleichgewicht halten bzw. Ungleichgewichte wieder in Gleichgewichtslagen überführen, desto mehr würde Außenwirtschaftspolitik auch ihre Devisenmarktausgleichsfunktion verlieren. Umgekehrt: Je weniger dieser Nachweis gelingt bzw. gezeigt werden kann, daß diese Mechanismen nur unter sehr restriktiven Bedingungen (oder gar nicht) funktionsfähig sind, desto mehr bleibt auch die bereits skizzierte **stabilitätspolitische Zielsetzung** der Außenwirtschaftspolitik i.S. der Devisenmarktausgleichsfunktion erhalten. Während nun freilich die Wahrung der Allokationsfunktion letztendlich auf normative Vorgaben rekurrieren muß - aufgrund derer die verteilungs-, struktur- und/oder entwicklungspolitischen Ziele der rein ökonomischen Effizienz vorgeordnet oder nachgeordnet werden -, bedarf die Wahrung der Stabilitätsfunktion noch einer differenzierteren Analyse der Zahlungsbilanz.

III. DIE ZAHLUNGSBILANZ (STRUKTUREN)

6) DER AUFBAU DER ZAHLUNGSBILANZ

Alle außenwirtschaftlichen Transaktionen, die letztendlich Objekt außenwirtschaftspolitischer Maßnahmen sind, finden ihren Niederschlag in der **Zahlungsbilanz** eines Landes. Sie spiegelt die wirtschaftliche Verflechtung eines Landes mit dem Ausland wider. Dabei können für die Zahlungsbilanz zwei - alternative - Definitionsmöglichkeiten herangezogen werden, die zwar den gleichen Sachverhalt umschreiben, nämlich die außenwirtschaftliche Verflechtungskonstellation, die aber dennoch für die Zahlungsbilanzanalyse unterschiedliche Bedeutung haben.

a) Zum einen kann die Zahlungsbilanz **statisch** definiert werden: Wir verstehen dann darunter eine systematische Aufzeichnung aller ökonomischen Transaktionen, die in einer bestimmten Periode - Monat, Quartal, Jahr - zwischen „Inländern" und „Ausländern" getätigt wurden und grenzüberschreitenden Charakter hatten. In dieser Eigenschaft vermittelt die Definition einen **ex-post**-orientierten Zustandscharakter der außenwirtschaftlichen Transaktionen, der dann i.S. einer komparativ-statischen **Vergleichsanalyse** Rückschlüsse zuläßt auf die Frage, welche Konsequenzen dieser Zustandscharakter für die binnen- und außenwirtschaftliche Entwicklung hat.

b) Zum zweiten kann die Zahlungsbilanz **dynamisch** definiert werden. Wir verstehen dann darunter eine systematische Aufzeichnung aller ökonomischen Transaktionen, die in einer bestimmten Periode - Monat, Quartal, Jahr - zu einem wirksamen Angebot von ausländischen Währungseinheiten (Nachfrage nach inländischen Währungseinheiten) bzw. zu einer wirksamen Nachfrage nach ausländischen Währungseinheiten (Angebot von inländischen Währungseinheiten) führen. In dieser Eigenschaft vermittelt die Definition einen **ex-ante**-orientierten Prozeßcharakter der außenwirtschaftlichen Transaktionen, der dann i.S. einer dynamischen **Verlaufsanalyse** Rückschlüsse darauf zuläßt, ob und welche Anpassungsmechanismen bei Angebots-Nachfrage-Ungleichgewichten zu erwarten sind.

Beiden Definitionen ist - trotz ihres unterschiedlichen Analysegehalts - gemeinsam, daß sie die außenwirtschaftliche Verflechtung eines Landes mit **„dem" Ausland** umschreiben, und daß es sich um **zeitraumbezogene „Stromgrößen"** handelt. Damit ist die „Zahlungsbilanz" von anderen Bilanzkonzepten abzugrenzen: Einmal ist sie abzugrenzen von „speziellen" Zahlungsbilanzen, die nur Transaktionen des Landes mit einem anderen Land oder mit einer Region erfassen; die allgemeine Zahlungsbilanz erfaßt demgegenüber die Beziehungen zwischen dem Inland und dem „Rest" der Welt. Zum zweiten ist sie zu unterscheiden von „Bestandsbilanzen", die ohne Rücksicht auf den Zeitpunkt der Entstehung den auf einen Zeitpunkt bezogenen Stand von Forderungen der Inländer (an

Ausländer) und Vermögen der Inländer (im Ausland) bzw. von Forderungen der Ausländer (an Inländer) und Vermögen der Ausländer (im Inland) repräsentieren. Beide Sonderformen - „Spezial"- wie „Bestands"-Bilanzen - vermitteln zwar wichtige Zusatzinformationen mit unter Umständen erheblicher außenwirtschaftspolitischer Relevanz; dennoch sollen sie zunächst aus der Betrachtung ausgeklammert bleiben.

Was nun den Aufbau und die daraus resultierende Grundstruktur der Zahlungsbilanz angeht, so ist vorab auf eine wichtige Besonderheit hinzuweisen.[2] **Buchungskriterium** ist aus der Sicht des Inlandes letztendlich die Frage, ob eine außenwirtschaftliche Transaktion - unbeschadet des Grundes bzw. der Art der Transaktion und damit auch unbeschadet der daraus resultierenden schuldrechtlichen Implikationen und Konsequenzen - zu **Deviseneinnahmen** bzw. **Devisenausgaben** des Inlandes führt. Dabei ist zunächst zu differenzieren:

a) Kommt es zu **Deviseneinnahmen**, so entspricht dies einem Anstieg des Devisenangebots und damit - für sich genommen - einem Anstieg des Bestandes von ausländischen Währungseinheiten im Inland, in der Regel bei der Notenbank, wenn sie die von Ausländern angebotenen bzw. von Inländern erworbenen ausländischen Währungseinheiten aufkauft. Außenwirtschaftlich gesehen führt dies zu einer Zunahme von Anspruchsrechten gegenüber dem ausländischen Sozialprodukt. Dabei wird definitionsgemäß („Stromgröße") nicht der Bestand, sondern seine periodenbezogene Veränderung (gegenüber dem „Rest" der Welt) ausgewiesen. Die Gründe, die zu Deviseneinnahmen und damit zu einem Anstieg des Bestandes von ausländischen Währungseinheiten führen, können nun sehr vielschichtig sein. Ohne hier auf statistisch-technische Details einzugehen, sind theoretisch sechs unterschiedliche Ursachen identifizierbar. Das Angebot ausländischer Währungseinheiten steigt, weil (1) das Ausland oder die Ausländer Inlandswährung kaufen, also eigene Währung anbieten, um inländische Produkte zu erwerben (**Warenausfuhr des Inlandes**), oder (2) weil sie inländische Dienstleistungen - Reiseverkehr, Transport-, Versicherungs- oder sonstige Serviceleistungen des Inlands - in Anspruch nehmen (**Dienstleistungsausfuhr des Inlands**, sog. „unsichtbare" Ausfuhren); in beiden Fällen hat das Inland für den Devisenerwerb eine „echte" (reale) Vorleistung erbracht. Denkbar ist (3), daß das Devisenangebot steigt, weil das Ausland dem Inland seine Währungseinheiten - gleichermaßen als Schenkung (sei es als Entwicklungshilfe einzelner Länder an das Inland, sei es als Subventionszahlungen aus internationalen Fonds) zur Verfügung stellt (**Übertragungen des Auslands**); hier erbringt das Inland zwar keine realen Vorleistungen, hat sich im Zuge des Devisenerwerbs aber auch nicht verschuldet. Analog gelagert ist der Fall, daß (4) Inländer, mit ständigem Wohnsitz im Inland, als Grenzgänger im Ausland arbeiten, oder daß sie Sach- oder Finanzvermögen im Ausland besitzen, daß sie aber ihre Faktorerträge -

---

2 Wir beschränken uns im folgenden zunächst auf einige grundsätzliche - formal ableitbare - Überlegungen; ihre konkrete Umsetzung i.S. einer empirischen Dokumentation soll an anderer Stelle (vgl. Teil A, V) noch einmal gesondert erfolgen.

seien es ihre Arbeitserträge (Lohn) oder ihre Kapitalerträge (Zins) - ins Inland transferieren. Materiell besteht hier zwar (anders als im Fall 3) eine Vorleistung - aber nicht des „Inlands" (die dann, i.S. von Fall 1 und 2, gegenüber dem Ausland erbracht wird), sondern des „Inländers", der dem Ausland seine Produktionsfaktoren (Arbeit, Kapital) zur Verfügung stellt, damit zur ausländischen Wertschöpfung beiträgt und deshalb einen Anspruch auf ausländisches Sozialprodukt erwirbt (**Erwerbs- und Vermögenseinkommen** bzw. deren Transfer in das Inland). Formal betrachtet, ist der Fall (5) analog gelagert, wenn Vermögensteile, die vom inländischen Eigentümer im Ausland irgendwann erworben oder geerbt wurden, nun im Ausland wieder veräußert werden (Verkauf von Anteilen an ausländischen Sach- oder Wertanlagen) und dann aus dem Ausland ins Inland transferiert werden (**Vermögensübertragungen** ins Inland). Denkbar ist, daß (6) ausländische Währungseinheiten angeboten werden, weil die Ausländer im Inland Direktinvestitionen durchführen, Anteile von inländischen Unternehmen oder Grundstücke im Inland erwerben oder weil sie Währungseinheiten auf Kreditbasis dem Inland zur Verfügung stellen (**Kapitalimport**); in diesen Fällen hat das Inland nicht nur keine reale Vorleistung erbracht, sondern es hat sich sogar verschuldet, weil die Deviseneinnahmen nicht aus Vorleistungen (des Inlands oder der Inländer) resultieren, sondern aus der Tatsache, daß Ausländer monetäre Vorleistungen erbracht haben, indem sie Anteils-, Besitz- oder Forderungsrechte erworben haben, die im Gegensatz zur Schenkung einer Verschuldung des Inlands entsprechen. Überblicken wir diese möglichen Ursachen, so wird - einerseits - erkennbar, daß ihnen gemeinsam die Tatsache ist, daß sie zu einem Devisenangebot und damit zu einer Devisenbestandserhöhung führen; es wird aber - andererseits - ebenso deutlich sichtbar, daß sie schuldrechtlich eine recht unterschiedliche Qualität besitzen: Teils implizieren sie eine reale Vorleistung des Inlands (Fall 1, 2), teils sind sie Folge einer Schenkung des Auslands (Fall 3), teils haben sie Transfercharakter (Fall 4, 5), teils implizieren sie eine Verschuldung des Inlands (Fall 6). Schließlich ist unmittelbar einsichtig, daß - im analogen Umkehrschluß gesehen - Warenimporte (1), Dienstleistungsimporte (2), Übertragungen des Inlands an das Ausland, direkt oder als Zahlungen an internationale Fonds (3), Erwerbs- und Vermögenseinkommen von Ausländern, die diese Einkommen im Inland erzielen, aber in ihr Heimatland transferieren (4), Vermögensübertragungen ins Ausland (5) und schließlich Kapitalexporte (6) zur Nachfrage nach ausländischen Devisen, damit zu **Devisenausgaben** und so - wiederum für sich genommen - zu einem Rückgang des Bestandes an ausländischen Währungseinheiten im Inland führen.

b) Bis hierher waren Zunahmen und Abnahmen des Devisenbestandes einzelnen außenwirtschaftlichen Transaktionen eindeutig zuzuordnen (Waren- und Dienstleistungen, Schenkungen, Einkommens- und Vermögenstransfers, Kapitalverkehr); sie waren somit statistisch eindeutig zurechenbar. Darüber hinaus ergeben sich indessen noch Veränderungen des Devisenbestandes, die nicht den skizzierten Transaktionen unmittelbar und eindeutig zuzuordnen sind. Zwei unterschiedliche Aspekte spielen hierbei eine Rolle. Einmal kann es zu Zunahmen oder Abnahmen des Devisenbestandes kommen, ohne daß dies eindeutig mit einer der möglichen Transaktionen in Verbindung gebracht werden kann. Ein Grund der mangelnden Zuordnungsfähigkeit mag in technisch bedingten Fehlern bei der statistischen Erfassung liegen; eine Devisenbestandsveränderung liegt zwar vor, der Grund läßt sich aber nicht exakt lokalisieren. Ein weiterer - und vermutlich gravierenderer - Grund ist an entstehenden Währungsunruhen festzumachen, die dann zu einem Wandel bei den Zahlungsbedingungen und Zahlungsgewohnheiten (sog. terms of payment) führen; droht eine Abwertung der inländischen (ausländischen) Währung, wird es eventuell vor Vertragserfüllung zu Vorauszahlungen seitens der Inländer (Ausländer) kommen, die dann nicht unbedingt einer konkreten außenwirtschaftlichen Transaktion zuzuordnen sind. Dies führt zur Einführung von **Restposten** (sog. Posten der statistisch ungeklärten Beträge), die jeweils als Gegenposten zu im Grunde nicht lokalisierbaren Veränderungen des Devisenbestandes eingesetzt werden. Es liegt auf der Hand, daß, gerade wegen des zweiten Falles, der Restposten mit zunehmenden Währungsunruhen im Volumen deutlich steigen kann. Zum zweiten kann sich der Devisenbestand verändern, ohne daß überhaupt ökonomische Transaktionen seitens der In- oder Ausländer vorgenommen wurden. So kann sich der Devisenbestand eines Landes erhöhen, wenn einem Land von internationalen Institutionen Anspruchsrechte auf ausländische Währungseinheiten eingeräumt werden (sog. Ziehungs- oder Sonderziehungsrechte seitens des Internationalen Währungsfonds oder sog. Kreditfazilitäten seitens einzelner Länder oder sonstiger Fonds - zu Einzelheiten vgl. später); er wird sich vermindern, wenn in Anspruch genommene ausländische Währungseinheiten wieder (etwa nach Ablauf der Kreditfrist) zurückbezahlt werden. Bedenkt man überdies, daß der Devisenbestand an ausländischen Währungseinheiten zu gegebenen Wertrelationen in Inlandswährung umgerechnet wird, um bei unterschiedlichen - sachlichen wie länderspezifischen - „Quellen" der Devisenbestandsveränderung zusammengefaßt werden zu können, so kann sich schließlich der Wert des Devisenbestandes (in Inlandswährung gerechnet) erhöhen, wenn ausländische Währungen gegenüber der Inlandswährung aufgewertet werden (ihr Wert, in Inlandswährung gerechnet, also steigt); im analogen Umkehrschluß sinkt der Wert des Devisenbestandes, wenn ausländische Währungseinheiten abgewertet werden. Derartige Veränderungen werden in dem sog. **Ausgleichsposten** festgehalten, der jeweils als Gegenposten zu dadurch ausgelösten Veränderungen des Devisenbestandes eingeführt wird. Auch dieser Posten dürfte mit zunehmenden Wechselkursänderungen an Gewicht gewinnen.

Kombinieren wir beide Aspekte, so erhalten wir eine - formal vergleichbare, materiell, d.h. aus der Sicht der Devisenbestandsveränderung entgegengerichtete - Grundstruktur der **Zahlungsbilanzkomponenten** und damit der **Ursachen**, die zu einer Erhöhung des Devisenbestandes bzw. zu dessen Verminderung führen (vgl. Abbildung 3). Dabei wird ein wichtiger Buchungsgrundsatz erkennbar: Da jede Ursache von Deviseneinnahmen (-ausgaben) als Devisenbestandserhöhung (-verminderung) auf der jeweiligen Bilanzgegenseite festgehalten wird, befinden sich „Soll"- und „Haben"-Seite der Zahlungsbilanz immer **formal** im **Ausgleich**.

Abbildung 3
Komponenten der Zahlungsbilanz

Soll (Devisenausgaben für:)	**Haben** (Deviseneinnahmen aus:)
Wareneinfuhr aus dem Ausland Dienstleistungen des Auslands Übertragungen des Inlands Einkommenstransfers ins Ausland Vermögenstransfers ins Ausland Kapitalausfuhr ins Ausland	Warenausfuhr aus dem Inland Dienstleistungen des Inlands Übertragungen des Auslands Einkommenstransfers ins Inland Vermögenstransfers ins Inland Kapitaleinfuhr ins Inland
statistisch zurechenbare Positionen	statistisch zurechenbare Positionen
+ Restposten (nicht zuzuordnen wegen Ermittlungsfehlern und/oder Vorauszahlungen an das Ausland) + Ausgleichsposten (Rückzahlung internationaler Kredite; Abwertung ausländischer Währungen)	+ Restposten (nicht zuzuordnen wegen Ermittlungsfehlern und/oder Vorauszahlungen an das Inland) + Ausgleichsposten (Erhalt internationaler Kredite; Aufwertung ausländischer Währungen)
Erhöhung des Devisenbestandes in Inlandswährung	Verminderung des Devisenbestandes in Inlandswährung

Ob sich allerdings die Zahlungsbilanz **materiell** im **Gleichgewicht** befindet, entscheidet letztendlich die Summe der einzelnen Positionen, die - jeweils für sich genommen - über den relevanten Beobachtungszeitraum hinweg zu Deviseneinnahmen bzw. -ausgaben und dann per Saldo definitiv eine Veränderung (Erhöhung oder Verminderung) des Devisenbestandes auslösen. Diese Veränderung hat einen typischen „**Netto**"-**Charakter**, wenn man berücksichtigt, daß Deviseneinnahmen während der Beobachtungsperiode bereits mit Devisenausgaben einhergehen bzw. Devisenausgaben aus während der Periode erzielten Deviseneinnahmen finanziert werden; am Ende der Beobachtungsperiode wird dann erkennbar, ob die Summe der Einnahmen größer (kleiner) als die Summe der Ausgaben ist und dann - per Saldo: netto - zu einer Erhöhung (Senkung) des Divisenbestandes führt. Formal gesehen, läßt sich aus der Ursachenstruktur unschwer eine **Zahlungsbilanzstruktur** (vgl. Abbildung 4) ableiten. Unbeschadet verbuchungstechnischer Besonderheiten (vgl. dazu später) ergibt sich der Saldo der **Leistungsbilanz** im engeren Sinn aus der Summe der Salden im Waren- und Dienstleistungsverkehr; er repräsentiert die reale Leistungsverflechtung des Inlands mit dem Ausland und entspricht (cum grano salis) dem sog. **Außenbeitrag** in der Volkswirtschaftlichen Gesamtrechnung, der als Saldo von Gesamtausfuhr und Gesamteinfuhr (jeweils Waren und Dienste enthaltend) definiert ist. Ergänzt um die Salden bei den Übertragungen und den Faktoreinkommenstransfers, erhalten wir den Saldo der **Leistungsbilanz** im weiteren Sinn (auch Bilanz der lfd. Positionen); er repräsentiert die gesamte Leistungsverflechtung mit dem Ausland, unabhängig von der Frage, ob ihr monetär bewertete reale Transfers oder rein monetäre Transfers zugrunde liegen. Ergänzt um die Salden beim Vermögenstransfer und beim Kapitalverkehr, die nicht unbedingt periodischen (also laufenden) Charakter haben, aber dennoch auch zu Devisenbestandsveränderungen führen, erhalten wir die gesamte **Transaktionsbilanz** (auch Bilanz der statistisch zurechenbaren Positionen). Unter ergänzender Berücksichtigung der Salden bei den Rest- und Ausgleichsposten erhalten wir schließlich die **Devisenbilanz**; in diese münden alle Teilbilanzsalden ein und führen, je nach ihrer Höhe in der Summe im Berichtszeitraum zu einer Erhöhung oder Verminderung des Devisenbestandes (aus noch darzustellenden Gründen auch als Nettoauslandsposition eines Landes interpretierbar).

Abbildung 4 **Zahlungsbilanzstruktur**
Saldo des Warenverkehrs Saldo des Dienstleistungsverkehrs
Leistungsbilanz i.e.S. (Bilanz der realen Verflechtung) Saldo der Übertragungen Saldo der Faktoreinkommenstransfers
Leistungsbilanz i.w.S. (Bilanz der lfd. Positionen) Saldo der Vermögenstransfers Saldo des Kapitalverkehrs
Transaktionsbilanz (Bilanz der statistisch erfaßbaren Positionen) Restposten Ausgleichsposten
Devisenbilanz (Veränderung der Nettoauslandsposition)

Damit liegt der formale Aufbau einer Zahlungsbilanz vor. Materiell mündet er ein in die **Gleichgewichtsproblematik**, die nun - zunächst i.S. einer komparativ-statischen Analyse - unter zwei Aspekten zu analysieren ist. Einmal stellt sich die Frage, welche Konsequenzen eine spezifische Gleichgewichts- bzw. Ungleichgewichtslage der Zahlungsbilanz bzw. der relevanten Teilbilanzen für den **binnenwirtschaftlichen Kreislauf** und dessen Verlaufskomponenten hat (vgl. Ziff. 7); zum zweiten stellt sich die Frage, welche Rückschlüsse eine spezifische Gleichgewichts- bzw. Ungleichgewichtssituation auf die Beurteilung der **außenwirtschaftlichen Verflechtungslage** einer Volkswirtschaft zuläßt (vgl. Ziff. 8).

Beide Fragestellungen kulminieren in dem Kernproblem, daß im Vergleich von Soll- und Habenseite die Zahlungsbilanz formal, eben wegen des Grundsatzes der Gegenbuchung in der Devisenbilanz, zwar immer ausgeglichen ist, daß aber dennoch materielle Ungleichgewichte aufgrund der konkreten Ausgestaltung der Teilbilanzen (Leistung, Übertragung, Transfers, Kapital) in der Summe, die dann zu Devisenbestandsveränderungen führt, nicht auszuschließen sind.

7) ZAHLUNGSBILANZ UND BINNENWIRTSCHAFT

Überprüfen wir - zum ersten - die Frage, welche Konsequenzen eine spezifische Gleichgewichts- bzw. Ungleichgewichtslage der Zahlungsbilanz für die **binnenwirtschaftlichen Entwicklungskomponenten** hat, so ergibt sich die Notwendigkeit, die Zahlungsbilanz in den binnenwirtschaftlichen Kreislauf einzubeziehen. Dabei steht notwendigerweise der reale Leistungsverkehr (Waren, Dienste) im Vordergrund, allenfalls ergänzt um die Transfers von Übertragungen sowie Erwerbs- und Vermögenseinkommen, weil nur diese Transaktionen in den Ländern direkt volkseinkommenswirksam werden, während vom Vermögens- und Kapitalverkehr zwar Devisenbestandseffekte aber höchstens indirekte Einkommenswirkungen - etwa über konsumtive oder investive Anschlußeffekte im Inland oder Ausland - ausgehen.

Gemessen in den Kategorien der **Volkswirtschaftlichen Gesamtrechnung** erwirtschaftet eine „geschlossene“ Volkswirtschaft (also ohne außenwirtschaftliche Transaktionen) eine gesamtwirtschaftliche Wertschöpfung (Bruttoinlandsprodukt: BIP), die sich aus den Umsatzerlösen aller Unternehmen (abzüglich Vorleistungen) ermittelt. Im Zuge dieser Wertschöpfung, d.h. über die Herstellung von Gütern und die Zurverfügungstellung von Dienstleistungen für den privaten und öffentlichen Verbrauch (C) bzw. für die privaten und öffentlichen Anlage- und Vorratsinvestitionen (I), werden jeweils Arbeits- und Kapitaleinkommen, in der Summe also das Volkseinkommen (Y), erzielt. (Diese Aussage gilt allerdings nur unter der vereinfachenden, für die nachfolgenden Überlegungen aber irrelevanten Annahme, daß von Abschreibungen, indirekten Steuern und staatlichen Subventionen abgesehen wird.) Unter diesen Voraussetzungen gilt:

(1) $Y = C + I.$

Beziehen wir nun außenwirtschaftliche Transaktionen ein, gehen wir also von einer „offenen“ Volkswirtschaft aus, so liegt es auf der Hand, daß zusätzliches Volkseinkommen entsteht, wenn im Inland Ausfuhrgüter hergestellt und exportiert bzw. inländische Dienstleistungen dem Ausland zur Verfügung gestellt werden (X); umgekehrt vermindert sich das Volkseinkommen um jene Teile, mit denen Einfuhrgüter aus dem Ausland bzw. ausländische Dienstleistungen bezahlt werden (M). Die obige Gleichung erweitert sich somit:

(2) $Y = C + I + X - M.$

Dabei erscheint unmittelbar plausibel, daß sich das inländische Volkseinkommen noch zusätzlich erhöht, wenn Übertragungen oder Erwerbs- und Vermögenseinkommen aus dem Ausland ins Inland transferiert werden, bzw. daß es sich im umgekehrten Falle (monetäre Transfers ins Ausland) vermindert; der Einfachheit halber seien diese Positionen einmal vernachlässigt. Grundsätzlich gilt somit die Feststellung, daß sich in einer „offenen“ Volkswirtschaft gegenüber einer „geschlossenen“ Volkswirtschaft das Volkseinkommen erhöht (vermindert), wenn die Leistungsexporte höher (niedriger) als die Leistungsimporte sind. Es versteht sich von selbst, daß dies eine triviale und rein formale ex-post-Aussage - i.S. der komparativ-statischen Vergleichsanalyse - darstellt, die zwar keine ex-ante-Schlußfolgerungen über Gleichgewichtsbedingungen zuläßt, aber dennoch vier wichtige Aussagen ermöglicht.

a) Eine erste Aussage betrifft die **Absorptionsproblematik**: Formulieren wir Gleichung (2) um:

(3) $Y + M = C + I + X$,

so ist unschwer zu erkennen, daß in einer bestimmten Periode in einer Volkswirtschaft nur so viel Güter und Dienste konsumiert, investiert oder exportiert werden können, wie im Inland erwirtschaftet oder vom Ausland bezogen werden. Mit Einbeziehung des Auslandes sind die Gesamtausgaben der Inländer (für Konsum und Investitionen: C + I, die sog. „domestic expenditures“: A) nicht mehr mit dem Volkseinkommen (Y) identisch, da Teile der Einkommen über Leistungsimporte (Waren, Dienste) ins Ausland fließen bzw. durch Leistungsexporte ins Ausland im Inland zusätzliche Einkommen geschaffen werden können. Volkseinkommen (Y) und inländische Absorption (A) sind nur identisch, wenn Leistungsausfuhren (X) und Leistungseinfuhren (M) gleich hoch sind. Übersteigen die Leistungsausfuhren die Leistungseinfuhren ($X>M$), ist das Volkseinkommen größer als die Absorption ($Y>A$); im umgekehrten Falle ($X<M$) haben die Inländer mehr absorbiert, als sie erwirtschaftet haben ($Y<A$). Dabei liegt auf der Hand, daß beide Konstellationen „auf Dauer“ problematisch sind. Im Falle des anhaltenden Ausfuhrüberschusses würde das Inland immer mehr erwirtschaften, als es für den eigenen Gebrauch absorbiert; zwar bedeutete dies einen Volkseinkommensanstieg, doch dieser enthielt allenfalls formal steigende, doch faktisch immer weniger realisierbare Forderungsrechte. Im zweiten Falle würde das Inland mehr absorbieren als es erwirtschaftet; es würde in eine Verschuldungssituation geraten, die auch nicht endlos (selbst bei eingeräumter Kreditierung) durchzuhalten ist. Grundsätzlich gilt dabei, daß eine Verbesserung der Leistungsbilanz - sei es, daß $X>M$ gesteigert, sei es, daß $X<M$ vermindert wird - nur dann zu einer Erhöhung des Volkseinkommens (Y) führt, wenn die inländische Absorption (A) konstant bleibt.

b) Eine zweite Aussage betrifft die **Verteilungsproblematik**: Gehen wir davon aus, daß sich der Gesamtkonsum aus Unternehmerkonsum und Nicht-Unternehmerkonsum zusammensetzt ($C = C_U + C_{NU}$), daß das Volkseinkommen aus Löhnen und Kapitaleinkommen besteht ($Y = L + G$), und daß schließlich die

Lohneinkommen konsumiert oder gespart werden können ($L = C_{NU} + S_{NU}$), so erhalten wir die folgende Konstellation:

(4) $Y = G + L$ bzw.

(5) $G = Y - L$ bzw., unter Beachtung von Gleichung (2),

(6) $G = C_U + C_{NU} + I + (X - M) - (C_{NU} + S_{NU})$ bzw.

(7) $G = C_U + I + (X - M) - S_{NU}$.

Lassen wir die übrigen Verteilungskomponenten beiseite bzw. unterstellen wir deren Konstanz (C_U, I, S_{NU}), so wird erkennbar, daß der Leistungsbilanzsaldo auch unmittelbare Bedeutung für die Einkommensverteilung in einer Volkswirtschaft hat: Mit steigendem Leistungsbilanzüberschuß werden die Unternehmensgewinne steigen (und umgekehrt). Aus dieser einfachen Überlegung erklärt sich das Bemühen der Unternehmen, sich jeder Exporterschwerung bzw. Importerleichterung zu widersetzen. Die Gewerkschaften befinden sich in einer eher ambivalenten Situation: Aus verteilungspolitischen Gesichtspunkten müßten sie an sich gegen eine Exportförderung bzw. Importerschwerung sein; aus beschäftigungspolitischen Gründen (Schaffung von Arbeitsplätzen in der Exportindustrie; Verhinderung von Arbeitsplatzverlusten im Importsektor) müßten sie eher für eine Exportförderung bzw. Importhemmung votieren.

c) Eine dritte Aussage betrifft die **Stabilitätsproblematik:** Gehen wir einmal davon aus, daß das Volkseinkommen in einer Volkswirtschaft (Y) entweder konsumiert (C) oder gespart (S) werden kann, so folgt daraus (in Kombination mit den vorausgegangenen Überlegungen):

(8) $Y = C + I + (X - M) = C + S$.

Somit erhalten wird die (erweiterte) Stabilitätsbedingung:

(9) $I + (X - M) = S$.

Aus dieser ex-post-Definition folgt, daß sich die Stabilitätsbedingung gegenüber einer „geschlossenen" Volkswirtschaft ($I = S$) in einer „offenen" Volkswirtschaft erheblich relativiert. Denkbar ist, daß eine inflationsträchtige Instabilität ($I>S$) durch ein Leistungsbilanzdefizit ($X<M$) bzw. eine deflationsträchtige Instabilität ($I<S$) durch einen Leistungsbilanzüberschuß ($X>M$) kompensierbar wird. Kombinieren wir indessen diese Aussagen mit den absorptionspolitischen Überlegungen, so ist unschwer erkennbar, daß eine „Lösung" der binnenwirtschaftlichen Stabilisierungsprobleme nur in engen Grenzen über die außenwirtschaftliche Flanke möglich ist. Die Lösung einer inflationsträchtigen Situation ($I>S$ durch $M>X$) stößt an Absorptionsgrenzen, da ein Land auf Dauer nicht mehr absorbieren kann als es erwirtschaftet (will es nicht in eine Verschuldungssituation geraten). Aber auch die Lösung deflationsträchtiger Situationen ($I<S$ durch $M<X$) stößt an Grenzen, weil dies letztlich auf Kosten der Partnerländer ginge („Export" von Arbeitslosigkeit), gegenüber denen ein ständiger Exportüberschuß erwirtschaftet werden müßte; wegen der damit drohenden Deflations- und Ver-

schuldungsproblematik würden diese sich dagegen vermutlich wehren (Abwehr einer sog. „beggar-my-neighbour-policy“).

d) Eine vierte Aussage betrifft schließlich die **Vermögensbildungsproblematik**: Vernachlässigen wir einmal (der Einfachheit halber) die Übertragungen sowie die Erwerbs- und Vermögenseinkommen und die Rest- und Ausgleichsposten, und interpretieren wir Devisenbestandsveränderungen als Kapitalbilanzsaldo - durch Leistungsexport erworbene „Forderungsrechte“ des Inlands entsprechen dann einem „Kapital“-Zuwachs des Inlands, durch Leistungsimporte erworbene „Forderungsrechte“ des Auslands entsprechen dann einer „Kapital“-Abnahme des Inlands -, so ergibt ein Leistungsbilanzsaldo aus Leistungsexporten (X) und Leistungsimporten (M) ein Kapitalbilanzsaldo aus Kapitalzunahme (K_e) und Kapitalabnahme (K_i). Es gilt somit:

(10) $X - M = K_e - K_i.$

Einem Leistungsbilanzüberschuß (X>M) entspricht somit ein Kapitalexportüberschuß ($K_e > K_i$), weil der Leistungsbilanzüberschuß entweder als Kapitalexport sofort ins Ausland geht oder eine positive Devisenbestandsveränderung auslöst, die faktisch - in ihrer Eigenschaft als Zunahme von Forderungsrechten - einem potentiellen Kapitalexport gleichkommt; umgekehrt ist ein Leistungsbilanzdefizit als Kapitalimportüberschuß interpretierbar. Wenn wir nun die Stabilitätsbedingung (9) einbeziehen, so erhalten wir:

(11) $I + (K_e - K_i) = S.$

Der Saldo ($Ke - K_i$) stellt indessen nichts anderes dar als eine Netto-Auslandsinvestition (I_a), die zu den Inlandsinvestitionen (I_i) hinzutritt. Somit gilt:

(12) $I_i + I_a = S.$

Und das bedeutet, daß der Vermögenszuwachs einer Volkswirtschaft (S) sich zusammensetzt aus dem Sachvermögenszuwachs im Inland (I_i) und dem Geldvermögenszuwachs des Inlands im Ausland (I_a), d.h. eine Volkswirtschaft wird ihr Geldvermögen nur dann erhöhen, wenn sie Forderungen gegenüber dem Ausland erwirbt (also Leistungsbilanzüberschüsse erwirtschaftet), was freilich dessen Verschuldung impliziert. Umgekehrt führt ein Leistungsbilanzdefizit zu einem Rückgang der volkswirtschaftlichen Vermögensbildung des Inlands bzw. zu einer Zunahme seiner Verschuldung an das Ausland. Diese Konstellation läßt sich insoweit konkretisieren, als ein Leistungsbilanzdefizit zu einem negativen Ausdruck von I_a führt ($I_i - I_a = S$), der die obige Definition umkehrt ($I_i = S + I_a$) und somit deutlich macht, daß das Ausland Vermögen im Inland erworben hat, weil es den inländischen Investitionsprozeß (mit-)finanziert.

Alle vier Aussagen zeigen, daß die Entwicklung der Leistungsbilanz (trotz vereinfachender Annahmen) in entscheidender Weise auf den binnenwirtschaftlichen Kreislauf zurückwirken kann. Dabei hat die Analyse gezeigt, daß ein Ungleichgewicht in der Leistungsbilanz nicht „per se“ positiv oder negativ eingeschätzt werden kann, sondern unter absorptions-, verteilungs-, stabilitäts- und vermögenspolitischen Erwägungen sehr unterschiedlich gewertet werden muß.

- So wäre ein **Leistungsbilanzüberschuß** (X>M) aus der Sicht des Inlands **positiv** zu bewerten, wenn er (a) ein inländisches Absorptionspotential für die Zukunft aufbaute, (b) die Unternehmensgewinne, damit die inländische Investitionsneigung, begünstigte, (c) einer deflationsträchtigen Unternachfrage im Inland entgegenwirkte oder (d) zur Vermögensbildung einer Volkswirtschaft im Ausland beitrüge. Der Leistungsbilanzüberschuß wäre eher **negativ** zu beurteilen, wenn er (a) das bestehende Absorptionspotential in einer nicht mehr realisierungsfähigen Weise erhöhte, (b) zu einer einseitigen und den sozialen Frieden im Inland gefährdenden Gewinnbegünstigung führte, (c) bei gegebener Vollbeschäftigung der Produktionsfaktoren im Inland zu einer inflationsträchtigen Übernachfrage führte, oder (d) das Ausland in eine nicht mehr finanzierbare Verschuldungssituation drängte. Zumindest in den Fällen, in denen das Ausland eine Gefährdung seiner eigenen wirtschaftlichen Entwicklung sähe, wären Retorsionsmaßnahmen des Auslandes (Abwehr der inländischen Leistungsexporte; Forcierung der eigenen Leistungsexporte) zu erwarten.

- Umgekehrt wäre ein **Leistungsbilanzdefizit** (X<M) aus der Sicht des Inlands eher **positiv** zu bewerten, wenn es (a) ein zu hohes inländisches Absorptionspotential abbaute, (b) zu einer Entzerrung der einseitigen Einkommensverteilung zugunsten der Unternehmensgewinne beitrüge, (c) einer inflationsträchtigen Übernachfrage im Inland entgegenwirkte oder (d) den Rückgang einer überhöhten Vermögensbildung des Inlandes im Ausland bewirkte - mithin also den Gefahren, die aus einer negativen Beurteilung eines Leistungsbilanzüberschusses resultieren, entgegenstünde. Das Leistungsbilanzdefizit wäre eher **negativ** zu beurteilen, wenn es (a) Ausdruck einer übermäßigen Absorption des Inlandes wäre, (b) einen Gewinnverfall, mit negativen Folgen für die inländische Investitionsneigung, auslöste, (c) bei ohnehin bestehender Unterbeschäftigung der Produktionsfaktoren den deflationären Prozeß verschärfte, oder (d) das Inland in eine nicht mehr finanzierbare Verschuldungssituation gegenüber dem Ausland drängte. Hier wäre letztendlich das Inland zu Maßnahmen gezwungen, die den inländischen Leistungsimport begrenzen bzw. den eigenen Leistungsexport forcieren.

Unbeschadet dieser **alternativen Bewertung** wird aber ebenso deutlich, daß eine „Lösung" binnenwirtschaftlicher Probleme (Änderung der Verteilung, Stabilisierung der Konjunktur, Bildung von Geldvermögen) nur sehr bedingt über die außenwirtschaftliche Flanke erreichbar ist, wenn eine solche Lösung das Inland oder das Ausland an Absorptionsgrenzen drängte. (Gerade deshalb ist Außenwirtschaftspolitik für die gesamtwirtschaftliche Entwicklung zwar relevant; doch kann diese - wie schon in anderem Zusammenhang dargelegt - nicht zur Zielfunktion der Außenwirtschaftspolitik werden.) So bleibt bereits aus binnenwirtschaftlicher Perspektive die Frage relevant, ob Mechanismen auszumachen sind, die doch eine Gleichgewichtslage in den außenwirtschaftlichen Beziehungen herbeiführen, oder ob diese Gleichgewichtslage letztendlich außenwirtschaftspolitisch erreicht werden muß.

8) ZAHLUNGSBILANZ UND AUSSENWIRTSCHAFT

Überprüfen wir - zum zweiten - die Frage, welche Rückschlüsse eine spezifische Gleichgewichts- bzw. Ungleichgewichtslage der Zahlungsbilanz auf die Beurteilung der **außenwirtschaftlichen Verflechtungslage** eines Landes zuläßt, so stellt sich das Problem, daß trotz der formalen Ausgeglichenheit von Soll- und Habenseite einer Zahlungsbilanz unterschiedliche Schlußfolgerungen für die Beurteilung der außenwirtschaftlichen Verflechtung einer Volkswirtschaft hinsichtlich ihrer materiellen Gleichgewichtslage im weltwirtschaftlichen Verbund gezogen werden können.

Daraus ergibt sich notwendigerweise die Frage, ob es Kriterien - sog. **Zahlungsbilanzkonzepte** - gibt, die eine Gleichgewichts- bzw. Ungleichgewichtssituation einer Zahlungsbilanz, trotz formeller Ausgeglichenheit von Aktiv- und Passivseite und unbeschadet der Rückwirkung auf die binnenwirtschaftlichen Entwicklungskomponenten, materiell indizieren können und damit auch Rückschlüsse auf die Beurteilung der außenwirtschaftlichen Verflechtungskonstellation zulassen. Hierbei sind vier Zahlungsbilanzkonzepte zu unterscheiden.

a) Das **Devisenbilanzkonzept**: Es ist insoweit das naheliegendste Zahlungsbilanzkonzept, als es sich weniger aus der Zahlungsbilanzstruktur ableitet, sondern diese als gegeben nimmt und am „Ergebnis“ der außenwirtschaftlichen Transaktionen - gleichermaßen an der Endsumme der Teilbilanzen, die sich „unter dem Strich“ herausbildet - anknüpft. Danach ist eine Zahlungsbilanz dann im Ungleichgewicht, wenn sich innerhalb einer (festgelegten) Periode die **Devisenbestände** der zentralen Währungsbehörde erhöht bzw. vermindert haben. Ersteres stände dann - unbeschadet der Identität von Soll- und Habenseite der Zahlungsbilanz - für eine „aktive“, letzteres für eine „passive“ Zahlungsbilanz, weil im ersten Falle die Deviseneingänge größer, im zweiten Falle kleiner als die Devisenausgänge sind, jeweils als Folge der Summe der einzelnen Transaktionen gesehen. Was nun allerdings die Aussagefähigkeit dieses Zahlungsbilanzkonzeptes angeht, so ist zu differenzieren:

- Auf der einen Seite ist eine gewisse Aussagefähigkeit insoweit immer gegeben, als anhaltende Devisenbestandsveränderungen Rückschlüsse auf eine ungleichgewichtige außenwirtschaftliche Verflechtungslage zulassen, die ohne Zweifel nicht endlos fortgeschrieben werden kann. Dies erscheint unmittelbar einsichtig im Falle der anhaltenden **Devisenbestandsverminderung**, die logischerweise „irgendwann“ ein Ende findet und ein Land in Liquiditätsschwierigkeiten bringt, die allenfalls bedingt (Problem der Kreditwürdigkeit) und zeitlich wie sachlich begrenzt (Problem der international geltenden Regeln für Laufzeit, Kreditvolumen und Schuldendienst) kreditär überbrückt werden können. Eine anhaltende **Devisenbestandserhöhung** impliziert für ein Land zwar keine Liquiditätsengpässe (Asymmetrieaspekt in der außenwirtschaftlichen Verflechtung), wohl aber den ökonomisch dysfunktionalen Aufbau von Anspruchsrechten auf das ausländische Sozialprodukt, die aber, gerade bei anhaltender Zahlungsbilanzaktivität, nicht realisiert werden und somit einem zinslosen und unbefristeten Kredit an das Ausland gleichkommen.

- Auf der anderen Seite ist die Aussagefähigkeit dieses Konzepts aber begrenzt, wenn man im Umkehrschluß daraus folgerte, daß von der **Konstanz des Devisenbestandes** auf eine gleichgewichtige außenwirtschaftliche Verflechtungslage geschlossen werden könnte. Selbst wenn wir einmal die Restposten vernachlässigen, wäre nicht auszuschließen, daß ein Defizit in der Leistungsbilanz (Waren, Dienste) durch einen Überschuß bei den Übertragungen, bei den Einkommens- und Vermögenstransfers, beim Kapitalverkehr oder durch Aufwertung ausländischer Währungen bzw. Aufnahme ausländischer Kredite „ausgeglichen" wird. Formal bliebe der Devisenbestand erhalten; materiell implizierte dieses „Gleichgewicht" im realen Leistungsbereich eine deutlich ungleichgewichtige („passive") außenwirtschaftliche Verflechtungslage. Dabei wäre noch zu differenzieren. Wenn das reale Leistungsbilanzdefizit durch Schenkungen (seitens des Auslands) oder durch Transfersüberschüsse gegenüber dem Ausland (Einkommen, Vermögen) finanziert würde, führte es noch nicht zu einer unmittelbaren Gefährdung der außenwirtschaftlichen Verflechtungslage. Anders stellt sich das Problem, wenn das Leistungsbilanzdefizit durch Verschuldung (an das Ausland bzw. an internationale Institutionen) oder durch Abwertung der eigenen Währung (Vertrauensverlust) erreicht würde; dies wäre trotz eines konstant gebliebenen Devisenbestandes ein ernstes Signal für eine materielle Ungleichgewichtslage. Im analogen Umkehrschluß signalisierte, auch bei konstant bleibendem Devisenbestand, ein Überschuß in der Leistungsbilanz, in Verbindung mit Übertragungen an das Ausland, Kapitalexporten bzw. Rückzahlung internationaler Kredite und/oder Aufwertung der eigenen Währung im realen Leistungsbereich eine ungleichgewichtige („aktive") außenwirtschaftliche Verflechtungssituation eines Landes.

Bei aller Bedeutsamkeit dieses Kriteriums erscheint es offensichtlich nicht hinreichend, um eindeutige Rückschlüsse auf die Gleichgewichtigkeit der außenwirtschaftlichen Verflechtung eines Landes mit der Weltwirtschaft zu ermöglichen.

b) Das **Teilbilanzkonzept**: Während das Devisenbilanzkonzept einen (zu) globalen Charakter hat, geht das Teilbilanzkonzept von der Zahlungsbilanzstruktur und hierbei von der restriktiven Bedingung aus, daß die außenwirtschaftliche Verflechtungslage einer Volkswirtschaft sich dann im Gleichgewicht befindet, wenn die einzelnen Teilbilanzen - Waren, Dienste, Übertragungen, Transfers, Kapitalverkehr - sich im Ausgleich halten, wodurch es - Rest- und Ausgleichsposten vernachlässigt (von kurzfristigen Schwankungen abgesehen) - dann auch zu keinen Veränderungen des Devisenbestandes kommt. Was nun die Aussagefähigkeit dieses Zahlungsbilanzkonzeptes angeht, ist erneut zu differenzieren.

- Auf der einen Seite ist eine gewisse Aussagefähigkeit insoweit gegeben, als dieses Konzept die Schwächen des Devisenbilanzkonzepts dadurch vermeidet, daß es die **Ursachen der Devisenbestandsveränderung** in den Vordergrund rückt. Das Konzept beschränkt sich somit nicht auf die Devisenbestandsveränderung als solche, sondern versucht, diese in den einzelnen Teilbilanzen zu lokalisieren. Dies ist vor allem dann von Bedeutung, wenn in einem Land eine bestimmte Teilbilanz - etwa der Warenverkehr - für die Entwicklung der Zahlungsbilanz ein besonderes Gewicht hat; man könnte dann (cum grano salis) daraus folgern, daß, wenn diese Teilbilanz sich im Gleichgewicht befindet, der „Rest" der Zahlungsbilanz vernachlässigbar wäre. Ein weiterer Vorzug dieses Konzepts besteht darin, daß es verhängnisvolle Fehlschlüsse des Devisenbilanzkonzepts - wenn Leistungsbilanzdefizite durch Kapitalbilanzüberschüsse (mehr Kapitalimporte als Kapitalexporte), Leistungsbilanzüberschüsse durch Kapitalbilanzdefizite (mehr Kapitalexporte als Kapitalimporte) kompensiert werden - vermeidet.

- Auf der anderen Seite hat dieses Konzept aber auch seine Schwächen. Zum einen vernachlässigt es die **strukturellen Besonderheiten** eines Landes: So ist es denkbar, daß ein Land zwar Defizite in der Warenbilanz aufweist, diese aber mit Überschüssen in der Dienstleistungsbilanz kompensiert (Urlaubsreiseländer); oder es wird ihm die Möglichkeit eingeräumt, die Warenbilanzdefizite durch Erhalt von Übertragungen zu finanzieren (Entwicklungsländer). In beiden Fällen wäre kein definitives, aktuelles Ungleichgewicht in der außenwirtschaftlichen Verflechtungslage angezeigt. Überdies macht es einen Unterschied, ob Leistungsbilanzdefizite durch langfristige Kapitalimporte finanziert werden, die den Aufbau einer expansions- und exportträchtigen Infra- und Industriestruktur ermöglichen und auf diese Weise dem Land mittel- oder langfristig Chancen eröffnen, das Leistungsbilanzdefizit wieder zu beseitigen. Anders stellt sich das Problem, wenn Leistungsbilanzdefizite durch kurzfristige Kapitalimporte finanziert werden, die ein Land sofort in Schuldendienstprobleme drängten. Auch unter dieser Perspektive entsteht eine unterschiedliche Gleichgewichts-„Qualität".

Diese Überlegungen haben dazu geführt, Waren-, Dienstleistungs-, Übertragungs- und langfristige Kapitalbilanz in der sog. **Grundbilanz** zusammenzufassen. Mit dieser Ausdifferenzierung glaubt man, den „harten Kern" der außenwirtschaftlichen Verflechtung eines Landes erfaßt zu haben; und wenn dieser sich im Gleichgewicht befinde, wäre dann mit guten Gründen unterstellbar, daß die restlichen Positionen - kurzfristiger Kapitalverkehr, Rest- und Ausgleichsposten - allenfalls kurzfristigen und wechselnden Schwankungen unterliegen, wodurch dann auch „materiell" ein Zahlungsbilanzgleichgewicht unterstellbar wäre. Bei aller Plausibilität ist eine Aussagefähigkeit dieses Konzepts aber nur unter drei Bedingungen gegeben: Erstens muß sichergestellt sein, daß die langfristigen

Kapitaltransaktionen einen „echten" **Langfristcharakter** haben und nicht kurzfristig retransferiert werden; ansonsten ist per se eine Ungleichgewichtslage gegeben. Zweitens muß sichergestellt sein, daß diese Kapitaltransaktionen im Empfängerland so **produktiv absorbiert** werden, daß es diese über Leistungsbilanzüberschüsse nach Fristablauf wieder zurückzahlen kann; ansonsten wäre die Gleichgewichtsaussage, ähnlich wie beim Devisenbilanzkonzept, irreführend. Drittens muß davon ausgegangen werden können, daß die restlichen Posten den Charakter einer kurzfristigen und v.a. wechselnden Schwankung haben; ansonsten geriete bei einer unter Umständen spekulationsbedingt anhaltenden **Eigendynamik** von kurzfristigen Kapitalbewegungen in eine Richtung - Aktivierung oder Passivierung - eine Zahlungsbilanz auch bei gleichgewichtiger Grundbilanz rasch ins Ungleichgewicht.

c) Das **Autonomiekonzept**: Dieses Konzept geht - gerade wenn man marktwirtschaftliche Rahmenbedingungen für die außenwirtschaftlichen Transaktionen unterstellt - von einer nicht unplausiblen Trennung in „autonome" und „induzierte" **Transaktionen** aus.

- Unter **autonomen** außenwirtschaftlichen Transaktionen sind dann solche Transaktionen zu verstehen, die letztendlich aus Nutzen- und Gewinnmotiven der am freien Leistungs- und Faktormarkt agierenden Wirtschaftssubjekte entstehen. Alternative und wechselseitig zum Zuge kommende Verfügbarkeits-, Präferenz- und/oder Preiskriterien lösen Leistungsexporte und -importe aus; Einkommens-, Rendite- und/oder Spekulationsüberlegungen begründen Arbeitskräftewanderungen und Kapitaltransaktionen. Nicht zuletzt können auch meta-ökonomische Motive eine Rolle spielen, wenn ein Land aus politischen oder sozialen Gründen - Finanzierung supranationaler Institutionen, Entwicklungshilfe o.ä. - als Übertragung oder direkte Waren- und /oder Kapitalhilfe außenwirtschaftliche Transaktionen durchführt.

- Unter **induzierten Transaktionen** sind dann solche Transaktionen zu verstehen, die ausschließlich durch Ungleichgewichte in der Zahlungsbilanz, die eventuell durch die autonomen Transaktionen ausgelöst wurden, provoziert werden: Ein Land exportiert trotz Eigenbedarf und unter Hinnahme einer Verletzung ökonomischer Rationalitätskriterien Produkte ins Ausland, oder es kauft mit dem verfügbaren Goldbestand Devisen, oder es nimmt Kredite auf - immer jeweils um einer bestehenden oder drohenden Devisenknappheit zu begegnen; oder es gewährt Übertragungen bzw. Kredite an das Ausland, um Drittländern aus einer Devisenklemme zu helfen.

Stellen wir beide Grundvarianten einander gegenüber, so wird erkennbar, daß die autonomen Transaktionen Zahlungsbilanzungleichgewichte entstehen lassen (können), während die induzierten Transaktionen darauf ausgerichtet sind, Zahlungsbilanzungleichgewichte zu beseitigen, also erst durch diese ausgelöst werden. Doch auch hier gilt es zu differenzieren. Mit dieser Trennung wird einerseits die These unmittelbar plausibel, daß eine Zahlungsbilanz sich dann im Gleichgewicht befindet, wenn sich die autonomen Transaktionen im Gleichgewicht befinden bzw. wenn keine induzierten Transaktionen vorliegen, die ja im Falle einer autonomen Gleichgewichtslage gegenstandslos würden. Bei aller vordergründigen Plausibilität kann aber andererseits auch das Autonomiekonzept nur sehr bedingt überzeugen. Zum einen dürfte es methodisch schwerfallen, autonome und induzierte Transaktionen immer exakt zu trennen, wenn im konkreten Einzelfall der Charakter der Transaktionen nicht hinreichend genau zuzuordnen ist. Zum zweiten - und dies wiegt noch schwerer - hat das Autonomiekonzept die analoge Schwäche wie das Devisenbilanzkonzept; denn würde ein autonom entstandenes Leistungsbilanzdefizit (-überschuß) durch ebenso autonom entstehende Kapialimporte (-exporte) ausgeglichen, so wäre nicht auszuschließen, daß die autonomen Transaktionen sich zwar im Gleichgewicht befänden, dieses Gleichgewicht indessen - mit Blick auf die dadurch begründeten Schuldendienstverpflichtungen des Inlands (Auslands) - keinen eindeutigen Rückschluß auf das Zahlungsbilanzgleichgewicht zuließe, ja daß die darauf sich stützende Gleichgewichtsaussage eher zu fragwürdigen Schlußfolgerungen führte.

d) Das **Strukturkonzept**: Es knüpft methodisch am Teilbilanzkonzept an - gerade mit Blick auf dessen Betonung der Grundbilanz -, versucht aber dieses so zu spezifizieren, daß es möglich wird, Zahlungsbilanzgleichgewichte anhand konkreter („typischer") Strukturbilder der Zahlungsbilanz zu beurteilen. Dabei lassen sich vier Grundtypen von Zahlungsbilanzstrukturen unterscheiden, die unterschiedliche Rückschlüsse auf die Gleichgewichtsinterpretation zulassen.

- Das **werdende Schuldnerland**: Es hat eine passive Leistungsbilanz; Kapitalimportüberschüsse ermöglichen es ihm, Waren und Dienstleistungen aus dem Ausland zu beziehen. Die so entstehende formale Gleichgewichtslage hat materiell dann einen eher labilen Charakter, wenn es sich um kurzfristige Kapitalimporte handelt, weil diese das Land sofort in Schuldendienstprobleme drängen. Sie hat demgegenüber einen eher sich stabilisierenden Charakter, wenn es sich um langfristige Kapitalimporte handelt, die im Land produktiv, d.h. zum Aufbau einer Infra- und Industriestruktur, absorbiert werden. Damit würde es ihm zumindest möglich, mittelfristig über Exportsteigerung und/oder Importsubstitution - in jedem Falle auf der Grundlage einer Aktivierung der Leistungsbilanz - den dann fälligen Schuldendienst zu leisten.

- Das **reine Schuldnerland**: Der Aufbau der Infra- und Industriestruktur ist in diesem Modell soweit abgeschlossen, daß sich Leistungsbilanzdefizite (über mögliche Exportsteigerung und Importsubstitution) abbauen und sich somit Kapitalbilanzüberschüsse erübrigen, die Teilbilanzen also zum Ausgleich kommen. Die so entstandene formale Gleichgewichtslage hat materiell aber noch einen labilen Charakter, da Schuldendienstverpflichtungen anstehen (Zinsen für und Rückzahlung von ehemaligen Kapitalimporten). Sie gewinnt erst einen sich stabilisierenden Charakter, wenn das Land Leistungsbilanzüberschüsse erzielt, mit denen die Schuldendienstleistungen finanziert werden können, ohne das Land in eine weitere Verschuldung zu drängen. Damit sagt

Verschuldung per se noch nichts über die Qualität eines Zahlungsbilanzgleichgewichts aus; entscheidend bleibt, wie der Kredit verwendet wird, und ob es dem Land gelingt, Leistungsbilanzdefizite durch Leistungsbilanzüberschüsse abzulösen.

- Das **werdende Gläubigerland**: Es hat eine aktive Leistungsbilanz, wobei die Überschüsse dem Ausland sofort kreditiert werden, oder die - nachdem sie zunächst den Devisenbestand erhöht haben - über Kapitalexporte innerhalb der Ermittlungsperiode wieder ins Ausland fließen. Die erneut feststellbare formale Gleichgewichtslage erweist sich materiell so lange als labil, als keine Kapitalexporte getätigt werden, oder als diese allenfalls kurzfristigen Charakter haben. Sie wird sich erst dann stabilisieren, wenn ein Kapitalexport vorliegt und dieser einen langfristigen Charakter hat, der dem kreditnehmenden Land die Chance zum Aufbau einer expansions- und exportträchtigen Infra- und Industriestruktur gibt.

- Das **reine Gläubigerland**: Mit dem Aufbau der entsprechenden Infra- und Industriestruktur im kreditnehmenden Ausland vermindern sich die Leistungsbilanzüberschüsse des Gläubigerlandes; und damit erübrigen sich weitere Kapitalexporte. Gleichwohl bleibt - auch bei Ausgleich beider Teilbilanzen - die formale Gleichgewichtslage instabil, solange das Gläubigerland nicht bereit ist (etwa aus allokationspolitischen Gründen, da es im Inland strukturelle Anpassungskrisen befürchtet), Leistungsbilanzdefizite hinzunehmen, die es dem Schuldnerland ermöglichen, seine Schuldendienstverpflichtungen real zu erwirtschaften. Ist diese Bereitschaft gegeben, nimmt das Gläubigerland über seine Zinserträge ja durchaus finanzierbare Leistungsbilanzdefizite hin, hat die Gleichgewichtslage die Chance, sich auch materiell zu stabilisieren.

Alle vier Grundtypen haben gezeigt, daß formale Gleichgewichtslagen, die auf Verschuldung (Kapitalimportländer) bzw. Forderungsaufbau (Kapitalexportländer) basieren, einen labilen Charakter haben können. Dieser kann sich indessen unter bestimmten Bedingungen - Bereitschaft im Schuldnerland, erhaltene Kredite produktiv zu absorbieren (statt für Konsum einzusetzen); Bereitschaft im Gläubigerland, Leistungsbilanzdefizite zu akzeptieren, um dem Schuldnerland die Möglichkeit zu geben, seine Schuldendienstleistungen zu erwirtschaften (statt sich aus allokationspolitischen Gründen abzuschotten) - durchaus stabilisieren. Ob allerdings die (im ökonomischen Sinne) so erreichbare Stabilität des Gleichgewichts sich (im politischen Sinne) dauerhaft durchhalten läßt - schließlich impliziert dies eine Konstellation, in der Länder für den Schuldendienst „arbeiten“ und andere von ihren Zinsen „leben“ -, sei hierbei offengelassen.

Es wurden nun vier Zahlungsbilanzkonzepte vorgestellt, denen allen der Versuch zugrundeliegt zu prüfen, ob ein formal vorliegendes Gleichgewicht - das sich letztendlich aus dem Prinzip der Gegenbuchung herleitet - auch materiell eine Gleichgewichtslage eines Landes im weltwirtschaftlichen Verbund einschließt, die überdies einen zumindest aus ökonomischer Sicht stabilen Charakter hat. Die

Analyse hat gezeigt, daß die Beschränkung auf ein einzelnes Kriterium - Konstanz des Devisenbestandes, Ausgleich der Grundbilanz, Gleichgewicht der autonomen Transaktionen - bei aller vordergründigen Plausibilität nicht hinreichend ist, sondern diagnostische Defizite aufweist und zumindest in eine umfassendere Berücksichtigung von (typischen) Zahlungsbilanzstrukturen eingebettet sein muß

IV. DIE ZAHLUNGSBILANZ (MECHANISMEN)

9) ZUR PROBLEMSTELLUNG

Die statische Betrachtungsweise der Gleichgewichtsproblematik der Zahlungsbilanz, i.S. einer **komperativ-statischen Vergleichsanalyse**, hat sichtbar gemacht, daß materielle Ungleichgewichte in den Teilbilanzen sich - von Sonderpositionen sei einmal der Einfachheit halber abgesehen - darin konkretisieren, daß Leistungsbilanzüberschüssen (-defiziten) Kapitalbilanzdefizite (-überschüsse) gegenüberstehen. Leistungsbilanzüberschüsse führen dann zu einem Forderungsaufbau bzw. zu einem Abbau der Verbindlichkeiten des Inlands gegenüber dem Ausland; oder es kommt zu einer Erhöhung der Devisenbestände, die freilich im Grunde ebenfalls Forderungsrechte repräsentieren. Und umgekehrt implizieren Leistungsbilanzdefizite die Zunahme der Verschuldung bzw. den Abbau der Inlandsforderungen gegenüber dem Ausland oder eine Abnahme der Devisenbestände. Die Analyse dieses Sachverhalts hat folgendes Ergebnis gebracht: Derartige Ungleichgewichte können zwar einerseits - mit Blick auf die Rückwirkung auf den **binnenwirtschaftlichen Kreislauf** eines Landes - nicht per se positiv oder negativ beurteilt werden; aber es wurde ebenso deutlich sichtbar, daß eine „Lösung“ binnenwirtschaftlicher Probleme nicht auf Dauer über passive Hinnahme oder gar aktive Herbeiführung von Ungleichgewichten in der Leistungsbilanz erfolgen kann, wenn dies im Inland Instabilitäten oder eine nicht mehr finanzierbare Verschuldungslage auslöste bzw. im umgekehrten Fall das Ausland zu Abwehrmaßnahmen drängte. Derartige Ungleichgewichte können andererseits - mit Blick auf die Rückwirkung auf die **außenwirtschaftliche Verflechtungslage** eines Landes - auch nicht per se als Instabilität interpretiert werden; doch es wurde ebenso deutlich, daß die Stabilitätsinterpretation auch hier an sehr restriktive Bedingungen gebunden ist, nämlich an die Bereitschaft der Schuldnerländer, den Kapitalzufluß produktiv zu absorbieren, aber auch an die Bereitschaft der Gläubigerländer, durch Marktöffnung den Schuldnerländern die Möglichkeit zu geben, über Leistungsexporte den Schuldendienst zu erwirtschaften.

Die **Gleichgewichtsproblematik** der Zahlungsbilanz und insoweit die Frage, ob Ungleichgewichtslagen in Gleichgewichtslagen einmünden, bleibt deshalb - sowohl aus der binnen- wie aus der außenwirtschaftlichen Perspektive - bestehen. Bei ihrer Prüfung stößt allerdings eine komparativ-statische Vergleichsanalyse mit ihrer ex-post-Orientierung an Grenzen. Denn wenn wir der Frage nachgehen, ob ein Zahlungsbilanzungleichgewicht, das, aus welchen Gründen auch immer, nun einmal eingetreten ist, Prozesse auslöst, die wieder ein neues Zahlungsbilanzgleichgewicht begründen, dann bedarf es der **dynamischen Verlaufsanalyse** und damit einer dynamischen Interpretation der Zahlungsbilanz. Versteht man darunter - wie bereits dargestellt - eine systematische Aufzeichnung aller außenwirtschaftlichen Transaktionen, die in einer bestimmten Periode zu einem wirksamen Angebot von bzw. zu einer wirksamen Nachfrage nach ausländischen

Währungseinheiten führen, so können nun in einer bestimmten Periode Teilbilanzen, aus welchen Gründen auch immer, ins Ungleichgewicht geraten und ein Devisenangebots-Devisennachfrage-Ungleichgewicht begründen. Gemessen an der Devisenbestandsveränderung und/oder an der Veränderung von Forderungen bzw. Verbindlichkeiten eines Landes, führt dies zu Zahlungsbilanzungleichgewichten; sie entsprechen dann in dieser Definition **Devisenmarktungleichgewichten** und münden damit in die schon skizzierte Kernfrage der monetären Außenwirtschaftstheorie ein, ob Devisenmarktungleichgewichte Anpassungsmechanismen hin zu neuen Gleichgewichtslagen auslösen. Anknüpfend an die Entwicklungstendenzen der monetären Theorie ist nun freilich danach zu differenzieren, ob ein bestehender Devisenkurs aufrechterhalten werden oder ob er variabel bleiben soll. Da im ersteren Falle - alternativ - Preise oder Einkommen (im In- und Ausland) die Anpassungsprozesse bei gegebenem und konstant gehaltenen Devisenkurs bestimmen, während im zweiten Falle der Devisenkurs selbst diese Anpassungsfunktion übernimmt, sind es im Grunde drei Größen - **Preise** und **Einkommen** (im ersten Fall) bzw. der **Devisenkurs** (im zweiten Fall) - die zumindest theoretisch die Ausgleichsfunktion übernehmen, d.h. ein Zahlungsbilanzungleichgewicht in ein neues Gleichgewicht überführen könnten. Damit ist die Frage aufgeworfen, ob und unter welchen Bedingungen ein Zahlungsbilanzungleichgewicht diese Größen so verändert, daß ihre Veränderung Mechanismen auslöst, die die Zahlungsbilanz wieder zum Ausgleich bringen. Wir beschränken uns im folgenden zunächst auf die Prüfung der Funktionsweise bzw. der Funktionsbedingungen derartiger Mechanismen - auf ihre außen- und binnenwirtschaftspolitischen Implikationen und deren Beurteilung ist noch später einzugehen -, weil das Ergebnis dieser Analyse bereits zu einer wichtigen außenwirtschaftspolitischen Vorentscheidung führt: Je mehr der Nachweis gelänge, daß die Funktionsweise theoretisch überzeugt und die Funktionsbedingungen realistischerweise als erfüllt angesehen werden könnten, desto eher erübrigte sich eine außenwirtschafts-„politische“ Beeinflussung der außenwirtschaftlichen Transaktionen, um Zahlungsbilanzungleichgewichte (a priori) zu vermeiden bzw. (a posteriori) zu korrigieren. Je weniger allerdings dieser Nachweis gelänge, d.h. je mehr die Funktionsweise und die Erfüllbarkeit der Funktionsbedingungen in Zweifel gezogen werden müßten, desto mehr wäre die Stabilisierungsfunktion der Außenwirtschaftspolitik gefordert. Im Vordergrund der nachfolgenden Analyse stehen somit zunächst die (theoretisch gedachte) **Funktionsweise** und die (praktisch relevanten) **Funktionsbedingungen** alternativer Ausgleichsmechanismen, nämlich des Geldmengen-Preis-Mechanismus (Ziff. 10), des Geldmengen-Einkommen-Mechanismus (Ziff. 11) und des Wechselkursmechanismus (Ziff. 12).

10) DER GELDMENGEN-PREIS-MECHANISMUS

Der Geldmengen-Preis-Mechanismus geht von der Vorstellung aus, daß der Devisenkurs - auch wenn ein Zahlungsbilanz- und damit in dem definierten Sinne ein Devisenmarktungleichgewicht eingetreten ist - im Interesse der Vermeidung von Wechselkursrisiken, die die außenwirtschaftlichen Transaktionen wieder belasten könnten, stabil gehalten werden soll, ohne daß der Staat gezielt in die außenwirtschaftlichen Leistungs- und Faktortransaktionen eingreift, um ein neuerliches Zahlungsbilanzgleichgewicht herbeizuführen. Dieser Mechanismus ist, bei vergleichbaren Implikationen, in zwei Versionen - als Goldautomatismus oder als Interventionsmechanismus - denkbar (vgl. Abbildung 5).

Abbildung 5
Goldautomatismus, Interventionsmechanismus

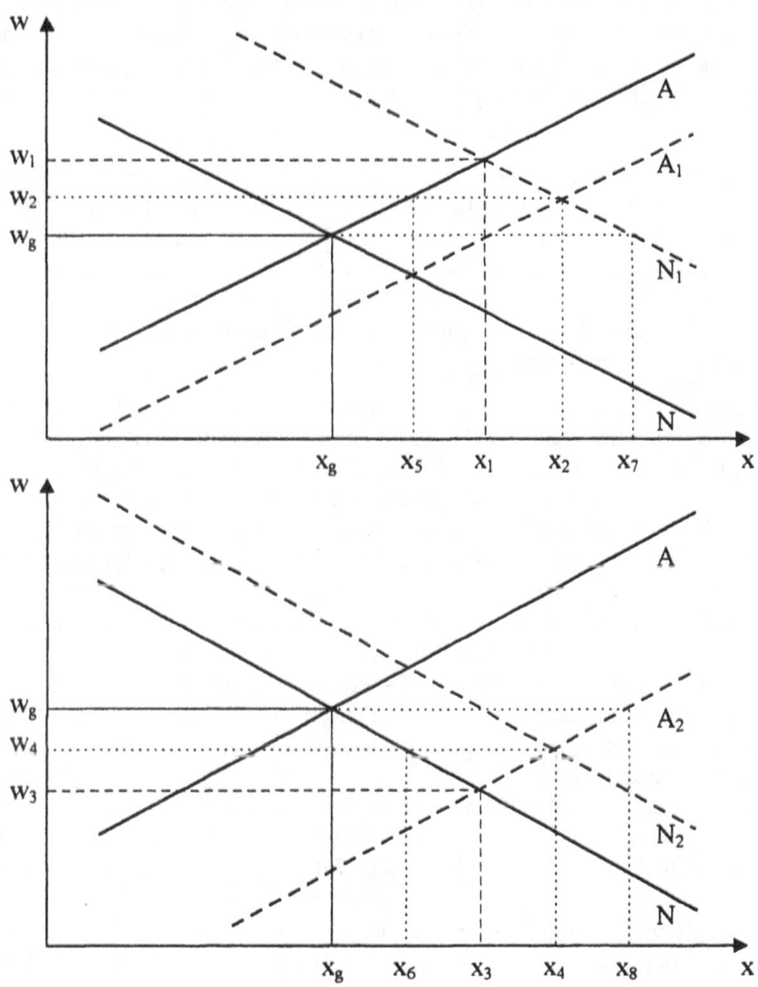

a) Der **Goldautomatismus** hat zunächst zur Voraussetzung, daß jene Länder, die sich diesem Automatismus unterwerfen wollen, folgende Verpflichtungen eingehen:

- Die Teinahmestaaten müssen - zum ersten - ihre Währung in Gold definieren (**Golddefinition**); das bedeutet, daß damit quasi-automatisch die Wertrelation zwischen den Währungen administrativ bestimmt ist: Wird z.B. der Preis für eine Unze Feingold von den zuständigen nationalen Behörden auf 40 US-Dollar bzw. 120 Mark festgelegt, so impliziert dies, in Mark gerechnet, einen Devisenkurs für den US-Dollar von 3 Mark.

- Die Teilnehmerstaaten müssen - zum zweiten - gewährleisten, eigene Währung in Gold umzutauschen (**Goldkonversion**); das bedeutet, daß die zentrale Währungsbehörde jederzeit verpflichtet ist, zum definierten Preis Gold gegen Hingabe von Inlandswährung bzw. Inlandswährung gegen Hingabe von Gold abzugeben.

- Die Teilnahmestaaten müssen - zum dritten - sich verpflichten, die inländische Geldmenge in einer bestimmten Relation zum inländischen Goldvorrat zu halten (**Golddeckung**); das bedeutet, daß die zentrale Währungsbehörde bei Abnahme des Goldbestandes die inländische Geldmenge (entsprechend dieser Relation und bei gegebener Definition des Goldgehaltes der eigenen Währung) vermindern, bei Zunahme des Goldbestandes die inländische Geldmenge erhöhen muß.

Es liegt auf der Hand, daß die rein quantitative Bestimmung der Golddefinition bzw. der Golddeckungsrelation eine politische Entscheidung ist, die unter Umständen auch korrekturbedürftig sein mag. Zunächst ist aber entscheidender, daß ein Land überhaupt diese drei Verpflichtungen eingeht. Ist dieses unterstellbar, so wird sich zunächst der Devisenkurs innerhalb einer bestimmten Bandbreite einpendeln und sich damit stabilisieren, ohne daß der Staat oder die zentralen Währungsbehörden weiterhin in die Kursbildung eingreifen. Ausgangslage sei eine gegebene Gleichgewichtskonstellation (w_g/x_g), bei der der Gleichgewichtskurs, der bei gegebener Angebotsfunktion (A) und Nachfragefunktion (N) zur Markträumung führt, dem über die Golddefinition administrativ festgelegten Kurs entsprechen mag. Kommt es nun bei eben diesem Kurs zu einer (Rechts-) Verlagerung der Devisennachfragekurve, weil etwa (aus welchen Gründen auch immer) die Leistungsimporte des Inlands aus dem Ausland oder die Kapitalexporte des Inlands ins Ausland steigen (von N nach N_1), so führte dies - bei gegebener Angebotsfunktion (A) - zu einem Devisennachfrageüberhang bzw. Devisenangebotsdefizit (x_7 - x_g). Bei freier Kursbildung müßte dies einen Devisenkursanstieg (von w_g auf w_1) auslösen, da die Kursbildung am Devisenmarkt ja nicht administrativ vorgegeben ist, sondern diesem überlassen bleibt; und der Kursanstieg implizierte an sich aufgrund der Mengenentwicklung bei Devisenangebot (von x_g nach x_1) und Devisennachfrage (von x_7 nach x_1) gemäß der (alten) Angebotsfunktion bzw. der (neuen) Nachfragefunktion ein neuerliches Devisenmarktgleichgewicht (x_1). Nun wird aber unter den gegebenen Bedingungen ein beliebiger Devisenkursanstieg nicht unterstellt werden können. Denn wenn zwischen Gold und den gehandelten Währungseinheiten ein festes Valutaverhältnis besteht, erhält der Leistungsimporteur eine Option: Er kann die marktbedingt teurer gewordenen Devisen (zu einem Kurs von w_1) kaufen; er kann aber auch zu dem über die Golddefinition administrativ festgelegten Kurs (w_g) Gold kaufen und durch die Goldversendung seinen Zahlungsverpflichtungen gerecht werden. Dieses würde vermutlich vom ausländischen Empfänger des Goldes auch akzeptiert werden, weil er ja das Gold jederzeit in eigene Währung, die er will bzw. braucht, eintauschen kann. Die Wahl zwischen den beiden Optionen hängt für den Inländer letztendlich ab von den Kosten der Goldversendung (Transport- und Versicherungskosten). Solange diese Kosten dazu führen, daß, in Inlandswährung gerechnet, die Gesamtausgaben für eine Goldversendung (Goldkauf plus Versendungskosten) höher sind als die Ausgaben für die teurer gewordenen Devisen, wird die Devisennachfrage noch ansteigen. Ab einem bestimmten Devisenkurs, wenn sich diese Ausgabenrelation wendet, wird es rentabler, Gold zu kaufen und dieses zu versenden (w_2), d.h. die Devisennachfrage wird bei weiterem Kursanstieg unendlich elastisch; es werden keine Devisen mehr nachgefragt. Wir erhalten den oberen Goldpunkt bzw. den **Goldexportpunkt**, von da an keine Devisennachfrage mehr erfolgt. In umgekehrter Sicht - bei gleicher Nachfragefunktion (N) und einer Verlagerung der Devisenangebotskurve (von A nach A_2) und daraus resultierend einem Devisennachfragedefizit bzw. Devisenangebotsüberhang (x_8 - x_g), einer marktbedingten Kursbildung (w_3) bzw. einem neuerlichen Angebots-Nachfrage-Ausgleich (x_3) - wird es für den ausländischen Leistungsimporteur oder Kapitalexporteur, gemessen an der marktmäßigen Kursbildung und unter Berücksichtigung seiner Goldversendungskosten, irgendwann (w_4) rentabler, Gold ins Inland zu versenden. Wir erhalten den unteren Goldpunkt bzw. den **Goldimportpunkt** (w_4), von da an nun das Devisenangebot unendlich elastisch wird, d.h. das Devisenangebot nimmt nicht mehr zu. Es liegt auf der Hand, daß unter diesen Bedingungen der Devisenkurs nur noch innerhalb gegebener, kostenbedingter Margen (w_2 - w_4) schwanken kann, ohne daß die Kursbildung administrativ gesteuert wird, und ohne daß die Außenwirtschaftspolitik in die außenwirtschaftlichen Transaktionen eingreift. Formal betrachtet ist bei einem eingetretenen Ungleichgewicht das alte Gleichgewicht (w_g/x_g) in ein neues Gleichgewicht eingemündet. Im Falle des Devisenangebotsdefizits (w_2) wird ein Teil der Devisennachfrage (x_2) durch das Devisenangebot direkt (x_5) und der Rest (x_2 - x_5) über Gold abgedeckt; im Falle des Devisenangebotsdefizits (w_4) wird ein Teil des Devisenangebots (x_4) durch die Devisennachfrage direkt (x_6) absorbiert und der Rest (x_4 - x_6) durch Goldzufluß bezahlt. Bei Licht besehen besteht somit nach wie vor ein Devisenangebotsdefizit (bei w_2: $x_2 - x_5$) bzw. ein Devisenangebotsüberschuß (bei w_4: $x_4 - x_6$); aber da diese Ungleichgewichte jeweils durch Goldabfluß im ersten Falle bzw. Goldzufluß im zweiten Falle „kompensiert" werden, treten diese Differenzen nicht mehr als Devisenmarktungleichgewichte in Erscheinung.

b) Im Grundsatz vergleichbar ist die Situation beim **Interventionsmechanismus**. Hier entfallen zwar Goldbindung und somit auch die Goldexport- bzw. Goldimportpunkte. Demgegenüber verpflichten sich die Währungsbehörden, statt indirekt über den Goldpreis nun direkt die Höhe des Devisenkurses zu beeinflussen und durch Devisenmarktinterventionen absolut (w_g) oder zumindest innerhalb der politisch fixierten Schwankungsmarge (w_2/w_4) zu stabilisieren (vgl. Abbildung 5). Sie erreichen dies dadurch, daß sie - jeweils gemessen am ehemaligen Gleichgewicht (w_g/x_g) - im Falle des Devisenangebotdefizits (x_7/x_g) das Angebot an ausländischen Währungseinheiten erhöhen (von A nach A_1), bzw. daß sie im Falle des Devisennachfragedefizits (x_8/x_g) die Nachfrage nach ausländischen Währungseinheiten steigern (von N nach N_1). Autonome Verlagerungen von Nachfrage- bzw. Angebotskurven induzieren somit korrespondierende Verlagerungen von Angebots- bzw. Nachfragekurven seitens der Währungsbehörden. Dabei liegt es auf der Hand, daß das Interventions-"Volumen" um so größer (kleiner) ist, je kleiner (größer) die Schwankungsmarge aufgrund einer politischen Entscheidung gehalten werden soll. Goldautomatismus bzw. Interventionsmechanismus unterscheiden sich allenfalls darin, daß im ersten Falle die Stabilisierung innerhalb einer bestimmten Marge quasi-automatisch (gemäß der Versendungs- und Versicherungskosten für Gold) erfolgt, während es im zweiten Falle zwar gezielter Devisenmarktinterventionen der Währungsbehörden (Devisenankäufe, Devisenverkäufe) aber nach wie vor keiner Interventionen in die außenwirtschaftlichen Transaktionen direkt bedarf. Darüber hinaus werden aber wichtige Gemeinsamkeiten erkennbar:

- Gemeinsam ist ihnen zum einen, daß die Höhe des Devisenkurses und seine Schwankungsmarge eine **politische Entscheidung** sind, daß vor allem aber das erreichte Gleichgewicht insoweit ein „unechtes" (und damit instabiles) Gleichgewicht darstellt, als sich die autonomen Devisentransaktionen nach wie vor im Ungleichgewicht befinden: Im Falle der Verlagerung der Nachfragekurve (N_1) ist die neue Gleichgewichtssituation (w_2/x_2) dadurch gekennzeichnet, daß - ganz im Sinne des skizzierten Autonomiekonzepts - bei diesem Kurs (w_2) nach wie vor die autonome Devisennachfrage (x_2) höher als das autonome Devisenangebot (x_5) ist, der Ausgleich also allein über induzierte Transaktionen (Goldversendung bzw. Devisenangebotserhöhung) zustande kommt. Im Falle der Verlagerung der Angebotskurve (A_2) ist die neue Gleichgewichtssituation (w_4/x_4) dadurch gekennzeichnet, daß die autonome Devisennachfrage (x_6) nach wie vor geringer als das autonome Devisenangebot (x_4) ist, der Ausgleich also ebenfalls allein über induzierte Transaktionen (Goldzufluß bzw. Devisennachfrageerhöhung) erreicht wird.

- Gemeinsam ist ihnen zum zweiten, daß - wie schon erwähnt - von vornherein eine gewisse **Asymmetrie** im Mechanismus angelegt ist, die noch in anderem Zusammenhang bedeutsam sein wird: Der Ausgleich eines Angebotdefizits stößt unmittelbar an die Grenzen des im Inland verfügbaren Gold- bzw. Devisenvorrats; und diese Grenzen können allenfalls dadurch verschoben werden, wenn dem Defizitland auf Kreditbasis Interventionsmittel (Gold oder ausländische Devisen) zur Verfügung gestellt werden. Dies kann indessen nicht als Dauerlösung angesehen werden, wenn man davon ausgeht, daß die Kredite an bestimmte Bedingungen (Zinshöhe, Tilgungsraten, Tilgungsfristen) gebunden sind, deren Nichteinhaltung rasch die Kreditwürdigkeit des kreditnehmenden Defizitlandes in Frage stellte. Der Ausgleich des Nachfragedefizits eines Überschußlandes stößt einerseits an diese Liquiditätsgrenzen nicht unmittelbar; denn das Nachfragedefizit wird durch Goldzufluß bzw. durch Nachfrage nach ausländischen Devisen (mit eigener, vom Inland selbst zu schaffender Währung) ausgeglichen. Doch auch dies ist andererseits keine Dauerlösung: Sei es, daß nun das Ausland in vergleichbare Defizitprobleme gerät; sei es, daß im Inland eine beliebige Goldmengenerhöhung bzw. Devisenbestandssteigerung (im Gegensatz zu merkantilistischen Vorstellungen) nicht mehr hingenommen wird, weil diese bei anhaltenden Überschußkonstellationen in reale Leistungsimporte nicht mehr umsetzbar ist und im Inland dann allenfalls noch ein Inflationspotential schafft.

Daraus folgt, daß beide bisher analysierte Mechanismen zwar den Wechselkurs (in Margen) stabilisieren, daß aber kein „echtes" Zahlungsbilanzgleichgewicht - definierbar als Gleichgewicht der autonomen außenwirtschaftlichen Devisentransaktionen - herbeigeführt wird. Hier ist der eigentliche Kernpunkt des Geldmengen-Preis-Mechanismus angesiedelt; er impliziert nämlich die Funktionsfähigkeit von drei weiteren Mechanismen (i.S. von Anschlußeffekten), die ein neuerliches Gleichgewicht bei den autonomen Transaktionen herbeiführen sollen.

a) Der **Geldmengeneffekt:** Hierbei wird unterstellt, daß von Leistungsbilanzungleichgewichten - bei durchwirkendem Goldautomatismus bzw. korrespondierendem Interventionsmechanismus - Veränderungen im inländischen (und mit analog umgekehrten Vorzeichen: im ausländischen) **Geldvolumen** ausgelöst werden: im Defizitfall eine Geldmengenreduzierung, im Überschußfall eine Geldmengenerhöhung. Dies ist formal auch unterstellbar. Beim Goldautomatismus ist dies immer dann gegeben, wenn die nationalen Währungsbehörden ihrer Golddeckungspflicht nachkommen. Golddefinition und Goldkonversion hatten ja zunächst nur den vorläufigen Effekt einer Stabilisierung des Devisenkurses und der Herbeiführung eines (induzierten) Zahlungsbilanzgleichgewichtes; erst die Golddeckungspflicht löst die intendierten und auch notwendigen Folgeeffekte aus. Nun ist aber zu differenzieren:

- Im Grundsatz können die Geldmengeneffekte erwartet werden, wenn die zentralen Währungsbehörden ihrer Verpflichtung nachkommen, den inländischen Goldvorrat und die inländische Geldmenge in einer bestimmten Relation zu halten. Im Überschußfall (Defizitfall) bedeutet dies, daß ab dem Goldimportpunkt (Goldexportpunkt) Gold zufließt (abfließt) und somit das Land gehalten ist, seine inländische Geldmenge zu erhöhen gegen Aufkauf des importierten Goldes (zu vermindern gegen Verkauf des zum Export benötigten Goldes). Wäre die Deckungsrelation geringer als 1 : 1 - z.B. 1 (Gold) : 5 (Geldmenge) -, müßte sogar ein mehrfaches an Geld im Überschußland

(Defizitland) geschaffen (vernichtet) werden. Aber auch beim Interventionsmechanismus ist der Geldmengeneffekt im Grundsatz gegeben. Denn erhöht die Notenbank im Überschußfall (Defizitfall) die Devisennachfrage (das Devisenangebot), stellt sie somit im Gegenzug zum Devisenankauf Inlandswährung zur Verfügung (vermindert sie im Gegenzug durch Devisenverkauf Inlandswährung), so sind die intendierten Geldmengeneffekte - Geldmengenerhöhung (-verminderung) im Überschußfall (Defizitfall) - unterstellbar. Von den Wirtschaftssubjekten werden auf diese Geldmengeneffekte unmittelbar keine Störimpulse ausgehen: Im Überschußfall werden sie das aufgrund von Leistungsexporten erhaltene Gold bzw. die erhaltenen Devisen - via Bankensystem - an die zentralen Währungsbehörden weiterleiten; denn sie wollen ja Inlandswährung. Damit steigt die inländische Geldmenge. Im Defizitfall werden sie Gold und/oder Devisen - via Bankensystem - nachfragen und diese mit Inlandswährung bezahlen; denn sie brauchen ja Gold oder Devisen für ihre Leistungsimporte. Damit sinkt freilich die inländische Geldmenge.

- Gleichwohl sind Probleme nicht auszuschließen. Sie resultieren daraus, daß über die unmittelbaren Geldmengeneffekte **Zinseffekte** entstehen können: Wenn im Überschußfall (Defizitfall) durch eine Geldmengenerhöhung (-verminderung) eine Zinssenkung (Zinserhöhung) ausgelöst wird, entsteht notwendigerweise ein Zinsgefälle zwischen Überschuß- und Defizitland, das zusätzliche Kapitaltransfers auslösen kann: nämlich Kapitalexporte aus dem Überschußland (mit niedrigen Zinsen) in das Defizitland (mit höheren Zinsen); ein solcher **Zinsmechanismus** ist somit nicht auszuschließen. Dieser bedeutete dann allerdings, daß die an sich intendierte Geldmengenerhöhung (-verminderung) im Überschußland (Defizitland) durch Kapitalabfluß (-zufluß) unterlaufen wird. Damit würden bereits die Geldmengeneffekte versagen. Wollen die Länder aus marktwirtschaftlichen Grundsatzüberlegungen am freien Kapitalverkehr festhalten, also auf Aufhebung der Konvertibilität (Recht auf freien Währungstausch) oder sonstige dirigistische Kapitalverkehrskontrollen verzichten, wären derartige Kapitaltransaktionen allenfalls zu erschweren (durch Verzinsungsverbot von Kapitalzuflüssen aus dem Überschußland ins Defizitland) bzw. zu neutralisieren (durch ein Bardepot, d.h. durch eine völlige Mindestreservebindung aller Kapitalströme aus dem Ausland im Zuflußland, um dem Bankensystem im Defizitland zumindest keine weiteren Kreditschöpfungsmöglichkeiten zu eröffnen).

b) Der **Preiseffekt**: Unterstellen wir einmal, daß der Geldmengeneffekt erreichbar ist, so geht der Preiseffekt davon aus, daß von der Veränderung des Geldvolumens unmittelbare Preiseffekte zu erwarten sind. Hinter dieser Erwartung steht die einfache **quantitätstheoretische Annahme**, daß dem Produkt aus Geldvolumen (G) und dessen Umlaufsgeschwindigkeit (U) ein Produkt aus realem Handelsvolumen (H) und dessen Preisniveau (P) gegenübersteht. Geht man nun darüber hinaus davon aus, daß die Umlaufsgeschwindigkeit des Geldes mittelfristig als konstant unterstellbar ist, und daß das reale Handelsvolumen durch die Geldmengenveränderung als nicht variierbar angesehen wird (sog. Geldschleierhypothese), so folgt daraus, daß dann die Aussage gilt: $G \cdot \overline{U} = \overline{H} \cdot P$, d.h. daß eine Geldmengenerhöhung im Überschußland eine Preissteigerung bzw. eine Geldmengenverminderung im Defizitland eine Preissenkung auslöst. Diese Aussage bedarf indessen einer dreifachen Modifizierung:

- Zum ersten setzt sie voraus, daß positive oder negative Geldmengenveränderungen unmittelbar zu entsprechenden positiven oder negativen Nachfrageveränderungen führen. Bereits dies ist nicht einfach unterstellbar. Geht nämlich die Geldmengenerhöhung (-verminderung) einher mit einem Anstieg (Rückgang) der **Liquiditätsneigung** im Unternehmens- oder Haushaltssektor, so wäre schon der unmittelbar unterstellte positive (negative) Nachfrageeffekt nach Konsum- und/oder Investitionsgütern in Frage zu stellen.

- Käme es nun dennoch zu den erwarteten Nachfrageeffekten (weil die Variation der Liquiditätsneigung gewiß nicht beliebig gestaltbar ist), wird zum zweiten davon ausgegangen, daß diese dann zu korrespondierenden Preisveränderungen führen. Doch auch dies ist mit Blick auf das Problem der **Kapazitätsauslastung** nicht einfach unterstellbar. Bestünden in einem Überschußland noch unterausgelastete Kapazitäten, müßte ein Nachfrageanstieg nicht unbedingt zu Preissteigerungen führen; er könnte ausschließlich positive Mengeneffekte (ohne positive Preiseffekte) auslösen, was dann die Geldschleierhypothese überdies infrage stellen müßte. Umgekehrt könnte in einem Defizitland eine Kapazitätsüberauslastung bestehen; ein Nachfragerückgang würde dann eventuell allenfalls zu Entlastungen der Kapazitätsanspannung (ohne negative Preiseffekte) führen.

- Noch mehr wird zum dritten der intendierte Preiseffekt dadurch in Frage gestellt, weil von einem hohen Maß an **Preisflexibilität** ausgegangen werden muß. Dies mag noch vertretbar sein im Falle eines Nachfrageanstiegs, wenn dieser - unter Umständen trotz noch unterausgelasteter Kapazitäten - von den Unternehmen rasch zu Preissteigerungen genutzt würde. Erheblich rigider dürfte die Preisflexibilität „nach unten" sein, wenn der Konkurrenzmechanismus - sei es auf den Produktmärkten (Marktvermachtung), sei es auf den Faktormärkten (Kollektivverhandlung) - weitgehend ausgeschaltet ist. Dann müßten die Aussagen der Quantitätstheorie zumindest asymmetrisch interpretiert werden: Im Falle des Anstiegs der Geldmenge könnte - via Nachfrageanstieg - im Überschußland noch von einer Preissteigerung ausgegangen werden; im Falle des Rückgangs der Geldmenge müßte - via Nachfragerückgang - im Defizitland damit gerechnet werden, daß bei einer Geldmengenverminderung weniger ein Preisrückgang, sondern eher ein Produktionsrückgang (mit unterausgelasteten Sachkapazitäten und Arbeitslosigkeit) ausgelöst würde.

Auch bei Gültigkeit des Geldmengeneffektes erhalten wir den ganz wichtigen Befund, daß der Preiseffekt - und damit die Schlüsselgröße dieses Mechanismus - nicht einfach als gegeben unterstellt werden kann.

c) Der **Zahlungsbilanzeffekt**: Unterstellen wir einmal dennoch, daß Geldmengen- und Preiseffekte (wie intendiert) eintreten, bleibt schließlich die Frage, ob die Zahlungsbilanz „normal“ reagiert, d.h. ob der bereits skizzierte („induzierte“) Ausgleich der sich im Ungleichgewicht befindenden Zahlungsbilanz durch einen neuerlichen realwirtschaftlichen („autonomen“) Ausgleich der Leistungsbilanz ersetzt werden kann, der dann wieder für ein realwirtschaftliches („echtes“) Zahlungsbilanzgleichgewicht stände. Im Überschußfall (Defizitfall) müßten dann die Leistungsimportwerte steigen (sinken) bzw. die Leistungsexportwerte sinken (steigen). Im Überschußland müßte es dann zu einer realwirtschaftlich begründeten Linksverlagerung der (neuen) Angebotsfunktion bzw. Rechtsverlagerung der (alten) Nachfragefunktion kommen, bis sich innerhalb der Devisenkursmarge ein neues realwirtschaftliches Gleichgewicht herausbildete; und im Defizitland müßte es zu einer realwirtschaftlich begründeten Linksverlagerung der (neuen) Nachfragefunktion bzw. Rechtsverlagerung der (alten) Angebotsfunktion kommen, bis innerhalb der Devisenkursmarge ein neues realwirtschaftliches Gleichgewicht entstünde. Beschränken wir uns auf die Situation in einem Defizitland (für das Überschußland gilt dann der analoge Umkehrschluß), so ist zu differenzieren:

- Was den **Importwert** (das Produkt aus Importmenge und Preis der Importprodukte des Defizitlandes, bewertet mit gegebenen Devisenkursen) angeht, so ist ein Rückgang des Importwertes vermutlich unterstellbar. Denn die ausländischen Anbieter werden im Defizitland mit einem rückläufigen (Inlands-) Preisniveau konfrontiert, das ihre Wettbewerbsfähigkeit gegenüber den inländischen Anbietern in Frage stellen kann. Diese Aussage gälte allenfalls nicht für den Grenzfall, daß das Auslandsangebot durch Inlandsprodukte nicht substituierbar und gleichzeitig die Inlandsnachfrage nach Auslandsgütern völlig preisunelastisch ist. Ist demgegenüber unterstellbar, daß die Nachfrage des Inlands nach ausländischen Produkten über eine gewisse (Preis-)Elastizität verfügt, bleiben folgende Alternativen: Ist das Auslandsangebot völlig unelastisch, weil es sich etwa beim Inland um einen großen Absatzmarkt handelt, den man nicht verlieren will, werden die ausländischen Anbieter Preiszugeständnisse machen (der Importwert reduzierte sich ausschließlich über negative Preiseffekte); ist das Angebot völlig elastisch, weil es sich beim Inland um einen kleinen und insoweit „uninteressanten“ Absatzmarkt handelt, werden die ausländischen Anbieter wegen der ansonsten gegebenen Notwendigkeit, Preiszugeständnisse machen zu müssen, ihr Angebot zurückziehen (der Importwert reduzierte sich ausschließlich über negative Mengeneffekte); zwischen diesen beiden Extremsituationen wird sich der Importwert über kombinierte negative Preis- und Mengeneffekte reduzieren, so daß im normalen Fall - von der skizzierten Sondersituation abgesehen - im Defizitland ein Rückgang des Wertes des Leistungsimports zu erwarten ist.
- Differenzierter ist die Entwicklung des **Exportwertes** (das Produkt aus Exportmenge und Preis der Exportprodukte des Defizitlandes, bewertet mit gegebenen Devisenkursen) zu sehen, weil hier eine Preissenkung (bei gegebe-

nem Devisenkurs) für sich genommen, d.h. gemessen am Stückpreis der Einheit eines Exportproduktes eher eine Rückbildung des Exportwertes erwarten ließe. Entscheidend ist somit die Frage, ob eine Preissenkung des Inlandangebots - bei gegebenem Devisenkurs - eine entsprechende zusätzliche Nachfrage des Auslands auslöst, womit der Elastizität der Auslandsnachfrage nach Inlandsprodukten eine zentrale Bedeutung zukommt. Dabei liegt auf der Hand, daß der Exportwert nur steigt, wenn die Elastizität der Auslandsnachfrage kleiner als -1 ist; er wird konstant bleiben (oder sogar sinken), wenn die Elastizität der Exportnachfrage gleich -1 (oder >-1) ist.

- Kombinieren wir beide Effekte, und unterstellen wir, daß der Importwerteffekt vermutlich negativ ist (wenn man die skizzierten Sondersituationen ausschließen kann), und daß der Exportwerteffekt vermutlich positiv ist (wenn man davon ausgehen kann, daß der Weltmarkt hinreichend groß ist, daß mit einer Preissenkung immer überproportionale positive Nachfrageimpulse seitens des Auslandes ausgelöst werden), so wird man erwarten können, daß, bei gegebenem Geldmengen- und Preiseffekt, der intendierte Zahlungsbilanzeffekt eintritt, d.h. im Defizitfall durch Rechtsverlagerung der Angebotskurve bzw. durch Linksverlagerung der Nachfragekurve (bzw. im Überschußfall durch entgegengesetzte Entwicklungen bei Angebots- und Nachfragekurven) sich ein neuerlicher („autonomer") realwirtschaftlicher, d.h. auf die Leistungsbilanz bezogener Zahlungsbilanzausgleich herausbildet.

Stellt man die drei Effekte einander gegenüber, so ist die intendierte **Funktionsweise** theoretisch überzeugend; und ebenso sind die Funktionsbedingungen eindeutig lokalisierbar. Ihre **Erfüllbarkeit** kann indessen nicht einfach unterstellt werden. Je eher davon ausgegangen werden muß, daß zumindest im Defizitland, auch bei gegebenem negativem Geldmengeneffekt der intendierte negative Preiseffekt in Frage zu stellen ist, desto unsicherer ist die Erwartung eines positiven Zahlungsbilanzeffektes. Er könnte allenfalls begrenzt noch eintreten, wenn im Überschußland positive Geldmengen- und Preiseffekte ausgelöst würden, die einen zusätzlichen Importsog begründeten und die Defizitländer zumindest partiell durch dadurch provozierte Exportimpulse entlasteten. Darüber hinaus bleibt aber festzuhalten, daß der Mechanismus in zwei Fällen völlig versagen dürfte:

- Dies betrifft - zum einen - den Fall, daß sich im Zeitablauf immer wiederkehrende gleichgerichtete **Überschuß-Defizit-Konstellationen** herausbildeten. Dann müßte die ohnehin politisch festgelegte Höhe des Goldpreises bzw. die Höhe des Devisenkurses überprüft werden Und dieses gälte erst recht für den Fall, wenn sich bei den Wirtschaftssubjekten der Verdacht verfestigte, daß die bestehenden Devisenkursrelation auf Dauer nicht zu halten sind, die Währung des Überschußlandes unter Aufwertungsverdacht, jene des Defizitlandes unter Abwertungsverdacht geriete und beides Kapitalbewegungen induzierte - aus der Währung des Defizitlandes in die Währung des Überschußlandes. Solche Kapitalbewegungen müßten dann im Defizitland über das Leistungsbilanzdefizit hinaus die Devisenangebotslücke bzw. im Überschußland über den Leistungsbilanzüberschuß hinaus die Devisennachfragelücke vergrößern. Will man eine solche „Kursdiskussion“ nicht, ist zumindest eine Politik gefordert, die die Erfüllung der Funktionsbedingungen des Mechanismus - v.a. Sicherstellung des Geldmengeneffektes und eines hohen Maßes an Preisflexibilität - forciert. Anderenfalls bliebe nur noch als Alternative, gezielt Einfluß auf die außenwirtschaftlichen Transaktionen zu nehmen.

- Schließlich ist - zum zweiten - denkbar, daß **autonome Kapitalbewegungen** den Geldmengenmechanismus in zwei Varianten stören: Zum einen ist nicht auszuschließen, daß Leistungsbilanzdefizite (-überschüsse) im gleichen Zeitraum durch Kapitalimporte (-exporte) ausgeglichen werden. Solche Kapitalbewegungen hätten einen typisch **konterkarierenden** Charakter. Denn es entstände von vornherein keine Devisenlücke und damit auch kein induzierter Ausgleichs- bzw. Kursstabilisierungsbedarf. Somit entfielen auch die skizzierten drei Anschlußeffekte; die realwirtschaftlichen Ungleichgewichte blieben aufrechterhalten, d.h. über Verschuldung (im Defizitfall) bzw. Vermögensaufbau (im Überschußfall) käme es allenfalls zu einem nominalen Zahlungsbilanzausgleich. Zum anderen ist ebenfalls nicht auszuschließen, daß - bei an sich ausgeglichener Leistungsbilanz - Kapitalimporte (-exporte) eine Devisennachfragelücke (-angebotslücke) erst begründen. Jetzt hätten die Kapitalbewegungen einen typisch **fehlindizierenden** Charakter. Denn über Kursbewegungen entstände zwar ein Ausgleichs- bzw. Kursstabilisierungsbedarf. Doch selbst bei funktionsfähigen Anschlußeffekten wäre aus der Logik des Zahlungsbilanzeffektes allenfalls ein nominales aber kein reales Devisenmarktgleichgewicht erreichbar. Und in beiden Varianten implizierten - bei unverändertem bzw. sich neu herausbildendem Devisenmarktgleichgewicht - Kapitalimporte (-exporte) eine zusätzliche Verschuldung (Vermögensbildung) des Landes, was - wie schon gezeigt - nur unter sehr restriktiven Bedingungen als stabiles Gleichgewicht interpretierbar ist.

11) DER GELDMENGEN-EINKOMMEN-MECHANISMUS

Müssen wir davon ausgehen, daß der Geldmengen-Preis-Mechanismus als allenfalls bedingt funktionsfähig angesehen werden kann (Zinsmechanismus und/oder fehlende Preisflexibilität) und in bestimmten Fällen (anhaltend gleichgerichtete Überschuß-Defizit-Konstellationen und/oder Existenz autonomer Kapitalbewegungen) völlig versagen könnte, bleibt gleichwohl die Frage zu prüfen, ob nicht an der Existenz eines stabilen Wechselkursgefüges festgehalten werden kann, wenn ein anderer Mechanismus zusätzliche Ausgleichsfunktionen übernimmt. Wir unterstellen dabei, daß, wie beim Geldmengen-Preis-Mechanismus und ungeachtet möglicher Schwankungsmargen, ein festes Wechselkursgefüge gegeben ist, unabhängig davon, ob auf der Basis des Goldautomatismus oder des Interventionsmechanismus, und daß der intendierte Geldmengeneffekt erreichbar ist. Unter diesen Bedingungen löst ein Geldmengeneffekt einen weiteren Mechanismus aus, wenn man berücksichtigt, daß ein Leistungsbilanzungleichgewicht auch einen (Volks-)Einkommenseffekt hat: Im Falle des Leistungsbilanzüberschusses (-defizits) erhalten wir neben einem positiven (negativen) Geldmengeneffekt auch einen positiven (negativen) Volkseinkommenseffekt. Dies erscheint auch unmittelbar einsichtig; denn über Leistungsexporte des Inlands entsteht - wie schon die komparativ-statische Vergleichsanalyse gezeigt hat - ein zusätzliches Volkseinkommen (über Faktoreinkommen, die aufgrund der Leistungserstellung verdient werden); und durch Leistungsimporte des Inlands wird Volkseinkommen vermindert (da Teile des Volkseinkommens für Leistungsimporte eingesetzt werden). Sind die Leistungsexporte höher (niedriger) als die Leistungsimporte, ist der Saldoeffekt beim Volkseinkommen positiv (negativ). Geht man nun davon aus, daß mit steigendem (sinkendem) Volkseinkommen auch ein zusätzlicher (sinkender) Importbedarf für ausländische Leistungen ausgelöst wird, wäre unterstellbar, daß - gleichermaßen unabhängig von Preismechanismen und damit auch bei fehlender Preisflexibilität - über diese alternative Einkommensentwicklung eine Tendenz zu einem neuerlichen Leistungsbilanzausgleich bewirkt wird, wenn (aus welchen Gründen auch immer) Leistungsbilanzüberschüsse bzw. -defizite entstanden sind.

Diese Tendenzaussage gilt es im folgenden etwas präziser zu fassen. Knüpfen wir zu diesem Zweck noch einmal an die rein statisch ausgerichtete **Absorptionsdefinition** an, wonach im Rahmen einer bestimmten Periode das einer Volkswirtschaft zur Verfügung stehende Gesamtangebot an Produkten (Güter, Dienstleistungen) sich aus inländischem Sozialprodukt und Leistungsimporten zusammensetzt und gleich der volkswirtschaftlichen Gesamtnachfrage (bestehend aus Konsum-, Investitions- und Exportnachfrage) ist, so gilt (ex post):

(3) $Y + M = C + I + X.$

Und es bleibt auch (ex post) die **Gleichgewichtsbedingung** bestehen:

(9) $I + (X-M) = S$ bzw. $I + X = S + M.$

Wir unterstellen nun im folgenden, daß - erstens - wegen der Vielschichtigkeit der Investitionsdeterminanten die Investitionsnachfrage (I) als eine exogen vorgegebene und damit von der Entwicklung des Volkseinkommens unabhängige Größe anzusehen ist, daß - zweitens - dies auch für die Exportnachfrage (X) gilt, weil diese auch (vermutlich sogar dominant) von der Entwicklung der Weltkonjunktur und damit der Weltmarktnachfrage bestimmt wird und sich deshalb von der inländischen Volkseinkommensentwicklung lösen kann, und daß - drittens - Konsumnachfrage und Importnachfrage neben einem autonomen Mindestvolumen (C_a bzw. M_a) einen endogenen, d.h. von der Entwicklung des Volkseinkommens induzierten Bestandteil haben ($C_i = c \cdot Y$ bzw. $M_i = m \cdot Y$). Unter Zugrundelegung dieser drei Annahmen lassen sich die ex-post-Definitionsgleichungen in ex-ante-Stabilitätsbedingungen umformulieren. Es gilt dann, übertragen auf die Definitionsgleichung (9) und die autonomen Konsum- bzw. Importvolumina als gegeben bzw. aus Gründen der Vereinfachung als vernachlässigbar unterstellt, die folgende Gleichgewichtsbedingung, da über die Konsumneigung (c) definitionsgemäß auch die Sparneigung (s) endogenisiert ist:

$$(13) \qquad s \cdot Y + m \cdot Y = \bar{I} + \bar{X}.$$

Formal läßt sich somit feststellen, daß, ex-ante gesehen, eine **gesamtwirtschaftliche Stabilitätsbedingung** dann erfüllt ist, wenn das geplante Gesamtangebot gleich der geplanten Gesamtnachfrage ist, bzw. wenn die Summe aus dem geplanten (endogenen, d.h. einkommensabhängigen) Spar- und Importvolumen gleich der Summe aus dem geplanten (exogenen, d.h. einkommensunabhängigen) Investitions- und Exportvolumen ist. Diese formale Aussage läßt zweierlei erkennen: Zum einen bedarf diese Stabilitätsbedingung in einer „offenen" Volkswirtschaft keiner ausgeglichenen Leistungsbilanz: Denn das Gleichgewichtseinkommen könnte auch erreicht werden, sofern $m \cdot Y > X$ durch $s \cdot Y < I$ bzw. $m \cdot Y < X$ durch $s \cdot Y > I$ kompensiert würde. Zum zweiten bleibt aber festzuhalten, daß ein gesamtwirtschaftliches Gleichgewicht, sofern die Stabilitätsbedingung einer „geschlossenen" Volkswirtschaft erfüllt ist ($s \cdot Y = I$), nur gesichert bleibt, wenn die Leistungsbilanz ausgeglichen ist ($m \cdot Y = X$).

Diese formalen Aussagen gehen ohne Zweifel noch nicht über die bereits ex-post getroffenen Feststellungen hinaus. Gleichwohl erlauben sie es, mit Hilfe des Instrumentariums der traditionellen Multiplikatoranalyse der Frage nachzugehen, unter welchen Bedingungen - bei gegebenem Devisenkurs - der Geldmengen-Einkommen-Mechanismus ein Leistungsbilanzungleichgewicht wieder abbauen kann, auch und gerade dann, wenn wegen Preisrigidität der Preismechanismus versagt. Wir beschränken uns auf den Fall, daß es bei bestehendem Leistungsbilanzgleichgewicht ($X = M$) zu einer autonomen Steigerung des Leistungsexports kommt (ΔX), die bei zunächst gegebenem Importvolumen (M) in gleicher Höhe einen Leistungsbilanzüberschuß (ΔD) begründet: $\Delta D = X + \Delta X - M$. (Die nachfolgenden Schlußfolgerungen gelten analog, allerdings mit umgekehrtem Vorzeichen, im Falle der Entstehung eines Leistungsbilanzdefizits: $-\Delta X$.) Dabei ist nun zu differenzieren.

a) Der **Exportmultiplikator**: Er geht von der Frage aus, ob und inwieweit ein Exportzuwachs (ΔX) zu einem Volkseinkommenszuwachs (ΔY) führt. Aus der ex-post-Gleichung (3) wäre zu folgern, daß die Gleichgewichtsbedingung: $\Delta X = \Delta Y$ gelten müßte. Doch in der ex-ante-Betrachtung ist zu differenzieren. Kommt es nämlich zu einer Erhöhung des Leistungsexports (ΔX), so löst dies einerseits eine multiplikative Erhöhung des Volkseinkommens (ΔY) aus; denn aus der Erstellung des zusätzlichen Leistungsexports (Güter, Dienste) entsteht im Inland zusätzliches Volkseinkommen, das entsprechend der marginalen Konsumneigung (c) zusätzliche Konsumnachfrage auslöst (ΔC), deren Befriedigung eine weitere Konsumgüterproduktion und damit - über deren Erstellung - aufs neue zusätzliches Volkseinkommen entstehen läßt, das erneut die Konsumnachfrage erhöht (usw. ...). Andererseits wird man davon ausgehen müssen, daß nicht das gesamte Zusatzeinkommen in die Konsumnachfrage gehen wird, sondern daß

„Sickerverluste" entstehen, wenn Teile des jeweils neu entstehenden Zusatzeinkommens, entsprechend der gegebenen marginalen Sparneigung (s) gespart (ΔS) und/oder gemäß der gegebenen marginalen Importneigung (m) zu Importen (ΔM) verwendet werden. (Weitere Sickerverluste könnten entstehen, wenn mit dem Einkommensanstieg zusätzliche Steuerverpflichtungen entstehen; sie sollen im folgenden unberücksichtigt bleiben.) Vernachlässigen wir nun einmal jene Größen, die, bei unterstellter Konstanz, zu keiner zusätzlichen Veränderung des Volkseinkommens führen bzw. bei Veränderung des Volkseinkommens wegen ihres exogenen Charakters konstant bleiben (C_a, M_a, I), so folgt aus der bereits herausgearbeiteten und nun vereinfachten Absorptionsgleichung (3):

$$(14) \qquad Y + m \cdot Y = c \cdot Y + X.$$

Die weitergehende (dynamische) Stabilitätsbedingung unterstellt, daß bei zunächst gegebener Gleichgewichtssituation (X = M) ein Zusatzexport entsteht (ΔX), der ein Zusatzeinkommen (ΔY) auslöst:

$$(15) \qquad \Delta Y + m \cdot \Delta Y = c \cdot \Delta Y + \Delta X.$$

Daraus ergibt sich:

$$(16) \qquad \Delta Y + m \cdot \Delta Y - c \cdot \Delta Y = \Delta Y\,(1 + m - c) = \Delta X.$$

Gehen wir nun davon aus, daß jeder Einkommenszuwachs in einer offenen Volkswirtschaft logischerweise alternativ zu einem Konsum-, Spar- oder Importzuwachs führen kann, weshalb sich Konsum-, Spar- und Importneigung zu 1 addieren (1 = c + s + m), so gilt: 1 - c = s + m; und die Stabilitätsbedingung läßt sich umformulieren:

$$(17) \qquad \Delta Y\,(s + m) = \Delta X \text{ bzw.}$$

$$(18) \qquad \Delta Y = \frac{\Delta X}{(s+m)} = \Delta X \cdot \frac{1}{(s+m)}.$$

Der so gewonnene Exportmultiplikator - 1: (s + m) - läßt erkennen, daß der Anstieg des Volkseinkommens (ΔY) unendlich wäre, wenn jeder Einkommenszuwachs, der aus dem Exportzuwachs (ΔX) resultiert, in den Verbrauch fließen würde; dann gälte: c = 1 bzw. s + m = 0. Umgekehrt reduzierte sich der Volkseinkommensanstieg auf die einmalige Erhöhung des Leistungsbilanzüberschusses (ΔX), wenn kein Teil des Volkseinkommenszuwachses in den Verbrauch flösse; es gälte dann: c = 0 bzw. s + m = 1, wobei es im Grundsatz für die hier angesiedelte Fragestellung noch unerheblich ist, in welcher Größenordnung sich s und m zu 1 addieren. Unterstellen wir indessen die wahrscheinlichere Bedingung - $0<(s + m)<1$ bzw. $1>c>0$ -, so kann man davon ausgehen, daß der Exportmultiplikator größer als 1, der (ausgelöste) Volkseinkommensanstieg somit größer als die (auslösende) Steigerung des Leistungsexports ist ($\Delta Y>\Delta X$).

b) **Der Leistungsbilanzmultiplikator**: Er geht von der Frage aus, ob und inwieweit ein Exportzuwachs (ΔX) zu einem Importzuwachs (ΔM) führt. Bis hierher war die Höhe der Importneigung für die eigentliche Frage, ob sich ein Leistungsbilanzungleichgewicht abbaut, noch irrelevant; sie hatte allenfalls Bedeutung für die Frage, in welchem Umfang sich aufgrund eines Leistungsexportzuwachses (ΔX) zusätzliches Volkseinkommen (ΔY) bilden wird, das das Volumen des zusätzlichen Leistungsexports übersteigt. Greifen wir nun aber die weiterführende Frage auf, so stellt sich das Problem, ob eine Erhöhung des Leistungsexports (ΔX), der bei zunächst gegebenem Leistungsimport (M) in gleicher Höhe einem Leistungsbilanzüberschuß (ΔD) entspricht, einen Ausgleichsmechanismus auslöst, der über zusätzliche Leistungsimporte (ΔM) diesen Überschuß wieder abbaut, so daß am Ende des Anpassungszeitraums der Überschuß wieder verschwunden wäre. Die unterstellbare Wirkungskette ist unschwer zu plausibilisieren: Erhöht sich der Leistungsexport, und entsteht bei zunächst gegebenem Leistungsimport aufgrund des zusätzlichen Leistungsexports ein Leistungsbilanzüberschuß, der über den skizzierten Exportmultiplikator ein Volkseinkommensanstieg (ΔY) auslöst, so erhöht dieser - bei gegebener marginaler Importneigung (m) - nun auch die Leistungsimporte (ΔM), so daß sich die Frage stellt, ob diese tendenziell den Leistungsbilanzüberschuß abbauen oder ihn gar zum Verschwinden bringen (ΔD wird 0, wenn: $\Delta X = \Delta M$). Dies läßt sich noch etwas präziser fassen, wenn wir von der Bedingung ausgehen:

$$\Delta D = \Delta X - \Delta M = \Delta X - m \cdot \Delta Y. \tag{19}$$

Unter Berücksichtigung des Exportmultiplikators (18) folgt daraus:

$$\Delta D = \Delta X - m \cdot \Delta X \cdot \frac{1}{s+m} \text{ bzw.} \tag{20}$$

$$\Delta D = \Delta X \left(1 - m \cdot \frac{1}{s+m}\right) = \Delta X \left(1 - \frac{m}{s+m}\right). \tag{21}$$

Der so gewonnene Leistungsbilanzmultiplikator - $1 - m : (s + m)$ - läßt erkennen, daß der Geldmengen-Einkommen-Mechanismus nur unter sehr restriktiven Bedingungen einen durch einen zusätzlichen Leistungsexport (ΔX) entstandenen Leistungsbilanzüberschuß (ΔD) über zusätzliche Leistungsimporte (ΔM) voll abbauen kann. Dies wäre nur dann gegeben, wenn der Wert des Leistungsbilanzmultiplikators 0 erreichte, dann implizierte die Konstellation: $\Delta D = \Delta X \cdot 0 = 0$. Dies ist (unter der Bedingung: $1 = c + s + m$) aber nur unter zwei (unwahrscheinlichen) Voraussetzungen erreichbar: Entweder es gilt: $m = 1$ (dann wäre definitionsgemäß: $s = 0$); oder es müßte unter der Voraussetzung $1>m>0$ die marginale Sparneigung dennoch den Wert von 0 erreichen. In beiden Fällen wurde der positive Leistungsbilanzsaldo wieder abgebaut. Ansonsten wäre zu differenzieren: Im ersten Fall wäre der Exportmultiplikator = 1; der Volkseinkommenszuwachs (ΔY) beschränkte sich auf die Höhe des Exportzuwachses

(ΔX); dieser würde überdies in der gleichen Periode ausschließlich in den Import gehen (ΔM) und den Leistungsüberschuß wieder beseitigen. Im zweiten Fall würde das zusätzliche Volkseinkommen teilweise in den Konsum (ΔC) und in den Import (ΔM) fließen; der Exportmultiplikator wäre >1, der Volkseinkommensanstieg würde sich über das Volumen des Exportzuwachses hinaus fortsetzen und nicht nur einen weiteren Einkommensanstieg, sondern auch weitere Zusatzimporte auslösen. Und dieser Prozeß würde sich über mehrere Perioden solange fortsetzen, bis die Summe der Zusatzimporte über alle Perioden hinweg den Gesamtwert des zusätzlichen Leistungsexports erreicht hätte. Am Ende des Anpassungsprozesses wäre der Überschuß (ΔD) abgebaut, weil der Zusatzexport (ΔX) durch einen Zusatzimport (ΔM) kompensiert würde. Unter der Voraussetzung, daß die marginale Importneigung in jedem Falle positiv ist, gilt somit im Grundsatz: Für die Erreichung eines neuerlichen Leistungsbilanzausgleichs ist die Höhe der marginalen Importneigung (m) irrelevant; sie entscheidet allenfalls über das Tempo des Anpassungsprozesses und die Höhe des Zusatzeinkommens (ΔY). Und dabei erscheint unmittelbar einsichtig, daß der Zeitbedarf für den Überschußabbau, aber auch das Volumen des zusätzlichen Volkseinkommens, um so größer sind, je geringer die Importneigung ist (und umgekehrt). Unterstellen wir aber einmal diese beiden Grenzfälle - m = 1 bzw. s = 0 - als unrealistisch, und gehen wir des weiteren davon aus, daß auch ein dritter Grenzfall (m = 0) nicht realistisch sein dürfte (hier erreichte der Leistungsbilanzmultiplikator in jedem Falle und unabhängig davon, in welcher Relation sich c und s zu 1 addieren, einen Wert von 1, d.h. der zusätzliche Leistungsexport bliebe als Leistungsbilanzüberschuß voll erhalten und der Ausgleichsmechanismus wäre funktionsunfähig), so kann es eher als wahrscheinlich gelten, daß sich die Funktionsbedingungen zwischen derartigen Grenzsituationen - $0<s<1$ bzw. $0<m<1$ - bewegen. Dann aber gilt, daß der Leistungsbilanzmultiplikator zwar kleiner als 1, aber größer als 0 ist. Und das bedeutet, daß Tendenzen zu einem Abbau der Leistungsbilanzüberschüsse zwar nicht auszuschließen sind, und daß dieser Abbau um so mehr gelingt, je höher die marginale Importneigung ist, daß aber der Abbau nicht vollständig gelingen dürfte. Und dies wiederum folgt daraus, daß Teile des induzierten Volkseinkommensanstiegs im Sparprozeß versickern und weder direkt (über m) noch indirekt (über c) zum Leistungsbilanzausgleich beitragen.

Stellen wir Export- und Leistungsbilanzmultiplikator einander gegenüber, so ist gewiß festzustellen, daß die vorliegende theoretische Analyse allenfalls rudimentären Charakter hat. Zu denken wäre etwa daran, daß neben dem Konsumzuwachs der Leistungsexportanstieg (über Akzeleratorprozesse) auch zusätzliche Investitionen auslösen kann, und diese (über Multiplikatorprozesse) noch zusätzliches Volkseinkommen und damit noch weitere Importe begründen, die den **Ausgleichsprozeß** der Leistungsbilanz noch beschleunigten. Zu berücksichtigen wäre auch, daß ein zusätzlicher Leistungsexport des Inlands gleichbedeutend mit einem zusätzlichen Leistungsimport des Auslandes ist, der dann dort, wegen der Verminderung des Volkseinkommens, negative Multiplikatorwirkungen mit rückläufigem Importbedarf auslöste, das wiederum gleichbedeutend wäre einem

Druck auf den Leistungsexport des Inlands, was dann notwendigerweise auch den **Ausgleichsbedarf** verminderte. Der zunächst zu verzeichnende Leistungsbilanzüberschuß könnte somit über die analysierten Akzelerator- und Multiplikatoreffekte hinaus durch neuerlichen Exportrückgang reduziert werden. Derartige Erweiterungen würden die theoretischen Ergebnisse methodisch gewiß verbessern. Dennoch soll auf ihre detaillierte Analyse hier verzichtet werden. Denn es muß bezweifelt werden, ob diese modell-theoretischen Erweiterungen zu einer Verbesserung der Sachaussagen führten, zumal die Präzisierung allenfalls mit gesetzten **Hypothesen** über die marginalen Konsum-, Spar- und Importneigungen sowie über die Höhe der unterstellten Akzelerator- und Multiplikatorwerte erreichbar wäre. Dies wäre nicht nur - für sich genommen - fragwürdig; hinzu kommt, daß alle diese Größen vermutlich gesamtwirtschaftlich nicht normiert werden können, weil sie zwischen den Gütern bzw. Branchen streuen (unterschiedliche Nachfrageelastizitäten) und überdies im Zeitablauf (aufgrund von Produkt- und/oder Prozeßinnovationen) variieren können. Die Zunahme einer höheren theoretischen Eindeutigkeit wird dann erkauft mit geringerer praktischer Relevanz.

Mit Blick auf diese Probleme beschränken wir uns auf die folgenden drei **Kernaussagen**. Erstens: Der Geldmengen-Einkommen-Mechanismus entwickelt Tendenzen, einen autonom entstandenen Leistungsbilanzüberschuß (analoges gilt für ein Defizit) abzubauen, wenn man von unrealistischen Grenzfällen absieht. Zweitens: Er ist aber nicht in der Lage, einen vollständigen Ausgleich wieder herbeizuführen, wiederum von unrealistischen Grenzfällen abgesehen. Drittens: Einkommens- und Leistungsbilanzmultiplikator wirken - mit Blick auf die marginale Importneigung (m) - entgegengesetzt; je höher die marginale Importneigung ist, desto geringer ist der (Volks-)Einkommenseffekt, desto rascher erfolgt der (Zahlungsbilanz-) Ausgleichseffekt, und umgekehrt. Dabei erscheint unmittelbar einsichtig, daß alle drei Aussagen, in gewisser Analogie zum Geldmengen-Preis-Mechanismus, zugeschnitten sind auf den Fall eines im Zeitablauf in einer bestimmten Periode eingetretenen einmaligen zusätzlichen Leistungsexports bzw. -imports. Kommt es im Zeitablauf zu immer wiederkehrenden gleichgerichteten **Überschuß- bzw. Defizitkonstellationen**, versagt der Ausgleichsmechanismus definitiv. Im Gegenteil, hier besteht eher die Gefahr, daß die Ungleichgewichtssituation, auch bei gleichbleibenden Volumina der einzelnen periodenbezogenen Ungleichgewichte - eben weil der Mechanismus ohnehin allenfalls partiell den Ausgleich erreicht -, sich (positiv oder negativ) verschärft. Erhebliche Belastungen dürfte der Geldmengen-Einkommen-Mechanismus ebenfalls von **autonomen Kapitalbewegungen** erfahren, wenn Leistungsüberschüsse (-defizite) mit Kapitalexporten (-importen) einhergingen. Die Leistungsbilanzüberschüsse (-defizite) könnten dann zwar einen Anstieg (Rückgang) des Volkseinkommens auslösen. An die Stelle von zusätzlichen (rückläufigen) Leistungsimporten träten dann Kapitalexporte (-importe); ein realwirtschaftlicher Ausgleich wäre gefährdet. Und völlig versagen dürfte der Mechanismus, soweit Devisenmarktungleichgewichte - bei gegebenem Gleichgewicht in der Leistungsbilanz - durch autonome

Kapitalbewegungen erst ausgelöst würden. So gesehen bleibt eine Politik gefordert, die entweder die Erfüllung der Funktionsbedingungen des Mechanismus forciert - gerade die Sicherstellung einer hohen marginalen Importneigung, die im Überschußfall positiv bzw. im Defizitfall negativ durchwirkt - oder aber doch gezielt Einfluß auf die außenwirtschaftlichen Transaktionen nimmt.

12) DER WECHSELKURS-MECHANISMUS

Der Geldmengen-Preis- und der Geldmengen-Einkommen-Mechanismus vollzogen sich zwar über unterschiedliche Wirkungsketten, hatten aber eine wichtige Gemeinsamkeit: Kommt es zu einem Leistungsbilanzungleichgewicht, entspricht ihrer Intention, bei gegebenem Devisenkurs (allenfalls durch Schwankungsmargen modifiziert) **binnenwirtschaftliche Anpassungsprozesse** über das Preis- und/oder Einkommensniveau auszulösen, die ihrerseits die Voraussetzungen dafür schaffen, daß ein neuerlicher Leistungsbilanzausgleich erreicht wird. Dieser Sachverhalt führt nun zu einer wichtigen, freilich ambivalenten Erkenntnis: Sind die Funktionsbedingungen nicht erfüllt, versagen die Mechanismen. Wirken die Mechanismen durch, so unterwirft jeder Versuch, den Wechselkurs stabil zu halten, nicht nur die Binnenwirtschaft dem **Diktat** der **Zahlungsbilanz**; auch die nationale Wirtschaftspolitik büßt ihre **Autonomie** ein - direkt, was die Geldmengenpolitik angeht, indirekt, was die anderen Politikbereiche (Fiskal-, Sozialpolitik etc.) betrifft, sofern diese geeignet wären, Wettbewerbsverhältnisse an den internationalen Märkten so zu verändern, daß diese Leistungsbilanzungleichgewichte (positiv oder negativ) auslösen. Dies könnte noch so lange als unproblematisch angesehen werden, wenn die Mechanismen rasch, flexibel und voll funktionsfähig reagierten. Wie gezeigt, ist dieses aber nicht unterstellbar, zumindest an sehr restriktive Bedingungen gebunden. Dann ist freilich nicht auszuschließen, daß die Mechanismen entweder nicht in der Lage sind, wegen Defiziten bei den Funktionsbedingungen, Leistungsbilanzungleichgewichte zu korrigieren. Oder es kann auch bei gegebener Funktionsfähigkeit zumindest nicht ausgeschlossen werden, daß die Anpassungsprozesse binnenwirtschaftliche Fehlentwicklungen auslösen. Denkbar wäre, daß im Überschußfall (Defizitfall) anhaltende Inflationsgefahren (Rezessionsgefahren) entstehen. Diese wären allenfalls zu vermeiden, wenn die Schwankungsmargen für die Devisenkursentwicklung so breit angelegt wären, daß die Mechanismen nicht, zumindest nicht immer und nicht bei jedem Devisenmarktungleichgewicht, greifen, was sie dann aber in letzter Konsequenz ad absurdum führen müßte.

Und genau diese letzte Überlegung mündet in die Frage ein, ob - gleichermaßen im Umkehrschluß gedacht - durch die völlige Beseitigung der Margen in Verbindung mit dem Verzicht, Wechselkursstabilität und -sicherheit zu gewährleisten, nicht Mechanismen ausgelöst werden könnten, die binnenwirtschaftliche Fehlentwicklungen vermeiden und gleichzeitig der Binnenwirtschaftspolitik ihre Autonomie zurückgeben könnten, und die dennoch in der Lage wären, Leistungsbilanzungleichgewichte rasch und flexibel abzubauen. Diese Frage führt letztendlich zu den Verlaufshypothesen des Wechselkurs-Mechanismus. Er geht - zum einen - davon aus, daß wir es beim Devisenmarkt mit einem **freien** Markt zu tun haben, daß Devisen beliebig ausgetauscht werden können, und daß der Devisenkurs, die Wertrelation zwischen den Währungen, sich frei nach Devisenangebot und -nachfrage bildet. Er geht - zum zweiten - davon aus, daß es sich beim Devisenmarkt um einen **vollkommenen** Markt handelt, d.h. unterstellbar ist die Abwesenheit von räumlichen, sachlichen und persönlichen Präferenzen, eine vollständige Markttransparenz und eine hohe Reaktionsgeschwindigkeit der Marktteilnehmer. Diese Hypothesen liegen auch den Geldmengenmechanismen zugrunde. Beim Wechselkursmechanismus kommt nun - zum dritten - hinzu, daß auf eine Wechselkursstabilisierung verzichtet wird. Damit sind zunächst die formalen Voraussetzungen für die Funktionsweise des Wechselkurs-Mechanismus erfüllt (vgl. Abbildung 6).

Abbildung 6
Wechselkursmechanismus

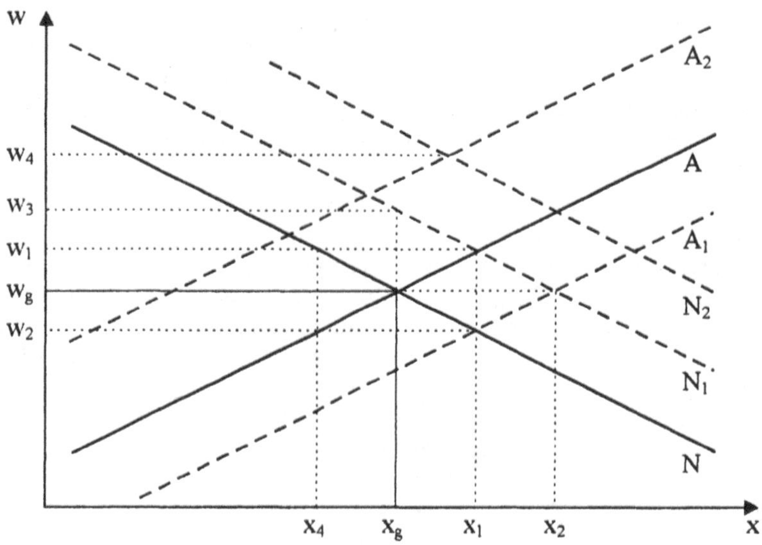

Kommt es nun bei gegebener Gleichgewichtslage, in der bei einem gegebenen Gleichgewichtskurs (w_g) Devisennachfrage (N) und Devisenangebot (A) sich entsprechen und so zu einem markträumenden Ausgleich kommen (x_g), zu einer autonomen Verlagerung der Nachfragekurve, aus welchen Gründen auch immer (von N nach N_1), so entstände bei gegebenem Devisenkurs (w_g) und gegebener Devisenangebotsfunktion (A) ein Devisenangebotsdefizit (x_2 - x_g). Bei freier Devisenkursbildung würde sich dann der Preis für ausländische Währungen, gemessen in Inlandswährung, erhöhen (von w_g auf w_1); die Inlandswährung erführe eine Abwertung. Und das bedeutete wiederum, daß sich diese Kurssteigerung so lange fortsetzte, bis sich bei alter Angebots- und neuer Nachfragefunktion ein neues Gleichgewicht von Devisenangebot und Devisennachfrage (x_1) herausgebildet hätte. (Eine analoge Argumentationskette ergäbe sich, wenn das Angebotsdefizit durch einen autonomen Rückgang des Devisenangebots entstanden wäre). Es liegt auf der Hand, daß bei gegebener Gleichgewichtslage - mit umgekehrten Vorzeichen - ein autonomer Anstieg des Devisenangebots (von A nach A_1) bei gegebenem Gleichgewichtskurs (w_g) und gegebener Devisennachfragefunktion (N) ein Devisennachfragedefizit (x_2 - x_g) entstehen ließe, was bei freier Kursbildung zu einem Devisenkursrückgang (von w_g auf w_2) führte; die Inlandswährung erführe eine Aufwertung, und der Preis für ausländische Währung würde so lange sinken, bis sich ein neues Gleichgewicht von Devisenangebot und Devisennachfrage (x_1) herausgebildet hätte. (Auch hier gilt die analoge Wirkungskette, wenn das Nachfragedefizit durch einen autonomen Rückgang der Devisennachfrage entstanden wäre.)

Konzentrieren wir uns nun auf das Problem eines Angebotdefizits, das sich autonom herausgebildet hat - die Konsequenzen eines Nachfragedefizits ergeben sich im analogen Umkehrschluß und sollen der Einfachheit halber (zumindest was die Detailanalyse angeht) vernachlässigt werden -, so gilt es, diese Verlaufshypothesen näher zu präzisieren. Den Hintergrund dieser Erwartung, daß bei einem durch die Nachfrageverlagerung ausgelösten Kursanstieg (w_1) quasi-automatisch eine neue Gleichgewichtslage (x_1) entsteht, bildet eine einfache Überlegung: Zum einen ist davon auszugehen, daß - bei gestiegenem Devisenkurs - die Ausländer für eine Einheit ihrer Währung mehr Inlandswährung erhalten bzw. für eine Einheit Inlandswährung weniger eigene Währung aufwenden müssen. Die Leistungen des Inlands (Güter, Dienste), aber auch die Kapitalanlagen im Inland, werden für sie - bei gegebenem Preis für die inländischen Leistungen oder für Kapitalanlagen im Inland, jeweils in Inlandswährung gerechnet - attraktiver; sie werden somit, entlang der gegebenen Angebotsfunktion (A), mehr Devisen für inländische Leistungen und für Kapitalanlagen im Inland anbieten, und das Devisenangebot steigt (von x_g auf x_1). Umgekehrt müssen die Inländer mehr Inlandswährung für eine Einheit Auslandswährung aufwenden. Die Leistungen des Auslands (Güter, Dienste), aber auch die Kapitalanlagen im Ausland, werden für sie - bei gegebenem Preis für die ausländischen Leistungen oder für Kapitalanlagen im Ausland, jeweils in Auslandswährung gerechnet - weniger attraktiv, sie werden somit - entlang der autonom verlagerten Nachfragefunktion (N_1) - weniger Devisen für ausländische Leistungen und für Kapitalanlagen im Ausland nachfragen, und die Devisennachfrage sinkt (von x_2 auf x_1). Insgesamt impliziert der Anstieg des Devisenkurses (w_1), der durch eine Devisenangebotslücke (x_2/x_g) aufgrund eines autonomen Devisennachfrageanstiegs (von N nach N_1) ausgelöst wurde, einen neuerlichen Ausgleich von Devisenangebot und Devisennachfrage - mithin ein neues Zahlungsbilanzgleichgewicht. Entscheidend dabei ist, daß sich dieser Angleichungsprozeß an der **Außenfront** vollzieht, also ohne - durch Zahlungsbilanzungleichgewichte induzierte - Konsequenzen für die binnenwirtschaftliche Preis- und/oder Einkommensentwicklung, aber auch ohne Konsequenzen für deren (autonome) wirtschaftspolitische Gestaltung erfolgt. Formal betrachtet, könnte - bei Funktionsfähigkeit dieses Wechselkursmechanismus - ein Land seine Prioritäten bei Wachstum und Beschäftigung festmachen, und bei Vernachlässigung des Preisstabilitätszieles eine dann drohende schwächere Wettbewerbsfähigkeit durch einen ständigen Anstieg des Devisenkurses (Abwertung der eigenen Währung) kompensieren; umgekehrt könnte ein Land der Preisstabilität Vorrang einräumen und seine dann einsetzende stärkere Wettbewerbsfähigkeit durch einen ständigen Rückgang des Devisenkurses (Aufwertung der eigenen Währung) ausgleichen. Ob diese „Freiräume" wirklich so eindeutig gegeben sind, bedarf noch einer gesonderten Analyse; hier beschränken wir uns zunächst erneut auf die Frage nach den Funktionsbedingungen dieses Mechanismus. Und dabei sind Probleme nicht auszuschließen; sie sind auf zwei Ebenen angesiedelt.

a) Einmal stellt sich die Frage, ob bei einer Devisenkursveränderung eine **Normalreaktion** bei Devisenangebot bzw. -nachfrage (wie intendiert) einfach unterstellbar ist. Dies ist indessen nicht selbstverständlich. Beschränken wir uns im folgenden auf die Situation eines Angebotdefizits und - daraus resultierend - eines Devisenkursanstiegs, so ist zu differenzieren:

- Was die **Devisennachfrage** angeht, ist ein „anormaler" Verlauf wohl auszuschließen; denn bei steigendem Devisenkurs erscheint eine Erhöhung der Devisennachfrage unsinnig, weil pro Einheit der Auslandswährung immer mehr Inlandswährung aufgebracht werden müßte. Theoretisch könnte die Devisennachfrage - auch bei gestiegenem Devisenkurs - allenfalls dann völlig unelastisch reagieren, wenn ein Land zur Zahlung von Reparationen oder zur Rückzahlung von Krediten (jeweils in Auslandswährung) verpflichtet wäre, oder wenn, im Falle des Leistungsverkehrs, die gesamte Inlandsnachfrage völlig preisunelastisch wäre. In derartigen Fällen bliebe die Devisennachfrage aber allenfalls konstant, die Inländer müßten zum Devisenkauf im gleichen Umfang bei gestiegenem Devisenkurs eben mehr Inlandswährung aufwenden. Nimmt man diese Fälle als Sondertatbestände, wird man eine negative Steigung der N-Kurve als Normalfall unterstellen können. Dies ist zu erwarten, wenn entweder die Preiselastizität der Inlandsnachfrage nach ausländischen Produkten kleiner als 0 ist, und der Rückgang der inländischen Devisennachfrage, bei gegebenen Preisen in Auslandswährung gerechnet, aus negativen Mengeneffekten resultiert. Oder es liegt der Fall vor, daß der Inlandsimport einen spürbaren Anteil an der Weltmarktentwicklung hat, was das Ausland zu Preiszugeständnissen veranlaßt, und der Rückgang der Devisennachfrage bei gegebenen Importmengen aus negativen Preiseffekten, in Auslandswährung gerechnet, resultiert. Insgesamt wird man davon ausgehen können, daß mit steigendem Devisenkurs die Devisennachfrage (von Ausnahmen abgesehen) tendenziell sinken dürfte.
- Was das **Devisenangebot** angeht, modifiziert sich die Aussage grundsätzlich beim Kapitalimport. Ist dieser in Auslandswährung festgelegt, bliebe das De-

visenangebot bei steigendem Devisenkurs allenfalls konstant; wäre er in Inlandswährung festgelegt, würde das Devisenangebot sogar sinken. Beim Leistungsverkehr ist nun davon auszugehen, daß mit steigendem Devisenkurs (bei gleichem Preis in Inlandswährung) der Devisenerlös des Inlands in Auslandswährung - pro Exporteinheit des Inlandes - sogar sinken müßte. Das Devisenangebot des Auslands hängt somit entscheidend von der Elastizität der Auslandsnachfrage nach Inlandsleistungen ab: Wäre diese größer als −1, ginge das Devisenangebot des Auslands eher zurück; wäre sie gleich −1, bliebe das Devisenangebot allenfalls konstant; nur wenn die Elastizität der Auslandsnachfrage nach Inlandsleistungen kleiner als -1 wäre, könnte von einem Normalverlauf des Devisenangebots ausgegangen, mit einem steigenden Devisenkurs also auch ein steigendes Devisenangebot erwartet werden. Gehen wir einmal davon aus, daß die Abwertung der Inlandswährung die inländischen Leistungen (Waren, Dienste) allemal attraktiver macht, und daß das Inland mit „dem" Weltmarkt konfrontiert ist, wird man eine vergleichsweise hohe Elastizität der Auslandsnachfrage (kleiner als -1) und insoweit auch einen „Normal"-Verlauf beim Devisenangebot realistischerweise unterstellen können.

b) Unterstellen wir nun einmal einen Normalverlauf von Devisenangebot und Devisennachfrage, der dann die Erwartung begründete, daß aufgrund eines neuen Devisenkurses (w_1) eine neue **Gleichgewichtskonstellation** von Devisenangebot und Devisennachfrage (bei x_1) quasi-automatisch erreichbar ist, ohne daß die Währungsbehörden intervenieren, ohne daß der Staat seine wirtschaftspolitische Autonomie einbüßt, und ohne daß zur Erreichung dieser neuen Gleichgewichtslage binnenwirtschaftliche Anpassungen erforderlich werden, so bleiben freilich - mit Blick auf die Funktionsweise und die Funktionsbedingungen - weitere Probleme offen, die auf einer zweiten Ebene angesiedelt sind: Sie ergeben sich nämlich aus der Existenz von **autonomen Kapitalbewegungen**, die bei gegebener Währungskonvertibilität (freier Austauschbarkeit von Währungen) und bei freier Wechselkursbildung (Verzicht auf Kursstabilisierung) - gemessen an den eigentlichen Intentionen des erwarteten Mechanismus, nämlich bei einem neuen Kurs ein neues Gleichgewicht zwischen den autonomen Transaktionen zu erreichen - in die Wechselkursbildung **konterkarierende**, **fehlindizierende** und **destabilisierende** Elemente hineintragen können. Dies gilt es im folgenden zu präzisieren:.

- Zum ersten ist nicht auszuschließen, daß eine realwirtschaftlich begründete Verlagerung der Devisennachfragekurve aufgrund steigender Leistungsimporte (von N nach N_1) bei gegebenem Devisenkurs einhergeht mit einem steigendem Kapitalimport, der dann in der gleichen Periode zu einer Verlagerung der Devisenangebotskurve führt (von A nach A_1). Die Konsequenz liegt auf der Hand. Der Wechselkursmechanismus kommt nicht in Gang. (Gleiches gilt, wenn eine realwirtschaftlich begründete Steigerung des Devisenangebots mit einem steigendem Kapitalexport einherginge.) Das neu entstandene Gleichgewicht (x_2) implizierte indessen, daß die realwirtschaftliche, d.h.

durch einen „echten" Leistungsimport begründete Devisennachfrage (x_2) nur partiell (x_g) durch ein realwirtschaftlich fundiertes Devisenangebot aufgrund eines Leistungsexports abgedeckt wäre; in der Differenz (x_2 - x_g) hätte sich eine Volkswirtschaft indessen verschuldet, was - wie schon skizziert - nur unter sehr restriktiven Bedingungen als eine stabile Gleichgewichtslage interpretiert werden kann. (Gleiches gilt, wenn das Inland im Ausland Vermögen bildet, weil der Leistungsbilanzüberschuß durch einen Kapitalexport kompensiert wird.) Aus diesen Überlegungen folgt, daß der Wechselkursmechanismus nicht in jedem Falle eine stabile, realwirtschaftlich fundierte, Gleichgewichtssituation in der Zahlungsbilanz herbeiführen kann. Dies ist nun kein Spezifikum des Wechselkursmechanismus. Auch bei fixierten Wechselkursen ist nicht auszuschließen, daß Leistungsbilanzüberschüsse (-defizite) mit Kapitalexporten (-importen) einhergehen, mit der Folge, daß die Geldmengenmechanismen nicht ausgelöst werden. Dennoch ist konzeptionell hier zumindest die Möglichkeit angesiedelt, den Wechselkurs dort zu fixieren (durch Golddefinition bzw. goldunabhängiger politischer Entscheidung), wo ein realwirtschaftlich begründetes Devisenmarktgleichgewicht erwartet wird, und dann zu seiner Stabilisierung die Geldmengenmechanismen - mit ihren Anschlußeffekten auf Preise bzw. Einkommen und somit die Zahlungsbilanz in den Grenzen des Möglichen - durchwirken zu lassen. Anders bei Wechselkursflexibilität: Hier ist festzuhalten, daß bei freier Devisenkursbildung die Kapitalbewegungen definitiv eine **konterkarierende** Funktion übernehmen können, die dazu führt, daß das formale Devisenmarktgleichgewicht materiell eine realwirtschaftliche Ungleichgewichtssituation zumindest nicht ausschließen kann.

- Zum zweiten ist denkbar, daß bei einer gegebenen realwirtschaftlichen Gleichgewichtskonstellation (w_g/x_g) die Devisennachfragefunktion eine Verlagerung erfährt (von N nach N_1), die allerdings allein aus Kapitalexporten resultiert. Zumindest gemessen in realwirtschaftlichen Kategorien hätte die Devisenkursbewegung (von w_g nach w_1) eine **fehlindizierende** Funktion. Denn es käme bei einer gegebenen realwirtschaftlichen Devisenangebotsfunktion (A) und Devisennachfragefunktion (N) aufgrund der Devisennachfrageerhöhung (N_1) zu einer realwirtschaftlichen Devisennachfragelücke (x_1 - x_4), die allenfalls durch den gestiegenen Kapitalexport ausgeglichen würde und nur ein nominales Devisenmarktgleichgewicht bewirkte (w_1/x_1). Der Wechselkursmechanismus sicherte dann zwar ein neues Devisenmarkt- bzw. Zahlungsbilanzgleichgewicht; dieses hätte aber allenfalls einmal mehr nur unter sehr restriktiven Bedingungen einen stabilen Charakter. Zumindest könnte der Wechselkursmechanismus nicht verhindern, daß ein neuer Gleichgewichtskurs (w_1) einhergeht mit vermindertem Leistungsimport (x_4) bzw. vermehrtem Leistungsexport (x_1). Es entstünde ein realer Leistungsbilanzüberschuß; und in der Differenz würde das Inland monetäre Forderungen gegenüber dem Ausland erwerben. Im Umkehrschluß ist denkbar, daß bei einer gegebenen realwirtschaftlichen Gleichgewichtssituation (w_g/x_g) ein Kapitalimport ins Inland einsetzt, der zu einer Verlagerung der Devisenangebotsfunktion führt (von A nach A_1); erneut hätte die Entwicklung des Devisenkurses (von w_g nach w_2) fehlindizierenden Charakter. Denn jetzt käme es, bei gegebener realwirtschaftlichen Angebots- und Nachfragefunktion, zu einer Devisenangebotslücke aufgrund rückläufigem Devisenangebot (auf x_4) bzw. steigender Devisennachfrage (auf x_1), die zwar formal durch den Kapitalimport geschlossen würde, was indessen materiell einer Verschuldung des Inlandes gegenüber dem Ausland gleichkäme, mit der ein reales Leistungsbilanzdefizit finanziert würde. In beiden Fällen würde ein freispielender Devisenkurs die realwirtschaftlichen Bedingungen verzerren. Dieses Phänomen ist ebenfalls nicht unbedingt ein Spezifikum des Wechselkursmechanismus, weil auch in einem Fixkurssystem fehlindizierende Kapitalbewegungen nicht verhindert werden können. Aber erneut gilt, daß in einem Fixkurssystem die Möglichkeit einer Festlegung von realwirtschaftlich orientierten Gleichgewichtskursen zumindest konzeptionell angelegt wäre. Bei flexiblen Wechselkursen ist demgegenüber die Möglichkeit gegeben, daß trotz nominalem Devisenmarktgleichgewicht Verschuldungs- bzw. Vermögensbildungsaufbau nicht auszuschließen wären.

- Schließlich ist noch ein drittes Problem zu beachten, das nun wesentlich allein beim Wechselkursmechanismus angesiedelt ist. Unterstellen wir einmal - bei gegebener Devisenangebotskurve (A) - eine Verlagerung der Devisennachfragekurve aufgrund steigender Leistungsimporte (von N nach N_1). Gehen wir zum zweiten davon aus, daß - zumindest kurzfristig - das Devisenangebot auf Devisenkursänderungen sehr träge reagiert, weil das Ausland nicht sofort auf die attraktiveren Inlandsleistungen zurückgreift; Kaufverträge mit Unternehmen anderer Staaten müssen erfüllt werden, oder gegebene Ausgabenplanungen werden zuerst einmal umgesetzt. Müßten wir also davon ausgehen, daß die Devisenangebotsfunktion zunächst unelastisch ist und eine Senkrechte auf die x-Achse bildet, so käme es kurzfristig zu einem Gleichgewichtskurs (w_3), der auf der einen Seite den realwirtschaftlich ausgelösten Trend korrekt widergibt (w_3 liegt höher als w_g), der aber auf der anderen Seite den realwirtschaftlich fundierten Kurs (w_1) überzeichnet; denn der kurzfristig ausgelöste Kurs (w_3) liegt deutlich über dem neuen, realwirtschaftlich begründeten, Gleichgewichtskurs (w_1). Nun können aber die Wirtschaftssubjekte auf diese Kursentwicklung (nach w_3) alternativ reagieren. Unter der Voraussetzung, daß sie die Devisenmarktsituation „richtig" einschätzen, d.h. daß sie davon ausgehen, daß der neue definitive Gleichgewichtskurs (w_1) zwar über dem alten Gleichgewichtskurs (w_g) aber unter dem kurzfristigen neuen Kurs (w_3) liegt, werden sie - in Erwartung eines neuerlichen Kursrückgangs (in Richtung w_1) - rasch das Devisenangebot erhöhen, um den aktuell günstigeren Devisenkurs zu nutzen. Dies ist in unterschiedlichen Varianten denkbar: Möglich ist, daß Devisen, die früher billiger erworben wurden, aus dem Bestand angeboten werden (Hortungsspekulation); möglich ist auch, daß Kapitalimporte in das Inland fließen (Kreditspekulation) oder daß seitens ausländischer Importeure Vorauszahlungen für vertraglich eingegangene Leistungsimporte erfolgen (Warenspekulation). In allen Fällen wird das Devisenangebot zügig steigen (auf x_1) und den neuen, realwirtschaftlich fundierten Kurs (w_1) bestätigen. Man könnte also folgern, daß bei **„rationalen" Erwartungen**, die die Kursbildung sachlich angemessen einschätzen, die Spekulation durchaus einen **stabilisierenden Charakter** haben kann. Nicht auszuschließen ist aber, da der „richtige" Kurs nirgendwo ablesbar ist, daß die Devisenmarktsituation „falsch" eingeschätzt wird, weil man ausschließlich einen steigenden Devisenkurs registriert. So wird bei **„adaptiven" Erwartungen**, die allein von der Erfahrung ausgehen, in welcher Richtung sich der Kurs entwickelt, ein weiterer Anstieg des Kurses unterstellt werden können. Dann aber ist eher zu vermuten, daß sich die Angebotsfunktion nach links verlagert (von A nach A_2), das Devisenangebot wird zurückgehalten in der Hoffnung, bei einem weiteren Kursanstieg später für ausländische Devisen noch mehr Inlandswährung zu erhalten. Umgekehrt könnte die Nachfragefunktion eine weitere Rechtsverlagerung erfahren (von N_1 nach N_2), die Devisennachfrage wird weiter forciert in der Befürchtung, bei einem weiteren Devisenkursanstieg später noch mehr Inlandswährung für ausländische Devisen aufwenden zu müssen. Jetzt wäre die Kurserwartung sachlich nicht angemessen; und damit hätte die Spekulation und insofern eine freie Kursbildung, die eine solche Spekulation ermöglichte, einen **destabilisierenden Charakter**. Denn der durch solche Devisenbewegungen ausgelöste Gleichgewichtskurs (z.B. w_4) hätte mit dem realwirtschaftlich begründeten Gleichgewichtskurs (w_1) nichts mehr zu tun - er könnte sich sogar von diesem immer weiter entfernen, zumindest so lange, bis die Spekulationsvolumina erschöpft sind und/oder die Erwartungshaltungen der Wirtschaftssubjekte sich umkehren. Gerade dieses Phänomen ist ein besonderes Spezifikum des Wechselkurs-Mechanismus. Denn im Fixkurssystem wird (definitionsgemäß) ein fester Wechselkurs garantiert und stabilisiert. Spekulationen auf Wechselkursänderungen erübrigten sich. Dies gilt zwar nur im Grundsatz. Denn sollte sich der Kurs für die Wirtschaftssubjekte erkennbar als falsch erweisen bzw. wird er von diesen nicht nur als falsch, sondern als politisch auf Dauer nicht haltbar angesehen, ist auch in einem Fixkurssystem eine Spekulationswelle nicht auszuschließen. Aber eine solche Spekulationswelle wäre allenfalls Folge eines nicht angemessen fixierten Devisenkurses (der politisch korrigierbar ist); hier ist sie Folge eines freispielenden Kursmechanismus, der konzeptionell im Wechselkursmechanismus angelegt und deshalb eine spekulativ bedingte Kursveränderung nicht politisch korrigierbar macht.

Damit ist unschwer zu erkennen, daß nur unter restriktiven Bedingungen - Normalreaktion von Devisenangebot und Devisennachfrage sowie Abwesenheit von konterkarierenden, fehlindizierenden und destabilisierenden Kapitalbewegungen - der Wechselkurs-Mechanismus einen funktionsfähigen Ausgleichsmechanismus darstellt. Sind diese Bedingungen nicht erfüllt, können flexible Wechselkurse zu eher instabilen Gleichgewichtslagen führen.

V. EXKURS: EMPIRISCHE BEFUNDE

13) WELTWIRTSCHAFTLICHE RAHMENBEDINGUNGEN

Nachdem wir zurückliegend die Zahlungsbilanz unter **theoretischen Gesichtspunkten** untersucht haben - einmal (i.S. einer statischen Betrachtungsweise) hinsichtlich Aufbau, Struktur und Interpretation ihrer Gleichgewichtslage, zum anderen (i.S. einer dynamischen Betrachtungsweise) hinsichtlich der Frage, ob und unter welchen Bedingungen Mechanismen auszumachen sind, die ein entstandenes Ungleichgewicht in eine neuerliche Gleichgewichtslage überführen können -, stellt sich nun die **empirische Frage**, wie sich die formal aufgelisteten Transaktionen konkret entwickelt haben und ob sich theoretisch denkbare Gleichgewichtsmechanismen in der Realität bestätigen. Denn wenn wir außenwirtschafts-„politische" Fragestellungen in den Vordergrund rücken, reichen außenwirtschafts-„theoretische" Aussagen, gerade wenn sie in ihrem Charakter auf logische Modellaussagen bzw. auf theoretisch formulierte Funktionsbedingungen reduziert sind, nicht aus; die Theorie muß an der Realität gemessen werden. Wir beschränken uns in der Analyse auf einige grundlegende Entwicklungslinien, wie sie sich in der Nachkriegszeit für die **Bundesrepublik Deutschland** abzeichnen. Dies erfolgt nicht zuletzt deshalb, weil gegen Ende des Beobachtungszeitraumes die Bundesrepublik Deutschland nicht nur grundsätzlich, sondern zusätzlich im Zuge des deutsch-deutschen Einigungsprozesses und der EU-Integration auch mit außenwirtschaftlich relevanten **Herausforderungen** konfrontiert wurde. Dies hatte vor allem die Diskussion um die **Standortqualität** der Bundesrepublik im internationalen Wettbewerb neu belebt; immer wieder wird die Frage aufgeworfen, ob diese Standortqualität den gegebenen Herausforderungen noch gerecht wird. (Diese vorläufige Beschränkung auf ein Land schließt internationale Vergleiche weder aus noch macht sie diese überflüssig; sie werden an anderer Stelle noch erfolgen.)

Zuvor soll ein kurzer Blick auf die weltwirtschaftlichen Rahmenbedingungen[3] geworfen werden, von denen die Entwicklung der Bundesrepublik Deutschland kaum unbeeinflußt sein dürfte. Vergleichen wir zu diesem Zweck die Entwicklung von **Weltsozialprodukt** und **Welthandel** - gemessen in jährlichen Veränderungsraten und in realen Größen gerechnet (vgl. Schaubild 1) -, so sind vorab (bei allen methodischen Vorbehalten angesichts möglicher Fehlschätzungen in dieser weltweiten Dimension) zwei Feststellungen zu treffen. Zum einen zeigen beide Aggregate - bei deutlich erkennbarer Schwingungsintensität - ein hohes Maß an **positiver Korrelation**. Dabei mag offen bleiben, inwieweit das weltwirtschaftliche Wachstum (gleichermaßen als exogene Größe) positiv auf die weltweiten Austauschbeziehungen ausstrahlte, oder ob die Welthandelsbeziehungen

[3] Quelle zu dem verwendeten - auf die Weltwirtschaft bezogenen - Datenmaterial: Dresdner Bank, Die Weltwirtschaft 1950 bis 1995, Statistische Reihen, September 1996.

(nun diese als exogene Größe interpretiert) positiv auf den Wachstumsprozeß zurückwirkten; vermutlich sind Wechselwirkungen unterstellbar. Zum zweiten - und dieser Befund ist eindeutiger - zeigt sich, daß die Einkommenselastizität des Welthandels offensichtlich deutlich größer als 1 ist; die Veränderungsraten beim Wachstum des Sozialprodukts gingen mit überdurchschnittlichen Veränderungsraten beim Welthandel einher. Und aus der Tatsache, daß, mit wenigen Ausnahmen (1958, 1975, 1982), die Wachstumsraten des Welthandels deutlich über den Wachstumsraten des Sozialprodukts lagen, folgt, daß der wirtschaftliche Entwicklungsprozeß in der Nachkriegszeit mit einem steigenden **weltwirtschaftlichen Integrationsprozeß**, interpretierbar als die Absicht, die internationale Arbeitsteilung zu nutzen, einherging: Mitte der 90er Jahre erreichte das reale Welthandelsvolumen das 15-fache, das reale Weltsozialprodukt etwa das 6-fache des jeweiligen Ausgangsjahres (1950). Dieser Eindruck verdichtet sich in der jahresdurchschnittlichen Höhe der Veränderungsraten: Das reale Weltsozialprodukt erreichte in den 50er Jahren eine Steigerungsrate von etwa 4,5 vH, der reale Welthandel eine Steigerungsrate von gut 7,5 vH, in den 60er Jahren erreichten die Raten 5 vH bzw. gut 8,5 vH, in den 70er Jahren gut 3,5 vH bzw. gut 5 vH, in den 80er Jahren gut 3 vH bzw. etwa 4,5 vH und in der ersten Hälfte der 90er Jahre etwa 2,5 vH bzw. 5 vH. Generell wird sich also die These formulieren lassen, daß das **weltwirtschaftliche Wachstum** mit einer überdurchschnittlichen Dynamik der **weltwirtschaftlichen Arbeitsteilung** einherging.

Schaubild 1
Welthandel und Weltsozialprodukt
(in konstanten Preisen)
Veränderung gegen Vorjahr in v.H.

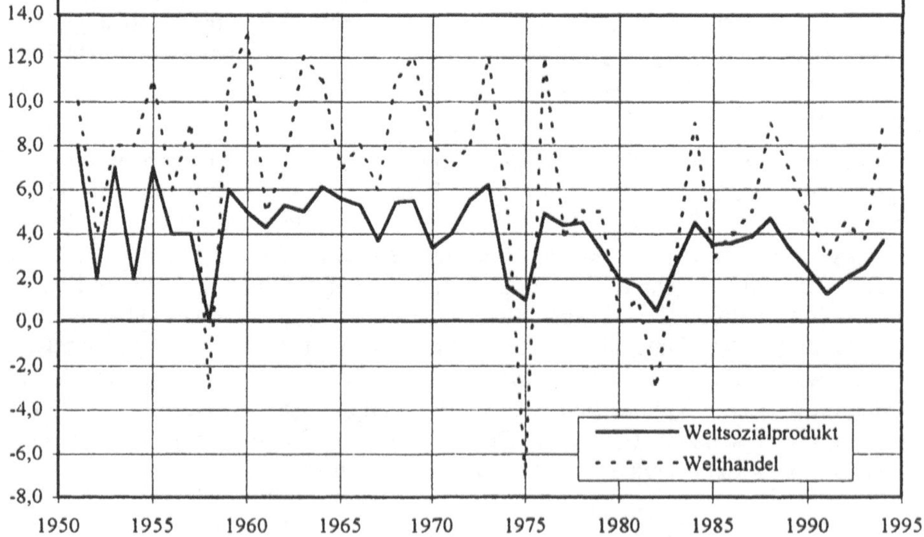

Diese Globalbefunde sind allerdings nur bedingt aussagefähig. Denn der skizzierte Entwicklungsprozeß vollzog sich vor dem Hintergrund gravierender Umbrüche, die an dieser Stelle nicht im Detail analysiert, sondern zunächst allenfalls in ihren Tendenzen skizziert werden können.

a) Die Entwicklung vollzog sich nicht spannungsfrei, sondern - weltweit gesehen - vor dem Hintergrund einer sich beschleunigenden **Inflationstendenz**. War die Steigerung der Weltinflationsrate in den 50er Jahren (mit etwa 3 vH) und in den 60er Jahren (mit etwa 4,5 vH) noch relativ „moderat", erfuhr sie eine deutliche Beschleunigung auf etwa 11 vH (70er Jahre), dann auf etwa 18 vH (80er Jahre), schließlich auf etwa 20 vH (erste Hälfte der 90er Jahre). Die Gründe hierfür sind gewiß vielschichtig und dürften sich einer monokausalen Deutung entziehen. Eine nicht unwesentliche Rolle wird vermutlich der starke Anstieg der weltweiten **Liquidität** gespielt haben, der Preisüberwälzungsspielräume schuf und eine Austragung der internationalen Verteilungskämpfe „über den Preis" begünstigte. Ein weiterer Erklärungsfaktor dürfte in der Zunahme der **Unternehmenskonzentration**, gerade in den Industrieländern, zu sehen sein. Denn diese begründete eine zunehmend einseitige Preisrigidität (nach unten) und begünstigte damit die sog. „ratchet"-Hypothese, wonach die marktmächtigen Importeure in den Industrieländern einen Anstieg der Weltmarktpreise zwar in ihren eigenen Preissteigerungen weitergaben, während ein Preisrückgang nicht unbedingt zu Preissenkungen genutzt wurde. Angesichts massiver **Rohstoffpreissteigerungen** in den 70er und 80er Jahren erhält diese ratchet-Hypothese großes Gewicht. (Dabei gewann gerade der Rohölpreisanstieg spektakuläre Bedeutung: So lag der Barrel-Preis von 1950 bis 1972 unter 2 US $, stieg dann in zwei Schüben auf über 12 US $ (1979) bzw. über 33 US $ (1982); bis Mitte der 90er Jahre hatte er sich zwar wieder auf gut 15 US $ zurückgebildet, lag aber noch deutlich über dem Durchschnitt der 50er und 60er Jahre.) Seit Anfang der 80er Jahre hatte sich der Preisauftrieb zumindest in einer Reihe wichtiger Industrieländer einerseits zwar erkennbar abgeschwächt; auf der anderen Seite kam es in einer Vielzahl von Entwicklungsländern und (seit der „Wende") in den Ostblockländern zu so massiven Preisauftriebstendenzen, daß dies die Weltinflationsrate eher noch weiter erhöhte. Ungeachtet alternativ möglicher Erklärungen dieses Phänomens, ist nicht auszuschließen, daß hiervon Gefahren für die weltweite realwirtschaftliche Entwicklung ausgehen, wenn sich die Notwendigkeit abzeichnen sollte, die hier angelegte „Inflationsmentalität" - auch um den Preis rezessiver realwirtschaftlicher Rückwirkungen - zu brechen.

b) Die Entwicklung vollzog sich überdies nicht strukturneutral, wobei drei verschiedene **Strukturkomponenten** zusammenwirkten. Zum einen ergaben sich Tendenzen der **Globalisierung**, die sich in einer Internationalisierung der Produktions-, Beschäftigungs- und Investitionsstrategien der Unternehmen niederschlagen. Die Existenz von multinationalen Unternehmen ist an sich nicht neu. Je mehr diese aber ihre Unternehmensstrategien nicht mehr länderspezifisch orientieren, sondern als Teil einer (supranationalen) unternehmerischen Gesamtstrategie begreifen, mag sich zwar die internationale Arbeitsteilung intensivieren und mögen sich höhere Skalenerträge mit positiven Wachstums- und negativen Preiseffekten erreichen lassen; dem steht aber in einem nationalen Markt eine zunehmende Marktvermachtung gegenüber - sowohl gegenüber den inländischen Produzenten als auch gegenüber den ausländischen (Nur-)Exporteuren und nicht zuletzt gegenüber den nationalen Politikträgern (Drohung mit Produktionsstättenverlagerung o.ä.). Hinzu kommt, daß diese „realwirtschaftliche" Globalisierung einhergeht mit einer „monetären" Globalisierung aufgrund einer Kapitalverkehrsliberalisierung, diese sogar zur Voraussetzung hat. Ist letztere gegeben, ist nicht auszuschließen, daß sich die Kapitalströme vom realwirtschaftlichen Prozeß abkoppeln und einen eigenständigen Einfluß auf das Wechselkursgefüge auslösen, der die realwirtschaftlichen Bedingungen negativ tangieren kann. Zum zweiten zeichnet sich zunehmend ein **Strukturwandel** innerhalb des weltweiten Handelsvolumens ab, teils ausgelöst durch innovatives Vorstoßen von einzelnen Ländern, teils begünstigt durch „komparative" Vorteile (niedrige Löhne, geringe Steuerbelastung, Fehlen von sozialen und ökologischen Mindeststandards - bis hin zu fragwürdigen Demokratie-„Interpretationen"). Zwar dürften die Industrieländer Weltproduktion und Welthandel noch immer dominieren. Allerdings haben sich eine Reihe von Ländern - gerade im südostasiatischen Raum (die vier „kleinen Tiger": Hongkong, Südkorea, Singapur, Taiwan) - erfolgreich in die Weltwirtschaft integriert und, zumindest gemessen an der Wachstumsdynamik, die Industrieländer überholt; zwischenzeitlich (1997) zeichnen sich hier gewisse „Ernüchterungen" in Form von gravierenden Finanzkrisen ab. Andere Länder - Argentinien, Brasilien, Chile, China, Indien - beginnen ebenfalls mit einer Intensivierung der Exportorientierung und erleben eine zunehmende Wachstumsdynamik. Die Expansion der OPEC-Länder aufgrund eines immensen Zuflusses an Öleinnahmen kehrte sich wegen des Ölpreisrückgangs teilweise wieder um; andere Regionen - in Afrika und Mittelamerika - fallen weiter zurück. Die Entwicklung Osteuropas erscheint unsicher. Nun haben die „Erfolge" auch ihren „Preis" (Verarmung größerer Teile der Bevölkerung, Ressourcenraubbau und Umweltbelastung). Dennoch führen die „erfolgreichen" Schwellenländer zu einer zunehmenden Herausforderung für die „etablierten" Industrieländer. Zum dritten hat sich verstärkt eine **Regionalisierung** der Weltwirtschaft herausgebildet; auf die dominierende Triade - Westeuropa, Nordamerika, asiatisch-pazifischer Raum - dürften gegenwärtig ca. 90 vH des Weltsozialprodukts und des Welthandels entfallen. Eine derartige Regionalisierung kann zu einer intra-regionalen Handelsliberalisierung und damit Handelsintensivierung führen (sog. Handels-„Schöpfung") und dabei nicht nur wohlfahrtssteigernde Effekte auslösen, sondern - gestützt auf diese Erfahrung - den Trend zur weltweiten Liberalisierung begünstigen. Sie kann aber auch dazu führen, daß der Handel mit Drittländern sich auf den Handel mit den Ländern in der Region verlagert (sog. Handels-„Umlenkung"); werden dadurch nun aber Länder mit komparativen Kostennachteilen begünstigt, ergeben sich gleichzeitig wohlfahrtsmindernde Effekte. Damit entsteht weltwirtschaftlich die Gefahr, daß eine intra-regionale Handelsliberalisierung einhergeht mit einer inter-regionalen Blockbildung. Dies dürfte um so eher zu erwarten sein, wenn die intra-regionale Liberalisierung den blockinternen Wettbewerb verschärft, aber zur Kompensation gleichzeitig eine Abschottung des Blocks provoziert; die Erwartung, ausschließlich positive Wohlfahrtseffekte und weitere Liberalisierungseffekte zu erzielen, ist dann in jedem Falle zu relativieren.

c) Die Entwicklung vollzog sich schließlich nicht vor dem Hintergrund eines weltweiten stabilen Wechselkursgefüges zwischen den wichtigsten nationalen Währungen. Vielmehr sind in der Nachkriegszeit - seit der Neugestaltung des Weltwährungssystems im Rahmen des sog. Bretton-Woods-Abkommen aus dem Jahre 1944 (vgl. dazu noch später) - zwei unterschiedliche Entwicklungsphasen des Wechselkursgefüges zu unterscheiden. Die erste Phase reichte von Mitte der 40er bis Anfang der 70er Jahre und war durch den Grundsatz **fester Wechselkurse** gekennzeichnet. Dieser Grundsatz schloß die Einführung von Bandbreiten und die Möglichkeit von Wechselkurskorrekturen zwar nicht aus. Aber letztere waren - zum einen - nicht dem Markt anvertraut, sondern Folge politisch-administrativer Neuadjustierungen der Wechselkurse, mögen diese auch unter dem „Druck" des Marktes zustandegekommen sein. Und sie waren - zum zweiten - mit wenigen Ausnahmen relativ selten und bewegten sich in vergleichsweise engen Dimensionen. Die zweite Phase setzte Anfang der 70er Jahre ein und ist seither durch den Grundsatz **flexibler Wechselkurse** gekennzeichnet. Dieser Grundsatz schloß wiederum das Bemühen nicht aus, eine gewisse Stabilität des Wechselkursgefüges zu bewahren - sei es, daß Länder stillschweigend intervenierten (sog. „verschmutztes Floaten"), sei es, daß einzelne Länder ihren Wechselkurs an Wechselkursen anderer Länder ausrichteten, oder sei es, daß Ländergruppen eine stabile Wechselkurszone aufrechtzuerhalten versuchten. Grundsätzlich blieb aber die Wechselkursbildung dem Markt anvertraut; und dies führte wiederum dazu, daß es von Jahr zu Jahr zu Wechselkursänderungen mit teilweise exorbitanten Schwankungen kam, die seither das Wechselkursgefüge - verglichen mit der ersten Phase - dramatisch veränderten. Es kann an dieser Stelle - mit Blick auf die historische Entwicklung - noch offen bleiben, warum es zur (grundsätzlichen) Änderung des Wechselkursregimes und zu (alternativen) Ausgestaltungen von Wechselkursregimen gekommen ist (vgl. dazu später). Die Tatsache, daß es einerseits zur Änderung dieses Wechselkursregimes kam, daß aber andererseits immer wieder Bemühungen erkennbar sind, eine gewisse Stabilität des Wechselkursgefüges zu erhalten, läßt - gerade mit Blick auf die Ergebnisse der bereits durchgeführten Analyse der Zahlungsbilanzmechanismen - vermuten, daß beide Varianten nicht problemfrei sind: Die Wechselkursstabilität befreit zwar von Wechselkursrisiken, doch funktionsfähige Geldmengen-Preis- bzw. Geldmengen-Einkommen-Mechanismen erfordern bei Zahlungsbilanzungleichgewichten binnenwirtschaftliche Anpassungen; fehlen diese, ist die Wechselkursstabilität nicht aufrechtzuerhalten. Die Wechselkursflexibilität befreit zwar von diesem binnenwirtschaftlichen Anpassungszwang; der Preis ist aber eine Zunahme des Wechselkursrisikos, und dies um so eher, je mehr der Wechselkurs durch Kapitalbewegungen dominiert wird und die dadurch provozierten Wechselkursschwankungen die realwirtschaftlichen Prozesse eher stören, als daß sie diese elastisch in realwirtschaftlichen Gleichgewichtslagen halten oder Ungleichgewichtslagen in neue Gleichgewichtslagen überführen. In beiden Fällen können von der jeweiligen Ausgestaltung des Wechselkursgefüges Belastungen für die weltwirtschaftliche Entwicklung ausgehen.

Die skizzierten Befunde lassen erkennen, daß die Weltwirtschaft in der Nachkriegszeit eine anhaltende, wenngleich in Schwankungen sich vollziehende und - über den Beobachtungszeitraum hinweg gesehen - sich leicht abschwächende Wachstumsdynamik des realen Weltsozialprodukts erfahren hat. Diese ging einher mit einer formal korrespondierenden, materiell aber überdurchschnittlichen Welthandelsentwicklung. Der **weltwirtschaftliche Integrationsprozeß** hat sich deutlich intensiviert. Ob dieser globale Befund einfach fortgeschrieben werden kann, ist kaum prognostizierbar. Diagnostizierbar sind indessen **weltwirtschaftliche Integrationsbelastungen** (Inflationsgefahren, Strukturkomponenten, Wechselkursproblematik). Die Frage, was diese Belastungen für die weitere weltwirtschaftliche Entwicklung bedeuten, muß hier offen bleiben; sie ist ohne spekulative Schätzurteile ohnehin nicht zu beantworten. Was feststellbar ist: Die Integration der Bundesrepublik Deutschland in die Weltwirtschaft kann sinnvollerweise nicht isoliert, sondern nur vor dem Hintergrund dieser weltwirtschaftlichen Rahmenbedingungen gesehen und analysiert werden.

14) ZUR INTEGRATION DER BUNDESREPUBLIK

Konzentrieren wir uns im folgenden auf die Integration der Bundesrepublik Deutschland in die Weltwirtschaft,[4] und beschränken wir uns zunächst auf die Prüfung des **realwirtschaftlichen Integrationsprozesses** der Bundesrepublik Deutschland in die Weltwirtschaft, so tritt notwendigerweise der Leistungsverkehr (Waren, Dienste) in den Vordergrund.[5] (In einem weiteren Schritt sollen die

---

[4] Einen Überblick vermittelt hier: Juergen B. Donges (vgl. das beigefügte Literaturverzeichnis).

[5] Die Konzentration auf den realwirtschaftlichen Prozeß legt es nahe, die nachfolgenden Überlegungen auf die Daten der Volkswirtschaftlichen Gesamtrechnung abzustützen, weil diese Daten auch eine Preisbereinigung erlauben, um den „realen" Prozeß berücksichtigen zu können. (Demgegenüber enthält die Zahlungsbilanz nur nominelle Größen.) Zur Datenlage vgl.: Statistisches Bundesamt, Volkswirtschaftliche Gesamtrechnungen, Fachserie 18; Lange Reihen zur Wirtschaftsentwicklung; Wirtschaft und Statistik (jeweils laufende Veröffentlichungen). Soweit die vorgelegten Daten den Zeitraum 1950 bis 1959 abdecken, wurden sie auf der Basis des Jahres 1960 verkettet, da die amtlichen Ursprungsdaten nur das damalige Bundesgebiet (West) ohne Saarland und Westberlin erfassen. Seit dem deutschen Einigungsprozeß liegen - ab 1991 - zwar auch Gesamtrechnungsdaten für die „neuen" Bundesländer vor; doch sei dabei auf Besonderheiten verwiesen. Erstens: Bei der jährlichen Verlaufsbetrachtung beschränken wir uns auf die Fortschreibung der Datenlage für die „alten" Bundesländer, um eine Vergleichbarkeit mit dem Zeitraum 1950/90 sicherzustellen. Zweitens: Eine „reine" Addition der „west"- und „ost"-deutschen Transaktionen im Außenverkehr, mit dem

monetären Transaktionen, wie sie in den Transfers von Faktoreinkommen, Übertragungen und Kapital zum Ausdruck kommen, Berücksichtigung finden; denn erst ihre Einbeziehung führt zu einem Gesamterscheinungsbild der Zahlungsbilanz, das letztendlich einen umfassenden Integrationsprozeß dokumentiert.) Konzentrieren wir uns zunächst auf die realwirtschaftliche **Verlaufsanalyse** des Integrationsprozesses der Bundesrepublik Deutschland in die Weltwirtschaft - gemessen in jährlichen Veränderungsraten -, so sind drei grundlegende Feststellungen angezeigt.

a) Konfrontieren wir die Entwicklung des realen (west-)deutschen **Gesamtleistungsexports** (Waren, Dienste) mit der Entwicklung des realen **Welthandels** (vgl. Schaubild 2), so ist im Jahresverlauf - von wenigen Jahren abgesehen - eine recht enge positive Korrelation zwischen beiden Größen auszumachen. Während aber in den 50er Jahren der westdeutsche Leistungsexport durchgängig eher überdurchschnittlich expandierte, zeichnen sich seither wechselnde Konstellationen ab. Bedenkt man überdies, daß - wie schon gezeigt - der Welthandel mit der realen weltwirtschaftlichen Sozialproduktentwicklung korrespondiert, so rechtfertigt dies die Vermutung, daß der Leistungsexport als **exogen determiniert** angesehen werden kann. Diese Feststellung schließt nicht aus, daß der Leistungsexport durch außen- und/oder binnenwirtschaftspolitische Maßnahmen positiv oder negativ beeinflußbar ist. Vieles spricht aber dafür, daß die Wirksamkeit derartiger Maßnahmen (soweit sie die marktwirtschaftlichen Mechanismen nicht außer Kraft setzen) der Restriktion der weltwirtschaftlichen Entwicklung unterliegt, daß zumindest nicht überraschen kann, wenn der Leistungsexport sich von der inländischen Entwicklung des Volkseinkommens löst. (Die im Zusammenhang mit dem Geldmengen-Einkommen-Mechanismus formulierte Hypothese über die Exogenität des Leistungsexports erweist sich insoweit als durchaus angemessen.)

b) Konfrontieren wir die Entwicklung des realen (west-)deutschen **Bruttoinlandsprodukts** mit der Entwicklung des realen (west-)deutschen **Gesamtleistungsexports** (vgl. Schaubild 3), so zeigt sich - in gewisser Analogie zur welt-

---

Ziel, „gesamt"-deutsche Daten zu erhalten, ist - anders als im Binnenverkehr (Verbrauch, Investitionen) - nicht möglich, weil hier interne Konsolidierungs- und Saldierungsrechnungen eine Rolle spielen. Drittens: Veränderungsdaten für die „ost"-deutschen Gebiete machen wenig Sinn, da die Datenlage zu begrenzt ist. Viertens: Ab 1995 werden nur noch Daten für „Gesamt" Deutschland ausgewiesen, so daß eine „langfristige" Analyse (mit Ausnahmen: Beschäftigung, Einkommen) mit dem Jahre 1994 ihren definitiven Abschluß findet (vgl. Wirtschaft und Statistik, 1/1996). Unbeschadet dieser „regional-spezifischen" Besonderheiten sei noch darauf verwiesen, daß die Gesamtwirtschaftliche Wertschöpfung sich im folgenden auf das sog. Inlandskonzept stützt. Das bedeutet: Relevant ist die Wertschöpfung im Inland („Bruttoinlandsprodukt"); bereinigt um den Saldo der Erwerbs- und Vermögenseinkommen der Inländer (Ausländer) im Ausland (Inland) erhalten wir das sog. Inländerkonzept („Bruttosozialprodukt"), das zwar eine wichtige Ausgangsgröße für die Verteilungsrechnung darstellt, für die folgenden Überlegungen aber weniger relevant ist; der Saldo erlaubt allerdings eine weitergehende Abstimmung der Gesamtrechnungsstatistik mit der Zahlungsbilanzstatistik.(Die ausgewiesenen Werte sind jeweils gerundet.)

Schaubild 2
Welthandel und BRD-Gesamtausfuhr
(alte Bundesländer - in konstanten Preisen)
Veränderung gegen Vorjahr in v.H.

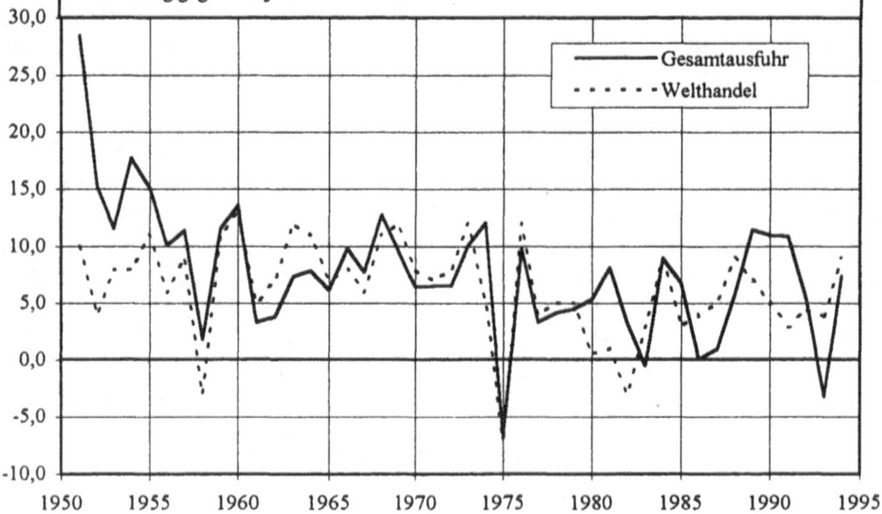

wirtschaftlichen Entwicklung -, daß die reale Exportdynamik zwar weit ausgeprägter als die inländische Wachstumsdynamik, daß aber durchaus eine positive Korrelation zwischen beiden Größen erkennbar ist. Diese Korrelation dürfte indessen nicht zu dem Schluß führen, im nachhinein daraus eine Endogenität des Leistungsexports ableiten zu können. Eher ist der Umkehrschluß zu rechtfertigen, nämlich die Erwartung, daß der Leistungsexport - der ja letztendlich die Auslandsnachfrage nach deutschen Gütern und Diensten repräsentiert - ein Nachfrageelement von hoher **gesamtwirtschaftlicher Relevanz** darstellt. Ein ausgeprägter Exportrückgang (etwa 1958, 1961, 1975, 1982, 1986, 1993) konnte deshalb nicht ohne Folgen für eine Abschwächung der realen binnenwirtschaftlichen Entwicklung bleiben. (Demgegenüber erweist sich die 67er Stagnation als „hausgemacht", weil sie mit einer Exportabschwächung nicht begründbar ist.) Umgekehrt löste eine Exportbeschleunigung immer eine deutliche Wachstumsbeschleunigung aus. (Die im Zusammenhang mit dem Geldmengen-Einkommen-Mechanismus formulierte Hypothese vom Exportmultiplikator bestätigt sich allerdings nur bedingt; eine überdurchschnittliche Wachstumsdynamik ist nicht auszumachen.)

Schaubild 3
BRD-Gesamtausfuhr und BRD-Bruttoinlandsprodukt
(alte Bundesländer - in konstanten Preisen)
Veränderung gegen Vorjahr in v.H.

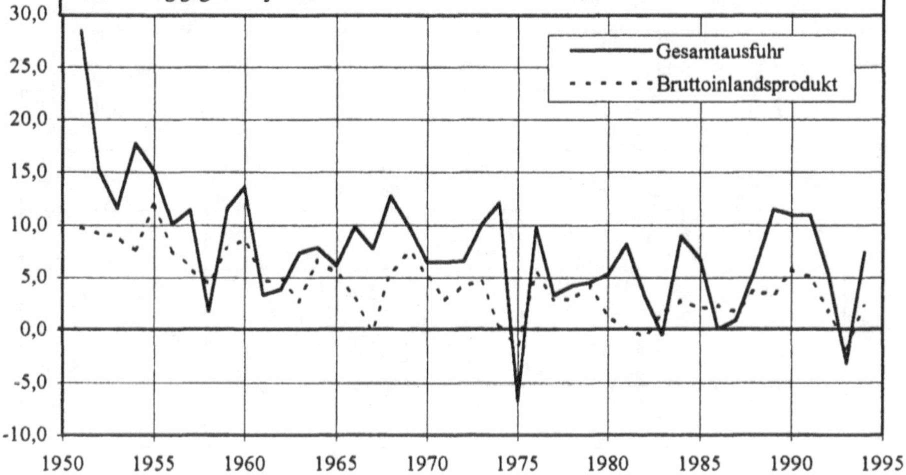

c) Konfrontieren wir schließlich die Entwicklung des realen (west-)deutschen **Gesamtleistungsimports** mit der Entwicklung des realen (west-)deutschen **Bruttoinlandsprodukts** (vgl. Schaubild 4), so erweist sich der Zusammenhang im Jahresverlauf - mit ganz wenigen Ausnahmen - wieder deutlich ausgeprägter: Eine Wachstumsbeschleunigung führte zu einer Beschleunigung des Leistungsimports, während eine Wachstumsverlangsamung - vor allem, wenn sie stagnativen oder gar rezessiven Charakter hatte (1967, 1975, 1982, 1993) - eine drastische Reduzierung des realen Leistungsimports auslöste. Darüber hinaus wird erkennbar, daß - mit ganz wenigen Ausnahmen - steigende positive Wachstumsraten des Bruttoinlandsprodukts weit überdurchschnittliche Zuwachsraten beim Leistungsimport auslösten; und auch bei sinkenden positiven Wachstumsraten des Inlandsprodukts blieb die positive Wachstumsrate beim Leistungsimport noch eher überdurchschnittlich. Auch von der Importseite bestätigt sich der reale Integrationsprozeß. Grundsätzlich läßt sich aber in jedem Falle die Feststellung rechtfertigen, daß der Leistungsimport als **endogen determiniert** angesehen werden kann. Insoweit gilt auch hier, daß der Leistungsimport durch außen- und/oder binnenwirtschaftspolitische Maßnahmen zwar positiv beeinflußbar sein kann; vieles spricht aber dafür, daß die Wirksamkeit solcher Maßnahmen (soweit sie die marktwirtschaftlichen Mechanismen respektieren) der Restriktion der binnenwirtschaftlichen Entwicklung unterliegen. (Die im Zusammenhang mit dem Geldmengen-Einkommen-Mechanismus formulierte Hypothese über die Endogenität des Leistungsimports erscheint deshalb als angemessen.)

Schaubild 4
BRD-Gesamteinfuhr und BRD-Bruttoinlandsprodukt
(alte Bundesländer - in konstanten Preisen)
Veränderung gegen Vorjahr in v.H.

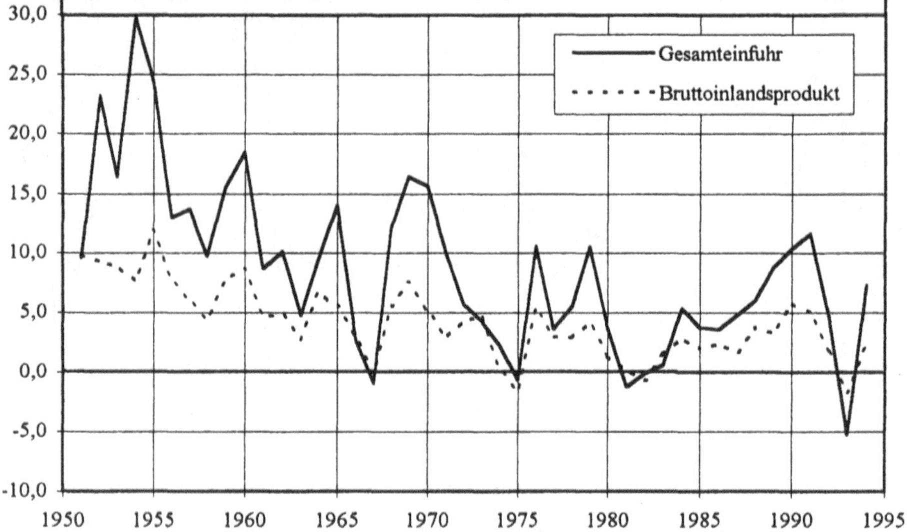

Die skizzierte Verlaufsanalyse findet ihren Niederschlag in der **Strukturanalyse** des Integrationsprozesses der Bundesrepublik, die teilweise an der Verlaufsanalyse anknüpft, hinsichtlich ihrer konkreten Befunde aber darüber hinausweist. Erneut lassen sich drei Tatbestände festhalten (vgl. Tabelle 1):

a) Was den **realen Integrationsprozeß** der Bundesrepublik Deutschland in die Weltwirtschaft angeht, so zeigt - gemessen in jahresdurchschnittlichen Veränderungsraten - ein Vergleich zwischen der (west-)deutschen Wachstumsentwicklung einerseits und der Entwicklung des (west-)deutschen Leistungsexports bzw. -imports andererseits bei den letzteren über den Beobachtungszeitraum hinweg ein überdurchschnittliches Expansionstempo. Dies deutet - **extern gesehen** - auf einen eher überdurchschnittlichen Integrationsprozeß hin. Dieser findet - **intern gesehen** - im Vergleich zur gesamtwirtschaftlichen realen Wachstumsentwicklung einen ganz ausgeprägten Niederschlag: Verglichen mit dem Durchschnitt der 50er Jahre haben sich in der ersten Hälfte der 90er Jahre die Anteile des (west-)deutschen Leistungsexports bzw. -imports am Bruttoinlandsprodukt in nominaler aber noch deutlicher in realer Rechnung erheblich gesteigert. Legen wir die Absorptionsgleichung (BSP + M = GA = GN = A + X) zugrunde, machen zwischenzeitlich - nominal wie real - die Leistungsexporte (X) knapp 25 vH der Gesamtnachfrage (GN) bzw. die Leistungsimporte (M) nahezu 20 vH des Gesamtangebots (GA) aus.

Tabelle 1
Die außenwirtschaftliche Verflechtung der Bundesrepublik Deutschland
(Jahresdurchschnitte)

Zeitraum / Aggregat	1951 bis 1960	1961 bis 1970	1971 bis 1980	1981 bis 1990	1991 bis 1994 West	1991 bis 1994 Ost
			- Mrd. DM -			
Gesamtausfuhr[1)]	39	93	269	578	926	55
Gesamteinfuhr[1)]	30	83	247	502	728	249
Außenbeitrag[1)]	+ 8	+ 10	+ 22	+ 76	+ 198	- 194
Bruttoinlandsprodukt[1)]	204	474	1.096	1.903	2.823	279
Gesamtausfuhr[2)]	87	193	379	603	912	55
Gesamteinfuhr[2)]	59	170	346	500	743	243
Außenbeitrag[2)]	+ 27	+ 23	+ 33	+ 102	+ 169	- 188
Bruttoinlandsprodukt[2)]	733	1.270	1804	2.194	2.675	230
			- Bruttoinlandsprodukt = 100 -			
Gesamtausfuhr[1)]	19	19	24	30	33	20
Gesamteinfuhr[1)]	14	17	22	27	26	90
Außenbeitrag[1)]	+ 4	+ 2	+ 2	+ 4	+ 7	- 70
Gesamtausfuhr[2)]	12	15	21	27	34	24
Gesamteinfuhr[2)]	8	13	19	23	28	106
Außenbeitrag[2)]	+ 4	+ 2	+ 2	+ 5	+ 6	- 82
			- Veränderung in vH -			
Bruttoinlandsprodukt[1)]	+ 11,5	+ 8,4	+ 8,1	+ 5,1	+ 5,3	–
Bruttoinlandsprodukt[2)]	+ 8,2	+ 4,5	+ 2,7	+ 2,3	+ 1,8	–
Preise (Deflator)	+ 3,0	+ 3,7	+ 5,4	+ 2,7	+ 3,4	–
Gesamtausfuhr[1)]	+ 16,4	+ 9,6	+ 10,8	+ 7,3	+ 6,2	–
Gesamtausfuhr[2)]	+ 13,7	+ 7,5	+ 5,6	+ 5,6	+ 5,1	–
Ausfuhrpreise	+ 2,4	+ 2,0	+ 4,9	+ 1,6	+ 1,0	–
Gesamteinfuhr[1)]	+ 16,4	+ 10,2	+ 12,1	+ 5,1	+ 4,3	–
Gesamteinfuhr[2)]	+ 17,4	+ 9,3	+ 5,5	+ 4,2	+ 4,5	–
Einfuhrpreise	- 0,9	+ 0,8	+ 6,2	+ 0,9	- 0,2	–
Reales Austausch-verhältnis (t.o.t.)	+ 3,3	+ 1,1	- 1,2	+ 0,7	+ 1,2	–

[1)] in jeweiligen Preisen - [2)] in Preisen von 1991

Grundsätzlich wird man also zu dem Ergebnis kommen können, daß der Integrationsprozeß für die Bundesrepublik Deutschland zu einem hohen außenwirtschaftlichen **Verflechtungs-** und damit **Abhängigkeitsgrad** der Gesamtnachfrage von der Auslandsnachfrage bzw. des Gesamtangebots vom Auslandsangebot geführt hat. Diesen Abhängigkeitsgrad als bereits „zu hoch" oder noch „zu niedrig" einzustufen, ist ohne subjektive Werturteile nicht möglich; objektiv feststellbar ist, daß dieser Abhängigkeitsgrad über den Beobachtungszeitraum eine anhaltende Steigerung erfahren hat. Bemerkenswert ist die differenzierte Entwicklung in den alten und neuen Bundesländern in der ersten Hälfte der 90er Jahre: Sie signalisiert eine (noch) geringere Exportfähigkeit aber eine deutlich höhere Importabhängigkeit der neuen Bundesländer, verglichen mit den alten Bundesländern.

b) Was die **Saldenentwicklung** (Außenbeitrag) im realwirtschaftlichen Außenwirtschaftsverkehr der Bundesrepublik Deutschland angeht (Leistungsausfuhren abzüglich Leistungseinfuhren), ist der Befund eindeutig: Über den gesamten Beobachtungszeitraum hinweg ging der Integrationsprozeß einher mit einem, in absoluten Größen gerechnet, anhaltenden und beschleunigt wachsenden **Leistungsbilanzüberschuß**, zunächst einmal wieder bezogen auf das alte Bundesgebiet. Diese Aussage mag insoweit zu relativieren sein, als im gleichen Zeitraum auch das Bruttoinlandsprodukt deutlich expandierte. Bezieht man indessen den Außenbeitrag auf das Bruttoinlandsprodukt, so ist - gegenüber den 50er Jahren - allenfalls in den 60er und 70er Jahren eine gewisse Rückbildung (nominal wie real auf etwa 2 vH) erkennbar; in den 80er und in der ersten Hälfte der 90er Jahre ist aber auch in dieser Rechnung eine deutliche Anteilssteigerung zu verzeichnen. (Bezogen auf die Entwicklung im gesamten Bundesgebiet gilt, daß die Feststellung einer drastischen Rückbildung des „gesamtdeutschen" Außenbeitrags - mit Blick auf die Sondersituation in den neuen Bundesländern - eine verzerrende Darstellung implizierte.) Generell ist also die Aussage vertretbar, daß der Integrationsprozeß - bezogen auf die alten Bundesländer - mit einem (positiven) **außenwirtschaftlichen Ungleichgewicht** einherging. Auch dies kann nicht per se als „gut" oder „schlecht" interpretiert werden; es sei denn, man legte das schon früh regierungsamtlich erklärte Ziel zugrunde, den Außenbeitrag bei 1 vH des Bruttosozialprodukts zumindest mittelfristig zu stabilisieren. Dann wäre die Zielsetzung über den gesamten Beobachtungszeitraum in jedem Falle verletzt. Da aber diese Referenzgröße wiederum eine politische Norm darstellt, bliebe dies immer eine subjektive Aussage. Was indessen objektiv feststellbar ist, ist die Tatsache eines anhaltenden und sich verschärfenden außenwirtschaftlichen Ungleichgewichts, was im Umkehrschluß die Feststellung rechtfertigt, daß die theoretisch skizzierten Ausgleichsmechanismen - ungeachtet des existierenden Wechselkursregimes - nicht den realwirtschaftlichen Ausgleich erreichten.

c) Was schließlich die **Preisentwicklung** im Außenwirtschaftsverkehr angeht, erscheinen einige Grundtendenzen erkennbar. Zum ersten ist zu konstatieren, daß sich, im Jahresdurchschnitt gerechnet, die Preisentwicklung im Außenwirtschaftsverkehr in den 50er und 60er Jahren sehr moderat darstellt. In den

50er Jahren verzeichneten die Einfuhrpreise sogar eine Rückbildung. In den 70er Jahren erfuhr dann die Preisentwicklung eine deutliche Beschleunigung. Hier konnte sich die Bundesrepublik offenbar von der Weltwirtschaft nicht abkoppeln: Die Weltinflationsrate stieg von 3 vH (50er Jahre) bzw. 4 vH (60er Jahre) auf ca. 11 vH (70er Jahre); der Anstieg der (west-)deutschen Außenhandelspreise vollzog sich somit eher noch unterdurchschnittlich. Überdies ist in den 80er Jahren und in der ersten Hälfte der 90er Jahre - und hier im Gegensatz zum weltweiten Trend - eine deutliche Rückbildung bei Aus- und Einfuhrpreisen zu registrieren. Zum zweiten ist festzustellen, daß sich - mit Ausnahme der 70er Jahre - die Preise im Außenwirtschaftsverkehr, gemessen am **gesamtwirtschaftlichen Deflator**, deutlich „verhaltener" entwickelten. Vielfach wird daraus die Vermutung abgeleitet, daß die Leistungsexporteure sich in ihrer Preisgestaltung eher „zurückhielten" (um Auslandsmärkte zu schaffen oder zu erhalten) bzw. daß der Anstieg des Deflators - von den 70er Jahren abgesehen - sich aus der Importpreisentwicklung nicht „rechtfertigte". Diese Feststellung muß aber in Rechnung stellen, daß im Deflator Produkte und Dienstleistungen enthalten sind, die zwar nicht Gegenstand des Außenwirtschaftsverkehrs sind, die das Sozialprodukt aber überdurchschnittlich verteuern können (Bodenpreise, Mieten, Gesundheitsdienste o.ä.). Zum dritten erscheint schließlich die Entwicklung des **realen Austauschverhältnisses** (sog. terms of trade) bemerkenswert. Es entspricht dem Quotienten aus der Veränderungsrate der Ausfuhr- und Einfuhrpreise. Ein Anstieg dieses Quotienten impliziert, daß ein Land am Weltmarkt höhere Preise „durchsetzen" konnte, als ihm vom Weltmarkt „diktiert" wurden; ein Rückgang impliziert, daß die vom Ausland „diktierten" Preise nicht an das Ausland „überwälzbar" waren. Bezogen auf die Bundesrepublik ist zu erkennen, daß dieser Quotient - mit Ausnahme der 70er Jahre - einen ständigen Anstieg erfuhr. Die 70er Jahre waren allerdings - wie schon erwähnt - durch einen drastischen Anstieg der Weltinflationsrate gekennzeichnet, die offensichtlich die Bundesrepublik Deutschland über die Einfuhrpreise auch belasteten, ohne daß diese am Weltmarkt über eigene Ausfuhrpreissteigerungen sofort voll weitergegeben werden konnten. Seither stiegen die realen Austauschverhältnisse aber wieder anhaltend an.

Verknüpfen wir Struktur- und Verlaufsanalyse, so läßt sich die These vertreten, daß die Bundesrepublik Deutschland in der Nachkriegszeit einen sehr **dynamischen realwirtschaftlichen Integrationsprozeß** vollzogen hat. Dieser hat die weltwirtschaftliche Abhängigkeit Deutschlands von der Welt zwar einerseits gesteigert; er ging aber andererseits einher mit zunehmenden (positiven) außenwirtschaftlichen Ungleichgewichten und einem steigenden realen Austauschverhältnis. Dies gilt es noch besonders zu würdigen. Zuvor bedarf es der Ergänzung durch eine - umfassender angelegte - Analyse der Zahlungsbilanz.

15) ZUR ZAHLUNGSBILANZ DER BUNDESREPUBLIK

Nachdem wir uns zunächst auf den realwirtschaftlichen Integrationsprozeß der Bundesrepublik Deutschland in die Weltwirtschaft konzentriert haben, soll dieser nun in einem weiteren Schritt eingebettet werden in das Gesamterscheinungsbild der Zahlungsbilanz.[6] Dabei soll in verschiedenen Schritten vorgegangen werden.

a) Was zunächst das **Gesamterscheinungsbild** der Zahlungsbilanz der Bundesrepublik angeht, ist, zunächst auf den Zeitraum 1951/1990 bezogen, hinsichtlich der **Erfassungsmethode**, folgendes zu beachten. Die **Warenbilanz** enthält den Spezialhandel (vom Zoll abgefertigte Waren, die zum Ge- und Verbrauch sowie zur Be- und Verarbeitung im In- bzw. Ausland einschließlich im Freihafen bestimmt sind); dieser wird ergänzt durch den Transithandel (Waren, die durch ein Land einfach „hindurchgeschleust" werden). Die Verbuchung ist alternativ denkbar: Nach der sog. f.o.b.-Methode (free on board) wird nur der Warenwert bei der Grenzüberschreitung zugrundegelegt; nach der c.i.f.-Methode (costs, insurance, freight) wird der Warenwert noch um bestimmte Fracht- und Versicherungsleistungen erhöht. Vielfach ist es üblich, den Warenverkehr beim Grenzübertritt zu ermitteln, d.h. die Ausfuhrwerte nach der f.o.b.-Methode, die Einfuhrwerte nach der c.i.f.-Methode zu erfassen. Es liegt auf der Hand, daß dies die positiven (negativen) Handelssalden künstlich vermindert (erhöht), während umgekehrt die positiven (negativen) Dienstleistungssalden erhöht (vermindert) werden, weil der Warenimportwert um ausländische Dienstleistungen „künstlich" verteuert wird, die wiederum beim eigentlichen Dienstleistungsimport „fehlen". Die beiderseitige f.o.b.-Verbuchung impliziert somit ein höheres Maß an Transparenz mit Blick auf den „reinen" Warenaustausch. Die **Dienstleistungsbilanz** enthält Einnahmen und Ausgaben v.a. aus Reiseverkehr, Transportleistungen, Versicherungen, Einkommen und Kapitalerträge, Provisionen, Lohnveredelung, Regiekosten, Bau- und Montageleistungen, Patente, Lizenzen, Entgelte für unselbständige Arbeit. Die **Übertragungsbilanz** erfaßt teils die öffentlichen Leistungen (Beiträge an internationale Organisationen sowie Zuwendungen an Entwicklungsländer) und private Leistungen (Heimatüberweisungen von Gastarbeitern sowie Übertragungen von Renten, Pensionen und sonstige Unterstützungszahlungen). Die **Kapitalbilanz** wird getrennt in den lang- und kurzfristigen Kapitalverkehr: Ersterer wird definiert als Anlagen mit einer Laufzeit von mehr als 12 Monate oder ohne Laufzeitbegrenzung und enthält Direktinvestitionen, Wertpapieranlagen, Kredite und sonstige Anlagen (etwa Grunderwerb), wobei die in einem Zeitraum erfolgte Neuanlage um die Liquidation bereinigt wird,

---

6 Zu der Datenlage vgl.: Deutsche Bundesbank, Beilage zu „Statistische Beihefte zu den Monatsberichten der Deutschen Bundesbank", Reihe 3, Zahlungsbilanzstatistik (lfd. Veröffentlichung); Deutsche Bundesbank, Zahlungsbilanz nach Regionen, Statistische Sonderveröffentlichung (lfd. Veröffentlichung). - Zur Konzeptänderung seit 1991 vgl.: Deutsche Bundesbank, Änderungen in der Systematik der Zahlungsbilanz, in: Monatsbericht, März 1995. (Die in den Tabellen 2 - 9 ausgewiesenen Werte sind jeweils gerundet.)

um den Nettokapitalverkehr zu erhalten. Der kurzfristige Kapitalverkehr enthält wechselseitig die Kreditgewährung bzw. Kreditaufnahme von Unternehmen, privaten Haushalten und öffentlicher Hand. Unter Berücksichtigung der Rest- und Ausgleichsposten erhalten wir die **Devisenbilanz**; sie ist dann auch interpretierbar als Veränderung der Nettoauslandsposition einer Volkswirtschaft (Zunahme der Forderungen abzüglich Zunahme der Verbindlichkeiten - jeweils gegenüber dem „Rest" der Welt). Mit Blick auf die Einzelaggregate erhalten wir für die Bundesrepublik Deutschland („altes Bundesgebiet") folgenden Befund (vgl. Tabelle 2):

Tabelle 2
Die Zahlungsbilanz der Bundesrepublik Deutschland
(Jahresdurchschnitte der Salden in Mrd. DM)

Zeitraum / Aggregat	1951 bis 1960	1961 bis 1970	1971 bis 1980	1981 bis 1990	1991 bis 1996[1)]
Warenbilanz (f.o.b.)	+ 5,1	+ 13,7	+ 38,0	+ 96,4	+ 71,1
Dienstleistungsbilanz	+ 0,1	- 4,2	- 15,2	- 13,5	- 55,5
Leistungsbilanz (i.e.S.)	+ 5,2	+ 9,5	+ 22,9	+ 82,9	+ 15,6
Übertragungsbilanz	- 1,1	- 6,5	- 17,3	- 29,3	- 58,4
Faktorbilanz	-	-	-	-	+ 14,4
Leistungsbilanz (i.w.S.)	+ 4,0	+ 3,0	+ 5,6	+ 53,6	- 28,4
Kapitalbilanz (langfr.)	- 0,7	- 4,1	+ 1,1	- 20,9	-
Grundbilanz	+ 3,2	- 1,1	+ 6,7	+ 32,7	-
Kapitalbilanz (kurzfr.)	- 0,5	+ 1,4	- 0,1	- 37,3	-
Kapitalbilanz (gesamt)	- 1,2	- 2,7	+ 1,0	- 58,2	+ 47,6
Vermögensübertragungen	-	-	-	-	0,0
Transaktionsbilanz	+ 2,8	+ 0,4	+ 6,7	- 4,6	+ 19,2
Restposten	+ 0,6	+ 1,7	- 0,6	+ 4,6	- 8,9
Ausgleichsposten	-	- 0,5	- 4,1	- 1,3	-
Devisenbilanz	+ 3,3	+ 1,6	+ 1,9	- 1,3	+ 10,3

[1)] neues Konzept und neuer Gebietsstand

- Über den auf die alten Bundesländer bezogenen Zeitraum (1951 bis 1990) entwickelte sich eine eindeutige **Zahlungsbilanzstruktur**: Der anhaltende - und sich deutlich akzentuierende - positive Warenüberschuß stand einem strukturellen Defizit in der Dienstleistungs-, Übertragungs- und Kapitalbilanz gegenüber. Nimmt man den gesamten Beobachtungszeitraum zusammen, so wurden in der Warenbilanz ein Überschuß von reichlich 1,5 Billionen DM erwirtschaftet; er wurde zu ca. 21 vH für das Dienstleistungsdefizit, zu ca. 35 vH für das Übertragungsdefizit, zu ca. 16 vH für den langfristigen Nettokapitalexport, zu ca. 24 vH für den kurzfristigen Kapitalexport und zu ca. 3 vH zu einer Erhöhung der Nettoauslandsposition der Bundesrepublik verwandt. (Im übrigen ist die Saldenentwicklung in der Leistungsbilanz i.e.S. zwar nicht voll identisch mit der Außenbeitragsentwicklung, wie sie in der Volkswirtschaftlichen Gesamtrechnung ausgewiesen wird; eine deutliche Korrespondenz ist indessen unverkennbar.)

- Darüber hinaus zeichnete sich eine deutliche **Beschleunigung** in der **Saldenentwicklung** ab: Allein auf die 80er Jahre entfielen - auf den gesamten Beobachtungszeitraum (1951 bis 1990) bezogen - ca. 63 vH des Warenüberschusses, ca. 41 vH des Dienstleistungsdefizits, ca. 54 vH des Übertragungsdefizits und ca. 95 vH des Defizits beim gesamten Kapitalverkehr. Diese Entwicklungstendenzen deuten darauf hin, daß - ungeachtet der skizzierten weltwirtschaftlichen Umbrüche - der umfassende Integrationsprozeß der Bundesrepublik Deutschland in die Weltwirtschaft gerade in den 80er Jahren eine enorme Intensivierung erfahren hat. Dabei hat sich - gemessen am Durchschnitt des Gesamtzeitraumes - gleichzeitig eine gewisse Strukturverschiebung ergeben: Der Anteil des Dienstleistungs- und Übertragungsdefizits am Warenüberschuß sank in den 80er Jahren auf ca. 44 vH; der Anteil des Defizits in der gesamten Kapitalbilanz am Warenüberschuß stieg auf ca. 60 vH.

b) Schreiben wir nun das **Gesamterscheinungsbild** der Zahlungsbilanz der Bundesrepublik mit dem Zeitraum 1991 bis 1996 fort, so ist zunächst zu beachten, daß die Vergleichbarkeit mit den vorangegangenen Zeiträumen nicht mehr möglich ist, weil jetzt der Außenwirtschaftsverkehr des **gesamten Bundesgebietes** (alte und neue Bundesländer) mit dem Ausland in die Zahlungsbilanz einfließt. Aus den bei der realwirtschaftlichen Betrachtung bereits skizzierten Gründen hat deshalb gerade der Warenüberschuß in diesem Zeitraum eine erhebliche Abschwächung erfahren, was - bei deutlich gestiegenen Defiziten im Dienstleistungs- und Übertragungsverkehr - die traditionell positive Leistungsbilanz i.w.S. ins Defizit gedrängt hat. Hinzu kommt des weiteren, daß die Bundesbank einen **Konzeptwandel** vorgenommen hat, um die Zahlungsbilanzstatistik einerseits dem „Balance of Payments Manual" des IMF anzupassen, und um andererseits eine bessere Übereinstimmung mit der Systematik der Volkswirtschaftlichen Gesamtrechnung (VGR) zu erreichen. Diese Konzeptänderung soll hier nicht im Detail nachvollzogen werden. Allenfalls sei auf einige Akzente verwiesen, weil mit der Systematik die künftige Zahlungsbilanzstatistik fortgeschrieben wird: So wird der Transithandel aus dem Warenverkehr herausgenommen, der An- und

Verkauf der Waren durch Transithändler (gemäß deren Wertschöpfungsanteil) als Dienstleistung interpretiert und dort zugerechnet. Aus den Dienstleistungen werden Kapitalerträge und Einkommen aus unselbständiger Arbeit (der Inländer im Ausland bzw. umgekehrt) herausgenommen und einem eigenständigen Zahlungsbilanzposten (Faktoreinkommen) zugewiesen, der gerade wegen seiner (Volks-)Einkommenswirksamkeit der Leistungsbilanz zugeordnet wird. Im Kapitalverkehr wird die Trennung in lang- und kurzfristig aufgegeben, da viele Wertpapieranlagen, unabhängig von der Laufzeit, als kurzfristiges Engagement gesehen werden (können). Vermögensübertragungen werden aus der Kapitalbilanz herausgenommen, weil sie eher den Charakter der Einmaligkeit haben (Schenkung, Erbschaft, Vermögensmitnahme o.ä.), die Leistungsbilanz aber auf jene Aggregate reduziert werden soll, die volkseinkommensrelevant sind. Schließlich wird der Grundsatz verfolgt, daß in der Zahlungsbilanz ausschließlich Transaktionen verbucht werden sollen. Bewertungsänderungen der Nettoauslandsposition (zu „Transaktionswerten") entfallen, der Ausgleichsposten wird somit gegenstandslos. Vor dem Hintergrund dieser konzeptionellen Änderungen sind die folgenden Grundtendenzen erkennbar (vgl. Tabelle 2):

- Zunächst ist die bereits skizzierte **Abschwächung** im **Warenüberschuß** zu registrieren; sie ging einher mit einer deutlichen **Erhöhung** des **Dienstleistungs- und Übertragungsdefizits**. Der positive Saldo in der Faktorbilanz konnte insofern nicht verhindern, daß die Leistungsbilanz (im weiteren Sinn) einen deutlich negativen Saldo erfuhr, zumal die Leistungsbilanz (im engeren Sinn) im Saldo noch positiv blieb, dieser positive Saldo jedoch eine drastische Abschwächung erfuhr.

- Nach der konzeptionellen Änderung zeigt sich, daß sich das **Dienstleistungsdefizit** deutlich verändert hat, teils weil ergänzend der Transithandel berücksichtigt wurde, teils weil der deutlich positive Überschuß in der Bilanz der Faktoreinkommen (Kapitalerträge, Unselbständigeneinkommen) herausgenommen wurde. Genau dieser Saldo macht es nun möglich, ein Junktim zur VGR insoweit herzustellen, als der Brückenschlag vom Bruttoinlands- und Bruttosozialprodukt besser herstellbar ist.

- Bemerkenswert ist schließlich ein deutlicher „Swing" in der **Kapitalbilanz**. Diese war - nimmt man den Zeitraum 1951 - 1980, und faßt man den lang- und kurzfristigen Kapitalverkehr zusammen - im Jahresdurchschnitt in etwa ausgeglichen. In den 80er Jahren ergab sich ein jahresdurchschnittliches Defizit von etwa 58 Mrd. DM; in der ersten Hälfte der 90er Jahre wurde dieses Defizit durch einen ausgeprägten Nettokapitalzufluß (von etwa 48 Mrd. DM) abgelöst.

c) Nach der Analyse des Gesamterscheinungsbildes der Zahlungsbilanz soll noch eine differenzierte Betrachtung der wichtigsten **Komponenten** der **Zahlungsbilanz** - konzentriert auf den Durchschnitt der ersten Hälfte der 90er Jahre und unter Berücksichtigung der konzeptionellen Änderung - erfolgen.

- Der **Warenverkehr** nach regionalen Gesichtspunkten (vgl. Tabelle 3) zeigt export- wie importseitig eine eindeutige Dominanz des Warenhandels mit den Industrieländern, wobei das Schwergewicht auf den EU-Ländern liegt, gegenüber denen auch der Löwenanteil des Warenüberschusses erwirtschaftet wird. Der Befund dokumentiert, daß die Bundesrepublik weniger in einem inter- als in einem intra-industriellen Prozeß der Arbeitsteilung steht. Dies bestätigt auch der Warenverkehr nach güterspezifischen Gesichtspunkten (vgl. Tabelle 4), wonach der Investitionsgüterexport ebenso deutlich dominiert wie auch der Import von industriellen Enderzeugnissen. Dieser Befund macht deutlich, daß das Verfügbarkeitskriterium - bei aller Plausibilität - keine überzeugende Erklärung für die Entfaltung des Außenhandels der Bundesrepublik Deutschland darstellt. (Vergleichbare Ergebnisse ließen sich auch für andere Industrieländer feststellen.)

Tabelle 3
Der Warenverkehr der Bundesrepublik Deutschland (1991 - 1996)
(Jahresdurchschnitte)

Aggregat / Region	Warensausfuhr (f.o.b.)		Wareneinfuhr (f.o.b.)		Saldo in
	Mrd. DM	vH	Mrd. DM	vH	Mrd. DM
Länder der Europäischen Union	417,3	59,6	361,0	57,4	+ 56,2
Sonst. europäische Industrieländer	51,7	7,4	42,8	6,8	+ 8,9
Außereuropäische Industrieländer	75,3	10,8	86,0	13,7	- 10,6
Reformländer	63,7	9,1	61,7	9,8	+ 2,0
OPEC-Länder	19,1	2,7	12,5	2,0	+ 6,6
Entwicklungsländer	70,2	10,0	62,7	10,0	+ 7,5
Sonstiges	2,7	0,4	2,4	0,4	+ 0,3
Gesamt	699,9	100	629,0	100	+ 71,1

Tabelle 4
Der Warenverkehr der Bundesrepublik Deutschland (1991 - 1996)
(Jahresdurchschnitte)

	Mrd. DM	in vH
Warenausfuhr (f.o.b.):		
Ernährung, Forsten, Tabak, Fischerei	39,2	5,6
Energie und Bergbau	4,2	0,6
Grundstoff- und Produktionsgüter	158,6	22,7
Investitionsgüter	392,6	56,1
Verbrauchsgüter	82,4	11,8
Sonstige Waren	21,3	3,0
Gesamt	699,6	100,0
Wareneinfuhr (c.i.f.):		
Ernährungswirtschaft	66,5	10,4
Rohstoffe	33,9	5,3
Halbwaren	59,7	9,4
Vorerzeugnisse	79,8	12,5
Enderzeugnisse	371,4	58,2
Rückwaren und Ersatzlieferungen	24,5	3,8
Gesamt	637,7	100,0

- Der **Dienstleistungsverkehr** (vgl. Tabelle 5) läßt erkennen, daß das strukturelle Defizit sich vor allem auf den Reiseverkehr konzentriert, während die übrigen Positionen einen relativ ausgeglichenen Charakter aufweisen. Die Defizite im **Übertragungsverkehr** (vgl. Tabelle 6) haben überwiegend öffentlichen Charakter, während die privaten Überweisungen erheblich geringer ins Gewicht fallen; daraus folgt, daß der Übertragungsverkehr weitgehend politischen Vorgaben folgt. Dabei sei noch auf eine Besonderheit verwiesen: Da die Gastarbeiter definitionsgemäß „Inländer" sind, steht ihren Überweisungen in die jeweiligen Heimatländer keine korrespondierenden Transaktionen aus dem Ausland im Rahmen des Leistungs- und/oder Kapitalverkehrs gegenüber, weshalb sie als Übertragung verbucht werden müssen. Formal haben diese Übertragungen zwar verbuchungstechnisch einen Schenkungscharakter; materiell haben die Gastarbeiter aber natürlich eine Leistung für das Inland, nämlich einen Beitrag zur inländischen Wertschöpfung, erbracht. Im **Faktorverkehr** (vgl. Tabelle 7) dominieren die Einnahmenüberschüsse aus dem Kreditverkehr, während die Erwerbseinkommen (Pendler) sowie die Einkommen aus Anlagen eher defizitären Charakter haben und die Ertragsbilanz aus den Direktinvestitionen einen ausgeglichenen Charakter aufweist.

Tabelle 5
Der Dienstleistungsverkehr der Bundesrepublik Deutschland (1991 - 1996)
(Jahresdurchschnitte)

Aggregat / Bereich	Einnahmen		Ausgaben		Saldo in Mrd. DM
	Mrd. DM	vH	Mrd. DM	vH	
Reiseverkehr	25,1	22,4	69,3	41,3	- 44,2
Transportleistungen	27,1	24,2	33,6	20,0	- 6,6
Transithandel	6,4	5,7	1,8	1,1	+ 4,6
Versicherungen	1,5	1,3	2,1	1,3	- 0,5
Finanzleistungen	2,8	2,5	0,8	0,5	+ 2,0
Sonstiges	49,2	43,9	60,1	35,8	- 10,8
Gesamt	112,2	100	167,7	100	- 55,5

Tabelle 6
Der Übertragungsverkehr der Bundesrepublik Deutschland (1991 - 1996)
(Jahresdurchschnitte)

Aggregat / Bereich	Einnahmen		Ausgaben		Saldo in Mrd. DM
	Mrd. DM	vH	Mrd. DM	vH	
Europäische Union	11,8	50,4	39,1	47,9	- 27,3
Sonstige öffentl. Überweis.	6,6	28,2	22,2	27,2	- 15,6
Renten an Private	0,7	3,0	4,6	5,6	- 3,9
Gastarbeiterüberweisungen	0,0	0,0	7,1	8,7	- 7,1
Sonstige private Überweis.	4,2	17,9	8,8	10,8	- 4,6
Gesamt	23,4	100	81,7	100	- 58,4

Tabelle 7
Die Erwerbs- und Vermögenseinkommen der Bundesrepublik Deutschland (1991 - 1996)
(Jahresdurchschnitte)

Bereich / Aggregat	Einnahmen		Ausgaben		Saldo in Mrd. DM
	Mrd. DM	vH	Mrd. DM	vH	
Erwerbseinkommen	6,7	5,6	6,5	6,1	+ 0,2
Direktinvestitionen	9,6	8,0	7,8	7,4	+ 1,8
Dividendenerträge	3,6	3,0	5,6	5,3	- 2,0
Investmentzertifikate	5,2	4,3	0,1	0,1	+ 5,1
festverzinsliche Wertpapiere	22,2	18,5	34,1	32,2	- 11,9
Kredite	72,9	60,6	51,9	49,0	+ 21,0
Gesamt	120,2	100	105,9	100	+ 14,4

- Was den **Kapitalverkehr** angeht (vgl. Tabelle 8), so sind deutliche strukturelle Differenzierungen auszumachen. Während die Direktinvestitionen ein jahresdurchschnittliches Defizit von ca. 32 Mrd. DM ausmachen, zeigt der Wertpapierhandel einen Überschuß von etwa 61 Mrd. DM; im Zuge der Kreditgewährung wurde ein weiterer Einnahmeüberschuß von ca. 22 Mrd. DM erzielt, der indessen wieder - zwischen Banken einerseits und privater und öffentlicher Hand andererseits - stark streut. Insoweit zeigt der Kapitalverkehr kein eindeutiges Bild.

Mit Blick auf die skizzierten Stromgrößen drängt sich schließlich die Frage auf, zu welchem **Vermögensstatus** - i.S. einer Bestandsgröße - die außenwirtschaftlichen Transaktionen über den gesamten Beobachtungszeitraum hinweg geführt haben (vgl. Tabelle 9). Der Befund ist recht eindeutig: Die Bundesrepublik Deutschland hat Mitte der 90er Jahre - insgesamt - im Ausland ein „Netto"-Vermögen von etwa 220 Mrd. DM gebildet, wobei dem Forderungsbestand von etwa 2,5 Bill. DM ein Schuldenstand von knapp 2,3 Bill. DM gegenübersteht. Dieser Nettovermögensstand streut indessen ganz erheblich: Es sind v.a. die privaten Institutionen (mit nahezu 700 Mrd. DM) und die Bundesbank (mit gut 100 Mrd. DM), die dieses Vermögen halten, während die öffentlichen Institutionen mit reichlich 430 Mrd. DM eher in eine Verschuldungslage geraten sind.

Tabelle 8
Der Kapitalverkehr der Bundesrepublik Deutschland (1991 - 1996)
(Jahresdurchschnitte)

Aggregat / Bereich	Einnahmen		Ausgaben		Saldo in Mrd. DM
	Mrd. DM	vH	Mrd. DM	vH	
Direktinvestitionen	4,8	2,2	36,6	21,9	- 31,8
Wertpapiere	116,5	54,2	55,6	33,2	+ 60,9
Kredite gesamt	93,7	43,6	71,9	43,0	+ 21,7
- Banken	72,4	33,7	41,3	24,7	+ 31,1
- Private	18,3	8,5	24,2	14,5	- 5,9
- Öffentliche Hand	3,0	1,4	6,4	3,8	- 3,4
Sonstiges	- 0,1	0,0	3,2	1,9	- 3,3
Gesamt	214,9	100	167,4	100	+ 47,6

Tabelle 9
Vermögensstand der Bundesrepublik Deutschland
(Juni 1996, Mrd. DM)

Aggregat / Aggregat	Forderungen	Verbindlich-keiten	Saldo
Bundesbank	123,9	17,0	+ 107,0
Kreditinstitute	861,5	981,2	- 119,7
Private Institutionen	1.377,4	690,5	+ 687,0
Öffentliche Institutionen	143,3	575,9	- 432,5
Sonstiges	-	18,9	- 18,9
Gesamt	2:506,3	2.283,5	+ 222,8

16) ZUR „STANDORT"-QUALITÄT DER BUNDESREPUBLIK

Die wissenschaftliche Auseinandersetzung mit dem außenwirtschaftlichen Integrationsprozeß der Bundesrepublik Deutschland in die Weltwirtschaft zeigt recht ambivalente Züge. Zunächst - bis in die 70er Jahre hinein - wurde das Schwergewicht auf die Frage gelegt, ob die **Standortqualität** eher als „zu positiv" eingeschätzt werden muß, wie die anhaltenden Außenhandelsüberschüsse der Bundesrepublik zwar einerseits zu erklären sind, aber wie sie andererseits gewürdigt werden müssen, nachdem immer mehr erkennbar wurde, daß Marktkräfte offenbar nicht hinreichten, um neue realwirtschaftliche Gleichgewichtslagen herbeizuführen.[7]

Was die **Ursachenanalyse** angeht, wurde diese auf unterschiedlichen Ebenen diskutiert, wobei sowohl Prozeß- als auch Strukturfaktoren hinsichtlich ihres Bedeutungswertes herangezogen und geprüft wurden.

a) Ein großes Gewicht wurde hierbei den **Prozeßfaktoren** zugewiesen, die sowohl isoliert als auch in ihrem Zusammenwirken zu betrachten sind:

- Ein Grund, der unmittelbar an die Aussagen der Außenwirtschaftstheorie anknüpft, wurde im **internationalen Preisgefälle** gesehen: Sind die Preise im Ausland höher als im Inland, begünstigen sie die Ausfuhr des Inlands und erschweren seine Einfuhr. Wenn dieses Preisgefälle nicht durch eine entsprechende Wechselkursänderung korrigiert wird - sei es, daß diese automatisch erfolgt (freie Wechselkurse), sei es, daß sie politisch durchgeführt wird (Auf-

---

[7] Zu Einzelheiten dieser Diskussion vgl.: H. Adebahr, Zu den Ursachen der chronischen deutschen Exportüberschüsse, in: Schmollers Jahrbuch, 91. Jahrgang, 1971 - S. Apeloig u.a., Wechselkurskorrekturen zeigen Spuren, in: ifo-Schnelldienst 2/1978 - Berliner Bank, Sind die Exportüberschüsse Folge eines internationalen Preisgefälles?, in: Mitteilungen für den Außenhandel, 6/1969 - H.-J. Bodenhöfer, Technischer Fortschritt, Forschung und Entwicklung und internationaler Handel: Der Fall der Bundesrepublik Deutschland, in: Jahrbücher für Nationalökonomie und Statistik, Band 190, 1976 - G. Grosser, Internationale Rückwirkungen von Konjunkturschwankungen in der Bundesrepublik, in: Hamburger Jahrbuch für Wirtschaft und Gesellschaftspolitik, 14. Jahr, 1969 - H. Grüter, Strukturelle Aspekte des deutschen Außenhandels, in: Die Aussprache, 19. Jahrgang, 1969, Heft 1 - A. Herrmann u.a., Strukturwandel im Außenhandel der Bundesrepublik Deutschland, in: ifo-Schnelldienst 11-12/1977 - A. Herrmann, Regionaler Strukturwandel im deutschen Außenhandel: Tendenzänderung in der Exportstruktur seit der Ölpreishausse, in: ifo-Schnelldienst, 26/1977 - W. Hoener, Bestimmungsgründe für die Entwicklung der Zahlungsbilanz der Bundesrepublik Deutschland seit der Aufwertung im Jahre 1961 bis 1967, Tübingen 1970 - H. Körner, Ungelöste Probleme der „außenwirtschaftlichen Absicherung", in: Jahrbuch für Sozialwissenschaft, Band 20, 1969 - E. Korthaus, Die Ausfuhr der Bundesrepublik Deutschland nach acht Abnehmerregionen, in: RWI-Mitteilungen, 26. Jahrgang, 1975. - R. Pfeffekoven, Strukturpolitik im Dienste der außenwirtschaftlichen Absicherung?, in: Jahrbuch für Sozialwissenschaft, Band 21, 1970 - K.W. Rothschild, „Pull" und „Push" im Export, in: Weltwirtschaftliches Archiv, Band 97, 1966/11.

wertung) -, so bedeutet dies, daß eine exportfördernde bzw. importhemmende Unterbewertung der eigenen Währung durchaus in der Lage ist, einen permanenten Handelsbilanzüberschuß herbeizuführen. Bezogen auf die Bundesrepublik vermag das Argument bedingt zu überzeugen. Die Wechselkurskorrektur unterblieb zeitweise bzw. fand spät statt; die Überschußposition konnte sich somit bilden. Allerdings - selbst wenn man unterstellt, daß die Aufwertung jeweils zu spät gekommen wäre - könnte theoretisch eigentlich eine Unterbewertung einer Währung auch dann nur eine temporäre Überschußsituation hervorrufen, wenn diese Überschußsituation im Inland die diskutierten Geldmengen-Preis- und Geldmengen-Einkommen-Mechanismen auslösen würde, wodurch das Preisgefälle - und damit der Grund für die Überschußsituation - korrigiert würde, oder Veränderungen des Volkseinkommens Zusatzimporte auslösten, die den Überschuß im nachhinein wieder verminderten. Offenbar hatten diese Mechanismen nicht hinreichend gegriffen.

- Ein weiterer Grund wurde im **internationalen Konjunkturgefälle** gesehen: Gemeint ist damit, daß die Konjunkturauf- und -abschwünge im internationalen Vergleich nicht nur eine unterschiedliche Intensität haben, sondern auch zeitliche Phasenverschiebungen aufweisen können. Die Konsequenzen sind dann zweifach zu sehen. Einmal: Herrscht im Ausland Hochkonjunktur, führt dies zu verstärkter Nachfrage des Auslands nach inländischen Produkten; es kommt zu einem Nachfragesog (sog. „pull"-Effekt). Zum zweiten: Ist die inländische Konjunktur schwach, werden die inländischen Unternehmen versuchen, auf Auslandsmärkte auszuweichen, um ihre Kapazitäten auszulasten; es kommt zu einem Angebotsdruck (sog. „push"-Effekt). Bezogen auf die Bundesrepublik Deutschland könnte man argumentieren, daß im Ausland schon immer das Gewicht mehr auf Wachstum und Beschäftigung gelegt wurde, während in der Bundesrepublik das Ziel der Preisstabilität einen höheren Stellenwert besaß, mit der Folge, daß im Ausland eher ein expansiver Kurs der Konjunkturpolitik die wirtschaftliche Dynamik begünstigte, während ein stabilitätsorientierter Kurs in der Bundesrepublik Deutschland eher die Expansionsdynamik in Grenzen hielt. Doch auch dieses Argument vermag nicht voll zu überzeugen. Denn die Unterschiede in den wirtschaftspolitischen Zielen haben bisher nicht verhindert, daß sich die konjunkturellen Phasenverschiebungen auch umkehrten: schwache Konjunktur im Ausland, Hochkonjunktur in der Bundesrepublik Deutschland. Doch die an sich dann naheliegende Umkehrung von pull- und push-Effekten reichte nicht aus, um die Überschußposition zu beseitigen.

- Da beide Faktoren - isoliert gesehen - keine hinreichend überzeugende Begründung für eine anhaltende Überschußposition lieferten, liegt es nahe, sie in einer **Kombination** zusammenzuführen. Denn denkbar ist, daß zwischen inländischer Preis- und Mengenkonjunktur eine zeitliche Phasenverschiebung vorliegen könnte. Konkreter: In Zeiten des Konjunkturaufschwungs, wenn die Importneigung im Inland zunimmt, ist der Preisanstieg im Inland noch eher gedämpft; dies begünstigt gleichzeitig auch die Exportchancen des Landes, und die Überschußposition bleibt erhalten. Gleiches gilt im umgekehrten Fall, wenn beim Konjunkturabschwung zwar der verschärfte Preisanstieg auf die Exportchancen drückt, aber - bei gegebener Importneigung - auch das Importvolumen sinkt. Bezogen auf die Bundesrepublik Deutschland wird man zwar sagen können, daß diese spezifische Mengen-Preis-Konstellation durchaus gegeben war, so daß es nicht überraschen dürfte, wenn bestimmte Überschußstrukturen „fortgeschrieben" wurden. Insofern erwiesen sich die beiden zuerst genannten Argumente in der Kombination überzeugender als in ihrer isolierten Anwendung. Doch auch diese kombinierte Argumentation könnte bestenfalls erklären, warum eine bestimmte Ungleichgewichtsposition aufrechterhalten blieb, nicht aber, warum sie sich permanent erhöhte.

b) Damit stellte sich die Frage nach dem Gewicht von spezifischen **Strukturfaktoren**, Faktoren also, die sich im Laufe der Zeit herausgebildet haben und zunehmend die Prozeßfaktoren überlagern. Dies hätte dann zur Folge, daß die Prozeßfaktoren nicht mehr jene Rolle spielen können, die ihnen die Theorie zuweist, nämlich einen Ungleichgewichtszustand durch Abbau der Handelsüberschüsse wieder in einen Gleichgewichtszustand zu überführen. Drei Strukturfaktoren wurden hier eine zentrale Bedeutung zugewiesen:

- Einmal die **Warenstruktur** des Außenhandels der Bundesrepublik Deutschland: Was die Ausfuhrstruktur angeht, wird die dominierende Rolle der Grundstoff- und Produktionsgüter sowie der Investitionsgüter erkennbar. Im Einfuhrsortiment sind die Anteile der Fertigwaren zwar ebenfalls hoch, aber nicht ganz so ausschlaggebend, zumal diese auch Gebrauchsgüter enthalten. Dieser Sachverhalt rechtfertigt die Vermutung, daß die Einkommenselastizität der Güternachfrage in der Außenhandelsstruktur der Bundesrepublik Deutschland für Ausfuhr und Einfuhr ein unterschiedliches Gewicht bekommt. Konkret: Die Güter mit hoher Einkommenselastizität sind - eben wegen der Wachstumsorientierung im Ausland - im Exportsortiment der Bundesrepublik erheblich mehr als im Importsortiment vertreten. Umgekehrt sind die Güter mit geringerer Einkommenselastizität im Importsortiment stärker vertreten. Die Konsequenzen sind naheliegend: Bekanntlich wurde in der Nachkriegszeit in allen Industrieländern der Wachstumsprozeß stark forciert. Die entscheidende Voraussetzung waren (und sind) hierfür Investitionsgüter. Dann aber „profitiert" jenes Land, das nicht nur über das notwendige technische Wissen, sondern auch über die entsprechenden Liefermöglichkeiten verfügt. Seine Exportposition wird durch den weltwirtschaftlichen Wachstumsprozeß begünstigt, während beim Importbedarf das Junktim zum Wachstumsprozeß nicht so ausgeprägt gegeben ist. In diesem Fall dürfte in der spezifischen Warenstruktur ein wichtiger Faktor für die anhaltende und sich erhöhende Überschußposition der Bundesrepublik zu sehen sein.

- Zum zweiten die **Regionalstruktur** des Außenhandels der Bundesrepublik Deutschland: Dieses Phänomen wurde meist in einem unmittelbaren Zusammenhang mit der bereits diskutierten Warenstruktur gesehen. Hier liegt die

Vermutung nahe, daß der Investitionsgüterbedarf bestimmter Länder in einem Mißverhältnis zu deren Produktionsmöglichkeiten steht. Viele Länder sind einfach nicht in der Lage, ihren Investitionsgüterbedarf zu decken; teils, weil ihnen das erforderliche technische „Know-how" fehlt, oder sie sich dieses erst langsam aneignen müssen, teils, weil es sich um kleinere Länder handelt, die aufgrund ihres kleinen Inlandmarktes gar nicht in der Lage sind, die entsprechenden Produktionsmöglichkeiten für Investitionsgüter selbst zu schaffen. So bleibt in diesen Ländern ein ständiger Investitionsgüterbedarf erhalten, auch wenn er mit den konjunkturellen Wechsellagen schwankt; und der Nachfragesog richtet sich auf die Länder, die liefern können und stärkt damit permanent deren Exportsituation.

- Schließlich ist zu beachten, daß die Herausbildung einer spezifischen Waren- und Regionalstruktur des Außenhandels eine spezifische **Angebotsstruktur** der Produktion im Inland selbst entstehen läßt. Letztendlich greift hier dann indirekt doch das „Verfügbarkeitskriterium": Es werden nämlich durch die nachfragebedingte Stärkung der Exportposition des Inlands - und dies gilt im besonderen Maße gerade für die Bundesrepublik Deutschland - jene Wachstumsindustrien begünstigt, deren Expansionsraten hinsichtlich des Kapazitätsausbaus eben aufgrund dieser Begünstigung durch den Export über dem gesamtwirtschaftlichen Durchschnitt liegen. Damit könnte ein Entwicklungsprozeß forciert worden sein, wonach sich Produktionsstrukturen in der Bundesrepublik Deutschland herausgebildet haben, die aufgrund einer strukturellen Verfestigung auf die Sicherung und Ausweitung ihrer Exportmärkte drängen (müssen), was sich dann stärker als die zum Gleichgewicht tendierenden Marktkräfte erwiesen haben könnte.

Was die **Bewertung** angeht, muß davon ausgegangen werden, daß der Hinweis darauf, daß nun einmal ein Ungleichgewicht bestehe, ebensowenig weiterhilft (eine ausgeglichene Handelsbilanz kann nicht Selbstzweck sein) wie das Arbeiten mit inhaltsleeren welfare-Kriterien. Erneut gilt es, sich an den konkreten Problemen zu orientieren, wobei zu deren Beurteilung im allgemeinen drei Kriterien herangezogen wurden.

a) Die **wohlstandspolitische Argumentation**: Hier ist zunächst einmal davon auszugehen, daß der Handelsüberschuß wichtige wachstums- und damit wohlstandsfördernde Funktionen für die Bundesrepublik Deutschland übernahm. Wie aus der Kreislaufanalyse unschwer nachzuweisen ist, war er eine entscheidende Voraussetzung dafür, daß der Außenhandel multiplikativ in die Binnenwirtschaft hineinwirken konnte und das Volkseinkommen erhöhte, ohne daß diese Effekte sofort durch gleich große Sickerverluste aufgrund eines ebenso ansteigenden Importbedarfs kompensiert wurden. So wurde ein binnenwirtschaftlicher Investitionsprozeß begünstigt, der entscheidend zum Wirtschaftswachstum der Bundesrepublik beitrug. Dieser Argumentation steht freilich die Tatsache entgegen, daß ein anhaltender Handelsbilanzüberschuß immer bedeutet, daß reale Substanz (Güter, Dienste) gegen Forderungen an Drittländer (Kredite, Devisen) eingetauscht wird. Dies entspricht dann aber gleichzeitig einer gesamtwirtschaftlichen Wohlstandsminderung, wenn die nationale Güterversorgung (i.S. einer realen Absorptionsmöglichkeit) geringer als möglich ist, bzw. wenn bei anhaltendem Handelsüberschuß - definitionsgemäß - die Forderungen nicht mehr gegen reale Güter des Auslands eingetauscht werden. Daraus folgt: Von dem Zeitpunkt an, da eine Situation erreicht ist, die die Gleichsetzung von wirtschaftlichem Wachstum mit gesellschaftlicher Absorption in Frage stellt, ist ein Handelsbilanzüberschuß nicht mehr in gleichem Maße wohlstandspolitisch zu motivieren. (Es sei denn, man orientierte sich an naiv-merkantilistischen Vorstellungen, wonach die Lagerung der Goldbarren oder die Anhäufung eines Devisenvorrats bei der Bundesbank mit nationalem Wohlstand gleichzusetzen wäre.) Schließlich ist nicht zu übersehen - wie sich ebenfalls aus der Kreislaufanalyse ergibt -, daß ein Exportüberschuß die Unternehmensgewinne begünstigt und damit den sozialen Konflikt dann verschärft, wenn der Überschuß wohlstandspolitisch nicht mehr oder nur noch sehr bedingt zu motivieren ist.

b) Die **stabilitätspolitische Argumentation**: Hier wird im allgemeinen davon ausgegangen, daß ein Außenhandelsüberschuß wichtige konjunkturstabilisierende Effekte auslöst. Gerade das Ausweichen auf die Auslandsmärkte schaffe hierfür eine doppelte Voraussetzung: Einmal verhindere es depressive Tendenzen und trage zur Rückgewinnung eines hohen Beschäftigungsstandes bei, wenn eine hinreichende Kapazitätsauslastung gesichert wird; zum zweiten verhindere es inflationäre Tendenzen, wenn ein Hineinwachsen in kostengünstigere Kapazitäten ermöglicht werde. So plausibel diese Argumentation auch erscheinen mag, ist nicht zu übersehen, daß von einem Handelsbilanzüberschuß auch gravierende Inflationsgefahren ausgehen können. Sie müssen ebenfalls zweifach gesehen werden. Einmal (indirekt) über den entstehenden Liquiditäts- und Einkommenseffekt: Der Güterverknappung steht im Inland ein höheres Geldvolumen gegenüber (Exporterlöse), bzw. im Rahmen der Exportgüterproduktion werden Einkommen erzielt, mit denen kein entsprechendes Güterangebot einhergeht. Zum zweiten (direkt) über den sog. internationalen Preiszusammenhang: Ohne auf die Details dieses Zusammenhangs hier schon einzugehen (vgl. dazu später), ist zumindest auf die Gefahr hinzuweisen, daß die preis- und gewinnbegünstigten Exportbereiche hinsichtlich ihrer Preisfestsetzung im Inland aber auch hinsichtlich höherer Lohnzugeständnisse „Signalwirkungen“ für andere Wirtschaftsbereiche auslösen können.

c) Die **integrationspolitische Argumentation**: Vielfach wird darauf verwiesen, daß ein Handelsbilanzüberschuß auch integrationspolitisch positive Aspekte habe. Denn er fördere den Aufbau einer Reserveposition, die nicht nur geeignet sei, „exogene Schocks“ (plötzliche Importverteuerungen) aufzufangen, sondern die es auch ermögliche, politisch notwendige internationale Verpflichtungen einzugehen (Entwicklungshilfe, Wiedergutmachungsleistung, Beiträge an internationale Organisationen, Sicherstellung der Einkommensübertragungen von Gastarbeitern etc.), ohne ein Land sofort in Liquiditätsprobleme zu drängen, die es ansonsten veranlassen müßte, die eingegangenen Engagements aufzukündigen oder andere Importe zu drosseln. Dieser Argumentation ist freilich entgegenzuhalten, daß eigene Ausfuhrüberschüsse letztlich die Handelspartner in Schwierigkeiten bringen müssen, weil bei ihnen entsprechende Defizite auftreten. Dies bedeutet unmittelbar, daß ihnen Devisen entzogen werden, sofern sie ihre Handelsdefizite begleichen; und es bedeutet mittelbar, daß sie in Schuldendienstverpflichtungen geraten, sofern sie ihre Defizite kreditiert bekommen. In jedem Falle läßt sich aus der Sicht der Schuldnerländer diese Position nicht auf Dauer durchhalten. Denn diese werden ihrerseits zu einem des-integrierenden Verhalten gezwungen. Insofern kommt einem Überschußland ein hohes Maß internationaler Verantwortung zu; und es gerät allzu leicht in die Rolle eines internationalen „Störenfrieds“. Selbst wenn die integrationspolitische Argumentation zur Rechtfertigung eines Handelsbilanzüberschusses herangezogen werden sollte, weil die Überschußposition als wohltuendes „Polster“ interpretiert werden kann, um die Integration eines Landes in die Weltwirtschaft zu stabilisieren, blieben die Defizitprobleme bei den Partnern davon unberührt.

Nimmt man die drei zuletzt skizzierten Beurteilungskriterien zusammen, so wird erkennbar, daß von einer anhaltenden Handelsbilanzüberschußposition sowohl positive als auch negative Folgewirkungen ausgehen können, wobei der Diskussionsstand - gerade in den 70er Jahren - eher zu der Annahme berechtigte, daß **Skepsis** gegenüber zu **hohen Leistungsbilanzüberschüssen** eine zunehmende Bedeutung gewinnen könnte.

Zwischenzeitlich allerdings - seit Anfang der 80er Jahre und sich seither akzentuierend - verschob sich die Diskussion. Zunehmend trat die Frage nach der **Verschlechterung** der **Standortqualität** der Bundesrepublik Deutschland in den Vordergrund. Dies kam nicht von ungefähr, nachdem sich - unmittelbar - schon einmal kurzzeitig Anfang der 80er Jahre, dann aber im Durchschnitt der ersten Hälfte der 90er Jahre der Warenüberschuß massiv zurückbildete und die Leistungsbilanz ins Defizit geriet bzw. als - mittelbar und vielfach als Folge davon gesehen - die Wachstumsrate des realen Bruttosozialprodukts zurückging und der Anteil der Arbeitslosen an den Erwerbspersonen drastisch anstieg. Dies legte in der Tat die Frage nahe, wie der Standort der Bundesrepublik Deutschland in der Weltwirtschaft zu beurteilen ist, d.h. ob diese sich auch noch in Zukunft darin behaupten kann. Die Fragestellung enthält zwei Elemente: Einmal eine grundsätzlich **theoretische Perspektive**, zum zweiten eine aktuell **empirische Perspektive**.[8]

---

[8] Zu Einzelheiten dieser Diskussion vgl.: P. Bofinger, Die internationale Wettbewerbsfähigkeit ganzer Volkswirtschaften: Ein Phänomen auf der Suche nach einer Theorie, in: Kredit und Kapital, 1995 - R. Döhrn, Deutsche Direktinvestitionen in der Europäischen Union, Produktions- oder Finanzintegration, in: RWI-Mitteilungen, 1994 - G. Fels, Der Standort Bundesrepublik Deutschland im internationalen Wettbewerb, in: Hamburger Jahrbuch für Wirtschafts- und Gesellschaftspolitik, 33. Jahr, 1988 - H. Flassbeck, Die Standortqualität der Bundesrepublik Deutschland, in: Konjunkturpolitik, 34. Jahrgang, 1988 - H. Flassbeck, Deutschland - Kein Standort für Investitio-

a) Was die grundsätzliche **theoretische Perspektive** angeht, stellt sich die Frage nach einem aussagefähigen **Meßkonzept** für das Kriterium Standortqualität. Dabei kann als unstrittig gelten, daß es einen umfassenden „Gesamtindikator" hierfür nicht gibt, weil eine Fülle von Einzelindikatoren das Kriterium Standortqualität bestimmen können, dann aber der Versuch, aus Einzelindikatoren einen „Gesamtindikator" zu konstruieren, scheitern muß, weil damit objektiv kaum lösbare Aggregations- und Gewichtungsprobleme auftreten. Doch selbst, wenn man sich auf die Präsentation von Einzelindikatoren beschränkte, entstehen methodische Probleme:

- Einmal entsteht ein **Meßproblem**: Viele Indikatoren, deren Bedeutung für die Standortqualität als unstrittig gelten kann - Rechtssicherheit, gesellschaftliche Stabilität, sozialer Friede, Innovationsdynamik, Ausbildungsniveau, Infrastrukturqualität, administrative Reglementierungen -, entziehen sich einer empirischen Meßbarkeit. Hilfskonstrukte - Zahl der Streiktage, Art und Umfang der Schulabschlüsse, Häufigkeit der Patentanmeldungen, Grad der Infrastrukturausstattung, Art und Umfang gesetzlicher Normierungen - erlau-

nen?, in: WSI-Mitteilungen, 1995 - Th. Gries u.a., Internationale Wettbewerbsfähigkeit - was ist das?, in: HWWA-Wirtschaftsdienst, 1994/VIII - A. Gutowski, Stärken und Schwächen der Bundesrepublik Deutschland in der internationalen Arbeitsteilung, in: Hamburger Jahrbuch für Wirtschafts- und Gesellschaftspolitik, 1984 - M. Heise, Die deutsche Wirtschaft im internationalen Standortwettbewerb, in: HWWA-Wirtschaftsdienst, 1993/VIII - HWWA-Institut für Wirtschaftsforschung, Internationale Wettbewerbsfähigkeit und strukturelle Anpassungserfordernisse, Hamburg 1984 - Ifo-Institut für Wirtschaftsforschung, Internationale Wettbewerbsfähigkeit und strukturelle Anpassungserfordernisse, München 1984 - IW-Institut für Weltwirtschaft, Im Anpassungsprozeß zurückgeworfen, Kiel 1984 - L. Lindlar, Hat Westdeutschland ein Standortproblem?, in: DIW-Wochenbericht, 38/1995 - H.D. Löffelholz, Die Standortqualität der Bundesrepublik in steuerlicher Hinsicht, in: RWI-Mitteilungen, 1989 - J.O. Lotz, Indikatoren zur Beurteilung der Standortqualität - Ein methodischer Überblick und ein neuer Ansatzpunkt am Beispiel Westdeutschlands, in: Die Weltwirtschaft, 4/1994 - R. M. Marquardt, Gefährden die Arbeitskosten den Investitionsstandort Deutschland?, Diskussionspapier 334, Universität Bielefeld, Fakultät für Wirtschaftswissenschaften, Bielefeld 1997 - R. Neubäumer, Hat Westdeutschland ein Standortproblem?, in: HWWA-Wirtschaftsdienst, VII/1997 - P. Nunnenkamp, Die deutsche Wirtschaft im internationalen Wettbewerb - Standortschwächen und wirtschaftliche Herausforderungen, in: Konjunkturpolitik, 42. Jg., 1996 - R. Pohl, Löhne, Wechselkurse und Wettbewerbsfähigkeit, in: DIW-Wochenbericht 30/97 - H.G. Preusse, Ist die Frage nach der internationalen Wettbewerbsfähigkeit einer Volkswirtschaft überholt?, in: Außenwirtschaft, 1/1990 - RWI-Rheinisch-Westfälisches Institut für Wirtschaftsforschung, Standortqualität der Bundesrepublik Deutschland und Veränderungen im sektoralen Strukturwandel, Essen 1989 - H. Trabold, Die internationale Wettbewerbsfähigkeit einer Volkswirtschaft, in: DIW-Vierteljahresheft 2/1995 - E. Wohlers, Internationale Wettbewerbsfähigkeit, Wechselkurse und Außenhandel - einige Anmerkungen zur gegenwärtigen Diskussion in der Bundesrepublik, in: Hamburger Jahrbuch für Wirtschafts- und Gesellschaftspolitik, 33. Jahr, 1988 - R. Zeppernick, Die Diskussion um die Standortqualität der Bundesrpublik Deutschland, in: HWWA-Wirtschaftsdienst, 1990/I.

ben allenfalls Annäherungsvermutungen und sind dann offen für subjektive Interpretationsspielräume.

- Zum zweiten entsteht ein **Diagnoseproblem**: Viele Indikatoren mögen - für sich genommen - meßbar und damit international vergleichbar sein; und dennoch wirft die Diagnose Probleme auf. So können einzelne Steuerbelastungen ermittelt werden; die tatsächliche Gesamtbelastung kann aber - wegen eines national unterschiedlichen Gewichts der Einzelkomponenten - nur im Rahmen eines umfassenden Abgabe-, Steuer- und Subventionssystems diagnostiziert werden. Lohnkostenvergleiche werfen die Wechselkursproblematik - bei Wechselkurskorrekturen und v.a. bei flexiblen Wechselkursen - auf; eine Produktivitätsbereinigung macht zwar Sinn (um „echte" Lohnstückkosten zu erhalten), läßt aber die Frage offen, ob die Produktivitätssteigerung exogenen Charakter (technologischer Fortschritt) oder endogenen Charakter (durch Lohnkosten induziert) hat. Weltmarktanteilsveränderungen vernachlässigen unter Umständen Verschiebungen zwischen den weltwirtschaftlichen Gravitationsfeldern.
- Zum dritten entsteht ein **Bewertungsproblem**: Viele Standortfaktoren mögen - für sich genommen - meßbar (und damit international vergleichbar) sein; und dennoch stellt sich das Problem, daß sie nicht beliebig isolierbar, sondern Ausdruck einer wechselseitigen Bedingungskonstellation sind und nur so auch gewürdigt werden können. Man kann nicht eine überdurchschnittliche Ausbildungs- und Infrastrukturqualität als Standortvorteil begrüßen und die dazu erforderliche (unter Umständen ebenfalls überdurchschnittliche) Abgabenbelastung als Standortnachteil verwerfen; man kann nicht sozialen Frieden und gesellschaftliche Stabilität als Standortvorteil begrüßen und die diese Stabilität erst garantierenden Reglementierungen (soziale Mindeststandards, Arbeitsplatzsicherheit, gesellschaftliche Mitwirkungsrechte, Kündigungsschutz o.ä.) als Standortnachteile verwerfen.
- Zum vierten entsteht schließlich ein **Gewichtungsproblem**: Viele Indikatoren mögen - für sich genommen - eindeutig meßbar, diagnostizierbar und als Standortnachteil mit hinreichender Exaktheit zurechenbar sein. Und dennoch ist nicht auszuschließen, daß sie Ausdruck einer gesellschaftlichen („meta"-ökonomischen) Wertentscheidung sind. Die Sicherstellung von ökologischen und/oder sozialen Mindeststandards erhalten eben dann gegenüber der rein ökonomischen Effizienz einen höheren Stellenwert. Dies setzt natürlich Güterabwägungen voraus; und diese mögen gelegentlich korrekturbedürftig sein, wenn die ökonomischen Folgewirkungen zu sehr vernachlässigt werden. Dennoch muß beachtet werden, daß ökonomische „Effizienz" ihren metaökonomischen „Preis" haben kann - und umgekehrt.

Vor dem Hintergrund dieser grundsätzlichen Überlegungen wird verständlich, warum die Frage der Standortqualität bereits aus grundsätzlicher Sicht kontrovers diskutiert werden kann.

b) Was die aktuell **empirische Perspektive** angeht, wird die Frage der Standortqualität auf die **konkrete Situation** der Bundesrepublik Deutschland anzuwenden versucht. Dabei hat die Fragestellung eine unterschiedliche Dimension:

- Definiert man Standortqualität als **Wettbewerbsfähigkeit** der deutschen Volkswirtschaft, als ihre Fähigkeit, sich den strukturellen Herausforderungen der Weltwirtschaft flexibel zu stellen („ability to adjust"), um auf diese Weise mit einem angemessenen Leistungsangebot am Welt- und Binnenmarkt gegenüber der ausländischen Konkurrenz sich behaupten zu können („ability to sell"), ohne Volkseinkommenseinbußen - etwa über Preiszugeständnisse - hinnehmen zu müssen („ability to earn"), so ist folgendes festzuhalten: Zwar hat sich der Leistungsbilanzüberschuß im Durchschnitt der ersten Hälfte der 90er Jahre gegenüber dem Durchschnitt der 80er Jahre deutlich zurückgebildet. Doch bereinigen wir diese Entwicklung, im Interesse der Sicherstellung einer aussagefähigen Vergleichbarkeit mit den vorangegangenen Zeiträumen, um den „Sonderfall", der in den neuen Bundesländern gegeben ist, so ist gerade in den 80er und in der ersten Hälfte der 90er Jahre eher eine deutliche **Beschleunigung** des **Überschusses** auszumachen. Dabei mögen die skizzierten Prozeß- und Strukturfaktoren nach wie vor eine entscheidende Rolle gespielt haben. Wichtiger erscheinen aber noch weitere Aspekte. So wurde der Überschuß erzielt, obwohl seit der Wechselkursfreigabe (also seit 1972 gerechnet) die D-Mark gegenüber den 18 wichtigsten Industrieländern, die - wie die regionale Struktur des Warenverkehrs zeigt - nach wie vor zu ca. 80 vH den Warenhandel der Bundesrepublik dominieren, bis Mitte der 90er Jahre einen **nominalen Aufwertungseffekt** von ca. 100 vH erfahren hat (vgl. Schaubild 5), der (ceteris paribus) das Leistungsangebot der Bundesrepublik entsprechend verteuert bzw. das Konkurrenzangebot des Auslands hätte verbilligt haben müssen. In realer Rechnung, d.h. um den (west-)deutschen Preisvorsprung bereinigt - den Indexwert für den realen Außenwert im Berichtszeitraum erhalten wir, wenn wir den Indexwert des nominalen Außenwerts multiplizieren mit dem Quotienten aus dem deutschen Preisindex und dem gewogenen ausländischen Preisindex -, zeigt sich über den Beobachtungszeitraum (mit Schwankungen) eine Stagnation des realen Außenwertes. Die nominale Außenwertentwicklung wurde ganz offensichtlich „neutralisiert" durch einen ausgeprägten (west-)deutschen **Preisvorsprung** gegenüber den wichtigsten Partnerländern, der somit die (strukturelle) Wettbewerbsfähigkeit voll aufrechterhielt. Unterstellen wir darüber hinaus Vollkostenkalkulation im Unternehmensbereich, so dürfte diese Preisgestaltung in der Bundesrepublik mitverursacht worden sein durch die Tatsache, daß - eben aufgrund der nominalen Aufwertung - ein im Vergleich zu den Partnerländern relativ preisgünstiger Energie- und Rohstoffbezug aus dem Ausland möglich war. Unterstellen wir aber gleichzeitig, daß die Lohnkosten in der Kalkulation das dominierende Element ausmachen, so deuten diese Entwicklungen auf einen gegenüber den Partnerländern signifikant **unterdurch-**

schnittlichen Lohnstückkostenanstieg hin.[9] Hinzu kommt ein weiteres Kriterium: Steigende Überschüsse bei konstantem realen Außenwert der D-Mark mußten nicht „erkauft" werden mit entsprechenden (negativen) Preiszugeständnissen beim Leistungsangebot der Bundesrepublik (um positive Mengeneffekte beim Leistungsexport zu erzielen) bzw. mit (positiven) Preiszugeständnissen beim ausländischen Leistungsangebot (um negative Mengeneffekten beim Leistungsimport auszulösen). Beides zusammen hätte die Entwicklung des **realen Austauschverhältnisses** (dem Quotienten aus Ausfuhr- und Einfuhrpreisentwicklung) und damit das **Volkseinkommen** negativ beeinflußt. Doch das Gegenteil war der Fall: Nach dem vorübergehenden Rückgang des realen Austauschverhältnisses in den 70er Jahren zeigt sich seither ein neuerlicher Anstieg: Gemessen am Basisjahr (1950), hat Mitte der 90er Jahre das reale Austauschverhältnis einen Indexwert von ca. 150 erreicht, d.h. mit dem (west-)deutschen Leistungsangebot konnten am Weltmarkt höhere Preise durchgesetzt werden als die deutsche Volkswirtschaft für ihren Leistungsbedarf vom Ausland „diktiert" bekam. Die Überschußentwicklung, in Verbindung mit der Entwicklung des realen Außenwertes und des realen Austauschverhältnisses, läßt den Schluß zu, daß für die Standortqualität der Bundesrepublik, i.S. ihrer Wettbewerbsfähigkeit, kaum mit überzeugenden Gründen eine Verschlechterung unterstellbar ist.

---

9 Dies ist natürlich in dieser Form nur eine „Tatbestandsaussage" und bedürfte einer eingehenden „Interpretation", die in einem einführenden Lehrbuch nicht geleistet werden kann. Allenfalls können - mit Blick darauf, daß die Frage, ob die Bundesrepublik ein „Hoch-Lohn-Land" ist, was seinen Standort im internationalen Wettbewerb zu gefährden droht (gerade unter ergänzender Berücksichtigung der Lohnnebenkosten), sehr kontrovers diskutiert wird - einige Akzente gesetzt werden. Unstrittig ist (zum einen), daß diese Feststellung nur gilt, wenn der Lohnstückkostenvergleich in Landeswährung gerechnet wird. Unter Einbeziehung der DM-Aufwertung, um vergleichbare Lohnniveaus (in einer Währung gerechnet) zu erhalten, geht der Lohnkostenvorsprung verloren. Doch daraus zu folgern, daß deshalb eine (noch) weitergehende Lohnzurückhaltung geboten sei, geht spätestens dann ins Leere, wenn dies zu (noch) höheren Preisvorteilen und damit zu einer (noch) ausgeprägteren DM-Aufwertung geführt hätte. Ist die Lohnpolitik in diesem circulus vitiosus eingebunden, wird sie mit Blick auf die Standortqualität weitgehend funktionslos (bei flexiblen Wechselkursen) oder sie wird integrationspolitisch kontraproduktiv (bei festen Wechselkursen), weil sie einen permanenten Leistungsbilanzüberschuß provoziert. Unstrittig ist (zum zweiten), daß diese Feststellung zu erklären ist mit der Tatsache, daß die Bundesrepublik bei überdurchschnittlichen Lohnzuwächsen uno actu auch überdurchschnittliche Produktivitätszuwächse aufweist - mit entsprechend negativen Rückwirkungen auf den Binnenarbeitsmarkt. Vielfach wird daraus gefolgert, daß eine größere Lohnzurückhaltung weniger Rationalisierungsinvestitionen provoziert hätte. Diese Argumentation setzt wiederum eine reine Endogenisierung von Rationalisierungsprozessen voraus. Muß man indessen davon ausgehen, daß der technische Fortschritt (auch) exogenen Charakter hat, wird seine Umsetzung auch durch eine zurückhaltende Lohnpolitik nicht verhindert.

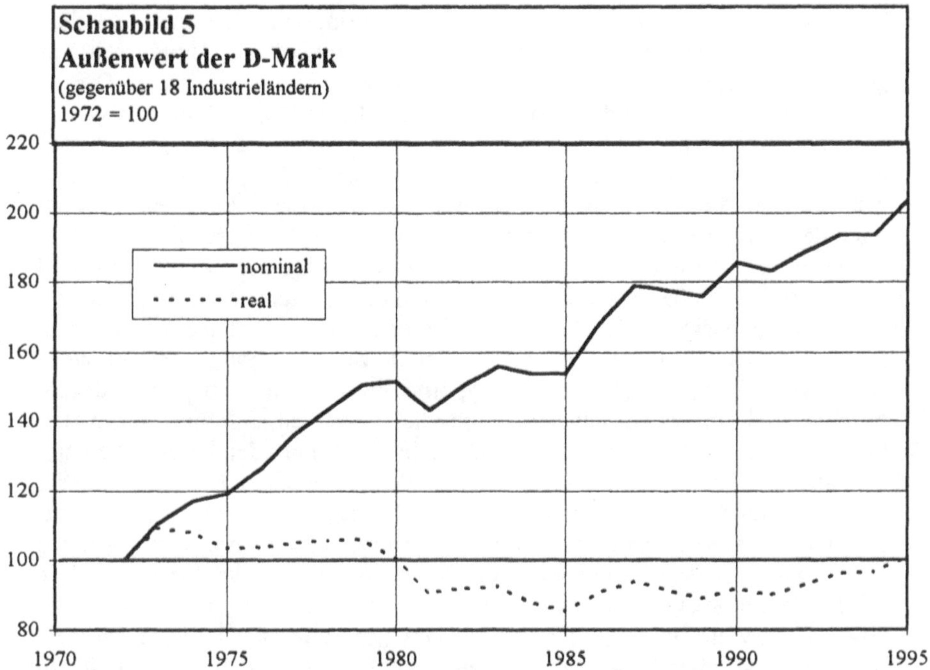

- Definiert man Standortqualität als **Investitionsattraktivität** der deutschen Volkswirtschaft, d.h. als Fähigkeit, Investitionen an den Standort zu binden („ability to attract"), so könnte man - unbeschadet eines vorhandenen Leistungsbilanzüberschusses - aus einem **Kapitalbilanzdefizit** den Schluß ziehen, daß mehr Inlandskapital ins Ausland drängt als umgekehrt, weil das Inland an Anlageattraktivität verloren habe. Und dies wäre um so bedenklicher, wenn das Inland eine zu schwache Investitionsdynamik und zu hohe Arbeitsplatzdefizite aufwiese. Bei dieser Frage ist nun zu differenzieren. Nimmt man den **gesamten** (lang- wie kurzfristigen) **Kapitalverkehr**, so hat sich, nach einer relativen Ausgeglichenheit der Kapitalbilanz über drei Jahrzehnte hinweg, gerade in den 80er Jahren im Jahredurchschnitt ein deutliches Defizit in der Kapitalbilanz herausgebildet. Diese Tatsache ist jedoch wenig aussagefähig. Vor allem ist zu beachten, daß einem Leistungsbilanzüberschußland die Rolle eines Kapitaldefizitlandes nachgerade „angemessen" ist - sowohl in statischer Sicht (mit Blick auf den erforderlichen Saldenausgleich) als auch in dynamischer Sicht (mit Blick auf die notwendige „Vorfinanzierung" des Leistungsüberschusses). Diese Entwicklung setzt natürlich voraus, daß im Kapitalexportland nicht exportlastige Strukturen festgeschrieben werden, die es letztendlich den Kapitalimportländern unmöglich machen, ihre Schuldendienstverpflichtungen durch eigene Leistungsexporte real zu erwirtschaften. Dennoch kann (in jedem Fall) ein Kapitalbilanzdefizit unter diesem Aspekt kaum als Ausdruck mangelnder Investitionsattraktivität gesehen, sondern muß eher als Konsequenz hoher Wettbewerbsfähigkeit der Bundesrepublik gewürdigt werden. Dafür spricht nicht zuletzt, daß im jährlichen Durchschnitt der ersten Hälfte der 90er Jahre ein deutlicher Kapitalbilanzüberschuß zu verzeichnen war, der wiederum die Leistungsbilanzdefizite „finanzierte" und somit Vertrauen in die deutsche Wettbewerbsfähigkeit signalisierte. Konzentriert man die Sichtweise auf den - realwirtschaftlich orientierten - Teilbereich der **Direktinvestitionen**, so ergibt sich ein etwas anderes Bild: Im Jahresdurchschnitt war für die erste Hälfte der 90er Jahre mit ca. 32 Mrd. DM eine deutliches Defizit erkennbar. Doch auch dieser Sachverhalt erscheint nur sehr bedingt geeignet, die These von der verloren gegangenen Investitionsattraktivität zu begründen. Zum ersten: Die im Zusammenhang mit der Wettbewerbsfähigkeit angesprochenen Hypothesen über eine eher unterdurchschnittliche Lohnstückkostenentwicklung läßt vermuten, daß diese kaum eine hinreichende Begründung für das Defizit in der Bilanz der Direktinvestitionen abgeben kann. Zumindest dürften andere (plausible) Motive - bessere Marktnähe und Markterschließung - eine naheliegende Bedeutung gehabt haben. Und eine weitere wesentliche Rolle für Produktionsstättenverlagerungen dürfte das Wechselkursproblem - die Vermeidung von Wechselkursrisiken mit Blick auf die Wechselkursfreigabe (im Grundsatz) sowie mit Blick auf die nominale Außenwertsteigerung der D-Mark (im konkreten Fall der Bundesrepublik) - gespielt haben. Zum zweiten stellt sich auch hier letztlich ein Gewichtungsproblem. So wäre es unter Umständen nur folgerichtig, aus einem Land mit hoher Bevölkerungs- und Industrialisierungsdichte Produktionsstätten auszulagern; ein negativer Saldo bei den Direktinvestitionen - eventuell zusätzlich begünstigt durch restriktive Regulierungen und Auflagen - wäre dann allenfalls „rein"-ökonomisch als geringere Investitionsattraktivität, „meta"-ökonomisch eher als gestiegenes Umweltbewußtsein zu interpretieren.

Fassen wir zusammen, so ergibt sich, daß in beiden Dimensionen der Definition von „Standortqualität" (Wettbewerbsfähigkeit, Investitionsattraktivität) - unbeschadet der grundsätzlich-methodischen Überlegungen - eine Verschlechterung dieser Qualität für die Bundesrepublik Deutschland nicht auszumachen, eine derartige These zumindest nicht hinreichend begründbar ist.

Teil B

INSTRUMENTARIUM DER AUSSENWIRTSCHAFTSPOLITIK

I. ORDNUNGSRAHMEN UND SYSTEMATIK

17) ORDNUNGSPOLITISCHE RAHMENBEDINGUNGEN

Nach der Erarbeitung einiger Grundsatzprobleme der Außenwirtschaftspolitik - alternative Zielsetzung, theoretische Fundierung, empirische Erfahrung - stellt sich die Frage, über welches Instrumentarium ein Staat verfügt, um die außenwirtschaftlichen Transaktionen nach Art, Richtung und Volumen zu beeinflussen. Die Frage soll zunächst hinsichtlich der ordnungspolitischen **Verfügbarkeit** und der prozeßpolitischen **Wirkungsbedingungen** des Instrumenteneinsatzes analysiert werden. In einem weiteren Schritt stellt sich dann das Problem, ob und unter welchen Restriktionen, wie sie sich unter gegebenen supranationalen Rahmenbedingungen und mit Blick auf supranationale Integrationsprozesse (vgl. Teil C) abzeichnen, die **Einsetzbarkeit** des Instrumentariums begrenzt ist.

Nach dieser Spezifizierung ist nun (gleichermaßen im Vorfeld) zu beachten, daß jedes außenwirtschaftspolitische Instrument hinsichtlich seiner Verfügbarkeit letztlich durch die vorgegebene **Außenwirtschaftsordnung** bestimmt und somit begrenzt wird. Denn diese determiniert den rechtlich-institutionellen Rahmen, innerhalb dessen sich die außenwirtschaftlichen Transaktionen entfalten können. In dieser Eigenschaft hat die vorgegebene Außenwirtschaftsordnung zwei Funktionen: Zum einen legt sie die Möglichkeiten der einzelnen Wirtschaftssubjekte (private Haushalte, private Unternehmen) fest, Art, Volumen und Richtung ihrer außenwirtschaftlichen Transaktionen selbst zu bestimmen; zum zweiten bestimmt sie die Möglichkeiten des Staates, durch die Verwendung außenwirtschaftspolitischer Instrumente Einfluß auf diese Transaktionen zu nehmen. Dabei gilt im Grundsatz, daß die generelle ordnungspolitische Entscheidung und damit auch die Entscheidung über eine spezifische Außenwirtschaftsordnung eng verzahnt sind, da die Gestaltung der allgemeinen Wirtschaftsordnung auf die Gestaltung der Außenwirtschaftsordnung in der Regel ausstrahlt, wenngleich auch Differenzierungen denkbar sind. So ist nicht auszuschließen, daß die außenwirtschaftlichen Transaktionen gezielter gesteuert werden als die binnenwirtschaftlichen Transaktionen. Unbeschadet dieser Differenzierung ist nun davon auszugehen, daß jede ordnungspolitische Grundentscheidung auf der Basis zweier Kriterien erfolgt.

a) Zum einen kann als Referenzkriterium - i.S. einer immateriellen Zielsetzung - die Wertmaxime der **Individualinteressen** (in Verbindung mit individuellen Freiheitsrechten) oder - alternativ - das **Kollektivinteresse** (in Verbindung mit staatlichen Eingriffsrechten) herangezogen werden. Je höher das Gewicht ist, das dem individualistisch orientierten Referenzkriterium zugewiesen wird, desto mehr ist der Staat gehalten, die ökonomischen Dispositionen „freien" Individualentscheidungen zu überlassen; seine Eingriffsrechte in die ökonomischen Transaktionen - binnen- wie außenwirtschaftlich - werden dann (per se) begrenzt. Umgekehrt erweitert sich der Handlungsspielraum des Staates, wenn dem kollektivistisch orientierten Referenzkriterium die Priorität zugewiesen wird; denn dann gewinnt der Eingriff in individuelle Transaktionen eine zunehmende Legitimation. Nimmt man dieses immaterielle Referenzkriterium, so kann es als unstrittig gelten (wenngleich dies immer eine subjektiv gesetzte gesellschaftspolitische Normierung darstellt), daß in einer demokratischen Grundordnung den individuellen Freiheitsrechten ein hoher Stellenwert zugewiesen werden sollte, mag auch strittig diskutiert werden, ob von politisch-demokratischen Freiheitsnormen immer und unmittelbar auf ökonomische Transaktionsrechte geschlossen werden kann. (Zu erwähnen wäre die in der Bundesrepublik Deutschland intensiv geführte verfassungsrechtliche Debatte hinsichtlich der Frage, ob das Grundgesetz in jedem Falle Marktwirtschaft „vorschreibt".) Im übrigen ist das Referenzkriterium aber darüber hinaus nicht problemfrei und wäre zumindest dann in Frage zu stellen, wenn die Wahrnehmung ökonomischer Dispositionsfreiheiten in einer Weise erfolgte, daß die ebenfalls als legitim anerkannten Freiheits- und Schutzrechte Dritter unterlaufen würden (Wettbewerbsbeschränkung, gesundheitsgefährdende Produktionsverfahren, Kündigungswillkür o.ä.), mögen die Grenzen auch fließend sein.

b) Zum zweiten kann als Referenzkriterium - i.S. einer materiellen Zielsetzung - die Wertmaxime der **gesamtwirtschaftlichen Effizienz** herangezogen werden. Bei diesem Referenzkriterium stellt sich für die Ausgestaltung der Wirtschaftsordnung ein Problem der pragmatischen Abwägung: Je mehr sichergestellt wäre, daß im Zusammenwirken freier Individualentscheidungen jene Flexibilität, Kreativität und Leistungsbereitschaft freigesetzt wird, die ein Höchstmaß an gesamtwirtschaftlicher Effizienz gewährleistet, desto eher wäre der Staat veranlaßt, einen hohen Freiraum für die individuellen ökonomischen Dispositionsfreiheiten zu schaffen. Im anderen Falle müßte er in diesen Freiraum intervenieren oder eventuell ergänzend kooperatistische Arrangements (i.S. von kollektiv-vertraglichen Regelungen, wie sie etwa in der Tarifautonomie ihren Ausdruck finden) zulassen. Nimmt man dieses materielle Referenzkriterium, so kann es auf den ersten Blick ein hohes Maß an Plausibilität für sich reklamieren. Dennoch ist auch dieses Referenzkriterium nicht problemfrei. Zum einen läßt es offen, wie gesamtwirtschaftliche Effizienz definiert wird, d.h. ob sie auf die rein **ökonomische Leistungsfähigkeit** (Wachstum, Stabilität) reduziert oder auf die **soziale Leistungsfähigkeit** (Beschäftigungssicherheit, Verteilungsgerechtigkeit, Vermeidung externer Effekte) erweitert wird. Ganz abgesehen davon, daß es sich hierbei immer um eine subjektive Normierung handelt, verschärft sich die Problematik, wenn ökonomische und soziale Dimensionen in Konflikt zu geraten drohen - was dann unterschiedliche Schlußfolgerungen für die Ausgestaltung einer Wirtschaftsordnung provozieren kann: Eine Dominanz der ökonomischen Dimension rechtfertigte einen hohen Freiraum für Individualentscheidungen; eine ergänzende Gewichtung der sozialen Dimension rechtfertigte eher seine Begrenzung.

c) Beide Referenzkriterien sind - schon für sich genommen - nicht problemfrei; die Problematik verschärft sich, wenn an beiden Referenzkriterien festgehalten werden soll, zwischen ihnen aber eine **Konfliktlage** nicht ausgeschlossen werden kann. Denkbar ist, daß an individuellen Dispositionsfreiheiten (als Wert sui generis) festgehalten werden soll, der so eingeräumte Freiraum - aus welchen Gründen auch immer - bei der Erfüllung der gesamtwirtschaftlichen Effizienzkriterien versagt (Gedanke des „Marktversagens"). Denkbar ist auch, daß Kollektivinteressen die höhere Priorität zugewiesen wird, die dadurch vermeintlich legitimierte staatliche Planung nun aber ihrerseits überfordert ist, den gesamtwirtschaftlichen Effizienzkriterien gerecht zu werden (Gedanke des „Staatsversagens"). Und im Umkehrschluß folgte daraus wiederum, daß eine Schwerpunktsetzung bei der gesellschaftspolitischen Normierung dann entweder die Bereitschaft zum gesamtwirtschaftlichen Effizienzverzicht notwendig macht, oder daß eine Schwerpunktsetzung bei der gesamtwirtschaftlichen Effizienz letztlich eine Relativierung der gesellschaftspolitischen Normierungen nahelegt. Ob diese Konfliktlage immer gegeben sein muß, kann hier offen bleiben; vielfach wird sie „wegdefiniert" und eine Identitätshypothese eben unterstellt - wonach (je nach ideologischen Vorgaben) Freiheit oder Staat per se Effizienz „garantieren" und dabei Effizienz dann willkürlich definiert wird. Doch die damit verbundenen Probleme mögen hier ebenso offen bleiben wie die Frage, wie bei gegebener Konfliktlage das Problem der Güterabwägung gelöst werden kann. (Dies kann hier nur skizziert werden; eine eingehende Analyse muß der „Theorie der Wirtschaftsordnung" vorbehalten bleiben, deren Analyse den hier gesetzten Rahmen sprengen würde.[10]) Festzuhalten bleibt, daß die Forderung, eine optimale Mischung aus privater Dispositionsfreiheit und staatlicher Steuerung - unbestrittenermaßen das Kernproblem jeder „angemessenen Wirtschaftsordnung" - nicht objektiv erfüllbar ist, sondern immer, mit Blick auf die beiden Referenzkriterien, der Setzung von Normen und Prämissen bedarf.

Vor dem Hintergrund dieser Überlegungen lassen sich drei logische Alternativen des Modells einer Wirtschaftsordnung unterscheiden.

a) Das Ordnungsmodell der **freien Marktwirtschaft (Marktverkehrswirtschaft)**: In diesem Modell hat das immaterielle Referenzkriterium der individuel-

[10] W. Eucken, Grundsätze der Wirtschaftspolitik, 3. Aufl., Tübingen - Zürich 1960 - B. Gemper (Hrsg.), Marktwirtschaft und soziale Verantwortung, Köln - Bonn 1975 - G. Gutmann u.a., Die Wirtschaftsverfassung der Bundesrepublik Deutschland, UTB 427, Stuttgart 1977 - H.H. Hartwich, Sozialstaatspostulat und gesellschaftlicher Status quo, Köln - Opladen 1970 - Ph. Herder-Dorneich, Soziale Ordnungspolitik - Mit neuen Strategien gegen Steuerungsdefizite, Stuttgart 1979 - O. Issing (Hrsg.), Zukunftsprobleme der Sozialen Marktwirtschaft, Schriften des Vereins für Socialpolitik, NF Band 116, Berlin 1981 - J. Kromphardt, Konzeptionen und Analysen des Kapitalismus, UTB 1017, 3. Aufl., Göttingen 1990 - H. Leipold, Wirtschafts- und Gesellschaftssysteme im Vergleich, 2. Aufl., UTB 481, Stuttgart 1980 - E. Streißler (Hrsg.), Zur Theorie marktwirtschaftlicher Ordnungen, Tübingen 1980 - E. Tuchtfeldt (Hrsg.), Soziale Marktwirtschaft im Wandel, Freiburg 1973 - H.J. Wagener, Zur Analyse von Wirtschaftssystemen - Eine Einführung, Berlin - Heidelberg - New York 1979 - K.G. Zinn, Soziale Marktwirtschaft, Meyers Forum 4, B.I.-Taschenbuchverlag, Mannheim, Leipzig, Wien, Zürich 1992.

len Interessen und Freiheitsrechte nicht nur hohe Priorität; verknüpft wird damit auch das materielle Referenzkriterium dergestalt, daß den individuellen Handlungsrechten, d.h. der Entfaltung der individuellen Dispositionsfreiheit, am ehesten eine gesamtwirtschaftliche Effizienz zugemessen wird, die sich v.a. an deren ökonomischer Dimension orientiert. So werden die individuellen Dispositonsfreiheiten (Privateigentum, Vertragsfreiheit, Investitions-, Produktions- und Preissetzungsfreiheit, Berufs- und Arbeitsplatzwahlfreiheit) nicht nur per se gerechtfertigt; es wird ihnen überdies ein Höchstmaß an ökonomischer Effizienz zugeordnet. Im Sinne der modernen Systemtheorie hat der Staat diese Entscheidungsrechte zu respektieren (decision); er hat hinzunehmen, daß ausschließlich der Markt bzw. der Marktpreis für Produkte bzw. Produktionsfaktoren diese Entscheidungsprozesse auslöst und steuert (information); und er hat zu akzeptieren, daß die Entscheidungen von individuellen Gewinn- und/oder Nutzenkriterien (motivation) bestimmt sind. Damit beschränkt sich die staatliche Aktivität (i.S. W. Euckens) allein auf die Konstituierung einer Rahmenordnung („konstituierende Prinzipien"), allenfalls ergänzt durch bestimmte festgelegte Einzeleingriffe bei gegebenem Marktversagen („regulierende Prinzipien"). Außenwirtschaftspolitisch erhalten wir als Pendant das Modell der **„liberalen Außenwirtschaft"** (vgl. Ziff. 18).

b) Das Ordnungsmodell der **geplanten Wirtschaft (Zentralverwaltungswirtschaft)**: In diesem Modell wird das immaterielle Referenzkriterium der Kollektivinteressen eindeutig den Individualinteressen vorgeordnet; Privateigentum und individuelle Dispositionsfreiheiten, somit die individuellen Handlungsrechte, werden auf jene Bereiche reduziert (z.B. Privateigentum an Konsumgütern - Entscheidungsfreiheit im eigenwirtschaftlichen Raum), die die kollektiven Interessenlagen nicht gefährden. Ansonsten dominieren Kollektiveigentum und Kollektiventscheidung. Im Sinne der modernen Systemtheorie reklamiert der Staat für sich die Entscheidungsrechte (decision), die Entscheidungen der Wirtschaftssubjekte werden durch Planvorgaben über input- bzw. output-Mengen und deren Preise bestimmt (information), und es wird erwartet (im Zweifel erzwungen), daß die Wirtschaftssubjekte ihre Individualinteressen vorgegebenen Kollektivinteressen unterordnen (motivation). Damit ist die staatliche Aktivität sehr weit gesteckt; sie beschränkt sich nicht auf die Festlegung von Rahmenbedingungen, sondern greift nach bestimmten Zielvorgaben - die auf die ökonomische Effizienz reduziert aber auch auf die soziale Effizienz erweitert werden können - in das Wirtschaftsgeschehen ein. Außenwirtschaftspolitisch erhalten wir als Pendant das Modell des **„Außenhandelsmonopols"** (vgl. Ziff. 19).

c) Das Ordnungsmodell der **gemischten Wirtschaft (gelenkte Marktwirtschaft)**. In diesem Modell wird der Versuch unternommen, individuelle Freiheitsrechte und staatliche Steuerungsrechte in einem Kompromiß zu verknüpfen. Die Logik der Modellkonstruktion ist rein theoretisch alternativ zu entwickeln. Denkbar ist einerseits, daß Individualeigentum und -interessen sowie darauf gestützte Marktprozesse dominieren und der Staat, mit Blick auf politisch nicht akzeptierte Marktergebnisse, spezifische Allokations-, Distributions- und Stabilisierungsfunktionen übernimmt, wobei das Kollektiveigentum auf ein unabdingbares Maß reduziert und bei den staatlichen Eingriffen weitgehend darauf geachtet wird, daß - i.S. der Marktkonformität des Eingriffes - Marktprozesse nicht außer Kraft gesetzt werden. Denkbar ist andererseits, daß Kollektiveigentum und -interessen sowie darauf gestützte Planvorgaben dominieren, der Staat aber bestimmte Entscheidungsrechte mit dem Ziel, ein höheres Maß an Elastizität und Flexibilität zu erreichen, an nachgeordnete Instanzen - Gebietskörperschaften, gesellschaftliche Gruppen, Unternehmen und/oder Individuen - delegiert, ohne indessen die letztinstanzliche Entscheidungskompetenz aufzugeben, was somit auch marktinkonforme Eingriffe nicht ausschließt. Außenwirtschaftspolitisch erhalten wir als Pendant das Modell der **„gelenkten Außenwirtschaft“** (vgl. Ziff. 20).

Diese drei Modelle gilt es im folgenden - mit Blick auf Zielsetzung, Instrumenteneinsatz und Problematik - näher zu konkretisieren.

18) DAS MODELL DER LIBERALEN AUSSENWIRTSCHAFT

Das Modell der liberalen Außenwirtschaft stellt - als Pendant zur Marktverkehrswirtschaft - jene ordnungspolitische Alternative dar, die aufgrund der Respektierung von Privateigentum und Individualinteressen, somit der extensiven Ausgestaltung der individuellen Handlungsrechte, durch den Grundsatz der **unbeschränkten individuellen Dispositionsfreiheit** hinsichtlich der außenwirtschaftlichen Transaktionen - einerseits des Leistungsverkehrs (Waren, Dienste), andererseits des Faktorverkehrs (Arbeit, Kapital) - geprägt ist. Die Koordination der einzelwirtschaftlichen Dispositionen erfolgt über den freien Markt bzw. über die freie Marktpreisbildung für Leistungen und Faktoren. Dieser freie Markt entwickelt sich nun über die nationale Landesgrenze hinweg. Das Ordnungsmodell erhält so aus seiner inneren Logik heraus einen **globalen** und **multilateralen** Charakter; denn jede bilaterale oder regionale Restriktion erforderte eine länder-, faktor- und/oder leistungsbezogene Diskriminierung und implizierte somit Eingriffe in die individuelle Dispositionsfreiheit, die aber dem Modell wesenhaft zugrundeliegt.

a) Zur **Zielsetzung** des Modells: In diesem Modell behält nicht nur die immaterielle Zielsetzung der **individuellen Freiheitsrechte** absolute Priorität. Sie verknüpft sich mit der materiellen Zielsetzung der **Effizienzsteigerung** in einer spezifischen Ausprägung: Aus der Tatsache, daß die Dispositionen „frei“ sind und ihre Koordination am „Markt“ erfolgt, ergibt sich für das Effizienzkriterium - wenn man den individuellen Dispositionen als Motivation eine individuelle Nutzenmaximierung (Haushalte) bzw. Gewinnmaximierung (Unternehmen) zugrundelegt - eine rein ökonomische Ausprägung. Diese wurzelt in dem Bemühen der Wirtschaftssubjekte, die internationale Arbeitsteilung durch ungehinderte individuelle Dispositionen über die Landesgrenze hinweg so zu nutzen, daß für alle Beteiligten eine Wohlfahrtsmaximierung erreicht wird bzw. in der Hypothese, daß allein über diese Form der Nutzung der internationalen Arbeitsteilung die Wohlfahrtsmaximierung erreichbar ist. Immaterielle wie materielle Zielsetzung (Freiheit, Wohlstand) werden über die **Identitätshypothese** (Dispositionsfreiheit führt zur ökonomischen Wohlfahrtsmaximierung) unmittelbar verknüpft. Dabei kann als offen gelten, mit welcher Intensität diese internationale Arbeitsteilung angestrebt wird. Denkbar sind drei **Intensitätsstufen**:

- Die **Handelsoptimierung**: Sie leitet den Vorteil der internationalen Arbeitsteilung allein aus der Intensivierung des **internationalen Warentausches** - bei gegebenem nationalen Faktorbestand und nationaler Faktorkombination, somit bei gegebenem nationalen Leistungsangebot - ab. Dahinter verbirgt sich die Erwartung, daß Teile des nationalen Angebots im internationalen Raum an jenen Ort wandern, wo sie den höchsten Grenznutzen erzielen. Der Argumentation liegen letztendlich die beiden Gossen'schen Nutzengesetze - das Gesetz vom abnehmenden Grenznutzen bei steigendem Einsatz eines nationalen Leistungsangebots, bzw. das Gesetz des Grenznutzenausgleichs als Voraussetzung des Nutzenmaximums eines internationalen Bündels von Leistungsangeboten - zugrunde. Die Hypothese von der Vorteilhaftigkeit der Handelsoptimierung geht dann im Grunde von der Voraussetzung aus, daß mit dem ungehinderten Leistungsaustausch im internationalen Raum die Chancen für einen wohlfahrtsmaximierenden Grenznutzenausgleich bei der Verwendung des international verfügbaren Warenbündels eher gegeben sind als in einem (begrenzten) nationalen Raum, und daß diese Chancen somit durch internationale Transaktionen auch erst realisiert werden können.

- Die (**relative**) **Produktionsmaximierung** auf der Grundlage der **nationalen Spezialisierung**: Auf dieser Stufe wird der Gedanke der Handelsoptimierung erweitert durch die nationale Faktormobilität, d.h. bei gegebenem nationalen Faktorbestand kommt es - entsprechend der komparativen Kostenunterschiede - zu einer neuen nationalen Faktorkombination. Bei freien Austauschbeziehungen wandern die Produktionsfaktoren in jene Sektoren ein (aus jenen Sektoren ab), in denen das Land einen komparativen Kostenvorteil (Kostennachteil) hat. Die ohnehin unterstellten wohlfahrtssteigernden Effekte des Grenznutzenausgleichs werden nun noch erhöht durch die wohlfahrtssteigernden Effekte einer höheren nationalen Faktorproduktivität. Dabei kann dieser Effekt noch zusätzlich vergrößert werden, soweit das Gesetz der Massenproduktion Anwendung findet, d.h. wenn mit erhöhter Produktion auf der Grundlage der Spezialisierung noch eine zusätzliche Kostensenkung (steigende Skalenerträge) erreichbar ist. Unterstellt, daß nationale Faktormobilität gegeben und die Produktionsfaktoren in ihrer neuen Kombination auch beschäftigt werden können, wird nicht nur der Nutzen des gegebenen internationalen Gütervorrats, sondern dieser selbst gesteigert.

- Die (**absolute**) **Produktionsmaximierung** auf der Grundlage der **internationalen Faktorwanderung**: Auf dieser Stufe wird - über die nationale Spezialisierung hinaus - die relative Produktionsmaximierung durch die internationale Faktorwanderung erweitert. Diese stützt sich dabei auf die Gültigkeit des Ertragsgesetzes (abnehmender Ertragszuwachs bei steigendem Faktoreinsatz) bzw. des Gesetzes vom Ausgleich der Grenzerträge (Ertragsmaximum bei gegebener Faktorausstattung). Kann man nun davon ausgehen, daß in den einzelnen Ländern keine limitationale Produktionsfunktionen gegeben sind, die die Relevanz des Ertragsgesetzes per se außer Kraft setzten, und daß im internationalen Vergleich auch bei substitutionalen Produktionsfunktionen keine identischen Produktionsfunktionen und damit identische Faktorkombinationen vorliegen - hier wäre durch internationale Umgruppierung der Produktionsfaktoren eine Erhöhung der Faktorproduktivitäten nicht möglich -, dann wäre eine Steigerung des absoluten Produktionsmaximums über das relative Produktionsmaximum hinaus unterstellbar. Die Erweiterung der Dispositionsfreiheit im Warenverkehr durch Dispositionsfreiheiten im Faktorverkehr, um international neue (effizientere) Faktorkombinationen herbeizuführen, hätte noch zusätzliche Wohlfahrtseffekte.

Unbeschadet der Frage, auf welcher Intensitätsstufe die Arbeitsteilung angestrebt wird, bleibt es gleichwohl bei der Identifikation von immaterieller Zielsetzung (individuelle Freiheitsrechte) und einer spezifisch materiellen Zielsetzung (ökonomische Wohlfahrtsmaximierung). Und selbst wenn unterstellt werden könnte, daß die Voraussetzungen für eine Steigerung der Wohlfahrt durch eine rein marktwirtschaftlich genutzte internationale Arbeitsteilung erfüllt wären, bedeutete aber diese Zielsetzung, daß weiterreichende wirtschafts- und gesellschaftspolitische Zielsetzungen in der Zielkonzeption dieses Modells nicht angelegt sind. Zu denken wäre etwa an die Sicherung bestimmter Produktionszweige aus meta-ökonomischen Gründen oder zur Wahrung zukünftiger Entwicklungschancen eines Landes, Gewährleistung einer gesellschaftlich akzeptierten Teilhabe der im nationalen wie internationalen Raum am Leistungs- und/oder Faktoraustausch Beteiligten an den Wohlfahrtsgewinnen, Sicherung der Beschäftigungschancen bei angelegten Strukturwandelprozessen, Minderung oder Vermeidung sozialer Kosten.. Diese reduzierte Zielsetzung wäre somit nur vertretbar, wenn entweder der Nachweis gelänge, daß sie die Realisierung anderer Ziele förderte (oder zumindest nicht behinderte), oder wenn objektiv begründbar wäre, daß die rein ökonomisch interpretierte Wohlfahrtsmaximierung auch bei Verletzung anderer Ziele Priorität genießen sollte. Anderenfalls erwiese sich die Zielsetzung des liberalen Modells als (zu) verengt.

b) Zum **Instrumentarium** des Modells: Bei der Frage, welches Instrumentarium der Außenwirtschaftspolitik dem Staat in einem liberalen Ordnungsmodell der Außenwirtschaft zur Verfügung steht, bietet sich eine Zweiteilung an. Danach ist zu differenzieren:

- Maßnahmen der **konstituierenden Ordnungspolitik**: Darunter sind jene Maßnahmen zu verstehen, die darauf ausgerichtet sind, den freien internationalen Leistungs- und Faktorverkehr über die Landesgrenze hinweg herzustellen und seine Funktionsfähigkeit sicherzustellen. Inhaltlich liegen die Maßnahmen auf zwei Ebenen. Einmal im realen Bereich: Herstellung eines freien Leistungs- und Faktorverkehrs durch Abbau von allen Beschränkungen, die einem freien Güter- und Dienstleistungsverkehr sowie freien Arbeitskräftewanderungen über die Landesgrenze hinweg entgegenstehen; dies schließt einen Diskriminierungsverzicht i.S. einer Gleichbehandlung in- und ausländischer Produkte und Dienstleistungen sowie in- und ausländischer Arbeitskräfte in einem Land denknotwendig ein. Zum zweiten im monetären Bereich: Herstellung eines freien Zahlungsverkehrs durch Herbeiführung einer umfassenden Währungskonvertibilität für In- und Ausländer, d.h. des Rechtes, zu jeder Zeit und in beliebiger Höhe Inlands- in Auslandswährung umzutauschen - und umgekehrt. Dazu gehört auch der Abbau aller Beschränkungen im Kapitalverkehr, ergänzt durch einen Verzicht auf Diskriminierung von in- und ausländischen Kapitalanlagen in einem Land sowie durch Gewährleistung der Sicherheit von Einkommensbezügen von Ausländern sowie Auslandsanlagen im Inland (Eigentumsgarantie und Recht auf jederzeitige Re-Transferierbarkeit vom Inland ins Heimatland). Sind beide Ebenen konstituiert, wird ein freier internationaler Leistungs- und Faktorverkehr möglich.

- Maßnahmen der **regulierenden Prozeßpolitik**: Darunter sind jene Maßnahmen zu verstehen, die den Leistungs- und Faktorverkehr bei Grenzübertritt hinsichtlich Art, Volumen und Richtung zu steuern versuchen. Auf den ersten Blick gesehen liegt die Vermutung nahe, daß im liberalen Modell eine solche Prozeßpolitik keinen Platz findet. Denn in diesem Modell ist es dem Staat - mit Blick auf die Grundelemente der Modellkonstruktion - definitionsgemäß nicht möglich, in die „freien" Leistungs- und Faktortransaktionen steuernd zu intervenieren. Diese Aussage ist im Grundsatz richtig. Sie bedarf dennoch der Differenzierung. Zum einen: Selbst wenn im realen wie monetären Bereich die Transaktionen frei sind, gilt die Hypothese vom völligen Interventionsverbot - im umfassenden Sinne - nur für den Fall, daß gleichzeitig ein Regime flexibler Wechselkurs vorherrscht; denn dann bestimmt der Markt in einem freien Gegenübertreten von Devisenangebot und Devisennachfrage, mit dem Ziel eines neuerlichen Zahlungsbilanzausgleichs, auch die Höhe des Devisenkurses (i.S. des bereits skizzierten Wechselkurs-Mechanismus). Zum anderen: Soll indessen - aus welchen Gründen auch immer - an einem Regime stabiler Wechselkurse festgehalten werden, ergibt sich für den Staat nicht nur die Notwendigkeit, den Wechselkurs (direkt oder indirekt über die Golddefinition) politisch zu bestimmen, sondern auch insoweit eine Interventionspflicht, als er gehalten ist, die inländische Geldmenge zu variieren, um - über erwartete inländische Preis- und/oder Einkommenseffekte - die außenwirtschaftlichen Transaktionen indirekt so zu steuern, daß auf Dauer der Wechselkurs stabil und die Zahlungsbilanz im Ausgleich gehalten werden kann (i.S. der bereits skizzierten Geldmengen-Mechanismen). Diese Differenzierung erlaubt somit eine Präzisierung der auch in einem liberalen Konzept möglichen regulierenden Prozeßpolitik. Es besteht - im Grundsatz - keine Möglichkeit einer regulierenden Prozeßpolitik, soweit diese von der Absicht getragen ist, aktiv (gemäß autonomer Zielsetzungen) und direkt (durch gezielte Beeinflussung) auf die außenwirtschaftlichen Transaktionen einzuwirken. Es besteht im Fixkurssystem allenfalls die Möglichkeit, aber auch die Notwendigkeit, einer regulierenden Prozeßpolitik, soweit diese von der Absicht getragen ist, passiv (durch autonome außenwirtschaftliche Transaktionen ausgelöst) und indirekt (über Geldmengeneffekte im Inland, die entsprechende Preis- und/oder Einkommenseffekte induzieren) einen neuerlichen Zahlungsbilanzausgleich auch bei stabilen Wechselkursen zu erreichen. Da das Instrumentarium aber direkt allenfalls binnenwirtschaftlich ansetzt, wenngleich in der Absicht, indirekt auf die außenwirtschaftlichen Transaktionen zurückzuwirken, bleibt der Grundsatz der Globalität und Multilateralität gewahrt. Dies schließt nicht aus, daß Länder und/oder Produktgruppen eventuell unterschiedlich betroffen sind; eine potentielle Diskriminierung wäre dann aber allenfalls eine indirekte Folge des Instrumenteneinsatzes und nicht ein direktes Ziel.

Die Gegenüberstellung von ordnungs- und prozeßpolitischen Maßnahmen macht deutlich, daß beide in dem Modell einer liberalen Außenwirtschaft angelegt sind. Die mögliche und intendierte Prozeßpolitik bedeutete hierzu keinen Widerspruch. Denn sie steuert nicht die im Grundsatz frei bleibenden außenwirtschaftlichen Transaktionen; sie wird von diesen gesteuert. Da diese Form der Prozeßpolitik somit dem „Diktat" der Zahlungsbilanz bzw. der diese bestimmenden außenwirtschaftlichen Transaktionen und der dadurch wiederum ausgelösten Mechanismen hinsichtlich der binnenwirtschaftlichen Geldversorgung unterworfen ist, ist sie in das liberale Ordnungsmodell voll integrierbar. Im Umkehrschluß erlaubt dies noch eine zusätzliche Feststellung: Allenfalls bei formaler Betrachtung impliziert das Regime der Wechselkursflexibilität ein höheres Maß an prozeßpolitischer Liberalität, da jegliche staatliche Intervention entfällt; materiell gesehen erfüllt das Regime der Wechselkursstabilität unter außenwirtschaftspolitischer Perspektive - mit Blick auf die Abwesenheit eines gezielten Instrumenteneinsatzes - aber im gleichen Umfange die Voraussetzungen des Modells einer liberalen Außenwirtschaft.

c) Zur **Problematik** des Modells: Die **Verengung** der Zielinhalte, in Verbindung mit der zur **Passivität** verurteilten Prozeßpolitik, sind im Grunde die Wurzeln der Problematik des Modells einer liberalen Außenwirtschaft. Dabei gilt es erneut zu differenzieren:

- Gerade in der kritischen Auseinandersetzung der sich etablierenden Freihandelslehre mit dem herrschenden merkantilistischen Konzept (vgl. dazu noch später) konnte es seine **Vorteilhaftigkeit** überzeugend nachweisen. So konnte gezeigt werden, daß die Nutzung der internationalen Arbeitsteilung wohlstandspolitisch, gemessen an der Güterversorgung der Bevölkerung, effizienter ist als die künstliche Herbeiführung von Ausfuhrüberschüssen, die in einen Anstieg des nationalen Goldhorts mündeten, der wohlstandspolitisch fragwürdig war (er mehrte allenfalls den Reichtum des absoluten Herrschers) und der stabilitätspolitisch bedenklich werden konnte (er schuf ein ständiges binnenwirtschaftliches Inflationspotential). Jetzt bedurfte es allenfalls noch des Nachweises, daß die individuelle Dispositionsfreiheit über außenwirtschaftliche Transaktionen aufgrund ihrer Flexibilität und Motivation eher als dirigistische Steuerungen geeignet ist, zum einen die Möglichkeiten der internationalen Arbeitsteilung auszuschöpfen (mithin das **Allokationsproblem** optimal zu lösen), und daß zum zweiten Anpassungsmechanismen unterstellbar sind, die Ungleichgewichte zwischen den außenwirtschaftlichen Transaktionen rasch und flexibel korrigieren (also auch das **Stabilitätsproblem** optimal lösen). Wurden diese materiellen Effizienzargumente im Zuge eines umfassenden politischen Liberalisierungsprozesses noch flankiert durch die immaterielle, gesellschaftspolitische Unterstellung, daß den individuellen Freiheitsrechten des sich neu etablierenden Bürgertums per se eine dominierende Stellung zukommt, waren alle Voraussetzungen dafür geschaffen, auf die Überlegenheit dieses Ordnungsmodells zu setzen.

- Auf der andern Seite hat das Modell aber auch seine **Schwächen**. Die vermeintlich optimale Lösung des **Allokationsproblems** ist nur erreichbar, wenn man seine Zielinhalte sehr restriktiven Bedingungen unterwirft. Je deutlicher aber erkennbar wird, daß diese Blickverengung problematisch ist, wenn Strukturanpassungen an die komparativen Bedingungen der internationalen Arbeitsteilung die Entwicklungschancen eines Landes vermindern, Anpassungskosten auslösen oder gar einen Wiedereinsatz von aufgrund des Strukturwandels freigesetzten Produktionsfaktoren verhindern, desto fragwürdiger wird das Konzept. Denn diese Folgewirkungen können Wohlfahrtsverluste auslösen. Und je größeres Gewicht diesen Wohlfahrtsverlusten beizumessen ist, desto mehr ist ein ausschließlich positiver Wohlfahrtseffekt infrage zu stellen, zumal damit auch die soziale Dimension des Effizienzkriteriums (Beschäftigungssicherung, Verteilungsprobleme, externe Effekte) vernachlässigt wird. Hinzu kommt, daß auch die Hypothese von den flexiblen Ausgleichsmechanismen nur unter restriktiven Bedingungen plausibel erscheint. Sind diese Bedingungen nicht erfüllt, ist auch die optimale Lösung des **Stabilitätsproblems** infrage zu stellen; die dadurch provozierten Instabilitäten - Inflation, Arbeitslosigkeit - drohen dann, die Wohlfahrtsverluste zusätzlich zu steigern. Angesichts dieser - zumindest potentiellen - Schwächen erscheint es problematisch, die außenwirtschaftlichen Transaktionen nur zu „liberalisieren" (Ordnungspolitik) und ihre Regulierung auf eine passive Reaktion auf außenwirtschaftliche Transaktionen zu „reduzieren" (Prozeßpolitik). Denn der Staat hätte in diesem Modell dann keine Möglichkeiten, drohenden Wohlfahrtsverlusten entgegenzuwirken.

In Gegenüberstellung der Stärken und Schwächen des Modells wird folgender Tatbestand erkennbar: Mag die Dominanz individueller Freiheitsrechte ebenso unstrittig sein wie die Erwartung von positiven Wohlfahrtseffekten, bleibt gleichwohl das Grundproblem des Modells einer liberalen Außenwirtschaft bestehen. Es wurzelt letztlich in der völligen und eben nicht steuerbaren **Abhängigkeit** der binnenwirtschaftlichen von der außenwirtschaftlichen Entwicklung.

Dieser Aspekt gewinnt um so größere Bedeutung, je mehr ein Marktversagen bei der Lösung der Allokations- und Stabilisierungsproblematik identifizierbar ist und je höher der Abhängigkeitsgrad der Volkswirtschaft von der Weltwirtschaft wird - etwa gemessen am Anteil der außenwirtschaftlichen Transaktionen an der gesamtwirtschaftlichen Wertschöpfung. Denn dann beeinflussen die weltwirtschaftlichen Strukturen und Prozesse um so unmittelbarer und ausgeprägter die binnenwirtschaftliche Entwicklung eines Landes. Impliziert allerdings eine derartige Beeinflussung für ein Land Wohlfahrtsverluste, die den Wohlfahrtsgewinnen entgegenstehen und diese unter Umständen überkompensieren, und ist ein Land dieser Gefahr schutzlos ausgeliefert, wird das Modell desavouiert. Dies erklärt, warum das Modell der liberalen Außenwirtschaft - von wenigen Elementen abgesehen - nie in „reiner" Form umgesetzt wurde (vgl. dazu später).

19) DAS MODELL DES AUSSENHANDELSMONOPOLS

Das Modell des Außenhandelsmonopols stellt - als Pendant zur Zentralverwaltungswirtschaft - jene ordnungspolitische Alternative dar, bei der ein **überindividuelles Kollektivinteresse** dominiert, womit das Individualinteresse (damit das immaterielle Kriterium individueller Freiheitsrechte) zurückgedrängt und die individuelle Dispositionsfreiheit bei den außenwirtschaftlichen Transaktionen (damit auch die Motivation der individuellen Nutzen- und Gewinnmaximierung) im Grundsatz aufgehoben wird. Alleinige Entscheidungskompetenz liegt bei der Zentralbehörde; über einen Zentralplan werden die außenwirtschaftlichen Transaktionen im Leistungs- und Faktorverkehr direkt und ausschließlich im Sinne des Kollektivinteresses gesteuert. Die individuellen Handlungsrechte werden auf den eigenwirtschaftlichen Raum reduziert, und der Markt ist als Koordinationsinstrument im Außenwirtschaftsverkehr ausgeschaltet. Dies gilt unbeschadet der Tatsache, daß sich dieses Ordnungskonzept in alternativen technischen Varianten herausbilden kann, die zwar am Grundsatz der zentralen Planung des Außenwirtschaftsverkehrs nichts ändern, die sich allenfalls mit Blick auf die angewandten Maßnahmen unterscheiden. Beim Außenhandelsmonopol in der Form des **Außenhandelsdirigismus** bleiben die außenwirtschaftlichen Transaktionen zwar den Einzelwirtschaften vorbehalten; diese werden aber über entsprechende Planvorgaben zu einem plankonformen Verhalten (über Anreizsysteme und/oder Zwang) „veranlaßt". Beim Außenhandelsmonopol der **partiellen Monopolisierung** werden Teile der außenwirtschaftlichen Transaktionen - für die binnenwirtschaftliche Entwicklung und Versorgung unverzichtbare Leistungsimporte bzw. zu deren Finanzierung unverzichtbare Leistungsexporte oder aus politischen Gründen festgelegte bzw. begrenzte Aus- und/oder Einfuhren bestimmter Güter - von der Zentralbehörde in eigene Regie übernommen; in den anderen Bereichen bleibt es („nur") beim Dirigismus. Beim Außenhandelsmonopol in der Form der **totalen Monopolisierung** werden die gesamten außenwirtschaftlichen Transaktionen von der Zentralbehörde in eigene Regie übernommen; die Einzelwirtschaften werden von der Außenwirtschaft isoliert, und die binnenwirtschaftliche Entwicklung (Bedarfs- und Produktionsstrukturen sowie Preisgestaltung) wird von den weltwirtschaftlichen Rahmen- und Prozeßbedingungen (Weltmarktnachfrage, Weltmarktangebot, Weltmarktpreise) abgekoppelt.

a) Zur **Zielsetzung** des Modells: Im Gegensatz zum liberalen Ordnungskonzept, bei dem der immaterielle Zielinhalt (Freiheitsrechte) a priori vorgegeben und der materielle Zielinhalt (ökonomische Wohlfahrtsmaximierung) letztlich als logische Konsequenz seiner Implikationen interpretierbar ist (Nutzen- bzw. Gewinnmaximierung), sind die Zielinhalte dieses Ordnungskonzepts allenfalls in ihrer immateriellen Form (Dominanz des Kollektivs bzw. seiner Interessenlage) vorgegeben. Doch was den materiellen Gehalt (Interpretation des Kollektivinteresses) angeht, sind die Zielinhalte im Grundsatz „offen". Die Vielfalt möglicher materieller Zielsetzungen läßt sich somit nicht im Detail analysieren, sondern allenfalls im Grundsatz systematisieren. Nicht selten zeichnet sich gerade beim Außenhandelsmonopol das Bemühen eines Staates ab, Umfang, Richtung und Struktur der außenwirtschaftlichen Beziehungen zu einem reinen Instrument der **Außenpolitik** zu machen: Hier werden ökonomische Beziehungen machtpolitisch instrumentalisiert, um außenpolitische (Bündnis-)Vorteile zu erreichen. Denkbar sind aber auch Sondersituationen, indem etwa die Ausfuhr von Waffen oder strategisch wichtigen Gütern in Krisenregionen oder an „feindliche" Staaten verboten ist, oder indem aus den gleichen Gründen bestimmte Warenimporte verhindert werden. Die Realisierung einer solchen Zielsetzung hängt dann entscheidend von der Stellung des Landes am Weltmarkt als Anbieter oder Nachfrager ab. Sieht man von derartigen meta-ökonomischen Zielsetzungen ab - die Außenwirtschaftspolitik hat dann gar keine eigenständige Zielvorgabe -, so sind zwei Grundziele zu unterscheiden:

- Die **ordnungspolitische Zielsetzung**: Sie ist insoweit (inhaltlich) „zielfrei", als das Außenhandelsmonopol (in welcher Ausformung und mit welchem Zielinhalt auch immer) eine notwendige Konsequenz einer Zentralverwaltungswirtschaft in der Binnenorientierung darstellt. Besteht für eine Volkswirtschaft ein Zentralplan, so ist es unmittelbar einsichtig, daß außenwirtschaftliche Transaktionen, die einer individuellen Dispositionsfreiheit unterliegen, die binnenwirtschaftliche Planerfüllung gefährden können: Güter und Dienste, die für die Binnenversorgung vorgesehen bzw. Produktionsfaktoren, die für die Binnenproduktion eingeplant sind, könnten ins Ausland gehen; umgekehrt könnten Güter und Dienste eingeführt werden, obwohl die Inlandsversorgung durch ein spezifisches Inlandsangebot eingeplant, die zur Finanzierung des nicht geplanten Leistungsimports erforderliche Exportgüterproduktion im Zentralplan demgegenüber nicht berücksichtigt ist. Daraus folgt, daß die (zentrale) volkswirtschaftliche Gesamtplanung durch (individuelle) außenwirtschaftliche Transaktionen - soweit diese sich nicht an der Gesamtplanung, sondern an individuellen Nutzen- oder Ertragsmotiven orientieren - gefährdet werden kann. Ein Staat, der binnenwirtschaftlich an einem Zentralplan festhalten will, muß deshalb die außenwirtschaftlichen Transaktionen in diesen Plan einbeziehen. Diese Einbeziehung der Außenwirtschaft in den Binnenplan kann theoretisch alternativ erfolgen. Die Strategie der Einbindung des Auslandes kann **expansiv** erfolgen, wenn mit dem Ziel der optimalen Nutzung der internationalen **Arbeitsteilung** versucht wird, qualitativ bessere oder kostengünstigere ausländische Waren oder Dienste aus dem Ausland zu importieren, zu deren Finanzierung eine bestimmte Produktion von Exportgütern im binnenwirtschaftlichen Zentralplan dann freilich eingeplant werden muß. Denkbar ist, daß gezielt die Chance gesucht wird, eigene (eventuell überschüssige) Produktion erfolgreich am Weltmarkt abzusetzen, um damit wiederum den Finanzierungsspielraum für zusätzliche Leistungsimporte zu vergrößern. Die Strategie der Einbindung des Auslandes wird demgegenüber **restriktiv** erfolgen, wenn sie das Ziel hat, eine hohe **Autarkieposition** zu erreichen, um die binnenwirtschaftlichen Ressourcen möglichst umfassend zur Entwicklung und Versorgung der Binnenwirtschaft - statt zur Exportgüterproduktion - einsetzen zu können. Der Import wird dann auf das unabdingbare Mindestmaß nicht verfügbarer aber für die binnenwirtschaftliche Entwicklung unverzichtbarer Güter, Dienste und Ressourcen reduziert. - Gewiß macht es einen Unterschied, ob das strategische Konzept dem Kriterium der **Arbeitsteilung** oder der **Autarkie** folgt: Im ersten Fall hat das Konzept einen eher offensiven Charakter; der Staat muß dann aber in seiner Planung die weltwirtschaftlichen Bedingungen, mit Blick auf Weltmarktangebot, Weltmarktnachfrage und Weltmarktpreise, in Rechnung stellen. Im zweiten Fall hat das Konzept einen eher defensiven Charakter; der Staat befreit sich zwar vom weltwirtschaftlichen Anpassungsdruck, aber die außenwirtschaftlichen Transaktionen erhalten nur noch eine „Lückenbüßerfunktion“ (Reduzierung auf unabweisbare Leistungsimporte und auf Leistungsexporte, die zu der Finanzierung der ersteren unverzichtbar sind), was dann definitiv auf Kosten der Vorteile der internationalen Arbeitsteilung geht. Doch diese alternative Sicht ändert nichts am Grundelement der ordnungspolitischen Zielsetzung: Die Planung der außenwirtschaftlichen Transaktionen hat in jedem Falle das formale Ziel, die binnenwirtschaftliche Planung zu unterstützen, wie immer diese auch strategisch ausgerichtet ist.

- Die **prozeßpolitische Zielsetzung**: Sie ist insoweit ebenfalls „zielfrei“ als sie nicht durch die Grundelemente des Ordnungskonzepts unmittelbar (i.S. der Wohlfahrtsmaximierung) determiniert ist, sondern durch ein Spektrum unterschiedlicher Motive ausgelöst sein kann. Das bedeutet, daß die prozeßpolitische Zielsetzung eines Außenhandelsmonopols nicht unbedingt eine denknotwendige Konsequenz einer binnenwirtschaftlichen Planwirtschaft sein muß, sondern auch relevant werden kann, wenn die Binnenwirtschaft durch marktwirtschaftliche Elemente geprägt ist. (Deshalb läßt sich die naheliegende Vermutung, daß ein binnenwirtschaftlicher Zentralplan einen außenwirtschaftlichen Dirigismus erzwingt, nicht umkehren, wonach der Verzicht auf einen binnenwirtschaftlichen Zentralplan einen Verzicht auf einen außenwirtschaftlichen Dirigismus impliziert.) Von Bedeutung sind hier dann bestimmte außenwirtschaftspolitische Teilziele, von denen der Staat glaubt, sie nur erreichen zu können, wenn er die außenwirtschaftlichen Transaktionen der einzelwirtschaftlichen Entscheidungsfreiheit vorenthält, weil er hier letztlich Marktversagen unterstellt. Die Ziele selbst haben für den Staat den Charakter eines „öffentlichen Gutes". (Denkbar ist auch, daß der Staat - bei durchaus als funktionsfähig unterstellbaren Marktmechanismen - aus gesellschaftspolitischen Gründen den freien Handel mit bestimmten Gütern, wie Waffen, Rauschgift o.ä., unterbinden will.) Solche Teilziele können eine unterschiedliche Qualität haben. **Versorgungspolitische Ziele** können darin bestehen, daß der Staat in jedem Falle bestimmte Produktionszweige im Inland bzw. eine bestimmte Nahrungsmittel- und/oder Rohstoffversorgung für das Inland erhalten will und deshalb mit dem Ziel der Aufrechterhaltung eines gewissen Autarkiegrades - auch auf Kosten der Vorteile der internationalen Arbeitsteilung - bestimmte Ausfuhren von für das Inland entwicklungsnotwendigen Ressourcen dirigistisch unterbindet; gleiches gilt für die Einfuhr von Produkten, wenn diese bestimmte Produktionszweige, die für die Entwicklung eines Landes unverzichtbar sind, gefährden können. **Wechselkurspolitische Ziele** können darin bestehen, daß bei gegebenen Marktbedingungen an unrealistischen Wechselkursen festgehalten werden soll, um der Binnenwirtschaft strukturelle Anpassungsprozesse zu ersparen. Ungleichgewichte in den Leistungsbilanzen können dann freilich nur verhindert werden, wenn außenwirtschaftliche Transaktionen zentral gesteuert werden, um Devisenangebot und Devisennachfrage im Ausgleich zu halten und auf diese Weise eine Devisenkursveränderung zu vermeiden. Auf analoger Ebene angesiedelt ist das Bemühen, an sich realistische Wechselkurse gegen spekulative Verzerrungen durch Kapitalbewegungen abzusichern. **Verteilungspolitische Ziele** können darin bestehen, daß eine Verbesserung des realen Austauschverhältnisses dadurch angestrebt wird, daß der Staat über eine zentrale Erfassung des Leistungsangebots und/oder der Leistungsnachfrage am Weltmarkt als Angebots- und/oder als Nachfragemonopolist auftritt, um Ausfuhrpreissteigerungen bzw. Einfuhrpreissenkungen durchzusetzen. Je mehr es gelingt, das (zentral gesteuerte) Inlandsangebot auf eine preisunelastische Nachfrage am Weltmarkt bzw. die (zentral gesteuerte) Inlandsnachfrage auf ein preisunelastisches Angebot am Weltmarkt zu konzentrieren, desto eher wird es möglich, positive terms-of-trade-Effekte durchzusetzen, ohne überproportionale negative Mengeneffekte (Rückgang der realen Leistungsaus- bzw. -einfuhren) und damit Wohlfahrtsverluste durch reale Reduzierung der Nutzung der internationalen Arbeitsteilung in Kauf nehmen zu müssen. **Devisenpolitische Ziele** können darin bestehen, daß die Beseitigung eines akuten Devisenmangels angestrebt wird: Sei es durch Importdrosselung oder gezielte Preispolitik im Exportgeschäft - Preissenkungen, sofern eine überproportionale Nachfrageelastizität im Ausland vorliegt, Preiserhöhungen, sofern die ausländische Nachfrageelastizität unterproportional ist. Gerade eine solche Preispolitik bedarf meist einer gezielt (güter- und/oder länderspezifisch) diskriminierenden und insoweit dirigistischen Exportplanung und -durchführung; letzteres gilt gerade für den Fall, wenn Preiszugeständnisse zu Unter-

Kosten-Preisen führen, was eine privatwirtschaftliche Exportinitiative vermutlich von vornherein ausschlösse.

Vergleichen wir die beiden Zielkomplexe, so ist erkennbar, daß die ordnungspolitische Zielsetzung einen eher umfassenden (globalen) Charakter hat; dies schließt produkt- und/oder länderspezifisch diskriminierende Maßnahmen nicht aus, aber die Zielsetzung orientiert sich an den Erfordernissen des Gesamtplanes. Demgegenüber enthalten die prozeßpolitischen Zielsetzungen von vornherein die Möglichkeit einer länder- und/oder güterspezifischen Diskriminierung; daraus folgt, daß das Zielkonzept selbst einen differenzierenden (partiellen) Charakter haben kann.

b) Zum **Instrumentarium** des Modells: Ausgehend von dem Grundsatz, daß die außenwirtschaftlichen Transaktionen zentral gesteuert werden, sind die individuellen Dispositionsfreiheiten - im realen Bereich: freier Leistungs- und Faktorverkehr, im monetären Bereich: Konvertibilität der Währungen und freier Kapitalverkehr - generell aufgehoben. Der Markt als Koordinationsinstrument entfällt; an seine Stelle treten Planvorgaben. **Multilateralität** und **Globalität** der Außenwirtschaftsbeziehungen sind damit nicht unbedingt aufgehoben; auch ein Außenhandelsmonopol kann (theoretisch) mit allen Staaten außenwirtschaftliche Beziehungen aufnehmen, sofern es die Weltmarktbedingungen (Angebot, Nachfrage, Preise) in Rechnung stellt. Doch ein Übergang zur **Bilateralität** (zumindest zur Regionalität) und zur **Diskriminierung** ist nicht mehr per se (wie im liberalen Modell) ausgeschlossen. Dieser Übergang wird um so wahrscheinlicher, wenn ein Land gezwungen ist, eben wegen spezifischer Zielvorgaben sich auf jene Länder oder Güter zu konzentrieren, die am ehesten (ordnungspolitisch) eine Erfüllung des Binnenwirtschaftsplanes garantieren, oder die am ehesten (prozeßpolitisch) die Erfüllbarkeit der außenwirtschaftspolitischen Teilziele sicherstellen. Die Auswahl der Maßnahmen selbst ist nun - anders als beim liberalen Konzept - durch die ordnungspolitische Grundsatzentscheidung nicht automatisch vorgeben; sie dürfte entscheidend davon abhängen, welche Zielsetzungen in dem Ordnungsmodell dominieren. Wir verzichten hier noch darauf, die möglichen Instrumente im Detail zu analysieren und beschränken uns auf ihre systematische Zuordnung:

- Dominiert die **prozeßpolitische Zielsetzung** und steht gar zu erwarten, daß bei Erfüllung dieser Zielsetzung der eigentliche Grund für eine dirigistische Steuerung entfällt, wird sich der Staat weitgehend auf Elemente des Außenhandelsdirigismus beschränken können. Denkbar ist, daß er versucht, die außenwirtschaftlichen Transaktionen über incentives oder disincentives (somit über Anreizsysteme) zu steuern, weil diese elastisch handhabbar sind und auch eher einen flexiblen Übergang zu einer Liberalisierung ermöglichen. Scheitern derartige Anreizsysteme - sei es, daß positive (expansiv gedachte) Impulse von den Wirtschaftssubjekten nicht wahrgenommen werden, sei es, daß negative (restriktiv gedachte) Impulse von den Wirtschaftssubjekten eben hingenommen werden -, führen sie also nicht zu der (politisch gewollten)

Korrektur der individuellen Transaktionsentscheidung, dann muß der Staat, aus der Sicht des Selbstverständnisses dieses Ordnungsmodells, zur dirigistischen Verschärfung greifen, ohne daß hierbei eine eindeutige Grenzziehung theoretisch begründbar wäre: Der Staat kann am Dirigismus festhalten und sich darauf beschränken, den realen Leistungs- und Faktorverkehr sowie den Währungsumtausch einer Genehmigungspflicht zu unterwerfen; er kann aber auch zu einem partiellen Außenhandelsmonopol übergehen und bestimmte Transaktionen in eigene Regie übernehmen, um aus einer derartigen Monopolsituation heraus günstigere Konditionen oder ein höheres Versorgungsniveau durchzusetzen und so die Erreichung der außenwirtschaftlichen Teilziele sicherzustellen.

- Dominiert die **ordnungspolitische Zielsetzung**, so ist - zum einen - ein logisches Ende durch Zielerfüllung definitiv ausgeschlossen; denn die Abstimmung mit dem zentralen Binnenwirtschaftsplan bleibt von diesem Selbstverständnis her eine Daueraufgabe. Hinzu kommt - zum zweiten -, daß einer Kontrolle der außenwirtschaftlichen Transaktionen im Interesse der Planungssicherheit ein deutlich höherer Stellenwert zukommt, als wenn es „nur" um die Erfüllung eines außenwirtschaftspolitischen Teilzieles geht. Daraus folgt, daß eine Beschränkung auf einen außenwirtschaftspolitischen Dirigismus - gar gestützt auf ein reines Anreizsystem - für einen Staat, der die außenwirtschaftlichen Transaktionen als Pendant zur binnenwirtschaftlichen Zentralplanung begreift, mit hohen Risiken behaftet wäre. Meist werden hier - mit welchen Zielimplikationen (expansiv, restriktiv) auch immer - die außenwirtschaftlichen Transaktionen unmittelbar als Teil eines binnenwirtschaftlichen Gesamtplanes gesehen; die Plandaten erfassen dann sowohl den (für die Binnenwirtschaft notwendigen) Leistungsimport wie den (zur Finanzierung unverzichtbaren) Leistungsexport. Der Übergang zum totalen Außenhandelsmonopol erhält zunehmend Elemente bilateraler (allenfalls regionaler) Kompensationsgeschäfte oder gezielter Zahlungs- und Verrechnungsabkommen; am Ende mündet die Außenwirtschaftspolitik in Varianten der Außen- und Vertragspolitik mit den als relevant erachteten Partnerländern ein.

c) Zur **Problematik** des Modells: Die Verfechter dieses Ordnungsmodells versuchen, dieses - insbesondere in der Auseinandersetzung mit der liberalen Alternative - mit dem Hinweis zu rechtfertigen, daß es für ein breites Spektrum ökonomischer, sozialer und gesellschaftspolitischer Ziele „offen" sei, daß es geeignet sei, die Binnenwirtschaft dem „Diktat" der weltwirtschaftlichen Rahmenbedingungen (Angebot, Nachfrage, Preise) zu entziehen, und daß überdies die Chance nicht auszuschließen sei, die außenwirtschaftlichen Transaktionen durch „trial and error" (nach Anfangsschwierigkeiten) flexibel und effizient zu gestalten. Diese Argumentation mag plausibel erscheinen, kann aber nur bedingt überzeugen; denn die Problematik ist unverkennbar:

- Soll der Dirigismus auf die Außenwirtschaft beschränkt und mit einer marktwirtschaftlichen Binnenordnung verknüpft werden, entstehen gravierende **Abstimmungsprobleme**: Einerseits zwischen geplantem Leistungsimport und „freier" Binnennachfrage, wenn der geplante Import im Inland nicht nachgefragt wird. Andererseits können Divergenzen entstehen zwischen geplantem Leistungsexport und „freiem" Binnenangebot, wenn die Leistungsangebote für den geplanten Export im Inland nicht zur Verfügung gestellt werden. Dieses Abstimmungsproblem zwingt den Staat (will er an der marktwirtschaftlichen Binnenordnung festhalten), den Leistungsimport selbst aufzukaufen und die Güterproduktion für den geplanten Export in eigene Regie zu übernehmen. Stoßen diese Lösungen indessen an finanzpolitische Grenzen, da die Deckung des Finanzbedarfs (über Steuern oder Kredite) die binnenwirtschaftliche Entwicklung zu sehr belasten kann, wird das Abstimmungsproblem notwendigerweise zur „Zerreißprobe" für jedes Außenhandelsmonopol: Gelingt die Abstimmung nicht, bleibt nur die Alternative, entweder auf das Außenhandelsmonopol zu verzichten (und die außenwirtschaftlichen Transaktionen freizugeben) oder aber - bei Beibehaltung des Außenhandelsmonopols - dirigistische Elemente in die Binnenwirtschaft hineinzutragen (Verwendungszwang und Produktionsgebote im Inland). Damit läßt sich das Außenhandelsmonopol zwar aufrechterhalten; doch es droht, eine dirigistische Eigendynamik in die Binnenwirtschaft hinein zu entfalten. Überdies entstehen dann weitere Probleme.

- Sollen Außenhandelsmonopol und Binnenwirtschaftsplanung aufrechterhalten bleiben, und will der Staat die Möglichkeit behalten, sich expansiv in die Weltwirtschaft zu integrieren, um die internationale Arbeitsteilung optimal zu nutzen (Sicherung preisgünstiger Bezugsquellen bzw. ertragsgünstiger Absatzmärkte), dann erkauft er diesen Vorteil aber mit der Notwendigkeit, mit „Daten" rechnen zu müssen, die sich seiner Planung entziehen (Weltmarktangebot für seinen Importbedarf, Weltmarktnachfrage nach seinen Exportmöglichkeiten); auf die Weltmarktpreise hätte er allenfalls Einfluß, wenn er über eine starke Position am Weltmarkt verfügte. Damit entstehen für den Staat kaum lösbare **Planungsrisiken**. Verändern sich weltwirtschaftlich Angebots- oder Nachfragestrukturen bzw. steigen z.B. die Weltmarktpreise für seine Importe oder sinken die Weltmarktpreise für seine Exporte, muß er seine realen Exporte forcieren, um den gewünschten Importbedarf finanzieren zu können - und dies ohne Rücksicht auf die binnenwirtschaftliche Versorgungslage und entgegen der ursprünglichen Produktionsplanung. Kapitalinvestitionen in Exportindustrien sind wegen ihres langfristigen Charakters noch risikoreicher und kommen - etwa bei Rückgang der Weltmarktnachfrage - einer Fehlinvestition gleich. Erneut führt dies zur Alternative, entweder die zentrale Binnenwirtschaftsplanung aufzugeben oder sie dem weltwirtschaftlichen Anpassungsdruck zu entziehen.

- Sollen Außenhandelsmonopol und Binnenwirtschaftsplanung aufrechterhalten werden, bleibt dem Staat denknotwendig nur die Möglichkeit, die nichtplanbaren Daten zu minimieren - somit einen Autarkiestatus anzustreben, der den außenwirtschaftlichen Transaktionen ausschließlich eine „**Lückenbüßer-**

> **funktion**" zuweist: Reduktion des Imports auf einen unabweisbaren Bedarf (gemäß dem Verfügbarkeitskriterium) und Konzentration des Exports auf diesen Bedarf (gemäß dem Finanzierungskriterium). Der Autarkiestatus geht dann letztlich auf Kosten der Partizipation an der internationalen Arbeitsteilung. Als Ausweg böte sich zwar an, zumindest die internationale Arbeitsteilung zwischen Zentralverwaltungswirtschaften zu intensivieren; eine wechselseitige (und vertraglich zusätzlich abgesicherte) Planbarkeit verbände sich dann zumindest mit einer begrenzten Ausweitung der internationalen Arbeitsteilung. Doch dieser Ausweg löste aber notwendigerweise neue, nun zwischenstaatlich ausgerichtete, Abstimmungsprobleme (wechselseitiger Importbedarf und Produktionsmöglichkeiten in den daran beteiligten Volkswirtschaften) aus, die diese Form der internationalen Arbeitsteilung neuen Zerreißproben unterwerfen. In jedem Falle begründete diese Strategie zumindest eine Isolierung der auf diese Weise neu formierten Staatengruppe vom übrigen Weltmarkt.

Mit Blick auf die skizzierten Problemkomplexe ist unschwer zu erkennen, daß die Ordnungsalternative des Außenhandelsmonopols erhebliche Schwächen aufweist. Dies erklärt Entwicklung und Scheitern des Modells in den osteuropäischen Staaten (vgl. dazu später).

20) DAS MODELL DER GELENKTEN AUSSENWIRTSCHAFT

Das Modell der gelenkten Außenwirtschaft stellt - als Pendant zur gemischten Wirtschaftsordnung - jene ordnungspolitische Alternative dar, bei der der Versuch einer optimalen **Mischung** von **individuellen Dispositionsfreiheiten** und **staatlicher Steuerung** angelegt ist. Wie schon gezeigt, ist der Modellansatz theoretisch alternativ konzipierbar. Denkbar ist einerseits, daß das Modell, konzeptionell gesehen, vom Modell des **Außenhandelsmonopols** her entwickelt wird: Dann impliziert es letztendlich den Versuch, ein (an sich) vorliegendes Außenhandelsmonopol durch den Einbau individueller Dispositionsfreiheiten im Außenwirtschaftsverkehr elastischer zu gestalten, um durch flexible Anpassung an weltwirtschaftliche Entwicklungsprozesse der Gefahr der Isolierung des Landes von der Weltwirtschaft zu entgehen, zumindest diese Isolierung zu reduzieren. Dies mag einerseits erforderlich sein, wenn der Autarkiegrad eines Landes per se begrenzt ist und auch durch einen blockinternen Handel - zwischen Zentralverwaltungswirtschaften - nicht beliebig erweitert werden kann. Dies kann andererseits auch gewünscht sein, um die internationale Arbeitsteilung besser nutzen zu können. Bei aller formalen Plausibilität soll dieser Ansatz nicht weiterverfolgt werden; denn er gerät in eine nahezu zwangsläufige Dilemmasituation. Soll einerseits die binnenwirtschaftliche Zentralplanung in jedem Falle - nicht zuletzt aufgrund der unterstellten Dominanz des Kollektivinteresses - aufrechterhalten bleiben, dann sind die außenwirtschaftlichen Liberalisierungsmöglichkeiten eng begrenzt und werden spätestens dann immer wieder aufgehoben, wenn der Binnenwirtschaftsplan gefährdet wird. (Dies zeigen die Erfahrungen im ehemaligen „Ostblock", wo im Rahmen der Reformdiskussion der Außenhandel seine Lückenbüßerfunktion verlieren und im Zuge der „Ökonomisierung und Rationalisierung" einen eigenständigen Beitrag zur wirtschaftlichen Entwicklung leisten sollte; dennoch zählte der Außenwirtschaftsverkehr immer zu den Bereichen mit dem höchsten Zentralisierungsgrad - vgl. dazu später). Soll andererseits die außenwirtschaftliche Liberalisierung aufrechterhalten bleiben, führt dies wegen der skizzierten Konflikte letztlich mit innerer Folgerichtigkeit zu einer Aufgabe des gesamten Ausgangsmodells einer zentralen Planung der Binnenwirtschaft. Denkbar ist demgegenüber andererseits, daß das Modell, konzeptionell gesehen, vom Modell der **liberalen Außenwirtschaft** her entwickelt wird: Dann impliziert das Modell zwar die (im Grundsatz anerkannten) Dispositionsfreiheiten der Wirtschaftssubjekte bei den außenwirtschaftlichen Transaktionen, verknüpft diese aber mit dem (als Notwendigkeit gesehenen) Recht des Staates, diese individuellen Dispositionsfreiheiten aktiv und gezielt zu steuern. Letztlich ist diese Kombination von der Intention getragen, die Vorteile der bereits skizzierten liberalen ordnungspolitischen Alternative zu wahren und gleichzeitig ihre Nachteile zu vermeiden. Diese - gemessen an der historischen Entwicklung: realistischere - Variante soll nun weiterverfolgt werden; sie gilt es zu konkretisieren.

a) Zur **Zielsetzung** des Modells: Geht man davon aus, daß das Modell der gelenkten Außenwirtschaft konzeptionell vom Modell der liberalen Außenwirtschaft her entwickelt wird, so folgt daraus, daß - zum einen - dem immateriellen Kriterium der **individuellen Freiheitsrechte**, damit dem Recht auf freie außenwirtschaftliche Dispositionen, ein hoher Stellenwert zukommt, und daß - zum zweiten - dem materiellen Kriterium der **ökonomischen Wohlfahrtssteigerung** durch flexible Nutzung der internationalen Arbeitsteilung ebenfalls ein hoher Bedeutungswert beigemessen wird. (Damit entfällt a priori ein Kernelement der Zielsetzung, das dem Außenhandelsmonopol zugrundelag, nämlich die Dominanz des Kollektivinteresses, die es rechtfertigte, nicht nur die individuellen Freiheitsrechte nachzuordnen, sondern auch - wenn erforderlich - auf die Nutzung der internationalen Arbeitsteilung zu verzichten.) Doch anders als im Modell der liberalen Außenwirtschaft verlieren im Modell der gelenkten Außenwirtschaft die beiden Kriterien (Freiheit und Wohlstand) nicht nur - jeweils für sich genommen - ihren Ausschließlichkeitsanspruch. Hinzu kommt, daß auch die Identitätshypothese (Marktfreiheit führt zur Wohlstandsmaximierung) aufgegeben wird. Dabei muß nicht Marktversagen per se unterstellt werden. Es genügt, wenn davon ausgegangen wird, daß ein ungehinderter Außenwirtschaftsverkehr zu allokations- und/oder stabilitätspolitisch relevanten **Fehlentwicklungen** in einer Volkswirtschaft führen kann. Damit läßt sich der Zielinhalt nicht mehr aus den Ordnungselementen des Modells unmittelbar ableiten. Die Identitätshypothese implizierte von vornherein die Dominanz der beiden Ziele im liberalen Modell. Und dies bedeutete im Konfliktfall die Nachordnung zusätzlicher sozialer Effizienzziele. Im Modell der gelenkten Außenwirtschaft bedarf es nun einer spezifischen Weiterentwicklung der Zielfunktion gegenüber dem liberalen Modell, dies freilich in Verbindung mit einer wichtigen Differenzierung:

- Zum einen wird die Identitätshypothese (zumindest in ihrem unbedingten Gehalt) insoweit aufgegeben, als eine potentielle **Konfliktsituation** zwischen Dispositionsfreiheiten und Effizienz nicht von vornherein ausgeschlossen wird. Dies gilt immer. Sei es, daß man davon ausgeht, daß, unbeschadet einer marktwirtschaftlich orientierten Binnenordnung, der Markt im Außenwirtschaftsverkehr bei der Erfüllung sozialer Effizienzziele (a priori) versagt, diese aber nicht nachgeordnet werden sollen. Oder daß man unterstellt, daß die positiven (ökonomischen) Wohlfahrtseffekte gleichzeitig mit negativen (ökonomischen) Wohlfahrtseffekten (a posteriori) einhergehen. Damit erhält die Zielsetzung des Modells der gelenkten Außenwirtschaft eine über die reine Wohlfahrtsmaximierung hinausweisende Dimension, die letztendlich in das Ziel der aktiven **außenwirtschftlichen Absicherung** einmündet, wenn der freie Außenwirtschaftsverkehr **Allokations-** und/oder **Stabilisierungsprobleme** für eine Volkswirtschaft auslöst. Dabei ist es im Grundsatz unerheblich, ob man diese Probleme als Wohlfahrts-„Verlust" interpretiert, dessen Minimierung allein schon aus der Perspektive einer an sich anzustrebenden (Netto-)Wohlfahrtsmaximierung angezeigt wäre. Oder ob man in ihnen eine Verletzung meta-ökonomischer Zielsetzungen sieht, die, bei Aufgabe des Ausschließlichkeitsanspruchs der ökonomischen Zielsetzung, einen Eigenwert erhalten und deshalb in den außenwirtschaftspolitischen Zielkatalog einfließen sollen. Im ersten Falle bleibt das Kriterium ökonomischer Effizienz i.S. der Wohlfahrtsmaximierung voll erhalten, und die außenwirtschaftliche Absicherung hat zum Ziel, Wohlfahrtsverluste zu vermeiden; im zweiten Fall wird das Kriterium der ökonomischen Effizienz durch das Kriterium der sozialen Effizienz erweitert, und die außenwirtschaftliche Absicherung hat dann zum Ziel, meta-ökonomischen Aspekten ergänzend Rechnung zu tragen. In beiden Versionen ist diese Weiterentwicklung der Zielfunktion konzeptionell in dem Ordnungsmodell der gelenkten Außenwirtschaft angelegt.

- Zum zweiten ist es denkbar, daß - unbeschadet der Frage, wie weit das Ziel der außenwirtschaftlichen Absicherung gesteckt sein sollte - in Einzelfällen, auch bei einer im Grundsatz marktwirtschaftlich orientierten Binnenordnung, außenwirtschaftspolitische Teilziele verfolgt werden (versorgungs-, wechselkurs-, verteilungs- und devisenpolitische Ziele). Ihnen wird dann letztendlich der Charakter eines „öffentlichen Gutes" zugewiesen. Und die Intervention geht von der Vorstellung aus, daß zu ihrer Erfüllung der Markt definitiv versagt. Es kann an dieser Stelle nicht darum gehen, die Rechtfertigung dieser Ziele im einzelnen zu begründen: Teils mögen sie als unabdingbar angesehen werden, um die Entwicklungs- und Wachstumschancen eines Landes nicht zu gefährden; teils mögen sie als ein unverzichtbarer Schutz angesehen werden, um einen strukturellen Anpassungsprozeß der Binnenwirtschaft zeitlich zu strecken und so - über den gewonnenen Zeitbedarf sowie über die dadurch erhaltene Chance, diesen Strukturwandel sozial „abzufedern" - zu erleichtern. Im übrigen läßt sich hier auch die Absicht eines Landes integrieren, die Außenwirtschaft außenpolitisch - zumindest in begründeten Einzelfällen - zu

„instrumentalisieren". In jedem Falle haben derartige Zielsetzungen einige wichtige Gemeinsamkeiten: Erstens sind sie weniger konzeptionell in dem Ordnungsmodell der gelenkten Außenwirtschaft angelegt. Vielmehr stellen sie eine **pragmatische** - nicht selten zeitlich befristete - Erweiterung des Zielkatalogs dar. Zweitens ist im allgemeinen davon auszugehen, daß eben deshalb diese Zielsetzung nicht den Charakter einer auf Dauer angelegten außenwirtschaftlichen Absicherung haben kann, sondern auf eine konkrete **Einzelfallsituation** (Sicherung einer bestimmten Ressourcenausstattung, Beseitigung einer akuten Devisenknappheit, Verhinderung spekulativer Verzerrungen) beschränkt ist. Drittens bedeutet eine pragmatische Einzelfallsituation und damit die Einbeziehung solcher Zielsetzungen, daß ihre Verfolgung - bei Bedarf auch gegen die Marktkräfte - nur dann in ein im Grundsatz liberales Konzept integrierbar ist, wenn sie keine **dirigistische Eigendynamik** in die Binnenwirtschaft hinein auslöst, weil ansonsten - unmittelbar - ein Übergang zum Außenhandelsmonopol und - mittelbar - zur Binnenwirtschaftsplanung nicht mehr ausgeschlossen werden könnte.

b) Zum **Instrumentarium** des Modells: Geht man davon aus, daß das Modell der gelenkten Außenwirtschaft konzeptionell zwar vom Modell der liberalen Außenwirtschaft her entwickelt wird, aber in der Zielsetzung über dieses hinausweist, so ergibt sich daraus eine gewisse Abstufung des Instrumenteneinsatzes:

- Mit Blick auf die immaterielle und materielle Zielsetzung (individuelle Dispositionsfreihiet und ökonomische Wohlfahrtssteigerung) enthält das Modell der gelenkten Außenwirtschaft - in einer gewissen Analogie zum Modell der liberalen Außenwirtschaft - auf der einen Seite mit diesem vergleichbare Elemente einer **konstituierenden Ordnungspolitik**. Diese sind ebenfalls zumindest im Grundsatz darauf ausgerichtet, in Respektierung von Privateigentum und Individualinteresse und darauf gestützten Handlungsrechten bzw. Verhaltensmotiven, den freien internationalen Leistungs- und Faktorverkehr - im realen wie im monetären Bereich - herzustellen und seine Funktionsfähigkeit sicherzustellen. Die eigentliche Erweiterung des möglichen Instrumenteneinsatzes ergibt sich nun auf der anderen Seite aber folgerichtig aus der gegenüber dem liberalen Modell erweiterten Zielsetzung des Modells der gelenkten Außenwirtschaft.

- Wenn die Zielsetzung des Modells die außenwirtschaftliche Absicherung einschließt - sei es im Sinne der Minimierung von Wohlfahrtsverlusten (gesamtwirtschaftliche Entwicklungs- und strukturelle Anpassungskosten), sei es im Sinne der ergänzenden Beachtung der sozialen Effizienz (hoher Beschäftigungsstand, angemessene Einkommensverteilung, Vermeidung externer Effekte) -, so verliert die skizzierte immaterielle und materielle Zielsetzung des liberalen Modells ihren Ausschließlichkeitsanspruch und die zugrundegelegte Identitätshypothese ihre Basis. Daraus folgt, daß die **regulierende Prozeßpolitik** eine neue Dimension erfährt, wobei allerdings zu differenzieren ist. Zunächst behält die Prozeßpolitik, soweit sie (i.S. des liberalen Konzepts) passiv konzipiert und nur indirekt auf die außenwirtschaftlichen Transaktionen ausgerichtet ist, einerseits nach wie vor ihren Bedeutungswert, wenn es gilt, über binnenwirtschaftliche Anpassungsprozesse bei Preisen und Einkommen indirekt die außenwirtschaftlichen Transaktionen zu beeinflussen, um den Wechselkurs stabil und die Zahlungsbilanz im Ausgleich zu halten. Hinzu tritt nun aber andererseits die Möglichkeit des Staates, aktiv und direkt die außenwirtschaftlichen Transaktionen zu steuern, um möglichen Allokations- und/oder Stabilitätsproblemen, die sich aus der Liberalisierung ergeben, Rechnung zu tragen. Wenn nun aber diese Steuerung mit dem Ziel der außenwirtschaftlichen Absicherung erfolgen soll, so bedeutet dies, daß die Maßnahmen - gerade mit Blick auf das Kriterium der konstituierenden Ordnungspolitik - allenfalls über ein Anreizsystem (incentives, dis-incentives) wirken können, die den im Außenwirtschaftsverkehr agierenden Wirtschaftssubjekten i.S. einer **marktkonform steuernden Prozeßpolitik** zwar neue Daten vorgeben, die aber die Grundbedingungen eines ungehinderten Marktprozesses (freie Individualentscheidung und Koordinierung über den Marktmechanismus) nicht außer Kraft setzen. Anderenfalls ginge das Modell in ein Außenhandelsmonopol über; die außenwirtschaftliche Absicherung würde ihren Charakter wandeln: Sie entspräche dann einer Absicherung des Binnenwirtschaftsplanes (und nicht einer Absicherung gegen die im ungehinderten Außenwirtschaftsverkehr möglicherweise entstehenden Allokations- und Stabilitätsprobleme), was letztlich einen Widerspruch zur Intention des Modells bedeutete.

- Schließlich ist denkbar, daß über die außenwirtschaftliche Absicherung hinaus außenwirtschaftspolitische Teilziele verfolgt werden, zu deren Erfüllung der sich selbst überlassene Außenwirtschaftsverkehr versagt, die aber gleichwohl eine als wichtig erachtete Funktion i.S. eines „öffentlichen Gutes" haben. Wird insofern Marktversagen unterstellt, so kann es logischerweise nicht ausreichen, sich auf eine Datenvariation zu beschränken und die Problemlösung dann eben doch dem Marktprozeß anzuvertrauen. In diesem Falle muß der Staat selbst - direkt und unmittelbar - im Außenwirtschaftsverkehr aktiv werden; aus instrumenteller Sicht geht die marktkonform steuernde in eine (partiell) **marktinkonform gestaltende Prozeßpolitik** über: Das Instrumentarium reicht dann von Auflagen (für individuelle Dispositionen) über Ge- und Verbote bis hin zur Intention des Staates, bestimmte außenwirtschaftliche Transaktionen in eigene Regie zu übernehmen. Es erscheint unmittelbar einsichtig, daß diese Variante des Instrumenteneinsatzes im Grundsatz immer ein „Fremdkörper" im Modell einer gelenkten Außenwirtschaft darstellt, soweit dieses von einer liberalen Konzeption ausgehend entwickelt wird. Sie ist allenfalls dann in dieses Modell integrierbar ist, wenn mit überzeugenden Gründen diesen außenwirtschaftlichen Teilzielen der Charakter eines öffentlichen Gutes zugewiesen werden muß und wenn - i.S. der Vermeidung der Hayek'schen „Ölflecktheorie" - sichergestellt ist, daß der Instrumenteneinsatz auf das Teilziel beschränkt werden kann und insoweit keine dirigistische Eigendynamik erfährt, weil ansonsten ebenfalls der Übergang zum Außenhandelsmonopol und zur Binnenwirtschaftsplanung fließend werden würde.

Die Auflistung des Instrumenteneinsatzes zeigt eine breite Fächerung, obwohl in ihm nicht die Intention eines ordnungspolitisch begründeten Außenhandelsmonopols angelegt ist. Dennoch eröffnet das Modell einer gelenkten Außenwirtschaft dem Staat eine ganze Skala von Interventionsmöglichkeiten, die sich zwischen „passiver Hinnahme" und „aktiver Gestaltung" der außenwirtschaftlichen Transaktionen privater Wirtschaftssubjekte bewegt. Ergänzend ist dabei festzuhalten: Je mehr sich das Ordnungsmodell auf die Elemente der konstitutiven Ordnungspolitik und einer primär passiv ausgerichteten regulierenden Prozeßpolitik beschränkt, desto mehr bewahrt es sich den Charakter einer globalen Multilateralität; je mehr Elemente der aktiv regulierenden oder gar dirigistischen Prozeßpolitik in das Ordnungsmodell einfließen, desto mehr wird es für die Möglichkeiten von länder- und/oder güterspezifischen Diskriminierungen offen.

c) Zur **Problematik** des Modells: Das Modell besticht auf den ersten Blick durch seinen **Pragmatismus**, indem es - einerseits - offen ist für die Lösung möglicher Zielkonflikte bzw. für die Berücksichtigung möglicher meta-ökonomischer Zielinhalte; hier steht es im Gegensatz zum liberalen Modell, das eine verengte Zielsetzung in einem Ausschließlichkeitsanspruch verabsolutierte und mit einer Identitätshypothese verknüpfte: Das Modell wahrt - andererseits - die Chance, die Vorteile der internationalen Arbeitsteilung zu nutzen; hier steht es im Gegensatz zum Modell des Außenhandelsmonopols, das gerade bei seiner konsequenten Umsetzung letztlich gezwungen ist, sich gegenüber der Weltwirtschaft abzukoppeln und sich so zu isolieren. Diese Stärke geht indessen einher mit einer spezifischen Schwäche: Die Modellelemente verlieren ihre **Eindeutigkeit**. Diese Eindeutigkeit war in den beiden vorangestellten Modellen zweifelsohne gegeben: Im liberalen Modell ergab sich die Eindeutigkeit in der Zielsetzung aus den Modellimplikationen; und ebenso eindeutig leitete sich daraus der mögliche Instrumenteneinsatz ab. Im Modell des Außenhandelsmonopols war die Zielsetzung zwar nicht aus den Modellimplikationen ableitbar; aber dennoch war die Eindeutigkeit über die Vorgaben der Zentralbehörde herstellbar; und ebenso eindeutig ließ sich daraus der Instrumenteneinsatz ableiten. Demgegenüber besitzt das Modell der gelenkten Außenwirtschaft in diesem Punkt zweifellos seine Schwächen:

- Die Schwäche einer mangelnden Eindeutigkeit zeigt sich einmal bei der **Zielformulierung**: Sie mag formal noch eindeutig bestimmbar sein, wenn es gilt, die Wohlfahrtsgewinne (die sich aus der Arbeitsteilung ergeben) abzuwägen gegen Wohlfahrtsverluste (die der Binnenwirtschaft aus der dann notwendigen Marktöffnung entstehen); die Zielsetzung konkretisierte sich dann in einer (Netto-)Wohlfahrtsmaximierung. Doch dies setzt materiell eine hinreichend exakte Ermittlung von Wohlfahrtsgewinnen (definierbar als höhere Güterversorgung und niedrigere Preise) sowie Wohlfahrtsverlusten (definierbar als „externe Kosten" von Strukturwandel, Entwicklungsdefizite, Inflation,

Arbeitslosigkeit etc.) voraus, um beurteilen zu können, ob die Kosten die Gewinne kompensieren oder gar überkompensieren und damit eine außenwirtschaftliche Absicherung rechtfertigen. Dies dürfte - auch bei rein ökonomischem Bezug - rasch an analytische Grenzen stoßen. Völlig verloren geht die Eindeutigkeit, wenn meta-ökonomische Ziele im Modell mitberücksichtigt werden sollen; denn diese sind - allein schon für sich genommen - kaum eindeutig operationalisierbar (soziale Sicherheit, Verteilungsgerechtigkeit). Eine umfassende außenwirtschaftliche Zielfunktion, bei der es dann notwendigerweise zusätzlich noch um die Gewichtung solcher meta-ökonomischer Ziele gegenüber der ökonomischen Zielsetzung geht, verliert dann definitiv ihre Eindeutigkeit. Das gleiche gilt, wenn außenwirtschaftspolitischen Teilzielen der Charakter eines öffentlichen Gutes zugewiesen und insoweit Marktversagen unterstellt wird; sie müssen dann noch zusätzlich in die Zielfunktion einfließen. Aus diesen Überlegungen folgt, daß die Zielformulierung politischer Zielvorgaben bedarf. Der mangelnde Objektivitätsgehalt mag dabei weniger ins Gewicht fallen; denn dieser liegt auch im liberalen Modell vor (wenn der ökonomischen Zielsetzung Priorität zugewiesen wird) und ist erst recht im Außenhandelsmonopol gegeben (wenn das Kollektivinteresse allein aufgrund des Machtanspruchs des Staates „definiert" wird). Aber zumindest ist in diesen beiden Modellen eine Eindeutigkeit sichergestellt - mag sie sich aus liberalen Modellimplikationen oder aus diktatorischen Planvorgaben ableiten. Im Modell der gelenkten Außenwirtschaft bedarf die Zielvorgabe eines differenzierten politischen Abstimmungsmechanismus, der in den beiden anderen Modellen überflüssig ist; dort „entscheidet" der „Markt" bzw. die „Zentralinstanz". Der Pragmatismus hat insoweit einerseits seine Stärke in der Offenheit für differenzierte Zielvorgaben, die in der mangelnden Eindeutigkeit gleichzeitig andererseits seine Schwäche impliziert. Dieser Mangel läßt sich nie völlig beseitigen, sondern ließe sich allenfalls begrenzen, wenn der Staat seine Zielvorgaben in eine mittelfristig ausgerichtete Rahmenplanung einbettet, insoweit für die Wirtschaftssubjekte berechenbar wird, und wenn er diese Rahmenplanung - zumindest ergänzend - auf kooperatistische Arrangements zwischen den relevanten gesellschaftlichen Gruppen abstützt, damit der Zielformulierung eine gewisse gesellschaftliche Akzeptanz und damit Stabilität vermittelt wird. Ob darüber hinaus die inhaltliche Zielbestimmung - gemäß den Intentionen der „Neuen Politischen Ökonomie" - auf der Basis einer Mehrheitsmeinung auf weitergehende Weise objektivierbar ist, sei hier offengelassen.[11]

[11] Der Grundgedanke dieses Modellansatzes ist relativ einfach und überdies auf den ersten Blick plausibel: Unterstellt, daß die Wohlfahrtsmaximierung dominiert, und daß dieses Ziel eine bestimmte Strategie (Liberalisierung) nahelegt, so ist nicht auszuschließen, daß diese Strategie zwar einerseits die Wohlfahrt der Bevölkerung - sei es in ihrer ökonomischen Dimension: höhere Güterversorgung, niedrigere Preise; sei es in ihrer sozialen Dimension: Abbau nicht leistungsbezogener Renten - steigert, daß aber die gleiche Strategie andererseits bestimmte Gruppen (inländische Unternehmen) schä-

- Die Schwäche einer mangelnden Eindeutigkeit zeigt sich zum zweiten beim **Instrumenteneinsatz**: Dieser ist noch relativ eindeutig bestimmbar, soweit es sich um Maßnahmen der konstituierenden Ordnungspolitik handelt, wo die „reine" Liberalisierung des Außenwirtschaftsverkehrs - allenfalls ergänzt um Maßnahmen der passiv regulierenden Prozeßpolitik i.S. einer binnenwirtschaftlichen Flankierung - dominiert. Im Grunde sind auch die Instrumente der dirigistischen Prozeßpolitik vergleichsweise eindeutig bestimmbar; hier könnte allenfalls die Frage offen bleiben, wie die Gefahr der dirigistischen Eigendynamik einzuschätzen ist. Erheblich größere Schwierigkeiten dürfte die Ausgestaltung der Instrumente einer zwar aktiven aber nicht dirigistischen Prozeßpolitik aufwerfen. Die Feststellung, daß die Instrumente sich auf die Variation von Daten in einem Anreizsystem - finanzielle Begünstigungen (incentives) oder Belastungen (dis-incentives), die an die außenwirtschaftliche Transaktion privater Wirtschaftssubjekte geknüpft werden - beschränken, die die Dispositionsfreiheiten der Wirtschaftssubjekte im Marktprozeß und damit den Marktmechanismus selbst nicht außer Kraft setzen, um nicht in Widerspruch zu den ordnungspolitischen Intentionen des Modells selbst zu geraten, ist formal sicher unstrittig. Materiell gesehen, ist das hier angesprochene Kriterium der „Marktkonformität" freilich recht unpräzise, weil es ein nicht eindeutig lösbares Dosierungsproblem bei der Datenvariation aufwirft. Ist die Dosierung zu schwach, bleibt die Marktkonformität zwar gewahrt; doch es besteht die Gefahr, daß die Maßnahme wirkungslos verpufft, weil die Gewährung von incentives (positive Anreize) bzw. die Einführung von dis-incentives (negative Anreize) für die Wirtschaftssubjekte nicht hinreichend spürbar wird, so daß Vergünstigungen (als Zusatzgewinne) eben „mit"-genommen, Belastungen eben hingenommen oder wenn möglich (etwa über die Preise) weitergegeben werden, ohne die intendierte Verhaltensänderung - Forcierung oder Reduzierung außenwirtschaftlicher Transaktionen - auszulösen. Denkbar ist sogar, daß die Maßnahme das Gegenteil dessen bewirkt, was beabsichtigt

digt (Absatz- und Produktionsrückgang oder gewinnmindernde Preiszugeständnisse). Nun lassen sich die Interessen der geschädigten Gruppen besser organisieren als die Interessen jener, die einen Wohlfahrtsgewinn erzielen - der „Schaden" ist unmittelbar konkretisierbar und mit der Ankündigung von Beschäftigungsrisiken noch argumentativ flankierbar, während der „Nutzen" diese Voraussetzungen nicht erfüllt, weil er sich auf alle Gesellschaftsschichten verteilt. Dann kann sich die Zielsetzung der außenwirtschaftlichen Absicherung von der „Wohlfahrts-" auf die „Stimmenmaximierung" verschieben: Im Interesse ihrer Wiederwahl nehmen Politiker auch eine Verletzung des ökonomischen und/oder sozialen Effizienzzieles in Kauf, wenn der drohende Schaden mehr Stimmen mobilisiert als der mögliche Nutzen. Dies mag zusätzlich erklären, warum Lenkungsmaßnahmen (zugunsten bestimmter inländischer Produkte und/oder Branchen) eher ergriffen denn abgebaut werden. Wegen der restriktiven Bedingungen, die in dem Modell angelegt sind (rein ökonomisch determiniertes Wahlverhalten - rein stimmenorientiertes Politikverhalten), dürfte es indessen schwerfallen, eine objektive Zielfunktion darauf zu gründen, die über die Bedingung von Rahmenplanung und Konsensbildung hinausweist. - Der Leser sei zu diesem Denkansatz auf die Arbeiten von Frey und Hillmann verwiesen (vgl. das beigefügte Litaraturverzeichnis).

war, wenn die Wirtschaftssubjekte eine höhere Dosierung erwarten und die aktuelle Dosierung gegenteilige Effekte auslöst: entweder Vorzieheffekte, wenn sie eine Verschärfung von dis-incentives erwarten, oder Attentismuseffekte, wenn sie eine Erhöhung von incentives erwarten. Natürlich läßt sich Wirkungslosigkeit oder Kontraproduktivität mit steigender Dosierung vermindern. Diese ist indessen nicht beliebig variierbar. Die Gewährung von incentives stößt an finanzpolitische Grenzen; und im Falle von dis-incentives ist nicht auszuschließen, daß irgendwann „Quantität" in „Qualität" umschlägt, wenn z.B. zu hoch dimensionierte dis-incentives allenfalls noch formal den Marktmechanismus bestehen lassen, materiell - wegen einer eintretenden prohibitiven Wirkung - diesen faktisch außer Kraft setzen. Je nach quantitativer Dimensionierung schlägt die Qualität des Instruments von der Marktkonformität in die der Marktinkonformität um. Ist z.B. der Zollsatz für eine Ware so hoch, daß wegen der Preissteigerung - vgl. dazu später - diese Ware theoretisch (unter formal-rechtlicher Perspektive) eingeführt werden kann, faktisch (wegen einer zu starken Verteuerung) aber nicht mehr eingeführt werden wird, verändert das Instrument der Zollpolitik in dem genannten Sinne seine Qualität. Damit bewegt sich auch der Instrumenteneinsatz in einer Grauzone, die nur eingegrenzt werden kann, wenn der Staat seinen Instrumenteneinsatz glaubwürdig durchführt und - gegebenenfalls über trial and error - eine angemessene Dosierung erreicht, die der gewünschten Intention Rechnung trägt.

Nimmt man die skizzierten Schwächen insgesamt, so ergeben sich diese letztendlich aus einem Defizit an Eindeutigkeit in Zielformulierung und Instrumenteneinsatz. Dies ist einmal der Preis für die pragmatische Offenheit des Modellls einer gelenkten Außenwirtschaft; und es ist zum zweiten zu berücksichtigen, daß eben mit dieser Offenheit die konzeptionelle Blickverengung der beiden anderen Ordnungsmodelle überwunden wird. Somit erlaubt das Modell der gelenkten Außenwirtschaft zumindest eine systematische Ableitung des Instrumentariums einer Außenwirtschaftspolitik, das über die Konstituierung liberaler Ordnungsprinzipien und passive Unterordnung binnenwirtschaftlicher Entwicklungen unter das Diktat außenwirtschaftlicher Strukturen und Prozesse hinausweist, also eine **aktive Gestaltung** der außenwirtschaftlichen Transaktionen anstrebt, ohne diese dirigistisch zu lenken oder gar zu unterbinden.

21) ZUR SYSTEMATIK DES INSTRUMENTARIUMS

Bevor nun das verfügbare Instrumentarium in seinen Einzelheiten hinsichtlich Inhalt und Wirkungsmöglichkeiten untersucht werden soll, seien einige grundsätzliche Überlegungen vorangestellt, um daran anschließend einen systematischen Überblick über das verfügbare Instrumentarium zu gewinnen. Dabei ist vorab auf eine Besonderheit hinzuweisen: Soweit das Instrumentarium über Elemente der konstituierenden **Ordnung** (i.S. einer Liberalisierung des Außenwirtschaftsverkehrs) und der regulierenden **Flankierung** (i.S. einer passiven Anpassung der Binnenwirtschaft an außenwirtschaftliche Prozeßbedingungen) hinausweist und zu einer aktiven **Gestaltung** der außenwirtschaftlichen Transaktionen übergeht - sei es (generell) mit der Absicht der außenwirtschaftlichen Absicherung (mit Blick auf die allokationspoltische oder stabilitätspolitische Zielsetzung), sei es (speziell) mit der Absicht der Verfolgung außenwirtschaftspolitischer Teilziele -, ist es letztlich von der Intention getragen, binnenwirtschaftliche Fehlentwicklungen, die sich bei völlig ungehinderten außenwirtschaftlichen Transaktionen ergeben, durch deren Beeinflussung zu vermeiden (a priori) oder zu korrigieren (a posteriori). Ein Staat erhofft sich von dem Instrumenteneinsatz somit zwar einen (ökonomischen oder sozialen) Vorteil. Betroffen davon sind aber definitionsgemäß in- und ausländische Wirtschaftssubjekte, und der (erhoffte) Vorteil des Inlandes kann gleichbedeutend sein mit einem (potentiellen) Nachteil des Auslandes. Wenn z.B. das Inland versucht, seine Wareneinfuhren zu reduzieren, bedeutet dies logischerweise uno actu eine Reduktion der Warenausfuhr des Auslandes und löst dort unter Umständen Produktions- und Beschäftigungsrückgänge und/oder neuerliche strukturelle Anpassungsprozesse aus, die für das Ausland wieder Anpassungskosten und soziale Lasten begründen können. Dies gilt um so mehr, je breiter die betroffene Produktpalette ist und je erfolgreicher das Instrument eingesetzt wird. Damit ist nicht auszuschließen, daß sich das Ausland mit eigenen außenwirtschaftspolitischen **Abwehrmaßnahmen** wehrt (sog. Retorsion), die die außenwirtschaftspolitische Initiative des Inlands unterlaufen und diese damit funktionslos machen können. Am Ende stände eine Störung der internationalen Arbeitsteilung, und keines der beteiligten Länder hätte davon einen Vorteil, sondern nur Nachteile. Ob solche Gegenmaßnahmen immer gerechtfertigt sind, ist dabei eine völlig offene Frage. Vielfach begründet ein Land, das solche Gegenmaßnahmen ergreift, diese mit dem Hinweis auf „unfaire" Handelspraktiken von Partnerländern; wenn das gleiche Land sich indessen vorbehält, selbst zu definieren, was „unfaire" Handelspraktiken sind, bleibt die latente Gefahr einer Eskalation immer gegeben. Um dies zu vermeiden, werden alle Länder, die stabile außenwirtschaftliche Transaktionen wollen (und diese Stabilität nicht einfach politisch erzwingen können), gleichzeitig daran interessiert sein, daß die Länder ihr Instrumentarium nicht „im Alleingang", sondern auf der Grundlage internationaler Vereinbarungen einsetzen. Diese schränken dann zwar einerseits die nationale Autonomie beim Einsatz außenwirtschaftspolitischer Maßnahmen ein, weil die Staaten an die Verabredungen gebunden sind. Derartige Einschränkungen sind aber andererseits unverzichtbar, wenn es gilt, eine wechselseitig sich konterkarierende Eskalation beim Instrumenteneinsatz zu verhindern und den Wirtschaftssubjekten ein höheres Maß an Sicherheit bei ihren außenwirtschaftlichen Transaktionen (eine unabdingbare Voraussetzung für eine stabile Entfaltung der internationalen Arbeitsteilung) zu vermitteln. Die damit verbundene Integrationsproblematik bedarf noch einer sehr differenzierten Analyse (vgl. Teil C). Hier können einige formale Überlegungen ausreichen; und dabei ist zu differenzieren:

a) Hinsichtlich des **Inhalts** solcher Verabredungen sind Handelsabkommen und Handelsverträge zu unterscheiden. **Handelsabkommen** sind zwischenstaatliche Vereinbarungen, die in der Regel keiner Ratifizierung durch ein Parlament bedürfen und meist nur kurzfristige Geltungsdauer haben. In ihnen wird das zulässige Handelsvolumen zwischen den Ländern vereinbart (Liste von Waren, die zum Handel zugelassen sind, Einräumung von Kontingenten, Festlegung von Kompensationsgeschäften). Ergänzt wird dies meist durch Zahlungs- und Verrechnungsabkommen, die auch sog. „swings" einschließen können, die automatisch eingeräumte Kreditlinien zwischen den Handelspartnern festlegen, wenn es nicht in der relevanten Periode zu einem realen Leistungsausgleich kommt. In diesen Bereich fallen auch sog. Doppelbesteuerungsabkommen, die die Steuerobjekte - Einkommen, Gewinne und Vermögen - unter verschiedene Steuergewalten aufteilen, um Doppelbesteuerungen zu vermeiden, die gerade die Faktorwanderung (Arbeit, Kapital) und die Internationalisierung der Unternehmen erheblich belasten könnten. **Handelsverträge** sind zwischenstaatliche Vereinbarungen, die in der Regel der Ratifizierung durch ein Parlament bedürfen und längerfristige Geltungsdauer haben. Sie enthalten meist grundlegende Vereinbarungen über die wirtschaftlichen Beziehungen zwischen den Ländern: Regeln über den Abbau von Handelshemmnissen (Umfang und Zeitplan), über die Schaffung einer internationalen Währungs- und Wechselkursordnung (Beitrittsbedingungen, Wechselkurskorrekturmöglichkeiten, allgemeine Kreditrichtlinien), sowie über den Diskriminierungsverzicht bei Faktorwanderungen (Freizügigkeit, Niederlassungsrecht, soziale Absicherung, Gleichbehandlung von in- und ausländischen Kapitalanlagen, Patent-, Marken- und Musterschutzregelungen etc.).

b) Hinsichtlich des **Geltungsbereichs** solcher Verabredungen sind bilaterale und multilaterale Vereinbarungen zu unterscheiden. **Bilaterale Vereinbarungen** sind Vereinbarungen zwischen zwei Ländern, die meist den Charakter von Abkommen haben, da diese quantitative Festlegungen enthalten (über Leistungs- und Zahlungsvolumina); sie machen meist spezifisch wechselseitige Zugeständnisse notwendig und sind deshalb nicht notwendigerweise auf mehrere Länder anwendbar. Meist finden derartige Vereinbarungen zwischen Ländern statt, die den Charakter eines Außenhandelsmonopols haben; sie dienen dann der Flankierung der zentralen Planung der Binnenwirtschaft, indem sie zwar partiell Elemente der internationalen Arbeitsteilung in die Planung einfließen lassen, aber gleichzeitig sicherstellen sollen, daß über Kompensations-, Lieferungs-, Verrechnungsabkommen der Leistungs- bzw. Zahlungsbilanzausgleich erreicht wird und somit die binnenwirtschaftliche Planerfüllung gewahrt bleibt. Bilaterale Vereinbarungen können aber auch Vertragscharakter haben und indirekt das Kriterium der Multilateralität erfüllen, wenn in die Verträge sog. Meistbegünstigungsklauseln einfließen und nach Vertragsabschluß bestimmte Zugeständnisse an Drittländer automatisch auch dem Vertragspartnerland zukommen. **Multilaterale Vereinbarungen** sind Vereinbarungen zwischen mehr als zwei Ländern, sei es, daß sie regional (im Rahmen weltwirtschaftlicher Gravitationsfelder) oder weltweit ihren Bezugsrahmen haben. Sie haben meist den Charakter von Verträgen und konzentrieren sich auf die Schaffung von international verbindlichen Handels- und Währungsordnungen, ergänzt durch Regeln über Diskriminierungsverzicht und Gleichbehandlung von Arbeit, Kapital und geistigem Eigentum; meist enthalten derartige Vereinbarungen auch Ausnahme- und Beitrittsbedingungen für jene Länder, die einem solchen Vertragswerk zu einem späteren Zeitpunkt beitreten wollen. Je mehr das Ordnungsmodell einer liberalen Außenwirtschaft dominiert, desto mehr können sich die Vereinbarungen auf Liberalisierungsregeln konzentrieren; je mehr Elemente einer gelenkten Außenwirtschaft zum Tragen kommen, desto mehr müssen die Regeln auch Bestimmungen darüber enthalten, unter welchen Bedingungen (Ausnahmebereiche) ein Land die außenwirtschaftlichen Transaktionen gezielt steuern kann.

Inhalt und Geltungsbereich derartiger Vereinbarungen bestimmen letztendlich Art und Intensität des welt- oder regionalwirtschaftlichen Integrationsprozesses - damit die **Institutionalisierung** der internationalen Arbeitsteilung aber auch die **Einsetzbarkeit** der Instrumente der Außenwirtschaftspolitik.

Zunächst sollen präzisere Vorstellungen darüber entwickelt werden, über welche Instrumente der aktiven außenwirtschaftspolitischen Gestaltung ein Land verfügt und wie die Wirkungsrichtung des Instrumenteneinsatzes zu beurteilen ist. Dabei gilt es erneut zu differenzieren:

a) Gemessen an der **ordnungspolitischen** Ausrichtung sind (unbeschadet der im Grundsatz angestrebten Liberalisierung) zu unterscheiden: **Marktinkonforme Instrumente** sind Instrumente, mit denen der Staat die außenwirtschaftlichen Transaktionen unterbindet oder mengenmäßig reglementiert, somit die individuellen Dispositionsfreiheiten und den Markt als Koordinationsinstrument außer Kraft setzt. **Marktkonforme Instrumente** sind Instrumente, mit denen der Staat die außenwirtschaftlichen Transaktionen über Anreize (incentives bzw. disincentives) zwar zu steuern versucht, dabei gleichzeitig aber die individuellen Dispositionsfreiheiten und den Markt bzw. Marktpreis als Koordinationsinstrument aufrechterhält.

b) Gemessen an der **strategischen** Ausrichtung sind zu unterscheiden: **Realwirtschaftlich orientierte Instrumente** sind Instrumente, die sich auf den realen Austauschprozeß innerhalb der außenwirtschaftlichen Transaktionen (primär den Warenverkehr und - bedingt - den Dienstleistungsverkehr) konzentrieren, insoweit einen begrenzten Ansatzpunkt aufweisen. **Monetär orientierte Instrumente** sind Instrumente, die über die monetäre Grundlage der außenwirtschaftlichen Transaktionen - Devisenvolumen, Devisenkurs - diese zu steuern versuchen; sie weisen insoweit einen breiteren Ansatzpunkt auf, als sie ergänzend auch die rein monetären Transaktionen (v.a. den Übertragungs-, Transfer- und Kapitalverkehr) miterfassen.

Kombinieren wir ordnungspolitische und strategische Ausrichtung, so erhalten wir vier **Grundvarianten**, die nun einer differenzierteren Analyse bedürfen: Realwirtschaftliche, marktinkonforme Instrumente (Verbote, Kontingente - vgl.

B/II); realwirtschaftliche, marktkonforme Instrumente (Exportförderung, Zölle - vgl. B/III); monetäre, marktinkonforme Instrumente (Devisenbewirtschaftung, Kapitalverkehrskontrollen - vgl. B/IV); monetäre, marktkonforme Instrumente (Wechselkurspolitik - vgl. B/V).

Abschließend sei noch auf eine Besonderheit verwiesen: Die aufgelistete Systematik des außenwirtschaftspolitischen Instrumentariums ist nicht vollständig. Daneben sind Maßnahmen zu berücksichtigen, die sich nicht nur auf die außenwirtschaftlichen Beziehungen konzentrieren, sondern diese auch nachhaltig beeinflussen können. Sie sind dennoch wegen ihres spezifischen Charakters der skizzierten Grundstruktur nicht zuzuordnen, weil sie sich einer hinreichenden (qualitativen) Identifizierbarkeit und insoweit auch einer (quantitativen) Bestimmbarkeit entziehen, und bei gegebenen realwirtschaftlichen und monetären Regelungen vermeintlich außenwirtschaftspolitisch „neutral" erscheinen. Man spricht in diesem Zusammenhang vom „**administrativen Protektionismus**", dessen Maßnahmen weder im Inhalt noch in seiner Wirkung hinreichend exakt faßbar sind; nicht umsonst spricht man auch von sog. „nicht-tarifären" Hemmnissen, weil kein zurechenbarer „Tarif" (in Form von Preisen, Kosten, Wechselkursen), der variiert werden kann, erkennbar ist. Deshalb treten sie als außenwirtschaftspolitische Instrumente zwar nicht unmittelbar in Erscheinung, können aber gleichwohl außenwirtschaftspolitisch - mit Blick auf die Wirkung - erheblich relevant werden. Die wichtigsten Ansatzpunkte können sein:

a) Erschwerung des Imports durch entsprechende verwaltungsrechtliche Vorschriften beim **Grenzübergang** von Waren: Schikanöse Vorschriften bezüglich der Einhaltung bestimmter Einfuhrplätze und Transportwege (die dann beliebig „verlängert" werden können); Forderung von Ursprungszeugnissen, Schiffspapieren, Originalfrachtbriefen, Konsulatsbeglaubigungen (mit entsprechend hohen Gebühren); kostspielige Verpackungs-, Markierungs- und Desinfizierungsvorschriften oder allgemeine Produktionsvorschriften (Reinheitsgebot, Beimischungszwang, Umweltauflagen); laufend schwankende Zollermittlungen bzw. Zollberechnungen, die den Importeur über die tatsächliche Zollbelastung im unklaren lassen oder eine zusätzliche (versteckte) Zollbelastung mit sich bringen, wenn statt des Importpreises ein überteuerter Inlandspreis als Referenzgröße für die Zollermittlung herangezogen wird; Zollabfertigungsgebühren (indirekter Zoll); bewußt langsame Zollabfertigung (die den Import von leicht verderblichen Waren praktisch unmöglich macht, zumindest Kapital bindet); staatlicher Prüfungs- und Registrierzwang (mit entsprechenden Gebühren).

b) Weitere Möglichkeiten bestehen darin, die inländischen Verbraucher (beim Kauf) und Produzenten (bei der Weiterverarbeitung) zu beeinflussen, den **Bedarf** aus der inländischen Produktion zu befriedigen: Dies kann von einem generellen „Gefühlsprotektionismus" („Eßt deutsches Obst!") bis zum gezielten Boykott ausländischer Waren gehen. (So verlangte England 1887 die Kennzeichnung deutscher Waren mit „Made in Germany", um diese Produkte ausgrenzen zu können.) Als eine weitere Möglichkeit ist der binnenwirtschaftliche Verwendungszwang zu sehen, der nur dann noch - zumindest außenwirtschaftspolitisch gesehen - marktkonform ist, soweit er sich auf den Staatsbedarf beschränkt, wenn die öffentliche Hand in bewußtem Verzicht auf die Vorteile einer internationalen Arbeitsteilung die Inlandsproduktion bevorzugt, der aber zum außen- und binnenwirtschaftlichen Dirigismus wird, wenn er sich auf die ganze Volkswirtschaft erstreckt und die privaten Wirtschaftssubjekte einem Verwendungszwang von Binnengütern unterwirft.

c) Ein weiteres Mittel, den Import zu beschränken, ist eine indirekte **Subvention** jener Branchen, die mit dem Ausland in Konkurrenz stehen. Über eine differenzierte Tarifpolitik (Eisenbahn, Binnenschiffahrt, Straßennutzungsgebühren etc.) - etwa Verbilligung der Transportkosten für Ausfuhrgüter und Güter der Inlandsproduktion, Verteuerung für Importprodukte - kann eine Diskriminierung der Importwaren gezielt ausgelöst werden. Weitere „qualitative“ Subventionsmöglichkeiten können sich ergeben durch die Schaffung einer Marktordnung, -organisation und -transparenz, die nur Inländer nutzen können und damit gegenüber der Auslandskonkurrenz einen Vorteil erhalten; so ist denkbar (und wird auch praktiziert), daß in das Sortiment des inländischen Handelssystems (Groß- und Einzelhandel) nur inländische Produkte aufgenommen werden, was die ausländischen Konkurrenzprodukte unter Umständen stark benachteiligt, da diese vom Weitervertrieb im Inland ausgegrenzt werden.

d) Während die ersten drei Ansätze in der Gestaltungshoheit der einzelnen Länder verbleiben, fließen zwischenzeitlich zunehmend Elemente des administrativen Protektionismus in Form von sog. „**Exportselbstbeschränkungsabkommen**“ in bilaterale Vereinbarungen ein: Exportländer verpflichten sich hier - offiziell „freiwillig“, faktisch nicht selten unter politischem Druck der Importländer, die wegen mangelnder Konkurrenzfähigkeit bestimmter Branchen massive Strukturkrisen im Inland befürchten -, einem „unkontrollierten“ Warenexport entgegenzuwirken; nicht selten werden auch noch Mindestpreise für die Exportwaren festgelegt, die die Angebotspreise der inländischen Produktion nicht unterschreiten dürfen. Derartige Abkommen sind z.B. bei Baumwoll- und Textilerzeugnissen, Stahlerzeugnissen und im Automobilsektor anzutreffen. Hier ist „offiziell“ zwar keine importbeschränkende Initiative des Inlandes mehr auszumachen; sie besteht aber gleichwohl und kann eine erhebliche importbeschränkende Wirkung auslösen.

Die unzureichende Eindeutigkeit - hinsichtlich Identifizierbarkeit und Wirkung - macht es unmöglich, diese Instrumente einer systematischen Überprüfung zu unterziehen. Teils sind sie darauf angelegt, ausländischen Produkten den Marktzutritt von vornherein administrativ zu verwehren, teils sollen sie über eine entsprechende Kostenbelastung den Marktzutritt de facto erschweren. Sie seien der Vollständigkeit halber erwähnt (zumal sie in ihrer praktischen Bedeutung an Gewicht erheblich gewonnen haben); die nachfolgende Analyse konzentriert sich indessen auf die vier herausgearbeiteten Grundvarianten.

II. REALWIRTSCHAFTLICHE INSTRUMENTE (MARKT-INKONFORME VARIANTEN)

22) GRUNDSÄTZLICHE ÜBERLEGUNGEN

Das hier angesiedelte Instrumentarium hat - materiell betrachtet - einen **realwirtschaftlichen Charakter**, als es unmittelbar auf den Leistungsverkehr - und hier v.a. auf den Warenverkehr - ausgerichtet ist; und es hat - formal gesehen - einen **marktinkonformen Charakter**, als es unmittelbar und direkt über die Mengeneffekte wirkt, während die Preiseffekte für die betroffenen Produkte im In- und Ausland allenfalls eine mittelbare und indirekte Folgewirkung darstellen. Diese Mengen- und Preiseffekte können dann zwar wiederum - über Marktmechanismen - Konsequenzen im In- und Ausland für Konsum, Produktion, Weiterverarbeitung, Verteilung auslösen; für die eigentlichen außenwirtschaftlichen Transaktionen sind aber in jedem Falle die Marktpreise und der Marktmechanismus als Steuerungs- und damit als Koordinationsinstrumente ausgeschaltet. Denn die Mengen werden - direkt - reglementiert. Berücksichtigt man nun aber, daß (wie skizziert) das Instrumentarium aus der Perspektive eines Ordnungsmodells der gelenkten Außenwirtschaft zu sehen ist, so bedarf es noch einer weiteren **Präzisierung** und **Eingrenzung**. Das Instrumentarium ist nämlich unter diesen Voraussetzungen - trotz seines dirigistischen Charakters - konzeptionell (zum einen) nicht darauf angelegt, den gesamten Außenwirtschaftsverkehr über ein Außenhandelsmonopol einer zentralen Lenkung und Kontrolle zu unterwerfen, um eine zentralgelenkte Binnenwirtschaft außenwirtschaftspolitisch abzusichern, sondern es ist eingebettet in eine liberale Wirtschaftsordnung. Damit kann es allenfalls eingesetzt und muß von daher auch analysiert werden bei im Grundsatz vorliegender marktwirtschaftlicher Außen- und Binnenordnung. Hinzu kommt (zum zweiten), daß in diesem Kontext das Instrumentarium auch - gerade wegen seines dirigistischen Ansatzes - seinen globalen Charakter zugunsten einer güter- und/oder länderspezifischen Orientierung verliert. Und genau dies hat zur Konsequenz, daß mit dem hier angesiedelten Instrumentarium keine umfassende allokations- und stabilitätspolitische Zielsetzung mit der Aufgabe einer außenwirtschaftlichen Absicherung verfolgt werden kann. Es ist also konzeptionell nicht darauf angelegt, eine Optimierung des gesamtwirtschaftlichen Allokationsprozesses oder eine Stabilisierung des Zahlungsbilanzgleichgewichts zu übernehmen, weil dann das Instrument gesamtwirtschaftlich ausgerichtet sein müßte, womit der Übergang zum Außenhandelsmonopol - auch bei marktwirtschaftlich orientierter Binnenordnung - wieder fließend werden würde.

Aufgrund dieser Überlegungen konzentriert sich das hier zu analysierende Instrumentarium auf spezifische außenwirtschaftspolitische Einzelziele und deren Lösung. Nach dieser Präzisierung und Eingrenzung ist nun zu differenzieren. Das **Verbot** schließt von vornherein die individuelle Dispositionsfreiheit bei ausgewählten außenwirtschaftlichen Transaktionen aus. Dabei ist es unerheblich, ob der Staat das Zustandekommen dieser außenwirtschaftlichen Transaktionen (per se) verhindern oder diese zumindest in eigene Regie übernehmen will. Das **Kontingent** geht ebenfalls im Grundsatz von einem Verbot aus, legt aber eine administrativ vorgegebene Menge von Gütern fest, über die die Wirtschaftssubjekte im Außenwirtschaftsverkehr frei verfügen können. (Dieser Ansatz kann auch im realwirtschaftlich-marktkonformen Bereich - sog. „Zollkontingente" - bzw. im monetären-marktinkonformen Bereich - sog. „Devisenkontingente" - Anwendung finden; diese Varianten sollen zunächst vernachlässigt bleiben.)

23) DAS AUSFUHR- UND EINFUHRVERBOT

Das **Ausfuhrverbot** legt jene Waren fest, bei denen grundsätzlich und ausnahmslos oder auf bestimmte Länder bezogen den privaten Wirtschaftssubjekten die individuelle Dispositionsfreiheit entzogen ist; der Warenexport ist verboten. Sehen wir aus den gerade skizzierten Gründen von der ordnungspolitischen Zielsetzung sowie von der Zielsetzung einer umfassenden außenwirtschaftlichen Absicherung ab, weil das darauf ausgerichtete Instrumentarium dann mit dem Ordnungsmodell einer gelenkten Außenwirtschaft unvereinbar wäre, bleibt allenfalls eine partielle - länder- und/oder güterspezifische - Anwendung dieses Instruments: Ein Staat legt sog. „Embargo"-Listen fest, die die vom Export ausgeschlossenen Waren enthalten. Dabei werden - um eine Kontrollierbarkeit sicherzustellen - die Produzenten verpflichtet, soweit das Verbot nur länderspezifisch greift, den Verbleib der exportierten Ware durch amtliche Dokumente nachzuweisen. In jedem Falle soll verhindert werden, daß bestimmte Produkte überhaupt oder zumindest in bestimmte Länder ausgeführt werden. Die Gründe für ein solches Ausfuhrverbot können zwar unterschiedlichen Charakter haben, in jedem Falle lösen sie sich aber von der Vorstellung, daß eine allgemeine außenwirtschaftliche Absicherung mit diesem Instrument erreicht werden soll, weil sonst - wie schon erwähnt - der Übergang zum Außenhandelsmonopol fließend und das Ordnungskonzept der gelenkten Außenwirtschaft verlassen würde.

a) Die **prozeßpolitische Zielsetzung**: Danach sollen die Produzenten bestimmter Güter an deren Ausfuhr gehindert werden, um sie gleichzeitig dazu zu zwingen, diese Güter auf dem Binnenmarkt anzubieten. Die Regierung erhofft sich davon einen Preisrückgang für diese Produkte im Inland, eventuell in Verbindung mit einem Abbau der Monopolrenten, wenn Güter in stark konzentrierten Märkten angeboten werden. Ob diese Zielsetzung bei gegebener marktwirtschaftlicher Binnenordnung erreichbar ist, hängt zunächst davon ab, ob die Produzenten ihre Güter wirklich auf dem Binnenmarkt anbieten, ob also eine geringe Angebotselastizität der Inlandsproduktion gegeben ist, das Angebot auch bei Preisrückgang also nur unwesentlich reduziert wird. Selbst wenn dies unterstellbar wäre, dürfen gleichzeitig keine negative Rückwirkungen auf die Produktions- und Investitionsneigung im Inland (wegen Gewinnrückganges) ausgelöst werden; ansonsten drohte Gefahr für Wachstum und Beschäftigung im Inland. Bei aller Plausibilität erscheint diese Zielsetzung nicht überzeugend begründbar.

Denn als Alternative böte sich an, die Binnenproduktion am Weltmarkt anzubieten, und für die Binnenversorgung letztendlich über entprechende Importe die Vorteile der internationalen Arbeitsteilung zu nutzen. Diese Alternative impliziert dann allerdings die Gefahr, daß ein Land mit höheren Importpreisen für dieses Produkt konfrontiert werden kann, als wenn es die Inlandsversorgung aus eigener Produktion sichert.

b) Die **strukturpolitische Zielsetzung**: Danach soll die Versorgung der Binnenwirtschaft mit lebenswichtigen Nahrungsmitteln und/oder Rohstoffen sichergestellt werden. Hier spielt der Autarkiegedanke eine wesentliche Rolle. Dies gilt unmittelbar für die entsprechende nationale Versorgung mit diesen Produkten, hat aber auch mittelbare Bedeutung, wenn im Inland eine an der Nahrungsmittel- oder Rohstoffbasis orientierte weiterverarbeitende Industrie aufgebaut werden soll. Denkbar ist auch, daß ein Ausfuhrverbot für Kapitalgüter und technisches Know-how erfolgt, um zu verhindern, daß im Ausland eine Industrie aufgebaut wird, die dann den inländischen Produzenten - auf den Auslands- sowie auf den Inlandsmärkten - Konkurrenz macht. Diese Zielsetzung erscheint allenfalls dann plausibilisierbar, wenn sie von einer (politisch vorgegebenen) Sicherstellung einer Autarkieposition des Inlands ausgeht, die bei bestimmten Produkten - um jeden Preis - erhalten werden soll; anderenfalls widerspräche sie dem Sinn und Grundsatz der internationalen Arbeitsteilung und wäre allenfalls „temporär“, d.h. mit Blick auf den Zeitbedarf zur Schaffung einer wettbewerbsfähigen Position für die inländische Industrie, die auf eine spezifische Vorproduktversorgung angewiesen ist, zu rechtfertigen.

c) Die **außenpolitische Zielsetzung**: Danach werden bestimmte Güter und/oder Empfängerländer durch ein Exportverbot belegt, um außenpolitische Ziele zu erreichen. Denkbar ist, daß dieses Instrument als taktisches Mittel benutzt wird, um Zugeständnisse bei der Handelsvertragspolitik oder auch bei anderen Verträgen zu erreichen. Im übrigen konzentriert sich das Ausfuhrverbot im Modell der gelenkten Außenwirtschaft v.a. auf die Ausfuhr bestimmter Güter (etwa Waffen und entsprechendes technisches Know-how, einschließlich zu deren Entwicklung geeigneter Vor- und Zwischenprodukte) in Krisenregionen der Welt oder an Länder, gegenüber denen politische Konflikte bestehen. (Zu denken wäre etwa an das „Röhren-Embargo“ der Bundesrepublik Deutschland an die ehemalige UdSSR, oder an frühere NATO-Beschlüsse, bestimmte Waffenexporte an die Ostblockstaaten zu unterbinden.) Ein solches Verbot ist nicht mehr „ökonomisch“, sondern allenfalls „politisch“ zu begründen und entzieht sich - ungeachtet potentieller Gefahren für Wachstum und Beschäftigung - einer ökonomischen Bewertung.

Nimmt man die Zielsetzungen des Ausfuhrverbotes insgesamt, so läßt sich dieses - unter den gegebenen ordnungspolitischen Rahmenbedingungen (gelenkte Außenwirtschaft) - allenfalls temporär und partiell rechtfertigen.

Das **Einfuhrverbot** legt jene Waren fest, bei denen den privaten Wirtschaftssubjekten die individuelle Dispositionsfreiheit im Außenwirtschaftsverkehr ebenfalls entzogen ist; jetzt ist ein Import bestimmter Waren grundsätzlich oder aus bestimmten Ländern verboten. Unter den gegebenen ordnungspolitischen Restriktionen konzentriert sich auch dieses Instrument ausschließlich auf bestimmte Länder und/oder Produkte. Ein dergestalt gezielt eingesetztes Einfuhrverbot kann im Grundsatz drei unterschiedlich denkbare Zielsetzungen verfolgen.

a) Die **strukturpolitische Zielsetzung**: Hier sollen inländische Produzenten vor der ausländischen Konkurrenz über das Einfuhrverbot geschützt werden. Ein solcher Schutz hat freilich nur dann einen ökonomischen Sinn, wenn er zeitlich befristet erfolgt und einen gewünschten Aufbau einer wettbewerbsfähigen Produktionsstruktur (i.S. einer „Erziehungsfunktion") fördern soll. Erfolgt der Schutz „auf Dauer" (i.S. einer „Erhaltungsfunktion"), drohte über die künstliche Aufrechterhaltung nicht-wettbewerbsfähiger Produktionszweige im Inland eine Verzerrung einer ökonomisch sinnvollen Faktorkombination im Inland und überdies einer effizienten weltwirtschaftlichen Arbeitsteilung: Die damit verbundenen „Wohlfahrtsverluste" des Inlands, die letztlich in einem Verzicht auf ein besseres und/oder preisgünstigeres Güterangebot aus dem Ausland bestehen, würden damit festgeschrieben. Das Instrument kann somit keine umfassende Allokationsfunktion (permanenter Schutz der Inlandsproduktion) wahrnehmen; und auch einer Stabilisierungsfunktion (Abbau eines anhaltenden Devisenmangels) könnte es allenfalls befristet gerecht werden, wenn ein Staat nicht eine völlige Abschottung vom Weltmarkt in Kauf nehmen will.

b) Die **fiskalpolitische Zielsetzung**: Hier wird ein Einfuhrverbot meist dann erlassen, wenn der Staat Inlandsmonopole bewirtschaftet und deshalb daran interessiert ist, daß entsprechende ausländische Konkurrenzprodukte nicht eingeführt werden, die dann seine „Monopolrente" infrage stellen könnten. Diese Zielsetzung wird freilich durch ein Einfuhrverbot nur dann erreicht, wenn das öffentliche Inlandsangebot auch wirklich auf eine relativ preisunelastische Inlandsnachfrage stößt. Dies ist bei „freier" Binnennachfrage und der Existenz von Substitutionsprodukten nicht selbstverständlich; es sei denn, der Staat greift zum Verwendungszwang. Doch selbst, wenn die Zielsetzung erreichbar wäre, ist sie für sich genommen nicht unproblematisch. Denn sie erfolgte letztendlich auf Kosten der Nachfrager dieses spezifischen Produkts, denen gegenüber der Staat aus Einnahmegründen einen überhöhten Monopolpreis durchsetzen will. Hier wäre zumindest zu prüfen, ob diese fiskalpolitische Zielsetzung - bei Wahrung der internationalen Arbeitsteilung und dadurch erreichbaren positiven Wachstumsimpulsen, die dann zu höheren Steuereinnahmen führen - nicht angemessener zu erreichen wäre.

c) Die **außen-** und **gesellschaftspolitische Zielsetzung**: Hier wird ein Einfuhrverbot erlassen, wenn der Staat aus meta-ökonomischen Gründen die Einfuhr von bestimmten Waren, deren Herstellung binnenwirtschaftlichen Restriktionen unterliegt, verhindern will, um zu vermeiden, daß diese binnenwirtschaftlichen Restriktionen unterlaufen werden. Dazu zählen insbesondere Güter, die die innere Sicherheit (Einfuhrverbot von Waffen, Rauschgift) und/oder die die öffentliche

Gesundheit (Einfuhrverbot für Tiere und Lebensmittel, die den veterinärpolizeilichen Vorschriften oder Lebensmittelverordnungen nicht entsprechen) gefährden. In die vergleichbare Richtung zielt das Bemühen, die Einfuhr außenpolitisch zu instrumentalisieren, indem ein Staat Waren aus bestimmten Ländern boykottiert, um diese zu einem bestimmten politischen Verhalten - etwa: Wahrung der Menschenrechte oder Einhaltung von vertraglichen Verpflichtungen - zu veranlassen. Auch hier gilt, daß ein derartiges Verbot nicht mehr „ökonomisch", sondern allenfalls „politisch" zu begründen ist und sich insoweit ebenfalls einer wissenschaftlichen Analyse entzieht.

Ausfuhr- und Einfuhrverbot ist gemeinsam, daß sie die internationale Arbeitsteilung außer Kraft setzen. Dies erscheint allenfalls dann vertretbar, wenn vor allem die **außen-** oder **gesellschaftspolitische Zielsetzung** dominiert, weil dann nur ein spezifisches (in der Regel eng begrenztes) Warensortiment betroffen und die Gefahr einer dirigistischen Eigendynamik in Richtung einer zentralen Lenkung der Außen- und Binnenwirtschaftsordnung nicht unbedingt unterstellbar ist. Die Beeinträchtigung einer unbegrenzten Binnenversorgung (beim Einfuhrverbot) bzw. einer ansonsten möglichen Produktions- und Beschäftigungssteigerung (beim Ausfuhrverbot) wäre zwar nicht auszuschließen, müßte aber als „Preis" für die meta-ökonomische Zielsetzung hingenommen und dann für den Staat als „Verpflichtung" gesehen werden, mögliche Fehlentwicklungen auf andere Weise zu kompensieren.

Differenzierter ist die Situation zu sehen, wenn der Staat mit dem Aus- und Einfuhrverbot **ökonomische Ziele** verfolgt, auch wenn diese nicht eingebettet sind in eine zentrale Steuerung der Außen- und/oder Binnenordnung. Selbst wenn auch hier nur ein begrenztes Warensortiment betroffen wäre, eine dirigistische Eigendynamik deshalb also ebenfalls - zumindest theoretisch - ausgeschlossen werden könnte, bliebe die ökonomisch fragwürdige Tendenz, auf die Vorteile der internationalen Arbeitsteilung zu verzichten. Hier wäre dann der Punkt erreicht, wo der Staat auf bestimmte außenwirtschaftliche Transaktionen nicht per se verzichten, sondern nur die privatwirtschaftliche Trägerschaft dieser Transaktionen verhindern will. Das Aus- und/oder Einfuhrverbot wird dann von einem Staat in der Absicht erlassen, bestimmte außenwirtschaftliche Transaktionen in eigene Regie zu übernehmen, um - einerseits - einer mangelnden Autarkie Rechnung zu tragen, und um - andererseits - die außenwirtschaftlichen Transaktionen dennoch direkt und unmittelbar steuern zu können, weil Marktversagen befürchtet wird. An die Stelle des freien Marktmechanismus sowie der völligen Abschottung des Inlands vom Weltmarkt treten die internationalen **Warenabkommen**, die die internationalen realen Transaktionen zwar (sachlich) aufrechterhalten aber gleichzeitig (ordnungspolitisch) reglementieren sollen. Derartige Abkommen haben dann zum Ziel, eine administrative Regulierung des Marktes - für ein oder mehrere Produkte, zwischen zwei oder mehreren Ländern - zu erreichen.

Die Gründe, die zum Entstehen solcher Abkommen führen, ergeben sich aus der folgenden Konstellation: Einerseits müssen die beteiligten Länder anerkennen, daß ihnen die Voraussetzung für eine Aufrechterhaltung der Autarkie fehlt, weil sie einen unabweisbaren Bedarf an bestimmten Gütern haben, aber über diese oder über entsprechende Produktionsmöglichkeiten nicht verfügen, so daß sich hieraus eine Importnotwendigkeit ableitet, ein Importverbot also sinnlos wäre. Bei gegebener Importnotwendigkeit sind nun aber andererseits die Länder auf den Export bestimmter Güter (bei Monostrukturen oft einzige Deviseneinnahmequelle) angewiesen, weshalb ein Exportverbot mindestens ebenso fragwürdig wäre. Aufgrund dieser beiden Tatbestände sind zunächst also diese Länder gezwungen, für bestimmte Güter den Import und den Export aufrechtzuerhalten. Dennoch kann sich jedoch die Notwendigkeit ergeben, die zur Finanzierung des Importbedarfs notwendigen Exporte der privaten Disposition zu entziehen und mengenmäßig zu reglementieren. Zwei grundsätzliche Aspekte können es nämlich problematisch erscheinen lassen, den Export den privaten Wirtschaftssubjekten - damit also einem freien internationalen Marktmechanismus - zu überlassen.

a) Denkbar ist, daß sich ein anhaltendes oder gar steigendes **strukturelles Mißverhältnis** in den Entwicklungstendenzen von **Produktions-** und **Absatzvolumen**, insbesondere bei bestimmten Rohstoffen oder Grundnahrungsmitteln, herausbildet. Das Problem der Reglementierungsnotwendigkeit bestände so lange nicht, wie der weltwirtschaftliche Bedarf (Nachfrage) der inländischen Produktion (Angebot) vorauseilt oder im Gesamtvolumen zumindest entspricht, ein Mißverhältnis zwischen (zu hohem) Angebot und (zu niedriger) Nachfrage allenfalls einen kurzfrstig schwankenden, konjunkturbedingten, Charakter hätte. Wenn indessen aufgrund von Rationalisierung und technischer Weiterentwicklung die Produktionskapazität in den Anbieterländern (Nahrungsmittel- oder Rohstoffländer) systematisch steigt, während es auf der Nachfrageseite (Abnehmerländer) zu Bedarfsrückgängen kommt, sei es aufgrund von Einsparungen, sei es aufgrund der Entwicklung einer Substitutionsgüterindustrie, kann sich ein solches strukturelles Mißverhältnis herausbilden. Preiseinbrüche für die Exportprodukte des Inlands drohen; es entsteht die Gefahr eines Rückgangs des realen Austauschverhältnisses, wenn die Angebotspreise bei anhaltendem Angebotsüberhang permanent fallen. (Diese Gefahr des t.o.t.-Rückganges verschärft sich noch, wenn die Anbieterländer für ihren eigenen Bedarf steigende Importpreise zahlen müssen.)

b) Die mangelnde **Angebotselastizität** in den Herstellerländern in Bezug auf die Preisentwicklung kann das Problem noch verschärfen. Hier geht es darum, daß die Erzeugung bestimmter land- und forstwirtschaftlicher Produkte sowie der Abbau bergbaulicher Erzeugnisse oder Rohstoffe spezifischen produktionstechnischen Bedingungen unterliegen, die das Angebot preisunelastisch gestalten und damit ein marktgerechtes Verhalten zumindest kurzfristig unmöglich machen. Eine Angebotssteigerung ist bei Preisanstieg nur langfristig und meist nur mit einem erheblichen Investitionsaufwand möglich, da das Angebot kurzfristig von Klima, Witterung, Ernte- und Abbaumöglichkeiten bestimmt wird. Eine Angebotsreduzierung ist bei Preisrückgang kurzfristig teilweise gar nicht möglich (die Ernte ist da), oder sie ist - wegen der hohen Kapitalintensität der Produktion in

Verbindung mit spezifischen Produktionsbedingungen (z.B. im Bergbau oder der Rohölförderung) - zumindest mit hohen Stillegungskosten verbunden. So wird trotz Preis- und Absatzrückgang weiter abgebaut und produziert, was Überproduktion und kostspielige Erzeugervorräte entstehen läßt. Ist die **Nachfrageelastizität** in den Abnehmerländern in Bezug auf die Preisentwicklung nun ebenfalls gering, kommt es definitiv zu Rückgängen bei den Deviseneinnahmen der Herstellungsländer.

Diese beiden Gründe - gerade in ihrem Zusammenwirken - bieten häufig einen durchaus plausiblen Anlaß für eine güterspezifische **Reglementierung** des **Außenhandelsverkehrs**. Dies gilt gerade dann, wenn die Alternative - in den Anbieterländern einen strukturellen Anpassungsprozeß einzuleiten - allenfalls langfristig realisierbar und mit hohen Anpassungskosten verbunden ist. Dabei kann der Reglementierungsbedarf noch zusätzlich begründet werden, wenn weitergehende Überlegungen eine Rolle spielen: Dies gilt - zum einen -, wenn eine privatwirtschaftliche Beeinflussung des Weltmarkts wegen eines zu geringen Weltmarktanteils eines Landes an einem bestimmten Produkt nicht erfolgversprechend ist, oder - zum zweiten -, wenn ein privates Produktionskartell wegen der Zersplitterung des Angebots auf viele Produzenten und dem dann drohenden Außenseiterproblem nur bedingt funktionsfähig ist.

Damit sind die (möglichen) Gründe für das Zustandekommen solcher internationaler Abkommen umrissen. Sie sind ihrem Wesen nach Kartelle (und wurden auch lange Zeit als solche behandelt: Weltwirtschaftskonferenz von 1927), wenn sie auch nicht den Charakter eines privaten Kartells haben. Der Effekt ist in jedem Falle gleich. Daraus resultiert die Kritik, derartige Abkommen würden den freien Welthandel unterbinden. Diese Kritik mag einerseits formal berechtigt sein; ihr steht aber andererseits materiell die Tatsache gegenüber, daß sie für viele Länder - gerade wenn die beiden skizzierten Voraussetzungen gegeben sind - zur Existenznotwendigkeit werden können. Theoretisch sind zwei Formen zu unterscheiden: Einmal reine **Produzentenabkommen**, zum zweiten Abkommen unter Einschluß der **Verbraucherländer**. Beide Abkommen haben zum Ziel, durch Marktregulierung eine langfristige und tragfähige Anpassung von Angebot und Nachfrage im Interesse einer Preisstabilisierung zu erreichen, wobei diese Zielsetzung naturgemäß noch durch das Bemühen seitens der Anbieterländer flankiert wird, im Interesse der (Devisen-)Einnahmenerhöhung den Preis für das Produkt möglichst hoch zu „stabilisieren". Die Durchführung der Warenabkommen kann verschieden erfolgen; bei allen Maßnahmen ist jedoch der dirigistische Charakter unverkennbar.

a) Auf der Exportseite werden **Exportkontrollpläne** erstellt, die den Produzenten Lizenzen zuteilen, die allein zum Export berechtigen. Ferner können Exportzölle erhoben werden, die theoretisch marktkonform wären, faktisch aber so hoch angesetzt werden müssen, daß sie prohibitiv wirken und den privaten Export letztlich unterbinden. Dann besteht zwar - im Grundsatz - die Möglichkeit, daß im produzierenden Land ein freier Markt für das Produkt aufrechterhalten werden könnte, der aber dann (bei freien Preisen) einen Preis- und Produktionsrückgang auslösen bzw. (bei garantierten Absatzpreisen) zu erheblichen Produktionssteigerungen führen könnte. Übersteigen diese die mobilisierbare Nachfrage, entstehen Produktionsüberschüsse mit Kosten für Ankauf und Lagerung (Bildung von sog. Stabilisierungsläger), die dann der Staat tragen müßte, bis er sich schließlich doch zum Eingriff veranlaßt sähe und zum letzten Mittel greift: der unmittelbaren Produktions- und An- bzw. Abbauregulierung, um das Angebot des Landes auf den inländischen Bedarf abzustimmen. Das Warenabkommen könnte am Ende doch eine in die Binnenwirtschaft ausstrahlende dirigistische Eigendynamik erfahren.

b) Auf der Importseite entstehen für die Importländer **Abnahmeverpflichtungen** (meist in Verbindung mit bestimmten Mindestpreisen). Die Staaten wickeln diese entweder über Einfuhrmonopole ab oder gewähren an die Importeure Importlizenzen (meist in Verbindung mit Importsubventionen, um die Ausschöpfung der Lizenzen sicherzustellen). Dies kann indessen, soweit der Absatz im Importland wegen marktwirtschaftlich orientierter Binnennachfrage nicht gesichert ist, zur (haushaltspolitisch teuren) Beteiligung an den Kosten für Ankauf und Lagerung solcher Produkte oder - soweit dies an Grenzen stößt - zum Verwendungszwang der Importgüter in Verbindung mit Verwendungsverbot oder -einschränkung alternativer Substitutionsgüter führen. Eine solche Entwicklung kann im Importland dann ebenfalls eine eigendynamische dirigistische Fernwirkung haben, die dann notwendigerweise auf die Binnenwirtschaft ausstrahlt.

In jedem Falle schalten die Warenabkommen einen internationalen Marktmechanismus aus und versuchen, Angebot und Nachfrage zu bestimmten Preisen administrativ abzustimmen. Der Erfolg dieser Abkommen ist skeptisch zu beurteilen. Dies gilt vor allem dann, wenn die Abkommen primär das Produzenteninteresse im Auge haben (hohe Preise), was die Anpassung des eventuell bereits überhöhten Angebots an die eventuell zu geringe Nachfrage erschwert, zumal die Produktionsbedingungen ihrerseits schon Probleme mit sich bringen, wenn die Angebotselastizität gering ist. Damit ist die Gefahr zumindest nicht auszuschließen, daß die erstrebte Preisstabilisierung mit ineffizientem **Faktoreinsatz**, teurer **Vorratshaltung** und wachsendem **Dirigismus** erkauft würde, was letztlich die ökonomisch effiziente weltwirtschaftliche Arbeitsteilung eher behinderte als förderte. Ob dieser Preis gezahlt werden sollte, wird spätestens dann zu einer politischen (Wert-)Entscheidung, wenn gerade in den Herstellerländern spezifische Produktionsbedingungen (Monostruktur) bestehen und gleichzeitig ein Spektrum von Zielsetzungen (Beschäftigung, Entwicklung, Deviseneinnahmen etc.) dominiert, das von einer marktwirtschaftlichen Form der internationalen Arbeitsteilung ohne solche Abkommen aber unter Umständen gefährdet wäre. Diese Frage muß noch einmal aufgegriffen werden, wenn die Probleme zu analysieren sind, die sich aus den Forderungen der Entwicklungsländer nach einem sog. „Integrierten Rohstoffprogramm“ im Rahmen einer „Neuen Weltwirtschaftsordnung“ ergeben (vgl. dazu später).

24) DAS AUSFUHR- UND EINFUHRKONTINGENT

Das Kontingent geht im Grundsatz von einem staatlichen Ausfuhr- bzw. Einfuhrverbot aus, läßt aber eine frei verfügbare Obergrenze für private Ausfuhr- und Einfuhrdispositionen zu. Die Obergrenze - meist für eine bestimmte Zeitperiode festgelegt - bestimmt sich entweder in Mengeneinheiten eines Produkts (Stückzahl, Volumen, Gewicht - wir erhalten hier das **Mengenkontingent**); oder sie wird in Werteinheiten für ein Produkt definiert (Menge mal Preis - wir erhalten hier das **Wertkontingent**). Liegt der zweite Fall vor, beschränken wir uns auf das Einfuhrkontingent, und wird der Preis in Auslandswährung festgelegt, geht das Wertkontingent in ein **Devisenkontingent** über (der Staat weist Devisen zu); dieses wird einerseits damit zu einem Unterfall des Wertkontingents, hängt aber andererseits von der Ausgestaltung der Devisenbewirtschaftung ab und soll deshalb erst in diesem Zusammenhang behandelt werden. Nicht berücksichtigt werden überdies **Zoll-** und **Reservekontingente**: In diesen beiden Fällen ist der Ausgangspunkt nicht ein Außenhandelsverbot; vielmehr sind die Außenhandelsbeziehungen im Grundsatz frei und werden allenfalls mit einem Zoll belastet (an die Stelle der marktinkonformen Mengenpolitik tritt die marktkonforme Preispolitik). Das Zollkontingent legt dann jene Mengen von Waren fest, die zollfrei sind oder mit einem - gemessen an der allgemeinen Zollbelastung geringeren - Vorzugszoll belastet werden; formal werden hier zwar auch Mengen der begünstigten Ware festgelegt, die Höhe der definitiven Importmenge hängt aber nicht von der Mengenfixierung (als solcher) ab, sondern von der Preiswirkung des Zolls, weshalb das Zollkontingent kein Instrument der marktinkonformen Mengenpolitik ist. Das Reservekontingent geht zunächst ebenfalls von einer reinen Zollbelastung aus und wird erst dann eingeführt, wenn die über die Preiswirkung intendierten Mengeneffekte der Zollpolitik nicht erreicht werden; es hat insoweit allenfalls Potentialcharakter, unterscheidet sich in der Wirkungsweise - bei Einführung - dann aber nicht mehr von den „normalen" Einfuhrkontingenten.

Grundsätzlich kann das Instrument der Kontingentierung sowohl die Ausfuhr als auch die Einfuhr von Waren betreffen. **Ausfuhrkontingente**, wonach die Ausfuhr im Grundsatz verboten, aber bestimmte Mengen- oder Wertkontingente für die Ausfuhr freigegeben werden, liegen relativ selten vor. Wollte man damit eine umfassende **allokationspolitische Zielsetzung** erreichen, ginge die Kontingentierung in ein Außenhandelsmonopol über, wonach allenfalls jener Teil des Leistungsangebots des Inlands für den Export freigegeben würde, das für Aufbau und Entwicklung einer Binnenstruktur verzichtbar wäre. Bei freier Binnenordnung und hoher Preiselastizität der Inlandsproduktion wäre dann aber zu befürchten, daß - bei unterstellbarem Preis- und Gewinnrückgang - das Leistungsangebot eher reduziert würde. Die eigentliche Zielsetzung (bessere Inlandsversorgung) würde gefährdet, was weitere Kontingentskürzungen provozieren könnte. Am Ende bliebe es beim totalen Ausfuhrverbot, das spätestens dann mit Produktionsgeboten im Inland einhergehen müßte, wenn die gewünschte Inlandsversorgung gefährdet würde. Wollte man eine umfassende **stabilitätspoliti-**

sche Zielsetzung erreichen, und mit dem Kontingent inflationsträchtige Ausfuhrüberschüsse unter Kontrolle halten, müßte auch diese Strategie rasch an Grenzen stoßen, wenn die aufgrund des Ausfuhrkontingents im Ausland nicht mehr absetzbaren Produkte der Inlandsproduktion im Inland zusätzlich angeboten würden und Preisrückgänge auslösten, die in der weiterverarbeitenden Industrie zu Kostenrückgängen führten, weitere Preissenkungen möglich machten und somit wegen Verbesserung der internationalen Wettbewerbsfähigkeit und - dadurch ausgelösten - anhaltenden oder gar steigenden Leistungsbilanzüberschüssen eine weitere Kontingentskürzung notwendig machten. Der Allokationseffekt setzte also zumindest eine geringe, der Stabilitätseffekt eine hohe Preiselastizität der Inlandsproduktion voraus. Immer würde aber die internationale Arbeitsteilung belastet. Sinnvoller und mit dem Modell einer gelenkten Außenwirtschaft eher vereinbar wäre es deshalb, diese Ziele mit einer Strategie der gezielten Importerleichterung, die die Möglichkeiten der internationalen Arbeitsteilung ausschöpft, zu erreichen. Deshalb finden Exportkontingente meist nur dann Anwendung, wenn ein Land für spezifische Produkte (Lebensmittel, Rohstoffe) eine (Mindest-)Binnenversorgung anstrebt bzw. eine auf der Basis dieser Produkte weiterverarbeitende Industrie schaffen oder erhalten will. Vorausgesetzt, die Angebotselastizität ist gering, hätte diese Strategie dann gegenüber der Importstrategie unter Umständen den Vorzug, daß die weiterverarbeitende Industrie eher die Chance hätte, die Vorprodukte wegen der Exportbeschränkung in größerem Volumen und zu geringeren Preisen zu beziehen. Exportkontingente können aber auch dann Anwendung finden, wenn ein Land - jetzt aus der Sicht des Interesses potentieller Importländer, von denen es ansonsten anderweitige Sanktionen befürchten müßte - die Ausfuhr bestimmter Waren unter „Kontrolle" halten will (oder halten muß); der Übergang zur „freiwilligen" Exportselbstbeschränkung wird hier fließend. Beide Ziele sind plausibilisierbar und - so lange sie keine dirigistische Eigendynamik entfalten - mit dem Modell der gelenkten Außenwirtschaft vereinbar. Doch die Gefahr der Kontraproduktivität bei hoher positiver Angebotselastizität der Inlandsproduktion (Gefahr für Versorgung, Wachstum und Beschäftigung) wäre allerdings nie auszuschließen.

Unterstellen wir, daß Ausfuhrkontingente relativ selten und die freiwilligen Exportselbstbeschränkungen, soweit sie sich auf Abkommen stützen, auch als Importkontingente interpretierbar sind, erhält das **Einfuhrkontingent** den eigentlichen Bedeutungswert. Danach ist die Einfuhr im Grundsatz zwar verboten, bestimmte Volumen- oder Wertkontingente, bezogen auf eine bestimmte Kontingentsfrist, sind für die Einfuhr aber freigegeben. Im folgenden gilt es, das Einfuhrkontingent hinsichtlich Technik, Vorteile und Probleme differenzierter zu prüfen.

a) Was zunächst die **Anwendungstechnik** angeht, sind drei Grundformen zu unterscheiden:

- Das **Globalkontingent**: Hier wird nur die mögliche Gesamteinfuhr eines Produkts (mengen- oder wertmäßig) für ein Land administrativ festgelegt. Der

Staat will damit nicht nur eine weitgehende Erhaltung des Wettbewerbs zwischen ausländischen Anbietern (Exporteure) und inländischen Nachfragern (Importeure), wenngleich auch nur innerhalb der dirigistisch vorgegebenen Mengen- oder Wertreglementierung, gewährleisten und eine Gleichbehandlung der am Außenhandelsverkehr beteiligten Wirtschaftssubjekte bzw. Partnerländer sicherstellen. Bei aller Plausibilität dieser Überlegungen hat das Globalkontingent aber auch seine Schwächen. Sie wurzeln eben in der Globalität der Anwendung, die für die Importeure Risiken impliziert und damit Probleme aufwirft. Zunächst **Stabilitätsprobleme**: Bei Eröffnung der Kontingentsperiode erfolgt ein „run" der Importeure, die sich möglichst viel Importe sichern wollen; eine Marktüberschwemmung, in Verbindung mit einem Preisverfall, kann die Folge sein. Ist die Preiselastizität der Binnennachfrage hoch, läßt sich der Umsatzerlös - über positive Mengeneffekte - noch stabilisieren; anderenfalls entstehen für die Importeure Verluste. Gegen Ende der Periode halten sich die Importeure eher zurück, unter Umständen mit der Folge eines Preisanstiegs und einer Unterversorgung des Inlands mit dem kontingentierten Produkt. Sodann **Wohlfahrtsprobleme**: Sie entstehen ganz vordergründig dann, wenn Teile der Importware wegen Absatzmangel verderben (z.B. Obstschwemme), oder wenn Teile der Importware wegen Überschreiten der Kontingentsgrenze zurückgesandt werden müssen. Denn die Kontingentsgrenze mag dem Importeur zeitlich und volumenmäßig bekannt sein; nicht unbedingt bekannt ist ihm, ob das Kontingentsvolumen bei seinem Vertragsabschluß bereits ausgeschöpft ist. Wohlfahrtsprobleme entstehen überdies dann, wenn die Importeure (bei Eröffnung der Kontingentsperiode) eher auf zügige Liefermöglichkeit denn auf Preiswürdigkeit und/oder Qualität des kontingentierten Produktes achten. Schließlich **Ordnungsprobleme**: Sie entstehen grundsätzlich schon deshalb, weil ein hohes Maß an staatlicher Verwaltung und Überwachung erforderlich ist (systematische Importregistrierung und Zuteilung von Importmöglichkeiten bis zum Erreichen der Kontingentsgrenze), um sicherzustellen, daß die Kontingentsgrenze - zeitlich und quantitativ - auch eingehalten wird. Hinzu kommt ein weiteres (Markt-)Ordnungsproblem: Bei dem Bemühen, einen hohen Kontingentanteil zu erhalten, werden eher Großunternehmen mit hoher Kapital- und Kreditbasis, um Risiken aufzufangen, sowie mit einem großen Mitarbeiterstab, um Anträge frist- und sachgerecht zu bearbeiten, begünstigt und damit der Konzentrationsprozeß in einer Volkswirtschaft zusätzlich erleichtert. Diese Probleme haben zu einer zweifachen Differenzierung des Globalkontingents geführt.

- Das **Individualkontingent**: Hier wird das Globalkontingent nach Importeuren differenziert, somit der freie Wettbewerb der Importeure um eine Quote am Globalkontingent ausgeschaltet, indem die einzelnen Importeure bestimmte (Individual-)Kontingente zugeteilt bekommen: Sei es in Form von Importlizenzen (gegen Lizenzgebühr), sei es in Form von Importbewilligungen (ohne Gebühr), sei es in Form von Devisenkontingenten (wo eine länderspezifische Differenzierung noch zusätzlich berücksichtigt werden kann). Mit dieser Variante können zwar über die formale Risikovermeidung die stabilitäts- und wohlfahrtspolitischen Probleme des Globalkontingents vermindert werden. Wenn allerdings an die Stelle des Wettbewerbs um die Quote nun die Zuteilung der Quote tritt, ergeben sich neue Probleme, die mit der Frage der angemessenen Quotenzuteilung entstehen. Beschränkt man sich auf die rein **administrative Zuteilung**, so ist ein Dirigismus angelegt, der mit dem Ordnungsmodell einer gelenkten Außenwirtschaft kaum vereinbar ist und (möglicherweise) Willkür, Mißbrauch und Korruption einschließt, zumindest zur Vermeidung derartiger Nebeneffekte einen hohen administrativen Aufwand und damit steigende zusätzliche Bürokratiekosten aufwirft. Eine rein willkürliche Zuteilung mag sich zwar begrenzen lassen; doch dieses Anliegen wirft neue Probleme auf. Eine Zuteilung nach dem **Antragszeitpunkt** (sog. Windhundverfahren) begünstigt wiederum Großunternehmen, die eher die organisatorischen Voraussetzungen (rasche Beantragung) mitbringen, und versetzt diese in die Lage, andere Importunternehmen aus dem Markt zu verdrängen. Eine Zuteilung nach **„historischen" Quoten** zementiert die gegebene Unternehmensstruktur und verhindert „new-comers"; oder sie müßte, um dieses zu vermeiden, mit der Veränderung des Zuteilungsschlüssels den Nachweis führen, daß die „new-comers" leistungsfähiger sind, was allerdings eine Branchenkenntnis voraussetzt, die von der staatlichen Bürokratie kaum zu erbringen ist. Eine Verknüpfung der Kontingentszuteilung mit **Importlizenzen** erscheint zwar auf den ersten Blick marktgerechter, weil der Quotenzuteilung (seitens des Staates) eine finanzielle Leistung (seitens des Importeurs) gegenübersteht; doch dann werden die Einfuhrrechte zum Wertobjekt, das die kapitalkräftigen Großunternehmen begünstigt und wegen Veräußerbarkeit und Kapitalisierbarkeit dieser Einfuhrrechte die Konzentrationstendenz wieder fördert.

- Das **Länderkontingent**: Hier wird das Globalkontingent über eine Ausschreibung von Länderkontingenten nach Ausfuhrländern differenziert und somit der freie Wettbewerb der Importeure um die für sie am günstigsten erscheinende Bezugsquelle ausgeschaltet. Dies erfolgt ebenfalls in Form von Importlizenzen, Importbewilligungen oder Devisenkontingenten, wobei dann vom Importeur bestimmte Ursprungsnachweise gefordert werden, um die Einhaltung der Länderkontingente sicherzustellen. Mit dieser Variante können zwar ebenfalls die stabilitäts- und wohlfahrtspolitischen Probleme des Globalkontingents vermieden werden. Hinzu käme als weiterer Vorteil, daß das Länderkontingent auf eine länderspezifische Devisenlage des Importlandes zugeschnitten werden könnte: Einführung des Kontingents (Einfuhrfreigabe) gegenüber jenen Ländern, bei denen das Importland eine Devisenknappheit (einen Devisenüberschuß) aufweist. Eine derartige länderspezifische Devisenungleichgewichtslage wäre nur dann kein devisenpolitisch relevantes Problem, wenn eine völlige Währungskonvertibilität und damit eine beliebige Austauschbarkeit zwischen Drittwährungsländern sichergestellt wäre; anderenfalls ist eine Verrechnung länderspezifischer Überschuß-Defizit-

Konstellationen nicht möglich. Trotz dieser Vorteile enthält das Länderkontingent das erhebliche Problem, daß es - wenn es nicht in eine wechselseitige Handelsvertragspolitik eingebaut ist - zur **Länderdiskriminierung** führt. Diese ist zwar beim Globalkontingent auch nicht völlig ausgeschaltet, wenn das Erfordernis einer raschen Kontingentsausnutzung - wegen geringerer Informations- und Transportzeit - Nachbarländer oder tradierte Bezugsländer begünstigt; aber diese Diskriminierung ist im Globalkontingent zumindest nicht von vornherein angelegt. Beim Länderkontingent ist genau dies der Fall; und damit ist hier letztlich das Problem eines angemessenen Länderschlüssels aufgeworfen: Historische Quoten vernachlässigen die Tatsache, daß sich weltwirtschaftliche Angebots- und Preisstrukturen verändern können. Eine Zementierung von Länderanteilen wäre dann wohlfahrtspolitisch ebenso bedenklich wie die Gefahr, daß Länder, die über einen „gesicherten" Export in das kontingentierende Inland verfügen, den Anreiz verlieren, Produkt- oder Prozeßinnovationen durchzuführen. Und nicht zuletzt drohte die Gefahr, daß die diskriminierten Länder zu Retorsionsmaßnahmen greifen und den vom Inland erhofften Wohlfahrtseffekt noch zusätzlich negativ tangieren.

b) Unbeschadet der Anwendungstechnik gilt auch für das Einfuhrkontingent, daß die Absicht, es zur allgemeinen außenwirtschaftlichen Absicherung heranzuziehen, einen fließenden Übergang zum totalen Außenhandelsmonopol auslösen könnte. Dies gälte zum einen für die **allokationspolitische Zielsetzung**, wenn nur jene Leistungsimporte freigeben würden, die für die binnenwirtschaftliche Entwicklung unverzichtbar wären. Dies gälte zum zweiten für die **stabilitätspolitische Zielsetzung**, wenn man sich davon die Vermeidung (bzw. den Abbau) von Zahlungsbilanzdefiziten erhoffte. Beide Ziele implizierten spätestens dann ordnungspolitische Fehlentwicklungen, wenn die Kontingente eine systematische Ausweitung erfahren müßten. Grundsätzlich machte das Einfuhrkontingent nur dann einen Sinn, wenn es - einerseits - eingesetzt wird zur gezielten Absicherung bestimmter Branchen oder Produktionen, die vor einer qualitativ und/oder preislich überlegenen Auslandskonkurrenz geschützt werden sollen, um sie aus politischen Gründen im Land zu erhalten, oder um aus ökonomischen Gründen zu große Strukturkrisen zu vermeiden, zumindest einen Zeitbedarf für strukturelle Anpassungsprozesse zu gewinnen. Und diese Absicherung ginge dann - andererseits - einher mit der Chance, eine zusätzliche Versorgung im Inland sicherzustellen, die über das Volumen hinausgeht, das bei völliger Autarkie erreichbar wäre. Beide Argumente, zusammengenommen, legen aus plausiblen Gründen eine ergänzende, aber auch hinreichend exakt mengenmäßig kontrollierbare Importmenge nahe. Und gerade mit Blick auf eine derartige **partiell-protektionistische Schutzfunktion** hat deshalb das Einfuhrkontingent nicht unwesentliche Vorteile gegenüber dem Zoll, der im Prinzip auch von der Intention getragen ist, eine solche Schutzfunktion zu übernehmen (zu Einzelheiten vgl. später):

- Gemessen an der **Einsatzfähigkeit** ist, im Gegensatz zur Zollpolitik, in Demokratien das Einfuhrkontingent ein Verwaltungsakt, insoweit rasch und flexibel einsetzbar und auch (bei Bedarf) variierbar. Die Zollpolitik ist demgegenüber meist Angelegenheit eines Gesetzgebungsverfahrens: Parlamentsbeschlüsse (gerade wenn noch Ausschüsse angehört werden müssen) sowie ihre verwaltungsmäßige und technische Umsetzung brauchen Zeit; dies gilt auch dann, wenn eine Regierung über eine Zoll-„Ermächtigung" verfügte, weil diese oft nur innerhalb bestimmter Grenzen (Zollober- bzw. -untergrenzen) relevant wird. Bedarf es nun aber zur Wahrung eben dieser partiell-protektionistischen Schutzfunktion einer raschen und flexiblen Reaktion des Inlands, kann der Zollschutz schon allein aus technischen Gründen versagen; das Einfuhrkontingent ist in diesem Falle - ungeachtet der grundsätzlichen Probleme, die bei der Anwendungstechnik entstehen - rascher und flexibler anwendbar.

- Gemessen an der (konzeptionellen) **Einsatzwirkung** ist, im Gegensatz zur Zollpolitik, das Einfuhrkontingent - gerade aufgrund seiner Eigenschaft als direkte und unmittelbare Mengenregulierung - in seiner realen Importmengenwirkung eindeutig berechenbar; die zugelassene Importmenge ist schließlich definitionsgemäß festgelegt. Demgegenüber erfolgt die Mengenwirkung des Zolls - wie noch zu zeigen ist - über den Einfuhrpreis; sie hat nur einen indirekten und mittelbaren Charakter: Die Importmenge hängt dann von den gegebenen Marktbedingungen im Ausland und Inland (Preisniveau, Preiselastizitäten) ab. Diese Bedingungen haben zwar auch beim Kontingent teilweise eine gewisse Bedeutung, betreffen aber in keinem Falle den Importmengeneffekt, der beim reinen Mengenkontingent unmittelbar, beim Wertkontingent (bei gegebenen Einfuhrpreisen ohnehin - bei sich ändernden Einfuhrpreisen durch Variation des Wertkontingents) zumindest mittelbar festgelegt werden kann. Die für die Zollwirkung relevante Entwicklung der Angebots-Nachfrage-Konstellationen ist demgegenüber nur in Grenzen so eindeutig abschätzbar, als daß man daraus jenen Zollsatz ableiten könnte, der gerade die als zulässig akzeptierte Importmenge auslöst. Das Kontingent kann dies gezielt erreichen.

- Gemessen an der (faktischen) **Einsatzwirkung** ist es noch nicht einmal auszuschließen, daß allein das Kontingent die gewünschte Mengenwirkung übernimmt, gerade weil diese definitionsgemäß von Weltmarktbedingungen unabhängig ist. Der Zollschutz wirkt demgegenüber über den Auslands- bzw. Einfuhrpreis (indirekte Mengenwirkung) und muß versagen, wenn die Entwicklung des Auslandspreises so erfolgt, daß das Auslandsangebot die Zollmauer „überspringt", weil die Zollbelastung im Inland preislich nicht wirksam wird. Dies ist etwa dann gegeben, wenn das Auslandsangebot völlig preisunelastisch ist; die Zollbelastung wird dann - trotz Reduktion ihrer Gewinne - eben von den Auslandsanbietern getragen. Denkbar ist auch, daß die Zollbelastung vom ausländischen Fiskus subventioniert wird; die Zollbelastung muß dann von den Auslandsanbietern gar nicht übernommen werden. Schließlich kann im Ausland ein genereller deflationärer Prozeß einsetzen, der die Zollbelastung wirkungslos macht. In allen diesen Fällen - die noch zu analysieren sind (vgl. später) - wäre der Zoll nur noch dann wirksam, wenn das Inland zu einer prohibitiven Hochschutzzollpolitik überginge. Dann wäre aber ohnehin der Übergang zur Mengenregulierung fließend, es könnte sogar der an sich gewünschte Importeffekt infrage gestellt werden. Das Kontingent sichert diesen Import.

Die skizzierten Vorteile des Kontingents erklären, warum es seit der Weltwirtschaftskrise an Bedeutung gewann und zu einer außenwirtschaftspolitischen „Neuform" avancierte. (Bis dahin trat das Instrument ausschließlich als Zollkontingent in Erscheinung, das die Zollpolitik - freilich ohne weiterreichende Wirkung - ergänzte.) Denn als in jener Zeit international deflationäre Prozesse einsetzten, die einerseits den Zollschutz als wirkungslos erscheinen ließen, die aber andererseits wegen binnenwirtschaftlichen Wachstums- und Beschäftigungsgefahren für die einzelnen Länder den Schutz um so notwendiger machten, weil sie sich durch den strukturellen Anpassungsbedarf überfordert fühlten, sahen die Länder sich gezwungen, den Schutz effektiver zu gestalten. Neben Abwertungswettläufen und Devisenbewirtschaftung gewann das Einfuhrkontingent notwendigerweise eine steigende Bedeutung.

c) Seit Ende des zweiten Weltkriegs scheint indessen der Höhepunkt überschritten. Abgesehen davon, daß eine Reihe internationaler Verträge im Interesse freier Handelsbeziehungen einen systematischen Abbau der Kontingente verlangten (vgl. dazu später), ist - über diese grundsätzlichen ordnungspolitischen Vorbehalte hinaus - davon auszugehen, daß die Wirkung eines Kontingents, bei aller Plausibilität der Gründe, die für seine Einführung sprechen könnten, nicht frei von Problemen ist. Diese **Wirkung** eines Kontingents, das letztendlich von der Grundidee getragen ist, die Marktkoordination im freien Einfuhrverkehr zu unterbinden und die Einfuhr auf das Kontingent zu reduzieren, ist nun differenziert zu sehen:

- Die **Preis-** und **Mengenwirkung**: Unterstellen wir (vgl. Abbildung 7), daß ein Land für ein bestimmtes Produkt - bei gegebener Binnennachfrage (N_i) und gegebenem Binnenangebot (A_i) - mit einem bestimmten Weltmarktangebot (A_w) konfrontiert wird, das zunächst aus Gründen der Vereinfachung als unendlich elastisch unterstellt sei. (Dies ist auch nicht unplausibel, wenn man die Größe des Weltmarkts bedenkt, der ein beliebiges Ausweichen des Auslandsangebots auf andere Märkte ermöglicht; von einer endlichen Angebotselastizität müßte allenfalls dann ausgegangen werden, wenn es sich um ein großes Land handelt, in dem das Ausland in jedem Falle - auch mit Preiszugeständnissen - „präsent" bleiben will.) Unter diesen Gegebenheiten liegen die Konsequenzen auf der Hand. Unter „Freihandelsbedingungen" ist das Inlandsangebot nicht wettbewerbsfähig; bei gegebenem Weltmarktpreis (p_1) kommt es in der entsprechenden Gleichgewichtslage zu einer Inlandsversorgung (x_1), die ausschließlich durch das Auslandsangebot abgedeckt wird. Unter „Autarkiebedingungen" (totales Importverbot) wird das Inlandsangebot nun zwar wettbewerbsfähig und bedient allein die Inlandsnachfrage; aber in der alternativen Gleichgewichtslage reduziert sich die Inlandsversorgung (auf x_2) bei einem deutlichen Preisanstieg im Inland (auf p_2). Soll nun aus Gründen der Versorgungsverbesserung im Inland ein zusätzliches Auslandsangebot zugelassen, aber gleichzeitig die Inlandsproduktion neben dem Auslandsangebot zumindest teilweise aufrechterhalten werden, und soll dies gerade deshalb allein durch eine mengenmäßig kontrollierbare Marktöffnung erfolgen, dann wird ein Kontingent eingeführt. Es löst eine Parallelverschiebung der Inlandsangebotskurve (A_i) im Umfang des Kontingents (x_3./.x_4) aus und führt zu einer neuen Gesamtangebotskurve (A_g). Der neue Gleichgewichtspreis (p_3) bzw. die neue Gleichgewichtsmenge (x_3) liegen zwischen Autarkie- und Freihandelsbedingungen: Gemessen an Freihandelsbedingungen ist die inländische Versorgungslage nach wie vor schlechter ($x_3<x_1$ bzw. $p_3>p_1$); doch gemessen an Autarkiebedingungen hat sie sich verbessert ($x_3>x_2$ bzw. $p_3<p_2$). Die Gesamtversorgung des Inlands (x_3) setzt sich bei gegebenem Preis (p_3) aus Inlandsangebot (x_4) und Auslandsangebot, das aus dem Kontingent (x_3./.x_4) besteht, zusammen. (Diese Aussage wäre nur dann zu relativieren, wenn der Kontingentrahmen so weit gesteckt wäre, daß die Importmenge zu einem Gleichgewichtspreis im Inland führte, der den niedrigsten Angebotspreis der inländischen Produktion unterschreitet; dies würde indessen die Intention des Kontingents - Sicherung einer partiellen Inlandsproduktion - ad absurdum führen.)

Abbildung 7
Kontingentswirkung

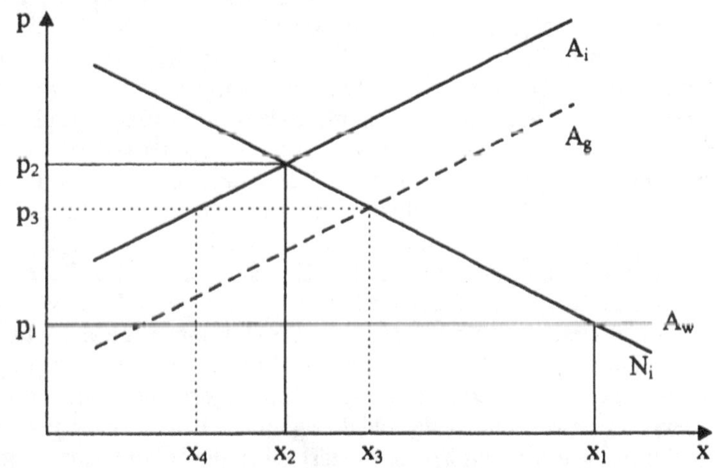

Wie nun unschwer zu erkennen ist, bleibt, von einer Autarkieposition ausgehend, die (negative) Preis- und (positive) Mengenwirkung des Kontingents von der Höhe des Weltmarktpreises und der Elastizität des Weltmarktangebots unabhängig. Entscheidend für die Preis- und Mengenwirkung im Inland sind drei andere Komponenten: Erstens - bei gegebener Angebots- und Nachfrageelastizität - die **Höhe des Kontingents**, d.h. gemessen an der Autarkieposition ist der (negative) Preis- bzw. (positive) Versorgungseffekt im Inland um so größer, je größer das Kontingent ist, d.h. je mehr die Inlandsangebotsfunktion eine Rechtsverlagerung erfährt - und umgekehrt. Zweitens - bei gegebenem Kontingentsrahmen und gegebener inländischer Nachfragefunktion - die **inländische Angebotselastizität** (vgl. Abbildung 8): Gemessen an der Autarkieposition ist der (negative) Preis- bzw. (positive) Versorgungseffekt um so größer, je geringer die inländische Angebotselastizität ist - und umgekehrt. Bei gegebener Inlandsnachfrage (N_i) und gegebenem Kontingent ($x_3./.x_4 = x_2./.x_5$) impliziert ein preisunelastisches Inlandsangebot (A_1) eine bessere Inlandsversorgung ($x_3>x_2$) bei niedrigerem Preis ($p_3<p_2$) gegenüber einem preiselastischen Angebot (A_2). Dies erklärt sich daraus, daß mit steigender Angebotselastizität bei Preisrückgang mehr Inlandsangebot zurückgedrängt, und daß - unter Einschluß des Kontingents - die Gesamtversorgung durch In- und Auslandsangebot und somit der Druck auf den Inlandspreis geringer wird. Drittens - bei gegebenem Kontingentsrahmen und gegebener inländischer Angebotsfunktion - die **inländische Nachfrageelastizität** (vgl. Abbildung 9): Gemessen an der Autarkieposition ist der (negative) Preiseffekt um so größer, aber der (positive) Versorgungseffekt um so geringer, je geringer die Nachfrageelastizität ist. Bei gegebenem Inlandsangebot (A_1) und gegebenem Kontingent ($x_3./.x_4 = x_2./.x_5$) impliziert eine preiselastische Inlandsnachfrage (N_1) einen höheren (positiven) Mengeneffekt ($x_3>x_2$) und geringeren (negativen) Preiseffekt ($p_2>p_3$) als eine preisunelastische Inlandsnachfrage (N_2). Dies erklärt sich daraus, daß mit steigender Nachfrageelastizität auch ein geringer Preisrückgang ein hohes Gesamtangebot absorbiert. Aus diesen Überlegungen folgt: Ein Kontingent hat allenfalls dann (relativ sichere) wohlfahrtspolitische Effekte (Preisrückgang, realer Versorgungsanstieg - bei gleichzeitiger Aufrechterhaltung der Binnenproduktion), wenn die inländische Angebotselastizität relativ gering ist; mit steigender Angebotselastizität wird es - gemessen an der Intention: Aufrechterhaltung der Binnenproduktion und steigende reale Binnenversorgung mit sinkenden Preisen - immer ineffektiver. Im Falle der Nachfrageelastizität stellt sich eher ein Problem der Güterabwägung: Bei hoher Nachfrageelastizität ist der Preisrückgang schwach und die reale Zusatzversorgung ausgeprägt - bei gleichzeitig höherer Binnenproduktion. Eine geringe Nachfrageelastizität impliziert eher ausgeprägtere Preisrückgänge, allerdings bei schwächerer realer Zusatzversorgung - und relativ geringerer Binnenproduktion. Anders gewendet: Die **Schutzwirkung** eines Kontingents für die Inlandsproduktion ist um so größer, je unelastischer die inländische Angebotsfunktion bzw. je elastischer die inländische Nachfragefunktion ist; und diese Konstellation impliziert auch eine vergleichsweise bessere **Versorgungswirkung** i.S. positiver Mengenefffekte des Kontingents im Inland. Die **Stabilitätswirkung** aufgrund negativer Preiseffekte geht nur konform mit der Versorgungswirkung bei geringer Angebotselastizität und ist gegenläufig bei hoher Nachfrageelastizität.

Abbildung 8
Kontingent und inländische Angebotselastizität

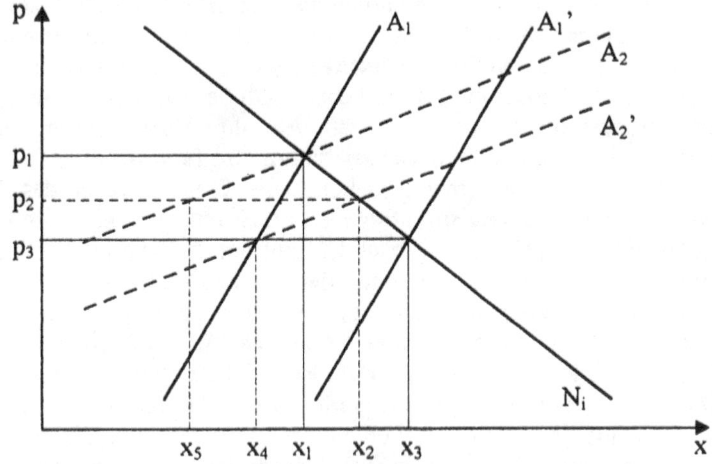

Abbildung 9
Kontingent und inländische Nachfrageelastizität

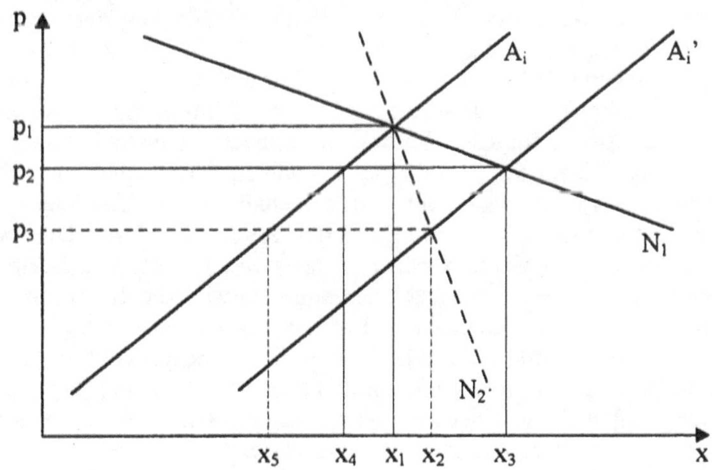

- Die **Verteilungswirkung** (die **Kontingentsrente**): Unbeschadet der konkreten Preis-Mengen-Wirkung im Inland und unter der Voraussetzung, daß der Import auf das Kontingent reduziert wird (vgl. Abbildung 7), liegt in jedem Falle - es sei denn der Kontingentsrahmen ist so weit gesteckt, daß die Situation mit Freihandelsbedingungen identisch wird - der inländische Gleichgewichtspreis (p_3) über dem Weltmarktpreis (p_1). Die Differenz zwischen den beiden Preisen entspricht der Kontingentsrente pro Importeinheit (Stückrente); die gesamte Kontingentsrente entspricht dann dem Produkt aus Stückrente ($p_3./.p_1$) und Kontingentsmenge ($x_3./.x_4$). Da nun aber die Kontingentsmenge eine („politisch") vorgegebene Größe ist, hängt die gesamte Kontingentsrente von der Stückrente ab. Auf ihre Höhe wirken nun zwei Komponenten ein. Einmal die **Preisentwicklung** im **Inland**: Stück- und somit Gesamtrente sind um so größer, je höher die Preiselastizität des Inlandangebots und/oder der Inlandsnachfrage ist; im Grunde genügt, wenn eine der beiden Elastizitäten hoch ist, weil nach Einführung des Kontingents entweder der zügige Produktionsrückgang oder der rasche Nachfrageanstieg einem ausgeprägteren Rückgang des Autarkiepreises hin zu einem neuen Gleichgewichtspreis im Inland entgegenwirkt. Anders als im Falle der inländischen Preis-Mengen-Wirkung gewinnen nun im Falle der Kontingentsrente auch die Entwicklung von **Weltmarktpreis** und die **Elastizität** des **Auslandsangebots** an Gewicht. Dabei ist unschwer zu erkennen, daß die Kontingentsrente - nun bei gegebenem inländischen Gleichgewichtspreis - um so höher ist, je niedriger der Weltmarktpreis und je höher die Preiselastizität des Auslandsangebots ist. Je geringer die Angebotselastizität ist, desto mehr steigen die Angebotspreise aus dem Ausland mit zunehmender Ausschöpfung des Kontingentsrahmens. Damit ist nun aber die Frage aufgeworfen, wem die Kontingentsrente am Ende zufließt. Drei Alternativen sind denkbar. Die Rente fließt - erstens - dem **Fiskus** zu, wenn der Staat die Rente über die Lizenzgebühr für die Zuteilung des Kontingents an die Importeure abschöpft. Das fiskalische Argument würde indessen die Einführung des Kontingents kaum rechtfertigen, da die Einnahmen (aus der Kontingentsrente) auch Verwaltungsausgaben (für Erhalt der Kontingentsrente) bedingen; und umgekehrt würde - gegenüber Freihandelsbedingungen - die Einführung des Kontingents einer fiskalpolitisch sinnlosen Verbrauchsbesteuerung gleichkommen, wenn sie mit einer Belastung der internationalen Arbeitsteilung, die die Steuereinnahmen minderte, erkauft würde. Denkbar wäre - zweitens -, daß die Rente den **Abnehmern** des kontingentierten Produkts zufließt. Dies wäre an sich nicht unplausibel; denn es würde - gemessen an Freihandelsbedingungen - den Preisanstieg, der dem Abnehmer entsteht, weil die Inlandsproduktion geschützt werden soll, ausgleichen. Ein solches Anliegen machte indessen eine Preisdifferenzierung erforderlich; denn die Inlandsproduktion (x_4) müßte zu Inlandspreisen (p_3), die Importprodukte ($x_3./.x_4$) zu Importpreisen (p_1) angeboten werden. Eine solche Differenzierung käme aber ohne Preiskontrolle und/oder administrative Rationierung und Warenzuteilung nicht aus. Der im Kontingent ohnehin bereits angelegte Dirigismus würde eine erste

Eigendynamik in die Binnenwirtschaft hinein entfalten. Denkbar wäre - drittens -, daß die Rente den am Importverkehr direkt oder indirekt beteiligten **Unternehmen** zufließt: Wer dies ist, hängt von der konkreten Marktlage ab. Die Rente könnte einerseits den ausländischen Exporteuren zufließen, wenn sie aufgrund ihrer Marktstellung den (Gleichgewichts-)Verkaufspreis im Inland - ungeachtet der eigentlichen Angebotsfunktion - als eigenen Verkaufspreis durchsetzten. Der Produzentenschutz würde dann allerdings mit einem Rückgang der terms of trade erkauft; und dies könnte sogar zu einer Verschlechterung der Leistungsbilanz gegenüber Freihandelsbedingungen führen, wenn der Importwert des Kontingents - $p_3(x_4./.x_3)$ - größer als der Importwert unter Freihandelsbedingungen - p_1x_1 - wäre. Die Rente könnte andererseits den inländischen Importeuren zufließen, sofern diese gegenüber den Exporteuren eine starke Marktstellung hätten und ihren Einstandspreis auf p_1 halten könnten. Dies würde nicht nur einen Rückgang der terms of trade verhindern, sondern könnte auch eine Verbesserung der Leistungsbilanz - es gälte dann in jedem Falle: $p_1(x_3./.x_4)<p_1\ x_1$ - auslösen. Je nach ihrer Marktstellung gegenüber den nachgelagerten Stufen (Zwischenhändler, Weiterverarbeiter) könnte die Rente dann aber auch an diese Stufen weitergeleitet werden müssen. In den beiden zuletzt genannten Fällen entständen durch das Kontingent leistungslose Zusatzeinkommen für Importeure oder nachgelagerte Stufen, die auf Kosten jener erzielt würden, die - gegenüber Freihandelsbedingungen - höhere Preise für das Importprodukt bezahlen müssen.

- Die **Fernwirkungen**: Mag das Kontingent - für sich genommen und gegen die Autarkieposition abgewogen - positive Wohlfahrtseffekte aufweisen, weil zumindest partiell Elemente der internationalen Arbeitsteilung eingebaut werden, ist das Problem der Kontingentswirkung gegenüber der Freihandelssituation sehr viel differenzierter zu sehen. Das partiell-protektionistische Schutzziel mag erreichbar sein, wenn bestimmte Branchen damit zunächst einmal - wenn auch „künstlich" - wettbewerbsfähig gehalten werden. Und dies mag ökonomisch auch sinnvoll sein, wenn die geschützten Branchen den Schutz nutzen, um über branchenspezifische Rationalisierungen und Umstrukturierungen für sich eine „echte" Wettbewerbsfähigkeit zu erreichen, die das Kontingent wieder abbaubar macht. Zwar würde dieser Schutz - wenn auch in unterschiedlichem Umfang, je nach Angebots- und Nachfrageelastizität im Inland - mit Wohlfahrtsverlusten (Preissteigerung und Versorgungsrückgang für die inländischen Abnehmer - jeweils gegenüber Freihandelsbedingungen) erkauft. Aber unproduktive und nicht-wettbewerbsfähige Strukturen müssen in letzter Konsequenz - über Preis-, Mengen- und Verteilungseffekte - immer einen Konsumverzicht im Inland auslösen, damit ökonomisch sinnvolle Investitionen durchgeführt werden können. Die Frage ist indessen, ob - mit Blick auf weiterreichende Wirkungen - das Kontingent das angemessene Instrument hierfür ist. Vor allem drei Fernwirkungen implizieren Gefahren. Zum einen kann es zu (negativen) **Leistungsbilanzeffekten** kommen: Dies gilt - unmittelbar -, wenn die ausländischen Exporteure die Kontingentsrente abschöpfen und der Devisenbedarf höher wird als unter Freihandelsbedingungen. Schließlich kann - mittelbar - der (positive) Preiseffekt gegenüber der Freihandelssituation auf nachgelagerten Stufen (positive) Kosteneffekte auslösen und die Exportchancen dieser Stufen beeinträchtigen. Führt der nominale Nachfragerückgang beim kontingentierten Produkt gegenüber Freihandelsbedingungen zur Freisetzung von Kaufkraftströmen - gilt also: $p_3x_3<p_1x_1$ -, und richten sich diese auf zusätzliche Importe, können indirekte negative Leistungsbilanzeffekte ausgelöst werden, auch wenn der unmittelbare negative Leistungsbilanzeffekt entfiele. Käme es am Ende definitiv zu einer zusätzlichen Belastung der Leistungsbilanz, könnte dies weitere außenwirtschaftspolitische Restriktionen auslösen. Zum zweiten kann es zu fragwürdigen **Instabilitäts-** und **Struktureffekten** im Inland kommen: Werden die Kosteneffekte bei nachgelagerten Bereichen in die Preise weitergegeben (cost-push) oder freigewordene Kaufkraftströme als Preisüberwälzungsspielräume im Inland genutzt (demand-pull), entstehen Preisauftriebstendenzen, die - gerade im zweiten Fall - eine überzogene Produktions- und Investitionsbeschleunigung auslösen und (aufgrund entstehender Zusatzkapazitäten) neue Strukturkrisen begründen können, wenn das Kontingent wieder abgebaut würde. Noch bedenklicher wäre es, wenn die durch das Kontingent geschützten Branchen aus der eigenen Exportindustrie des Inlands Produktionsfaktoren ablenkten; die gesamte Produktionsstruktur würde sich - zugunsten gegenüber der Auslandsproduktion nicht-wettbewerbsfähiger (Inlands-)Industrien und zu Lasten gegenüber der Auslandsproduktion wettbewerbsfähiger (Inlands-)Industrien - verschieben; und der Anstieg der Faktorpreise (wenn die Produktionsfaktoren in unproduktive Kombinationen nur mit höheren Faktorpreisen abgezogen werden) könnte ein übriges tun, um ein Land aus der weltwirtschaftlichen Arbeitsteilung herauszuführen, wenn dann über eine Verschlechterung der Wettbewerbsposition und den dadurch ausgelösten Exportrückgang ein zusätzlicher Abschottungsbedarf provoziert würde. Zum dritten bleibt schließlich das Problem der **dirigistischen Eigendynamik**: Schon das Instrument per se hat dirigistische Elemente; und seine Umsetzung begünstigt Konzentrationstendenzen - unmittelbar zum Erhalt des Kontingents, mittelbar, wenn sich im Kampf um die Kontingentsrente Importkartelle bilden. Je mehr nun das Kontingent fragwürdige prozeßpolitische Effekte auslöst - wenn die schon für sich genommen problematische Kontingentsrente konjunkturelle und strukturelle Instabilitäten begründet -, desto weniger ist auszuschließen, daß der Staat sich veranlaßt sieht, weitere dirigistische Schritte zu unternehmen. Sei es, daß er Preiskontrollen durchführt, um den Konsumenten die Kontingentsrente zukommen zu lassen. Sei es, daß er sich gezwungen sieht, zusätzliche Rationierungen und Importkontrollen durchzuführen, wenn die gezeigten Preis- und Einkommenswirkungen dahin tendieren, die gewünschten Allokationseffekte in Frage zu stellen oder negative Leistungsbilanzeffekte auszulösen. Und gerade letzteres ist spätestens dann der Fall, wenn die Kontingentsrente vom Ausland abgeschöpft wird, und

wenn negative Exporteffekte sich mit positiven Importeffekten verbinden. Die forcierte Importbeschränkung kann am Ende dieser Entwicklung stehen.

Nimmt man die drei Wirkungen zusammen, so ist zumindest die Gefahr nicht auszuschließen, daß die Außenwirtschaft zunehmend reglementiert wird, eine Entwicklung, die von der internationalen Arbeitsteilung immer mehr abkommen könnte. Weltwirtschaftlich ergibt sich letztlich eine zunehmende Verhärtung der Handelsfronten. Je mehr es gelingt, beim Staat die Beibehaltung der Kontingente durchzusetzen, und je mehr sich dies - mit Blick auf problematische Fernwirkungen - als Notwendigkeit abzeichnet, desto mehr zeigen die Kontingente ein gewisses „Beharrungsvermögen". Ferner: Je mehr der Staat sich gezwungen sieht, noch weitere Importbereiche seiner Kontrolle zu unterstellen, was naturgemäß im Ausland ähnliche Aktionen hervorrufen kann, desto mehr zeigen die Kontingente auch eine „Ausbreitungstendenz". So ist nicht auszuschließen, daß die internationale Arbeitsteilung immer mehr einem außenwirtschaftlichen Dirigismus und nationalwirtschaftlichen Autarkiedenken Platz macht.

III. REALWIRTSCHAFTLICHE INSTRUMENTE (MARKT-KONFORME VARIANTEN)

25) GRUNDSÄTZLICHE ÜBERLEGUNGEN

Das hier angesiedelte Instrumentarium hat - materiell betrachtet - insoweit einen **realwirtschaftlichen Charakter**, als es unmittelbar auf den Leistungsverkehr und hier v.a. auf den Warenverkehr ausgerichtet ist. Und es hat - formal gesehen - einen **marktkonformen Charakter**, als es ausschließlich über Preiseffekte wirkt, während die Mengeneffekte für die betroffenen Produkte eine mittelbare und indirekte Folgewirkung darstellen. Diese Preis- und Mengeneffekte können dann zwar darüber hinaus - über Marktmechanismen - Konsequenzen im In- und Ausland auslösen für Konsum, Produktion, Weiterverarbeitung, Verteilung. Für die eigentlichen außenwirtschaftlichen Transaktionen gilt aber in jedem Falle, daß Marktpreise und Marktmechanismen als Steuerungs- und Koordinationsinstrumente aufrechterhalten bleiben, die Mengen werden nur noch indirekt gesteuert. Damit ist diese Variante des außenwirtschaftspolitischen Instrumentariums von vornherein eher in das Ordnungsmodell einer gelenkten Außenwirtschaft integrierbar. Und so stellt sich die Frage, ob und inwieweit dieses Instrumentarium auch eher auf das Ziel einer umfassenderen außenwirtschaftlichen Absicherung mit ihrer allokations- und stabilisierungspolitischen Dimension ausgerichtet werden kann. Grundsätzlich entstehen hier nun aber jene Probleme, die mit dem Kriterium der **Marktkonformität** per se - wie bereits skizziert - verknüpft sind. Denn in den Mittelpunkt tritt nun notwendigerweise ein **Anreizsystem**, das finanzielle Begünstigungen (incentives) bzw. Belastungen (dis-incentives) an die außenwirtschaftlichen Transaktionen privater Wirtschaftssubjekte bindet. Selbst wenn wir - aus Gründen der Vereinfachung - Prohibitivwirkungen derartiger Maßnahmen ausschließen und unterstellen, daß eine angemessene Dimensionierung erreicht wird, bleibt dennoch das Kernproblem, wie die Wirtschaftssubjekte auf ein derartiges Anreizsystem reagieren, und welche Folgewirkungen im Inland wie im Ausland zu beachten sind. Dabei ist nun zu differenzieren.

a) Einerseits kann das Anreizsystem auf die **Ausfuhrtransaktionen** ausgerichtet sein, wobei alternative Varianten unterschieden werden können. Denkbar ist, daß der reale Leistungsexport über Ausfuhrsteuern oder sonstige Ausfuhrabgaben (somit über dis-incentives) belastet und insoweit behindert werden soll, wobei über eine (unterstellte) Verteuerung der Ausfuhrgüter das Ziel einer Förderung der binnenwirtschaftlichen Entwicklung angestrebt wird. Hier will der Staat über positive Mengen- und negative Preiseffekte im Inland eine günstigere Güterversorgung des Inlands auslösen - sei es der Konsumenten oder sei es der weiterverarbeitenden Industrie. Dieses Ziel wird indessen von vornherein nur erreichbar sein, wenn die **Preiselastizität** der **Auslandsnachfrage** relativ hoch ist, der reale Absatz im Ausland also spürbar zurückgeht. Dies mag mit Blick auf die

Größe des Weltmarkts und unterstellt, daß das Inland keine dominante Angebotsposition hat, gegeben sein. Gleichwohl sind zwei Aspekte zu beachten.

- Zum einen ist zu berücksichtigen, daß die **Preiselastizität** des **Inlandsangebots** relativ niedrig sein muß, damit die Inlandsproduktion aufrechterhalten bleibt und statt im Ausland nun - trotz negativer Preiseffekte - im Inland angeboten wird: Ist diese Voraussetzung nicht erfüllt, wird die Inlandsproduktion eingeschränkt und das Inlandsangebot also nicht erhöht, versagt das Instrument (i.S. eines **allokationspolitischen Ansatzes**); überdies ist eine Kontraproduktivität nicht auszuschließen, wenn die Inlandsversorgung wegen überproportionaler Produktionsdrosselung sogar rückläufig ist.
- Zum zweiten ist zu beachten, daß - auch bei Erfüllbarkeit des allokationspolitischen Aspekts - der „Erfolg" des Instruments negative Mengeneffekte mit positiven Preiseffekten am Auslandsmarkt verknüpft. Je größer die **Preiselastizität** der **Auslandsnachfrage** ist, desto größer sind die negativen Mengeneffekte und desto kleiner sind die positiven Preiseffekte im Auslandsmarkt. Im Grenzfall - bei einer unendlich hohen Nachfrageelastizität im Ausland - käme es ausschließlich zu negativen Mengeneffekten. Damit kann - gegebene Devisenkursrelationen unterstellt - eine rückläufige Entwicklung des Ausfuhrwertes und - bei gegebenem Einfuhrwert - des Leistungsbilanzsaldos (i.S. des **stabilitätspolitischen Ansatzes**) eintreten.

Damit gilt, daß der Erfolg des Instrumenteneinsatzes allenfalls dann eindeutig positiv zu werten wäre, wenn er mit der Notwendigkeit einherginge, einen (zu großen) Leistungsbilanzüberschuß abzubauen; wäre dies nicht gegeben, gerieten allokations- und stabilitätspolitische Zielsetzungen in einen Konflikt, der die kontraktiv ausgerichtete Anwendbarkeit des Instruments grundsätzlich relativierte.

Unter Beachtung dieser Restriktionen ist es nur plausibel, daß eine gezielte Ausfuhrhemmung in der Praxis relativ geringe Bedeutung hat; denn sinnvoller erschiene es allemal - gerade unter der Wahrung der internationalen Arbeitsteilung -, bei Aufrechterhaltung des Leistungsexports den Leistungsimport zu begünstigen. Dies erklärt, warum exporthemmende Maßnahmen eine vergleichsweise geringe Rolle spielen und die realwirtschaftlich-marktkonformen Varianten zur Gestaltung der Ausfuhrtransaktionen eher auf der Seite der **Exportförderung** (über incentives) angesiedelt sind, weshalb diese noch einer gezielteren Analyse bedürfen.

b) Andererseits kann das Anreizsystem auf die **Einfuhrtransaktionen** ausgerichtet sein, wobei erneut alternative Varianten unterschieden werden können. Denkbar ist, daß der reale Leistungsimport über Subventionen oder sonstige Begünstigungen (somit über positive incentives) entlastet und insoweit gefördert werden soll, wobei über eine (unterstellte) Verbilligung der Einfuhrgüter das Ziel einer Förderung der binnenwirtschaftlichen Versorgung (i.S. eines **allokationspolitischen Ansatzes**) angestrebt wird. Auch hier will der Staat letztendlich über positive Mengen- und negative Preiseffekte eine günstigere Güterversorgung des Inlands - sei es der Konsumenten oder sei es der weiterverarbeitenden Industrie - auslösen. Dieses Ziel wird indessen nur erreichbar sein, wenn die Preiselastizität des Auslandsangebots relativ hoch ist, die reale Inlandsversorgung also spürbar ansteigt; ansonsten dominierte die Preisentlastung. Nun mag, mit Blick auf die Größe des Weltmarkts eine hohe Preiselastizität des Auslandsangebots gegeben sein. Doch auch hier sind zwei weitere Aspekte zu beachten.

- Zum einen ist zu berücksichtigen, daß die **Preiselastizität** des **Inlandsangebots** relativ niedrig sein muß, damit die Inlandsproduktion aufrechterhalten bleibt und das Inlandsangebot durch das Auslandsangebot nicht einfach verdrängt wird. Im letzteren Falle versagte allokationspolitisch das Instrument; es würde überdies noch negative Wachstums- und Beschäftigungseffekte auslösen. Schließlich gilt es zu berücksichtigen, ob die **Inlandsnachfrage** relativ **preiselastisch** reagieren muß, damit diese „Chance" der Preisverbilligung durch positive Nachfrageeffekte (i.S. des **allokationspolitischen Ansatzes**) auch genutzt wird.

- Zum zweiten ist zu beachten, daß - auch bei Erfüllbarkeit des allokationspolitischen Aspekts - der „Erfolg" des Instruments im Inland positive Mengeneffekte mit negativen Preiseffekten verknüpft; im Grenzfall - bei einer unendlich hohen Nachfrageelastizität im Inland - käme es ausschließlich zu positiven Mengeneffekten. Und das bedeutete - gegebene Devisenkursrelationen unterstellt - eine positive Entwicklung des Einfuhrwertes und damit - bei gegebenem Ausfuhrwert - eine negative Entwicklung des Leistungsbilanzsaldos (i.S. des **stabilitätspolitischen Ansatzes**).

Damit gilt auch hier, daß der Erfolg des Instrumenteneinsatzes allenfalls dann eindeutig positiv zu werten wäre, wenn er mit der Notwendigkeit einherginge, einen (zu großen) Leistungsbilanzüberschuß abzubauen; wäre dies nicht gegeben, gerieten auch in diesem Zusammenhang allokations- und stabilitätspolitische Ziele in Konflikt, was die expansiv ausgerichtete Anwendbarkeit des Instruments grundsätzlich relativierte.

Unter Beachtung dieser Restriktionen erscheint es ebenfalls nur plausibel, daß eine gezielte Einfuhrförderung in der Praxis relativ geringe Bedeutung hat; denn sinnvoller erschiene es allemal - erneut unter dem Aspekt der internationalen Arbeitsteilung -, Spezialisierungsvorteile zu nutzen, ohne sie gezielt zu fördern. Dies erklärt, warum importfördernde Maßnahmen eine vergleichsweise geringe Rolle spielen und die realwirtschaftlich-marktkonformen Varianten zur Gestaltung der Einfuhrtransaktionen eher auf der Seite der **Einfuhrhemmung** (über disincentives) angesiedelt sind, weshalb diese ebenfalls noch einer gezielteren Analyse bedürfen.

Mit Blick auf diese Überlegungen beschränkt sich die nachfolgende Analyse auf das Instrumentarium der **Exportförderung** und der **Zollpolitik**.

26) DIE EXPORTFÖRDERUNG

Unter Exportförderung sind alle staatlichen Maßnahmen zu verstehen, die incentives einsetzen, die an Leistungstransaktionen des Inlands an das Ausland geknüpft und darauf ausgerichtet sind, über die **Verminderung** des **Exportpreises** des inländischen Leistungsangebots am Weltmarkt die Ausfuhr zu fördern. Ziel mag dann eine Erhaltung und/oder Steigerung des **realen Ausfuhrvolumens** sein (allokationapolitischer Ansatz) oder eine Erhaltung und/oder Steigerung des **nominalen Ausfuhrwertes** (stabilitätspolitischer Ansatz). In dieser Eigenschaft sind die Maßnahmen der Exportförderung von zwei anderen Strategien abzugrenzen:

a) Einmal ist die Exportförderung von allen jenen Maßnahmen abzugrenzen, die **globalen Charakter** haben, in dieser Eigenschaft zwar auch der Exportförderung dienen, aber auch die Leistungseinfuhren berühren (können). Dazu zählen - zum ersten - Maßnahmen der gesamtwirtschaftlich ausgerichteten **Deflationspolitik**, mit denen der Staat versucht, das binnenwirtschaftliche Preisniveau eines Landes zu reduzieren (zumindest zu stabilisieren), um so seine Exportchancen zu fördern, wobei auch gleichzeitig die Inlandsproduktion eine höhere Wettbewerbsfähigkeit gegenüber der Auslandskonkurrenz am Inlandsmarkt gewinnen kann. Die hier angesiedelten Maßnahmen sind allerdings von vornherein binnenwirtschaftlich orientiert und stellen insoweit keine Außenwirtschaftspolitik dar; sie werden allenfalls außenwirtschaftlich relevant - sei es passiv hingenommen oder aktiv angestrebt. Dazu zählen - zum zweiten - Maßnahmen der gesamtwirtschaftlich ausgerichteten **Devalvationspolitik**, mit denen der Staat über eine Abwertung der eigenen Währung versucht, seine Exportchancen zu fördern, wobei auch hier die Inlandsanbieter eine höhere Wettbewerbsfähigkeit gegenüber der Auslandskonkurrenz am Inlandsmarkt erhalten können. Diese Maßnahmen sind zwar eher außenwirtschaftlich orientiert, und in dieser Eigenschaft stellen sie ein wichtiges monetäres Element der Außenwirtschaftspolitik dar, das noch einer gesonderten Analyse bedarf (vgl. dazu später); dennoch haben auch sie nicht den Charakter der Exportförderung im engeren Sinn Gegenüber diesen beiden Strategien wenden sich die Maßnahmen der Exportförderung gezielt, ausschließlich und unmittelbar an die inländischen Exporteure, deren **Wettbewerbsfähigkeit** auf den **Auslandsmärkten** erhalten oder verbessert werden soll. Bei dieser Eingrenzung ist es im Grundsatz für die Analyse und Bewertung des Instruments unerheblich, ob die Maßnahmen global (für alle Exporteure) oder gezielt und insoweit diskriminierend (für bestimmte Exporteure) eingesetzt werden.

b) Zum zweiten ist die Exportförderung von jenen Maßnahmen abzugrenzen, die einen **privatwirtschaftlichen Charakter** haben und ein **Dumping** auslösen. Hier handelt es sich um eine unternehmensstrategische **Preisdifferenzierung**: Waren eines Unternehmens werden zu einem Preis auf dem Auslandsmarkt angeboten, der unterhalb eines „Normal"-Preises - gemessen an den „üblichen" Herstellungs- und Vertriebskosten - liegt, während am Inlandsmarkt für das gleiche Produkt Preise durchgesetzt werden, die oberhalb des vergleichbaren „Normal“-Preises liegen. Dabei ist es im Grundsatz unerheblich, ob der geforderte Preis in einem Drittland dem dortigen Preisniveau entspricht oder dieses zu unterbieten versucht. Immer wird man das Dumping als Element einer unternehmenspolitischen Globalisierungsstrategie begreifen können. Diese versucht das Ziel einer Gewinnmaximierung dadurch zu erreichen, daß im Inland (bei preisunelastischer Nachfrage) die Preise „künstlich“ erhöht, im Ausland (bei preiselastischer Nachfrage) die Preise „künstlich“ gesenkt werden, was dann bei einer gegebenen Angebotsfunktion und unterschiedlichen Nachfrageelastizitäten im In- und Ausland einen höheren Gesamtgewinn impliziert als bei einem Einheitspreis; denn eine Preiserhöhung (Preissenkung) im Inland (Ausland) führt bei relativ geringer (hoher) Nachfrageelastizität zu unterdurchschnittlich negativen (überdurchschnittlich positiven) Mengeneffekten im Inland (im Ausland). Angesichts der damit verbundenen Gewinnmaximierungsstrategie eines Unternehmens liegt es auf der Hand, daß diese Strategie auch geeignet sein kann, im Ausland die dort tätigen einheimischen Produzenten vom Markt zu verdrängen, um am Ende die - zunächst gewährte - Konsumentenrente, die im Inland von vornherein reduziert wird, im nachhinein auch im Ausland wieder abzuschöpfen. Dieses Vorgehen wird mit guten Gründen vom Ausland häufig zum Anlaß genommen, gegen diese Strategie mit Importbehinderungen zu reagieren (Kontingente, Zölle). Differenzierter stellt sich das Problem, wenn einem Land im Ausland deshalb niedrigere Verkaufspreise ermöglicht werden, weil die Sozialaufwendungen, Lohnkosten und/oder Umweltauflagen bewußt politisch niedrig gehalten oder gar reduziert werden. Der Begriff des „Lohn“-, „Sozial“- oder „Öko“-Dumping ist zwar dann nur bedingt gerechtfertigt, wenn nachweislich das Kriterium der Preisdifferenzierung fehlt, weil auch im Inland niedrige Preise vorliegen. Gleichwohl entsteht hier - mit Blick auf die Rechtfertigung von Abwehrmaßnahmen seitens des Auslands - ein Problem der Güterabwägung: Einerseits kann das Ausland die Chance wahren, die Vorteile der internationalen Arbeitsteilung zu nutzen (Bezug „preiswerter“ Importprodukte, auch wenn die Ursachen der „Preiswürdigkeit“ politisch fragwürdig sind); andererseits kann es die Strategie verfolgen, durch den Verzicht auf diese Vorteile die Arbeitnehmer und die Umwelt im Exportland und die Produzenten im Importland zu schützen. Diese Fragen mögen kontrovers diskutiert und können hier auch nicht ausgelotet werden. In jedem Falle ist das Dumping von der staatlichen Exportförderung abzugrenzen.

Nach dieser doppelseitigen Abgrenzung ist festzuhalten: Das Instrument der Exportförderung hat einen **gezielten Charakter** (im Gegensatz zur globalen Deflations- und Devalvationspolitik); und es wird vom **Staat** ergriffen (im Gegensatz zum privatwirtschaftlichen Dumping). Und in dieser Eigenschaft werden mit diesem Instrument im allgemeinen zwei Zielsetzungen zu erreichen versucht:

a) Zum einen eine **allokationspolitische Zielsetzung**, wenn der Staat versucht, bestimmte Produkte und/oder Branchen dadurch zu fördern, daß er Bedingungen schafft, die über eine Senkung des Absatzpreises im Ausland eine Erhaltung oder Erweiterung ihres Auslandsabsatzes ermöglichen; im Vordergrund steht hier das **reale Ausfuhrvolumen**. Ob diese Zielsetzung strategisch von der Vorstellung getragen ist, bestimmte Branchen zu erhalten, innovatorische Branchen zu fördern, oder - ganz allgemein - die gegebene Exportstruktur zu diversifizieren, ist aus der Sicht der Instrumentenanalyse unerheblich. (Diese Differenzierung mag allenfalls für die Frage von Belang sein, ob diese Maßnahmen eher von Industrieländern oder eher von Entwicklungsländern ergriffen werden.) In jedem Falle impliziert diese Zielsetzung der Exportförderung die Möglichkeit einer Diskriminierung zwischen geförderten und nicht-geförderten Branchen.

b) Zum zweiten eine **stabilitätspolitische Zielsetzung**, wenn der Staat versucht, eine Verbesserung der Leistungsbilanz (Abbau von Defiziten bzw. Aufbau von Überschüssen) zu erreichen; in den Vordergrund tritt hier der **nominale Ausfuhrwert**. Soweit diese Zielsetzung dominiert, ist zwar eine Beibehaltung der Diskriminierung zwischen expansionsträchtigen (förderwürdigen) und expansionsträgen (nicht förderwürdigen) Branchen nicht ausgeschlossen; eine Ausweitung des Instruments auf immer mehr Exporteure liegt dennoch nahe, wenn die stabilitätspolitische Zielsetzung erreicht werden soll. Gleichwohl bleibt es nach wie vor bei der Abgrenzung gegenüber einer globalen Deflations- und Devalvationspolitik; denn im Vordergrund steht eine gezielte Förderung der Exportwirtschaft - letztlich auch hier mit der Intention der Stärkung ihrer Wettbewerbsfähigkeit am Auslandsmarkt.

Beide Zielsetzungen können sich wechselseitig bedingen, aber auch in Konflikt zueinander treten; dies gilt es noch im einzelnen zu prüfen.

a) Zuvor sei zunächst die **Technik** der Maßnahmen der Exportförderung skizziert. Offen kann bleiben, ob die Maßnahme darauf abzielt, dem Exporteur (bei gegebenem Inlandspreis) eine einseitige Senkung des Absatzpreises im Ausland zu ermöglichen, hier hätten wir die Variante einer direkt wirkenden Exportförderung; oder ob eine generelle Preissenkung auf Auslands- wie auf Inlandsmarkt ermöglicht werden soll, hier hätten wir die Variante einer indirekt wirkenden Exportförderung. Immer ist nun zu differenzieren:

- Maßnahmen der „**offenen**“ **Exportförderung**: Sie waren ein klassisches Mittel der merkantilistischen Außenhandelspolitik, werden aber heute kaum noch - allenfalls auf wenige Branchen beschränkt: etwa im Agrar- oder Stahlbereich - angewandt. Der Grund ist darin zu sehen, daß diese Maßnahmen der direkten Exportförderung als solche eindeutig erkennbar und identifizierbar sind, nicht selten den Charakter eines wirtschaftspolitischen Dumpings erfüllen. Sie lösen im Ausland dann leicht Gegenmaßnahmen (Zölle, Kontingente) aus, die am Ende eine wechselseitige protektionistische Eskalation begründen. (Sie sind zwischenzeitlich - zumindest im Grundsatz - geächtet.) Neben dem sog. **Zusatzausfuhrverfahren**, das einen Verlustausgleich für Exporteure vorsieht, der zwar formal im Umlageverfahren durch die Exportindustrie finanziert aber auch vom Staat (mit-)subventioniert werden könnte und dann einer offenen Exportförderung gleichkäme, wird in diesem Zusammenhang vor allem die **Exportsubvention** relevant. Soweit sie offenen Charakter hat, erfolgt sie entweder in Form von Exportprämien, wo die Geldzahlungen an Exporteure unmittelbar an das Exportgeschäft geknüpft sind (direkte Exportsubvention), oder in Form von Zuschüssen an Exporteure, wo die Geldzahlungen an die Produktion der Exportgüter gebunden sind, die aufgrund der Herstellungskosten der Güter auf dem Weltmarkt ansonsten nicht wettbewerbsfähig wären (indirekte Exportsubvention).

- Maßnahmen der „**verdeckten**" **Exportförderung**: Sie finden auch heute noch Anwendung, weil der Exportförderungscharakter nicht so eindeutig identifizierbar und somit die Gefahr der Auslandsreaktion geringer ist. Als die wichtigsten Maßnahmen kommen in vier Varianten Betracht. Die **Ausfuhrhändlervergütung**: Hier erfolgt (bei Grenzübertritt der Ware) eine Steuerrückzahlung, um Doppelbesteuerungen und Wettbewerbsverzerrungen zu Lasten des Exporteurs zu vermeiden; je weiter freilich der Bereich der Rückvergütung gespannt wird - Sonderabschreibungen, steuerliche Sonderbehandlung von Rücklagen und Rückstellungen, Rückerstattung von Sozialversicherungsanteilen -, desto mehr gerät die Maßnahme in den Bereich der verdeckten Exportförderung. Die **Kredit-** und **Tarifsubvention**: Hier werden verbilligte Kredite - günstigere Zahlungsziele, günstigere Exportwechseldiskontierung, niedrigere Zinsen - für die Exportindustrie gewährt. Werden besondere Kreditinstitute gegründet, die ihre Mittel vom Staat und/oder der Notenbank erhalten, was ihnen Konditionen ermöglicht, die günstiger als im „normalen" Privatbankengeschäft sind, gerät die Maßnahme erneut in den Bereich der verdeckten Exportförderung. In die gleiche Richtung wirkt, wenn den Exporteuren Sondertarife - etwa beim Warentransport - eingeräumt werden. Die **Risikoübernahme**: Angesichts der Tatsache, daß Exportgeschäfte mit hohen Risiken behaftet sind - sie reichen oft über das ökonomische Risiko (Zahlungsunfähigkeit des Schuldners) hinaus und schließen politische Risiken (staatlich verfügter Zahlungsstop und/oder Enteignung) ein -, stellt sich die Frage der Risikoabsicherung. Erfolgt diese im Umlageverfahren (Selbstkostenprinzip), hat sie noch Versicherungscharakter; reichen die Prämien zum Verlustausgleich nicht aus, oder werden bestimmte Exportgeschäfte überhaupt nicht mehr privat versichert, erhält die Versicherung einen staatlichen Förderungscharakter (Subventionsprinzip). Das **Informationswesen**: Sein Ausbau entfaltet zwar keinen direkten Einfluß auf die Geschäftstätigkeit des Exporteurs, stellt aber dennoch eine wichtige indirekte - und zunehmend an Bedeutung gewinnende - Hilfe dar: Marktlagenberichte, Hilfe bei der Auswahl von Vertretungen, Bonitätsvermittlungen, Messebeteiligungen, Hilfen beim Markteintritt (bis hin zum Zugang zu der verantwortlichen Administration) erhalten spätestens dann (latenten) Förderungscharakter, wenn der Staat (Botschaften, Konsulate) Hilfestellung leistet und damit die ansonsten unvermeidbaren Informationskosten für die Exportwirtschaft reduziert.

Unbeschadet der Frage, wo das Instrument in der Grauzone zwischen offener und verdeckter Exportförderung anzusiedeln ist - immer konkretisiert es sich in direkten Zahlungen und indirekten Kostenentlastungen, um der Exportwirtschaft im Ausland eine Senkung der Absatzpreise zu ermöglichen und so ihre Wettbewerbsfähigkeit zu erhöhen. In dieser Eigenschaft gilt es, dieses Instrument kritisch zu würdigen; dabei ist erneut eine Differenzierung nach der angestrebten Zielsetzung angezeigt.

a) Dominiert die **allokationspolitische Zielsetzung**, so soll mit Hilfe der staatlichen Exportförderungsmaßnahmen ein Schutz bestimmter Wirtschaftszweige des Inlands dadurch erreicht werden, daß ihre Wettbewerbsfähigkeit am Auslandsmarkt geschaffen, gehalten und/oder gefördert wird. Ob das Motiv eine Erhaltung bestehender oder die Entwicklung neuer Wirtschaftszweige ist, und ob dies aus wachstums- und/oder beschäftigungspolitischen Gründen erfolgt, ist nicht von Belang. Entscheidend ist, daß durch die Fördermaßnahme die Differenz zwischen den bestehenden Weltmarktpreisen und den (ansonsten notwendigen) Ausfuhrpreisen dadurch abgebaut wird, daß der Exportindustrie eine Preisreduktion ermöglicht wird, ohne die sie anderenfalls am Weltmarkt nicht wettbewerbsfähig wäre. Voraussetzung dafür, daß dieser Schutzeffekt überhaupt erreicht wird, ist zunächst, daß eine **Wiedereinfuhr** der so verbilligten Ausfuhrgüter verhindert wird. Die Transportkosten reichen hierfür aus, wenn die Exportförderung nicht hoch, die Exportverbilligung also nicht erheblich ist. Ist dies nicht gegeben, ist ein bestimmter Zollschutz - der zumindest die Differenz aus Exportförderung und Transportkosten ausgleicht - ergänzend erforderlich. Wird die Zollmauer dennoch übersprungen (weil die Fördermaßnahme sehr ausgeprägt und der Zollschutz zu schwach ist), bleibt als letzte Möglichkeit - trotz aller ordnungspolitischen Bedenken - nur das Wiedereinfuhrverbot (mit Herkunftsnachweis). In jedem Falle gilt es, eine Wiedereinfuhr zu verhindern, weil sonst die Exportförderung mit einer Gefährdung der Inlandsproduktion erkauft würde, soweit diese in Konkurrenz mit den geförderten Produkten stünde. Unabhängig von dieser Effizienzbedingung ergibt sich nun aus einer Exportförderung ein entscheidender Sachverhalt, nämlich die Tatsache, daß durch die Exportförderungsmaßnahmen in jedem Falle die bestehenden Wettbewerbsverhältnisse verändert werden. Unter diesem Gesichtspunkt zeigt sich ein grundsätzlich anders gearteter Charakter gegenüber dem privatwirtschaftlichen Dumping. Dieses entspricht einem unternehmerischen Verhalten, das zur Preisdifferenzierung führte. Hier liegt eine solche Preisdifferenzierung nicht vor. An ihre Stelle tritt jetzt die gezielte **Wettbewerbsveränderung**, die zum entscheidenden Beurteilungskriterium wird. Die Frage liegt nämlich nahe, ob über die Wettbewerbsveränderung die weltwirtschaftliche Produktionsstruktur - und damit die internationale Arbeitsteilung - verbessert oder verschlechtert wird. Auf dieser Grundlage unterscheiden wir zwei Grundformen wettbewerbsbeeinflussender Exportförderungsmaßnahmen.

- Die wettbewerbsbeeinflussenden Exportförderungsmaßnahmen mit **kompensatorischer Wirkung**: Hauptaspekt dieser Form der Exportförderung ist das Ziel, jene Benachteiligungen einer Exportwirtschaft auszugleichen, die ihr durch binnenwirtschaftspolitische Maßnahmen des Inlandes oder Auslandes

(Steuer-, Sozial-, Subventionspolitik) entstanden sind. Das Ziel der exportfördernden Maßnahmen ist also nicht die Verfälschung eines bestehenden, sondern die Wiederherstellung eines verfälschten internationalen Wettbewerbs. Insofern korrigiert diese Maßnahme nur die durch Eingriffe in den Wettbewerb eingetretene Verschiebung der Konkurrenzbedingungen, ohne den internationalen Handel in eine andere Richtung lenken zu wollen, als in die, in die er sich ohne den gegebenen wirtschaftspolitischen Eingriff bewegen würde. Ziel ist also ein nachträglicher Ausgleich von Unterschieden in der Wettbewerbslage zwischen inländischen und ausländischen Unternehmern, die durch die **Wirtschaftspolitik** verursacht wurden. Aus dem Anliegen, daß durch die Exportförderung nur eine durch die Wirtschaftspolitik verursachte Wettbewerbsverfälschung kompensiert werden soll, folgt, daß diese dann nicht den Ausgleich „natürlicher", sondern den Ausgleich „künstlicher" Unterschiede in den Kostenstrukturen impliziert. Gewiß ist damit auch ein Produzentenschutz bei der Exportwirtschaft verbunden. Das Ziel solcher Fördermaßnahmen ist dann aber die Wiederherstellung ökonomisch effizienter internationaler Kosten- und Produktionsstrukturen, die ja gerade die Voraussetzung für die Nutzung der internationalen Arbeitsteilung sind. Ein schwierigeres Problem stellt sich allerdings in der Frage der Kompensation ausländischer **Einfuhrbehinderungen** (z.B. Zölle). Gewiß wäre auch dann mit der Exportförderung ein Produzentenschutz verbunden, da sie den Konkurrenzzustand so wiederherstellt, als ob kein Eingriff in den Außenhandel durch das Importland erfolgt wäre. Dennoch ist hier die Konsequenz unter zwei Gesichtspunkten negativ zu werten: Einerseits verschlechtern sich bei Preisrückgang für die Exportprodukte die realen Austauschbedingungen, und es sinkt gleichzeitig - bei gegebenen Mengeneffekten und gegebenen Wechselkursen - der Exporterlös; andererseits vermindert sich das Volkseinkommen der exportierenden Volkswirtschaft in Höhe der Exportförderung, d.h. der Fiskus des Inlands zahlt dem Fiskus des Auslands über die Exportförderung, soweit diese im Ausland den Zolleinnahmen entspricht, einen „Preis" für die Aufrechterhaltung eines „zollfreien" Exports. Dieser Preis wäre allenfalls zu rechtfertigen, wenn die sozialen Kosten der Ausfuhrbehinderung im Inland - begründet durch einen Produktions- und Beschäftigungsrückgang - höher sind als die Ausgaben für die Exportförderung. Dies wäre dann unterstellbar, wenn sich ein Land in einer Unterbeschäftigungssituation befindet; die Ausgaben für eine kompensatorische Exportförderung entsprächen somit einem (indirekten) Konjunkturprogramm, wenn man unterstellen müßte, daß in einer Unterbeschäftigungssituation eine binnenwirtschaftliche Deflationspolitik an Grenzen stieße. Anders gewendet: In Vollbeschäftigungssituationen wäre der Preis nicht zu rechtfertigen.

- Die wettbewerbsbeeinflussenden Exportförderungsmaßnahmen mit **protektionistischer Wirkung**: Diese Maßnahmen gehen von einem ungehinderten internationalen Wettbewerb aus, der den „natürlichen" - komparativen - Unterschieden in den Kostenstrukturen folgt. Diese sollen nun aber in einer

Weise korrigiert werden, daß das Inlandsangebot wettbewerbsfähig wird. Dabei ist nun zu differenzieren. Völlig fragwürdig erwiesen sich Exportförderungsmaßnahmen, die die Kostenstrukturen auch dann auszugleichen versuchten, wenn die Kostendifferenzen Folgen eines im Ausland herrschenden Lohn-, Sozial- und/oder Ökodumpings wären; denn dies implizierte letztlich eine (politische) Anerkennung dieser Praktiken im Ausland und könnte gar als Signal angesehen werden, die inländischen Bedingungen auf das Auslandniveau „herunterzuschleusen". Schwieriger stellte sich die Frage, wenn die Kostenvorteile des Auslands insoweit **„natürlichen" Charakter** haben, als sie auf eine gegebene Faktorausstattung und/oder auf ein Gefälle in der Produktivität oder der technologischen Entwicklung zurückgeführt werden können. Diese Kostenunterschiede auszugleichen hieße, eine Veränderung der internationalen Arbeitsteilung auszulösen, die letztlich zu einer Verzerrung des ökonomisch effizienten internationalen Wettbewerbs führte. Die Produktionsfaktoren würden in eine künstlich geförderte Exportindustrie umgeleitet, die Güter erzeugt, die besser und/oder billiger im Ausland hergestellt werden können. Diese Strategie rechtfertigte sich allenfalls dann, wenn bestimmte Exportbranchen - aus meta-ökonomischen Gründen - erhalten oder entwickelt werden sollen und/oder wenn diese - aus ökonomischer Sicht - aufgrund der Förderung erst die Chance erhielten, daß sie in die Zone einer Kostendegression eintreten können, die die Exportförderung wieder überflüssig macht. Analoges gilt für die Beurteilung der Maßnahme in einer Unterbeschäftigungssituation; Exportförderung als „Konjunkturprogramm" machte allenfalls dann Sinn, wenn es im Zuge der initiierten Expansion zu einer (im nationalen Raum) effizienteren Faktorkombination und produktivitätssteigernden Kapazitätsauslastung kommt, die auf Dauer die Wettbewerbsfähigkeit verbessert. Andernfalls - und dies gilt erst recht in Vollbeschäftigungssituationen - besteht die Gefahr, daß nicht nur die internationale, sondern auch die nationale Arbeitsteilung verzerrt wird. Die Umlenkung der Produktionsfaktoren in unproduktivere und insoweit weniger wettbewerbsfähige Branchen implizierte dann allenfalls einen weiteren Preisanstieg im Inland, der die Wettbewerbsfähigkeit erneut gefährdete und weitere Fördermaßnahmen provozierte. Und diese müßten irgendwann an Grenzen stoßen - sei es an Grenzen der Haushaltsbelastung im Inland, sei es, daß das Ausland zu Retorsionsmaßnahmen greift. Eine protektionistische Exportförderung würde spätestens dann obsolet.

Zusammenfassend zeigt sich, daß Maßnahmen der Exportförderung, soweit diese allokationspolitische Ziele erreichen wollen, nur unter sehr restriktiven Bedingungen (von meta-ökonomischen Motiven abgesehen) eine unter ökonomischen Aspekten eindeutig positive Einschätzung erfahren können: nämlich dann, wenn sie von der Absicht getragen sind, wettbewerbsverzerrende Maßnahmen der Wirtschaftspolitik (im Aus- oder Inland) zu **kompensieren**, oder wenn sie die Chance eröffneten, die Exportwirtschaft in eine Zone der **Kostendegression** zu führen, die die Fördermaßnahmen wieder verzichtbar macht. Anderenfalls drohte eher eine Verzerrung der ökonomisch effizienten internationalen Arbeitsteilung.

b) Dominiert demgegenüber die **stabilitätspolitische Zielsetzung**, so soll mit Hilfe der staatlichen Exportförderung eine Verbesserung des Leistungsbilanzsaldos (Aufbau eines Überschusses bzw. Abbau eines Defizits) erreicht werden, um eine vorliegende oder drohende Devisenknappheit zu überwinden. Diese Zielsetzung läßt vermuten, daß dann, im Interesse der Wirksamkeit dieser Maßnahmen, die Fördermaßnahmen nur bedingt auf wenige ausgewählte, besonders expansionsträchtige, Branchen beschränkt werden können, sondern eine Ausweitung erfahren müssen. Damit entsteht vorab das Problem der Abgrenzung von anderen Maßnahmen. Es stellt sich hier die Frage, ob dieses Ziel nicht zweckmäßiger mit anderen Maßnahmen erreicht werden kann: Sei es über eine binnenwirtschaftliche Deflationspolitik, die das inländische Preisniveau senkt und damit generell die Exportchancen verbessert, zumal es ja nicht um den speziellen Schutz bestimmter Exportbranchen geht, wie bei der allokationspolitischen Zielsetzung; sei es über eine außenwirtschaftliche Devalvationspolitik, die über eine Abwertung der Inlandswährung die Exportpreise, in Auslandswährung gerechnet, senkt und die Importpreise, in Inlandswährung gerechnet, steigert. Hierzu ist folgendes festzustellen:

- Im Vergleich zu einer **Deflationspolitik** sind zwei Zahlungsbilanzsituationen zu unterscheiden. Sind die Zahlungsbilanzschwierigkeiten nur **vorübergehender** Natur, erweist sich eine Exportförderung als vorteilhafter, weil eine Senkung des Preis- und Kostenniveaus im Inland - etwa über eine restriktive Kredit- und Fiskalpolitik - einen Deflationsprozeß einleiten und als Folge davon eine Unterbeschäftigung sowie eine Umstellung der Produktionsstruktur in andere (unproduktivere) Faktorkombinationen auslösen könnte. Die sozialen und ökonomischen Opfer erwiesen sich hier als unnötig und gefährlich. Sind die Zahlungsbilanzschwierigkeiten jedoch **struktureller** Natur - geringeres Kostenniveau am Weltmarkt gegenüber der Binnenwirtschaft -, wird eine Exportförderung problematisch. Sie übertüncht dieses Ungleichgewicht, ohne es zu beheben. Ja, sie trägt sogar dazu bei, die Tendenz zur passiven Zahlungsbilanz fortzuschreiben, weil sie innovatorische Bemühungen, um notwendige strukturelle Anpassungsprozesse in die Wege zu leiten, eher behindert. Durch eine „künstliche" Preis- oder Kostenentlastung würden diese Bemühungen gegenstandslos, weil sie ja bei gegebener Exportförderung dann „überflüssig" erscheinen. Eine Exportförderung erscheint besonders dann ungeeignet, wenn die Wohlfahrtssteigerung über die internationale Arbeitsteilung eine Umorientierung der Faktorkombination erforderte, deren Notwendigkeit durch eine laufende Subventionierung sich erübrigen würde. Die Umorientierung mag „schmerzhaft" sein; aber die ökonomischen und sozialen Folgen (auch die Friktionskosten) müssen in Kauf genommen werden, wenn die Volkswirtschaft aus einer strukturellen Leistungsbilanzpassivität herauskommen will. Eine Deflationspolitik könnte hier helfen, vor allem, wenn sie von Maßnahmen flankiert wird, um soziale Friktionswirkungen (v.a. eine unfreiwillige Arbeitslosigkeit) zu begrenzen. Eine Exportförderung würde diesen Anpassungsdruck partiell mindern.

- Im Vergleich zur einer **Devalvationspolitik** hat die Exportförderung auf den ersten Blick deshalb einen Vorteil, weil sie einmal die Auslandsschulden nicht aufwertet und die Inlandsforderungen nicht abwertet. Hinzu kommt, daß die Exportförderung - im Gegensatz zur Abwertung - die Einfuhrpreise unberührt läßt (zu Einzelheiten vgl. später). Dadurch ergeben sich bei den Binnenpreisen weniger Auftriebstendenzen, die die Konkurrenzfähigkeit des Inlands wieder beeinträchtigen und das Ziel - eine Leistungsbilanzaktivierung bzw. einen Abbau einer Leistungsbilanzpassivität - eher gefährden würden. Diese Argumentation ist sicher richtig. Sie übersieht jedoch, daß auch bei der Exportförderung eine Binnenpreisstabilierung nicht unbedingt gewährleistet zu sein braucht. Zum einen entstehen potentielle Preissteigerungstendenzen, wenn die Finanzierung der Subventionierung über staatliche Einnahmeerhöhungen erfolgt (Gefahr der Steuerüberwälzung) oder zu staatlicher Kreditaufnahme führt (Gefahr eines nominalen crowding-out). Zum zweiten ergeben sich potentielle Gefahren für die Preisstabilität, wenn aufgrund der Exportförderung eine Faktorumlenkung erfolgte, die einen Anstieg der Faktorpreise (gerade bei Vollbeschäftigung) auslöste, oder wenn aufgrund der Förderung in der Exportwirtschaft ein zusätzlicher Investitionsboom provoziert würde. Eine dadurch initiierte (weitere) Belastung der Exportfähigkeit über Preissteigerungen würde entweder eine weitere Ausdehnung des Instruments nahelegen oder letztlich seine Kontraproduktivität begründen.

Doch selbst dann, wenn sich, in Abgrenzung zu diesen beiden Globalmaßnahmen, das Instrument der gezielten Exportförderung als vorteilhaft erwiese - sie ist differenzierter einsetzbar und elastischer handhabbar -, ist dennoch davon auszugehen, daß eine Exportförderung aus stabilitätspolitischen Gründen nur dann sinnvoll ist, wenn eine Steigerung des **Ausfuhrwertes** (und eben nicht nur aus allokationspolitischen Gründen: des realen Volumens) erreichbar ist. Dies setzt aber eine überdurchschnittliche Preiselastizität der Auslandsnachfrage ($e < -1$) voraus; ist diese proportional ($e = -1$) oder gar unterproportional ($e > -1$), wird die Steigerung des Ausfuhrwertes nicht erreicht oder gar ein Rückgang ausgelöst. Nun mag man davon ausgehen, daß die Erfolgsbedingung ($e < -1$) wegen der Größe des Auslandsmarktes unterstellbar ist. Gleichwohl entsteht dann das Problem - wenn diese Globalaussage nur bedingt hilfreich ist -, daß eine genaue Feststellung jener Güterarten und Abnehmerländer erforderlich erscheint, wo diese (Erfolgs-)Voraussetzung gegeben ist. Dies ermöglichte einerseits einen effizienteren Einsatz des Instrumentariums, hätte aber andererseits den Nachteil, daß eine sehr differenzierte Vorgabe und Kontrolle der Förderungsmaßnahmen erforderlich ist. Damit entstehen allerdings problematische ordnungspolitische Konsequenzen, wenn als Korrelat eine Wiedereinfuhr verhindert und eine gezielte Bemessung der Exportförderungsmaßnahmen erreicht werden soll.

c) Unbeschadet der Differenzierung nach allokations- und/oder stabilitätspolitischen Zielsetzungen stellt sich grundsätzlich die Frage nach der **Reaktion des Auslands**. Diese Frage ist sensibel, v.a. wenn die Maßnahmen einen „offenen" Charakter haben und direkt (auf den Auslandsmarkt) wirken. Vielfach wird die These vertreten und erscheint auch unmittelbar plausibel, daß Maßnahmen, die auf den Auslandsmärkten unmittelbar wirken, eher Gegenmaßnahmen des Auslands provozieren, als wenn sich Maßnahmen auf den Inlandsmärkten und allenfalls indirekt auf die ausländischen Produzenten auswirken. Dennoch gilt: Werden seitens des Auslands restriktive Gegenmaßnahmen ausgelöst (Zölle, Kontingente), so wird bei einer Exportförderung über die niedrigeren Angebotspreise der inländischen Produzenten der Strom der Deviseneinnahmen für das Lieferland nicht breiter, sondern schmäler. Hier zeigt sich die entscheidende negative Wirkung der Exportförderungsmaßnahmen, die in diesem Falle einem völlig gegenleistungslosen Geschenk an das Ausland gleichkommen. Die Folgen sind zweifach negativ. Einerseits kommt es zu einer Verschlechterung der „realen Austauschbedingungen"; das bedeutet, daß noch größere Exportanstrengungen unternommen werden müßten, um die gleichen Importmengen für die Devisenerlöse zu erhalten. Andererseits kann aber der erforderliche Export - gerade bei ausländischen Retorsionsmaßnahmen - weder mengen- noch wertmäßig vergrößert werden, so daß am Ende die Gefahr in einer Reduktion des Einfuhrvolumens besteht, das noch aufgrund der Exporterlöse erhältlich ist. Die Aussicht, derartige Retorsionen zu vermeiden und den Erfolg der Exportförderung zu vergrößern, erscheint um so eher gegeben, je geringer auf der einen Seite das Erzeugungspotential des Exportlandes ist, und je eher dem Exportland auf der anderen Seite eine Volkswirtschaft mit einem bedeutenden Absatzmarkt - gar die ganze Weltwirtschaft - gegenübersteht, je größer also der Auslandsmarkt ist. Hinzu kommt noch, daß die Nachfragekurve des gesamten Auslands vermutlich elastischer verläuft als die Nachfragekurve eines einzelnen nationalen Absatzmarktes. Hier kann dann auch die Reduktion der Angebotspreise geringer sein als bei bilateralen Beziehungen. Dies hat nicht zuletzt auch noch zur Folge, daß die Verschlechterung der realen Austauschverhältnisse, die ja grundsätzlich mit jeder Exportverbilligung in Kauf genommen werden muß, kein so großes Ausmaß anzunehmen braucht. Wieder reduziert sich die Grundvoraussetzung für eine Effizienz der Exportförderung letztlich auf die Höhe der Preiselastizität der Auslandsnachfrage. Immer bleibt freilich der Zielkonflikt zwischen Verbesserung der Leistungsbilanz und Verzerrung der internationalen Produktionsstruktur, wenn die Verbesserung der Leistungsbilanz an sich auf der Basis der bestehenden kostenadäquaten Austauschbeziehungen nicht möglich ist.

27) DIE ZOLLPOLITIK

Unter Zollpolitik sind alle staatlichen Maßnahmen zu verstehen, die durch disincentives Waren bei ihrem Grenzübergang ins Inland belasten. Sie stellen eine Abgabe an die Staatskasse dar - praktisch eine indirekte Sondersteuer -, die erhoben wird, wenn die zollpflichtige Ware die zollrelevante Staatsgrenze überschreitet. Dabei sind drei **Grundformen** zu unterscheiden.

a) **Durchfuhrzölle**: Sie werden erhoben, wenn eine Ware zwar die Staatsgrenze überschreitet, aber im zollerhebenden Land weder verbraucht noch weiterverarbeitet, sondern aus diesem wieder ausgeführt wird. Diese Zölle hatten einmal zu den wichtigen Staatseinnahmequellen gehört; zwischenzeitlich haben sie indessen an Bedeutung verloren, zumal man erkannt hat, daß sie die Transportkosten unnötig verteuern (Deutscher Zollverein: 1833/1834). Relevant werden heute allenfalls noch sog. Zollausschlußgebiete, in die bestimmte Waren zollfrei eingeführt, gelagert und auch verbraucht werden können. Die Zollpolitik greift erst, wenn die Ware das Zollausschlußgebiet verläßt, wirkt dann aber wie ein „normaler" Einfuhrzoll.

b) **Ausfuhrzölle**: Sie werden erhoben, wenn eine im Inland produzierte Ware ins Ausland transferiert wird. Auch ihre Bedeutung ist zwischenzeitlich zurückgegangen. Sie werden heute noch relevant in Entwicklungsländern, wenn der Staat sich entweder eine zusätzliche Einnahmequelle verschaffen will, weil das System der Einkommensbesteuerung nur unzureichend entwickelt ist und deshalb nur bedingt greift, oder wenn der Staat über die Verteuerung und damit Reduzierung bestimmter Rohstoffexporte eine weiterverarbeitende Industrie im Inland aufbauen will, was indessen die Sicherstellung einer hinreichenden Inlandsversorgung mit dem belasteten Gut (geringe Preiselastizität des Inlandsangebots) voraussetzt.

c) **Einfuhrzölle**: Sie werden erhoben, wenn eine im Ausland produzierte Ware ins Inland transferiert wird; im Grundsatz verändern sie den Einstandspreis der Importware. Diese Grundform hat auch gegenwärtig nach wie vor Bedeutung. Der Staat will hier entweder die inländischen Produzenten schützen; dann hat die Zollpolitik das Ziel, das reale inländische Produktionsvolumen zu erhalten oder zu steigern (i.S. der **Allokationsfunktion** der Außenwirtschaftspolitik). Oder er will den nominalen Importwert senken oder zumindest aufrechterhalten; dann hat die Zollpolitik das Ziel, die Leistungsbilanz zu verbessern bzw. eine drohende Verschlechterung der Leistungsbilanz zu verhindern (i.S. der **Stabilisierungsfunktion** der Außenwirtschaftspolitik).

Konzentrieren wir uns bei den nachfolgenden Überlegungen auf die Einfuhrzölle, weil diese nach wie vor die größte Bedeutung haben, so enthalten diese zwei charakteristische Elemente. Einmal, gegenüber Freihandelsbedingungen, das Element der **Diskriminierung**: Diskriminiert werden Konsumenten und weiterverarbeitende Industrien, je nachdem, ob sie Güter aus der Binnenproduktion, zollfreie Güter oder zollbelastete Güter verbrauchen bzw. in der Weiterverarbeitung einsetzen. Diskriminiert werden überdies die inländischen Produzenten, je nachdem, ob sie mit zollfreien oder zollbelasteten Auslandsgütern konkurrieren müssen. Diskriminiert werden schließlich die ausländischen Produzenten, je nachdem, ob sie ihre Produkte zollfrei ins Inland exportieren können oder diese zollbelastet exportieren müssen. Dieses Element der Diskriminierung erlaubt einen sehr differenzierten Einsatz des Instruments, wobei die Differenzierung um so ausgeprägter ist, wenn die Allokationsfunktion dominiert. Steht die Stabilisierungsfunktion im Vordergrund, wird das Instrument umfassender eingesetzt, der diskriminierende Charakter wird in seiner Bedeutung reduziert. Zum zweiten, gegenüber der direkten Mengenpolitik, das Element der **Marktkonformität**: Gemeint ist damit, daß der Zollsatz ausschließlich über den Einstandspreis für die Importware wirkt, während die Einfuhrmengen der Dispositionsfreiheit der ausländischen Exporteure bzw. der inländischen Importeure obliegt. Der Zoll variiert also allenfalls die Datenkonstellation über den Preis, ohne die Einfuhrmengen selbst zu reglementieren. Es wurde allerdings bereits in anderem Zusammenhang darauf verwiesen, daß dies eine rein formale Aussage ist: Wird der effektive Einstandspreis - über den Zollsatz - in eine Höhe geschleust, daß eine Einfuhr zwar nach wie vor formal möglich, materiell aber praktisch verhindert wird (Prohibitivwirkung), so verliert sich das Element der Marktkonformität; der Zollsatz begründet letztendlich dann doch zumindest indirekt eine restriktive Mengenregulierung, was indessen nichts daran ändert, daß die formale Marktkonformität erhalten bleibt.

Nach diesen Überlegungen zur Eingrenzung des Instruments sind - mit Blick auf die **technische Ausgestaltung** der Zollpolitik, die sich ihrerseits nach der Bemessungsgrundlage für die Zollermittlung bestimmt - alternative Zollvarianten zu unterscheiden (vgl. Abbildung 10).

Abbildung 10
Zolltechniken

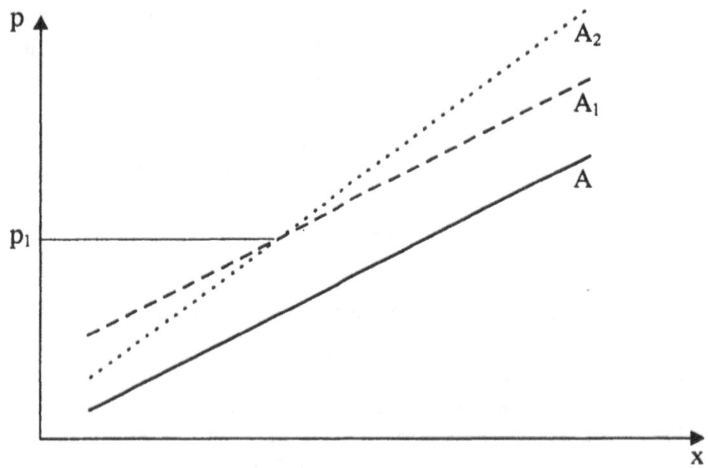

Ihnen ist zwar gemeinsam, daß die Zollbelastung die ausländische Angebotskurve (A) zu einer Höherverlagerung führt, weil bei jeder gegebenen Importmengeneinheit (x) der Einfuhrpreis (p) in Höhe der Zollbelastung eine Verteuerung erfährt. Dies gilt immer und läßt zunächst noch die Frage offen, wer am Ende die Zollbelastung trägt. Denn unabhängig von den hier angesiedelten Problemen (vgl. später) sind - mit Blick auf die reine Zolltechnik - drei Varianten zu unterscheiden.

a) Der **spezifische Zoll**: Hier ist die Bemessungsgrundlage für die Zollerhebung die Mengeneinheit einer Ware (Stückzahl, Gewicht, Länge, Fläche), unabhängig von ihrem Preis und damit auch unabhängig von ihrer Qualität. Die Angebotskurve für das Importprodukt des Auslands erfährt eine Parallelverlagerung (von A nach A_1), weil jede Importeinheit mit dem gleichen absoluten Zollbetrag belastet wird. Dabei hängt das Ausmaß der Verlagerung von der Höhe der absoluten Zollbelastung (in DM pro Stück) ab. Diese Technik hat drei wesentlich Eigenschaften:

- Die **Handhabung** dieses Instruments ist zwar einfach (zählen, messen); doch die Gesetzgebung erweist sich als um so schwieriger, je inhomogener die in Frage kommenden Güter sind. Diese Technik erscheint damit nur bei standardisierbaren Produkten (Nahrungsmittel, Rohstoffe, einfache industrielle Massengüter) als angemessen. Bei hochwertigen Gebrauchsgütern oder Industrieprodukten wird die Zollgesetzgebung notwendigerweise immer differenzierter und schwieriger, und bestimmte Produkte (z.B. Kunstwerke) sind mit dieser Technik überhaupt nicht faßbar.

- Mit steigendem Preis und gegebener absoluter Zollbelastung sinkt die relative Zollbelastung, definierbar als Quotient aus Zollhöhe und Preis für eine Produkteinheit ohne Zollerhebung. Die relative Zollbelastung läßt sich somit als **positiver, preisbedingter effektiver Zollschutz** interpretieren. Das bedeutet, daß die Schutzbedürftigkeit der inländischen Anbieter und der tatsächliche Schutzeffekt in die gleiche Richtung wirken, wenn man davon ausgeht, daß bei niedrigen Auslandspreisen einerseits die Schutzbedürftigkeit der inländischen Anbieter aber andererseits auch der Schutzeffekt des Zolls hoch sind - und umgekehrt. Bei weltwirtschaftlichen Deflationsprozessen kann er gar prohibitiv wirken.

- Mit steigender Qualität der Produkte (und demzufolge mit steigendem Preis) sinkt bei gegebener absoluter Zollbelastung ebenfalls die relative Zollbelastung, die sich als **positiver, qualitätsbedingter effektiver Zollschutz** interpretieren läßt. Ein Land wird besonders bei Nahrungsmitteln, Rohstoffen oder Gütern der einfachen Massenproduktion geschützt, während der Schutz bei hochwertigen Industrieprodukten relativ gering ist; diese Strategie erweist sich besonders dann als angemessen, wenn ein Land seine einfache Massenproduktion schützen will und bei hochwertigen Industrieprodukten keinen Schutzbedarf hat.

b) Der **Wertzoll**: Hier ist die Bemessungsgrundlage für die Zollerhebung der Wert einer Ware (Stück mal Preis - jeweils bezogen auf den Wert der Einheit eines Gutes), womit direkt der Preis und damit auch die Produktqualität in die Bemessungsgrundlage einbezogen werden. Jetzt erfährt die Angebotskurve für das Importprodukt eine Achsendrehung (von A nach A_2), weil jeder Wert einer Importeinheit mit einem prozentualen Zuschlag belastet wird. Dabei hängt das Ausmaß der Achsendrehung von der Höhe der relativen Zollbelastung (in vH des Stückwertes) ab. Diese Zolltechnik hat ebenfalls drei wesentliche Eigenschaften:

- Die **Handhabung** dieses Instruments wird wesentlich schwieriger. Es bedarf nicht nur einer sehr differenzierten Zollgesetzgebung, will man sich nicht einfach auf wenige „Einheitstarife" beschränken. Zusätzliche Probleme entstehen bei der Frage, welchen Preis man der Zollbemessung zugrunde legt (offizieller Auslandspreis, handelsüblicher Inlandspreis, kostenadäquater Normalpreis), und wie verhindert werden kann, daß manipulierte Rechnungen mit künstlich vermindertem Preis für die Zollermittlung zur Verfügung gestellt werden, was freilich wieder eine nachhaltige Preisüberwachung erforderlich macht.

- Mit steigendem Preis und gegebener relativer Zollbelastung steigt die absolute Zollbelastung, definierbar als Aufschlag auf den Einstandspreis des Importproduktes, die sich dann als **negativer, preisbedingter effektiver Zollschutz** interpretieren läßt. Das bedeutet, daß die Schutzbedürftigkeit der inländischen Anbieter und der tatsächliche Schutzeffekt nun in die entgegengesetzte Richtung wirken, wenn man davon ausgeht, daß bei niedrigen Auslandspreisen die Schutzbedürftigkeit der inländischen Anbieter eher hoch ist, der Schutzeffekt nun aber absolut sinkt - und umgekehrt. Bei weltwirtschaftlichen Deflationsprozessen kann der Schutzeffekt völlig entfallen.

- Mit steigender Qualität der Produkte (und demzufolge steigendem Preis) steigt ebenfalls die absolute Zollbelastung, die sich dann als **negativer, qualitätsbedingter effektiver Zollschutz** interpretieren läßt. Diese Strategie erweist sich besonders dann als angemessen, wenn ein Land nach erfolgreich vollzogenem Strukturwandel auf ein eigenes Angebot an Nahrungsmitteln, Rohstoffen oder billigen Massenprodukten verzichtet und einen Industrialisierungsprozeß bei höherwertigen Gebrauchsgütern oder Industrieprodukten einleitet, den es nun gezielt schützen will. Da bei diesen Produkten - anders als bei Nahrungsmitteln oder Rohstoffen - ein weltweiter Preisverfall weniger zu befürchten ist, entfällt auch das Problem eines geringen Schutzes bei Preisrückgang.

c) **Mischsysteme**: Sie stellen eine Kombination von spezifischem Zoll und Wertzoll dar:

- Einmal in Form des **Mischzolls**. Hier wird bei relativ hohen Preisen zunächst vom Wertzoll ausgegangen. Kommt es am Weltmarkt zu einem Preisrückgang, so wird bei Erreichen eines bestimmten Mindestpreises (p_1) zum spezifischen Zoll übergegangen, so daß bei weiterem Preisrückgang die Angebotskurve eine Drehung erfährt (von A_2 nach A_1). Dieses Verfahren findet v.a.

dann Anwendung, wenn bestimmte Inlandsprodukte vor einen weltweiten Preisverfall geschützt werden sollen.

- Zum zweiten in Form des **Gleitzolls**, der einen modifizierten Wertzoll darstellt. Sein Grundprinzip ist darin zu sehen, daß der Belastungssatz im umgekehrten Verhältnis zur Preisentwicklung variiert wird. Steigt der Preis, sinkt der Zollsatz - und umgekehrt (womit sich die Kurve A_2 in Richtung A_1 kontinuierlich abflacht). Ziel dieses Systems ist es, beim Rückgang der Weltmarktpreise einen höheren Effektivschutz zu erhalten, der ja beim reinen Wertzoll nicht unbedingt gegeben ist; analog kann der Effektivschutz gesenkt werden, wenn das Weltmarktpreisniveau ohnehin steigt. Nicht zuletzt kann damit eine Preisstabilisierung auf dem Binnenmarkt erreicht werden. Durch Variation der Zollbelastung soll der Importpreis „stabilisiert" und den Inlandsproduzenten sowohl die Notwendigkeit zur Preissenkung als auch die Chance zur Preiserhöhung genommen werden. (Letztlich will man damit sowohl Produzenten- wie Konsumenteninteressen Rechnung tragen.) Dennoch hat der Gleitzoll auch volkswirtschaftliche Mängel. So kann er Spekulationen auslösen, die das Ziel der binnenwirtschaftlichen Preisstabilisierung wieder gefährden. Dies gilt vor allem deshalb, weil die Zollsatzänderung nicht kontinuierlich, sondern in Zeiträumen erfolgt. Sinken etwa die Weltmarktpreise, so ist eine Zollerhöhung zu erwarten; die Händler werden die Einfuhr forcieren, das Angebot steigt, und die Inlandspreise sinken. Steigen die Weltmarktpreise, so ist eine Zollsenkung zu erwarten; die Händler werden sich mit der Einfuhr zurückhalten, das Angebot geht zurück, und die Inlandspreise steigen. Die Preisschwankungen im Inland werden also nicht verhindert, sondern eher provoziert.

- Zum dritten durch ein System **variabler Importtaxen**: Es soll die Mängel des Gleitzolls vermeiden und dennoch eine Preisstabilisierung gewährleisten, indem der Zollsatz nicht von vornherein fixiert, sondern über seine Höhe von Fall zu Fall entschieden wird. Häufig verbindet sich dies mit einer zunehmend dirigistischen Außenhandelspolitik, die bei niedrigen Auslandspreisen die Importe mit einer Importtaxe belegt bzw. bei höheren Auslandspreisen den Import subventioniert. Im Prinzip wird praktisch der Importpreis administrativ fixiert („Schleusensystem"). Dies geschieht dann freilich mit der Konsequenz, daß der ordnungspolitische Charakter einer „marktkonformen" Preispolitik aufgegeben ist, denn die Wirtschaftssubjekte haben dann keine sichere Erwartung mehr, sondern werden von administrativen ad-hoc-Vorgaben abhängig.

Nach der Darstellung alternativer Zolltechniken stellt sich nun das Problem der Analyse der **Zollwirkungen**, die letztendlich für die Beurteilung des Instrumentes relevant sind. Aus Gründen der Vereinfachung beschränken wir uns auf einen spezifischen Zoll. (Die anderen Techniken führen allenfalls in Nuancen zu abweichenden Ergebnissen.) Dabei muß im folgenden - je nach **Zielsetzung** des zollpolitischen Instrumentariums - differenziert werden. Wir vernachlässigen dabei die **fiskalpolitische Zielsetzung**, die dem Staat zusätzliche Einnahmen verschaffen soll. Denn sie hat nicht nur an Bedeutung verloren (von Ausnahmen abgesehen), sondern ist auch mit dem Konflikt konfrontiert, daß Zusatzeinnahmen (Zollsatz je Importeinheit) mit einem Rückgang des Importvolumens (Mengeneffekt der Importeinheiten) einhergehen und die Gesamteinnahmen (Zollsatz mal Menge) sogar vermindern können. Damit ist die Frage nach dem Optimalzoll aufgeworfen, der die Einnahmen des Staates maximiert. Vernachlässigen wir diesen Problemkomplex, dann bleiben zwei Zielsetzungen: Einmal die **allokationspolitische Zielsetzung**, wenn der Staat versucht, bestimmte inländische Produkte und/oder Branchen zu fördern, indem er Bedingungen schafft, die eine Erhaltung oder Erweiterung ihres Inlandsabsatzes ermöglichen; im Vordergrund steht die Reduktion des Einfuhrvolumens im Interesse der Steigerung des inländischen Produktionsvolumens über einen höheren **realen Inlandsabsatz**. Zum zweiten die **stabilitätspolitische Zielsetzung**, wenn der Staat versucht, eine Verbesserung des Leistungsbilanzsaldos (Abbau von Defiziten, Aufbau von Überschüssen) zu erreichen; im Vordergrund steht dann die Verminderung des **nominalen Importwertes**. Beide Zielsetzungen werden freilich überlagert von der Frage, ob ein Erreichen der Allokations- oder Stabilisierungsfunktion wirklich mit einem **gesamtwirtschaftlichen Wohlfahrtsgewinn** gleichzusetzen ist.

a) Mit Blick auf die **allokationspolitische Zielsetzung**, wonach das reale inländische Produktionsvolumen - bei gegebener Auslandskonkurrenz - erhalten oder gesteigert werden soll, hängt die damit intendierte Schutzwirkung von spezifischen Preis-Mengen-Effekten im Inland ab; je ausgeprägter diese Effekte sind, desto eher wird die allokationspolitische Zielsetzung erfüllt: Ein hoher (positiver) Preiseffekt macht das Inlandsangebot gegenüber der Auslandskonkurrenz wettbewerbsfähiger; ein hoher (negativer) Mengeneffekt schafft für das Inlandsangebot durch Zurückdrängen des Auslandsangebots Freiräume, um die Inlandsnachfrage selbst zu befriedigen. Ob das Inlandsangebot diese Chance einer höheren Wettbewerbsfähigkeit und die so gewonnenen Freiräume nutzt, hängt letztlich wiederum von der Preiselastizität des Inlandsangebots ab. Je höher diese ist, desto eher ist dieser - indirekte und an sich intendierte - Folgeeffekt zu unterstellen. Zunächst gilt es allerdings, den direkten Preis-Mengen-Effekt zu präzisieren. Gehen wir nun davon aus, daß der Importpreis einer Ware zwar in Auslandswährung fakturiert sein mag, bei gegebenem Wechselkurs aber unmittelbar in Inlandswährung umgerechnet werden kann, so kann im folgenden das Inlandspreisniveau (p) für das Importgut, in Inlandswährung gerechnet, zugrunde gelegt werden, zumal dieses für die mengenmäßige Inlandsnachfrage (x) letztlich relevant ist:

- Der Preis-Mengen-Effekt im Inland hängt einmal von der **Preiselastizität** des **ausländischen Angebots** ab (vgl. Abbildung 11). Ist bei gegebener Inlandsnachfragefunktion (N_i) das Auslandsangebot unendlich elastisch (A_1), wird der durch die Zollbelastung ausgelöste positive Preiseffekt voll auf das Inlandspreisniveau des Importgutes (p_2) durchschlagen. Die ausländischen Anbieter sind nicht bereit, die Zollbelastung zu übernehmen; und dies wird, gemäß der gegebenen inländischen Nachfragefunktion und einer völlig elastischen neuen Angebotsfunktion (A_1'), einen entsprechend negativen Mengeneffekt (x_2) auslösen; der Preiseffekt im Inland entspricht der Zollerhöhung bzw. Zolleinführung in voller Höhe. Dies erklärt sich daraus, daß bei einem kleinen Importland, dessen Anteil an der Weltmarktnachfrage relativ gering ist, das Auslandsangebot auf andere Märkte ausweichen kann. Die ausländischen Anbieter machen deshalb bei ihren Verkaufspreisen (in Auslandswährung) keine Zugeständnisse; die Zollbelastung erhöht dann eben nur den Einstandspreis (in Inlandswährung). Ist umgekehrt das Auslandsangebot völlig starr (A_2), weil die ausländischen Exporteure ihren Absatz in einem wegen dessen Größe vielleicht wichtigen Importland in jedem Fall voll erhalten wollen (x_1), werden die ausländischen Anbieter die Zollbelastung selbst tragen; denn jede - auch nur partielle - Preisüberwälzung auf das Inlandspreisniveau (in Inlandswährung) würde den Absatz bei gegebener inländischer Nachfragefunktion zumindest teilweise reduzieren. Sowohl positiver Preis- wie negativer Mengeneffekt entfallen. Zwischen beiden Grenzfällen bewegt sich die Situation, daß aufgrund einer gegebenen Angebotselastizität (A_3) die Zollbelastung eine neue Angebotsfunktion (A_3') begründet und entsprechend dieser partiell zu einem (positiven) Preiseffekt (nach p_3) und zu einem (negativen) Mengeneffekt (nach x_3) führt. Daraus folgt: Der Schutzeffekt steigt mit steigender Angebotselastizität, weil der positive Preiseffekt, gemessen am Inlandspreisniveau, und der negative Mengeneffekt, gemessen am Inlandsangebot, immer größer werden.

Abbildung 11
Reale Zollwirkung und Angebotselastizität

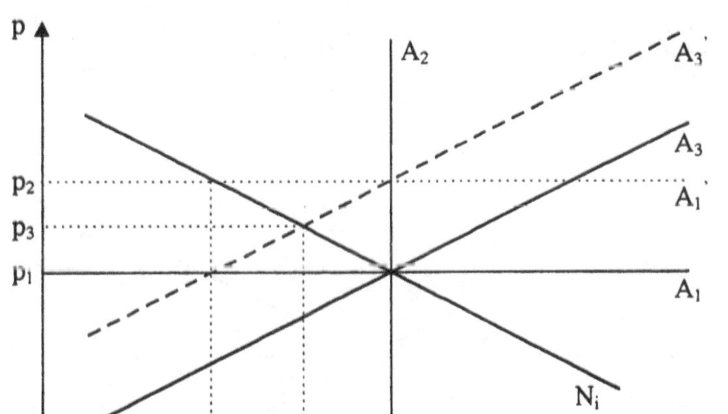

- Der Preis-Mengen-Effekt im Inland hängt zum zweiten von der **Preiselastizität der inländischen Nachfrage** ab (vgl. Abbildung 12). Ist bei gegebenem Auslandsangebot (A_a), dessen Verlaufsgerade nach der Zollerhebung eine Verlagerung erfährt (A'_a), die Nachfrageelastizität des Inlands unendlich (N_1), so wird kein positiver Preiseffekt im Inland eintreten, das Ausland müßte die Zollbelastung selbst tragen; denn jeder Versuch einer partiellen Preisüberwälzung, die zu einer Preissteigerung im Inland führt - mag sie noch so gering sein -, würde die Absatzmöglichkeit im Inland zum Verschwinden bringen. Demgegenüber ist der Mengeneffekt ausgeprägt (x_2), weil das nun nicht mehr leistungsfähige Auslandsangebot ausscheidet. Die unendlich hohe Preiselastizität der Inlandsnachfrage erklärt sich daraus, daß diese (bei einem großen Importland) auf andere Auslandsmärkte oder auf Substitutionsprodukte im Inland ausweichen kann. Ist umgekehrt die Inlandsnachfrage völlig preisunelastisch, weil sie auf das Auslandsprodukt angewiesen ist (N_2), bleibt die Inlandsnachfrage auch bei gestiegenem Einstandspreis in Inlandswährung aufrechterhalten; das Inland wird die Zollbelastung voll tragen, die ausländischen Anbieter müssen bei ihrem Verkaufspreis in Auslandswährung keine Preiszugeständnisse machen. Jetzt entsteht - in Inlandswährung gerechnet - ein positiver Preiseffekt in voller Höhe der Zollbelastung (p_2), während kein negativer Mengeneffekt vorliegt (x_1). Zwischen beiden Grenzfällen bewegt sich die Situation, daß aufgrund einer gegebenen Nachfrageelastizität (N_3) die Zollbelastung partiell zu einem (positiven) Preiseffekt (p_3) und zu einem (negativen) Mengeneffekt führt (x_3). Daraus folgt: Der Schutzeffekt ist nicht mehr eindeutig; er wirkt über positive Preiseffekte (bei geringer Nachfrageelastizität) oder über negative Mengeneffekte (bei hoher Nachfrageelastizität).

Abbildung 12
Reale Zollwirkung und Nachfrageelastizität

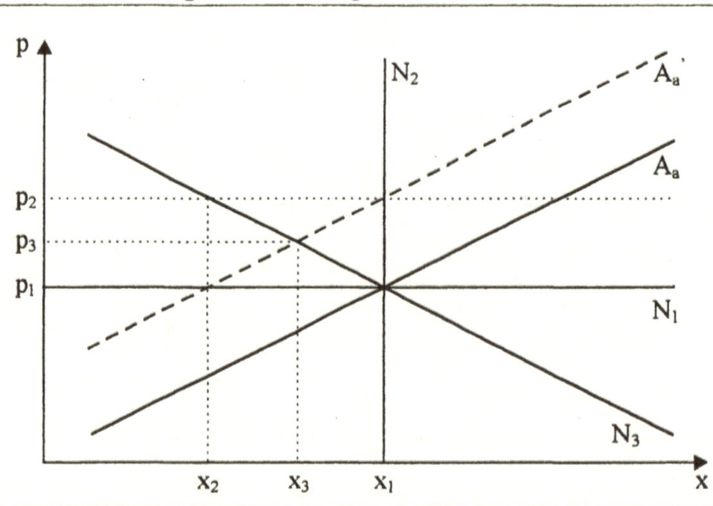

Zusammenfassend ist also festzuhalten, daß der positive Preiseffekt einer Zollerhebung um so größer ist, je höher die ausländische Angebots- und je niedriger die inländische Nachfrageelastizität ist. Umgekehrt dürfte der negative Mengeneffekt um so höher sein, je höher Angebots- und Nachfrageelastizitäten sind; er vermindert sich, wenn eine der Elastizitäten gering ist. Anders gewendet: Bei hoher Elastizität des Auslandsangebots wirkt die Schutzfunktion über positive Preis- und negative Mengeneffekte; sinkt die Elastizität, reduzieren sich beide Effekte. Bei hoher Elastizität der Inlandsnachfrage wirkt die Schutzfunktion nur über negative Mengeneffekte; bei geringer Elastizität der Inlandsnachfrage wirkt sie nur über positive Preiseffekte. Geht man realistischerweise davon aus, daß die Elastizität des Auslandsangebots relativ hoch ist (wegen der Größe des Weltmarkts), und daß die Elastizität der Inlandsnachfrage nicht unendlich hoch ist (wegen eines Mindestbedarfs an dem Importgut), wird man unterstellen können, daß die Zollerhebung vermutlich immer einen partiellen positiven Preiseffekt im Inland auslöst. Damit dürfte auch im Grundsatz ein partieller negativer Mengeneffekt im Inland zu erwarten sein: Im Prinzip ist also eine (wie auch immer über den Umfang der Preis- und Mengeneffekte angelegte) Schutzfunktion der Zollpolitik nicht auszuschließen, sondern eher wahrscheinlich.

Die bisherige Analyse hat indessen nur eine begrenzte Aussagekraft hinsichtlich der (allokationspolitisch orientierten) Schutzfunktion des Zolls. Denn diese betrifft nur ein bestimmtes Gut und ist nicht unbedingt identisch mit dem Schutz des Produzenten dieses Gutes. Wir müssen hier ergänzend eine wichtige Trennung zwischen **nominalem** und **effektivem Zollschutz** beachten: Die Identität von beiden ist nämlich nur bei einstufigen Produktionsprozessen gegeben. Bei mehrstufigen Produktionsprozessen muß zwischen Vor- und Endprodukt unterschieden werden. Die effektive Schutzwirkung eines Zolls setzt sich dann aus zwei Komponenten zusammen:

- Einmal aus den **Vorproduktzöllen**: Sie wirken für die weiterverarbeitende Industrie, bei gegebenem Preissteigerungseffekt, wie Steuern oder Abgaben, die den Einstandspreis für das Produkt erhöhen. Unterstellen wir einmal, daß der Zollsatz auf den Inlandsmarkt voll durchschlägt, erhöhen sich die Einstandskosten für das Vorprodukt um eben diesen Zollsatz. Kostet eine bestimmte Einheit dieses Vorproduktes vor der Zollerhebung 1.000 DM, und wird ein Zollsatz von 10 vH erhoben, beträgt der tatsächliche Einstandspreis nach der Zollerhebung 1.100 DM.

- Zum zweiten aus den **Endproduktzöllen**: Sie wirken für die weiterverarbeitende Industrie wegen ihres Preissteigerungseffektes wie Subventionen, die indirekt ihre Wettbewerbsfähigkeit steigern. Unterstellen wir erneut, daß der Zollsatz auf dem Inlandsmarkt voll durchschlägt, erhöht sich der Endproduktpreis für die Importware um eben diesen Zollsatz: Beträgt der Endproduktpreis vor Zollerhebung 2.000 DM, und wird ein Zollsatz von 5 vH (bzw. 10 vH/bzw. 20 vH) erhoben, beträgt der Endproduktpreis 2.100 DM (bzw. 2.200 DM/bzw. 2.400 DM).

Stellen wir beide Effekte einander gegenüber, so erhalten wir folgendes Ergebnis: Vor der Zollerhebung beträgt die Wertschöpfung des inländischen Produzenten - Endproduktpreis abzüglich Einstandskosten (bei gegebenen inländischen Kostenkomponenten) - zunächst 1.000 DM. Nach der Zollerhebung beträgt sie 1.000 DM (bei 5 vH Endproduktzoll) bzw. 1.100 DM (bei 10 vH Endproduktzoll) bzw. 1.300 DM (bei 20 vH Endproduktzoll). Daraus folgt: Bei einem Endproduktzoll von 5 vH wird der inländische Produzent gar nicht, bei einem Endproduktzoll von 10 vH in gleicher Höhe, bei einem Endproduktzoll von 20 vH aber überproportional (um 30 vH) geschützt. Das bedeutet, daß der ausländische Anbieter im dritten Falle seine Wertschöpfung um 30 vH billiger anbieten muß (und nicht nur - in der Höhe des eigentlichen Endproduktzolls - um 20 vH), um die Zollmauer überspringen und seinen realen Absatz am Inlandsmarkt aufrechterhalten zu können. Dieses Ergebnis mag sich rein rechnerisch modifizieren, wenn wir bei Vor- und Endproduktzöllen eine differenzierte Preiswirksamkeit unterstellen. Es ändert indessen nichts an der Kernaussage: Nur wenn der Endproduktzoll dem Vorproduktzoll entspricht, sind nominaler und effektiver Schutz identisch; ist der Endproduktzoll niedriger (höher) als der Vorproduktzoll, ist der nominale Schutz höher (niedriger) als der effektive Schutz. Liegt die effektive Schutzfunktion höher als die nominale Schutzfunktion, erhalten wir einen **Eskalationseffekt** des Zollschutzes. (In diese Richtung zielen viele Vorwürfe der Entwicklungsländer an die Industrieländer, wonach letztere zum Schutz ihrer weiterverarbeitenden Industrie genau von diesem Eskalationseffekt Gebrauch machen, d.h. ihre Vorprodukte geringer als ihre Endprodukte belasten. Und auch eine Reduzierung von Endproduktzöllen ändert am Eskalationseffekt nichts, wenn die Vorproduktzölle nach wie vor niedriger sind; vgl. dazu noch später.)

b) Mit Blick auf die **stabilitätspolitische Zielsetzung**, wonach das nominale Importvolumen des Inlands vermindert werden soll (um eine Leistungsbilanzpassivität abzubauen bzw. einen Leistungsbilanzüberschuß aufzubauen), hängt auch die damit intendierte Leistungsbilanzwirkung von einem spezifischen Preis-Mengen-Effekt ab, der nun aber am Durchwirken auf den Importwert gemessen werden muß. Das bedeutet, daß - analog zur allokationspolitischen Zielsetzung - der reale Importmengeneffekt des Inlands relevant wird, daß aber - im Gegensatz zur allokationspolitischen Zielsetzung - nun nicht der Preiseffekt im Inland (in Inlandswährung gerechnet), sondern der Preiseffekt für die Importware (in Auslandswährung gerechnet) Bedeutung gewinnt, weil sich im Produkt aus Importmenge und Stückpreis in Auslandswährung der nominale Importwert (und damit der inländische Devisenbedarf für den Leistungsimport) niederschlägt. Der Importwert ergibt sich nämlich aus dem Produkt von realer Importmenge (Mengeneffekt: x) und Preis pro Importeinheit in Auslandswährung (Preiseffekt: p). Erneut gilt es nun zu differenzieren:

- Der nominale Importvolumeneffekt für das Inland hängt einmal von der **Preiselastizität** des **ausländischen Angebots** ab (vgl. Abbildung 13). Ist - bei gegebener Inlandsnachfrage (N_i) - das Auslandsangebot unendlich elastisch (A_1), werden nach der Zollerhöhung aus den bereits aufgezeigten Gründen die ausländischen Anbieter bei Zollerhebung keine Zugeständnisse bei ihren Verkaufspreisen (in Auslandswährung) machen (es bleibt bei p_1 - jetzt in Auslandswährung definiert). Da dies aber einen Preisanstieg im Inland (in Inlandswährung) impliziert (vgl. Abbildung 11: p_2), kommt es, korrespondierend zu der Nachfragefunktion, zu einem negativen Mengeneffekt (x_2), der bei gegebenem Preis in Auslandswährung einen Rückgang des nominalen Importvolumens (von $p_1 \cdot x_1$ auf $p_1 \cdot x_2$ aufgrund eines reinen Mengeneffektes) bedeutet. Ist das Auslandsangebot völlig starr (A_2), werden die ausländischen Anbieter die Zollbelastung voll tragen, also ihre Angebotspreise in Auslandswährung entsprechend der Zollbelastung reduzieren (auf p_2), um ihren realen Absatz im Inland aufrechtzuerhalten. Jetzt kommt es zwar zu keinem negativen Mengeneffekt, da das Inlandspreisniveau (vgl. Abbildung 11: p_1) konstant bleibt; dennoch kommt es, wegen des Preisrückgangs in Auslandswährung (p_2), zu einem Rückgang des nominalen Importvolumens (von $p_1 \cdot x_1$ auf $p_2 \cdot x_1$ aufgrund eines reinen Preiseffektes). Zwischen beiden Grenzfällen bewegt sich die Situation (A_3), wo es partiell sowohl zu negativen Mengeneffekten als auch zu negativen Preiseffekten in Auslandswährung kommt (von $p_1 \cdot x_1$ auf $p_3 \cdot x_3$ aufgrund eines kombinierten Preis-Mengen-Effektes). Daraus folgt: Unabhängig von der Preiselastizität des Auslandsangebots wird bei gegebener Nachfrageelastizität des Inlands in jedem Falle das ehemalige Volumen der nominalen Importwerte durch eine Zollerhebung reduziert.

Abbildung 13
Nominale Zollwirkung und Angebotselastizität

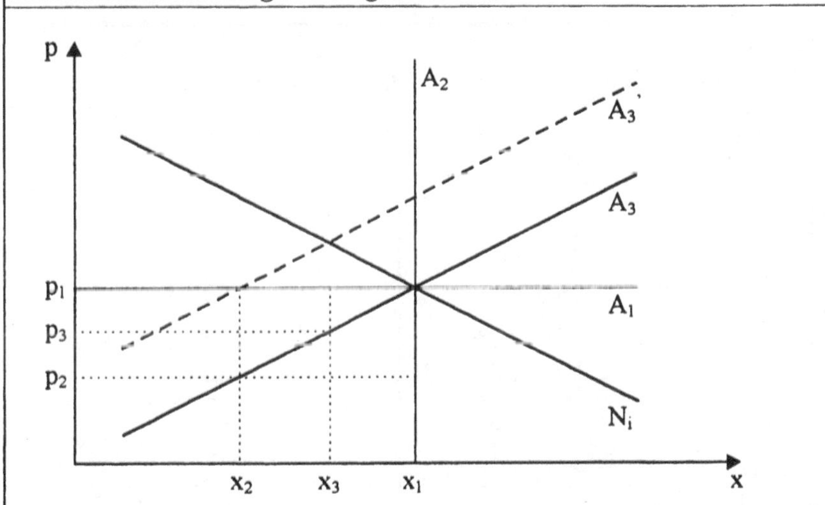

- Der nominale Importvolumeneffekt für das Inland hängt zum zweiten von der **Preiselastizität der inländischen Nachfrage** ab (vgl. Abbildung 14). Ist - bei gegebenem Auslandsangebot (A_a) bzw. verlagerter Angebotsfunktion nach der

Zollerhöhung (A'_a) - die Inlandsnachfrage völlig preisunelastisch (N_2), wird die Zollbelastung voll vom Inland getragen; es kommt weder zu einem negativen Mengeneffekt im Inland noch zu einem negativen Preiseffekt in Auslandswährung. Das nominale Importvolumen bleibt also auch nach der Zollerhebung konstant ($p_1 \cdot x_1$); allenfalls liegt ein positiver Preiseffekt in Inlandswährung vor (vgl. Abbildung 12: p_2), der aber für die Importwertberechnung irrelevant wird. Ist demgegenüber die Inlandsnachfrage völlig preiselastisch (N_1), werden die ausländischen Anbieter die Zollbelastung voll tragen, ihre Angebotspreise in Auslandswährung entsprechend der Zollbelastung reduzieren, und es kommt in voller Höhe der Zollbelastung zu negativen Preiseffekten (auf p_2); zusätzlich kommt es auch zu einem negativen Mengeneffekt in dem Umfang, wie das nicht mehr leistungsfähige Auslandsangebot ausscheidet (auf x_2), womit sich das Importvolumen durch den ausgeprägtesten negativen Preis-Mengen-Effekt reduziert (von $x_1 \cdot p_1$ auf: $x_2 \cdot p_2$). Zwischen beiden Grenzfällen bewegt sich die Situation (N_3), wo es partiell sowohl zu negativen Mengen- als auch zu negativen Preiseffekten in Auslandswährung kommt ($p_3 \cdot x_3$); der Rückgang des Importwertes resultiert dann aus einem kombinierten Preis-Mengen-Effekt. Daraus folgt: Bei gegebener Preiselastizität des Auslandsangebots wird das ehemalige nominale Importvolumen nicht reduziert, wenn die Inlandsnachfrage völlig unelastisch ist. Demgegenüber wird die Reduktion des Importvolumens um so größer, je preiselastischer die Inlandsnachfrage ist, weil die negativen Preis- und Mengeneffekte immer ausgeprägter an Gewicht gewinnen.

Abbildung 14
Nominale Zollwirkung und Nachfrageelastizität

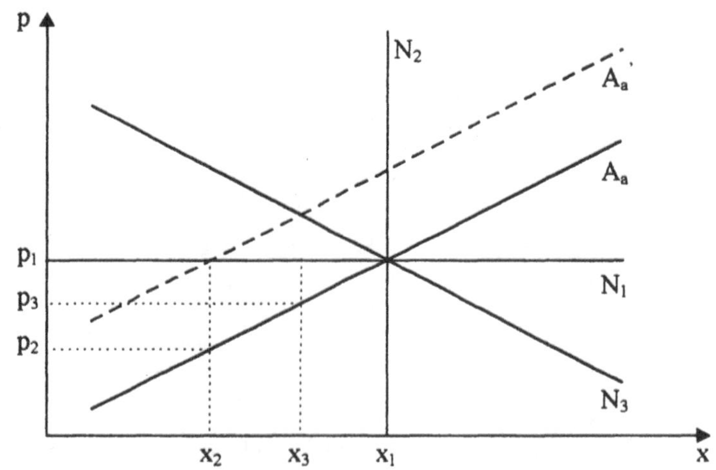

Zusammenfassend ist also festzuhalten, daß eine Reduzierung des nominalen Importvolumens um so eher zu erwarten ist, je höher die inländische Nachfrageelastizität ist, während in diesem Falle die Elastizität des Auslandsangebots nicht eine dominierende Funktion hat. Diese Feststellung deutet darauf hin, daß ein großes Importland, mit Blick auf die stabilitätspolitische Zielsetzung, die Zollpolitik um so erfolgreicher einsetzen kann, je mehr es auf Substitutionsprodukte, die am Inlandsmarkt angeboten werden, zurückgreifen kann.

Die bisherige Analyse hat freilich ebenfalls nur eine begrenzte Aussagekraft hinsichtlich der (stabilitätspolitisch orientierten) Entlastungsfunktion des Zolls. Mit in die Betrachtung einbezogen müssen die möglichen Rückwirkungen auf das **Exportvolumen**. Denn es bleibt bei der Feststellung, die jetzt wiederum auf die Beeinflussung des Inlandspreisniveaus abhebt, daß die Zollerhebung - unterstellt, daß die Auslandsnachfrage nicht völlig preisunelastisch und die Inlandsnachfrage nicht völlig preiselastisch ist - im Inland positive Preiseffekte hat. Selbst wenn das Ausland nicht zu Retorsionen greift (Kontingente, Zollschutz, Exportförderung), bleibt die Tatsache, daß dann im Inland Preissteigerungen ausgelöst werden. Diese können die eigene Exportwirtschaft treffen, soweit Vorprodukte betroffen sind, was schon - für sich genommen - über eine Reduzierung des nominalen Exportvolumens die Entlastungsfunktion des Zolls für die Leistungsbilanz in Frage stellen kann. Die inländische Preissteigerung kann sich überdies noch akzentuieren, wenn zollgeschützte Branchen, wegen neugewonnener Wettbewerbsfähigkeit und dadurch erworbenen Nachfragefreiräumen, ihre Produktion steigern, Produktionsfaktoren aus bisherigen Faktorkombinationen ablenken und damit einen Faktorpreisanstieg auslösen, was - bei Überwälzung auf die Exportprodukte - zu einem weiteren Exportrückgang führen kann. (Letzteres wäre allenfalls in einer gesamtwirtschaftlichen Unterbeschäftigungssituation nicht unbedingt unterstellbar.) Käme es indessen zu einem gleichzeitigen Rückgang des nominalen Exportvolumens, würde die Stabilitätsfunktion des Zolls gefährdet, auch wenn das nominale Importvolumen rückläufig wäre. Würden per Saldo derartige Ausgleichseffekte - gleichzeitiger Rückgang des nominalen Einfuhr- aber auch Ausfuhrvolumens - eintreten, würde durch die Zollpolitik allenfalls eine Reduktion des Außenhandelsvolumens insgesamt, mithin ein wechselseitiges Umlenken von Produktionsfaktoren in weniger ergiebige Faktorkombinationen und somit ein Verzicht auf die Nutzung der internationalen Arbeitsteilung, erreicht.

c) Allokations- und stabilitätspolitische Zielsetzungen münden insoweit ein in die Frage, ob und inwieweit die Zollpolitik **wohlfahrtssteigernde Wirkungen** hat. Dabei ist zunächst festzuhalten, daß die Zollpolitik einen wichtigen Unterschied zum Kontingent aufweist: Dort war die Elastizität des Auslandsangebots für die Preisentwicklung im Inland irrelevant; sie bestimmte allenfalls die Preisentwicklung des Importproduktes im Inland und wurde dann relevant für die Höhe der Kontingentsrente. Beim Zoll dagegen bleibt die internationale Preisverbundenheit gewahrt. Verändern die ausländischen Produzenten ihren Angebotspreis, schlägt dies - zumindest in modifizierter Form - auf den Inlandsmarkt durch. Da das Inland darauf reagiert - etwa Importreduktion bei Erhöhung der Preise in Inlandswährung -, wird auch das Preisniveau im Ausland tangiert: Dort wird die Importreduktion des Inlands die Nachfrage vermindern und auf den Preis drücken. Die ausländische Preissenkung dürfte aber einen geringeren Umfang annehmen als die inländische Preissteigerung, weil das Einfuhrland dem gesamten Auslandsmarkt gegenübersteht, was die Angebotselastizität relativ hoch erscheinen läßt. Dies fällt besonders ins Gewicht, wenn das Importland ein relativ kleines Land ist, seine Verdrängung des Imports keine nennenswerte Bedeutung für die Weltmarktnachfrage hat. Im Inland wird die positive Preisentwicklung in jedem Falle weitere Konsequenzen für die andern Preise haben. Einmal für die zollbelastete Ware: Je höher die inländische Angebotselastizität ist, desto schneller wird das Inlandsangebot gesteigert, und desto weniger wird sich der hohe Preis halten. Zum zweiten: Bei Substitutionsgütern wird über die Nachfragesteigerung eine Preissteigerung, bei Komplementärgütern über den Nachfragerückgang ein Preisrückgang zu erwarten sein. Die „Dauerhaftigkeit" dieser Preistrends hängt dann wiederum von der entsprechenden Angebotselastizität im Inland ab.

In jedem Falle ergeben sich aus den unmittelbaren Preiswirkungen alternative Wohlfahrtseffekte (vgl. Abbildung 15). Unterstellen wir einmal im In- und Ausland gleiche Nachfragefunktionen (N_a bzw. N_i), aber unterschiedliche Angebotsfunktionen (A_a bzw. A_i), wonach die Auslandsproduktion (aus welchen Gründen auch immer) kostengünstiger angeboten wird, so ist folgendes erkennbar. Unter **„Autarkie"-Bedingungen** kommt es im Ausland (p_4, x_3) bzw. im Inland (p_2, x_8) zu spezifischen Gleichgewichtskonstellationen. Demgegenüber würden **„Freihandels"-Bedingungen** (Transport-, Währungs- und sonstige Risikofaktoren seien einmal vernachlässigt) zu einem zwischenstaatlichen Gleichgewichtspreis (p_1) führen, der das Auslandsangebot steigerte (es würde sich erhöhen: auf x_1) und das Inlandsangebot reduzierte (es würde sich vermindern: auf x_6). Profitieren würden die inländischen Konsumenten (ihre reale Versorgung würde sich bei gleichzeitig niedrigerem Preis erhöhen: auf x_{10}); geschädigt würden die ausländischen Konsumenten (ihre reale Versorgung würde sich bei gleichzeitig höherem Preis vermindern: auf x_5). Gleichzeitig käme es zu zwischenstaatlichen Austauschbeziehungen: Das Ausland würde exportieren (und das Nachfragedefizit im eigenen Land - x_1./.x_5 - kompensieren); das Inland würde importieren (und das Angebotsdefizit im eigenen Land - x_{10}./.x_6 - ausgleichen). Daraus folgt: Der Freihandel begünstigte gegenüber der Autarkiesituation die ausländischen Produzenten (die ihr Angebot steigern können) bzw. die inländischen Konsumenten (die bei geringerem Preis eine höhere reale Versorgung erreichen); er schädigte die inländischen Produzenten (die ihr Angebot reduzieren müssen) bzw. die ausländischen Konsumenten (die bei höherem Preis eine geringere reale Versorgung erreichen). Wird nun vom Inland ein Zoll eingeführt, der im Inland positive Preiseffekte (p_3) auslöst, so hat dies Konsequenzen: Die Inlandsproduktion wird wettbewerbsfähiger und kann ihr Angebot erhöhen (auf x_7), und die Konsumenten im Inland erfahren eine geringere reale Güterversorgung (x_9) bei einem höheren Preis; das ausländische Angebot wird verdrängt und muß auf dem eigenen Markt zu geringerem Preis (p_5) mehr anbieten (x_2), wovon aber die ausländischen Konsumenten wiederum profitieren. Der Zollschutz erhöht somit die inländische Produzentenrente (sowie die ausländische Konsumentenrente) und senkt die ausländische Produzentenrente (sowie die inländische Konsumentenrente). Konzentrieren wir uns auf die Frage, wie sich Angebots- und Nachfrageverhältnisse im Inland entwickeln (im Ausland werden aus naheliegenden Gründen die Produzenten auf Schutzmaßnahmen drängen), so ist zu differenzieren:

Abbildung 15
Wohlfahrtseffekte des Zolls

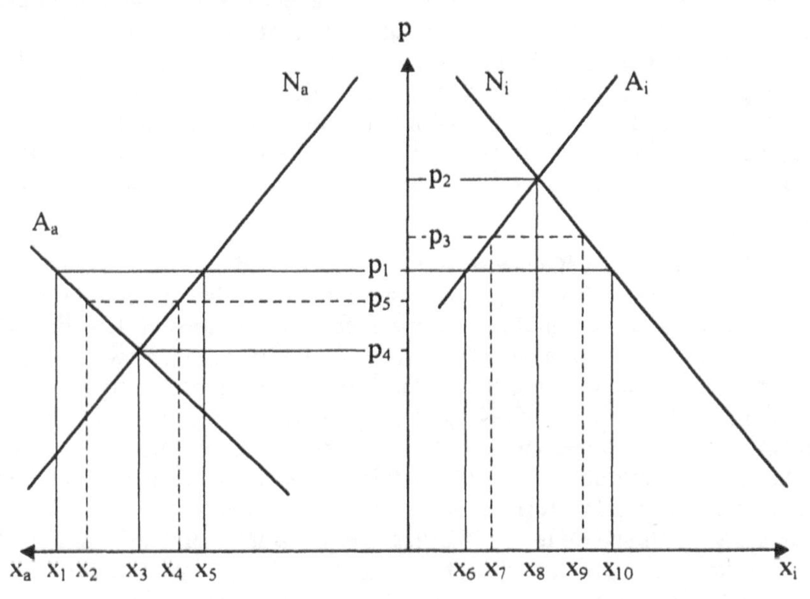

- Die inländischen **Produzenten** der zollbelasteten Ware machen zwar einen Marktlagengewinn (Produzentenrente), der aber - anders als beim Kontingent und verstärkt bei elastischem Angebot im Inland - der Erosion durch das Konkurrenzangebot im Inland unterliegt. Dieser Prozeß kann dazu führen, daß sich die Produzenten zusammenschließen. So läuft der Zoll Gefahr, im Inland Konzentrationsprozesse zu fördern, die eine weitere Schlechterstellung der Konsumenten zur Folge haben können. Ganz abgesehen davon, daß schon durch den Zoll selbst Produktionsfaktoren in unergiebigere Faktorkombinationen umgelenkt werden und Preissteigerungen provozieren, verstärkt sich somit diese Tendenz durch die indirekt geförderte Konzentrationsgefahr. Wie die Monopoltheorie zeigt, steigen die Preise zusätzlich; die Produktion wird noch weiter eingeschränkt. Zuletzt wird hier die Interessenmacht der Produzenten im parlamentarischen Raum sichtbar, die ihre Interessen besser als die Konsumenten artikulieren können, wodurch die Aufrechterhaltung oder gar Steigerung der Zollmauern noch gestützt wird. Hier findet der Protektionismus eine nicht unwichtige polit-ökonomische Erklärung. Dies einfach deshalb, weil der Vorteil für den Produzenten über vermeintliche Expansions- und Beschäftigungseffekte eher zu rechtfertigen ist, als der Nachteil für die Konsumenten, deren Realeinkommenseinbuße - über die Zollbelastung - nicht so offenkundig ist, zumal diese sich auf viele Konsumenten verteilt. Das gleiche gilt auch für den Zollabbau: Produzentenverluste, Investitionsrückgang, Arbeitslosigkeit, Umstellungsnotwendigkeiten, Friktionskosten - all dies ist als möglicher Nachteil des Zollabbaus klarer artikulierbar als der Vorteil für den Konsumenten, eine Ware preisgünstiger zu erwerben. So wird der Kampf gegen den Zollabbau im Inland genauso wirkungsvoll geführt wie für die Zollerhöhung. Und dies kann noch eine zusätzliche Flankierung erfahren, wenn im Zuge der Absorption von Produktionsfaktoren durch geschützte Branchen auch die Faktorpreise (Zinsen, Löhne) steigen. Dann entsteht unversehens eine Allianz zwischen Beziehern der Produzentenrente und Beziehern von Faktoreinkommen; und diese geht letztlich auf Kosten der Konsumenten.

- Für das Verhalten der **Konsumenten** ist entscheidend die Nachfrageelastizität nach dem Importprodukt. Je geringer diese ist, desto eher werden die Konsumentenrenten reduziert und die Produzentenrenten begünstigt. Überdies werden zusätzliche Einkommen der Haushalte bzw. Finanzmittel weiterverarbeitender Unternehmen gebunden, so daß die Nachfrage nach anderen Gütern zurückgeht; dies gilt allenfalls nicht für jene Güter, die zu dem Zollgut in einem Komplementärverhältnis stehen, betrifft dann aber „Dritt"-Güter um so mehr. Der dadurch dort wiederum ausgelöste Rückgang der Produzentenrente kann unter Umständen zusätzliche Zollforderungen auslösen. In letzter Konsequenz ginge dies weiter auf Kosten der Konsumenten; und immer aber implizierte dies einen Verzicht auf die Vorteile der internationalen Arbeitsteilung und reduzierte das potentielle Sozialprodukt. Ist - umgekehrt - die Preiselastizität der Nachfrage hoch, werden Einkommen freigesetzt. Jetzt machen die Produzenten der zollgeschützten Ware zwar einen geringeren Marktlagengewinn; dafür wendet sich das Einkommen als Nachfrage (bei gleichbleibender Sparneigung) anderen Gütern zu. Richtet diese sich auf den Inlandsmarkt, erhöhten sich bei Vollbeschäftigung die Faktor- und Produktpreise; richtet sie sich auf den Auslandsmarkt, reduzierten sich die Leistungsbilanzüberschüsse oder es würden neue Defizite begründet. Nicht auszuschließen ist, daß dann wiederum aus diesem Grund weitere Schutzzollforderungen erhoben werden. Also geht unter diesen Bedingungen auch bei einer elastischen Inlandsnachfrage die Folgewirkung (Preis-Mengen-Effekt) auf Kosten der Konsumenten. Dann muß letztlich in jedem Falle davon ausgegangen werden, daß der Zollschutz den Anstieg der Produzentenrente - direkt: mit Blick auf das Zollgut, indirekt: mit Blick auf andere Produkte - begünstigen dürfte, daß dies aber immer mit einem Verlust der Konsumentenrente „bezahlt“ wird. Den Saldoeffekt von (positiver) Produzenten- und (negativer) Konsumentenrente zu quantifizieren, um einen positiven oder negativen Wohlfahrtseffekt identifizieren zu können, dürfte empirisch kaum lösbar sein; ein Problem der Güterabwägung bleibt allemal.

- Bei dieser Güterabwägung könnte es nun hilfreich sein, als Beurteilungskriterium zusätzlich die möglichen positiven **Beschäftigungseffekte** heranzuziehen. Dabei ist aber erneut zu differenzieren. Die Produktionssteigerung bei der direkt geschützten und/oder indirekt begünstigten Industrie im Inland kann - bei gegebener Import- und Sparneigung sowie über Akzelerator- und Multiplikatoreffekte - zusätzlich Investitionen und (bei Unterbeschäftigung) positive Beschäftigungseffekte auslösen, weil es dann nicht unbedingt zu einer sofortigen Faktor-Preis-Steigerung kommt und auch keine Produktionsfaktoren aus der effizienten Exportgüterindustrie abgezogen werden. (Im Umkehrschluß folgt freilich daraus, daß in Vollbeschäftigungsphasen das Beschäftigungsargument per se nicht trägt.) Und dennoch ist erneut zu beachten: Bei Unterbeschäftigung mag der Zollschutz - einerseits - zwar einen Verlust der Konsumentenrente bewirken, der indessen durch positive Beschäftigungseffekte kompensiert werden kann; hier erschiene es zumindest sinnvoll, „ökonomische Wirkungen“ (geringere Güterversorgung) und „soziale Wirkungen“ (höhere Beschäftigung) gegeneinander abzuwägen. Bei bestehender Vollbeschäftigung besteht diese Alternative nicht; der Zollschutz kommt ausschließlich den Produzenten (Erhöhung der Produzentenrente auf Kosten der Konsumentenrente) zugute. Im Ausland bewirkt der Zollschutz des Inlands jedoch - andererseits - in jedem Falle eine Produktionseinschränkung und damit eine Reduktion der Produzentenrente. Diese wird dort nur dann akzeptiert werden, wenn sie zur Beseitigung einer inflatorischen Lücke beiträgt. Besteht allerdings im Ausland Unterbeschäftigung, bedeutet der inländische Zollschutz dort letztlich einen „Import“ von Arbeitslosigkeit, der zweifelsohne nicht einfach hingenommen wird, sondern im Ausland Abwehrmaßnahmen (Zölle, Kontingente) provoziert und damit die positiven Wirkungen im Inland unter Umständen unterläuft. Daraus folgt, daß der Zollschutz nur dann im Inland anhaltende positive Beschäftigungseffekte haben dürfte, wenn im Inland eine deflatorische und im Ausland eine inflatorische Lücke besteht. Anderenfalls bewirkte er im Inland nur Preissteigerungen; und im Ausland provozierte er Abwehrmaßnahmen gegen diesen Import von Arbeitslosigkeit, zumal im Ausland die gleiche polit-ökonomische Bedingung gilt, wonach die ausländischen Produzenten ihre Interessen besser artikulieren können als die Konsumenten, die an sich vom Zollabbau profitieren.

Aus den skizzierten Überlegungen folgt, daß die - möglichen und für sich genommen: positiv zu wertenden - **Allokations-** und **Stabilisierungseffekte** nicht von vornherein mit **positiven Wohlfahrtseffekten** gleichzusetzen sind. Eher ist zu erwarten, zumindest nicht auszuschließen, daß die Zollpolitik, gegenüber Freihandelsbedingungen, Produktionsfaktoren aus effizienten Faktorkombinationen ablenkt, so daß auch Wohlfahrtsverluste drohen. Dieser Umstand hat eine Diskussion ausgelöst, die in der Geschichte der volkswirtschaftlichen Lehrmeinungen eine lange Tradition und bis in die Gegenwart an Aktualität nichts eingebüßt hat. Sie rankt im Kern um die Frage, ob der Zoll - auch bei direkt erkennbaren, gemessen an einer möglichen internationalen Arbeitsteilung, negativen Wohlfahrtseffekten - indirekt positive Wohlfahrtseffekte aufweist, die ihn am Ende doch rechtfertigen (sog. **Zollrechtfertigungsargumentation**). Relevant werden vier Argumente:

- Die **finanzpolitische Argumentation**: Hier stellt sich die Frage, inwieweit der Staat die Einkommensverteilung zu seinen Gunsten durch den Zoll verbessern kann. Der Zoll erhält dann die Funktion einer indirekten Steuer, die beim Grenzübertritt der Güter erhoben wird. Besteht nun die Forderung nach Maximierung der Staatseinnahmen, ist der Zoll dann optimal, wenn der Zollsatz so fixiert wird, daß die Zolleinnahmen ein Maximum erreichen. Dies ist dort gegeben, wo - bei gegebener Angebotsfunktion im Ausland und gegebener Nachfragefunktion im Inland, bezogen auf ein Produkt, - die „Grenz"-Einnahmen (aufgrund eines zusätzlichen positiven Zolleinnahmeeffekts je Produkteinheit) die „Grenz"-Verluste (aufgrund eines zusätzlichen negativen Mengeneffekts des Importvolumens) gleich sind. Hat der Zollsatz diesen Punkt noch nicht erreicht, kann die Zollerhöhung die Einnahmen noch erhöhen; von diesem Punkt an würden bei einer weiteren Zollsatzsteigerung die staatlichen Gesamteinnahmen wieder rückläufig werden. Von der Sache her ist gegenüber diesem Argument des **Optimalzolls** insoweit nichts einzuwenden, als der Staat - wenn er haushaltspolitisch die Mittel braucht - sich diese nie anders als über reale Einkommenseinbußen der privaten Wirtschaftssubjekte beschaffen kann. Steuererhöhung oder Preissteigerung durch Zollbelastung unterscheiden sich somit im Grundsatz nicht; und die Tatsache, daß der Zoll im Inland Preiswirkungen hat, die die Konsumenten unmittelbar oder mittelbar (wenn die Industrie die Zollbelastung weitergibt) treffen, gilt auch für die indirekte Steuer. (Allenfalls dürfte eine soziale Staffelung des Zollsatzes schwieriger durchführbar sein.) Problematischer ist eher, daß bei Begrenzung auf das „reine" Einnahmeargument die Zollpolitik dann an sich das Kriterium der „Wettbewerbsneutralität" erfüllen sollte, weil sich ansonsten die Begründungskomplexe in Bezug auf andere Rechtfertigungsargumente verwischen. Dies kann erreicht werden, wenn - entweder - der Zoll nur auf Produkte gelegt wird, die im Inland nicht hergestellt werden; oder wenn die inländischen Produzenten des zollbelasteten Gutes mit einer entsprechenden Ausgleichssteuer belegt werden. Doch spätestens bei Substitutionsprozessen und erst recht, wenn sich Angebots- und Nachfragefunktionen ändern, ist die Wettbewerbsneutralität kaum noch sicherzustellen. Oft wird sie auch gar nicht angestrebt, sondern eine Schutzfunktion zusätzlich bewußt in Kauf genommen. Insoweit dürfte selten ein „reiner" Finanzzoll gegeben sein. Hinzu kommt, daß er in seiner Bedeutung als Einnahmequelle für den Staat ohnehin zurückgegangen ist. Wenn dennoch heute sein „Steuer"-Charakter noch relevant wird, so bei dem Versuch, unerwünschte Importe abzuhalten - besonders bei Luxuswaren -, um Devisen zu sparen und diese für die Einfuhr von Kapitalgütern freizuhalten, die für die wirtschaftliche Entwicklung eines Landes notwendig erscheinen. Hier hat der Zoll den Charakter einer progressiven Umsatzsteuer, deren Zielsetzung weniger positiv (in der Einnahmenmaximierung) als vielmehr negativ (in der Kaufkraftabschöpfung) zu sehen ist. Er findet meist dort seine Anwendung, wo die Einkommensteuer aus verwaltungstechnischen Gründen nicht durchführbar oder nicht effizient ist (Entwicklungsländer).

- Die **prozeßpolitische Argumentation**: Lassen wir das merkantilistische Argument - bei dem die über eine Importdrosselung erzielte Leistungsbilanzverbesserung sich ausschließlich aus der Bereicherung der Fürstenkasse rechtfertigt - beiseite, so konzentriert sich diese Argumentation zunächst auf die Erwartung, über die den Import drosselnde Zollpolitik direkt die Leistungsbilanz zu verbessern bzw. über den dadurch erzielten Ausfuhrüberschuß indirekt einen multipliktiv wirkenden Prozeß der gesamtwirtschaftlichen Produktions-, Einkommens- und Beschäftigungsexpansion auszulösen, womit - wie gezeigt - zumindest indirekt der Anstieg der Produzentenrente „gerechtfertigt" werden könnte. Vielfach wird dieses Argument v.a. dann in den Vordergrund gerückt, wenn unterstellt wird, daß ein Land durch Sonderfaktoren in eine wirtschaftliche Notlage geraten sei, und daß eine Abwertung andere negative Effekte aufweise (vgl. dazu später). Bei aller Plausibilität dieser Argumentation ist zunächst darauf zu verweisen, daß die angestrebte prozeßpolitische Effizienz einerseits zur Voraussetzung hat, daß die **Mengenreduktion** nachhaltig sein muß. Bei unelastischer Inlandsnachfrage und/oder unelastischem Auslandsangebot ist aber die Mengenreduktion gering; damit ist die erwartete Expansionsfunktion zweifelhaft. Andererseits würde ein dergestalt „wirksamer" Zollschutz eine Auslandsreaktion förmlich provozieren. Die zweite Voraussetzung ist also, daß das Ausland auf eine derartige „beggar-my-neighbour-policy" nicht mit entsprechenden Vergeltungsmaßnahmen antwortet, die einen Leistungsbilanzüberschuß des Inlandes relativ rasch wieder abbauen würden. Dies wäre vermutlich dann nicht zu erwarten, wenn das Importland relativ klein ist und das vom Inlandsmarkt „verdrängte" Auslandsangebot aufgrund hoher Angebotselastizität rasch auf Drittmärkte ausweichen kann. Die Zollpolitik eines relativ großen Importlandes könnte eine solche Ausweichstrategie des Auslands erschweren, damit dort eher Abwehrmaßnahmen begründen. Aber selbst, wenn diese Voraussetzungen erfüllt und Abwehrstrategien des Auslands nicht zu befürchten wären, darf nicht übersehen werden, daß die Zollpolitik nur den Handelsverkehr erfaßt - nicht jedoch die Dienstleistungs- und Kapitalströme (zahlungsbilanzrelevant) und nicht die binnenwirtschaftliche Konsum- und Investitionsneigung (konjunkturrelevant). Gerade bei der prozeßpolitischen Argumentation ist das Abwägen von Zollpolitik und anderen binnenwirtschaftlich angelegten Politikbereichen besonders geboten. Dies gilt um so mehr, wenn das strukturelle

Ungleichgewicht, das sich in einem Kosten- und/oder Produktivitätsgefälle zu Lasten des Inlands äußert, so gravierend ist, daß ein Zoll die Umstrukturierung der Volkswirtschaft unnötig hinauszögerte; am Ende würden im Inland dann Erwartungsunsicherheiten begründet hinsichtlich der Dauerhaftigkeit seiner Schutzfunktion (mit entsprechender Belastung der inländischen Investitionsneigung), was im nachhinein die erwarteten expansiven Effekte in Frage stellen könnten.

- Die **verteilungspolitische Argumentation**: Sie kann binnenwirtschaftlich orientiert sein, wenn die Produzentenrente begünstigt werden soll, oder wenn man von der Vorstellung ausgeht, daß die geschützte Branche Produktionsfaktoren bindet oder absorbiert und so deren „Preis" aufrechterhält oder gar steigert. Wichtiger ist in diesem Zusammenhang aber die außenwirtschaftliche Überlegung. Sie geht davon aus, daß ein Land - selbst wenn fiskal- und prozeßpolitische Argumente nicht greifen - durch den Zoll einen Wohlfahrtsgewinn erzielen kann, wenn der Zoll durch Preiszugeständnisse des Auslands das reale Austauschverhältnis (die sog. terms-of-trade) erhöht und damit die weltwirtschaftliche Verteilung zugunsten des Inlands verbessert. Nun ist eine derartige t.o.t.-Verbesserung unterstellbar, es sei denn es liegt der (vermutlich unrealistische) Grenzfall vor, daß das Auslandsangebot völlig elastisch bzw. die Inlandsnachfrage völlig starr ist. Dann trägt einen Teil der Zollbelastung der ausländische Exporteur oder, soweit er subventioniert wird, der ausländische Fiskus. Der Einstandspreis für Importgüter dürfte um so niedriger sein, je unelastischer das Auslandsangebot und je elastischer die Inlandsnachfrage ist, da dann das Preiszugeständnis des ausländischen Exporteurs oder des ausländischen Fiskus um so größer ist. Daran knüpfen sich jedoch zwei Fragen. Einmal stellt sich die Frage, ob die t.o.t.-Verbesserung von Dauer ist; dies wäre spätestens dann zu verneinen, wenn das Ausland Gegenmaßnahmen ergreift. Doch selbst, wenn wir dies vernachlässigen, stellt sich zum zweiten die eher grundsätzliche Frage, ob eine solche t.o.t.-Verbesserung einem „echten" Wohlfahrtsgewinn für das Inland gleichkäme. Dabei ist zu differenzieren. Eine Volkswirtschaft „gewinnt" durch eine spezifische „Handelssituation", wenn sie durch die Zollpolitik ausländische Preiszugeständnisse erwirkt und damit mehr Importgüter pro Einheit ihrer Exportgüter erhält; man kann diesen Handelsgewinn, d.h. die Begünstigung der daraus resultierenden realen Austauschbeziehungen, auch definieren als **„commodity terms of trade"**. Eine Volkswirtschaft „gewinnt" aber auch durch eine spezifische „Handelsintensivierung" und deren Folge, einer produktionsmäßigen Spezialisierung und damit einem effizienteren Produktionsfaktoreinsatz. Hier erhält die Volkswirtschaft mehr Importgüter pro Einheit ihrer für den Export eingesetzten Produktionsfaktoren (d.h. über den mit einer bestimmten Faktormenge produzierten Warenexport). Man kann diesen Handelsgewinn und die daraus resultierenden günstigeren realen Austauschbeziehungen auch definieren als **„factorial terms of trade"**. Stellen wir beide realen Austauschbeziehungen einander gegenüber, so zeigt sich deutlich, daß sie anders gewichtet sind. Denn ohne Spezialisierung kann ein Land mehr Importe pro Einheit seiner Exportgüter erhalten; mit Spezialisierung, die effizientere Produktionsmethoden ermöglicht, kann ein Land zwar nicht unbedingt mehr Importe pro Einheit der Exportgüter, wohl aber mehr Importe pro Einheit seiner aufgewandten Produktionsfaktoren erhalten. Die am Außenhandel gemessenen „terms of trade“ haben sich zwar nicht verbessert, das Land hat aber - am Faktoreinsatz gemessen - „gewonnen“. Umgekehrt hemmt der Zoll die Spezialisierung, damit den effizienteren Faktoreinsatz. Vordergründig haben sich die „terms of trade“ verbessert, in Wahrheit hat das Land keinen echten Gewinn gemacht. Wir erhalten hier das Problem des „Optimalzolls“, dessen Höhe dort festzusetzen wäre, wo sich Gewinne und Verluste ausgleichen - ein Argument, das theoretisch bestechend ist, sich aber einer empirisch gehaltvollen Überprüfbarkeit entzieht. Als Ergebnis bleibt dennoch festzuhalten, daß auch die verteilungspolitische Argumentation keine eindeutige Zollrechtfertigung impliziert.

- Die **strukturpolitische Argumentation**: Sie geht von der Vorstellung aus, daß ein Land - auch wenn die Fiskal-, Prozeß- und Verteilungseffekte zwar einträten, in ihrer Wohlfahrtswirkung aber in Frage gestellt werden müßten - dennoch vom Zollschutz „profitiert“ und indirekt Wohlfahrtsgewinne erzielt, wenn es bestimmte Branchen vor der Weltmarktkonkurrenz schützt und insoweit absichert. Hierbei ist nun aber eine wichtige Unterscheidung zu treffen. Zum einen: Diese strukturpolitische Rechtfertigung kann den Charakter eines „**Erhaltungsarguments**“ haben: Dabei ist einer Reihe von Begründungen - Schutz der nationalen Industrie, Verteidigung des Lebensstandards, Produktionskostenausgleich - eines gemeinsam: Ihre Vertreter sehen zwar eine bestehende internationale Kosten- und Preisdisparität (zu Lasten des Inlands), wollen aber nichts dazu tun, diese zu überwinden, sondern wollen ausschließlich vor der Auslandskonkurrenz geschützt werden, um die schmerzhafte Umstellung der gesamtwirtschaftlichen Produktionsstruktur zu vermeiden. Der Effekt ist - wie die Wirkungsanalyse gezeigt hat - zumindest ökonomisch eindeutig negativ, da die inländischen Faktorkombinationen in eine geringere Effizienz geführt bzw. darin gehalten werden. Diese Begründungen dürften de facto eher reine Produzenteninteressen repräsentieren, die auf Kosten einer gesamtwirtschaftlichen Effizienz gehen und getragen sind von der politischen Macht der Interessengruppen. Sie bedeuten dann letztlich einen Verzicht auf die Vorteile der internationalen Arbeitsteilung. Insofern zieht auch das Beschäftigungsargument nur bedingt, weil es die Frage ignoriert, ob die Beschäftigung durch Umstellung auf eine international tragfähigere Produktionsstruktur nicht dauerhafter gesichert werden kann. Dieser Verzicht auf eine optimale internationale Arbeitsteilung hätte höchstens dann Sinn, wenn er von meta-ökonomischen Argumenten getragen wäre, weil ein Staat bestimmte Produktionszweige aus entwicklungs-, versorgungs- oder sicherheitspolitischen Gründen - auch bei höheren Kosten - im Inland halten will. Denkbar ist auch, daß ein Marktversagen (externe Effekte, Lohndumping) unterstellt wird, oder daß man davon ausgehen muß, daß der spezialisierungsbedingte Strukturwandel nicht-kompensierbare negative Beschäftigungseffekte auslöst, und daß deshalb eine Importreduktion angestrebt wird. Zum zweiten: Die strukturpolitische Rechtfertigung kann aber auch den Charakter eines „**Erziehungsarguments**" haben, das schon früh (von Friedrich List) in die zollpolitische Diskussion eingebracht wurde. Die Vertreter dieses Arguments sind ihrem „Wesen" nach Freihändler. Sie sehen im Zoll also nicht einen „dauerhaften Schutz" vor der kostengünstiger produzierenden ausländischen Konkurrenz, sondern eine „vorübergehende Hilfe" zur Anpassung und Überwindung eines weltwirtschaftlichen Ungleichgewichtes, um anschließend den Schutz wieder abbauen zu können. (Die „Chance" für die Unternehmen, sich unter Zollschutz eine höhere Wettbewerbsfähigkeit zu schaffen, geht einher mit dem „Druck" auf diese Unternehmen, diese Chance nutzen zu müssen, weil der Zollschutz befristet ist, also keinen Erhaltungscharakter hat.) Damit entsteht aber zwangsläufig die Frage, ob der Zoll diesen Zweck erfüllt (sog. infant-industry-Argument). Die Berechtigung dieses Arguments hängt nämlich davon ab, ob es gelingt, die aufzubauenden Industrien mit ihrem Produktionsprozeß in eine Zone der Kostendegression zu bringen. Entscheidend ist schließlich darüber hinaus, daß die preisanstiegsbedingte Kaufkraftabschöpfung nicht nur einfach die Produzentenrente erhöht, sondern daß diese auch entsprechend produktiv umgesetzt wird. Vielfach wird die Frage aufgeworfen, ob die Forcierung von Kostendegression und Kapitalbildung über eine angemessene Entwicklungsstrategie nicht besser, rascher und gezielter erfolgen kann (vgl. dazu noch später). Überdies bleibt immer die Frage, ob dann der Erziehungszoll rechtzeitig abgebaut wird. Häufig wird dem Erziehungsargument einerseits entgegengehalten, daß die Anpassungsverluste im Anfangsstadium als „Investitionskosten" eben abgeschrieben werden müßten, daß also dieses Argument nicht unbedingt den Zollschutz rechtfertige. Andererseits wird das Erziehungsargument aber wiederum zusätzlich gestützt durch den Hinweis auf „externe Effekte", die die Industrialisierung auslöst (z.B. Entwicklung eines technischen Know-how oder Aufbau eines Facharbeiterstammes). Diese könnten dann im gesamtwirtschaftlichen Interesse liegen, wenn die externen Ersparnisse die externen Kosten übersteigen. Ohne entsprechenden Zollschutz wäre die Wirtschaft nicht in der Lage, ihre Produktion auszudehnen und diese Effekte herbeizuführen. Hier bleibt freilich die Frage offen, ob diese externen Ersparnisse exakt lokalisierbar und gegenüber den sozialen Kosten dann auch abgewogen werden können.

Überblickt man die skizzierte Argumentationskette, so wird erkennbar, daß es sehr schwierig ist, über die Analyse der allokations- und stabilitätsrelevanten Primäreffekte (Preis-Mengen-Wirkungen) hinaus, Kriterien zu entwickeln, die eine eindeutige, wohlfahrtsrelevante Einschätzung dieser Primäreffekte erlauben. Aber selbst wenn dies gelänge, bliebe allemal das Problem, daß diese Effekte durch Gegenmaßnahmen des Auslands zunichte gemacht werden könnten. Am Ende ständen „Zollkrieg" und/oder „Subventionswettlauf"; und dies wäre um so wahrscheinlicher, wenn das Instrument der Zollpolitik - analog zu jenem der offenen Exportförderung - vom Ausland als Element einer beggar-my-neighbour-Strategie empfunden würde.

IV. MONETÄRE INSTRUMENTE (MARKT-INKONFORME VARIANTEN)

28) GRUNDSÄTZLICHE ÜBERLEGUNGEN

Das hier angesiedelte Instrumentarium hat - materiell betrachtet - insoweit einen **monetären Charakter**, als es auf die Zahlungsvorgänge, die den außenwirtschaftlichen Transaktionen zugrunde liegen, ausgerichtet ist. Daraus folgt, daß das Instrumentarium von vornherein breiter angelegt ist als realwirtschaftliche Instrumente, die auf den Leistungsverkehr konzentriert sind. Denn die generelle Ausrichtung auf die außenwirtschaftlichen Zahlungsvorgänge - letztlich auf die monetäre Grundlage der außenwirtschaftlichen Transaktionen (Angebot und Nachfrage nach ausländischen Devisen) - schließt notwendigerweise alle zahlungsbilanzrelevanten Transaktionen (mithin also auch den Übertragungs- und Faktorverkehr) ein. Dabei kann zunächst noch offenbleiben, ob der Staat das Instrumentarium voll ausschöpft oder eine länder- und/oder transaktionsspezifische Diskriminierung vornimmt. Wichtiger ist die grundsätzliche Standortbestimmung des Instruments. Das Instrumentarium hat - formal gesehen - insofern einen **marktinkonformen Charakter**, als es unmittelbar die grenzüberschreitenden Devisenmengen reglementiert; die (politisch gewünschten) Devisenmengen werden - zumindest im Grundsatz und von Sonderfällen zunächst einmal abgesehen - somit nicht über Marktpreise und Marktmechanismen und dabei über den Devisenkurs indirekt, sondern über den administrativen Zugriff direkt gesteuert. Berücksichtigt man erneut, daß dieses Instrumentarium aus der Perspektive eines Ordnungsmodells der gelenkten Außenwirtschaft zu sehen ist, so bedarf es auch hier der weiteren **Präzisierung** und **Eingrenzung**. Das Instrumentarium ist nämlich dann - trotz seines dirigistischen Charakters - nicht darauf angelegt, eine zentralgelenkte Binnenwirtschaft außenwirtschaftspolitisch abzusichern; hier wäre eine umfassende Devisenmengenreglementierung ohnehin ein notwendiges Pendant zum Außenhandelsmonopol. (Vielfach wird in der Literatur die These vertreten, in diesem ordnungspolitischen Kontext den Begriff der Devisenbewirtschaftung gar nicht zu verwenden.) Vielmehr ist es vor dem Hintergrund der Existenz einer im Grundsatz marktwirtschaftlich orientierten Binnen- und Außenwirtschaftsordnung zu sehen. Daraus folgt allerdings wiederum, daß das Instrumentarium - gerade wegen seines dirigistischen Charakters - auch nicht darauf angelegt sein kann, eine umfassende allokations- und stabilitätspolitische Zielsetzung im Rahmen einer außenwirtschaftlichen Absicherung zu verfolgen, insofern also auch nicht das Ziel haben kann, den gesamtwirtschaftlichen Allokationsprozeß zu optimieren und/oder ein Zahlungsbilanzgleichgewicht herbeizuführen bzw. zu stabilisieren, weil dann der Übergang zum Außenhandelsmonopol fließend werden müßte.

Nach dieser Präzisierung und Eingrenzung und gestützt auf die vorangegangenen Überlegungen konzentriert sich das Instrumentarium im Kontext einer gelenkten

Außenwirtschaftspolitik notwendigerweise auf außenwirtschaftspolitisch relevante **Sondertatbestände**, also auf die Verfolgung **außenwirtschaftspolitischer Teilziele**. Und dabei ist zu differenzieren. Die **Devisenbewirtschaftung** erfaßt zumindest im Grundsatz (im Rahmen einer totalen Reglementierung) den gesamten Zahlungsverkehr, der dann über die Devisenmenge administrativ festgelegt wird. Damit ist zwar eine pragmatisch ausgerichtete regionale und/oder transaktionsspezifische Diskriminierung (bis hin zu Ausnahmeregelungen) nicht per se ausgeschlossen; dennoch bleibt es bei der Intention einer umfassenden Reglementierung, die immer dann in der Praxis Anwendung findet, wenn sie von der spezifischen Zielsetzung her geboten erscheint. Die **Kapitalverkehrsbeschränkung** konzentriert sich demgegenüber von vornherein (im Rahmen einer partiellen Reglementierung) auf den Kapitalverkehr, der dann administrativ zu steuern und dessen Volumen gezielt zu beeinflussen versucht wird; hier ist eine transaktionsspezifische Diskriminierung angelegt; die realen Transaktionen (Güter, Dienste) bleiben der individuellen Dispositionsfreiheit und damit dem marktwirtschaftlichen Steuerungsmechanismus vorbehalten, das Instrument greift nur bei reinen Finanztransaktionen. Bei diesem Instrumentarium mag bei rein formaler Sicht die Abgrenzung zur Devisenbewirtschaftung fließend werden; sie läßt sich indessen - wie zu zeigen ist - vor dem Hintergrund eigenständiger Zielsetzungen präziser fassen und konkretisieren, was eine gesonderte Behandlung rechtfertigt.

29) DIE DEVISENBEWIRTSCHAFTUNG

Unter Devisenbewirtschaftung verstehen wir ein System marktinkonformer Lenkungsmaßnahmen des Staates (bzw. der dazu autorisierten Instanz), mit deren Hilfe ein **Zahlungsbilanzausgleich** herbeigeführt werden soll. Sie treten damit an die Stelle der skizzierten Geldmengen- oder Wechselkursmechanismen. Denn der Zahlungsbilanzausgleich wird hier - auch wenn die realwirtschaftlichen Transaktionen an sich den privaten Wirtschaftssubjekten formal (im Gegensatz zum Außenhandelsmonopol) vorbehalten bleiben - faktisch durch eine dirigistische Lenkung von Devisenangebot und Devisennachfrage herbeigeführt, wobei allerdings eine marktwirtschaftliche Binnenordnung im Grundsatz davon unberührt ist und auch (gemäß der Intention) bleiben sollte.

a) Unmittelbarer **Anlaß** für einen Staat, unter der gegebenen Präzisierung und Eingrenzung, zu diesem Instrument zu greifen, ist immer ein **chronischer Devisenmangel** (vgl. Abbildung 16). Bei gegebener Devisenangebotsfunktion (A) und Devisennachfragefunktion (N) und bei gegebenem Devisenkurs (w_1) übersteigt die Devisennachfrage (x_2) das Devisenangebot (x_1), soweit beide Aggregate sich aus autonomen, vom Staat unbeeinflußten außenwirtschaftlichen Transaktionen (Leistungs- und Faktorverkehr) ergeben. Die Gründe, die - bei einer marktwirtschaftlich ausgerichteten Außen- und Binnenordnung - eine solche Konstellation auslösen, können unterschiedlichen Charakter haben:

Abbildung 16
Devisenbewirtschaftung

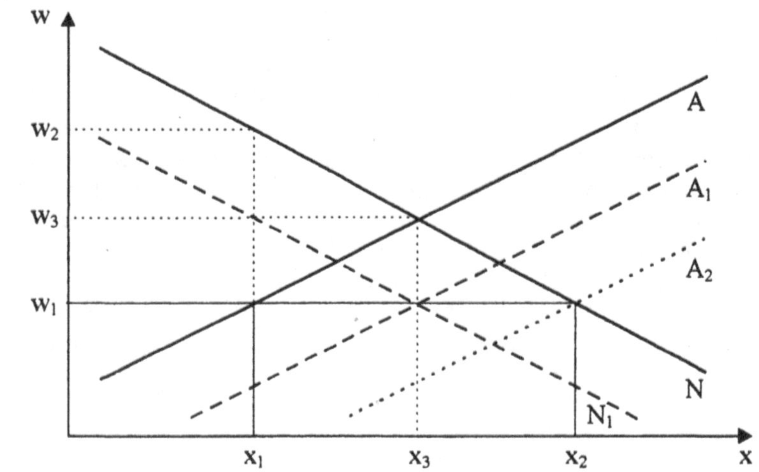

- Möglicherweise besteht ein anhaltendes, sich verhärtendes oder gar verschärfendes Leistungsbilanzdefizit als Folge eines **internationalen Preisgefälles**, das die Wettbewerbsfähigkeit des Leistungsangebots des Inlandes in einer Weise belastet, daß die autonomen Deviseneinnahmen (aus Leistungsexporten) den autonomen Devisenbedarf (für Leistungsimporte) nicht abdecken. Dieses Preisgefälle kann strukturelle Ursachen haben, wenn die technologische Entwicklung und/oder die Faktorausstattung ein permanentes Produktqualitäts- oder Produktivitätsgefälle entstehen lassen, das für das Land im internationalen Wettbewerb einen permanenten Standortnachteil begründet. Das Preisgefälle kann überdies prozeßpolitische Ursachen haben, wenn das Inland eine (inflationsträchtige) Vollbeschäftigungspolitik betreibt, oder wenn im Ausland eine (deflationsträchtige) Stabilitätspolitik vorliegt und diese sich hemmend auf den Leistungsexport des Inlands auswirken und gleichzeitig Leistungsimporte aus dem Ausland begünstigen. In allen diesen Fällen bildet sich, bei anhaltender Konstanz der Ursachen, notwendigerweise auch ein anhaltendes Devisenangebotsdefizit heraus.

- Denkbar wäre, daß - auch bei ausgeglichener Leistungsbilanz - anhaltende **Kapitaltransfers** ins **Ausland** vorliegen, denen kein entsprechender Kapitalimport gegenübersteht. Dabei ist es unerheblich, ob diese Kapitaltransfers ins Ausland entstehen, weil Ausländer aus rendite- oder spekulationsbedingten

Gründen Kredite aufkündigen, ob sie Faktoreinkommen (Zinserträge) zurücktransferieren, oder ob die Inländer Kapital ins Ausland exportieren - sei es zu reinen Spekulationszwecken, sei es mit dem Ziel, renditeträchtige ausländische Vermögenstitel (Wertpapier- oder Sachkapitalanlagen) zu erwerben, sei es, daß der Kapitaltransfer den Charakter einer reinen Kapitalflucht (etwa auch aus politischen Gründen) hat. Es liegt auf der Hand, daß diese Kapitaltransfers nicht nur binnenwirtschaftlich negative Folgen haben; denn sie schmälern die Kapitalbasis im Inland und reduzieren sowohl die Möglichkeit des Aufbaus eines Produktions- und Arbeitsplatzpotentials als auch die Besteuerungsgrundlage für den Fiskus. Sie sind überdies auch außenwirtschaftspolitisch problematisch, wenn sie Deviseneinnahmen absorbieren, die dann für volkswirtschaftlich wichtige Leistungsimporte nicht mehr zur Verfügung stehen.

- Schließlich ist es denkbar, daß - auch bei ausgeglichener Leistungs- und Kapitalbilanz (insgesamt) - **länderspezifische Überschuß-Defizit-Konstellationen** entstehen. Diese könnten noch so lange als unbedenklich gelten, wie zwischen den einzelnen Auslandswährungen eine volle Konvertibilität und wechselseitige Austauschbarkeit gegeben und die Zahlungsbilanz insgesamt im Ausgleich ist, also gar kein chronischer Devisenmangel vorliegt. Anders ist die Situation, wenn - auch bei einem globalen Zahlungsbilanzgleichgewicht - eine volle Konvertibilität nicht besteht, also eine Situation gegeben ist, in der Zahlungsbilanzüberschüsse gegenüber „Weich"-Währungsländern (ohne Konvertibilität) erzielt werden, aber gleichzeitig Zahlungsbilanzdefizite gegenüber „Hart"-Währungsländern (mit Konvertibilität) bestehen. Dann wäre eine wechselseitige Verrechnung der „Spitzen" aus länderspezifischer Sicht nicht mehr automatisch für das Inland möglich, gegenüber konvertiblen Währungen bliebe ein chronischer Devisenmangel für das Inland aufrechterhalten.

Die skizzierten Vorüberlegungen lassen erkennen, daß die Ursachen einer Devisenbewirtschaftung einen recht komplexen Vorgang darstellen können. Und dennoch kann die Problematik auf einen zentralen Nenner gebracht werden: Der bestehende Devisenkurs (w_1) ist, unter den gegebenen Devisenmarktkonstellationen, soweit sie durch die autonomen Leistungstransaktionsfunktionen (A bzw. N) repräsentiert werden, insofern unrealistisch, als er einer Überbewertung der inländischen Währung gleichkommt, weil der „Preis" für eine ausländische Währungseinheit zu niedrig angesetzt ist.

b) Was nun die **Konsequenzen** angeht, kann ein Staat zwar eine dadurch entstehende Devisenangebotslücke (x_2 - x_1) solange hinnehmen, wie er sie durch ein („induziertes") Devisenangebot aus eigenen Devisenreserven oder aus Auslandskrediten ausgleicht, was - bei gegebenem Kurs - zu einer Rechtsverlagerung der Angebotskurve (auf A_2) führt. Dies findet aber notwendigerweise dort seine Grenze, wo der nationale Devisenvorrat erschöpft ist und/oder das Inland die

Grenze seines Kreditspielraums erreicht hat. Theoretisch blieben dem Inland dann noch drei „marktwirtschaftliche“ (marktkonforme) Lösungen des Problems.

- Zum einen wäre daran zu denken, durch eine - realwirtschaftlich orientierte - gezielte **Exportförderung** bzw. **Importhemmung** eine Verlagerung der Devisenangebotskurve (auf A_1) bzw. Devisennachfragekurve (auf N_1) jeweils bei gegebenem Devisenkurs zu erreichen, um bei diesem Devisenkurs (w_1) ein neues Devisen-Angebots-Nachfrage-Gleichgewicht (x_3) zu begründen. Selbst wenn wir unterstellen, daß die Erfolgsbedingungen für diese Instrumente vorlägen und ergänzend berücksichtigen, daß gerade diese Strategie durch gezielte Maßnahmen darüber hinaus einer länderspezifischen Überschuß-Defizit-Konstellation am ehesten Rechnung tragen könnte, ist nicht auszuschließen, daß bei einem tiefgreifenden Preisgefälle (eventuell noch durch Kapitaltransfers überlagert) diese Strategie rasch an Grenzen stoßen würde, weil sie mit einer Intensität gehandhabt werden müßte, die dann doch Retorsionsmaßnahmen des Auslands auslösen dürfte.

- Zum zweiten wäre daran zu denken, durch das Durchwirkenlassen der vom Devisenangebotsdefizit induzierten (restriktiven) **Geldmengenmechanismen** die Wettbewerbsfähigkeit des inländischen Leistungsangebots (eventuell einschließlich einer zinsanstiegsbedingten Kapitalanlageattraktivität im Inland) bei gegebenem Devisenkurs so zu steigern, daß es zu einer gegenläufigen Verlagerung der Devisenangebotskurve (nach A_1: durch kombinierte Leistungsexport- bzw. Kapitalimportförderung) sowie der Devisennachfragekurve (nach N_1: durch kombinierte Leistungsimport- bzw. Kapitalexportreduktion) und somit zu einem Devisenmarktgleichgewicht (x_3) bei gegebenem Devisenkurs (w_1) kommt. Diese Strategie mag zwar weniger die Gefahr ausländischer Retorsionsmaßnahmen auslösen; sie wird aber weder spekulativen und/oder politisch begründeten Kapitaltransfers gerecht, noch trägt sie länderspezifischen Überschuß-Defizit-Konstellationen Rechnung. Vor allem aber findet diese Strategie dort ihre Grenze, wo politisch nicht gewünschte binnenwirtschaftliche Deflationsprozesse (Produktions- und Beschäftigungseinbrüche, hohe Friktionskosten bei Produktionsumstellungen) ausgelöst werden, zumal wenn eine sehr rigide Deflationspolitik erforderlich wäre.

- Zum dritten wäre daran zu denken - gerade, wenn die ersten beiden Strategien an Grenzen stoßen -, den gegebenen **Devisenkurs** dann eben doch aufzugeben: Sei es, daß in einem flexiblen Wechselkurssystem der Devisenkurs freigegeben wird, sei es, daß in einem fixen Wechselkurssystem eine gezielte Abwertung der eigenen Währung erfolgt. Beide Varianten münden in die Erwartung, bei gegebenen Devisen-Angebots-Nachfrage-Konstellationen (A bzw. N) und einem „realistischen“ Gleichgewichtskurs (w_3) ein stabiles Devisenmarktgleichgewicht (x_3) zu erreichen. Selbst wenn wir einmal von dem vielfach anzutreffendem Problem absehen, daß ein Land sich allein schon deshalb gegen eine Abwertung seiner Währung sperrt, weil dies als wirtschaftspolitisches „Versagen“ interpretiert wird (die Kursstabilität gewinnt eine politische Eigenwertigkeit), kann auch diese Strategie unter Umständen an Grenzen stoßen (anomale Zahlungsbilanzreaktion, Inflationsimport u.ä.: vgl. dazu später), so daß - gerade bei anhaltendem Preisgefälle und anhaltenden Kapitalbilanzdefiziten - die Wechselkurskorrektur ebenfalls überfordert wäre, ein stabiles Devisenmarktgleichgewicht zu erreichen.

Nimmt man diese (alternativen) Strategien insgesamt, so ist es nicht auszuschließen, zumindest ist die Erwartung begründbar, daß sie keinen hinreichenden Beitrag zur notwendigen - und gerade bei erschöpftem Devisenvorrat oder Kreditspielraum unverzichtbar zügigen - Schließung der Devisenmarktlücke leisten. Dann bleibt eben doch nur der administrative Eingriff in den Zahlungsverkehr, um ein Devisenmarktgleichgewicht, entgegen den ökonomischen Gegebenheiten, letztlich politisch zu „erzwingen“. Abgesehen davon, daß eine solche Strategie - mit Blick auf das zugrundegelegte Ordnungsmodell einer gelenkten Außenwirtschaft - wegen ihres dirigistischen Charakters per se ordnungspolitisch fragwürdig ist, ist sie auch sachlich nicht unproblematisch.

Dies hat die Frage aufgeworfen, ob das Instrument nicht allenfalls im Rahmen einer **Devisenmarktspaltung** Anwendung finden sollte, wonach ausschließlich der Kapitaltransfer ins Ausland beschränkt bleiben sollte, um die realen Transaktionen (Waren, Dienste) möglichst ungehindert und insoweit allein nach Kriterien der ökonomischen Effizienz sich entfalten lassen zu können. Abgesehen davon, daß hier die Grenze zur eigentlichen Kapitalverkehrsbeschränkung fließend werden könnte - wenngleich eine gewisse Akzentverschiebung eine gesonderte Behandlung dieses Instruments durchaus rechtfertigt (vgl. dazu später) -, stellt sich grundsätzlich die Frage nach Möglichkeiten und Grenzen einer solchen Devisenmarktspaltung. Diese sind allerdings recht eng zu sehen. Ist - zum einen - das strukturelle Ungleichgewicht im Devisenverkehr zu groß und die Überbewertung der eigenen Währung zu ausgeprägt, so daß sich auch die realen Transaktionen im Ungleichgewicht befinden, wird von vornherein der Devisenmangel so hoch sein, daß für seinen Abbau eine Bewirtschaftung der Devisen für Kapitaltransfers ins Ausland nicht ausreichen dürfte; die Einbeziehung der Leistungstransfers mit dem Ausland in die Bewirtschaftung würde von vornherein erforderlich. Hinzu kommt - zum zweiten -, daß die Gefahr eines illegalen Kapitalabflusses unter den Bedingungen eines ungehinderten Leistungsverkehrs nie völlig auszuschließen wäre - sei es, daß Devisenerlöse aus Leistungsexporten im Ausland „deponiert“ werden, was faktisch einem Kapitalexport gleichkommt, der sich dann der Devisenbewirtschaftung entzieht; sei es, daß Kapitalexporte als Vorauszahlung für fingierte Leistungsimporte „deklariert“ werden, was ebenfalls dann einem unkontrollierten Kapitalexport gleichkommt. In jedem Falle wäre die Devisenbewirtschaftung, die an sich von der Intention getragen ist, sich auf den Kapitalverkehr beschränken zu können, unterlaufen, so daß am Ende - bei nun einmal gegebenem Devisenangebotsdefizit - eben doch zu einer **umfassenden Devisenbewirtschaftung** (auf der Grundlage einer totalen Reglementierung) gegriffen werden muß.

c) Zur **Technik** der Devisenbewirtschaftung: Im Grundsatz impliziert sie eine zentrale Erfassung des gesamten Devisenverkehrs (durch Finanzministerium, Zentralbank oder eigens eingerichteten Devisenbehörden). Sehen wir einmal von Ausnahmeregelungen ab - so können im Rahmen der Devisenbewirtschaftung auch Devisenkontingente eingeräumt werden, die den Wirtschaftssubjekten als Wertkontingente zur freien Verfügung stehen -, stützt sich die Devisenbewirtschaftung auf vier Elemente:

- Aufhebung der **Konvertibilität**, d.h. des Rechtes der privaten Wirtschaftssubjekte auf freien Währungstausch. Dazu zählt einmal die Aufhebung der **Inländerkonvertibilität** für die eigene Währung, d.h. die Inländer verlieren das Recht auf freie Umwandlung eigener Währung in fremde Währungen. Dies bedeutet einerseits die Aufhebung der Freiheit von Leistungsimporten (Waren, Dienstleistungen), die nun einer staatlichen Genehmigung bedürfen. Dies bedeutet andererseits die Aufhebung der Freiheit von Kapitalexporten; Schuldenrückzahlungen ins Ausland und/oder der Aufbau von Guthaben durch Inländer im Ausland werden ebenfalls genehmigungspflichtig. Dazu zählt zum zweiten die Aufhebung der **Ausländerkonvertibilität** für die eigene Währung. Dies umfaßt ebenfalls zwei Aspekte: Einmal die Aufhebung der „Realisierbarkeit" ausländischer Forderungen, d.h. des Umtausches der Auslandsforderungen, die auf die Inlandswährung lauten, in Auslandswährungen. Die Ausländer können ihre auf Inlandswährung lautenden Forderungen somit nicht mehr kündigen und repatriieren; die Inlandswährung wird zur berühmt-berüchtigten „Mausefallen-Währung". Hinzu kommt die Aufhebung der „Übertragbarkeit" ausländischer Forderungen, d.h. des Umtausches der Auslandsforderungen, die auf die Inlandswährungen lauten, in Drittwährungen. Auf den ersten Blick erschiene dies weniger relevant, wenn auch in Drittwährungen die Realisierbarkeit aufgehoben ist; hier braucht die Übertragbarkeit nicht unbedingt aufgehoben zu werden. Anders liegt der Fall, wenn ein Gläubiger den Umtausch aus einer „weicheren" in eine „härtere" Währung verlangt; hier wird die Ausländerkonvertibilität in jedem Fall aufgehoben, weil eine Verrechnung nicht mehr möglich ist.

- Schaffung eines **Devisenmonopols** für die staatlichen Institutionen. Dazu zählt einmal die Pflicht der Inländer, alle eingehenden Devisen (aus Leistungsexport und/oder Kapitalimport) an die zuständige staatliche Stelle abzuliefern (sog. „Andienungszwang"). In aller Regel wird dies ergänzt durch eine umfassende Enteignung der bestehenden Auslandsguthaben. Diese mag zwar gegen Entschädigung in inländischer Währung erfolgen. Eine solche „Entschädigung" kommt allerdings wegen der bestehenden Überbewertung der eigenen Währung letztlich einer partiellen Enteignung gleich. Mit der Ablieferungspflicht der laufenden Devisen will man den illegalen Kapitalabfluß verhindern („Stehenlassen" im Ausland); mit der Enteignung von Auslandsguthaben, die wegen der geringeren Entschädigung in Inlandswährung praktisch einer Kapitalabgabe entspricht, will der Staat in den Besitz von Auslandsaktiva gelangen, die darüber hinaus Erträge in der Auslandswährung abwerfen und seinen Devisenvorrat vergrößern. Mit der Ablieferungspflicht der erhaltenen Devisen durch die privaten Wirtschaftssubjekte erhält der Staat zunächst das **Nachfragemonopol** für ausländische Devisen. Hinzu kommt zum zweiten das Recht des Staates, alle benötigten Devisen (für Leistungsimport und/oder Kapitalexport) an die Inländer zuzuteilen: Damit erhält der Staat das **Angebotsmonopol** für ausländische Devisen - die notwendige Ergänzung zum Nachfragemonopol. An dieser Stelle wird nun das Zentralproblem der Devisenbewirtschaftung offenkundig: Ein Ausgleich von Angebot und Nachfrage käme nur, bei gegebenem Kurs, durch eine Verlagerung der Devisenangebots- und/oder Devisennachfragefunktionen oder über einen höheren Wechselkurs zustande. Der Staat will aber den bestehenden Wechselkurs (w_1) halten und sieht auch keine Möglichkeit, die Funktionen zu verändern. Dann entsteht zwangsläufig die „Devisenlücke“: Das Angebot, die verfügbare Devisenmenge, reicht bei diesem Wechselkurs nicht aus, um die Nachfrage, den Devisenbedarf, zu befriedigen und die Zahlungsbilanz auszugleichen. Das bedeutet nun aber nichts anderes, als daß der Staat den Devisenbedarf, der sich bei gegebenem Wechselkurs und gegebener Nachfragefunktion (N) herausbilden würde (x_2), auf die zu knappen Devisen, die bei gegebenem Wechselkurs und gegebener Angebotsfunktion (A) zur Verfügung stehen (x_1), administrativ begrenzen muß. (Häufig wird in der Literatur deshalb auch von einer Devisenmangelbewirtschaftung gesprochen.)

- Diese **administrative Zuordnung** der (zu hohen) Devisennachfrage auf das (zu knappe) Devisenangebot kann theoretisch in zwei Varianten erfolgen: durch Rationierung oder durch Wechselkursspaltung. Die Technik der **Rationierung** geht von einer direkten Zuteilung der verfügbaren Devisen aus. Formales Kriterium ist dann letztlich die „Dringlichkeit des volkswirtschaftlichen Bedarfs“, dessen objektive Festlegung indessen eine Fülle von Fragen aufwirft. Bei der Klassifizierung in zahlungsbilanzrelevante Grundkategorien - Warenimport, Dienstleistungsimport, Faktoreinkommen von Ausländern, Schuldendienstverpflichtungen des Inlands, Kapitalexport der Inländer - erfolgt die Zuteilung bei großer Devisenlücke meist zugunsten der dringenden Warenimporte (unverzichtbare Nahrungsmittel, Rohstoffe, Kapitalgüter); je geringer die Devisenlücke ist, desto mehr können zusätzlich auch Teile der anderen Zahlungsbilanzkomponenten - wenn auch möglicherweise abgestuft - berücksichtigt werden. Weitere Probleme betreffen die Warenimportstruktur. Theoretische Operationalitätskriterien („Grenznutzenausgleich“) sind wegen mangelnder Praktikabilität wenig hilfreich; was bleibt, ist die politisch gesetzte Zuteilung. Sie kann allenfalls dann in Grenzen ökonomisch sinnvoll durchgeführt werden, wenn sie sich an der Binnenpreisstruktur orientiert: Unterstellt, diese bildet sich frei und signalisiert Knappheit, werden dann sinnvollerweise jene Importwaren begünstigt, die hohe Inlandspreise erzielen; damit läßt sich dann eine Prioritätensetzung zumindest partiell ökonomisch begründen. Für die Zuteilung selbst können zwar unterschiedliche Verfahren Anwendung finden, die aber alle ihre Probleme haben. Einmal kann die Zuteilung nach **Referenzperioden** erfolgen: Maßgebend sind danach frühere Einfuhranteile der Importeure am Gesamtimport. Damit ist jedoch der Markt für neue Wettbewerber (i.S. des „freien" Marktzutritts) geschlossen; auch der Wettbewerb zwischen bestehenden Importeuren (die über eine „sichere" Zuteilung verfügen) findet nicht mehr statt. Zum zweiten kann die Zuteilung nach dem **Windhundverfahren** erfolgen: Maßgebend ist hier die Reihenfolge des Eingangs der Devisenanträge. Hierdurch werden - neben der Korruption - wiederum Marktvermachtungstendenzen gefördert, weil ein Großbetrieb aufgrund seines Einflußbereichs und seines Mitarbeiterstabs schneller mit Anträgen auf Devisenzuteilung reagieren kann. Schließlich kann die Zuteilung nach dem **Repartierungsverfahren**, d.h. nach Maßgabe des Anteils der beantragten Devisen an der gesamten Antragssumme, erfolgen: Hier werden jene Importeure begünstigt, die bei ihren Bedarfsmeldungen die höchste Quote der gesamten Antragssumme erreichen, praktisch also die, die am meisten „übertreiben". Gemeinsam ist der Rationierung die Identität von Ankaufs- und Verkaufskurs für Devisen. Die aufgrund dieses Kurses höhere Nachfrage muß dann in jedem Falle dirigistisch eingeschränkt werden. Bei der Technik der **Wechselkursspaltung** erhält der Wechselkurs eine Mitwirkung bei der Nachfragebeschränkung. Während der Ankaufskurs, den die Zentralstelle bietet, erhalten bleibt (w_1), wird der Verkaufskurs der Devisen so hoch über diesem Devisenankaufskurs angesetzt, daß die Nachfrage - bei gegebener Nachfragekurve - auf die gewünschte Menge (die dem Angebot entspricht) automatisch reduziert wird (w_2). Ähnliches erfolgt beim sog. „Auktionsverfahren", bei dem die Devisen an den Meistbietenden versteigert werden. Diese Verfahren haben gegenüber der reinen Rationierung eine Reihe wichtiger Vorteile: Es kommt zu einer teilweisen Wiederherstellung marktwirtschaftlicher Ordnungselemente, und eine rein administrative Zuteilung wird überflüssig. Der Preis für die Devisen reguliert die Nachfrage. Überdies schöpft die Wechselkursspaltung die - aus der Sicht der privaten Einkommensverteilung problematische - Kontingentsrente zugunsten der Staatskasse ab. Über eine ländermäßig und gütermäßig unterschiedliche Festsetzung der Abgabekurse ist darüber hinaus eine Diskriminierung der Devisenzuteilung und damit eine Steuerung der für die Leistungsimporte benötigten Devisen nach dem volkswirtschaftlichen Nutzen möglich: Je dringlicher der Bedarf und je geringer eine länderspezifische Devisenknappheit eingeschätzt wird, desto niedriger kann der Verkaufskurs festgesetzt werden und umgekehrt. Gemeinsam ist also der Wechselkursspaltung das Auseinanderklaffen der An- und Verkaufspreise für Devisen im Inland. Die Nachfrage braucht nun nicht mehr dirigistisch reduziert zu werden; sie verringert sich automatisch aufgrund des höheren Verkaufskurses. Hier ist faktisch die Grenze zu einer Rekonstruktion der Abwertung und zum Übergang zu einem neuen Gleichgewichtskurs erreicht, wenngleich natürlich die Festlegung des Devisenankaufs- und Devisenverkaufskurses nach wie vor (im Grundsatz) nicht dem Markt überlassen wird, sondern der Administration vorbehalten bleibt. Überdies begünstigt die Wechselkursspaltung jene Importeure, die über die notwendige

Liquidität und Finanzkraft verfügen; sie fördert von daher wiederum die Marktvermachtung. Schließlich ist noch eine länderspezifische Wechselkursspaltung möglich, indem - analog wie Exportsubventionen wirkend - Devisen aus Ländern günstiger angeboten werden, wenn Importe aus diesen Ländern gefördert werden sollen. (In ähnliche Richtung wirkt die Einführung von sog. Zwangsdepots, wo der Devisenkäufer verpflichtet wird, bei Devisenerwerb einen bestimmten Betrag in Inlandswährung zinslos zu hinterlegen; der Zinsverlust im Inland impliziert dann eine - analoge - Verteuerung des Devisenerwerbs.)

- Sind Konvertibilität (für die Privaten) aufgehoben, ein Devisenmonopol (für den Staat) geschaffen und eine mengenmäßige Zuordnung der Devisennachfrage auf das Devisenangebot gewährleistet, kann die Devisenbewirtschaftung überdies zu einer gezielten **Ausdehnung** des **Devisenangebots** (die die Devisenknappheit reduziert) herangezogen werden. In Betracht kommt in diesem Zusammenhang einmal das sog. **Devisenbonusverfahren**, das dem Exporteur erlaubt, über einen Teil der aufgrund des eigenen Leistungsexports vereinnahmten Devisen selbst zu verfügen. Hier wird ein Anreiz zu Anstrengungen im Leistungsexport geschaffen. Denn der Exporteur erhält die Chance, diese Devisen zum Ankauf solcher Waren zu benutzen, die wegen der Devisenkontingentierung im Inland hohe Preise erzielen; er muß sie ja nicht zu dem „unterbewerteten" Kurs der Auslandswährung abliefern. Auch hier ist eine Differenzierung nach Waren und Ländern noch zusätzlich möglich. Auch die **Wechselkursspaltung** kann zur Erhöhung des Devisenangebots herangezogen werden. Auszugehen ist von der Tatsache, daß eine Überbewertung der eigenen Währung den Preis des ausländischen Geldes in inländischer Währung künstlich niedrig hält, wodurch die Inlandsprodukte für das Ausland teurer werden, was die inländischen Exportchancen und -anreize schwächt. Im Gegensatz zur Nachfragedrosselung, wo der Verkaufspreis für Devisen durch die Zentralstelle hochgesetzt wird (erste Variante der Wechselkursspaltung), wird jetzt der Ankaufspreis für Devisen hochgesetzt (zweite Variante der Wechselkursspaltung), was praktisch einer Exportsubvention gleichkommt. Die Exporteure erhalten mehr inländische Währung für ihren Exporterlös, was auf Kosten der Staatskasse ebenfalls Exportanreize schafft. Wird diese Variante umfassend durchgeführt, kommt sie einer Abwertung der eigenen Währung gleich. Anwendung findet auch eine Differenzierung nach Waren und Ländern. Vor allem ist aber eine derartige Differenzierung nach den Möglichkeiten des Verkaufserlöses möglich: Bei unelastischer Auslandsnachfrage wird der Ankaufspreis für ausländische Devisen niedrig gehalten, weil die Exporteure hohe Inlandspreise auf ausländische Käufer überwälzen können; bei elastischer Auslandsnachfrage wird der Ankaufspreis für Devisen hoch gehalten, um den Exporteuren Preiszugeständnisse zu ermöglichen und den Export nicht zu gefährden. In jedem Falle hat diese Form der Exportförderung letztendlich „kompensatorischen Charakter", weil sie nur die durch den falschen Wechselkurs verminderte Exportchancen kompensiert. Auch hier ist praktisch die Grenze zu einer Rekonstruktion der Abwertung erreicht.

d) Zur **Problematik** der Devisenbewirtschaftung: Nimmt man die herausgearbeiteten Hauptelemente der Devisenbewirtschaftung insgesamt, so liegt es auf der Hand, daß ihre Umsetzung der Schaffung einer umfassenden Bürokratie sowie eines oft mit drakonischen Härten arbeitenden Devisenstrafrechts bedarf, um das System funktionsfähig zu machen und zu erhalten. Schließlich erfordert es eine systematischen Kontrolle des gesamten Devisenverkehrs und seiner effizienten Steuerung. Dabei beschränkt sich die Kontrolle oft nicht nur auf geschäftliche Transaktionen (Leistungsexporte und -importe); der ganze Geld- und Edelmetallhandel unterliegt der Kontrolle, und oft stehen Brief- und Fernmeldegeheimnis sowie die Unverletzlichkeit der Wohnung zur Disposition, um einen illegalen Devisenabfluß zu verhindern. Ist schon die Herbeiführung derartiger Funktionsbedingungen (vom damit verbundenen Bürokratiekostenaufwand abgesehen) rechtspolitisch fragwürdig genug, ist zu beachten, daß das Instrument der Devisenbewirtschaftung auch gesamtwirtschaftlich problematische Effekte auslöst.

Wenn man diese beurteilen will, so ist zunächst davon auszugehen, daß die Devisenbewirtschaftung - sofern sie nicht ein Pendant zu einer zentral gelenkten Binnenwirtschaft darstellt - ein „Kind der Not" ist, oft ausgelöst durch Kapitalflucht und steigenden Schuldendienst an das Ausland. Berücksichtigt man nun die Tatsache, daß - aus welchen Gründen auch immer - alternative marktwirtschaftliche Lösungen zur Beseitigung des Devisenangebotsdefizits wegen befürchteter Nebeneffekte nicht in Frage kommen bzw. politisch nicht akzeptiert werden, so erscheint die Devisenbewirtschaftung oft als der einzige Weg, dem Land trotz Devisenknappheit den Import unbedingt erforderlicher Güter sicherzustellen. Überdies hätte sie einen durchaus positiven Effekt, wenn es gelingen würde, die volkswirtschaftlich bedenkliche Kapitalflucht zu unterbinden und gleichzeitig das reale Austauschverhältnis zu verbessern. Dennoch zeigen sich gravierende negative Aspekte, die sich letztlich auf den Tatbestand einer Überbewertung der eigenen Währung zurückführen lassen. Als die wichtigsten (negativen) **Wirkungen** sind zu nennen:

- Es entsteht - zum einen - die Gefahr einer **ordnungspolitischen Eigendynamik**, die die an sich marktwirtschaftlich orientierte Binnenordnung zunehmenden dirigistischen Eingriffen unterwerfen könnte. Zwar ist (von der Intention her gesehen) der Dirigismus „nur" auf die außenwirtschaftlichen Transaktionen beschränkt. Doch kommt es zu einer Devisenbewirtschaftung und zu einer entsprechenden Leistungsimportverknappung (um die Devisenangebotslücke zu schließen), kann daraus eine Beschleunigung des inländischen Preisauftriebs resultieren. Dies gilt einmal für den Fall der Rationierung, wenn sich die Devisenzuteilung am (höheren) Preisniveau von Gütern im Inland, dieses als Knappheitsindikator interpretiert, orientiert. Dies gilt zum anderen auch für den Fall der Wechselkursspaltung, wenn die Importeure von vornherein höhere Preise für den Erwerb von Devisen bezahlen müssen und diese dann an die Binnenwirtschaft weitergeben. Will man den Anstieg des gesamtwirtschaftlichen Binnenpreisniveaus (über Weiterverarbeitung und/oder Tendenzen zur Anschlußinflation aufgrund des Anstiegs von Faktoreinkommen) vermeiden, bleiben am Ende nur Deflationsstrategien (unter Umständen mit erheblichen negativen Wachstums- und Beschäftigungseffekten) oder rigide Preiskontrollen für Importgüter und deren Bewirtschaftung, womit der Dirigismus aber dann notwendigerweise auch auf den Binnenmarkt ausstrahlt. Letzteres gilt überdies dann noch zusätzlich, wenn aufgrund der Devisenbewirtschaftung bei den Importeuren Kontingentsrenten entstehen, soweit sie - gerade bei der Rationierung, bei der Wechselkursspaltung wäre dies weniger gegeben - die Devisen günstig beziehen und die Importwaren am Binnenmarkt teuer verkaufen können. Will der Staat dies verhindern, muß er ebenfalls zu einem System der Preiskontrollen greifen und/oder die Importwaren bewirtschaften. Insoweit spricht vieles für die Vermutung, daß sich der Dirigismus auf die außenwirtschaftliche Flanke nicht begrenzen läßt; das Instrument droht, mit Blick auf das Modell der gelenkten Außenwirtschaft systeminkonform zu werden.

- Es entsteht - zum zweiten - die Gefahr einer **Ausweitung** der **Devisenangebotslücke**, d.h. das eigentliche Ziel des Instruments, einen Zahlungsbilanzausgleich bei gegebenem Wechselkurs zu erzielen, wird nicht unbedingt erreicht, sondern eher zusätzlich gefährdet. Zunächst wird der Kapitalimport aus dem Ausland in Form von Krediten an Inländer bzw. Kapitalanlagen im Inland rasch reduziert werden (vermutlich ganz versiegen), weil die ausländischen Kapitalgeber nicht bereit sein werden, bei einer „Mausefallen"-Währung das Risiko von Transferbeschränkungen zu tragen (für Guthaben und/oder Erträge zurück in ihr Heimatland). Es sei denn, das Ausland übernimmt dieses Risiko in Form von Ausfallbürgschaften oder kann dieses Risiko durch Androhung eigener - analoger - Sanktionen reduzieren, was indessen einem dirigistischen Eskalationseffekt gleichkäme. Sodann wird der Leistungsexport des Inlands reduziert: Teils erlahmt die Export-„Bereitschaft" der inländischen Unternehmen, wenn sie über ihre Devisenerlöse nicht frei verfügen können bzw. wegen der Überbewertung der eigenen Währung einen künstlich niedrig gehaltenen - unter Umständen nicht kostendeckenden - Gegenwert für ihre Devisenerlöse in eigener Währung erhalten; teils erlahmt die Export-„Fähigkeit" der inländischen Unternehmen, wenn sie im Inland mit einer Anschlußinflation konfrontiert sind, die über Preisüberwälzungen an Auslandsmärkten nicht durchsetzbar ist. Der Staat - verzichtet er auf eine dirigistische Preisintervention im Inland - gerät in das Dilemma, entweder auch in die Exportwirtschaft dirigistisch zu intervenieren oder bei Ausweitung der Devisenlücke zu weiteren Importrestriktionen zu greifen.

- Es entsteht - zum dritten - die Gefahr einer **Sozialproduktminderung**, wenn die Devisenangebotslücke nicht allein durch eine Kapitalexportverhinderung geschlossen werden kann und eine zusätzliche Reduzierung des Leistungsimports notwendig wird. Eine Erhöhung des nationalen Autarkiegrades (Selbstversorgung), unabhängig von komparativen weltwirtschaftlichen Kostensituationen, ist dann von vornherein angelegt. Und sie verstärkt sich, wenn die Devisenbewirtschaftung die Devisenangebotslücke noch vergrößert: Die „Autarkiespirale“ geht weiter. Hinzu kommt, daß die Produktionsfaktoren - zunächst aus nationaler Sicht - aus ihren produktiven Verwendungen (in der Exportindustrie) in weniger produktive Verwendungen (in der Binnenwirtschaft) abgelenkt werden. Ihre Effizienz vermindert sich und damit die realen Wachstumschancen des Inlands. Überdies hat die Minderung des Kapitalimports für ein Land mit Devisenbewirtschaftung nicht nur einen Rückgang des Devisenangebots zur Folge (zahlungsbilanzpolitischer Effekt), sondern auch einen Abbau der internationalen Faktormobilität (allokationspolitischer Effekt). Der vermeintlich positive Effekt, daß mehr (Inlands-) Kapital im Inland verbleibt, wird allein schon durch das Abschrecken von (Auslands-) Kapital konterkariert; und er kann durch einen Rückgang der Investitionsbereitschaft und -fähigkeit der Inländer noch zusätzlich beeinträchtigt werden, wenn das nun verstärkt im Inland gebundene Kapital zu einem Zinsrückgang führt, der Investitionsrenditen und Sparbereitschaft im Inland gleichermaßen reduziert. Dies wird noch ergänzt durch eine Einschränkung der Mobilität der Arbeit, falls der Lohntransfer ins Ausland ebenfalls eingeschränkt wird. Auch aus internationaler Sicht werden die Produktionsfaktoren von ihren produktiven Verwendungen abgelenkt, so daß auch hierdurch das Wachstum des Sozialproduktes für das Land negativ tangiert wird. Diese Faktoren wirken zusammen und haben eine Verminderung der Faktorproduktivität und damit des Sozialproduktwachstums zur Folge.

- Es entsteht - zum vierten - die Gefahr eines zunehmenden **Bilateralismus**, in Verbindung mit einem Rückgang der internationalen Austauschbeziehungen. Denn je stärker die Devisenbewirtschaftung auf den gesamten Außenwirtschaftsverkehr übergreift, desto schwieriger wird es - und der zurückgehende Kapitalimport und Leistungsexport sowie die negativen Produktivitätswirkungen tun noch ein übriges -, die Zahlungsbilanz zum Ausgleich zu bringen. Dies wird verstärkt durch die Tatsache, daß der Devisenmangel je Partnerland verschieden ist. Die Zahlungsbilanzstrukturen verhärten sich, und der Bilateralismus ist die einzige Möglichkeit, die einzelnen Teilzahlungsbilanzen zum Ausgleich zu bringen. Hieraus ergibt sich eine weitere Verminderung der internationalen Arbeitsteilung. Der internationale Handelsverkehr wird zugunsten einer Angleichung der Handelsbilanzen zwischen den Ländern abgebaut und dies ohne Rücksicht auf die jeweiligen komparativen Kostenstrukturen. Es wird nicht mehr kostenoptimal importiert und exportiert, sondern gegenüber jedem einzelnen Land „ausgeglichen“. Die Importe orientieren sich nicht an Qualität und Kosten, sondern an wechselkursbedingt künstlich verminderten Finanzierungsmöglichkeiten des Inlandes; und reduzieren sich diese, müssen eben auch die Leistungsimporte reduziert werden. Das verhängnisvolle ist: Durch eine solche Tendenz werden auch jene Länder betroffen, die für ihre Währung die Konvertierbarkeit aufrechterhalten wollen. Denn ihre

Forderungen an das Land, das die Devisenbewirtschaftung einführt, sind nicht mehr realisierbar („Mausefallen-Währung"), und ihre Exporte in dieses Land unterliegen dort zunehmend diskriminierenden Importrestriktionen. Schließlich sehen sie sich „Exportoffensiven" des Landes mit Devisenbewirtschaftung gegenüber, die sich mit Subventionen und Wechselkursspaltungen ja besonders gegen „Hartwährungsländer" richten. Ergreifen diese Länder dann Abwehrmaßnahmen, so kommt es auch noch von dieser Seite zu einer weiteren Entflechtung der internationalen Arbeitsteilung, bis diese schließlich in einer allgemeinen weltwirtschaftlichen Desintegration ausmündet. Am Ende reduziert die Devisenbewirtschaftung immer die internationale Arbeitsteilung. Da sie damit nicht nur die eigene Volkswirtschaft schädigt, sondern unter Umständen wichtige Partnerländer, ist letztendlich die Gefahr einer Eskalation nicht auszuschließen.

Alle vier skizzierten Wirkungsketten deuten in die gleiche Richtung: Die totale Devisenbewirtschaftung zeigt, daß die Schäden - volks- und weltwirtschaftlich - die Vorteile überkompensieren, weil der unrealistische Wechselkurs ein Symptom für ein strukturelles Ungleichgewicht ist, das nicht aus der Welt geschafft werden kann, wenn man die eigentliche Ursache ignoriert und um jeden „Preis" den Wechselkurs „stabilisieren" will. Das Symptom bliebe bestehen, der Devisenmangel würde chronisch. Die Versuche, über eine Wechselkursspaltung eine mehr oder minder geglückte Rekonstruktion einer Währungsabwertung in das System der Devisenbewirtschaftung einzubauen, können zwar einerseits die Nachteile einer rigorosen Devisenbewirtschaftung vermindern, werfen aber andererseits mit ihrem dirigistischen Charakter vergleichbare Probleme auf. Denkbar wären allenfalls „Lockerungen" des Systems. Die **liberale Variante**, sich auf sog. „Devisenkontingente" (i.S. von Wertkontingenten) zu beschränken, die den Wirtschaftssubjekten eine freie Verfügbarkeit der Devisen ermöglichten, könnte die skizzierten Probleme reduzieren; sie stieße indessen rasch an Grenzen, wenn wegen einer allgemeinen Devisenknappheit bedarfsorientierte Prioritäten, oder wenn wegen einer länderspezifischen Devisenknappheit länderorientierte Prioritäten gesetzt werden müssen; die Möglichkeit einer freien Verfügbarkeit müßte am Ende dann doch reduziert werden. Die **internationale Variante** (Clearing) stützt sich auf die Überlegung, Forderungen und Verpflichtungen des Inlands administrativ, aber international, auszugleichen. Dies setzt aber - mittelfristig und gegen den „Rest" der Welt gerechnet - eine ausgeglichene Zahlungsbilanz voraus. Letzteres wäre allenfalls dann nicht erforderlich, wenn entweder bei bilateralem clearing die Staaten sich wechselseitige swings (als automatisch gewährte Kredite) einräumten, oder wenn eine internationale Verrechnungsstelle diese Kreditlinien festlegte. Letzteres wäre zwar (politisch) konstruierbar - und dennoch für ein Land, das unter chronischem Devisenmangel leidet, keine Dauerlösung. Denn man muß davon ausgehen, daß weder ein Vertragspartner (bilateral) noch eine Vertragspartnergemeinschaft (multilateral) bereit wären, einem Defizitland ad infinitum Kredite einzuräumen. Aus diesen Überlegungen folgt, daß eine administrative Steuerung des Devisenverkehrs immer an Grenzen stößt, wenn sie nicht von vornherein als Pendant zu einer binnenwirtschaftlichen Zentralverwaltungswirtschaft gedacht ist. Im Fall einer gelenkten Außenwirtschaft kann die Devisenbewirtschaftung allenfalls als eine kurzfristig orientierte „Notlösung" angesehen werden. Auf Dauer kommt ein Land - will es sich nicht freiwillig auf eine Autarkieposition zurückziehen und auf die Vorteile der internationalen Arbeitsteilung verzichten - nicht darum herum, durch entsprechende binnenwirtschaftliche Anpassungsmaßnahmen, bei gegebenem Devisenkurs, eine höhere internationale Wettbewerbsfähigkeit im Leistungs- und Kapitalverkehr zu erreichen; oder aber es muß bereit sein, den bisherigen Devisenkurs aufzugeben.

30) DIE KAPITALVERKEHRSBESCHRÄNKUNG

Unter Kapitalverkehrsbeschränkung verstehen wir ein System marktinkonformer Lenkungsmaßnahmen des Kapitalverkehrs durch den Staat (bzw. durch die dazu autorisierte Instanz), mit deren Hilfe dysfunktionale, d.h. gesamtwirtschaftlich problematische bzw. als problematisch angesehene Kapitaltransaktionen verhindert oder zumindest auf das gewünschte Volumen hin reduziert und begrenzt werden sollen. Bei formaler Sichtweise ist eine gewisse Analogie zur Devisenbewirtschaftung (wegen der dirigistischen Beeinflussung) unzweifelhaft gegeben - nicht zuletzt mit Blick auf die Effizienzkriterien. Gleichwohl ist eine **Abgrenzung** geboten.

a) Die Devisenbewirtschaftung kann zwar rein pragmatisch auf den Kapitalverkehr - auf der Grundlage der Devisenmarktspaltung - reduziert werden, falls dies zur Zielerreichung genügt; eine Ausweitung auf den gesamten Devisenverkehr (also auch auf den Leistungsverkehr) ist damit aber nicht ausgeschlossen, unter bestimmten Bedingungen - wie gezeigt - eher wahrscheinlich. Das Instrument der Kapitalverkehrsbeschränkung ist demgegenüber von vornherein auf den Kapitalverkehr begrenzt; der reale Leistungsverkehr bleibt immer dem marktwirtschaftlichen Allokationsmechanismus vorbehalten und wird insoweit von dem hier angesiedelten Instrumentarium zu keinem Zeitpunkt berührt (von möglichen indirekten Effekten abgesehen).

b) Die Devisenbewirtschaftung hat bestimmte, in der Regel unverzichtbare Funktionselemente: Aufgabe der Konvertibilität, Schaffung eines öffentlichen Devisenmonopols, administrative Devisenzuteilung und eine gezielte Steigerung des Devisenangebots. Das Instrument der Kapitalverkehrsbeschränkung ist demgegenüber darauf angelegt, auf diese Funktionselemente zu verzichten; es beschränkt sich - bei gegebener Währungskonvertibilität - auf eine Kontrolle der Kapitaltransaktionen der privaten Wirtschaftssubjekte, ohne daß es deshalb zu einem zweiseitigen Devisenmonopol (Andienungszwang der Privaten - Zuteilungsrecht des Staates) kommt.

c) Bei der Devisenbewirtschaftung steht ein spezifisches Zahlungsbilanzziel - Zahlungsbilanzausgleich bei einem (an sich) unrealistischen Wechselkurs - ganz im Vordergrund, wobei der Ausgangspunkt immer ein chronischer Devisenmangel ist. Hiervon weicht die Intention der Kapitalverkehrsbeschränkung völlig ab: Das Zahlungsbilanzziel wird zwar nicht unbedingt gegenstandslos, hat aber keine dominierende Funktion. An seine Stelle tritt das Ziel, dysfunktionale Kapitaltransaktionen unter Kontrolle zu halten. Dieses Ziel kann somit auch bei ausgeglichener Zahlungsbilanz oder bei (gemessen an den realen Transaktionsverhältnissen) realistischen Wechselkursen relevant werden; es kann sowohl bei Kapitalabflüssen als auch bei Kapitalzuflüssen Bedeutung gewinnen.

Mit Blick auf diese drei skizzierten Abgrenzungen ist es verständlich, daß die Geschichte der außenwirtschaftlichen Integrationsmodelle (vgl. dazu später) immer schon durch das Bemühen gekennzeichnet war, „störende" Kapitaltransaktionen zu verhindern. Gerade angesichts der bereits skizzierten weltwirtschaftlichen Globalisierungstendenzen und der Tatsache, daß das Volumen der Kapitaltransaktionen einen enormen Zuwachs erfahren hat (nach Schätzungen betrug Anfang der 90er Jahre das jährliche Devisenmarktvolumen ca. 300 Billionen US-Dollar, wobei nur ein geringer Teil davon - ca. 5 vH - an realwirtschaftliche Transaktionen gebunden bzw. durch diese induziert war), liegt das Ziel der Kapitalverkehrskontrolle auf der Hand: Es gilt zu verhindern, daß eine realwirtschaftlich effiziente Entwicklung der Warenbewegungen und Faktorkombinationen durch Kapitalbewegungen gestört oder gar gefährdet wird.

a) Was nun die **Zielsetzung** der administrativen Kapitalverkehrsbeschränkung angeht, kann diese sehr unterschiedlich gesehen werden:

- **Verhinderung** des **Kapitalimports**: Diese Zielsetzung kann aus unterschiedlichen Gesichtspunkten steigende Bedeutung gewinnen. Zum einen ist es, unter **kursfristig-prozeßpolitischer Perspektive** gesehen, denkbar, daß bei sehr flexiblem Finanzkapital (sog. „hot money") eine Spekulationswelle auf die Inlandswährung einsetzt, weil die Besitzer solchen Finanzkapitals eine Aufwertung der Inlandswährung erwarten. (Ob diese Erwartung durch die realwirtschaftlichen Gegebenheiten gerechtfertigt ist oder nicht, ist dabei im Grundsatz unerheblich.) Die Konsequenzen liegen auf der Hand. Bei flexiblen Wechselkursen besteht die Gefahr, daß die Inlandswährung die erwartete Aufwertung tatsächlich erfährt, was eine eigendynamische Verstärkung des Kapitalimports auslöst, der eine Aufwertung der Inlandswährung über das realwirtschaftlich gerechtfertigte Niveau hinaus (sog. „overshooting") in einem Ausmaß provoziert, die die Wettbewerbsfähigkeit des Inlands im realwirtschaftlichen Bereich (Exportfähigkeit) erheblich belasten könnte. Dies kann zur Folge haben, daß es im Inland zu Produktions- und Beschäftigungsrückgängen kommt. Bei festen Wechselkursen (oder auch allein bei dem Bemühen, zumindest ein overshooting zu verhindern) besteht wiederum die Gefahr, daß aufgrund des Aufkaufs des einströmenden Kapitals (Intervention seitens der Zentralbank zur Kursstabilisierung) eine inflationsträchtige Geldpolitik im Inland ausgelöst wird, sofern es nicht gelingt, durch eine entsprechende kontraktive Geldpolitik das inländische Geldmengenwachstum zu begrenzen („sterilisieren"). Die Kontrolle des Kapitalimports hätte hier primär defensiven Charakter, der aber eine um so größere Bedeutung gewänne, je beträchtlicher das Volumen des relevanten Finanzkapitals wäre, das es abzuwehren gilt. Die Kontrolle gewänne offensiven Charakter, wenn von vornherein eine restriktive Geldpolitik gegenüber konterkarierenden Kapitalzuflüssen abgesichert werden sollte. Zum zweiten ist es, unter **langfristig-strukturpolitischer Perspektive** gesehen, denkbar, daß Auslandskapital im Inland Anlagemöglichkeiten sucht - sei es aus unternehmensstrategischen Überlegungen (Direktinvestitionen und Gründung von Niederlassungen) oder aus reinen Renditebetrachtungen (Erwerb von Beteiligungen). Dies muß nicht per se aus der Sicht des Inlands negativ gesehen werden, wenn dieser Kapitalzufluß das inländische Kapitalangebot und damit das Wachstumspotential erhöhte, zusätzliche Arbeitsplätze schaffte, und mit ihm ein Technologietransfer einherginge, der die strukturelle Wettbewerbsfähigkeit des Inlands am Weltmarkt (Exportfähigkeit) steigerte. Gleichwohl gilt es, diese Sichtweise auch zu relativieren: Kapitalimporte schaffen allemal auch die Voraussetzung dafür, daß in Zukunft die Basis für Faktoreinkommen des Auslands vergrößert wird, was nicht nur den positiven Wohlstandseffekt wiederum reduzieren, sondern auch die Zahlungsbilanz des Inlands erheblich belasten kann. Schließlich können sich, über diese (rein) ökonomischen Betrachtungen hinaus, gesellschaftspolitische Bedenken gegenüber einem Kapitalimport artikulieren, wenn man hierin die Gefahr sieht, daß ausländische Investoren oder Anteilseigner einen zu großen Einfluß auf das inländische Wirtschaftsgeschehen gewinnen können und hiervon ein Verlust der nationalen wirtschaftlichen (eventuell gar politischen) Autonomie befürchtet werden muß.

- **Verhinderung** des **Kapitalexports**. Diese Zielsetzung kann ebenfalls unter unterschiedlichen Gesichtspunkten steigende Bedeutung gewinnen. Zum einen ist es, unter **kurzfristig-prozeßpolitischer Perspektive** gesehen, denkbar, daß bei flexiblem Finanzkapital (sog. „hot money“) eine Spekulationswelle gegen die Inlandswährung einsetzt, weil man eine Abwertung der Inlandswährung erwartet. (Ob dies durch die realwirtschaftlichen Gegebenheiten gerechtfertigt ist oder nicht, ist ebenfalls im Grundsatz unerheblich.) Die Konsequenzen liegen auf der Hand. Der Wechselkurs kann nur noch bedingt stabilisiert, die Abwertung der eigenen Währung somit nur in Grenzen verhindert werden, weil jetzt die Intervention der Notenbank in Auslandswährung erfolgen muß und im Devisenvorrat und/oder der Kreditgewährung des Auslands Grenzen findet. Und soweit die Intervention erfolgt, hat sie eine deflationsträchtige Geldpolitik mit Gefahren für Produktion und Beschäftigung zur Folge, wenn dieses letztendlich einen Rückgang der inländischen Geldmenge impliziert. Kommt es doch zu Abwertungsprozessen, mag zwar hier das Volumen des relevanten Transaktionskapitals (auf das im Inland verfügbare Kapital) begrenzter sein als im umgekehrten Fall des Kapitalimports, wo theoretisch der „Rest der Welt“ in Inlandswährung drängen kann. Dennoch ist, wenn sich die Erwartungen hinsichtlich der Abwertungstendenz bestätigen, auch hier eine eigendynamische Verstärkung des Kapitalexports und somit ebenfalls ein „overshooting“ nicht auszuschließen. Der damit verbundene Abwertungseffekt der Inlandswährung mag (vordergründig gesehen) die Wettbewerbsfähigkeit des Inlands begünstigen; wenn die Abwertung aber zu einem ausgeprägten Inflationsimport führt - direkt ausgelöst über die Importpreise, weitergeführt über eine drohende Anschlußinflation -, dürften diese Wettbewerbsvorteile rasch unterlaufen werden. Die Kapitalexportkontrolle hätte dabei noch so lange defensiven Charakter, als es gälte, spekulative Kapitalabflüsse zu verhindern. Sie gewänne offensiven Charakter, wenn von vornherein eine expansive Geldpolitik gegen konterkarierende Kapitalabflüsse abgesichert werden sollte. Zum zweiten ist es, unter **langfristig-strukturpolitischer Perspektive** gesehen, denkbar, daß Inlandskapital im Ausland Anlagemöglichkeiten sucht - wobei hier neben ökonomischen Gesichtspunkten (strategische Überlegungen, Renditebetrachtungen) auch politische Aspekte (Kapitalflucht) eine Rolle spielen können. Hier griffen dann die bereits in anderem Zusammenhang skizzierten Probleme: Es erfolgte eine Reduzierung der inländischen Kapitalbasis und damit einer wichtiger Voraussetzung für den Aufbau eines inländischen Produktions- und Arbeitsplatzpotentials. Nicht zuletzt könnte die fiskalische Besteuerungsbasis geschmälert und die Einkommensverteilung zwischen den Produktionsfaktoren Arbeit und Kapital zugunsten des letzteren variiert werden. Mit steigendem Volumen des Kapitalexports (etwa gemessen an dem im Inland verbleibenden Finanzvolumen) könnten diese negativen Effekte eine zunehmende Rolle spielen und dann das Bemühen auslösen, diese Kapitalströme zu unterbinden, zumindest auf ein politisch akzeptables Maß zu reduzieren.

Mit Blick auf diese alternative Zielsetzung wird vorab noch einmal der Unterschied zwischen der Kapitalverkehrsbeschränkung und der Devisenbewirtschaftung deutlich: Während letztere sich auf einen **Devisenmangel** konzentriert, wird erstere sowohl bei **Devisenmangel-** als auch bei **Devisenüberschußsituationen** relevant. Während letztere einen **Zahlungsbilanzausgleich** anstrebt, will erstere **dysfunktionale Kapitaltransaktionen** verhindern.

b) Vor diesem Hintergrund ergeben sich auch unterschiedliche **Techniken** für den eigentlichen Instrumenteneinsatz, bei dem drei Varianten unterschieden werden können:

- Kapitalverkehrsbeschränkung durch **Devisenmarktspaltung**: Analog zur Devisenmarktspaltung bzw. zur Wechselkursspaltung, die auch bei der Devisenbewirtschaftung relevant werden, kommt es hier zu einer Trennung des Devisenmarktes in einen Teilmarkt, an dem die Devisen für den Leistungsverkehr zu festen Wechselkursen gehandelt werden (**Handelsdevisen**), und in einen Teilmarkt, an dem die Devisen für den Kapitalverkehr zu flexiblen Wechselkursen gehandelt werden (**Finanzdevisen**). Ziel ist es, dem Leistungsverkehr einerseits sichere Kalkulationsgrundlagen zu erhalten, und andererseits den Kapitalverkehr über rasche Wechselkursanpassungen zu stabilisieren - zumindest durch „Abschreckung“ eine eigendynamische Verschärfung der Transaktionen zu verhindern. (Dahinter steht die Erwartung, daß eine Aufwertung der Inlandswährung rasch den Kapitalimport, eine Abwertung rasch den Kapitalexport unattraktiv mache.) Die Frage, ob diese (Selbst-)Stabilisierung gelingt, wird in der Literatur reichlich kontrovers diskutiert und muß noch einmal an anderer Stelle aufgegriffen werden. Hier ist aber bereits entscheidend, daß diese Variante in ihrer marktkonformen Ausrichtung ihre Vorzüge haben mag; doch sie setzt eine exakte Trennung und Isolierbarkeit der beiden Teilmärkte voraus. Genau dies ist in der Realität wegen begrenzter Zuordnungsmöglichkeit nicht gegeben. Umgehungstatbestände sind kaum vermeidbar und begründen die Notwendigkeit, Leistungs- und Kapitalverkehr einer zunehmenden Kontrolle zu unterwerfen. Dies gilt erst recht, wenn nicht der gesamte Kapitalverkehr, sondern „nur" seine dysfunktionalen Anteile gesteuert werden sollen.

- Kapitalverkehrsbeschränkung durch **indirekte Belastung** über Kostensteigerung oder Erlösreduzierung: So ist es denkbar, daß der Kapitalimport dadurch erschwert wird, daß im Inland eine Kapitalertragssteuer (auf Erträge aus ausländischen Kapitalanlagen) erhoben oder daß ein Verzinsungsverbot (für ausländische Einlagen bei inländischen Banken oder für Kredite aus dem Ausland) verfügt wird; überdies können Zusatzmindestreserven auf ausländische Einlagen bei inländischen Banken erhoben, oder es können inländische Banken und/oder Kreditnehmer verpflichtet werden, einen Teil der Einlagen oder Kredite aus dem Ausland zinslos bei der Notenbank zu hinterlegen (Bardepot). Immer sollen die Renditen (für ausländische Kapitalgeber) reduziert bzw. die Kosten (für inländische Kapitalnehmer) erhöht werden. In umgekehrte Richtung wirken eine Zinsausgleichssteuer auf Wertpapiere ausländischer Emittenten oder auf Kredite an Ausländer. Im ersten Falle werden die Renditen (für inländische Kapitalgeber) reduziert, im zweiten Fall die Kosten (für ausländische Kapitalnehmer) erhöht, beides mit dem Ziel, die Kapitalexporte zu belasten. Diese Variante der indirekten Belastung hat den Vorzug, noch am ehesten der Marktkonformität Rechnung zu tragen; und sie kann bereits wirksam werden, wenn sie von den Marktteilnehmern als „Signal" (richtig) interpretiert wird, daß der Staat oder die Notenbank auch zu schärferen Maßnahmen greifen können. Vielfach wurzeln hierin auch Vorschläge, eine umfassende Spekulationssteuer (Tobin-Steuer) einzuführen, die für die beteiligten Staaten noch einen zusätzlichen Einnahmeeffekt aufwiese; dies setzte indessen ein abgestimmtes Verhalten der Staaten voraus, um Kapitalumlenkungen zu vermeiden. Und dennoch: Dominieren Wechselkurserwartungen (über Kosten- und/oder Ertragsentwicklungen hinaus) oder sonstige strategische oder gar politische Überlegungen, wird auch diese Variante der Kapitalverkehrsbeschränkung rasch unterlaufen und somit nur begrenzt wirken.

- Kapitalverkehrsbeschränkung durch **direkte Kontrolle**: Je mehr die marktkonformen Varianten der Kapitalverkehrsbeschränkung (Devisenmarktspaltung und/oder indirekte Belastung) versagen, und je mehr gleichwohl an der Intention der Kapitalverkehrsbeschränkung festgehalten werden soll, desto mehr führt dies letztendlich zur direkten Kontrolle des Kapitalverkehrs. Sie reicht von der Anmelde- über die Genehmigungspflicht für Kapitalimporte und/oder Kapitalexporte. Diese kann dann diskriminierend erfolgen, wenn nur bestimmte Arten von Kapitaltransaktionen zugelassen bzw. abgelehnt werden. Überdies können für bestimmte Transaktionen Höchstgrenzen (Grundstückserwerb, Gründung von Niederlassungen, Erwerb von Beteiligungen o.ä.) vorgegeben werden. Bestimmte Zahlungsarten können verboten, oder nur bestimmte Banken können allein zum Devisenhandel zugelassen werden. Schließlich kann die Ausgestaltung der Nettoauslandsposition (Forderungen abzüglich Verbindlichkeiten) der Banken unterschiedlichen (Mindestreserve-)Vorschriften unterworfen werden. Immer aber bleibt es wegen der veränderten Zielsetzung gegenüber der Devisenbewirtschaftung bei der Intention, die administrative Kontrolle auf den Kapitalverkehr zu beschränken und den Leistungsverkehr sich frei entfalten zu lassen - unterstellt, eine hinreichend exakte und kontrollierbare Differenzierung ist möglich.

c) Nimmt man Zielsetzung und Technik der Kapitalverkehrsbeschränkung zusammen, so zeigt der Rückgriff auf dieses Instrument durchaus eine gewisse Plausibilität: Es will die ökonomisch effiziente internationale Arbeitsteilung im realen Leistungsverkehr nicht nur aufrechterhalten, sondern sie gegenüber störenden Kapitaltransaktionen absichern. (Dies erklärt, warum die Staaten immer wieder auf dieses Instrument zurückgreifen.) Gleichwohl hat das Instrument auch seine Schwächen. (Dies erklärt, warum es selten gelang, die Kapitalströme im gewünschten Umfang zu steuern.) Letztere liegen auf zwei Ebenen:

- Das Instrument unterliegt immer der Gefahr der eigendynamischen **Selbstverstärkung**, je mehr marktkonforme Varianten umgangen werden, und je größer das international relevante Finanzvolumen ist: Die einzelnen Staaten werden dann überfordert, die Kapitaltransaktionen im gewünschten Umfang zu steuern, oder sie sind gezwungen, den Dirigismus im Devisenverkehr zu intensivieren. Hier ist nicht nur die Schwelle zur eigentlichen Devisenbewirtschaftung erreicht (mit den ordnungspolitisch bedenklichen Folgewirkungen); es entwickelt sich ein steigender Kontroll- und damit Bürokratieaufwand, der nationale Ressourcen einer produktiveren Verwendung entzieht.

- Das Instrument reduziert spätestens dann die **internationale Arbeitsteilung**, wenn es die Produktionsfaktoren einem effizienten Faktoreinsatz (zunächst beim Kapital selbst) entzieht, insoweit die möglichen Renditen beeinträchtigt. Damit wird direkt die Investitions- und indirekt die Sparbereitschaft belastet; der mit dem Kapitalverkehr möglicherweise einhergehende Technologietransfer wird überdies behindert und so auch andere Faktorproduktivitäten (als Folge nun auch beim Arbeitseinsatz) in ihrer Entfaltung begrenzt. Eine gesamtwirtschaftliche Produktivitäts- und Wachstumsbeeinträchtigung ist nicht auszuschließen; mittelbar werden die Staaten dann doch in eine gewisse „Autarkiespirale“ gedrängt.

Insoweit ist das Instrumentarium der Kapitalverkehrsbeschränkung in einer **Dilemmasituation** angesiedelt: Entweder versuchen die Staaten, eine hohe technische Wirksamkeit zu erzielen; sie müssen dann aber ökonomische Effizienzverluste hinnehmen. Oder aber sie versuchen, letzteres zu vermeiden; dann müssen sie freilich eine nur begrenzte Wirksamkeit des Instruments akzeptieren. Dieses Dilemma erlaubt dennoch nicht, die Funktion des Instruments per se abzulehnen. Abgesehen von der skizzierten gesellschaftspolitischen Zielsetzung - die eine Bewertung nach rein-ökonomischen Aspekten ohnehin fragwürdig machte - behält das Instrument der Kapitalverkehrsbeschränkung seine Funktion als zeitlich befristete Notmaßnahme dann, wenn es gilt, im defensiven Sinne Spekulationswellen abzuwehren, die wegen ihres dysfunktionalen Charakters „soziale Kosten" auslösen, die es dann gegen den grundsätzlichen Effizienzverlust abzuwägen gälte. Für eine offensive außenwirtschaftliche Absicherung eines bestehenden Preis-, Struktur- oder Politikgefälles erscheint das Instrument indessen kaum geeignet, will man nicht den Preis der Autarkiespirale zahlen. Denn dann bliebe nur die Alternative, den Wechselkurs freizugeben oder - bei gegebenem Wechselkurs - durch nationale binnenwirtschaftliche Anpassungsmaßnahmen und/oder durch internationale Politikharmonisierung dysfunktionalen Kapitaltransaktionen die Grundlage zu entziehen, mithin die internationalen Kapitalmärkte (ungeachtet des virulenten Transaktionsvolumens) zumindest indirekt zu „disziplinieren", um so letztlich den Staaten eine „Atempause" für angemessene Anpassungs- und Koordinationsmaßnahmen zu verschaffen; im letzteren Falle hätte die Kapitalverkehrsbeschränkung dann doch ihre (befristete) Funktion.

V. MONETÄRE INSTRUMENTE (MARKT-KONFORME VARIANTEN)

31) GRUNDSÄTZLICHE ÜBERLEGUNGEN

Das hier angesiedelte Instrumentarium konzentriert sich ganz auf die Gestaltung und Beeinflussung des **Wechselkurses**, somit des Austauschverhältnisses zwischen der Inlandswährung und den Auslandswährungen. In dieser Eigenschaft hat das Instrument - materiell betrachtet - insoweit einen **monetären Charakter**, als es wie auch die marktinkonformen Varianten auf alle Zahlungsvorgänge, die den außenwirtschaftlichen Transaktionen zugrunde liegen, ausgerichtet ist. Daraus folgt, daß es von vornherein breiter angelegt ist als das realwirtschaftliche Instrumentarium, das sich auf den Leistungsverkehr beschränkt; denn die generelle Ausrichtung auf die außenwirtschaftlichen Transaktionen schließt notwendigerweise alle zahlungsbilanzrelevanten Transaktionen (mithin also auch den Übertragungs- und Faktorverkehr) ein. In dieser Eigenschaft hat das Instrumentarium - formal betrachtet - insoweit einen **marktkonformen Charakter**, als es (und hier im Gegensatz zu den marktinkonformen Varianten der monetären Politik) die grenzüberschreitenden Devisenmengen nicht (direkt) administrativ über Gebote, Verbote und Zuteilungen reglementiert, sondern diese (indirekt) über Preise, in diesem Falle über den Wechselkurs, zu steuern versucht; damit bleibt also die Entscheidung über die außenwirtschaftlichen Transaktionen der individuellen Dispositionsfreiheit anheimgestellt. Der Devisenkurs und somit der Marktmechanismus übernimmt dann diese Steuerungsfunktion. Und genau diese zweite Eigenschaft hat für die Wechselkurspolitik noch eine weitere wichtige Konsequenz: Das Instrumentarium hat insoweit einen **globalen Charakter**, als wegen Arbitragemöglichkeiten eine Differenzierung der Devisenkurse notwendigerweise ausgeschlossen ist. Währungen würden ansonsten von den Wirtschaftssubjekten „billig“ gekauft und „teuer“ verkauft. Das bedeutet, daß eine beliebige Wechselkursspaltung, wie bei den marktinkonformen Varianten, nicht stattfinden kann. Gerade in dieser Eigenschaft unterscheidet sich das Instrument auch von allen realwirtschaftlichen Instrumenten, die bei Bedarf länder- oder produktspezifisch diskriminierend eingesetzt werden können.

Mit Blick auf diese drei Eigenschaften des Wechselkursinstruments wird erkennbar, daß die Wechselkurspolitik die Funktion der außenwirtschaftlichen Absicherung vor allem in ihrer stabilitätspolitischen Ausrichtung - Herbeiführung und Sicherung des **Zahlungsbilanzausgleichs** - übernimmt; der Kurs muß dann die Bedingungen des Gleichgewichtskurses erfüllen. Die Funktion der außenwirtschaftlichen Absicherung in ihrer allokationspolitischen Ausrichtung - Schutz und Förderung der **nationalen Wirtschaft** (Wachstum, Beschäftigung, Preisstabilität) - ist damit im Grundsatz zwar nicht ausgeschlossen. Erforderte dies indessen einen Ungleichgewichtskurs, der vom Ausland als aggressive Wechselkurspolitik interpretiert und mit eigenen wechselkurspolitischen (oder anderen)

Abwehrmaßnahmen beantwortet würde, könnte das Instrument rasch an Grenzen stoßen. Somit bleibt als Hauptaufgabe der Wechselkurspolitik, den Wechselkurs in den Dienst des Zahlungsbilanzausgleichs zu stellen. Denn es ist unstrittig, daß der Wechselkurs die Zahlungsbilanzsituation entscheidend mitbestimmen und somit auch verändern kann. Legen wir den Devisenkurs, also der Preis für eine ausländische Währungseinheit, in Inlandswährung gerechnet, zugrunde, und unterstellen wir einmal aus Gründen der Vereinfachung eine „Normal"-Reaktion von Devisenangebot und Devisennachfrage, gemessen an der Wechselkurshöhe (vgl. Abbildung 17), so ist von folgenden Sachverhalten auszugehen.

Abbildung 17
Zahlungsbilanzungleichgewichte

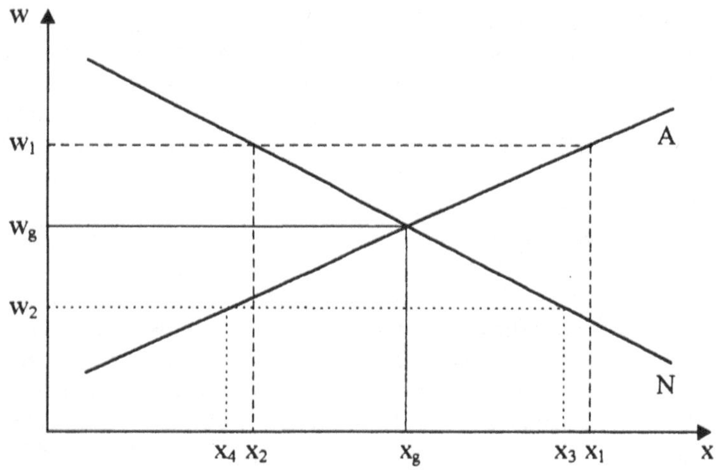

a) Ist der Preis für ausländische Währungseinheiten, gemessen am Gleichgewichtskurs (w_g), der bei gegebener Devisennachfrage- und Devisenangebotsfunktion (N bzw. A) die Zahlungsbilanz ausgleicht, weil hier das Devisenangebot der Devisennachfrage, jeweils für Mengen ausländischer Währungseinheiten ausgewiesen, entspricht (x_g), zu „hoch", ist die Inlandswährung „unterbewertet" (w_1). In diesem Fall müssen die Inländer zu viel eigene Währung für die Drittwährung bezahlen; ihre Neigung zu Leistungsimporten (aus dem Ausland) und/oder zu Kapitalexporten (in das Ausland), damit die Devisennachfrage, ist - gemessen am Gleichgewichtskurs - niedriger als die Gleichgewichtsmenge ($x_2<x_g$). Umgekehrt müssen die Ausländer zu wenig eigene Währung für die Inlandswährung bezahlen; ihre Neigung zu Leistungsimporten (aus dem Inland) und/oder zu Kapitalexporten (in das Inland), somit das Devisenangebot, ist - gemessen am Gleichgewichtskurs - höher ($x_1>x_g$). Es besteht ein Zahlungsbilanzungleichgewicht, das sich in einem Angebotsüberschuß von bzw. in einem Nachfragedefizit nach ausländischen Devisenmengen (x_1 - x_2) konkretisiert.

b) Ist der Preis für ausländische Währungseinheiten, gemessen an der analogen Gleichgewichtskonstellation, d.h. am Gleichgewichtskurs (w_g) bei gegebener Angebots-Nachfrage-Konstellation (N bzw. A), zu „niedrig", ist deshalb die Inlandswährung also „überbewertet" (w_2), hat dies alternative Konsequenzen. Jetzt müssen die Inländer zu wenig eigene Währung für die Drittwährung bezahlen; ihre Neigung zu Leistungsimporten (aus dem Ausland) und/oder zu Kapitalexporten (in das Ausland), damit die Devisennachfrage, ist - gemessen am Gleichgewichtskurs - höher als die Gleichgewichtsmenge ($x_3 > x_g$). Umgekehrt müssen jetzt die Ausländer zu viel eigene Währung für die Inlandswährung bezahlen; ihre Neigung zu Leistungsimporten (aus dem Inland) und/oder zu Kapitalexporten (in das Inland), damit das Devisenangebot, ist niedriger als die Gleichgewichtsmenge ($x_4 < x_g$). Jetzt besteht ein Zahlungsbilanzungleichgewicht, das sich in einem Nachfrageüberschuß bzw. Angebotsdefizit von ausländischen Devisenmengen ($x_3 - x_4$) konkretisiert.

Ob Devisenangebot und Devisennachfrage immer so modellgerecht reagieren, kann hier zunächst noch offen bleiben und muß noch näher analysiert werden. Was aber bereits erkennbar wird, ist der Ansatz der Wechselkurspolitik: Sie hat letztendlich die Aufgabe, den **„richtigen" Wechselkurs** zu erreichen, definierbar als jenen Kurs, der Zahlungsbilanzungleichgewichte von vornherein verhindert bzw. entstandene Zahlungsbilanzungleichgewichte wieder abbaut. Damit stellt sich freilich ein zentrales Problem: So unbestritten es sein mag, daß ein „falscher" Wechselkurs Zahlungsbilanzungleichgewichte hervorrufen kann, so schwierig ist es, Kriterien zu entwickeln, die es erlauben, die Höhe des „richtigen" Wechselkurses (interpretierbar als Gleichgewichtskurs) abzuleiten. Hier ist eine zentrale Aufgabe der Wechselkurstheorie angesiedelt, nämlich die ökonomisch „angemessene" Höhe des Wechselkurses auf der Basis von bestimmten Determinanten zu erklären. Diese Erklärungsansätze können in verschiedene Richtungen gehen.

a) Der **zahlungsbilanztheoretische Erklärungsansatz** macht die Zahlungsbilanz selbst zum Ausgangspunkt der Erklärung des Wechselkurses. Danach wird der Wechselkurs bestimmt durch Devisenangebot und Devisennachfrage, die sich jeweils aus den einzelnen Posten der Zahlungsbilanz zusammensetzen (Waren-, Dienstleistungs-, Übertragungs-, Faktorverkehr). Ist die gesamte Devisennachfrage größer als das gesamte Devisenangebot, so könne darin ein Indiz dafür gesehen werden, daß der Wechselkurs zu niedrig, die Inlandswährung also überbewertet ist; in der umgekehrten Konstellation wird man konstatieren, daß die Inlandswährung unterbewertet sei. Immer gälte dann, daß in jedem Falle ein „falscher" Wechselkurs vorliegt und - auf welche Weise auch immer - eine Wechselkurskorrektur angezeigt sei. Diese Aussage ist richtig und trivial zugleich. Ihr entscheidendes Erklärungsdefizit ist darin zu sehen, daß dieser Erklärungsansatz die Posten der Zahlungsbilanz als a priori vorgegebene („exogene") Größen betrachtet, die keiner weiteren ökonomischen Erklärung bedürfen. Genau dies ist aber nicht unterstellbar und gilt allenfalls für wenige Zahlungsbilanzpositionen (etwa vertraglich festgelegte private oder öffentliche Schuldendienstverpflichtungen, vertraglich festgelegte private oder öffentliche Transferverpflichtungen, öffentliche Reparationsverpflichtungen). Die meisten Zahlungsbilanzpositionen - gerade im Zusammenhang mit dem Leistungs- und Kapitalverkehr - sind aber erklärungsbedürftig, weil ihr Zustandekommen und ihre Veränderung nicht einfach vorgegeben sind, sondern („endogen") von ökonomischen Größen selbst abhängen. Damit verschiebt sich die Fragestellung: Nicht die Zahlungsbilanzpositionen bestimmen den Wechselkurs (diese Erklärung greift zu kurz), sondern ökonomische Faktoren begründen oder verändern die Zahlungsbilanzpositionen und entfalten damit erst - direkt - einen Einfluß auf die Entwicklung des Wechselkurses bzw. signalisieren zumindest - indirekt - einen Hinweis auf die Höhe des realistischen Wechselkurses.

b) Der **kaufkraftparitätentheoretische Erklärungsansatz** macht die Preisverhältnisse zwischen den Ländern, also die Relation der inneren Kaufkraft des Geldes in den beteiligten Ländern (die Kaufkraftparität), zum Ausgangspunkt der Erklärung des Wechselkurses. Danach bestimmt sich der Wechselkurs zwischen zwei Währungen, in Inlandswährung gerechnet, nach dem Verhältnis der inneren Kaufkraft dieser beiden Währungen. Er führt dann dazu, die Preisniveaus zwischen den Ländern auszugleichen, und sorgt dafür, daß es im internationalen Handel keine „billigen" und „teuren" Länder geben kann. Unterstellt, daß ein vergleichbarer Warenkorb in Deutschland 200 DM und in den USA 100 US-$ kostet, entspräche dann notwendigerweise ein Kurs von 2 DM für 1 US-$ dem Gleichgewichtskurs:

$$(22) \qquad w_i = \frac{p_i}{p_a} \quad \text{bzw:} \quad w_i \cdot p_a = p_i$$

Ein Kurs von 3 DM (für 1 US-$) würde die DM unterbewerten, es würden nur deutsche Produkte gekauft: Ein Deutscher müßte für den (vergleichbaren) amerikanischen Warenkorb 300 DM bezahlen, würde also auf den Kauf verzichten; ein Amerikaner erhielte den (vergleichbaren) deutschen Warenkorb für ca. 67 US-$, würde also den Kauf des deutschen Warenkorbes vorziehen. Umgekehrt würde ein Kurs von 1 DM (für 1 US-$) diese überbewerten, es würden nur amerikanische Produkte gekauft: Ein Deutscher müßte für den (vergleichbaren) amerikanischen Warenkorb nur 100 DM bezahlen, während ein Amerikaner den (vergleichbaren) deutschen Warenkorb allenfalls für 200 US-$ erhielte. Unter Freihandelsbedingungen käme es zu ungleichgewichtigen Warenströmen, die letztlich einen „falschen" Kurs indizierten. Und daraus wäre zu folgern, daß die Kaufkraftparität als ein Indiz dafür angesehen werden könnte, ob ein „richtiger" Kurs vorliegt. Bei aller Plausibilität hat auch dieser theoretische Ansatz erhebliche Erklärungsdefizite. Unbeschadet der Tatsache, daß das Preisniveau in den Ländern selbst erklärungsbedürftig ist (Gewicht von Produktivität und Produktionspotential sowie Einfluß der Geld-, Fiskal- und Verteilungspolitik), wäre nicht auszuschließen, daß der „falsche" Kurs die nationalen Preisverhältnisse veränderte. Eine Unterbewertung der Inlandswährung und der dadurch ausgelöste Nachfragesog nach inländischen Produkten würde zu deren Preisanstieg führen, der Nachfrageausfall nach ausländischen Produkten könnte deren Preisrückgang auslösen; insgesamt würde der „falsche" Kurs im nachhinein bestätigt. Der Kurs wäre dann nicht eine Funktion der Preisverhältnisse, sondern diese eine Funktion des Kurses. Hinzu kommen weitere Defizite: Warenkörbe sind formal zwar vergleichbar, wegen unterschiedlichen internationalen Bedarfsstrukturen lösen ihre Preisveränderungen aber nicht unbedingt Veränderungen der Handelsströme aus. Güter können zwar das nationale Preisniveau beeinflussen, werden aber international gar nicht gehandelt (Boden, Mieten, ortsgebundene Dienstleistungen). Preisdifferenzen können bestehen, verändern aber nicht die Handelsströme, wenn sie durch Transaktionskosten überkompensiert werden (Transport, Versicherung, Zölle). Aus diesen Überlegungen folgt, daß die Kaufkraftparität nur in sehr engen Grenzen einen Hinweis auf den „richtigen" Kurs gibt. Die Reduktion ihrer Aussage auf eine komparative Fassung versucht, diesen Defiziten Rechnung zu tragen: Danach bestimmt nicht der „absolute" Kaufkraftparitätenvergleich das „absolute" Kursniveau; wohl aber könnten im Zeitablauf unterschiedliche nationale Preisniveau-„Veränderungen" ein Signal dafür geben, in welche Richtung sich der „angemessene" Kurs bewegen sollte. Vereinfacht gelte dann:

$$\partial w_i = \frac{\partial p_i}{\partial p_a} \quad \text{bzw.:} \quad \partial w_i \cdot \partial p_a = \partial p_i \tag{23}$$

Diese abgeschwächte Form reduzierte zwar die (absolute) „Niveau"-Aussage auf eine (relative) „Richtungs"-Aussage; sie änderte aber nichts an den grundlegenden Einwänden.

c) Der **volkseinkommenstheoretische Erklärungsansatz** macht - bei gegebenen Preisverhältnissen zwischen den Ländern - die Volkseinkommensentwicklung in realer Rechnung zum Ausgangspunkt der Erklärung des Wechselkurses. Unterstellen wir, daß zwischen den Ländern ein unterschiedliches Wachstumstempo gegeben ist, weil dem Wachstumsziel (grundsätzlich oder mit Blick auf die Beschäftigungslage) eine unterschiedliche Priorität zugewiesen wird, so hat dies notwendigerweise Konsequenzen für die Entwicklung des realen Volkseinkommens. Hängt nun - gemäß den bereits skizzierten Intentionen des Geldmengen-Einkommen-Mechanismus - der Import eines Landes, entsprechend der marginalen Importneigung in diesem Land, von der Höhe des realen Volkseinkommens ab, so steigt er mit dem Wachstum des realen Volkseinkommens. Erhöht sich dann aber das Volkseinkommen zwischen zwei Ländern unterschiedlich stark, und sind die marginalen Importneigungen in beiden Ländern identisch, wird der Import des wachstumsstärkeren Landes stärker steigen als jener des wachstumsschwächeren Landes; die Devisennachfrage des wachstumsstärkeren Landes überstiege somit sein Devisenangebot, und der gegebene Kurs entspräche einer Überbewertung seiner Währung. Aus diesen Überlegungen wäre zu folgern, daß eine unterschiedliches Wachstumstempo ein Indiz dafür sei, daß der bestehende Wechselkurs insoweit „falsch" wäre, weil er zu einer Überbewertung der Währung des wachstumsstärkeren Landes führen und dort ein Leistungsbilanzdefizit auslösen könnte; die Währung dieses Landes müßte also eine Abwertung erfahren. Bei aller Plausibilität hat auch dieser Ansatz seine Schwächen. Zum einen wird übersehen, daß der (relativ höhere) Import-„Sog" des wachstumsstärkeren Inlandes einen wachstumsfördernden Export-„Push" im zunächst wachtumsschwächeren Ausland auslösen kann, der auch dort einen zusätzlichen Importsog bewirken und die Wirkungskette rasch relativieren kann. Zum zweiten werden identische marginale Importneigungen unterstellt; ist indessen die marginale Importneigung im wachstumsstärkeren Land geringer als im wachstumsschwächeren Land, muß es zu dieser Wirkungskette (relativ höherer Importsog) entweder gar nicht kommen - der alte Kurs wäre somit nach wie vor „richtig" -, oder aber die Importneigung im wachstumsstärkeren Land wäre so gering, daß sie die Richtung der Wirkungskette sogar ins Gegenteil verkehrte, d.h. eine Unterbewertung der Währung des wachstumsstärkeren Landes auslöste. Zum dritten ist es schließlich denkbar, daß sich die unterstellte Wirkung definitiv ins Gegenteil verkehrte, wenn man davon ausgehen müßte, daß mit steigendem Volkseinkommen der Bedarf an Transaktionskasse steigt und - bei gegebener Geldmenge - die Güternachfrage und damit auch die Importnachfrage eher zurückdrängt; statt eines relativ höheren Importsogs des wachstumsstärkeren Landes würde dieser eher geringer, und die Währung des wachstumsstärkeren Landes erwiese sich als definitiv unterbewertet. Insgesamt ist festzuhalten, daß auch der volkseinkommenstheoretische Ansatz keinen eindeutigen Hinweis auf den „richtigen" Wechselkurs gibt.

d) Schließlich ist noch ein letztes zu bedenken: Kaufkraftparitäten- und Volkseinkommensansatz unterscheiden sich zwar grundsätzlich darin, ob den Preis- oder den Einkommensdiskrepanzen das größere Gewicht bei der Identifizierung des richtigen Wechselkurses zukommt. Sie haben aber überdies noch eine gemeinsame Schwäche, womit der **zahlungsbilanztheoretische Ansatz** zumindest formal reaktiviert wird: Denn sie konzentrieren sich ganz auf realwirtschaftliche Bestimmungsgründe (Preise, Einkommen) bzw. auf deren Konsequenzen für die **Leistungsströme**, woraus sie dann den angemessenen Kurs abzuleiten versuchen. Dies erweist sich - selbst wenn wir Übertragungen und sonstige Transfers vernachlässigen, weil man hier unterstellen kann, daß diese weitgehend exogen vorgegeben da vertraglich gebunden sind - spätestens dann als unangemessene Blickverengung, wenn man berücksichtigt, daß der Wechselkurs auch durch die **Kapitalströme** mitbestimmt wird. Vielfach muß davon ausgegangen werden, daß letzteren - zumindest kurzfristig - eine eher noch größere Bedeutung zukommt, was auch durch eine Vielzahl von empirischen Untersuchungen bestätigt wird. Damit ergibt sich ein weiterer Erklärungsbedarf: Es stellt sich die Frage nach den Determinanten von Kapitalbewegungen, um über diese Determinanten weitere Bestimmungsgründe für den Wechselkurs zu erhalten. Hier ist indessen ein weites Feld angesiedelt, zumal sich formale Erklärungsmuster - Gewinnmaximierung, Risikominimierung - als wenig hilfreich erweisen, und die Erklärungsmuster sich überdies nach Art der Kapitalbewegung - kurz- oder langfristig, Wertpapierkäufe oder Direktinvestitionen - unterscheiden dürften. Unstrittig wird freilich sein, daß zumindest zwei Komponenten eine wichtige Rolle spielen. Das sind einmal die **Zinssätze** bzw. **Zinserwartungen**: Bestehen internationale Zinsdifferenzen, so spricht vieles für die Vermutung, daß Kapitalströme in jenes Land wandern, wo die höheren Zinserträge erzielt werden, und dort die Währung dann als unterbewertet erscheinen lassen. Doch als gesichert kann diese Aussage nicht gelten, wenn Wechselkursrisiken bestehen und wenn die zu deren Abdeckung anfallenden Kurssicherungskosten die Zinsgewinne überkompensieren. Bedeutung erhalten zum zweiten (gerade mit Blick auf das „reine“ Spekulationskapital) die **Wechselkurserwartungen**: Ist eine Währung „aufwertungsverdächtig“, wird dies Kapital anlocken und die Aufwertungstendenz „bestätigen“; umgekehrt werden „abwertungsverdächtige“ Währungen spekulationsbedingte Währungsverkäufe auslösen und die Abwertungstendenz „bestätigen“. In jedem Falle erwiese sich der Kurs nicht als ein stabiler Gleichgewichtskurs. Doch welches Gewicht dieser Komponente zukommt, ist ebenfalls wiederum nicht eindeutig festzulegen und hängt von der Art der Erwartungen ab. Sind diese Erwartungen „adaptiv“, orientieren sich die Kapitaltransaktionen also an der konkreten Kursentwicklung in Vergangenheit und Gegenwart, werden die Kapitaltransaktionen ihre Richtung beibehalten, der bestehende Kurs erwiese sich als Ungleichgewichtskurs; die Kapitalbewegungen dominieren die Kursbildung. Sind demgegenüber die Erwartungen „rational“, orientieren sich die Kapitaltransaktionen an sog. „Fundamentaldaten“ (Preise, Wachstum), und gehen die Erwartungen davon aus, daß diese Fundamentaldaten sich auf Dauer durchsetzen, kann der Kapitalstrom seine Richtung wieder verändern, und der bestehende Kurs, soweit er diesen Fundamentaldaten Rechnung trüge, erfüllte dann eher die Bedingungen eines Gleichgewichtskurses. Insgesamt gesehen wird deutlich, daß auch die Komponente der Kapitalströme und deren Determinanten keine eindeutige Identifizierung des angemessenen Kurses zuläßt.

Fassen wir die skizzierten Erklärungsansätze zusammen, so ist ein zentrales Ergebnis festzuhalten: Es gibt - zumindest gemessen an der außenwirtschaftspolitischen „Praxis“ - kein Kriterium, das eindeutig geeignet ist, einen „richtigen“ Wechselkurs zu identifizieren. Und diese Aussage wiegt um so schwerer, als das Instrument der Wechselkurspolitik sich nicht in einer beliebigen „Manipulation“ des Wechselkurses erschöpft, sondern eingebettet ist in eine Grundsatzentscheidung über das **Wechselkurssystem**: Es muß also eine Entscheidung darüber getroffen werden, ob die Wechselkurse zwischen den Währungen grundsätzlich stabil gehalten werden sollten (System der Wechselkursstabilität), ob die Wechselkursbildung dem Markt überlassen bleiben sollte (System der Wechselkursflexibilität), oder ob - gleichermaßen als Kompromiß - zwar am Grundsatz der Wechselkursstabilität festgehalten, aber eine Kurskorrektur nicht ausgeschlossen werden sollte (System der Wechselkurskorrektur). Alle drei Modelle unterscheiden sich grundlegend. Dennoch sind Gemeinsamkeiten zu beachten, wenn wir - unbeschadet der Systementscheidung - freie Devisenmarktprozesse (im Gegensatz zur Devisenbewirtschaftung) unterstellen.

a) Die Devisenmarkttransaktionen können unter alternativen **zeitlichen Dimensionen** erfolgen, die unterschiedliche Kurse implizieren. Am Kassa-Devisenmarkt fallen Vertragsabschluß und Vertragserfüllung eines Devisengeschäfts zeitlich zusammen; es gelten die Bedingungen des Kassakurses. Am Termin-Devisenmarkt erfolgt der Vertragsabschluß zu den Bedingungen des Kassamarktes; die Vertragserfüllung erfolgt zu einem späteren Zeitpunkt und dann zu dem gegebenen Terminkurs. Denkbar ist, daß der Terminkurs höher als der Kassakurs liegt (Report), oder daß er niedriger ist (Deport). Hier liegt das Phänomen des Wechselkursrisikos bei allen außenwirtschaftlichen Transaktionen begründet, das das Problem der Kurssicherung und deren Kosten aufwirft; es sei aus Gründen der Vereinfachung im folgenden vernachlässigt.

b) Die Devisenmarkttransaktionen können an unterschiedlichen **Orten** (sog. Devisenplätzen: Frankfurt, London, New York, Paris, Tokyo etc.) erfolgen. Dabei kann im Grundsatz nicht ausgeschlossen werden, daß sich die herausbildenden Kurse unterscheiden. Bei freien Devisenmarktentscheidungen und Konvertibilität der Währungen ist allerdings davon auszugehen, daß sich derartige Unterschiede rasch beseitigen, weil dann sofort die Devisenarbitrage (zwischen den Orten) einsetzte: Devisen werden dort gekauft, wo sie billig erworben werden können, und dort verkauft, wo sie einen höheren Preis erzielen. Je vollkommener der Markt ist (Transparenz), je mobiler die Transaktionsprozesse sind (Telefonverkehr), und je niedriger die Transaktionskosten sind (für die Devisentransaktion selbst), desto eher gilt der Grundsatz der Unterschiedslosigkeit der Kurse, von dem im folgenden ausgegangen wird.

c) Die Devisenmarkttransaktionen können zwischen unterschiedlichen **Währungen** erfolgen. Dabei kann im Grundsatz davon ausgegangen werden, daß, wenn eine Währung gegenüber zwei anderen Währungen einen bestimmten Kurs aufweist (direkter Kurs), sich daraus nur ein bestimmter Kurs zwischen diesen beiden anderen Währungen herausbildet (Kreuzwechselkurs). Kostet z.B. 1 engl. £ 4 DM und 1 US-$ kostet 2 DM, so entspricht 1 engl. £ jeweils 2 US-$. Wäre diese Bedingung nicht erfüllt - würde etwa 1 engl. £ zu 4 US-$ gehandelt -, setzte erneut die Devisenarbitrage (zwischen den Währungen) ein: Um 100 US-$ zu erhalten, müßten - im direkten Austausch - 200 DM eingesetzt werden; für 100 DM könnten aber 25 engl. £ erworben und - im indirekten Austausch - ebenfalls 100 US-$ erworben werden. Der „falsche" Kreuzwechselkurs wäre also auf Dauer nicht aufrechtzuerhalten, so daß im folgenden von der Entsprechung von direkten Kursen und Kreuzwechselkursen ausgegangen werden kann.

Im folgenden sei die Trennung in Kassa- und Terminkurs vernachlässigt; und es wird davon ausgegangen, daß es weder örtliche Differenzen bei der Kursbildung gibt, noch daß sich direkte Kurse und Kreuzwechselkurse widersprechen. Vor diesem Hintergrund gilt es, die drei alternativen Wechselkurssysteme einer genaueren Prüfung zu unterziehen.

32) DAS SYSTEM DER WECHSELKURSSTABILITÄT

Das System der Wechselkursstabilität entspricht einem Wechselkurssystem, in dem die direkten Kurse (und damit auch die Kreuzwechselkurse) unwiderruflich festgeschrieben sind (Gedanke der **Irreversibilität**). Die Wechselkursfixierung kann dabei in „absolutem" Sinne (es gibt nur einen Kurs) oder in „relativem" Sinne (Schwankungsmöglichkeiten innerhalb von Bandbreiten um diesen Kurs) gegeben sein. Immer aber erfolgt die Kursbildung - im Gegensatz zum System der Wechselkursflexibilität - zwar am freien Markt, aber sie wird von den autorisierten Instanzen so beeinflußt, daß der festgelegte Kurs erreicht wird bzw. die Kursentwicklung auf Schwankungen innerhalb der zulässigen Bandbreite reduziert bleibt. Die Kursbildung ist - im Gegensatz zum System der Wechselkurskorrektur - aber auch einer beliebigen politischen Variierbarkeit entzogen. Obwohl nun zwar die Kursbildung nicht dem Markt anvertraut ist, wird das System der Wechselkursstabilität dem Kriterium der Marktkonformität aber dennoch insoweit gerecht, als die Devisentransaktionen - im Gegensatz zur Devisenbewirtschaftung - den freien individuellen Dispositionsentscheidungen, freilich unter Beachtung des „Datums" Wechselkurs, vorbehalten bleiben (Gedanke der **Konvertibilität**).

a) In dieser Eigenschaft bedarf das System der Wechselkursstabilität zweier **politischer Entscheidungen**: Einmal wird die Festlegung des Wechselkurses selbst erforderlich: Sei es durch eine Golddefinition bzw. Goldparität, wonach sich die Kursrelationen indirekt bestimmen (i.S. des Goldstandards); sei es durch eine direkte politische Fixierung des Kursgefüges, unabhängig von Goldparitäten. Zum zweiten ergibt sich die Notwendigkeit einer Festlegung der Bandbreiten, innerhalb derer der Kurs frei schwanken kann; sie ergeben sich beim Goldautomatismus durch die Goldversendungskosten quasi-automatisch, bedürfen ansonsten aber einer weiteren politischen Entscheidung. Dabei erscheint es unmittelbar einsichtig, daß die politische Festlegung des Wechselkurses - auf Dauer gesehen - dem Gleichgewichtskurs (w_g), der den gegebenen Devisenangebots- bzw. Devisennachfrageverhältnissen entspricht, möglichst nahe kommen muß (vgl. Abbildung 17):

- Wird der Kurs auf einer Höhe fixiert (w_1), die einer Unterbewertung der Inlandswährung gleichkommt, die - gemessen an dem Gleichgewichtskurs (w_g) - zu hoch ausfällt, entsteht die bereits skizzierte **Devisennachfragelücke** (x_1 - x_2). Müssen die Angebots-Nachfrage-Funktionen (A bzw. N) als gegeben unterstellt werden, scheidet also eine beliebige Senkung des Ausfuhrwertes und/oder eine Steigerung des Einfuhrwertes aus, und ist - definitionsgemäß - eine Aufwertung der Inlandswährung (auf w_g) „im Grundsatz" nicht möglich (Gedanke der Irreversibilität), dann ist der Staat gehalten, am Devisenmarkt zu intervenieren, d.h. durch Ankauf von Gold und/oder Devisen diese Nachfragelücke zu schließen. (Diese Verpflichtung kann sich noch verschärfen, wenn in der öffentlichen Meinung der „Grundsatz" eines stabilen Kursgefüges zunehmend in Zweifel gezogen wird, die Inlandswährung unter „Aufwertungsverdacht“ gerät und über Leistungsimportzurückhaltung bzw. zusätzliche Kapitalimporte die Devisennachfragelücke sich noch vergrößert.) Für den Staat entsteht hier zwar kein **Reserveproblem**, da er mit eigener Währung (Ankauf von Gold oder Devisen) intervenieren kann. Gleichwohl impliziert die Intervention eine Geldmengenexpansion im Inland, die hier - soweit sie nicht durch eine restriktive Geldpolitik neutralisiert werden kann - ein **Inflationspotential** schafft. Dieses Inflationspotential bestünde schon auf realwirtschaftlicher Basis, wenn die Devisennachfragelücke allein Folge einer Leistungsangebotslücke wäre; in diesem Falle ist die Nachfrage nach inländischen Gütern und Diensten (aufgrund des - gemessen am Gleichgewichtskurs - zu hohen Exports) größer als das entsprechende Angebot (aufgrund des - gemessen am Gleichgewichtskurs - zu niedrigen Imports). Dies steigerte schon - für sich genommen - die Kapazitätsauslastung im Inland und bewirkte Inflationsgefahren. Durch zusätzliche Geldmengenexpansion dürften diese potentiellen Gefahren rasch Realität werden. Und implizierte die dann als notwendig angesehene restriktive Geldpolitik im Inland Zinssteigerungen, die wiederum zusätzliche Kapitalimporte induzierten, bliebe am Ende dem Staat nur die Möglichkeit, durch marktinkonforme Kapitalverkehrskontrollen zumindest den Kapitalimport zu stoppen oder aber die Inflationsgefahren hinzunehmen (unterstellt, er will sie nicht dirigistisch unterbinden). Mit anderen Worten: Eine Kursfixierung auf der Basis der Unterbewertung der Inlandswährung erweist sich (grundsätzlich, also auch ohne Reserveproblematik) als keine Dauerlösung.

- Wird der Kurs auf einer Höhe fixiert (w_2), die einer Überbewertung der Inlandswährung gleichkommt - gemessen am Gleichgewichtskurs (w_g) also zu niedrig ausfällt -, entsteht die bereits skizzierte **Devisenangebotslücke** (x_3 - x_4). Müssen nun auch in diesem Fall die Angebots-Nachfrage-Funktionen als gegeben unterstellt werden (scheidet also eine beliebige Steigerung des Ausfuhrwertes und/oder die Drosselung des Einfuhrwertes aus), und ist - definitionsgemäß - eine Abwertung der Inlandswährung (auf w_g) „im Grundsatz“ nicht möglich (Gedanke der Irreversibilität), ist der Staat gehalten, am Devisenmarkt zu intervenieren, d.h. durch Verkauf von Gold und/oder Devisen diese Angebotslücke zu schließen. (Diese Verpflichtung kann sich ebenfalls noch verschärfen, wenn in der öffentlichen Meinung der „Grundsatz“ eines stabilen Kursgefüges zunehmend in Zweifel gezogen wird, die Inlandswährung unter „Abwertungsverdacht“ gerät und über Leistungsimportforcierung bzw. zusätzliche Kapitalexporte die Devisenangebotslücke sich noch vergrößert.) Für den Staat entsteht hier bereits ein **Reserveproblem**, da er mit Gold und/oder Devisen intervenieren muß (Verkauf von Gold oder Devisen), deren Vorrat an Grenzen stößt, die durch zinsinduzierte Kapitalimporte und/oder durch internationale Kredite auch nicht endlos hinausgeschoben werden können, zumal Schuldendienstverpflichtungen entstehen, die die Devisenangebotslücke noch vergrößerten. Und selbst wenn der Staat noch intervenieren kann, impliziert die Intervention eine Geldmengenreduktion im Inland, die -

soweit sie nicht durch eine expansive Geldpolitik neutralisiert wird - ein **Deflationspotential** schafft, das bei Preisstarrheit Gefahren für Wachstum und Beschäftigung auslöst. Auch hier gilt, daß dieses Deflationspotential bereits bestünde, wenn die Devisenangebotslücke eine rein realwirtschaftliche Basis hätte, d.h. Folge einer Leistungsnachfragelücke wäre, weil das Angebot von Gütern und Diensten (aufgrund des zu hohen Imports) die Nachfrage (aufgrund des zu schwachen Exports) übersteigt. Dies senkte schon - für sich genommen - die Kapazitätsauslastung im Inland und schaffte Deflationsgefahren. Durch zusätzliche Geldmengenkontraktion dürften diese potentiellen deflationären Gefahren rasch Realität werden. Will der Staat dieses wiederum durch eine expansive Geldpolitik vermeiden, die im Inland Zinssenkungen auslöste und zusätzliche Kapitalexporte induzierte, bliebe nur die Möglichkeit, durch marktinkonforme Kapitalverkehrskontrollen den Kapitalexport zu stoppen oder - soweit dies nicht ausreicht - durch Devisenbewirtschaftung die Devisennachfrage auf das Devisenangebot zu begrenzen. Mit anderen Worten: Auch eine Kursfixierung auf der Basis der Überbewertung der Inlandswährung ist (jetzt nicht nur grundsätzlich, sondern auch mit Blick auf die Reserveproblematik) keine Dauerlösung.

Vergleichen wir beide Varianten, so ergeben sich gewiß nicht unwesentliche qualitative Unterschiede. Was den Interventionsprozeß angeht, zeigt sich eine deutliche **Asymmetrie**: In der Situation der Unterbewertung der Inlandswährung stellt sich nicht das Reserveproblem; theoretisch ist die Interventionsmöglichkeit unbegrenzt möglich (inländische Geldschöpfung). Demgegenüber stößt sie im Falle der Überbewertung an Grenzen des Gold- und/oder Devisenvorrats. Gelänge es überdies, die Geldmengenexpansion im Inland hinreichend zu neutralisieren (und so die Inflationsgefahren in Grenzen zu halten), wäre sogar eine Chance gegeben, den Reservefonds aufzufüllen, um in den Besitz von Interventionsmittel für spätere Defizitfälle zu gelangen. So gesehen ist die Unterbewertungssituation - mit Blick auf die Fähigkeit eines Landes, sich im Außenwirtschaftsverkehr zu behaupten - eher „günstiger“ zu beurteilen als eine Überbewertungssituation, die ohne Zweifel rascher an Grenzen stößt. (Nicht zuletzt neigen deshalb die Staaten dazu, den Kurs eher oberhalb des - vermuteten - Gleichgewichtskurses zu fixieren.) Dennoch konnte gezeigt werden, daß in letzter Konsequenz keine Variante als Dauerlösung angesehen werden kann, daß also - soll Irreversibilität sichergestellt bleiben - der fixierte Wechselkurs den Charakter eines Gleichgewichtskurses haben muß.

b) Bei der Frage nach den **Kriterien** für die politische Entscheidung hinsichtlich der Wechselkursfixierung erhalten wir nun ein grundsätzliches Problem des Fixkurssystems. Wie bereits gezeigt, verfügen wir über kein Kriterium, aus dem sich ein eindeutiger Gleichgewichtskurs ableiten läßt:

- Als wenig hilfreich dürfte sich erweisen, **binnenwirtschaftliche Teilziele** der Allokationsfunktion des Wechselkurses - Schutz der Binnenwirtschaft (Wachstum, Preisstabilität, Beschäftigung) - als Kriterium für einen Gleichgewichtskurs heranzuziehen. Zum einen besteht hier die Gefahr, eher einen **Ungleichgewichtskurs** anzustreben, der diese Ziele zwar vermeintlich begünstigt, was sich indessen wegen der Gefahr einsetzender Zahlungsbilanzungleichgewichte rasch als kontraproduktiv erweisen müßte, weil derartige Zahlungsbilanzungleichgewichte schon grundsätzlich und überdies mit Blick auf mögliche Abwehrmaßnahmen des Auslands (eigene Wechselkursabwertung, sonstige Importrestriktionen) keine Dauerlösung sein können. Zum zweiten entsteht das Problem der **Uneindeutigkeit**: Rückte das Wachstums- und Beschäftigungsziel in den Vordergrund, läge eher eine Tendenz zur Unterbewertung der Inlandswährung nahe; erhielte die Preisstabilität die Priorität, begründete dies eher die Tendenz zur Überbewertung der Inlandswährung. Zum dritten entstünde das Problem, daß ein solches Teilziel - die Lösbarkeit der ersten beiden Probleme unterstellt - nicht im absoluten Sinne (Höhe von Wachstums- und Inflationsrate und/oder Arbeitslosenquote), sondern allenfalls im relativen Sinne (dauerhafte **Relation** derartiger Raten im Vergleich zu anderen Ländern) in Frage käme: In Zeiten weltweiter Inflation (Arbeitslosigkeit) müßte man ansonsten zu der absurden Feststellung gelangen, daß alle Währungen unterbewertet (überbewertet) seien. Aus diesen Überlegungen folgt, daß binnenwirtschaftliche Teilzeile nur bedingt als Kriterium für eine (irreversible) Kursfixierung herangezogen werden können.

- Plausibler erscheint eher das Kriterium der Entwicklung der **Devisenreserven** (im Anschluß an die zahlungsbilanztheoretische Erklärung des Wechselkurses). Danach wäre ein Kurs dort zu fixieren, wo sichergestellt werden könnte, daß keine Nettoveränderungen bei den Währungsreserven eintreten. Ein anhaltender Devisenzufluß (Devisenabfluß) wäre dann ein Indiz für eine Unterbewertung (Überbewertung) der Inlandswährung. Bei aller Plausibilität hat aber auch dieses Kriterium seine Schwächen. Selbst wenn der fixierte Kurs die Bedingungen dieses Kriteriums erfüllte, muß dies nicht unbedingt als Indiz für ein „echtes", auf Dauer tragfähiges Zahlungsbilanzgleichgewicht angesehen werden: Denkbar ist, daß - unter rein realwirtschaftlichen Bedingungen gesehen - eine Unterbewertung (Überbewertung) vorliegt, die den Leistungsexport begünstigt (erschwert) bzw. den Leistungsimport erschwert (begünstigt). Besteht aber gleichzeitig ein Kapitalexport (Kapitalimport), kommt es zwar nicht zu einer Devisenbestandsveränderung, doch der „formale" Gleichgewichtskurs hat nur bedingt eine „materielle", realwirtschaftlich fundierte Basis. Denn der Reservefonds kann zwar mit Kapitalbewegungen konstant gehalten werden, die aber - soweit sie Kapitalimporte sind - als „Wechsel auf den Devisenvorrat des Empfängerlandes" aufgefaßt werden müssen, weil sie Schuldendienstverpflichtungen begründen und jederzeit (soweit nicht vertraglich gebunden) zurückgerufen werden können. Damit ist auch die Konstanz der Devisenreserven kein hinreichendes Kriterium für eine (irreversible) Kursfixierung.

- Unverzichtbar erscheint also doch, als Kriterium für eine Kursfixierung zusätzlich die Entwicklung der sog. **Fundamentaldaten** heranzuziehen

(Kaufkraftparitäten, Produktivitäts- und Wachstumsgefälle). Ein Kurs, der mittelfristig diese Fundamentaldaten nicht ausgleicht, wird mit Sicherheit das Gleichgewichtskriterium nicht erfüllen, weil er die Wettbewerbsfähigkeit der Länder nicht (passiv) angleicht, sondern eher geeignet ist, für die einzelnen Länder (aktiv) Wettbewerbsvorteile bzw. Wettbewerbsnachteile zu schaffen. Und diese begründen notwendigerweise realwirtschaftliche Zahlungsbilanzungleichgewichte, die spätestens dann zum Ausbruch kommen, wenn dem realen Ungleichgewicht gegenläufige Kapitalbewegungen sich als vordergründige Problemlösungen erweisen, oder wenn mit dem realen Ungleichgewicht gleichlaufende Kapitalbewegungen die Ungleichgewichtssituation verschärfen. Wie bereits gezeigt, haben aber auch diese Fundamentaldaten ihre Schwächen, weil sie wiederum den autonomen Kapitalbewegungen nicht hinreichend Rechnung tragen. Hinzu kommt ein weiteres: Eine Kursfixierung auf der Basis von Fundamentaldaten macht nur dann Sinn, wenn sichergestellt wäre, daß die Relation der Fundamentaldaten zwischen den Ländern eine gewisse Konstanz aufweist. Auch davon kann im Grunde nicht ausgegangen werden. So ist sowohl kurzfristig (im Konjunkturverlauf) als auch langfristig (im Wachstumstempo) eine Veränderung im Preis- und/oder Wachstumsgefälle zwischen den Ländern nicht auszuschließen, so daß auch die Fundamentaldaten kein eindeutiges Kriterium für eine (irreversible) Kursfixierung abgeben.

Zusammenfassend zeigt sich, daß wir über kein eindeutiges Kriterium verfügen, um den Gleichgewichtskurs so zu bestimmen, daß er auf Dauer ein anhaltendes Zahlungsbilanzgleichgewicht begründet. Die Tatsache, daß ein Fixkurssystem, wenn es denn irreversibel sein soll, nur dann auf Dauer tragfähig ist, wenn die festgelegten Kurse den Charakter von Gleichgewichtskursen haben, daß wir aber keine eindeutigen Kriterien für deren Identifizierung besitzen, macht die zentrale Problematik dieses Wechselkurssystems aus.

c) Unterstellen wir nun gleichwohl, daß es gelänge - eventuell durch trial and error -, ein System von Gleichgewichtskursen zu entwickeln, so hätte dieses System zweifellos wichtige **Vorzüge** gegenüber dem System der Wechselkursflexibilität aber auch gegenüber dem System einer fallweise möglichen Wechselkurskorrektur: Die außenwirtschaftlichen Transaktionen sowohl im Leistungs- wie im Kapitalverkehr würden auf eine sichere (Kalkulations-)Grundlage gestellt. Das **Wechselkursrisiko** entfiele; **spekulative Kapitalbewegungen,** die auf Wechselkursänderungen setzten, verlören ihre Grundlage. Hinzu kommen zwei weitere Aspekte:

- Spontane Angebots- oder Nachfrageveränderungen am Devisenmarkt, die nicht durch die nachhaltige Veränderung der Fundamentaldaten bedingt sind, begründen kein dauerhaftes Zahlungsbilanzungleichgewicht. So ist zwar ein Zahlungsbilanzdefizit nie auszuschließen (vgl. Abbildung 18), wenn es bei gegebenem Kurs (w_g) und einer gegebenen Devisenangebotsfunktion (A) - aus welchen Gründen auch immer - zu einem Anstieg der Devisennachfrage kommt (von N auf N_1). Bestünde ein absolutes Fixkurssystem, müßte der Staat den Gleichgewichtskurs (w_g) durch ein entsprechendes Gold- und/oder Devisenangebot (A_1) stabilisieren, da der ansonsten sich bildende Marktgleichgewichtskurs (w_2) ein Widerspruch zur Intention des Fixkurssystems bedeutete. Bestünden Bandbreiten (w_1 - w_g), würde eine partielle Abwertung der Inlandswährung die Interventionspflicht des Staates volumenmäßig reduzieren (A_2), da die Abwertung innerhalb der Bandbreite eine partielle Ausgleichsfunktion übernähme; denn das Devisenangebot stiege entlang der (alten) Devisenangebotsfunktion (A) an (auf x_3), und die Devisennachfrage reduzierte sich entlang der (neuen) Devisennachfragefunktion (N_1) (auf x_2). Das Interventionsvolumen, im Vergleich zu einem absoluten Fixkurssystem (x_1 - x_g) ginge zurück (x_2 - x_3).

Abbildung 18
Zahlungsbilanzdefizit

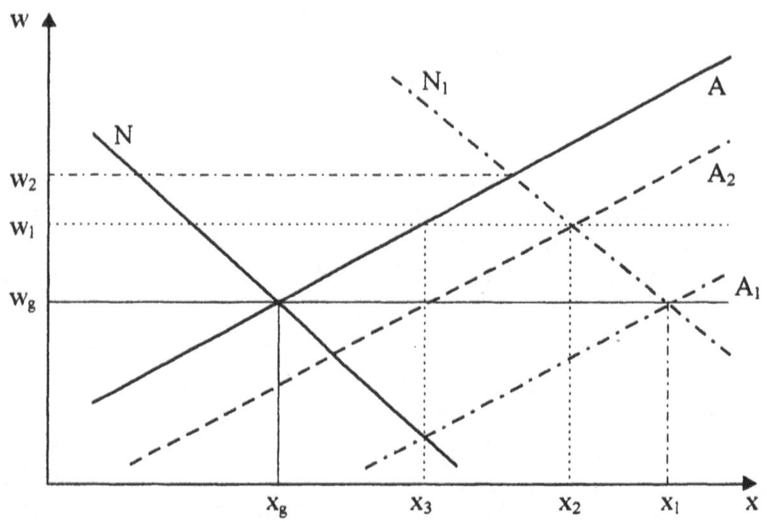

So ist unschwer erkennbar, daß die Interventionspflicht im Grundsatz immer besteht, solange der Marktgleichgewichtskurs vom fixierten Kurs abweicht bzw. außerhalb der zugestandenen Bandbreite liegt, daß sie aber im Volumen um so größer ist, je enger die Bandbreite ist - und umgekehrt. Ein analoger Prozeßablauf ist bei einem eingetretenen Zahlungsbilanzüberschuß, der durch einen Angebotsanstieg (von A auf A_1) ausgelöst wurde, zu unterstellen (vgl. Abbildung 19), er impliziert letztlich die Notwendigkeit, durch eine entsprechende Gold- und/oder Devisennachfrage (N_1) den Wechselkurs zu stabilisieren, wobei sich auch hier mit entsprechender Einräumung von Bandbreiten das Interventionsvolumen (N_2) reduzierte (von: x_1 - x_g auf x_2 - x_3). Unterstellen wir nun, daß der fixierte Kurs den Charakter eines Gleichgewichtskurses hat, und daß die bereits skizzierten Geldmengen-Preis- und Geldmengen-Einkommens-Mechanismen voll durchwirken, so ist davon auszugehen, daß in einem Fixkurssystem **Zahlungsbilanzgleichgewichte** zwar nicht immer gegeben sein müssen, daß sie aber auf Dauer durchaus erreicht und aufrechterhalten werden und so den außenwirtschaftlichen Beziehungen die notwendige Sicherheit vermitteln können.

Abbildung 19
Zahlungsbilanzüberschuß

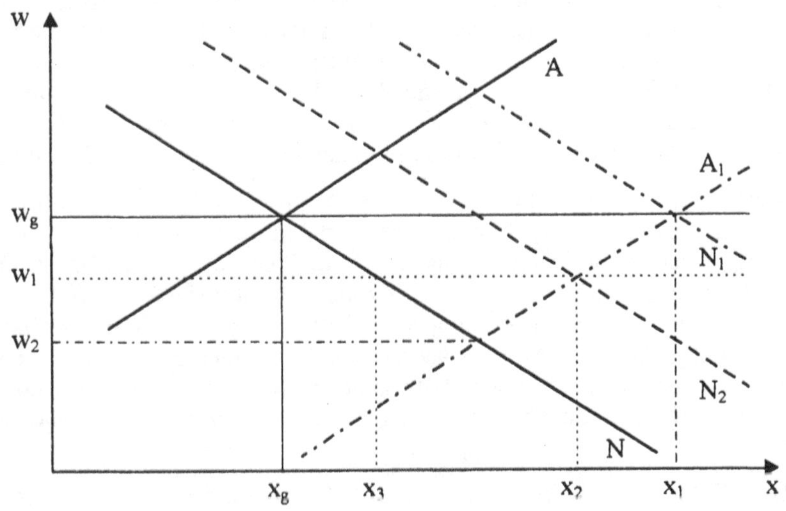

- Unter den bereits skizzierten Überlegungen läßt sich noch eine weitere Schlußfolgerung ableiten. Die außenwirtschaftlichen Transaktionen erfahren noch insoweit eine Stabilisierung, als die nationale Wirtschaftspolitik berechenbar wird; denn sie unterliegt einem **Disziplinierungsdruck**. Die nationale Wirtschaftspolitik wird (expansiv wie kontraktiv) an die „Kette" der Gold- oder Interventionsbremse gelegt. Eine beliebige Expansions- oder Stabilitätspolitik im nationalen Alleingang wird, eine „Normal"-Reaktion der Leistungsbilanz auf Veränderungen des nationalen Preisniveaus unterstellt, unmöglich, zumindest erschwert. Einerseits ist ein Staat nicht mehr in der Lage, unter Vernachlässigung des Stabiltätszieles eine beliebige Expansionspolitik zu betreiben, weil dies bei einem dadurch ausgelösten Anstieg des Binnenpreisniveaus in einem Fixkurssystem für das Inland sofort (Preis-) Wettbewerbsnachteile schaffen und damit ein Zahlungsbilanzdefizit auslösen müßte, das er durch Devisenmarktinterventionen alsbald kompensieren müßte; die notwendigen Gold- und/oder Devisenverkäufe hätten kontraktive Geldmengeneffekte im Inland und würden den Expansionskurs rasch korrigieren. Im analogen Umkehrschluß wäre andererseits ein Staat auch nicht in der Lage, eine einseitige Kontraktionspolitik zu betreiben und dem Ziel der Preisstabilität die Priorität zuzuweisen; denn die in einem Fixkurssystem damit einhergehenden (Preis-)Wettbewerbsvorteile würden rasch zu einem Zahlungsbilanzüberschuß führen, den der Staat nun wieder durch Gold- und/oder Devisenankäufe mit entsprechenden positiven Geldmengen- und insoweit Expansionseffekten im Inland kompensieren müßte. Je größer die Bandbreiten sind, desto eher gewinnt der Staat zwar einen gewissen Spielraum, weil die Interventionsvolumina reduziert werden. Und dies gälte auch für den Fall, daß die inländischen Geldmengeneffekte - über die (expansive) Kompensation von Geldmengenrückgängen bzw. die (kontraktive) Stillegung von Geldmengenzuwächsen - bis zu einem gewissen Grad neutralisierbar wären. Ein willkürlicher nationaler Alleingang bleibt aber auf Dauer ausgeschlossen, weil dies einer anhaltenden Über- oder Unterbewertung gleichkäme, die aber - wie gezeigt - keine Dauerlösung sein kann. So erfahren auch von daher die außenwirtschaftlichen Beziehungen eine gewisse Stabilisierung.

Die Vorteile eines irreversiblen Fixkurssystems sind also durchaus identifizierbar: Die außenwirtschaftlichen Transaktionen erfahren ein hohes Maß an **Stabilisierung**. Doch diese Stabilisierung hat ihren Preis, der - auch bei gegebenen Elastizitäten aufgrund von Bandbreiten um den zu stabilisierenden Wechselkurs - in einem weitgehenden **Autonomieverlust** der **nationalen Wirtschaftspolitik** besteht. Dieser Autonomieverlust äußert sich in zweifacher Hinsicht, wenn wir unterstellen, daß das Land den Einsatz seines realwirtschaftlichen Instrumentariums nicht variiert und auch nicht zu marktinkonformen monetären Maßnahmen greift.

d) Auf der einen Seite ist das Land **Außenimpulsen** weitgehend schutzlos ausgeliefert:

- Dies gilt einmal für das Phänomen des **internationalen Konjunkturzusammenhanges**, der bei festen Wechselkursen weitgehend den Charakter eines **Paralleleffektes** aufweist und sich über drei Kanäle vollziehen kann. Erstens: Kommt es im Ausland zu Expansionsprozessen, sei es, daß sie einer konjunkturellen Eigendynamik folgen, sei es, daß sie wirtschaftspolitisch ausgelöst werden, um Wachstumsschwäche und Arbeitslosigkeit zu überwinden, so impliziert dies einen Anstieg von Wachstum und Volkseinkommen im Ausland und, mit Maßgabe der marginalen Importneigung im Ausland, zu Zusatzimporten des Auslands. Damit werden Zusatzexporte des Inlands ausgelöst, die im Inland - via Multiplikatoreffekte, die ihrerseits natürlich wiederum von gegebenen marginalen Spar- und Importneigungen abhängen - nun ebenfalls reale Expansionsprozesse begründen können (**realwirtschaftlicher Paralleleffekt**). Zweitens: Führen diese Zusatzexporte des Inlands zu einem zusätzlichen Devisenangebot, das - wie gezeigt - eine Interventionspflicht im Inland begründet (Gold- und/oder Devisenankauf), so kommt es im Inland überdies zu einer Geldmengenerhöhung, die ihrerseits reale Expansionseffekte auslösen kann (**liquiditätsbedingter Paralleleffekt**). Drittens: Gehen im Ausland die Expansionsprozesse einher mit Zinssenkungseffekten (bzw. werden diese durch eine Geldmengenerhöhung mitausgelöst), und entsteht gegenüber dem Inland ein negatives Zinsgefälle, kommt es noch zu Kapitaltransaktionen ins Inland mit entsprechend zusätzlichen Geldexpansionseffekten (**monetärer Paralleleffekt**). Die Existenz derartiger Paralleleffekte wäre noch nicht per se negativ zu werten, wenn auch im Inland Wachstumsschwäche und Arbeitslosigkeit herrschten. Bestünde indessen im Inland Vollbeschäftigung und eine hohe Kapazitätsauslastung, zumindest keine unendlich hohe gesamtwirtschaftliche Angebotselastizität, begründeten die gleichen Paralleleffekte Inflationsgefahren. Es liegt auf der Hand, daß die gleiche Wirkungskette im umgekehrten Sinne - als Kontraktionsprozeß - interpretiert werden kann: Hier wäre der Paralleleffekt der Inflationsbekämpfung im Ausland für das Inland positiv zu würdigen, wenn auch im Inland Inflationsgefahren drohten; anderenfalls bestünde die Gefahr, daß im Inland dann deflationäre Prozesse - und damit Gefahren für Wachstum und Beschäftigung - ausgelöst würden.

- Dies gilt zum zweiten für das Phänomen des **internationalen Preiszusammenhangs**, der bei festen Wechselkursen ebenfalls weitgehend den Charakter eines **Paralleleffektes** aufweist. Auch hier sind drei Kanäle zu unterscheiden. Erstens: Inflationiert das Ausland (bzw. läßt es im Interesse von mehr Wachstum und Beschäftigung höhere Inflationsraten als im Inland zu), so gewinnt das - zunächst stabilitätsbewußtere - Inland an Wettbewerbsfähigkeit. Normalreaktion unterstellt, werden seine Leistungsexporte steigen und seine Leistungsimporte sinken, sein Außenbeitrag steigt. Mit Blick auf diesen rein saldentechnisch gesehenen Nachfrageimpuls käme es nur dann nicht zu Preissteigerungen im Inland, wenn das Inlandsangebot unendlich elastisch wäre; anderenfalls werden auch im Inland Preissteigerungstendenzen ausgelöst (**realwirtschaftlicher Paralleleffekt**). Zweitens: Ein steigender positiver Außenbeitrag impliziert am Devisenmarkt wiederum ein zunehmendes Devisenangebot (eventuell durch Kapitalimporte noch vergrößert), das wiederum die Interventionspflicht des Inlands (Gold- und/oder Devisenankauf) begründet, die zur Geldmengenerhöhung im Inland führt; auch hier gilt, daß bei endlicher Angebotselastizität die Geldmengenexpansion Preissteigerungen auslöst (**liquiditätsbedingter Paralleleffekt**). Drittens: Kann man diese beiden ersten Paralleleffekte noch als indirekten Preiszusammenhang interpretieren (weil sie - indirekt - über Salden wirken), ist nicht auszuschließen, daß - unabhängig von der Saldenentwicklung - ein **direkter Preiszusammenhang** gegeben ist, wenn wir den Fall homogener internationaler Märkte unterstellen, die eine hohe Integrationsstufe aufweisen (Abwesenheit handelspolitischer Eingriffe), und wo gleichzeitig die Substitutionselastizität zwischen den

Gütern hoch ist. Gilt dann das Gesetz der Unterschiedslosigkeit der Preise, ist der direkte Preiszusammenhang unmittelbar gegeben; er dürfte sich aber auch - unter abgeschwächten Annahmen - dann durchsetzen, wenn die Exporteure im inflationierenden Ausland höhere Preise erreichen und diese dann auch im (an sich stabilitätsbewußteren) Inland durchzusetzen versuchen, und wenn die inländischen Abnehmer diese höheren Preise zwar bezahlen, dann am Inlandsmarkt aber auch weitergeben. Insgesamt gesehen wird erkennbar, daß in einem Festkurssystem ein stabilitätsbewußtes Land sich nur in Grenzen gegen Inflationsimporte schützen kann.

e) Auf der anderen Seite - gleichermaßen im Umkehrschluß argumentiert - verliert das Land seine **binnenwirtschaftspolitische Autonomie**, allenfalls relativiert durch die Existenz von Bandbreiten und unterstellt, daß es nicht zu realwirtschaftlichen Abwehrmaßnahmen greift. Und genau an diesem Punkt ist nun zu differenzieren. Der Autonomieverlust kann positiv gewertet werden, wenn man ihn - wie schon skizziert - als einen Disziplinierungszwang interpretiert. Diese vermeintlich positive Würdigung relativiert sich indessen spätestens dann, wenn das Land aufgrund einer gegebenen (Ausgangs-)Situation mit binnenwirtschaftlichen Problemen konfrontiert ist (Inflationsgefahren, Wachstumsschwäche, Arbeitslosigkeit), die eine Lösung aus ökonomischen oder gesellschaftspolitischen Gründen an sich erforderlich machten. Eine solche Lösung wird in einem Fixkurssystem aber nur noch dann möglich, wenn das internationale „Umfeld“ vergleichbare Probleme und Reaktionsweisen aufweist. Ist diese Voraussetzung nicht gegeben, entspricht der **Disziplinierungszwang** eines Fixkurssystems gleichzeitig einer reduzierten **Problemlösungskapazität**: Will das Inland Inflationsgefahren bekämpfen, während das Ausland seine Prioritäten bei Wachstum und Beschäftigung setzt, wird das Vorhaben ebenso scheitern wie im umgekehrten Fall, wo das Inland Wachstum und Beschäftigung fördern will, aber von einem stabilitätsbewußten Ausland umgeben ist.

Ziehen wir aus diesen Überlegungen ein Fazit, so wird erkennbar: Das System der Wechselkursstabilität wird auf Dauer nur dann tragfähig sein, wenn zwei zentrale Voraussetzungen erfüllt sind. Erstens muß das Kursgefüge - gemessen an den Fundamentaldaten - das Kriterium der **Gleichgewichtskurse** erfüllen. Zweitens müssen die wirtschaftspolitischen Zielsetzungen - gemessen an den Zielprioritäten - das Kriterium der **Konformität** erfüllen. Die Einführung von Bandbreiten (um die Interventionspflicht im Volumen zu reduzieren) und die Schaffung von internationalen Kreditfazilitäten (um die Interventionsmöglichkeit eines Defizitlandes zu erhöhen) mögen dem System eine gewisse **Elastizität** vermitteln, ändern aber nichts an der **Substanz** der Voraussetzungen. Und diese als gegeben zu unterstellen, erscheint sehr fragwürdig: Für die Gleichgewichtslage gibt es keine eindeutigen und zeitlos gültigen Kriterien; für die Zielkonformität müßten identische, zumindest vergleichbare Ausgangssituationen in den Ländern gegeben sein, die an dem Fixkurssystem beteiligt sind. Freilich: Sind diese Voraussetzungen nicht erfüllt, werden die Länder diesem System von vornherein nicht beitreten, oder sie werden es, bei offenkundig werdendem Autonomieverlust, alsbald wieder verlassen; und letzteres wird spätestens dann „erzwungen", wenn Währungen (eben wegen Fehlens dieser Voraussetzungen) unter Auf- oder Abwertungsverdacht geraten, der dann durch (spekulative) Kapitalbewegungen noch verschärft wird und den Anpassungsdruck der beteiligten Länder noch erhöht. Am Ende bliebe nur die Alternative: Sich über realwirtschaftliche Abwehrmaßnahmen dem Anpassungsdruck zu entziehen oder - sollte dies gegen anerkannte Liberalisierungsgrundsätze verstoßen - den Grundsatz einer irreversiblen Kursstabilität zu relativieren. Die mögliche Korrektur des Wechselkurses ist freilich alternativ denkbar.

33) DAS SYSTEM DER WECHSELKURSFLEXIBILITÄT

Das System der Wechselkursflexibilität entspricht einem Wechselkurssystem, in dem der Staat grundsätzlich darauf verzichtet, den Wechselkurs seiner Währung stabil zu halten. Dessen Höhe und Veränderung bestimmt sich danach allein am Devisenmarkt durch ein freies Gegenübertreten von Devisenangebot und Devisennachfrage. Die Intention dieses Modells ist die Erwartung - wie sie der Theorie des Wechselkursmechanismus zugrundegliegt -, daß durch die **Anpassungsfähigkeit** der frei beweglichen Wechselkurse ein ständiger Ausgleich der internationalen Devisentransaktionen eines Landes und damit eine Sicherstellung des Zahlungsbilanzausgleichs gewährleistet ist. Die Erwartung stützt sich auf die Vermutung, daß der frei spielende Wechselkurs in Höhe und Veränderung der Entwicklung der Fundamentaldaten (Preise, Einkommen, Politikverhalten) folgt und diese so ausgleicht, daß Zahlungsbilanzgleichgewichte entstehen, soweit der Staat nicht in die Devisenmarkttransaktionen eingreift. Dahinter verbergen sich drei Hypothesen, die das System der Wechselkursflexibilität dem System der Wechselkursstabilität als überlegen erscheinen lassen:

a) Das Modell bedürfe keiner Festlegung eines **Gleichgewichtskurses** (dessen Kriterien ohnehin nicht eindeutig identifizierbar sind); und es bedürfe keiner Verpflichtung, **internationale Liquiditätsreserven** (Gold, Devisen) zu unterhalten, um (mit dem Ziel der Kursstabilisierung) in den Devisenmarkt intervenieren zu können. Damit entfalle auch jegliche **Asymmetrie** bei der Interventionspflicht. Es genüge, analog zum System der Wechselkursstabilität, die Devisentransaktionen der individuellen Dispositionsfreiheit anzuvertrauen, aber, im Gegensatz zum System der Wechselkursstabilität, die Kursbildung dem Markt zu überlassen.

b) Das Modell entfalte eine **automatische Kurskorrektur**, die ihrerseits zu einem automatischen Zahlungsbilanzausgleich führe. Komme es - eben wenn sich ein „falscher" Gleichgewichtskurs herausgebildet hat, weil sich die „Fundamentaldaten" (Preise, Wachstum) verändert haben - zu einem Zahlungsbilanzungleichgewicht, so führe der Wechselkursmechanismus rasch und flexibel zu Wechselkursanpassungen der inländischen Währung und signalisiere rechtzeitig auch die Konsequenzen für den binnenwirtschaftlichen Anpassungsbedarf. Demgegenüber verzögere der Versuch der Wechselkursstabilisierung diese Anpassungsnotwendigkeit unnötig. Und dies erwiese sich dann als problematisch, wenn die Wechselkurskorrektur am Ende doch - unter dem Druck der „Gegebenheiten“ (anhaltende Leistungsbilanzungleichgewichte und dadurch provozierte spekulative Kapitalbewegungen) und dann unter Umständen mit größeren Friktionskosten - als unvermeidbar hingenommen werden müßte.

c) Das Modell befreie die Binnenwirtschaftspolitik vom **Diktat außenwirtschaftlicher Zusammenhänge**, weil es einerseits die Binnenwirtschaft von Außenimpulsen unabhängig mache (Konjunktur- und Preiszusammenhang werden abgeblockt), und weil es andererseits der Binnenwirtschaftspolitik eine Souveränität in der Wachstums- und/oder Stabilisierungspolitik zurückgebe. Denn dadurch ausgelöste Änderungen in der (Preis-)Wettbewerbsfähigkeit würden durch entsprechende Wechselkursänderungen aufgefangen. In letzter Konsequenz bliebe die Möglichkeit eines binnenwirtschaftlichen Gestaltungsspielraumes - eben unter dem Schutz flexibler Wechselkurse, die dann eintretende Divergenzen zwischen den Fundamentaldaten ausgleichen - erhalten.

Zusammengefaßt ergibt sich - so die Argumentation - die These: Wenn ein Land bei einem Konflikt zwischen Wechselkursstabilität und binnenwirtschaftlicher Stabilität (Wachstum, Beschäftigung oder Preise) letzterer den Vorzug geben will (eventuell aus innenpolitischen Gründen sogar geben muß) und darauf seine Wirtschaftspolitik ausrichtet, dann sollte man die Wechselkursflexibilität als notwendige Konsequenz anerkennen, weil diese dann geeignet sei, das außenwirtschaftliche Gleichgewicht gleichermaßen sicherzustellen, ohne deshalb die Orientierung der Wirtschaftspolitik an den binnenwirtschaftlichen Entwicklungsnotwendigkeiten aufgeben zu müssen.

Die Analyse des Wechselkursmechanismus hat nun gezeigt, daß dieser zwar flexibel reagiert, daß er aber - soll er auf Dauer ein realwirtschaftlich tragfähiges Gleichgewicht begründen und sicherstellen - auf spezifische **Funktionsbedingungen** zugeschnitten ist: Abwesenheit von konterkarierenden, fehlindizierenden und/oder destabilisierenden Kapitalbewegungen. Bei der praktischen Umsetzung des Systems der Wechselkursflexibilität stellt sich somit die Frage nach der Relevanz dieser Funktionsbedingungen. Wäre von vornherein zwar grundsätzlich nicht auszuschließen, daß flexible Wechselkurse und damit auch jederzeit mögliche und politisch nicht mehr steuerbare Wechselkursänderungen im Inland **Produktionsumstellungen** und Änderungen der **Produktionsfaktorkombinationen** hervorrufen (mit entsprechenden Friktionskosten), so müßte dies insoweit noch nicht als negativ gewertet werden, wenn es die Folge von Veränderungen der volkswirtschaftlichen Fundamentaldaten wäre, die letztendlich eben dem Kriterium der internationalen Arbeitsteilung folgten. Die dadurch ausgelösten Wechselkursveränderungen könnten dann von (relativ) geringer Schwankungsintensität sein und im Inland allenfalls kontinuierliche - und rechtzeitige - Strukturanpassungen auslösen, die überdies geringere Friktionskosten begründeten als (im nachhinein) erzwungene Wechselkurskorrekturen, die oft verspätet kommen, weil man den Kurs ja zunächst stabilisieren wollte, und dann im nachhinein um so ausgeprägter ausfallen. Doch selbst wenn wir einmal unterstellen, daß die Leistungsbilanz auf Wechselkursänderungen „normal" reagiert (vgl. dazu später), bleibt gleichwohl das Problem der Kapitalbewegungen, die die Wechselkursbewegungen - über das Gewicht der Fundamentaldaten hinaus - beeinflussen können. Die Vertreter des Systems flexibler Wechselkurse müssen hier unterstellen, daß keine dysfunktionalen Kapitalbewegungen existieren. Genau davon ist aber nicht unbedingt auszugehen. Gewiß können autonome Kapitalbewegungen auch im System stabiler Wechselkurse bestehen. Dort können sie aber allenfalls einen realwirtschaftlich begründeten Zahlungsbilanzausgleich erschweren (wenn Leistungsbilanzdefizite mit Kapitalimporten, Leistungsbilanzüberschüsse mit Kapitalexporten einhergehen); oder sie können zusätzlichen Interventionsbedarf schaffen (wenn Leistungsbilanzdefizite mit Kapitalexporten, Leistungsbilanzüberschüsse mit Kapitalimporten einhergehen und die Inlandswährung unter Abwertungs- bzw. Aufwertungsverdacht gerät). Bei Wechselkursflexibilität können derartige Kapitaltransaktionen (gerade wenn sie spekulativen Charakter haben und sich auf adaptive Erwartungen stützen) zu einem völlig **falschen Wechselkursbild** führen. Insofern gilt zumindest die Vermutung, daß man nicht einfach unterstellen kann, daß die Wechselkursbewegung allein den realwirtschaftlichen Bedingungen und damit den Fundamentaldaten folgt. Vielmehr ist nicht auszuschließen, daß die Wechselkursentwicklung durch Kapitalbewegungen überlagert wird. Und dies gilt um so mehr, je umfangreicher (und mobiler) das internationale Finanztransaktionsvolumen ist. Damit sind im Grunde zwei Fragen aufgeworfen: Sichert die Wechselkursflexibilität dann noch die effiziente **internationale Arbeitsteilung** (Allokationsproblematik); und garantiert die Wechselkursflexibilität dann noch die **binnenwirtschaftspolitische Autonomie** (Stabilisierungsproblematik).

a) Was die erste Frage - die Sicherung der effizienten **internationalen Arbeitsteilung** - angeht, so stützt sich eine positive Antwort auf die Hypothese, daß die automatische, reibungslose und kontinuierliche - insgesamt also zügige und rechtzeitige - Anpassung der Wechselkurse an die international relevanten realwirtschaftlichen Bedingungen die effiziente Arbeitsteilung insoweit sicherstellt, als dadurch die binnenwirtschaftlichen Produktionsstrukturen so gesteuert werden, daß durch diese die internationale Arbeitsteilung optimal genutzt und gefördert wird. Doch wenn die Wechselkurse den realwirtschaftlichen Bedingungen nicht folgen bzw. ihre Schwankungen in einem Ausmaß durch Kapitalbewegungen überlagert werden, die durch die Fundamentaldaten nicht begründet erscheinen, stellen sich zumindest drei Probleme:

- Je stärker die Wechselkurse schwanken, desto mehr wird der Außenhandelsverkehr neben dem obligatorischen Absatzrisiko mit einem zusätzlichen Wechselkursrisiko belastet (Gedanke des **Zahlungsrisikos**). Dies gilt um so mehr, wenn Vertragsabschluß (Lieferung) und finanzielle Vertragserfüllung (Zahlung) zu verschiedenen Zeitpunkten erfolgen. Eine zwischenzeitliche Wechselkursveränderung kann ein rentables Außenhandelsgeschäft - z.B. der

Kauf eines Investitionsgutes wird unter Kassa-Bedingungen kalkuliert - in ein defizitäres Außenhandelsgeschäft (unter Termin-Bedingungen) verändern. Solange sich die Kursschwankungen in relativ engen Grenzen bewegen und das Kursrisiko über „Devisentermingeschäfte" und/oder „Kurssicherungsklauseln" einigermaßen abgedeckt werden kann - der Exporteur nimmt etwa einen Kredit in Auslandswährung auf, den er jeweils unter Terminkursbedingungen mit dem Exporterlös wieder zurückbezahlt -, kann das Problem des Zahlungsrisikos noch vermindert werden, wenngleich bereits hier Kreditkosten entstehen, die ein Außenhandelsgeschäft belasten. Im Umkehrschluß gilt indessen: Je ausgeprägter die Wechselkursschwankungen sind, desto schwieriger - zumindest „teurer" - wird es, diese abzusichern. Eine Belastung des Leistungsverkehrs und damit ein partieller Verzicht auf die Vorteile der internationalen Arbeitsteilung (i.S. des Handelsoptimums) ist somit nicht auszuschließen, sondern eher wahrscheinlich.

- Je stärker die Wechselkurse schwanken, desto mehr wird auch der langfristige internationale Kapitalverkehr, soweit die Kapitalwanderungen in Richtung eines produktiven Kapitaleinsatzes betroffen sind, belastet (Gedanke des **Finanzrisikos**). Denn erfolgt zwischen Kapitaltransaktion und vertraglich vereinbarter Rückzahlung (einschließlich Zinstransfers) eine Wechselkursänderung, wird ein Vertragspartner immer geschädigt (sowohl mit Blick auf Rückzahlung als auch mit Blick auf Renditeerwartungen): Ist der Kapitalverkehr in Inlandswährung definiert und erfolgt eine Abwertung der Inlandswährung, wird der Kreditgeber geschädigt (bei einer Aufwertung würde er begünstigt); ist der Kapitalverkehr in Auslandswährung definiert und erfolgte eine Abwertung der Inlandswährung, würde der Kreditnehmer geschädigt (bei einer Aufwertung würde er begünstigt). Damit unterliegt die Rendite - sei es bei Finanzanlagen oder bei Direktinvestitionen - immer einer Gefährdung. Natürlich besteht dieses Risiko auch bei einem System der Wechselkursstabilität, wenn sich die Fundamentaldaten ändern; ein Finanzrisiko ist nie ganz auszuschließen. Doch wird man davon ausgehen müssen, daß bei Wechselkursstabilität zumindest das wechselkurspolitisch bedingte Finanzrisiko - im Grundsatz - ausgeschlossen ist, während bei Wechselkursflexibilität das Finanzrisiko eben nicht ausgeschlossen werden kann.

- Je stärker die Wechselkurse schwanken, desto mehr werden auch die binnenwirtschaftlichen Investitionsentscheidungen davon belastet, die, mit Blick auf die Herausbildung bestimmter Wechselkurse, zu ganz bestimmten Produktionsstrukturen - etwa Aufbau einer Exportproduktion im Inland - führen. Diese Investitionsentscheidungen können sich nun - etwa bei Aufwertung der eigenen Währung - wegen Verlustes ausländischer Absatzmärkte rasch als Fehlinvestitionen erweisen (Gedanke des **Investitionsrisikos**). Natürlich ist das Investitionsrisiko auch bei festen Wechselkursen nie ganz zu vermeiden; dies gilt etwa für den Fall, daß im Ausland Rezessionsentwicklungen einsetzen, die - bei gegebenem Paralleleffekt - voll im Inland durchwirken. Folgten überdies die Wechselkurse den Fundamentaldaten, und würden die Investoren sich danach ausrichten, wäre nicht auszuschließen, daß die Investitionsentscheidung bei flexiblen Wechselkursen eher eine Stabilisierung erfahren könnte (im Gegensatz zu stabilen Wechselkursen). Gleichwohl gilt auch hier im Grundsatz, daß bei stabilen Wechselkursen das Investitionsrisiko zumindest „kalkulierbar" bleibt (exogene Schocks lassen sich nie vermeiden), während bei flexiblen Wechselkursen das Investitionsrisiko immanent angelegt ist und dann die Investitionsbereitschaft auch im Inland negativ berühren kann.

Nimmt man diese drei Problemlagen insgesamt, so wird man zu dem Ergebnis gelangen, daß die Lösung des **Allokationsproblems** durch die flexiblen Wechselkurse dann eher gefördert wird, wenn diese den realwirtschaftlichen Bedingungen folgen; daß sie aber eine Belastung erfährt, wenn die Kursentwicklung durch (autonome) Kapitalbewegungen überlagert und damit verzerrt wird und die realwirtschaftlichen Gegebenheiten überzeichnet.

b) Was die zweite Frage - die Sicherung der **binnenwirtschaftspolitischen Autonomie** - angeht, so stützt sich eine positive Antwort auf die Hypothese, daß die binnenwirtschaftliche Entwicklung von der außenwirtschaftlichen Entwicklung insoweit abgekoppelt wird, als die Wechselkursveränderung für Ausgleichsmechanismen sorge, die die Wirkung von **Außenimpulsen** auf die Binnenwirtschaft reduziere und die Möglichkeit eröffne, wirtschaftspolitisch angelegte **Binnenimpulse** (expansiver oder restriktiver Art) ohne Rücksicht auf die außenwirtschaftlichen Verflechtungen zu entfalten. In beiden Varianten wird dem Wechselkursmechanismus ein „Abschirmungseffekt" zugewiesen, den es nun etwas detaillierter zu analysieren gilt.

- Was die **Außenimpulse** angeht, so wird im allgemeinen den flexiblen Wechselkursen ein Abschirmungseffekt insoweit zugewiesen, als den direkten - realwirtschaftlichen, liquiditätsbedingten und monetären - Paralleleffekten die unmittelbare Basis entzogen wird. Dennoch kann von einer völligen Abschirmung nicht ausgegangen werden. Kommt es zu expansiven Impulsen im Ausland, die im Inland steigende Leistungsexporte und somit - bei gegebenem Wechselkurs - einen Devisenangebotsüberschuß auslösen, impliziert eine Aufwertung der Inlandswährung anstelle eines Devisenangebotüberschusses eine Verbesserung der terms of trade. Die Auslandsprodukte werden - in Inlandswährung gerechnet - billiger, was im Inland einem Realeinkommenszuwachs mit entsprechend expansiven Impulsen entspricht, der wiederum zu einem Anstieg der Inlandsnachfrage (aber auch der Importe) führen kann. Vergleichbares gilt für den Inflationsimport. Auch hier mag der indirekte Preiszusammenhang (über Salden- und/oder Liquiditätseffekt) zwar ausgeschlossen sein. Dies wird indessen nicht unbedingt für den direkten Preiszusammenhang relevant, wenn die Importpreise so stark ansteigen, daß sie über einen Wechselkursrückgang nicht vollständig kompensiert werden können. Und wenn die Importelastizität relativ gering ist, verschärft sich dieser Preiszusammenhang noch erheblich. Dies gilt erst recht unter Einbeziehung von Kapitalbewegungen, wenn diese einen Leistungsbilanzüberschuß aufgrund einer stärkeren Inflationierung im Ausland durch Kapitalexporte kompensieren, so daß es überhaupt zu keiner (preis-)neutralisierenden Wechselkursveränderung kommt: Der direkte Inflationsimport wirkt dann voll durch.

- Was die **Binnenimpulse** betrifft, so wird im allgemeinen den flexiblen Wechselkursen ein Abschirmungseffekt insoweit zugewiesen, als er die Freiheitsgrade der binnenorientierten Wirtschaftspolitik gegenüber außenwirtschaftlichen Restriktionen erhöhe. Wie gezeigt, kann - bei starren Wechselkursen - ein Land bei einem inflationierenden „Umfeld" keine Stabilitätspolitik, bei einem stabilitätsbewußten „Umfeld" keine Expansionspolitik betreiben, weil die damit eintretenden Zahlungsbilanzungleichgewichte eine unmittelbar wirkende Disziplinierungsfunktion ausüben. Bei flexiblen Wechselkursen - so die These - entfalle dieser Disziplinierungszwang, weil dadurch provozierte (Preis-)Wettbewerbsveränderungen aufgehoben würden. Dies ist, formal gesehen, sicher richtig. Gleichwohl bedarf es einer differenzierenden Betrachtung. Auf der einen Seite könnte man argumentieren, daß die Wechselkursflexibilität - eben weil sie den Disziplinierungszwang aufhebt - eine „expansive" Wirtschaftspolitik gleichermaßen „enthemmt", indem sie die Vorstellung suggeriert, auf die Preisdisziplin keine Rücksicht nehmen zu müssen. Auf der anderen Seite muß man sehen, daß eine solche inflationierende Politik - aufgrund der Abwertung der Inlandswährung - die Importwaren noch weiter verteuert. Der Zahlungsbilanzausgleich (bei höheren Wechselkursen) wird somit durch weitere Preissteigerungen im Inland „erkauft". Vielfach wird hierin eher ein (Preis-)Disziplinierungszwang gesehen als bei stabilen Wechselkursen. Dies gilt gerade dann, wenn die inflationierenden Länder bei starren Wechselkursen partiell einen Inflationsexport erreichen und/oder über internationale Kredite zusätzliche Interventionsmöglichkeiten erhalten. Auf der anderen Seite entfällt aber in jedem Falle der grundsätzliche Disziplinierungszwang eines Fixkurssystems.

Faßt man diese Überlegungen zusammen, so zeigt sich, daß keine eindeutige Aussage mit Blick auf die außenwirtschaftliche Autonomie möglich ist. So bleibt auch bei flexiblen Wechselkursen die Notwendigkeit bestehen, daß ein Land - gemessen am außenwirtschaftlichen Umfeld - eine internationale Kooperation und Koordination anstrebt. Ansonsten wäre auch die Wechselkursflexibilität überfordert, auf Dauer ein realwirtschaftlich begründetes Zahlungsbilanzgleichgewicht herbeizuführen. Und dies gilt auch und vor allem mit Blick auf die Tatsache, daß das System der Wechselkursflexibilität eben offen bleibt gegenüber **dysfunktionalen Kapitalbewegungen**. Solange diese dominieren, bleibt das System instabil und kann dann weder gesamtwirtschaftliche Effizienz (i.S. der Nutzung der internationalen Arbeitsteilung) noch binnenwirtschafltiche Autonomie (i.S. der Abschottung der Nationalwirtschaften) sicherstellen. Diese Überlegungen rechtfertigen - gleichermaßen im Umkehrschluß - auch Bedenken gegenüber Vorschlägen, den Wechselkurs zeitlich befristet freizugeben, um Hinweise auf einen „richtigen" Gleichgewichtskurs zu gewinnen, den man dann im nachhinein stabil halten könnte, um damit der Schwierigkeit zu entgehen,

„objektive" Indikatoren für den „richtigen" Kurs festlegen zu müssen. Denn hier besteht erst recht die Gefahr, daß spekulative Wechselkurserwartungen das Kursgefüge - jenseits der Fundamentaldaten - dominieren; die befristete Kursfreigabe ist dann kein Garant dafür, den „richtigen" Kurs automatisch zu erhalten.

34) DAS SYSTEM DER WECHSELKURSKORREKTUR

Das System der Wechselkurskorrektur entspricht einem Wechselkurssystem, das letztlich einem **Kompromiß** der beiden vorangestellten Wechselkurssysteme gleichkommt: Auf der einen Seite soll am Grundsatz stabiler Wechselkurse festgehalten werden (im Gegensatz zu deren völliger Freigabe); auf der anderen Seite soll eine Wechselkurskorrekturmöglichkeit nicht ausgeschlossen werden (im Gegensatz zum Grundsatz der Irreversibilität). Hinter dieser Kompromißformel verbirgt sich die Einsicht, daß - einerseits - das System völlig stabiler Wechselkurse überfordert ist, wenn ein angemessener Gleichgewichtskurs nicht identifizierbar ist und/oder die international relevanten Fundamentaldaten sich ändern: Ein Zahlungsbilanzgleichgewicht wäre dann auf Dauer nicht realisierbar, und der Wechselkurs wäre nicht zu halten. Gewicht hat aber auch die Vermutung, daß - andererseits - das System völlig flexibler Kurse den Effizienz- und Stabilitätsbedingungen ebenfalls nicht gerecht wird, wenn es von dysfunktionalen Kapitalbewegungen überlagert wird. Dabei ist dieses Modell der Wechselkurskorrektur von zwei anderen Ansätzen abzugrenzen:

a) Einmal vom Modell fester Wechselkurse mit **erweiterten Bandbreiten**: Dieses Modell gibt dem Wechselkurssystem zwar eine größere **Elastizität**, weil es die Interventionsnotwendigkeiten reduziert, hält im Grundsatz aber an der Intention irreversibel stabiler Wechselkurse fest. Demgegenüber gibt das Modell der Wechselkurskorrektur den Gedanken der Irreversibilität auf. Es kommt zu einer politisch vorgegebenen Veränderung des Wechselkurses, was dann auch zu einer entsprechenden Verschiebung der Bandbreiten (gemessen an der neuen Wechselkurshöhe) führt, wenn diese mit dem Modell stabiler Wechselkurse verbunden sind. Entscheidend ist somit immer, daß der Wechselkurs selbst eine Veränderung erfährt.

b) Zum zweiten vom Modell flexibler Wechselkurse mit **partiellen Interventionen**: Dieses Modell gibt dem Wechselkurssystem zwar eine größere **Stabilität**, wenn es kapitalverkehrsbedingte (erratische) Kursausschläge durch Devisenmarktinterventionen des Staates zu verhindern versucht (sog. „managed" Floating), oder wenn der Kurs in eine bestimmte Richtung gedrängt werden soll (sog. „verschmutztes" Floating). Immer wird im Grundsatz aber an flexiblen Wechselkursen festgehalten. Demgegenüber gibt das Modell der Wechselkurskorrektur den Gedanken der Flexibilität auf und will nach wie vor an stabilen Wechselkursen festhalten, wenngleich diese auch auf einem anderen Niveau festgeschrieben werden; die Stabilität wird nicht durch ad-hoc-Intervention, sondern durch Neu-Festlegung des Kurses und damit des Kursgefüges zu erreichen versucht.

Nach dieser zweifachen Abgrenzung erweist sich das Modell der Wechselkurskorrektur als ein Versuch, das Wechselkurssystem **stabil** zu halten (um die Nachteile der Wechselkursflexibilität zu vermeiden) und gleichzeitig **anpassungsfähig** zu gestalten (um die völlige Irreversibilität bei eingetretenem Zahlungsbilanzungleichgewicht nicht zu überfordern). Theoretisch kann die Wechselkurskorrektur in zwei Richtungen erfolgen (vgl. Abbildung 17).

a) Eine **Abwertung** (Devalvation) wird dann erforderlich, wenn bei bestehendem Wechselkurs (w_2) eine Überbewertung der eigenen Währung vorliegt, die zu einer anhaltenden Zahlungsbilanzpassivität (Nachfrageüberhang nach Gold und/oder Devisen: x_3 - x_4) führt. Solange der Staat über hinreichende Interventionsmittel (Gold und/oder Devisen) verfügt und den Devisennachfrageüberhang durch ein entsprechendes Zusatzangebot von Gold und/oder Devisen ausgleichen kann - und überdies deflationäre Prozesse im Inland hinnimmt bzw. durch eine kompensierende (expansive) Geldpolitik konterkarieren kann -, mag die Situation noch zeitweise hinnehmbar sein. Im anderen Falle wird die Abwertung der Inlandswährung unverzichtbar. Hierbei sind zwei Strategien denkbar. Einmal kann die Abwertung bis zu einem Gleichgewichtskurs erfolgen (w_g), der - zunächst wieder eine „Normal"-Reaktion der Leistungsbilanz unterstellt - entlang der gegebenen Devisenangebots- bzw. Devisennachfragefunktion (A bzw. N) das Devisenangebot erhöht und die Devisennachfrage vermindert, so daß es zu einem Ausgleich am Devisenmarkt kommt (x_g). In dieser Eigenschaft hat die Abwertung einen typisch **defensiven Charakter**, der ein neues Zahlungsbilanzgleichgewicht herbeiführen soll. Zum zweiten kann die Abwertung über den neuen Gleichgewichtskurs hinaus (auf w_1) erfolgen, mit dem Ziel, die Exportchancen des Inlands zu forcieren und seine Importe zu drosseln, um letztendlich einen Angebotsüberschuß an Gold und/oder Devisen (x_1 - x_2) zu erzielen. Hier hätte die Abwertung einen typisch **offensiven Charakter**, der einen Zahlungsbilanzüberschuß erreichen soll. Die defensive Strategie ist insoweit unstrittig, weil ansonsten ein Land zu restriktiven realwirtschaftlichen Instrumenten gedrängt, zu einer rigiden binnenwirtschaftlichen Deflationspolitik veranlaßt oder gar in eine Devisenbewirtschaftung gezwungen wird. Demgegenüber ist die offensive Strategie problematischer, weil sie als ein aggressiver Versuch zur Verbesserung der nationalen Wettbewerbsposition auf Kosten des Auslands interpretiert werden kann, der das Ziel hat, binnenwirtschaftliche Deflationsprozesse (Wachstumsschwäche, Unterbeschäftigung) ins Ausland zu „exportieren". Gegenmaßnahmen des Auslands, die letztendlich in einen Abwertungs-„Wettlauf" einmünden können, wären in diesem Falle nicht auszuschließen und würden das Instrument der Abwertung als kontraproduktiv erscheinen lassen.

b) Eine **Aufwertung** (Revalvation) wird dann erforderlich, wenn bei bestehendem Wechselkurs (w_1) eine Unterbewertung der eigenen Währung vorliegt, die zu einer anhaltenden Zahlungsbilanzaktivität (Angebotsüberhang von Gold und/oder Devisen: $x_1 - x_2$) führt. Hier stellt sich für den Staat zwar kein Reserveproblem, weil er mit eigener Währung (Nachfrage nach Gold und/oder Devisen) intervenieren kann; und die Intervention ist aus der Sicht des Inlands solange unproblematisch, solange es dem Staat gelingt, die durch die Intervention induzierte inländische Geldmengenerhöhung zu neutralisieren, um binnenwirtschaftliche Inflationsgefahren zu vermeiden. Überdies hätte die Aufwertung auch ihre Vorteile: Sie verminderte die Schuldenlast der inländischen Schuldner und erhöhte die Forderungen inländischer Gläubiger (soweit die Kreditverträge in Auslandswährung notiert sind). Die realen Austauschverhältnisse verbessern sich zugunsten des Inlands. Schließlich gewährt das Inland - über den Devisenüberschuß - dem Ausland zinslose Kredite, die bei anhaltendem Überschuß nie realisiert werden und bei einer Aufwertung, die den Devisenangebotsüberschuß verminderte, nun abgebaut würden. Und nicht zuletzt wäre bei einer Aufwertung nicht mit ausländischen Gegenmaßnahmen zu rechnen, weil die Exportchancen des Auslands eher gefördert denn behindert würden. Dennoch bestehen häufig Bedenken gegenüber einer Aufwertung. Vielfach befürchtet man im (potentiellen) Aufwertungsland, daß - eben wegen der schwierigen Bestimmbarkeit des angemessenen Gleichgewichtskurses - der Aufwertungssatz „zu hoch" ausfallen und damit Gefahren für Wachstum und Beschäftigung im Inland ausgelöst werden könnten. Die Gegenposition zu dieser Überlegung - wonach die Konsumenten von einer Aufwertung wegen geringerer Importpreise profitieren würden und überdies eine übermäßige Expansion der Exportindustrie rechtzeitig verhindert werden könnte - fällt häufig, wegen des dominanten Einflusses der Produzenteninteressen, weniger ins Gewicht. Vielfach wird deshalb eher von den Defizitländern eine Abwertung ihrer Währung erwartet.

Unbeschadet der theoretisch alternativen Kurskorrektur hat diese zweifellos den Vorzug, den Nachteil der anderen Modelle eines Wechselkurssystems zu vermeiden. Gleichwohl ist sie auch nicht ohne Probleme. Diese ergeben sich im Kern daraus, daß die Wechselkurskorrektur in letzter Konsequenz einer politischen **„ad-hoc"-Entscheidung** gleichkommt. Ob diese nun gerechtfertigt ist oder nicht, und im Prinzip unabhängig von der Frage, ob die Entscheidung im nationalen „Alleingang" durchgeführt wird oder ob sie in eine umfassende internationale Neufestlegung der Kursrelationen (sog. Realignment) eingebettet ist, entstehen v.a. zwei Probleme:

a) Zum einen besteht die Gefahr, daß eine (allfällige) Wechselkurskorrektur **verspätet erfolgt**, weil die Staaten sie hinauszuzögern versuchen. Die Abwertung wird verzögert, weil sie für den betroffenen Staat letztendlich einem Eingeständnis mangelnder nationaler Standortqualität oder verfehlter Wirtschaftspolitik gleichkommt. Schließlich führt eine Abwertung zur Verteuerung ausländischer Produkte mit potentiellen inflationären Folgewirkungen für die Binnenwirtschaft, die nicht zuletzt die Exportchancen des Inlands - bei Anschlußinflation - weiter verschlechtern kann. Vielfach wird deshalb darauf gesetzt, durch internationale Kredite die Grundlage für weitere Interventionsmöglichkeiten zu schaffen, um den bestehenden Wechselkurs zu halten. Die Aufwertung wird verzögert, weil man (ungeachtet auch positiver Effekte) für den betroffenen Staat Gefahren für Wachstum und Beschäftigung vermutet. Kommt es dann unter dem Druck bestehender und als irreversibel anerkannter Zahlungsbilanzungleichgewichte dennoch zu einer Wechselkurskorrektur, ist es nicht auszuschließen, daß diese „überzieht", zumal - wie gezeigt - Kriterien für einen angemessenen Wechselkurs nur schwer identifizierbar sind.

b) Zum zweiten besteht die Gefahr, daß eine (allfällige) Wechselkurskorrektur von den Wirtschaftssubjekten **erwartet wird**; die Zahlungsbedingungen (etwa Vorauszahlungen) für den Leistungsverkehr werden verändert, und zusätzliche Kapitalbewegungen setzen ein - eine abwertungsverdächtige Währung provoziert Kapitalexporte, eine aufwertungsverdächtige Währung provoziert Kapitalimporte. All dies führt dazu, daß bei Abwertungsverdacht (Aufwertungsverdacht) einer Währung die Devisenangebotslücke (Devisennachfragelücke) sich im Vorfeld der Kursveränderung eher noch vergrößert. Damit wird einerseits der Druck auf eine Wechselkurskorrektur verstärkt; andererseits vergrößert sich das Ausmaß des Korrekturbedarfs und damit die Gefahr, daß dann immer weniger objektive Indikatoren für die Neuadjustierung eines „angemessenen" Wechselkurses zur Verfügung stehen, weil ja die Zahlungsbilanzsituation, über die realwirtschaftlichen Gegebenheiten hinaus, durch spekulative Kapitaltransaktionen verzerrt wird.

Beiden Gefahren wird man von vornherein nur begegnen können, wenn sie durch rasches Handeln und Diskretion in Grenzen gehalten werden, um ein potentielles „Überziehen" zu vermeiden. Dies hat überdies zu Überlegungen geführt, ob die Berechenbarkeit von Wechselkurskorrekturen nicht dadurch erhöht werden kann, daß diese einer beliebigen politischen ad-hoc-Entscheidung entzogen und an „objektive" Indikatoren gebunden werden. Diese könnten daraus abgeleitet werden, daß sich - gemessen an einem (natürlich politisch wiederum zu fixierenden) Normwert - über einen bestimmten Zeithorizont ein anhaltendes Preis- oder Wachstumsgefälle herausbildet, der Nettobestand an Devisenreserven sich in einer bestimmten Richtung entwickelt oder die Währung sich permanent an den Grenzen der Bandbreiten bewegt. Mit der Festlegung solcher Indikatoren mag zwar ein gewisses Maß an Objektivierbarkeit (und Berechenbarkeit) der Wechselkurspolitik erreicht werden. Doch offen bleibt nicht nur, ob und inwieweit die Staaten mit ihrer Wechselkurspolitik an derartige Indikatoren gebunden werden können. Hinzu kommt vor allem, daß der Eintritt derartiger Indikatoren für die Wirtschaftssubjekte erkennbar wird und deren spekulatives Verhalten förmlich provoziert. Insgesamt gesehen bleibt festzuhalten, daß das System der Wechselkurskorrektur mit seinem **Pragmatismus** die Schwächen der beiden ersten Modelle zwar vermeidet, auf der anderen Seite aber Probleme mit seiner mangelnden **Berechenbarkeit** aufwirft.

35) WECHSELKURS UND ZAHLUNGSBILANZAUSGLEICH

Wie im Rahmen der grundsätzlichen Überlegungen herausgearbeitet wurde, hat die Wechselkurspolitik die Funktion der außenwirtschaftlichen Absicherung gerade in deren stabilitätspolitischer Ausrichtung (Sicherung und Herbeiführung eines Zahlungsbilanzgleichgewichtes). Dabei ist indessen noch eine weitere Überlegung angezeigt: So unstrittig es ist, daß Wechselkurs- und Zahlungsbilanzentwicklung Einfluß auf binnenwirtschaftliche Prozesse haben, so bleibt gleichwohl offen, ob - gleichsam im Umkehrschluß argumentiert - diese Rückwirkung zur Erfüllung von binnenwirtschaftspolitischen Zielsetzungen genutzt werden kann. Dies ist per se zwar nicht ausgeschlossen (Schaffung von mehr Wachstum, Beschäftigung und/oder Preisstabilität). Führen diese Zielsetzungen und eine sich daran orientierende Wechselkurskorrektur aber zu anhaltenden Zahlungsbilanzungleichgewichten und stoßen andere Instrumente zu ihrer Beseitigung an Grenzen, wäre die Wechselkurspolitik hier überfordert. Damit läßt sich die Fragestellung präzisieren: Inwieweit und unter welchen Bedingungen kann die Wechselkurspolitik zur Herbeiführung eines **Zahlungsbilanzgleichgewichtes** herangezogen werden. Die Frage läßt sich konkretisieren und bedarf der Eingrenzung:

a) Die Frage hängt bereits vom vorgegebenen **Wechselkurssystem** ab: Liegt ein System der Wechselkursstabilität vor, so ist dem Wechselkurs definitionsgemäß eine direkte Ausgleichsfunktion entzogen; er hat allenfalls eine indirekte Ausgleichsfunktion, als gerade seine **Stabilität** als Voraussetzung für das Durchwirken der Geldmengenmechanismen angesehen wird. Die eigentliche Zahlungsbilanzausgleichsfunktion wird dann aber eben nicht vom Wechselkurs, sondern von binnenwirtschaftlichen Anpassungsmechanismen übernommen. Unbeschadet der Frage, wie hoch man deren Funktionsfähigkeit einschätzt, bleibt festzuhalten: Bei der Wechselkurspolitik wird die Frage relevant, inwieweit nicht die Stabilität, sondern die **Veränderung** des Wechselkurses zum Zahlungsbilanzausgleich beitragen kann.

b) Theoretisch kann diese Veränderung in zwei Richtungen erfolgen: Als **Abwertung**, wo sich die Frage stellt, ob mit ihrer Hilfe ein Zahlungsbilanzdefizit vermindert, abgebaut oder in einen Zahlungsbilanzüberschuß überführt werden kann. Als **Aufwertung**, wo sich die Frage stellt, ob mit ihrer Hilfe ein Zahlungsbilanzüberschuß vermindert, abgebaut oder in ein Zahlungsbilanzdefizit überführt werden kann. Wie bereits gezeigt, ist die zweite Alternative vergleichsweise selten, weil hier immer wieder die Befürchtung angesiedelt ist, daß sie im Inland Wachstum und Beschäftigung gefährdet. Wir beschränken uns im folgenden auf den Abwertungsfall (wobei mit Hilfe des analytischen Instrumentariums - im Umkehrschluß - der Aufwertungsfall unschwer nachvollzogen werden kann).

c) Die Abwertung selbst kann nun wiederum - je nach zugrundeliegendem Wechselkurssystem - alternativ herbeigeführt werden: Sie ist entweder Ergebnis einer freien Kursbildung (System der **Wechselkursflexibilität**) oder Folge einer politischen Entscheidung (System der **Wechselkurskorrektur**). Beide Varianten mögen sich hinsichtlich der Frage unterscheiden, unter welchen Voraussetzungen eher ein „angemessener" Gleichgewichtskurs erreichbar ist. Diese Frage soll nun im folgenden vernachlässigt bleiben; denn jetzt stellt sich das Problem, ob eine Abwertung der Inlandswährung, also eine Höherbewertung der Auslandswährung in Inlandswährung gerechnet, geeignet ist, die Zahlungsbilanz i.S. eines Defizitabbaus zu „verbessern".

Nach dieser dreifachen Eingrenzung läßt sich die Problemstellung konkretisieren (vgl. Abbildung 20):

Abbildung 20
Abwertung und Zahlungsbilanzgleichgewicht

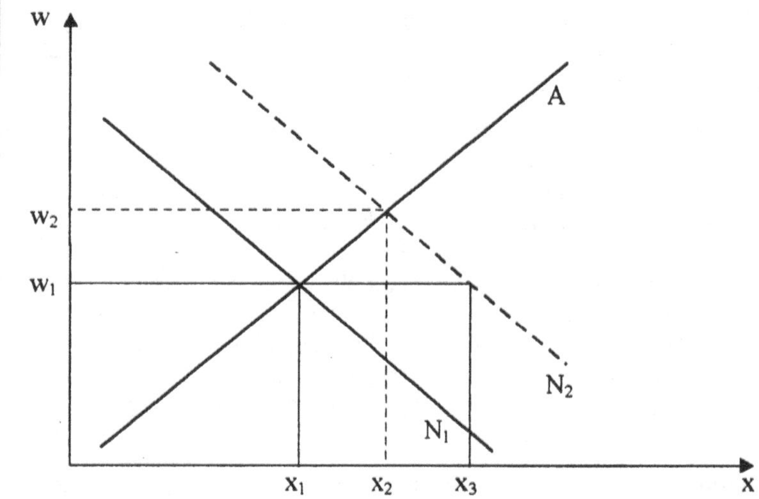

Kommt es in einer Gleichgewichtssituation (w_1, x_1) - aus welchen Gründen auch immer - zu einer Nachfrageverlagerung nach ausländischen Devisen (von N_1 nach N_2), so entsteht bei gegebenem Wechselkurs (w_1) der zwischenzeitlich bekannte Devisennachfrageüberhang (x_3 - x_1), der ein Zahlungsbilanzungleichgewicht repräsentiert. Nun ist unschwer erkennbar: Eine Abwertung der Inlandswährung (von w_1 nach w_2) führt nur dann zu einem neuerlichen Zahlungsbilanzausgleich (w_2, x_2), wenn die Zahlungsbilanz **„normal"** auf die Abwertung reagiert. Und das heißt: Die Abwertung muß erreichen, daß bei gegebener Angebots- und neuer Nachfrage-Konstellation (A bzw. N_2) das Devisenangebot steigt (von x_1 auf x_2) bzw. die Devisennachfrage sinkt (von x_3 auf x_2). Das Problem konkretisiert somit auf die Frage, ob diese Anpassungsprozesse sichergestellt sind. Dabei ist vorab noch auf zwei Sondertatbestände hinzuweisen:

a) Entscheidend für den Zahlungsbilanzausgleich sind nicht unbedingt die Veränderungen von Devisenangebot und Devisennachfrage, für sich genommen, sondern ihr **Zusammenwirken**. Das bedeutet, daß - formal betrachtet - ein Zahlungsbilanzausgleich auch erreicht werden kann, wenn bei konstant bleibendem (oder gar rückläufigem) Devisenangebot die Devisennachfrage überhaupt zurückgeht (überproportional sinkt), oder wenn bei konstant bleibender (oder gar ansteigender) Devisennachfrage das Devisenangebot überhaupt ansteigt (überproportional wächst). „Normalität" im weiteren Sinn bestimmt sich also nach dem Zusammenwirken von Devisenangebot und Devisennachfrage.

b) Überlagert wird der Ausgleichsprozeß überdies durch den **Kapitalverkehr**. Fließen Kapitalforderungen gegenüber dem Ausland ins Inland zurück, so hängt die **Devisenangebotsentwicklung** von der Fakturierung der Kapitalforderungen ab: Ist diese in Auslandswährung erfolgt, bleibt das Devisenangebot trotz Abwertung konstant; ist sie in Inlandswährung erfolgt, geht das Devisenangebot sogar zurück. Muß das Inland Kredite zurückzahlen, gilt dies auch für die **Devisennachfrageentwicklung**: Erfolgte die Fakturierung in Auslandswährung, bleibt die Devisennachfrage konstant; in Inlandswährung fakturiert, wird sie rückläufig. Daraus folgt: Bei gleicher Fakturierung und gleichem Volumen ändern Kapitalrücktransfers auch bei Abwertung der Inlandswährung an der Zahlungsbilanzsituation nichts.

Nach dieser zweifachen Abgrenzung bzw. Präzisierung können wir uns im folgenden auf die Entwicklung von Devisenangebot bzw. Devisennachfrage auf der Basis von Leistungsexport bzw. Leistungsimport konzentrieren. Wir beschränken uns auf einige vereinfachende Überlegungen. (Eine differenziertere Betrachtung mag theoretisch befriedigender sein, stößt aber rasch an die Grenzen außenwirtschaftspolitischer Anwendungsrelevanz.) Dabei sei - nach wie vor - die Auslandswährung in Inlandswährung definiert (die Abwertung der Inlandswährung entspricht einem höheren Preis für Auslandswährung); und die Zahlungsbilanzwirkung wird an der Mengenentwicklung der ausländischen Devisen gemessen. Hier ist nun zu differenzieren:

a) Das am **Leistungsexportmarkt** für das Inland erzielbare **Devisenangebot** (**Exportwert**) bestimmt sich aus dem Gegenübertreten von Leistungsangebot des Inlands (A) und Leistungsnachfrage des Auslands (N) und ermittelt sich aus dem Produkt aus Leistungsmenge (x) und Preis für eine Leistungseinheit in Auslandswährung (p). Da es um die Ermittlung von Zahlungsbilanzwirkung und somit um die Devisenangebotsveränderung geht, bietet es sich an, die Preise in ausländischer Währung zu definieren, um - multipliziert mit den Mengen - das Devisenangebot zu erhalten. Dabei sind nun folgende Überlegungen angezeigt (vgl. Abbildung 21):

Abbildung 21
Abwertung und Exportwert

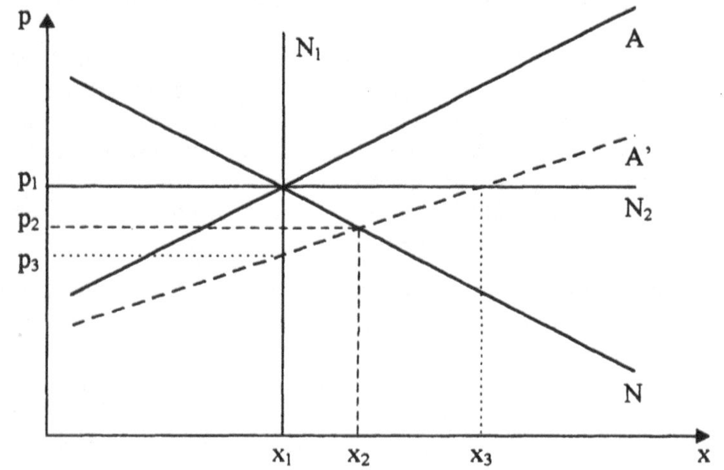

- Was die **Leistungsnachfrage** des **Auslands** (N) angeht, so bleibt die gegebene Nachfragefunktion des Auslands von der Abwertung der Inlandswährung unberührt. Da die Ausländer mit ihrer Nachfrageentscheidung in „ihrer" Währung rechnen, bleiben sie bereit, entsprechend der Lage der Nachfragefunktion, die natürlich - für sich genommen - verschiedene Formen aufweisen kann, zu einem bestimmten Preis eine bestimmte Leistungsmenge nachzufragen. Das bedeutet, daß auch nach erfolgter Abwertung der Inlandswährung die Nachfragefunktion bestehen bleibt.

- Was das **Leistungsangebot** des **Inlands** (A) angeht, so ist davon auszugehen, daß die Inländer in Inlandswährung rechnen. Das bedeutet, daß die vor der Abwertung vorliegende Angebotsfunktion (A) eine Achsendrehung nach rechts unten erfährt (A'), deren Ausmaß vom Prozentsatz der Abwertung abhängt. Denn die inländischen Anbieter können den Preis pro Einheit ihrer Exportleistungen (Waren, Dienste), in Auslandswährung gerechnet, um den Abwertungssatz senken, weil sie nach der Abwertung den gleichen (entsprechend der Angebotsfunktion gewünschten) Preis, in Inlandswährung gerechnet, erhalten.

- Treten nun (gegebene) Auslandsnachfrage und (modifiziertes) Inlandsangebot einander gegenüber, so ist unschwer zu erkennen, daß die Exportwertentwicklung entscheidend von der **Preiselastizität** der **Auslandsnachfrage** abhängt: Ist diese völlig starr (N_1: $e = 0$), kommt es immer zu einem Exportwertrückgang ($x_1 \cdot p_3 < x_1 \cdot p_1$), weil die Absatzmengen, obwohl es zu einem Preisrückgang in Auslandswährung kommt (von p_1 nach p_3), konstant bleiben

(x_1). Ist sie völlig elastisch (N_2: $e = \infty$), kommt es immer zu einem Exportwertanstieg ($x_3 \cdot p_1 > x_1 \cdot p_1$), weil nun der Absatzpreis in Auslandswährung konstant bleibt (p_1), es aber zu einem Mengenanstieg kommt (von x_1 auf x_3). Zwischen diesen beiden Extremfällen bewegt der „Normal"-Verlauf der Nachfragefunktion (N: $-\infty<e<0$). Das bedeutet, daß in diesem Falle negative Preiseffekte (von p_1 nach p_2) und positive Mengeneffekte (von x_1 auf x_2) zusammenwirken. Ob nun der Exportwert steigt oder fällt, hängt davon ab, welche Relation beide Effekte aufweisen. Wie sich aus der allgemeinen Elastizitätenanalyse ergibt, wird der Exportwert konstant bleiben, wenn der relative (negative) Preiseffekt dem relativen (positiven) Mengeneffekt entspricht ($e = -1$); er wird steigen, wenn der relative (positive) Mengeneffekt höher als der relative (negative) Preiseffekt ist ($-\infty<e<-1$), und er wird sinken, wenn der relative (positive) Mengeneffekt niedriger als der relative (negative) Preiseffekt ist ($-\infty<e>-1$).

- Diese Überlegungen könnten noch ergänzt werden durch die Berücksichtigung der **Preiselastizität** des **Inlandsangebots**. Hier wird man davon ausgehen können, daß der skizzierte Preis-Mengen-Effekt bei jeder („normalen") Angebotsfunktion auftritt. Eine Ausnahme dürften allenfalls wiederum Extrempositionen sein: Ist die Angebotsfunktion völlig starr, werden die inländischen Anbieter immer die gleiche Menge anbieten (unabhängig vom Preis); der Exportwert würde trotz Abwertung sinken (negativer Preiseffekt). Ist die Angebotsfunktion völlig elastisch, würden die inländischen Anbieter aus dem Markt bei dem erforderlichen Preisrückgang ausscheiden, der Exportwert ginge in entsprechendem Umfang zurück (negativer Mengeneffekt); im Zwischenbereich käme es zu kombinierten negativen Preis-Mengen-Effekten.

b) Die am **Leistungsimportmarkt** für das Inland entstehende **Devisennachfrage (Importwert)** bestimmt sich nach dem Gegenübertreten von Leistungsangebot des Auslands (A) und Leistungsnachfrage des Inlands (N) und ermittelt sich aus dem Produkt aus Leistungsmenge (x) und Preis (p) für eine Leistungseinheit (vgl. Abbildung 22). Da es auch hier um die Ermittlung von Zahlungsbilanzwirkung und somit um die Devisennachfrageveränderung geht, bietet es sich auch hier an, die Preise in ausländischer Währung zu definieren, um - multipliziert mit den Mengen - die Devisennachfrage zu erhalten. Dabei sind nun folgende Überlegungen angezeigt:

- Was das **Leistungsangebot** des **Auslands** (A) angeht, so bleibt die bestehende Angebotsfunktion von der Abwertung der Inlandswährung unberührt. Da die Ausländer mit ihrer Angebotsentscheidung in „ihrer" Währung rechnen, bleiben sie bereit, entsprechend der Lage ihrer Angebotsfunktion, die wiederum - für sich gesehen - je nach zugrundeliegender Kostenfunktion unterschiedliche Formen annehmen kann, zu einem bestimmten Preis eine bestimmte Leistungsmenge anzubieten. Das bedeutet, daß auch nach erfolgter Abwertung die Angebotsfunktion zunächst bestehen bleibt.

Abbildung 22
Abwertung und Importwert

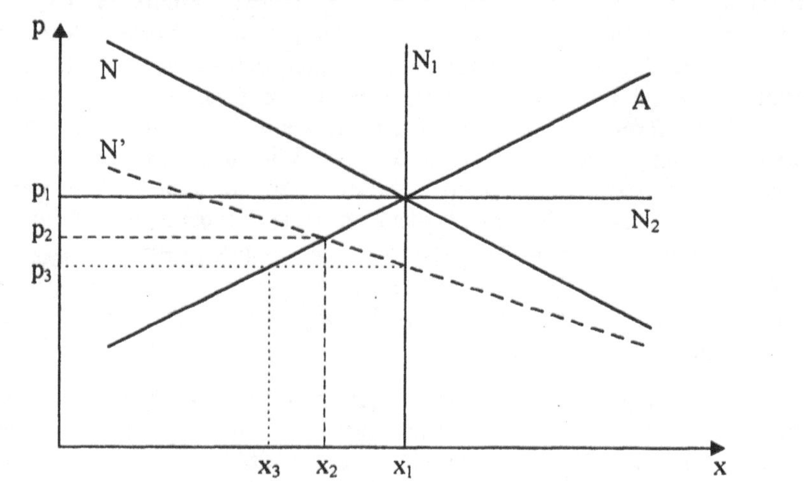

- Was die **Leistungsnachfrage** des **Inlands** (N) angeht, so ist erneut zu beachten, daß die Inländer in Inlandswährung rechnen. Für sie bedeutet ein gleicher Preis (in Auslandswährung) nach der Abwertung einen Preisanstieg (in Inlandswährung), was - bei gegebener Nachfragefunktion - zu einem Einfluß auf die Absatzmenge im Inland führt. Die ausländischen Anbieter müssen gegebenenfalls also nach der Abwertung ihre Verkaufspreise in Auslandswährung senken, wollen sie die gleichen Absatzmengen erreichen. Das bedeutet, daß die vor der Abwertung vorliegende Nachfragefunktion (N) eine Achsendrehung nach links unten erfährt (N'), deren Ausmaß wiederum vom Prozentsatz der Abwertung abhängt.

- Treten nun (gegebenes) Auslandsangebot und (modifizierte) Inlandsnachfrage einander gegenüber, so ist unschwer zu erkennen, daß die Importwertentwicklung entscheidend von der **Preiselastizität** der **Inlandsnachfrage** abhängt, wobei im Gegensatz zur Exportwertentwicklung etwas eindeutigere Aussagen zulässig erscheinen: Nur im Fall einer völlig starren Inlandsnachfrage (N_1) - bei der die Inländer die gleiche Menge (x_1) zu jedem Preis abnehmen, weshalb die Ausländer auch keine Preiszugeständnisse machen müssen (es bleibt bei p_1), und die Inländer für dieses Produkt dann eben mehr Inlandswährung aufwenden müssen -, bleibt auch nach der Abwertung der Importwert konstant. Demgegenüber kommt es bei einer elastischen Importnachfrage ($e<0$) immer zu einem Rückgang des Importwertes, weil nun negative Preiseffekte (von p_1 nach p_2 bzw. p_3) sich mit negativen Mengeneffekten (von x_1 nach x_2 bzw. x_3) verbinden, das Produkt also immer kleiner als der Ausgangsimportwert vor der Abwertung ist. Dabei ist unschwer zu erkennen, daß der Rückgang des Importwertes um so deutlicher ausfällt, je elastischer die Inlandsnachfrage ist; ist die Inlandsnachfrage unendlich elastisch, reduziert sich der Importwert um den vollen Abwertungseffekt.

- Diese Überlegungen lassen sich noch ergänzen durch die Berücksichtigung der **Preiselastizität** des **Auslandsangebots**: Hier gilt, daß - bei preiselastischer Inlandsnachfrage - die Angebotsfunktion unerheblich wird; es kommt immer zu einem Importwertrückgang. Ist das Auslandsangebot völlig starr, muß, um die gleiche Absatzmenge im Inland zu erzielen, daß Ausland in voller Höhe des Abwertungssatzes Preiszugeständnisse in Auslandswährung machen (der Importwertrückgang resultiert aus einem reinen negativen Preiseffekt). Ist das Auslandsangebot völlig elastisch, wird es zwar keinerlei Preiszugeständnisse des Auslands geben; es kommt nun aber zu einem Rückgang der Absatzmenge, analog der modifizierten inländischen Nachfragefunktion (der Importwertrückgang resultiert aus einem reinen negativen Mengeneffekt). Bewegt sich die Angebotsfunktion zwischen diesen beiden Extrempositionen, kommt es zu den bereits skizzierten kombinierten negativen Preis-Mengen-Effekten.

Die Analyse der Exportwert- und Importwertentwicklung hat gezeigt, daß die Frage, ob die Leistungsbilanz - das Problem der Forderungstransfers einmal beiseite gelassen - auf eine Abwertung „**normal**" (in der Tendenz also in Richtung eines Defizitabbaus) reagiert, auf formaler Ebene durchaus gut beantwortet werden kann. Eine Normalreaktion (Defizitabbau) ist unterstellbar, wenn der Importwert sinkt (die Inlandsnachfrage also nicht völlig starr ist) und wenn der Exportwert steigt, konstant bleibt oder weniger als der Importwert sinkt. Der Leistungsbilanzsaldo ändert sich nicht, wenn Exportwert und Importwert im gleichen Umfange sinken. Die Reaktion wird „anomal" (Defiziterhöhung), wenn der Importwert konstant bleibt und der Exportwert sinkt, oder wenn der Exportwert stärker als der Importwert sinkt. Die Bedingungen dieser Aussage lassen sich mit Blick auf die **Elastizitätsproblematik** eindeutig lokalisieren. Zum einen wurde erkennbar, daß eine Normalreaktion der Leistungsbilanz um so eher zu erwarten ist, je höher die **Nachfrageelastizitäten** im In- und Ausland sind. (Diese Aussage wurde formalisiert in der bekannten Marshall-Lerner-Bedingung, wonach die Leistungsbilanz dann normal reagiert, wenn die Summe beider Elastizitäten absolut größer als 1 ist.) Ferner wurde erkennbar, daß für die Normalreaktion auch die **Angebotselastizitäten** im In- und Ausland bedeutsam sind. (Diese Aussage wurde formalisiert in der bekannten Robinson-Bedingung, wonach die Normalreaktion der Leistungsbilanz begünstigt wird, je kleiner die Angebotselastizitäten sind.) Eine weitergehende Ableitung dieser Elastizitätenüberlegung kann hier vernachlässigt werden, zumal diese Betrachtungsweise nicht unwesentliche Schwächen - gerade mit Blick auf ihre **außenwirtschaftspolitische Relevanz** - aufweist.

a) Eine erste Schwäche ergibt sich daraus, daß sich die Elastizitäten einer **empirischen Überprüfbarkeit** weitgehend entziehen. Diese ist aber im Prinzip unabdingbar, wenn sich die Frage stellt, ob zum Instrument der Abwertung gegriffen werden soll. Für einzelne Produkte mögen - auf rein partialanalytischer Basis - Elastizitätskoeffizienten ermittelbar sein. Die Abwertung als global wirkendes Instrument erfordert aber eine Lösung des Aggregationsproblems. Denn hinter dem Exportwert und Importwert verbergen sich Leistungsstrukturen, die sich aus einem differenzierten Ausfuhr- und Einfuhrsortiment ergeben, dessen Bestandteile unter Umständen sehr heterogene Elastizitätskoeffizienten aufweisen. Insoweit erscheinen allenfalls Annäherungsvermutungen gerechtfertigt.

- Was das **Devisenangebot** (Exportwert) angeht, spricht vieles für die Vermutung, daß, je größer ein Land ist, je bedeutender sein Weltmarktanteil am Export ist, und je weniger im Ausland Substitutionsmöglichkeiten gegeben sind, desto eher ist zu erwarten, daß die Auslandsnachfrage eher relativ unelastisch, die Exportwertsteigerung aufgrund einer Abwertung also eher begrenzt ist. Größere Chancen, eine Exportwertsteigerung zu erzielen, dürften kleinere Länder mit vergleichsweise kleinerem Weltmarktanteil haben.

- Was die **Devisennachfrage** (Importwert) angeht, spricht einiges für die Vermutung, daß große Länder mit hohen Substitutionsmöglichkeiten über den Inlandsmarkt (breite Produktionsstruktur) eine relativ hohe Inlandsnachfrageelastizität aufweisen, somit die Chance, den Importwert zu reduzieren, also eher günstiger ist als in einem kleinen Land. Je mehr demgegenüber das Inland auf die Auslandsprodukte angewiesen ist - sei es aus natürlichen Gründen (nicht substituierbare Rohstoffe), sei es aus technischen Gründen (mangelnde Kapitalausstattung oder fehlendes Know how), oder sei es, weil die begrenzte Größe eines Landes eine beliebige Breite der Produktionsstruktur ausschließt -, desto geringer ist die Inlandsnachfrageelastizität, desto geringer ist die Chance, mit einer Abwertung den Importwert zu reduzieren.

- Das Aggregationsproblem wird noch weiter erschwert, wenn **unvollkommene Marktformen** (für alternative Produkte wieder verschieden) vorliegen, die auf Preisänderungen unterschiedliche Reaktionsweisen erwarten lassen, oder wenn sich **Export-** und **Importstrukturen** im Zeitablauf ändern (Technologie- und/oder Produktentwicklung).

Dies alles begründet erhebliche Unsicherheiten in der empirischen Einschätzung der Elastizitäten. So hatte sich in den 20er und 30er Jahren ein „Elastizitäten-Pessimismus" durchgesetzt; man glaubte, daß die Elastizitäten so gering seien, daß eine Abwertung keine „normale" Leistungsbilanzreaktion auslöse und somit die Defizitsituation eher noch verschlimmere. Seit dem Zweiten Weltkrieg hat sich eher ein „Elastizitäten-Optimismus" etabliert; man sieht größere Chancen für eine „Normal-Reaktion" aufgrund einer Abwertung. Generalisierende Aussagen dürften gleichwohl nur in engen Grenzen möglich sein. Das seither zu verzeichnende Wachstum der Weltwirtschaft und die registrierbare technologische Entwicklung sowie die Zunahme des weltwirtschaftlichen Verflechtungsgrades lassen indessen die Erwartung begründet erscheinen, daß diese Entwicklung die Elastizitäten eher begünstigt.

b) Eine zweite Schwäche ergibt sich daraus, daß - selbst wenn strukturell eindeutige Elastizitätenkonstellationen unterstellbar und identifizierbar wären -, die Elastizitäten im Fristablauf variieren können. Die bisherige Elastizitätenanalyse hatte einen rein komparativ-statischen Charakter, d.h. es wurden zwei Gleichgewichtskonstellationen verglichen. De facto löst eine Abwertung aber für die Entwicklung der Elastizitäten einen **dynamischen Anpassungsprozeß** aus, der eine aufgrund der unterstellbaren Elastizitätenkonstellation erwartbare Normalreaktion der Leistungsbilanz relativieren kann. Dabei können nach erfolgter Abwertung drei Phasen unterschieden werden.

- In der ersten (sehr kurzfristigen) Phase (der sog. **Kontraktphase**) werden zunächst die vor der Abwertung abgeschlossenen Geschäfte unter gegebenen Preis-Mengen-Bedingungen abgewickelt; die Abwertung führt nur zu einer Neubewertung der Kontrakte: Sind die Kontrakte in Auslandswährung fakturiert, bleiben Export- und Importwerte in Auslandswährung konstant und steigen nur in Inlandswährung; sind sie in Inlandswährung fakturiert, gehen Export- und Importwerte zurück; sind die Einnahmetransaktionen des Inlands in Inlandswährung, die Ausgabetransaktionen des Inlands in Auslandswährung fakturiert, ist eine Verschlechterung der Leistungsbilanz, also eher eine anomale Reaktion, angelegt.
- In der zweiten (kurzfristigen) Phase (der sog. **Preisanpassungsphase**), in der die Geschäftsabschlüsse nach dem Abwertungszeitpunkt liegen, kommt es zur Reaktion der Preise aufgrund der Abwertung; tradierte Liefer- und Absatzbindungen, mangelnde Information über Liefer- und Absatzalternativen, begrenzte Substitutionsmöglichkeiten o.ä. begrenzen indessen zunächst die theoretisch angelegten, möglichen Mengeneffekte. Für den Exportwert kann dies bedeuten, daß zunächst nur die negativen Preis- und noch nicht die positiven Mengeneffekte eintreten; er geht also zurück. Für den Importwert bedeutet dies, daß nur negative Preiseffekte aber noch keine negativen Mengeneffekte einsetzen; er geht also allenfalls eingeschränkt zurück. Erst per Saldo entscheidet sich, ob in dieser zweiten Phase eine Verschlechterung der Leistungsbilanz (anomale Reaktion) anhält, die Verschlechterung bereits gestoppt wird, oder ob schon eine Verbesserung einsetzt (normale Reaktion).
- In der dritten (mittelfristigen) Phase (der sog. **Mengenanpassungsphase**) kommt es schließlich - bei gegebener Angebot-Nachfrage-Konstellation - zu Mengenreaktionen aufgrund der nun vorliegenden Preiseffekten. Unterstellen wir hohe Nachfrageelastizitäten (i.S. der Marshall-Lerner-Bedingung) und geringe Angebotselastizitäten (i.S. der Robinson-Bedingung), wird man gleichwohl erst in dieser dritten Phase eine definitive Leistungsbilanzverbesserung (i.S. einer Normalreaktion) erwarten können.

Über die Phasen hinweg gesehen sprechen wir hier von einem **J-Kurven-Effekt**, wenn der Leistungsbilanzsaldo im zeitlichen Verlauf der Form dieses Buchstabens folgt, d.h. zunächst „nach unten“ (in größere Leistungsbilanzdefizite) weist und sich erst mit einer zeitlichen Verzögerung erholt (in Richtung von Leistungsbilanzüberschüssen). Außenwirtschaftspolitisch wirft dieser Effekt insofern Probleme auf, weil er die empirische Überprüfbarkeit der Elastizitätenkonstellation zusätzlich belastet. Denn die Frage ist - gerade mit Blick auf die grundsätzlichen Schwierigkeiten, die sich aus der empirischen Überprüfbarkeit ergeben - nun noch schwerer zu beantworten, ob die zunächst eventuell feststellbare Leistungsbilanzverschlechterung die Folge einer ungünstigen Elastizitätenkonstellation ist (die Abwertung wäre dann ein ungeeignetes Instrument) oder nur Konsequenz des zeitlichen Anpassungsbedarfs ist (die Abwertung wäre als Instrument dann positiver einzuschätzen).

c) Eine dritte Schwäche ergibt sich daraus, daß - selbst bei günstigen Elastizitätskonstellationen und raschem Durchwirken, was an sich zusammengenommen eine positive Einschätzung des Instruments der Abwertung erlaubte - die Elastizitätenbetrachtung allenfalls die **Primäreffekte** (Herausbildung neuer Gleichgewichtslagen) im Auge hat, die möglichen **Sekundäreffekte** (Rückwirkung auf die inländische Preis- und Einkommensentwicklung) aber vernachlässigt. Letztere entscheiden aber erst darüber, ob eine anhaltende Verbesserung der Leistungsbilanz durch die Abwertung erreichbar wird; der **Elastizitätenansatz** bedarf somit der Ergänzung durch den **Absorptionsansatz**. Gemeint ist damit nichts anderes als die Berücksichtigung der Volkseinkommensgleichung, die - unter Vernachlässigung von Staat und Abschreibungen - den bereits bekannten Ausdruck aufweist:

(24) $BSP = Y = C + I + X - M.$

Fassen wir C und I zur inländischen Absorption (A) zusammen, so ergibt sich

(25) $Y = A + X - M$ bzw.

(26) $Y - A = X - M.$

Unterstellen wir, daß die inländische Absorption (A) einen autonomen Teil enthält, der von der Entwicklung des Volkseinkommens unabhängig ist - er sei als gegeben unterstellt - und einen induzierten Teil, der nach Maßgabe der marginalen Absorptionsneigung (a) von der Höhe bzw. der Entwicklung des Volkseinkommens abhängig ist, so gilt:

(27) $Y - a \cdot Y = X - M$ bzw.

(29) $\Delta Y - a \cdot \Delta Y = \Delta X - \Delta M$ bzw.

(29) $(1 - a)\,\Delta Y = \Delta X - \Delta M.$

Daraus folgt: Eine positive Veränderung des Außenbeitrags (sei es Abbau des Defizits oder Aufbau des Überschusses) wird nur dann die Leistungsbilanz auf Dauer verbessern, und dieses unbeschadet günstiger Elastizitätskonstellationen, wenn sie nicht von der inländischen Zusatzabsorption wieder reduziert wird. Die Verbesserung wird endgültig, wenn keine zusätzliche Absorption vorliegt (a = 0), sie verschwindet alsbald, wenn eine volle Absorption vorliegt (a = 1), und sie bleibt partiell erhalten, wenn die Absorption nur partiell erfolgt ($0<a<1$). Diese Formalaussage gilt es noch zu differenzieren, wenn wir unterstellen, daß im Primäreffekt die Abwertung in jedem Falle erfolgreich ist. Im Falle einer **unterbeschäftigten Volkswirtschaft** (mit hoher - im Grenzfall: unendlicher - Angebotselastizität) führt ein höherer Außenbeitrag bei Preisstabilität zu einer Erhöhung des realen Volkseinkommens, und für den Erfolg der Abwertungsstrategie reicht es aus, wenn die reale Absorption konstant bleibt, zumindest schwächer als das reale Volkseinkommen ansteigt. Im Falle der **vollbeschäftigten Volkswirtschaft** (mit geringer - im Grenzfall: starren - Angebotselastizität) dürfte es in jedem Falle zu Preissteigerungen im Inland kommen - sei es direkt, wenn der Abwertungssatz nicht voll über Preissenkungen (in Auslandswährung) kompensiert wird, sei es indirekt, wenn „Fluchtkapital" zurückkehrt und die inländische Geldmenge erhöht, oder wenn einem gestiegenen Exportvolumen ein gesunkenes Importvolumen gegenübersteht und es gleichzeitig zu einem Anstieg der Faktorpreise kommt. Dies kann schon (für sich genommen) die Exportfähigkeit aufs neue belasten. Absorptionstheoretisch gesehen wird die Verbesserung des Außenbeitrags nur anhalten, wenn es gelingt, die reale Absorption zu reduzieren. Ob dies gelingt, ist nicht eindeutig zu beantworten, weil es von einer Vielzahl von Faktoren - Geldillusion, Realkasseneffekt, Einkommensverteilung, Faktorumlenkung in produktive Bereiche - abhängt. Letztlich bedarf es aber im Inland immer einer „realen Einschränkung" der Absorption, um Ressourcen freizusetzen für die Erhöhung des Exportvolumens, ohne diese sofort für weitere Importe zu absorbieren. Gelingt dies nicht, mag, elastizitätstheoretisch gesehen, die Abwertung erfolgreich sein, absorptionstheoretisch gesehen scheitert sie mittelfristig.

Teil C

INTEGRATIONSPROBLEME

DER

AUSSENWIRTSCHAFTSPOLITIK

I. GRUNDSÄTZLICHE PERSPEKTIVEN

36) DIE PROBLEMSTELLUNG

In der Auseinandersetzung mit den „Grundsatzproblemen der Außenwirtschaftspolitik“ (Teil A) galt es, zunächst die Zielsetzungen der Außenwirtschaftspolitik herauszuarbeiten. Sie kulminieren in der möglichen Erfordernis einer **außenwirtschaftlichen Absicherung** der nationalen Volkswirtschaft. Und diese kann, sieht man von Sondersituationen ab, auch unter marktwirtschaftlichen Bedingungen, die an sich die Transaktionsfreiheiten der Wirtschaftssubjekte im Außenwirtschaftsverkehr gewährleisten, zwei Dimensionen - eine **allokationspolitische Schutzfunktion** (i.S. des Schutzes inländischer Produktionszweige) und eine **stabilitätspolitische Ausgleichsfunktion** (i.S. der Verbesserung der nationalen Leistungsbilanz) - aufweisen. Beide Dimensionen gewinnen dann an Bedeutung und machen „Politik“ erforderlich, die über die Hinnahme von Marktprozessen hinausweist, wenn aufgrund der Marktöffnung eben nicht nur Wohlfahrtsgewinne (aufgrund der Nutzung der internationalen Arbeitsteilung) entstehen, sondern auch Wohlfahrtsverluste (aufgrund der Entstehung von Struktur- oder Stabilisierungskrisen) drohen. Letzteres ist dann zu erwarten, wenn in einer Volkswirtschaft strukturelle Anpassungsprozesse (mit Blick auf die Allokationsproblematik) oder gesamtwirtschaftliche Anpassungsprozesse (mit Blick auf die Stabilisierungsproblematik) bei gegebenen marktwirtschaftlichen Bedingungen nicht oder nur unter sehr restriktiven Annahmen als funktionsfähig unterstellbar sind. Dann ist denkbar, daß die von der Marktöffnung erwarteten Wohlfahrtsgewinne verknüpft sind mit Wohlfahrtsverlusten, die diese Gewinne überkompensieren. Und diese Wohlfahrtsverluste können auch entstehen, wenn die Staaten versuchen, den binnenwirtschaftlichen Anpassungsprozeß durch eine (politisch vorgegebene oder dem Marktprozeß überlassene) Wechselkursänderung zu entlasten, diese aber Wechselkursrisiken begründet oder verzerrende Wechselkursrelationen auslöst, die wiederum die Wohlfahrtseffekte einer internationalen Arbeitsteilung von vornherein in Frage stellen.

Bei der Analyse des „Instrumentariums der Außenwirtschaftspolitik“ (Teil B) konnte gezeigt werden, daß der Staat auch bei dem vorgegebenen Ordnungsrahmen einer gelenkten Außenwirtschaft, der nur in Sonderfällen oder Sondersituationen dirigistische Eingriffe in außenwirtschaftliche Transaktionen zuläßt, über ein an sich weitgestecktes Instrumentarium verfügt, um die außenwirtschaftlichen Zielsetzungen zu verfolgen. Allerdings ist der Grad der Zielerreichung auch an bestimmte und oft sehr restriktive Voraussetzungen gebunden. Doch selbst wenn man unterstellt, daß ein Staat seine außenwirtschaftspolitischen Zielsetzungen erreicht, hat dieser „Erfolg“ auch seine Konsequenzen. Zum einen wird sich ein Land (zumindest partiell) vom Prozeß der internationalen Arbeitsteilung abkoppeln; dies mag sich noch aus der Perspektive der nationalen Zielsetzung einer außenwirtschaftlichen Absicherung rechtfertigen. Zum anderen wird von diesem Instrumenteneinsatz aber auch das Ausland betroffen, dessen Transaktionsmöglichkeiten im Leistungs- und Faktorverkehr unter Umständen nachhaltig beschränkt werden können. Damit ist nicht auszuschließen, daß das Ausland den Instrumenteneinsatz des Inlands als eine „beggar-my-neighbour-Strategie" empfindet und zu Gegenmaßnahmen greift (**Retorsion**). Am Ende drohte ein gegenseitiger **Handels-„Krieg"** (Abwertungs-, Exportförderungs- und/oder Zollschutzwettlauf - bis hin zur Intensivierung administrativer Hemmnisse), von dem kein Land mehr einen Nutzen hätte, aber alle Länder erhebliche Schäden davontrügen. Diese Gefahr würde um so mehr dann an Gewicht gewinnen, wenn die Verschärfung des Instrumenteneinsatzes der einzelnen Länder eine wechselseitige Eigendynamik erführe, die Länder zuvor ihre Produktionsstrukturen auf eine internationale Arbeitsteilung ausgerichtet hätten und ein neuerlicher Strukturwandel erhebliche Friktionskosten in den betroffenen Ländern auslöste.

Die Schlußfolgerungen liegen auf der Hand. Will ein Land die internationale Arbeitsteilung nutzen, so hat dies eine Marktöffnung - sei es weltweit, sei es auf eine Region bezogen - zur Voraussetzung. Es kommt zu einem **supranationalen Integrationsprozeß**, an dem alle jene Staaten beteiligt sind, die sich diesem Prozeß der Marktöffnung anschließen. Definieren wir nun „Integration" als Verschmelzung von „Teilen" zu einem übergeordneten „Ganzen", so läßt sich diese Definition auf die hier anstehende Problematik unschwer übertragen: Nationale Wirtschaftsräume (Teile) bilden einen supranationalen Wirtschaftsraum (Ganzes); dieser Gedanke schließt natürlich auch die Möglichkeit ein, daß nationale Wirtschaftsräume sich in einen bereits bestehenden supranationalen Wirtschaftsraum integrieren. Ein solcher Integrationsprozeß geht nun aber mit der notwendigen Folge einher, daß zu den nationalen Interessenlagen supranationale Interessenlagen hinzutreten, die durch nationale außenwirtschaftspolitische „Alleingänge" - gerade wenn diese aufgrund von Retorsionsmaßnahmen des Auslands eine wechselseitige, für den Leistungs- und/oder Faktorverkehr restriktive Eigendynamik entfalteten - empfindlich gestört werden können. Denn supranationale Interessen sind - zunächst ganz formal betrachtet - definierbar als ein **gemeinsames Interesse** aller am Integrationsprozeß beteiligten Staaten an der Schaffung und Etablierung aber auch an der Aufrechterhaltung und Stabilisierung des Integrationsraumes. Und dies gilt um so mehr, je enger der Verflechtungsgrad zwischen den am Integrationsprozeß beteiligten Staaten ist, je mehr die Staaten ihre jeweilige Produktionsstruktur auf den gesamten Integrationsraum ausgerichtet haben und je größer damit die Abhängigkeit der wirtschaftlichen und sozialen Entwicklung der Staaten von der Möglichkeit eines Leistungs- und Faktorbezugs aus dem Integrationsraum bzw. von der Möglichkeit einer Leistungs- und Faktorabgabe in den Integrationsraum ist.

Somit gilt es, **Integrations-„Modelle"** zu entwickeln, die **„Spielregeln"** für den Einsatz des binnen- wie außenwirtschaftspolitischen Instrumentariums der beteiligten Länder formulieren, an die sich - einerseits - ein Land in dem angestrebten Integrationsprozeß halten **muß** (will es nicht aus diesem ausgegrenzt werden), die aber - andererseits - so konstruiert sein müssen, daß sich ein Land, mit Blick auf die durch die Marktöffnung möglicherweise entstehenden Struktur- und/oder Stabilisierungsprobleme, im entstandenen Integrationsraum auch halten **kann** (ansonsten muß es aus diesem wieder ausscheren). In jedem Falle stellt sich dann bei der Integrationspolitik das Problem der **Interessenabgrenzung**: Inwieweit kann sich ein Land seine nationalstaatliche Autonomie - mit Blick auf seine binnenwirtschaftlich orientierten Interessen und Ziele sowie auf den binnen- wie außenwirtschaftspolitischen Instrumenteneinsatz - bewahren; oder inwieweit muß es auf den autonomen Einsatz seines Instrumentariums verzichten, um den Integrationsprozeß nicht zu gefährden, somit also nationale Interessen den supranationalen Interessen unterordnen. Jedes Integrationsmodell steht insoweit vor einer grundsätzlichen Aufgabe: Nämlich jenes **Spannungsverhältnis** zu lösen, das in einem Gegenübertreten von **nationalen** und **supranationalen Interessen** wurzelt. Dabei gilt die alternative Möglichkeit: Je höheres Gewicht den nationalstaatlichen Interessen zugebilligt wird, desto mehr Autonomie müssen die Länder beim Einsatz ihres außen- und binnenwirtschaftspolitischen Instrumentariums behalten; je mehr diese Autonomie allerdings gegeben ist, desto geringer ist der Intensitätsgrad des Integrationsprozesses, gemessen an der Bindung der Integrationspartner an supranationalen Interessen, und desto labiler ist er aber auch. Umgekehrt: Je mehr Gewicht den supranationalen Interessen zugewiesen wird, desto höher ist die Intensitätsstufe des Prozesses anzusiedeln, desto mehr sind die teilnehmenden Staaten dann zwar am autonomen Einsatz ihres Instrumentariums gehindert und müssen ihre nationalstaatlichen Interessen den supranationalen Interessen nachordnen; der Integrationsprozeß gewinnt dann aber an Stabilität.

Die skizzierten formalen Implikationen haben zunächst einmal deutlich gemacht, daß jeder Integrationsprozeß in dem **Konfliktfeld** zwischen Nutzung des Integrationseffektes (was im Interesse der Stabilität und Funktionsfähigkeit des Integrationsraumes eine hohe Integrationsintensität voraussetzt) und Wahrung der wirtschaftspolitischen Autonomie der Integrationspartner (was dann notwendigerweise die Integrationsintensität reduziert, damit aber den Integrationsprozeß instabiler macht) angesiedelt ist. Dieses formale Grundsatzproblem - welche **Integrationsintensität** soll bzw. kann angestrebt werden - bedarf nun noch einer weiteren Spezifizierung.

Die Frage, welches Ausmaß der Integrationsintensität angestrebt werden, wie die Konfliktlösung also erfolgen soll, hat gewiß eine meta-ökonomische, rein politische Dimension, wenn es letztendlich darum geht, wie weit ein Land überhaupt bereit ist, auf völkerrechtlich legitimierte und sanktionierte nationale **Souveränitätsrechte** zu verzichten. Schließlich impliziert jeder Autonomieverlust auf wirtschaftspolitischem Gebiet notwendigerweise ein Element des politischen Souveränitätsverlustes. Doch die Konfliktlösung hat auch eine unmittelbar ökonomische Dimension. Denn das mögliche, d.h. das im Integrationsraum durchsetzbare Ausmaß der Integrationsintensität und damit der nationale Kompetenzverzicht hängt auch von der Homogenität der **gesamtwirtschaftlichen Ausgangslage** und den **Entwicklungsperspektiven** der Integrationspartner - Niveau des Lebensstandards, Arbeitsmarktlage, Produktionspotential, Kapitalbildung, Technologiestandard, Produktivitätspotential, Produktionsstruktur, gesellschaftliche Zielprioritäten etc. - ab. Damit gilt es zu differenzieren.

a) Je **homogener** Ausgangslage und Entwicklungsperspektiven der Integrationspartner sind, desto größer ist die Möglichkeit und Chance, nicht nur einen Integrationsraum zu schaffen, sondern für den supranationalen Integrationsraum insgesamt geltende und somit für alle Integrationspartner verbindliche **gesamtwirtschaftliche Ziele** zu formulieren und im gesamten Integrationsraum die zur Zielerreichung erforderlichen **wirtschaftspolitischen Instrumente** gleichgerichtet einzusetzen. Den Integrationspartnern wird es unter diesen Voraussetzungen eher möglich sein, nationale Interessen den supranationalen Interessen unterzuordnen, weil sie von einer gewissen **Identität** der Interessenlage bei allen Ländern im Integrationsraum ausgehen können bzw. weil auch bei nicht vorliegender völliger Identität ein **Kompromiß** bei der Zielfindung eher akzeptabel wird. (Die rein politische Dimension des Problems bleibt allerdings immer bestehen.) Der Integrationsprozeß ist dann weitgehend getragen vom Prinzip der **Gegenseitigkeit** hinsichtlich der Rechte (die Vorteile des Integrationsraumes zu nutzen) wie der Pflichten (die Funktionsfähigkeit des Integrationsraumes sicherzustellen) der am Integrationsprozeß beteiligten Volkswirtschaften. Ein hohes Gewicht erhält insofern der Gedanke der **Reziprozität**, wonach - von Sonderkonditionen abgesehen - zwischen den Integrationspartnern die wechselseitig eingeräumten Zugeständnisse bei Zielfindung und Instrumenteneinsatz gleichartig, zumindest gleichwertig sein müssen. Es liegt nahe, daß diese Voraussetzungen eher bei einer begrenzten Zahl von Ländern innerhalb weltwirtschaftlicher Gravitationsfeldern erfüllt sind, weshalb eine hohe Integrationsintensität einen eher **regionalspezifischen Charakter** hat.

b) Je **inhomogener** Ausgangslage und Entwicklungsperspektiven der Integrationspartner sind, desto geringer sind Möglichkeiten und Chancen, über die Schaffung eines Integrationsraumes hinaus, für diesen insgesamt geltende und für alle Integrationspartner verbindliche **gesamtwirtschaftliche Ziele** zu formulieren. Damit entfällt notwendigerweise dann auch die Möglichkeit eines im Integrationsraum gleichgerichteten **Instrumenteneinsatzes**. Denn die Integrationspartner werden nicht bereit und in der Lage sein, ihre spezifischen, auf ihre nationale Situation zugeschnittenen Zielsetzungen und somit auch ihren Instrumenteneinsatz supranationalen Interessen unterzuordnen. Der Integrationsprozeß muß dann - soll er überhaupt zustande kommen und funktionsfähig bleiben - verknüpft werden mit dem Prinzip der **Ausnahmeregelung**, die den Grundsatz der Reziprozität zumindest partiell relativiert. Es liegt nahe, daß diese Voraussetzungen bei jenen Integrationsprozessen gegeben sind, die einen **weltweiten Charakter** haben, weil hier bei der Vielzahl der beteiligten Länder eher inhomogene Ausgangs- und Entwicklungsbedingungen unterstellbar sind. Überdies hat die dann ohnehin schon geringer anzusetzende Integrationsintensität noch eine zusätzliche Dimension, wenn die Inhomogenität so ausgeprägt und die Erwartung begründbar ist, daß einzelne Länder sich im Integrationsraum gar nicht behaupten können, so daß diese Länder - über die Inanspruchnahme von Ausnahmeregelungen hinaus - einer gezielten Hilfe bedürfen, um in den Prozeß der weltwirtschaftlichen Arbeitsteilung überhaupt integrierbar zu werden; die weltwirtschaftliche Integrationsproblematik gewinnt noch eine spezifische **entwicklungspolitische Dimension**.

Die Gegenüberstellung alternativer Ausgangssituationen hat erkennen lassen, daß unterschiedliche Intensitätsstufen eines Integrationsprozesses nicht nur theoretisch denkbar, sondern auch für die praktische Umsetzung durchaus begründbar sind. Diese noch formal gehaltenen Vorüberlegungen zur Grundproblematik der Integrationspolitik bedürfen nun einer weitergehenden Konkretisierung - einmal mit Blick auf die **politische Umsetzung** des Integrationsprozesses (Ziff. 37) und zum zweiten mit Blick auf die **materielle Ausgestaltung** alternativer Integrationsstufen (Ziff. 38).

37) ZUR UMSETZUNG DES INTEGRATIONSPROZESSES

Soll der Integrationsprozeß in die Praxis umgesetzt werden, entschließen sich also Länder, weltweit oder auf weltwirtschaftliche Kernregionen bezogen, einen Integrationsraum zu bilden, um die internationale Arbeitsteilung zu nutzen, so ist von folgendem Sachverhalt auszugehen: Jedes Integrationskonzept muß einerseits das Ziel haben, **Entstehung** und **Stabilisierung** des Integrationsraumes sicherzustellen. Es muß andererseits konkrete Vorstellungen über die **Integrationsintensität** entwickeln, hinsichtlich der Frage, in welcher Weise, auf welchem Gebiet und in welchem Umfang die Einsatzfähigkeit des außen- und binnenwirtschaftspolitischen Instrumentariums der Integrationspartner in den Integrationsprozeß eingebunden werden soll. Wie hoch auch im konkreten Fall der Intensitätsgrad angesiedelt ist, es wird immer der Einsatz der außen- und binnenwirtschaftspolitischen Instrumente der nationalen Autonomie zumindest partiell entzogen werden. Und immer wird diese Bindung auf zwei Ebenen einsetzen.

a) Zum einen gilt es, Voraussetzungen dafür zu schaffen, daß ein Integrationsraum überhaupt erst entstehen kann (**Entstehungsbedingungen**). Sie haben für jeden Integrationspartner eine „externe" Orientierung: Außenwirtschaftspolitisch sind Regeln über den Grad der **Marktöffnung** zu formulieren, um einen Prozeß der außenwirtschaftlichen **Liberalisierung** einzuleiten. Denkbar ist, daß die Liberalisierung auf Handelsgüter beschränkt wird; die Zielsetzung des Integrationsraumes reduzierte sich dann auf die Handelsoptimierung oder, unter Einschluß nationaler Spezialisierung, auf die relative Produktionsmaximierung. Denkbar ist auch, daß die Liberalisierung auf den Dienstleistungsverkehr und die Faktorwanderung ausgeweitet wird; die Zielsetzung des Integrationsraumes erweiterte sich dann auf die absolute Produktionsmaximierung. Dies ist eine Frage der angestrebten Integrationsstufe (vgl. dazu später). In jedem Falle sind Regeln über Art und Grad der Marktöffnung festzulegen, womit die völkerrechtlichen

Grenzen ihre ökonomische Abgrenzungsfunktion und die Staaten die Möglichkeit verlieren, Leistungs- und Faktorwanderungen beliebig, gemessen an nationalen Interessenlagen, zu steuern. Die Schaffung von Entstehungsbedingungen erfordern somit eine **außenwirtschaftliche Politikharmonisierung** im wechselseitigen Liberalisierungsprozeß.

- Im **realwirtschaftlichen Bereich** bedeutet dies - von den bereits skizzierten Sonderfällen abgesehen -, wechselseitig verbindliche Regeln zu schaffen über einen systematischen Abbau dirigistischer Handelshemmnisse (Aus- und Einfuhrgebote und/oder Aus- und Einfuhrverbote einschließlich auf den Warenverkehr bezogene Kontingente) sowie über eine Reduktion von zwar marktkonformen aber dennoch wettbewerbsverzerrenden Handelshemmnissen (Zölle) und Fördermaßnahmen (Exportförderungen). Hinzutreten können Regeln über einen freien Dienstleistungsverkehr sowie über eine freie Faktorwanderung: Freizügigkeit der Arbeitskräfte (einschließlich der Niederlassungsfreiheit für freie Berufe) und Liberalisierung des Kapitalverkehrs (einschließlich der unbegrenzten Kapitalanlage im Ausland und deren Re-Transferierbarkeit). Und dies alles bedarf der Ergänzung durch einen verbindlichen Verzicht auf jedweden Versuch einer juristischen, psychologischen oder politischen Diskriminierung ausländischer Waren, Dienstleistungen und/oder Produktionsfaktoren in den beteiligten Ländern.
- Im **monetären Bereich** bedeutet dies - erneut von den bereits skizzierten Sonderfällen abgesehen - die Herbeiführung der völligen Währungskonvertibilität (Abbau der Devisenbewirtschaftung und Verzicht auf dirigistische Kapitalverkehrsbeschränkungen). Und gerade wenn dann der Devisenverkehr am freien Markt erfolgt, bedarf es ergänzend der Institutionalisierung eines Wechselkurssystems, das die Herbeiführung „realistischer" Wechselkursrelationen zwischen den Währungen ermöglicht, die die (fundamentalen) Bedingungen für die autonomen Devisenmarkttransaktionen (Wachstums-, Preis-, Kosten-, Zins-, Produktivitätsgefälle) angemessen repräsentieren bzw. diesen Rechnung tragen. Mit der Liberalisierung des Devisenverkehrs ist im Prinzip also noch keine ordnungspolitische Vorentscheidung über die Art des Wechselkurssystems - fixe Kurse, flexible Kurse, fallweise Kurskorrekturen - gefallen; wichtig ist aber in jedem Falle, daß überhaupt Entscheidungen über gemeinsam verbindliche Regeln hinsichtlich der Ausgestaltung des Wechselkurssystems getroffen werden. Anderenfalls besteht die Gefahr, daß ansonsten die Währungskonvertibilität dysfunktional würde, wenn Kapitalbewegungen einsetzten, die die Wechselkurse fehlindizierten, spekulativ verzeichneten oder anhaltende Zahlungsbilanzungleichgewichte begründeten.

Es mag strittig diskutiert werden, in welchem Umfang und Tempo die Marktöffnung und die Schaffung der Währungskonvertibilität erfolgen sollte. Ersteres hängt davon ab, wie die Möglichkeiten des strukturellen Anpassungsprozesses (hinsichtlich Flexibilität und Kosten) beurteilt werden; letzteres hängt davon ab, wie die Erfüllbarkeit der Funktionsbedingungen des gesamtwirtschaftlichen Anpassungsprozesses (Preis-, Einkommen- oder Wechselkursmechanismus) eingeschätzt werden. Entscheidend ist aber in beiden Fällen, daß die Regeln der realwirtschaftlichen und monetären Marktöffnung für die Integrationspartner verbindlich sind.

b) Zum zweiten gilt es, Voraussetzungen dafür zu schaffen, daß ein Integrationsraum funktionsfähig bleibt (**Stabilisierungsbedingungen**). Sie haben für jeden Integrationspartner eine „interne" Orientierung. Dies ergibt sich aus der naheliegenden Erkenntnis, daß, wenn der Integrationsraum geöffnet ist, jede binnenorientierte Maßnahme der Wirtschaftspolitik, die von einem Integrationspartner autonom und mit Blick auf nationale Interessenlagen ergriffen wird, nun in den offenen Integrationsraum voll durchwirkt und damit die Partnerländer unmittelbar berührt. Aus diesen Überlegungen folgt: Je weniger politisch gewollt ist, daß die Marktöffnung beliebig rückgängig gemacht werden kann, weil dies den Integrationsprozeß im nachhinein immer wieder in Frage stellte, desto mehr muß die Marktöffnung einhergehen mit einer Vermeidung bzw. einem Abbau von **Wettbewerbsverzerrungen** zwischen den Integrationspartnern, die durch national ausgerichtete wirtschaftspolitische Maßnahmen begründet werden und zu einem Preis- bzw. Kostengefälle zwischen den Integrationspartnern führen könnten. Dabei wäre es im Grundsatz unerheblich, ob dem Land, das solche Maßnahmen ergreift, Wettbewerbsnachteile oder Wettbewerbsvorteile entstünden. Unterstellt, daß dieses Gefälle durch Wechselkurskorrekturen nicht völlig kompensierbar wäre, oder daß flexible Wechselkurse durch Kapitalbewegungen immer wieder fehlindizierende oder überzeichnende Wechselkursbewegungen und damit immer wieder Friktionskosten für die Volkswirtschaft auslösen würden, die die Vorteile des Integrationsprozesses überkompensierten, wäre der Integrationspartner, dem Nachteile entstünden, gezwungen, gleichermaßen im nachhinein die Marktöffnung rückgängig zu machen. Die Notwendigkeit, die Stabilisierungsbedingungen zu erfüllen, begründet insoweit eine **binnenwirtschaftliche Politikharmonisierung** zwischen den Integrationspartnern im wechselseitigen Angleichungsprozeß. Relevant werden im Prinzip alle Politikbereiche.

- Dies gilt einmal für die Maßnahmen der **Ordnungspolitik** (Wettbewerbs-, Arbeits-, Gesellschafts-, Sozial- und Umweltrecht), sofern diese Maßnahmen Wettbewerbsverzerrungen aufgrund unterschiedlicher Kostenbelastungen (Organisations- oder Transaktionskosten) auslösen; dann bedarf es der Rechtsangleichung.

- Dies gilt zum zweiten für die Maßnahmen der **Prozeßpolitik** (Fiskal- und Geldpolitik), sofern diese Maßnahmen sich auf unterschiedliche Wachstums-, Beschäftigungs- und Preisstabilitätsziele stützen und bei ihrem Einsatz dann notwendigerweise ebenfalls Wettbewerbsverzerrungen auslösen; ein Preisgefälle verändert Handelsströme, ein Zinsgefälle steuert Kapitalströme.

- Dies gilt zum dritten für die Maßnahmen der **Strukturpolitik** (Technologie- und Subventionspolitik), die über Kostenentlastungen oder Unterstützungen für bestimmte nationale Branchen oder Regionen im Integrationsraum Wettbewerbsverzerrungen begründen und somit ebenfalls Handels- und Faktorströme beeinflussen können.

- Schließlich gilt dies zum vierten für Maßnahmen der **Verteilungs- und Sozialpolitik** (fiskalische Umverteilungsmaßnahmen, Maßnahmen der sozialen Absicherung); auch hier können Wettbewerbsverzerrungen entstehen - Unterschiede in den Kostenbelastungen tangieren Handelsströme, Unterschiede in den Sozialleistungen begründen oder verhindern Faktorwanderungen -, die eine Politikangleichung notwendig machen.

Es mag strittig darüber diskutiert werden, ob derartige Maßnahmen überhaupt ergriffen werden müssen, oder ob nicht der Markt die entsprechende Regulierungsfunktion übernehmen sollte. Dies ist eine ordnungspolitische Grundsatzentscheidung, die zum einen davon abhängt, welche Eigenwertigkeit der marktwirtschaftlichen Grundordnung zugewiesen wird, und die zum zweiten sich auf Schätz- bzw. Werturteile über Marktversagen und Marktergebnisse bzw. Staatsversagen und staatliche Steuerungsmöglichkeiten stützt. Diese Überlegungen sollen im folgenden vernachlässigt werden. Unter dem integrationspolitischen Aspekt kann aber als unstrittig gelten, daß, wenn solche Maßnahmen ergriffen werden, der Integrationsprozeß einen Harmonisierungszwang begründet, soll der Integrationsraum stabil und auf Dauer funktionsfähig bleiben.

Die Erfüllung der **Entstehungsbedingungen** (Regeln über Marktöffnung, um über die Liberalisierung den Integrationsprozeß auszulösen) und der **Stabilisierungsbedingungen** (Regeln über Politikharmonisierung, um über den Abbau von Wettbewerbsverzerrungen den Integrationsprozeß aufrechtzuerhalten) ist zwar sachlich unverzichtbar, begründet aber dann für die Integrationspartner notwendigerweise einen Autonomieverzicht beim Einsatz ihres außen- und binnenwirtschaftspolitischen Instrumentariums.

Dies wirft nun ein erstes formales Umsetzungsproblem auf. Es stellt sich nämlich die Frage, in welcher Form diese Integrationsbedingungen geschaffen werden können. Dabei lassen sich zwei Grundvarianten einer integrationspolitischen Konzeption unterscheiden.

a) Die **funktionelle Integration**: In dieser Variante behalten die beteiligten Staaten nicht nur den Status der nationalen völkerrechtlichen Souveränität, sondern auch die **nationale Kompetenz** beim Einsatz ihres außen- und binnenwirtschaftspolitischen Instrumentariums. Die Schaffung der Entstehungs- und Stabilisierungsbedingungen erfolgt allenfalls auf der Basis einer Vorgabe von **Rahmenbedingungen** für Marktöffnung und Politikharmonisierung. Die Staaten müssen diese Rahmenbedingungen zwar erfüllen; der Integrationsprozeß selbst bleibt aber dem Marktprozeß im Integrationsraum vorbehalten. Die Integrations-„Politik“ hat hier eher einen **passiven Charakter**. Im Vordergrund steht die Marktöffnung; von der Koordinationskraft des Marktes wird erwartet, das dieser - bei Wahrung der Rahmenbedingungen - eine Disziplinierungsfunktion für die Wirtschaftspolitik der Integrationspartner begründet. Die außenwirtschaftliche

Liberalisierung sowie die binnenwirtschaftliche Politikharmonisierung erfolgen hier durch die (im Grundsatz) souveränen Staaten, die in eigener Regie und Verantwortung ihr wirtschaftspolitisches Instrumentarium einsetzen. Die Funktionsfähigkeit des Modells ist dann aber weitgehend von der Bereitschaft der Nationalstaaten abhängig - über die Einhaltung der Rahmenbedingungen hinaus -, den marktbedingten binnenwirtschaftlichen Anpassungsprozessen Rechnung zu tragen. Damit beschränkt sich die Variante der funktionalen Integration eher auf geringer angesiedelte Intensitätsstufen der Integration. Dies gilt gerade dann, wenn der Integrationsprozeß weltweit angestrebt wird, und die unterstellbare Inhomogenität von Ausgangslage und Entwicklungsperspektiven der Länder es notwendig macht, den beteiligten Integrationspartnern Ausnahmeregelungen und Sonderkonditionen bei der Vertragserfüllung und der binnenwirtschaftlichen Anpassung einzuräumen, was die Möglichkeiten der Politikkoordination begrenzt. So wird man davon ausgehen können, daß die funktionale Variante der integrationspolitischen Konzeption einen um so **instabileren** Charakter hat, je **inhomogener** die Ausgangs- und Entwicklungsbedingungen der Integrationspartner sind.

b) Die **institutionelle Integration**: In dieser Variante der Integration behalten die beteiligten Staaten zwar ebenfalls den Status der nationalen völkerrechtlichen Souveränität. Doch hier kommt es zu einer - je nach Modell gestuften - supranationalen **Politikkoordination** oder gar **Kompetenzverlagerung** auf supranationale Institutionen. Die Schaffung der Entstehungs- und Stabilisierungsbedingungen beschränkt sich nun nicht mehr auf die Vorgabe von Rahmenbedingungen für Marktöffnung und Politikharmonisierung. Diese bleiben in diesem Modell zwar auch unverzichtbar; der Integrationsprozeß selbst wird nun aber im Rahmen einer institutionalisierten Politikkoordination oder gar von supranationalen Institutionen direkt gesteuert. Die Integrations-„Politik“ gewinnt zunehmend einen **aktiven Charakter**. Die Marktöffnung geht mit einer supranationalen Gestaltung des Integrationsraumes und insofern mit einer supranationalen Steuerung der Wirtschaftspolitik im gesamten Integrationsraum einher. So reicht die Politikharmonisierung über eine Marktanpassung hinaus und mündet ein in eine supranationale **Politikgestaltung**, die für die völkerrechtlich nach wie vor souveränen Staaten nun verbindlich wird. Damit ist die Variante der institutionellen Integration auf eine höher angesiedelte Intensitätsstufe der Integration ausgerichtet. Sie wird aber allenfalls dann möglich, wenn bei den Integrationspartnern ein Mindestmaß an Homogenität bei Ausgangslage und Entwicklungsperspektiven gegeben ist; denn nur dann werden sich diese bereitfinden, sich einer supranationalen Politikgestaltung zu unterwerfen, die für den gesamten Integrationsraum verbindliche Ziele vorgibt und darauf ausgerichtete Instrumente einsetzt. Insoweit wird man davon ausgehen können, daß die institutionelle Variante der integrationspolitischen Konzeption einen um so **stabileren** Charakter gewinnen kann, je **homogener** die Ausgangs- und Entwicklungsbedingungen der Integrationspartner sind.

Stellen wir beide Varianten der integrationspolitischen Konzeption einander gegenüber, so erhalten wir eine erste Konkretisierung des Spannungsverhältnisses zwischen nationalen und supranationalen Interessen: Je mehr die nationalen Interessen dominieren, desto eher wird sich der Integrationsprozeß auf eine funktionale Integration beschränken müssen; je größeres Gewicht den supranationalen Interessen zugewiesen wird, desto eher wird das Modell einer institutionellen Integration möglich - ja eventuell sogar notwendig.

Die Überlegung erlaubt noch eine weitere formale Konkretisierung, wenn wir - zumindest in den Grundzügen - die organisatorischen Konsequenzen für die Integrationspolitik berücksichtigen. Denn unabhängig von der Trennung in diese beiden Grundvarianten ergibt sich die politische Dimension des Integrationsproblems aus der Tatsache, daß jeder Integrationsprozeß einer gewissen **organisatorischen Grundstruktur** bedarf. Diese Grundstruktur setzt vertraglich festgelegte Regelungen über Statut, Organe, Tätigkeit und Beschlußfassung voraus, soweit diese den Integrationsprozeß bestimmen bzw. den Integrationsraum politisch repräsentieren.

a) Jeder supranationale Integrationsprozeß stützt sich auf ein **Statut** (Satzung, Konvention, Abkommen). Es besteht meist in der Form eines völkerrechtlich verbindlichen Vertrages, der dann von den nationalen gesetzgebenden Organen (Parlament) gebilligt und ratifiziert werden muß. Je nach verfassungsrechtlicher Normierung kann auf die Ratifizierung verzichtet werden; denkbar ist aber auch, daß die Verfassung einen Volksentscheid vorsieht, wenn der Vertrag für das Land einen Souveränitätsverzicht impliziert. Grundsätzlich besteht gegenwärtig weitgehend die Tendenz, den Statuten materiell den Charakter von völkerrechtlichen Verträgen zu geben, um die Mitgliedsländer stärker daran zu binden. Dabei ist freilich zu differenzieren: Je mehr der Integrationsprozeß einen **funktionellen Charakter** hat, desto eher beschränken sich die Statuten auf die Festlegung „allgemeiner Rahmenbedingungen", die auch Ausnahmeregelungen einschließen; derartige Rahmenbedingungen können dann allenfalls durch sog. „de-facto-Vereinbarungen" zwischen den Regierungen bzw. deren Repräsentanten (Regierungschefs, Ressortminister) ergänzt werden. Je mehr der Integrationsprozeß einen **institutionellen Charakter** annimmt, desto differenzierter werden die Statuten mit dem Ziel, die Integrationspolitik detaillierteren Vorgaben zu unterwerfen, um willkürliche, national-staatlich orientierte Interpretationen bzw. Verletzungen des Vertragswerks zu vermeiden.

b) Jeder supranationale Integrationsprozeß bedarf bestimmter **Organe**, die das Statut umsetzen. Zum einen gibt es **Beschlußorgane** (Generalversammlung, Gipfelkonferenzen, Ministerräte), die letztendlich Generalkompetenz besitzen und die Richtlinien vorgeben, die den Integrationsprozeß prägen; sie bestehen meist aus **originären** Regierungsvertretern jener Länder, die an dem Integrationsprozeß teilnehmen. Zum zweiten gibt es **Exekutivorgane** (Kommissionen, Verwaltungsräte, Direktorien), die die Richtlinien der Beschlußorgane umsetzen; sie bestehen aus **delegierten** Vertretern jener Länder, die an dem Integrationsprozeß teilnehmen. Zum dritten kann es **Verfassungsorgane** geben (Parlament, Gerichtshof), die - mit beratender, gestaltender oder korrigierender Funktion -

den Integrationsprozeß begleiten; sie bestehen aus **gewählten** Vertretern jener Länder, die am Integrationsprozeß teilnehmen. Erneut gilt es zu differenzieren: Je mehr der Integrationsprozeß einen **funktionellen Charakter** hat, desto größeres Gewicht dürften die Beschlußorgane haben; die Exekutiv- und Verfassungsorgane haben hier allenfalls die Funktion, die Einhaltung der Rahmenbedingungen zu überwachen. Je mehr der Integrationsprozeß einen **institutionellen Charakter** annimmt, desto größeres Gewicht gewinnen Exekutiv- und Verfassungsorgane, die dann - allerdings nach wie vor unter Wahrung der vorgegebenen Richtlinien - für den Integrationsraum konkrete Ziele formulieren und über einen Instrumenteneinsatz beschließen; sie erhalten zunehmend Initiativrechte.

c) Jeder supranationale Integrationsprozeß bedarf bestimmter Vorstellungen darüber, welche Befugnisse die einzelnen Organe haben - mithin Vorstellungen über deren **Tätigkeit**. Diese Frage ist schon deshalb von Belang, weil die Staaten völkerrechtlich souverän bleiben, auch wenn sie sich an einem Integrationsprozeß beteiligen. Auch hier ist zu differenzieren: Die Tätigkeit kann sich - einerseits - auf den Charakter einer **mittelbaren Steuerung** des Integrationsprozesses beschränken. Hier ist die Tätigkeit der Organe darauf begrenzt, die Integrationspartner über Empfehlungen, allenfalls erweitert durch Sanktionsdrohungen (ungeachtet der Frage, ob und wie derartige Sanktionen durchgesetzt werden können), zu einem bestimmten außen- wie binnenwirtschaftspolitischen Verhalten zu veranlassen (Liberalisierung nach außen; Maßnahmen zur Rechtsangleichung sowie zur Politikharmonisierung nach innen). Diese Art der Tätigkeit beschränkt sich insofern auf reine Koordinationsfunktionen, allenfalls ergänzt durch Schlichtungen von Streitigkeiten zwischen den Integrationspartnern. Die Tätigkeit kann sich - andererseits - auf den Charakter einer **unmittelbaren Steuerung** des Integrationsprozesses ausweiten. Hier erhalten die Organe die Möglichkeit, kraft eigener Rechtspersönlichkeit und mit eigenem Instrumentarium eine für den gesamten Integrationsraum verbindliche Außen- und Binnenwirtschaftspolitik zu entwickeln. Die Rechtsangleichung wird durch ein im Integrationsraum verbindliches Recht ersetzt, und die Ordnungs-, Prozeß-, Struktur- und Verteilungspolitik wird für den gesamten Integrationsraum supranational gestaltet. Grundsätzlich gilt: Je mehr der Integrationsprozeß einen **funktionellen Charakter** hat, desto mehr wird die mittelbare Steuerung dominieren; je mehr der Integrationsprozeß einen **institutionellen Charakter** aufweist, desto eher besteht die Möglichkeit einer unmittelbaren Gestaltung des Integrationsprozesses.

d) Schließlich bedarf jeder supranationale Integrationsprozeß Vorstellungen darüber, in welcher Form die Beschlußfassung über die Festlegung von Entstehungs- und Stabilisierungsbedingungen erfolgen soll. Auch diese Frage bleibt relevant, solange die am Integrationsprozeß beteiligten Staaten über eine völkerrechtliche Souveränität verfügen. Die Beschlußfassung kann - einerseits - dem **Einstimmigkeitsprinzip** folgen; dies bedeutet, daß Beschlüsse über Zielsetzungen und Instrumenteneinsatz im Integrationsraum nur dann erfolgen können, wenn kein beteiligter Integrationspartner von seinem Vetorecht Gebrauch macht. Die Beschlußfassung kann - andererseits - dem **Mehrheitsprinzip** folgen; dies bedeutet, daß Beschlüsse nicht mehr von einem Integrationspartner blockiert werden können. Im zweiten Falle ist noch zu trennen in „einfache“ Mehrheit (gemäß der Zahl der beteiligten Länder) und „qualifizierte“ Mehrheit (gemäß einem gewichteten Stimmenanteil der beteiligten Länder). Auch hier gilt es zu differenzieren: Je mehr der Integrationsprozeß einen **funktionellen Charakter** hat, desto mehr wird das Mehrheitsprinzip dominieren, um überhaupt Beschlüsse zu erreichen. Die Integrationsintensität bleibt insofern labiler, weil Länder dann zwar weniger die Chance haben, Beschlüsse, die ihren nationalen Interessen entgegenstehen, zu verhindern; aber an ihre Stellte tritt die Chance, Ausnahmeregelungen oder Sonderkonditionen für sich zu nutzen. Je mehr der Integrationsprozeß einen **institutionellen Charakter** hat, desto größere Bedeutung gewinnt das Einstimmigkeitsprinzip, wenn unterstellt werden kann, daß - wegen hoher Homogenität bei den Integrationsbedingungen - ein nationales Vetorecht keine Bedeutung hat; oder wenn sichergestellt werden soll, daß gerade wegen der hohen Bindung ein Partner nicht „überfahren“ wird. Dies macht die Beschlußfassung natürlich schwieriger; es erhöht sich die Gefahr, nur noch Einigungen „auf kleinstem“ Nenner zu erreichen. Will man dies wiederum vermeiden, so verstärkt sich die Tendenz, trotz höherer Bindungsintensität der Integrationspartner zum Mehrheitsprinzip überzugehen, um den Integrationsprozeß zu stabilisieren.

Fassen wir diese Überlegungen zusammen, so wird erkennbar, daß mit Blick auf die Erfüllung der Entstehungs- und Stabilisierungsbedingungen zwischen dem formalen Umsetzungsproblem (funktionelle oder institutionelle Integration) und der organisatorischen Ausgestaltung ein Junktim gegeben ist, das letztendlich einmündet in unterschiedliche Stufen der Integrationsintensität.

38) ZUR AUSGESTALTUNG DES INTEGRATIONSPROZESSES

Wird ein **weltweiter Integrationsraum** angestrebt, so ist wegen der unterstellbaren Inhomogenität in der Ausgangslage und den Entwicklungsperspektiven der am Integrationsprozeß beteiligten Länder zu erwarten, daß die materielle Ausgestaltung des Integrationsprozesses, mit Blick auf den Intensitätsgrad des Modells und auf die Bindungsmöglichkeit der Integrationspartner, engen Restriktionen unterliegen dürfte. Das Modell wird eher einen **funktionalen Charakter** haben, der die wirtschaftspolitische Autonomie der Integrationspartner weitgehend erhält. Kommt es zur Bildung von supranationalen Organisationen, so erhalten diese allenfalls Koordinationsfunktionen (i.S. einer mittelbaren Beeinflussung der im Grundsatz autonomen Wirtschaftspolitik der Integrationspartner), ohne den Integrationsprozeß direkt zu gestalten (i.S. einer unmittelbaren supranationalen Gestaltung des gesamten Integrationsraums). Hohes Gewicht besitzen die Beschlußorgane, die sich indessen wiederum auf ein Statut stützen, das meist nur allgemein gehaltene Rahmenbedingungen festlegt; demgegenüber haben die Exekutivorgane allenfalls die Funktion, die Einhaltung der vorgegebenen Rahmenbedingungen und Koordinationsvereinbarungen zu überwachen und eventuell bestehende Streitfälle zu schlichten. Die Beschlußfassung wird mehrheitlich sein, weil anderenfalls eine Beschlußlage wohl nie zustande kommen würde; diese Form der Beschlußfassung verstößt aber auch wiederum solange nicht gegen die unmittelbaren nationalen Interessen der Integrationspartner, wenn die Rahmenbedingungen so ausgestaltet sind, daß Ausnahmeregelungen und Sonderkonditionen möglich sind. Dies ist erforderlich, damit - zum einen - alle Länder am Integrationsprozeß teilnehmen, damit sie sich - zum zweiten - aber auch im Integrationsraum behaupten können. Inhaltlich wird sich dieses Modell des Integrationsprozesses dann auf zwei Pfeiler stützen:

a) Einmal auf Regeln über die **außenwirtschaftlich** ausgerichtete **Marktöffnung** auf der Grundlage der Reziprozität, wonach die nationalen Liberalisierungsschritte (Beseitigung von Verboten und Kontingenten, Senkung von Zollsätzen, Einschränkung von Ausfuhrfördermaßnahmen, Verzicht auf sonstige Diskriminierungen etc.) dem Grundsatz der wechselseitigen Gleichartigkeit oder zumindest Gleichwertigkeit gerecht werden müssen. Ausnahmeregelungen implizieren dann letztlich, daß bestimmte Länder von diesem Reziprozitätsgrundsatz befreit werden, was - von Sondersituationen abgesehen - meist dann an Gewicht gewinnt, wenn der Integrationsprozeß, über das eigentliche Integrationsproblem hinaus eine spezifisch entwicklungspolitische Dimension hat.

b) Zum zweiten auf Regeln über die **binnenwirtschaftlich** ausgerichtete **Anpassung** der einzelnen Länder hinsichtlich ihrer Zielsetzung und ihrem Instrumenteneinsatz an die Bedingungen des (offenen) Integrationsraumes, um sich in diesem behaupten zu können. Diese Regeln enthalten einerseits Bestimmungen über das Wechselkurssystem, das letztlich über das Ausmaß des Anpassungs-„Drucks", der vom Integrationsraum auf den nationalen Binnenraum ausgeht, entscheidet; dieser wird um so geringer sein, je flexibler das Wechselkurssystem ausgestaltet ist. Und sie enthalten bei festen Wechselkursen Vorgaben über den binnenwirtschaftlichen Anpassungsbedarf, aber auch - um diesen nicht zu überfordern - Bestimmungen über internationale Finanzhilfen, die um so bedeutsamer werden, je höher der Anpassungsdruck ist. Sonderkonditionen (bei Wechselkurskorrektur und Finanzhilfen) gewinnen meist dann erneut an Gewicht, wenn der Integrationsprozeß eine spezifisch entwicklungspolitische Dimension hat.

Neben diesen Elementen eines Integrationsmodells, dessen funktionaler Charakter daraus resultiert, daß es einen weltwirtschaftlichen Bezug mit inhomogenen Ausgangs- und Entwicklungsbedingungen der Länder aufweist, unterscheiden wir differenziertere Integrationsmodelle, wenn ein **regionaler Integrationsraum** - meist im Rahmen weltwirtschaftlicher Gravitationsfelder - angestrebt wird. Jetzt entstehen regionale Integrationszonen innerhalb der Weltwirtschaft. Dabei ist zunächst zwischen Außenwirkung und Binnenwirkung eines solchen Integrationsmodells zu unterscheiden.

a) Bei der **Außenwirkung** erhalten wir das Dritt-Länder-Problem, das das Verhältnis zwischen der regionalen Integrationszone und dem „Rest" der Welt umschreibt. Dieses Problem gewinnt dann an Bedeutung und Gewicht, wenn innerhalb der Zone ein höherer Grad der Marktöffnung angestrebt wird als im weltweit sich vollziehenden Integrationsprozeß. Das Problem hat zwei Dimensionen.

- Zum einen eine **formal-rechtliche Dimension**: Sie wurzelt in der Tatsache, daß, wenn es zu Diskrepanzen kommt im Ausmaß der Marktöffnung innerhalb der regionalen Zone und im Ausmaß der Marktöffnung in seiner weltweiten Orientierung, diese Diskrepanzen im Prinzip einen Verstoß gegen den Grundsatz der **Reziprozität** bedeuten. Denn die Partner der Integrationszone gewähren sich wechselseitig unter diesen Bedingungen dann notwendigerweise weitergehendere Liberalisierungszugeständnisse als den Drittländern, obwohl sie ja auch in den weltwirtschaftlichen Verbund integriert sind, sieht man einmal davon ab, daß dort auch Ausnahmeregelungen möglich sind. Diese sind aber offiziell in den Vereinbarungen über den weltweiten Integrationsprozeß enthalten. Die hier relevanten Diskrepanzen resultieren aus Vereinbarungen zwischen den Partnerländern, die an dem regionalen Integrationsprozeß beteiligt sind.. Die Schlußfolgerungen, die daraus zu ziehen sind, sind allerdings alternativ möglich. Wird - einerseits - dem Grundsatz der Reziprozität **eigenwertige Bedeutung** (und damit Priorität) zugewiesen, dann wird man die Bildung von regionalen Integrationszonen mit weitergehenderen Marktöffnungen allein schon aus formalen Überlegungen ablehnen müssen. Wird - andererseits - dem Grundsatz der Reziprozität allenfalls **funktionale Bedeutung** zugewiesen (als Mittel zur Marktöffnung, die ihrerseits Priorität hat), wird man jeden Schritt zur Marktöffnung - auch wenn er regional weiter geht als weltwirtschaftlich - akzeptieren können. Und diese letztere Version gewinnt um so mehr Gewicht, wenn man von der Vorstellung ausgeht, daß der höhere regionale Liberalisierungsgrad eher als Motor für eine auch weltwirtschaftlich immer weitergehendere Liberalisierung angesehen werden kann; diese Argumentation wird besonders dann relevant, wenn die Blockbildung „offen" ist und die Chance gewährt, daß immer mehr Drittländer in die regionale Integrationszone einbezogen werden.

- Zum anderen eine **materiell-ökonomische Dimension**: Kommt es innerhalb der regionalen Integrationszone zu einer weitergehenderen Marktöffnung als weltweit, so werden zwei gegenläufige Effekte relevant. Auf der einen Seite ergibt sich ein **Aufschließungseffekt** innerhalb der regionalen Integrationszone, d.h. Leistungs- und Faktorwanderungen werden in größerem Umfang möglich, als wenn es beim weltweit orientierten (geringeren) Liberalisierungsgrad bliebe. Die Arbeitsteilung wird innerhalb der Integrationszone zusätzlich gefördert, und es können - ungeachtet der restriktiven Bedingungen - zusätzliche Wohlfahrtsgewinne für den Integrationsraum und damit für die Integrationspartner entstehen. Auf der anderen Seite entsteht ein **Abschließungseffekt** gegenüber Drittländern, die nicht zur Integrationszone gehören, wenn Leistungs- oder Faktorwanderungen zwischen Zonen- und Drittländern durch einen zoneninternen Leistungs- und/oder Faktorverkehr substituiert oder partiell erschwert werden. Diese Möglichkeit ist um so mehr gegeben, je mehr die Integrationspartner ihre handelspolitische Autonomie gegenüber

Drittländern verlieren (vgl. dazu noch später). Die internationale Arbeitsteilung kann weltweit somit auch behindert werden; und es können - auch unabhängig von denkbaren Retorsionsmaßnahmen seitens betroffener Drittländer - für die Länder im Integrationsraum auch Wohlfahrtsverluste entstehen, wenn diese Länder auf bessere und/oder kostengünstigere Importe aus Drittländern zugunsten von Importen aus den Partnerländern des Integrationsraumes verzichten müssen. Stellen wir Auf- und Abschließungseffekt einander gegenüber, erhalten wir das Problem des **„optimalen Integrationsraumes"**, der erst Aussagen darüber zuläßt, ob die Bildung einer regionalen Integrationszone - über die formal-rechtlichen Überlegungen hinaus - ökonomisch sinnvoll ist. Die Frage, ob überhaupt, in welcher Dimension und zwischen welchen Ländern die Bildung einer regionalen Integrationszone - von metaökonomischen Motiven (i.S. eines politischen Unionsgedankens) einmal abgesehen - ökonomisch sinnvoll ist, wird sich allenfalls modelltheoretisch, aber nur in engen Grenzen empirisch gehaltvoll, beantworten lassen. Grundsätzlich wird man sagen können, daß diese Frage positiv zu beantworten ist, wenn die Wohlfahrtsgewinne (aufgrund des Aufschließungseffekts) die Wohlfahrtsverluste (aufgrund des Abschließungseffekts) übersteigen, und wenn darüber hinaus der Aufschließungseffekt so ausgeprägte Wachstumsimpulse im Integrationsraum begründet, daß diese einen zusätzlichen Importsog aus Drittländern in den Integrationsraum auslösen, der die möglichen Abschließungseffekte überkompensiert und damit zumindest Retorsionsmaßnahmen seitens Drittländer nicht erwarten läßt.

b) Die Außenwirkung wirft also sowohl formale als auch materielle Probleme auf. Doch selbst, wenn wir unterstellen, daß diese lösbar sind, ein optimaler Integrationsraum also identifizierbar wäre, bliebe das Problem der **Binnenwirkung**. Damit erhalten wir das zoneninterne Integrationsproblem, das das Verhältnis zwischen den Integrationspartnern umschreibt. Hier ist wieder erneut das eigentliche Grundsatzproblem angesiedelt, wie der mögliche Konflikt zwischen den nationalen Interessen der Integrationspartner und dem supranationalen Interesse des Integrationsraumes, damit das Spannungsverhältnis zwischen Autonomie und Bindung der Integrationspartner, gelöst wird. Es stellt sich somit das Problem der **Bindungsintensität** der beteiligten Partnerländer - sowohl nach Art als auch nach Grad der Bindung. Darauf gestützt lassen sich vier **Integrationsstufen** unterscheiden, die sich dadurch auszeichnen, daß die Bindungsintensität systematisch steigt.

- Die **Freihandelszone**: Hier handelt es sich um ein Integrationsmodell, bei dem sich die an der Integrationszone beteiligten Staaten zu einem wechselseitigen **Abbau** von **Handelshemmnissen** (Zölle, Kontingente), bei gegebener Währungskonvertibilität, verpflichten, der dann aber nicht, zumindest nicht in gleichem Umfang, gegenüber Drittländern Anwendung findet. Über diese wechselseitige Verpflichtung hinaus behalten die Teilnehmerstaaten sowohl ihre handelspolitische Autonomie im Außenbereich gegenüber Drittländern als auch ihre wirtschaftspolitische Autonomie (Ordnungs-, Prozeß-, Struktur-,

Verteilungspolitik), die nicht nur auf die Gestaltung der binnenwirtschaftlichen Entwicklung ausgerichtet ist, sondern auch eine Festlegung oder Freigabe der Wechselkurse sowohl gegenüber Drittländern als auch gegenüber den Integrationspartnern einschließt. Der Autonomieverzicht beschränkt sich somit nur auf den blockinternen Handelsverkehr. Hier stehen allerdings die Teilnehmerländer unter einem außenhandelspolitisch nicht mehr beliebig steuerbaren Liberalisierungszwang. Dieser mag Ausnahmeregelungen (in Sonderfällen und Sondersituationen) nicht ausschließen. Zur Durchsetzung der vereinbarten Liberalisierungsschritte sowie derartiger zugestandener Ausnahmen behalten die völkerrechtlichen Grenzen und damit mögliche Grenzkontrollen im Integrationsraum aber nach wie vor ihre ökonomische Abgrenzungsfunktion. Und diese Abgrenzungsfunktion hat vor allem auch deshalb ihre Bedeutung, weil die Integrationspartner zwar eine wechselseitige handelspolitische Liberalisierung vereinbaren, was definitionsgemäß blockintern handelspolitische Manipulationen ausschließt. Dennoch behalten sie sich das Recht vor, Wettbewerbsverzerrungen, die aus der binnenorientierten Wirtschaftspolitik der Integrationspartner resultieren und durch Wechselkurskorrektur oder -freigabe nicht aufgefangen werden können, anderweitig - durch steuer-, subventions- aber auch außenwirtschaftspolitische Maßnahmen - zu kompensieren. Denkbar ist auch, daß die Freihandelszone nur den Charakter einer Präferenzzone hat, in der die handelspolitischen Liberalisierungszugeständnisse nur eben weiter gehen als gegenüber Drittländern. Immer aber gilt, daß der Autonomieverzicht sich auf die blockinterne Handelspolitik reduziert. Und das Integrationsmodell dürfte einen typisch **funktionalen Charakter** haben: Kommt es zur Bildung von supranationalen Institutionen, reduzieren sich die Möglichkeiten der Exekutivorgane allenfalls auf Koordinationsfunktionen. Die Bindungsintensität der Integrationspartner ist gering; und das Integrationsmodell hat noch einen relativ losen und demzufolge auch einen eher instabilen Charakter.

- Die **Zollunion**: Hier handelt es sich um ein Integrationsmodell, das zwar die wesentlichen Elemente der Freihandelszone übernimmt (Abbau von blockinternen Handelshemmnissen, Souveränität in der binnenorientierten Ordnungs- und Prozeßpolitik sowie in der Wechselkurspolitik gegenüber Drittländern und Integrationspartnern, Aufrechterhaltung der Abgrenzungsfunktion der völkerrechtlichen Grenzen), das aber die Freihandelszone in einem wesentlichen Punkt weiterentwickelt: Zu der blockinternen Liberalisierung (zumindest der Einräumung von Präferenzen), bei der die völkerrechtlichen Grenzen nur insoweit ihre Abgrenzungsfunktion behalten, um die vereinbarten Liberalisierungen kontrollieren und binnenwirtschaftlich verursachte Wettbewerbsverzerrungen kompensieren zu können, tritt die **Vergemeinschaftung** der **Handelspolitik** der Integrationspartner gegenüber Drittländern. Es kommt nun zu einem gemeinsamen Außentarif in der Zollgestaltung bzw. zu einer gemeinsamen handelspolitischen Strategie gegenüber Drittländern. Der Autonomieverzicht erweitert sich in diesem Modell - gegenüber dem Modell der Freihandelszone - auf die Handelspolitik der Integrationspartner gegenüber Drittländern. Diese Vergemeinschaftung kann durch verbindliche Koordination und Harmonisierung der Handelspolitik der Integrationspartner erfolgen; sie kann aber auch an eine supranationale Organisation, die die Zollunion gegenüber Drittländern kraft eigener Rechtspersönlickeit nicht nur politisch repräsentiert, sondern die Handelspolitik gegenüber Drittländern unmittelbar gestaltet, übertragen werden. In diesem Modell ist somit der Übergang von der funktionellen zur **institutionellen Integration** angelegt. Denn wenn auch die Beschlußorgane Rahmenbedingungen und Richtlinien vorgeben, können sich die Möglichkeiten der Exekutivorgane von Koordinations- auf Gestaltungsfunktionen (i.S. einer supranationalen Ausgestaltung dieser Rahmenrichtlinien in Bezug auf die Handelspolitik gegenüber Drittländern) erweitern. Die Bindungsintensität der Integrationspartner steigt; das Integrationsmodell gewinnt an Stabilität. (Und letzteres dürfte um so mehr der Fall sein, je mehr das wesentliche Element dieses „Unions"-Gedankens - die Idee der Vergemeinschaftung mit ihren institutionellen Implikationen - auf andere Politikbereiche, z.B. „Agrar-Union", „Verkehrs-Union" o.ä., übertragen wird und systematisch ausstrahlt.)

- Der **Gemeinsame Markt**: Hier handelt es sich um ein Integrationsmodell, das zwar die vollzogenen Integrationsschritte von Freihandelszone und Zollunion beibehält, aber doch in einem ganz wesentlichen Punkt darüber hinausweist. Denn jetzt werden im Integrationsraum **binnenmarktähnliche Verhältnisse** geschaffen, d.h. die völkerrechtlich nach wie vor bestehenden Staatsgrenzen verlieren ihre ökonomisch relevante Abgrenzungsfunktion; die Grenzkontrollen entfallen. Dies hat eine Reihe von Implikationen. Zunächst tritt nun zum blockinternen freien Handelsverkehr der freie Dienstleistungsverkehr (Banken, Versicherungen, freie Berufe) sowie der freie Faktorverkehr (Arbeit, Kapital) hinzu. Um willkürliche Verzerrungen in den Leistungs- und Faktorbewegungen zu verhindern, bedarf es nun aber Schritte zur **Rechtsangleichung** im Integrationsraum, die nicht nur die Freizügigkeit der Leistungs- und Faktorbewegungen garantieren, sondern auch eine Gleichbehandlung des in- und ausländischen Leistungs- und Faktorangebots bei jedem Integrationspartner sicherstellen. Entfallen nun die Grenzkontrollen, entfallen auch die kompensierenden Möglichkeiten zum Ausgleich von divergierenden Maßnahmen der nationalen Ordnungspolitik (Arbeits-, Sozial-, Steuer-, Umweltrecht), soweit sie nach wie vor im blockinternen Handelsverkehr Wettbewerbsverzerrungen begründen. Unterstellt, daß diese Divergenzen auf Dauer - wegen des anhaltenden Charakters der Wettbewerbsverzerrung - über Wechselkurskorrekturen nicht aufgefangen werden können, wird der Übergang zum Gemeinsamen Markt ohne eine **Harmonisierung** der nationalen ordnungspolitischen Maßnahmen nicht tragfähig sein. Harmonisierung und Rechtsangleichung implizieren einen weiteren nationalen Autonomieverzicht. Differenzierter ist die Situation zu sehen bei divergierender, da nach wie vor national ausgerichteter Prozeßpolitik (v.a. Geld- und Fiskalpolitik). Sie ist auch im Gemeinsamen Markt noch so lange möglich, soweit sie wechselkurspolitisch „abgesichert" werden kann; sei es über flexible Wechselkurse, sei es über die Möglichkeit der fallweisen Kurskorrektur. Soll an einem Fixkurssystem festgehalten werden, um die blockinterne Arbeitsteilung nicht durch Wechselkursrisiken zu belasten, so schließt dies die Möglichkeit von Wechselkurskorrekturen zwar nicht grundsätzlich aus. Sollen diese aber dem nationalen „Alleingang" entzogen werden und nur noch in einem abgestimmten Prozeß - auf der Grundlage einer allgemeinen Neu-Adjustierung des gesamten Wechselkursgefüges im Integrationsraum (sog. **Realignment**) - erfolgen, kommt hier ein weiteres Element des Autonomieverzichts hinzu. Innenpolitische Rechtsangleichung, ordnungspolitische Harmonisierung und eventuell nur noch gemeinsames Vorgehen in der zoneninternen Wechselkurspolitik lassen erkennen, daß im Gemeinsamen Markt der Wandel zur **institutionellen Integration** immer ausgeprägter werden kann. Dies gilt gerade dann, wenn neben reinen Exekutivorganen auch Legislativorgane (gemeinsames Parlament) und Judikativorgane (supranationaler Gerichtshof) in Erscheinung treten, die kraft eigener Rechtspersönlichkeit, wenngleich unter Wahrung der völkerrechtlichen Souveränität der einzelnen Integrationspartner, für den Integrationsraum insgesamt geltende Beschlüsse fassen, geltendes Recht setzen und deren Einhaltung kontrollieren. Die Koordinationsfunktion supranationaler Instanzen wird durch deren Gestaltungsfunktion immer mehr ersetzt. Die Bindungsintensität der Integrationspartner steigt, und das Integrationsmodell gewinnt weiter an Stabilität.

- Die **Wirtschafts-** und **Währungsunion**: Hier handelt es sich um ein Integrationsmodell, das einerseits auf den Intentionen des Gemeinsamen Marktes aufbaut und dessen Implikationen auch übernimmt, das aber andererseits von einer wesentlichen Zusatzannahme ausgeht. Denn es wird nun davon ausgegangen, daß das System flexibler Wechselkurse aber auch die Möglichkeit fallweiser Kurskorrekturen nicht nur den Zwängen divergierender Fundamentaldaten folgen, sondern auch dem Einfluß dysfunktionaler Kapitalbewegungen unterliegen dürfte, die die realwirtschaftlich begründete Wechselkursentwicklung mit konterkarierenden, fehlindizierenden oder spekulativ überzeichnenden Effekten überlagern kann. Gemeinsam ist sowohl der Wechselkursflexibilität als auch der Wechselkurskorrekturmöglichkeit somit, daß der an sich freie Leistungs- und Faktorverkehr durch ein mögliches Wechselkursrisiko erhebliche Belastungen erfährt, die die erwarteten Wohlfahrtssteigerungen im Integrationsraum wiederum infrage stellen, zumindest reduzieren könnten. Und dies gilt um so mehr, je enger der Verflechtungsgrad im Gemeinsamen Markt geworden ist und eine „neuerliche" Umstellung der Produktionsstruktur Friktionskosten auslöst, zumal die Marktöffnung im Integrationsraum nicht mehr von den Integrationspartnern beliebig rückgängig gemacht werden kann. Deshalb erfolgt in diesem Integrationsmodell ein Übergang in ein System, in dem die Wechselkurse zwischen den Integrationspartnern entweder definitiv festgeschrieben sind (**Irreversibilität**) oder sogar eine gemeinsame Währung (**Einheitswährung**) eingeführt wird. Der Übergang von einem irreversiblen Wechselkursgefüge zur Einheitswährung ist zwar integrationspolitisch nicht zwingend, kann aber unter bestimmten Bedingungen vorteilhaft sein (vgl. dazu noch später). Integrationspolitisch entscheidend ist aber in jedem Falle, daß mit diesem Übergang zu irreversiblen Kursrelationen oder Einheitswährung die Möglichkeit der wechselkurspolitischen Absicherung wirtschafts- und währungspolitischer „Alleingänge" einzelner Integrationspartner entfällt. Denn diese wirken nun voll auf den Integrationsraum durch. Die Konsequenz liegt auf der Hand. Jetzt bedarf es neben der Rechtsangleichung und der Harmonisierung der Ordnungspolitik darüber hinaus einer **Harmonisierung** der **Wirtschafts-** und **Währungspolitik**. Ob diese in der Form der Politik-„Koordination" der Maßnahmen der an sich souveränen Integrationspartner erfolgt oder zur weitergehenden Politik-„Übertragung" (an supranationale Instanzen) führt, ist im Grundsatz unerheblich; entscheidend ist, daß in diesem Integrationsmodell der wirtschaftspolitische Autonomieverzicht am größten ist, die Bindungsintensität am weitesten geht, und der Integrationsraum die höchste Stabilität erfährt, sieht man vom Übergang in eine politische Union ab, in der zusätzlich die völkerrechtliche Souveränität aufgehoben ist.

Die Entwicklung der vier Integrationsstufen hat noch eine Reihe von Fragen offengelassen: Einmal die Frage, ob es Kriterien für ein „optimales Integrationsmodell" gibt, die empirisch gehaltvoll identifizierbar sind; sodann die Frage, ob ein Übergang in eine „höhere" Integrationsstufe wünschbar oder gar zwingend ist; schließlich die Frage, nach welchem strategischen Konzept und unter welchen Bedingungen und Varianten der Beschlußfassung ein solcher Übergang sinnvoll und erreichbar ist. All dies sind Fragen, die nochmals in anderem (konkretisierbaren) Zusammenhang aufgegriffen werden müssen. Hier galt es, zunächst einmal deutlich zu machen, wie theoretisch ein Integrationsprozeß materiell ausgestaltet werden kann und welche Entstehungs- und Stabilisierungsbedingungen im jeweiligen Integrationsmodell erfüllt sein müssen, um seine Funktionsfähigkeit zu erreichen. Und dabei ist unschwer zu plausibilisieren: Je höher der Bindungsgrad der Integrationspartner ist, desto stabiler ist das Integrationsmodell, desto größer ist aber auch der Autonomieverzicht der Integrationspartner. Dies setzt indessen voraus, daß die Ausgangslage und die Entwicklungsperspektiven im Integrationsraum zwischen den Integrationspartnern ein hohes Maß an Homogenität aufweisen, soll das Integrationsmodell nicht einer dauernden Zerreißprobe unterworfen sein.

II. HISTORISCHE PERSPEKTIVEN

39) DAS MERKANTILISTISCHE INTEGRATIONSKONZEPT

Nachdem einige Grundsatzprobleme herausgearbeitet wurden, die im Zuge des Integrationsprozesses entstehen und einer wie auch immer inhaltlich angelegten Lösung bedürfen, stellt sich nun die Frage, wie die Volkswirtschaften, die sich schon immer in einen supranationalen Wirtschaftsraum zu integrieren versuchten, mit diesen Grundsatzproblemen umgegangen sind. Ein kurzer **historischer Rückblick** über die bislang praktizierten Integrationsschritte bietet sich an, bevor wir uns der eigentlichen Frage zuwenden, wie sich in der Nachkriegszeit und bis in die aktuelle Gegenwart hinein Integrationskonzepte - in **weltwirtschaftlicher** Perspektive (III.), in **regionalwirtschaftlicher** Perspektive (IV.) und in **entwicklungspolitischer** Perspektive (V.) - herausbildeten. Denn schon im historischen Rückblick wird erkennbar, daß sich jene Grundkonflikte ergeben, die noch heute die aktuellen Integrationskonzepte mitbestimmen und die Diskussion darüber mitprägen.

Nun wird man im Grundsatz davon ausgehen können, daß sich die Integrationsproblematik erst stellte, als überhaupt Nationalstaaten und damit **nationale Wirtschaftsräume** mit korrespondierend nationalen (eigenständigen) Interessenlagen sich herausbildeten. Denn erst dann konnte die Frage relevant werden, wie sich die nationalen Wirtschaftsräume in einen supranationalen Wirtschaftsraum integrieren können bzw. sich unter spezifischen Zielsetzungen integriert haben. Bis dahin war das Problem der Nutzung des internationalen Wirtschaftsraumes gewiß nicht neu. Große Bedeutung erlangte schon seit dem 11. Jahrhundert die sog. Hanse. Sie war ein organisationsmäßig sehr lose konzipierter Zusammenschluß von Kaufleuten (ohne eigenes Statut oder eigene Exekutivorgane) mit der vorwiegend wirtschaftlichen Zielsetzung, gemeinsame Handelsinteressen im Ausland zu vertreten, was überdies einen wechselseitigen Schutz einschloß. Die Interessenlage war aber zu keinem Zeitpunkt national ausgerichtet, sondern allenfalls privatwirtschaftlich (Kaufmann-Hanse) oder kommunal (Städte-Hanse) orientiert, wobei die Hansestädte strikt ihre Privilegien zu wahren suchten.

Mit der Entwicklung des **Merkantilismus** stellte sich erstmals die eigentliche Integrationsproblematik; denn jetzt etablierte sich - etwa seit Mitte des 17. Jahrhunderts - ein „nationales“ Interesse, das nun mit dem supranationalen Integrationsraum konfrontiert wurde. Im Zuge der Herausbildung **absolutistischer Staaten** war die Grundlage dafür geschaffen, daß sich eine merkantilistische Wirtschaftslehre entfalten konnte. Nun entwickelte der Merkantilismus zwar keine einheitliche umfassende **Wirtschaftstheorie**; eher bildete sich eine Vielfalt von praktischen Empfehlungen heraus. Und die Unterschiede in den Wirtschaftsstrukturen der einzelnen absolutistischen Staaten machte auch keine einheitliche **Wirtschaftspolitik** möglich; so ergaben sich erhebliche nationale Nuancen. Gleichwohl sind einige Gemeinsamkeiten in Zielsetzung und Instrumenteneinsatz erkennbar. Sie wurzelten allesamt in dem Streben der absolutistischen Herrscher nach politischer und militärischer Macht. Dies ließ einen enormen Geldbedarf entstehen (Beamtentum, stehendes Heer, Durchführung von Kriegen - bis hin zur Schaffung von Repräsentationsbauten). Damit war die ökonomische Zielsetzung vorgegeben: Es galt, den Reichtum des absoluten Herrschers - repräsentiert durch **Geld-** und **Edelmetallbesitz** - zu mehren. Dabei war die Sichtweise keineswegs einhellig. In einer frühen Variante der merkantilistischen Geldlehre (der „Monetaristen" bzw. „Bullionisten") wurde der Geld- und Edelmetallbesitz per se als Wohlstandsindikator angesehen, woraus die These abgeleitet wurde, daß jede Geldausgabe schädlich und allenfalls preistreibend sei. In einer alternativen Sicht wurde der Geld- und Edelmetallbesitz zwar ebenfalls als ein entscheidender Reichtumsindikator gesehen; dennoch wurde seine Horte als schädlich betrachtet, weil man davon ausging, daß die Ausgabe der sich im Staatsbesitz befindlichen Geldmenge in Unterbeschäftigungssituationen über kaufkräftige Nachfrage sehr wohl expansive Impulse auf Volkseinkommen und Beschäftigung ausüben könnte, was den Reichtum des Staates - über höhere Steuereinnahmen - zusätzlich steigern könnte.

Ungeachtet dieser kontroversen Sichtweise ergab sich dennoch in der Steigerung des Geld- und Edelmetallbesitzes ein gemeinsamer Bezugspunkt, der letztlich die wirtschaftspolitische Zielsetzung des Merkantilismus dominierte. Diese hatte - zum einen - Konsequenzen für die **Binnenwirtschaftspolitik**, die ganz im Zeichen stand, die inländischen Produktivkräfte zu fördern. Dies erfolgte durch aktive Bevölkerungspolitik (Geburtenförderung, Auswanderungsverbote), Industrieansiedlungs- und Industrieförderungspolitik (Subventionen, Förderung des technischen Fortschritts), Aufbau von Manufakturen in eigener staatlicher Regie, Aufbau eines Handels- und Verkehrswesens etc., um daraus eine hinreichend ergiebige Steuerquelle für die staatlichen Einnahmen zu schaffen und zu erhalten. Die Zielsetzung hatte - zum zweiten - Konsequenzen für die **Außenwirtschaftspolitik**. Sie war im Grundsatz von der Vorstellung geprägt, im Außenwirtschaftsverkehr Leistungsbilanzüberschüsse zu erzielen, die dann notwendigerweise als zweite Reichtumsquelle aufgrund von Kapitalzuflüssen angesehen werden konnten. Erneut trat die Kontroverse auf: Während die Bullionisten jedes Abströmen von Geld ins Ausland als schädlich betrachten mußten und deshalb eine aktive Handelsbilanz in Verbindung mit striktem Importverbot forderten, sahen andere Merkantilisten die Situation differenzierter. Sie erkannten die Chance, über Rohstoffimporte eine exportorientierte Warenproduktion im Inland zu fördern und damit indirekt die Handelsbilanz zu aktivieren; sie erkannten ferner die Bedeutung einer aktiven Dienstleistungs- und Kapitalbilanz, um die Gefahr zu vermindern, daß der expansive Effekt einer aktiven Handelsbilanz unterlaufen werden konnte. Aber im Grundsatz sahen sie auch die Notwendigkeit, durch eine protektionistische Handelspolitik Handelsüberschüsse und somit Kapitalzuflüsse zu erreichen, die im Inland wiederum zinssenkend und damit investitions- und beschäftigungssteigernd wirken könnten (ganz i.S. der beggar-my-neighbour-Strategie). Damit kam es zwar zu einer differenzierteren Sichtweise der Gestaltung der Außenwirtschaft, die aber dennoch in das Kernziel einmündete, den Reichtum des Landes, repräsentiert durch Geld- und Edelmetallbesitz, zu steigern. Dies hatte zwei Implikationen:

a) Was zunächst das Konzept der **Außenwirtschaftsordnung** angeht, hatte diese - in Analogie zur zentralgeleiteten Binnenwirtschaftsordnung, deren dirigistische Intensität allerdings von Land zu Land unterschiedlich war (in Frankreich und Preußen eher zentralistisch, in England und Holland eher liberal) - einen eindeutig zentralverwaltungswirtschaftlichen Charakter. Er reichte vom Außenhandelsdirigismus bis hin zum staatlichen Außenhandelsmonopol, das die außenwirtschaftlichen Transaktionen in eigene Regie übernahm. Dieses ordnungspolitische Konzept erlaubte dann die Anwendung eines breiten **außenwirtschaftspolitischen Instrumentariums**. Es reichte von Verboten und Kontingentierung für die Einfuhr von Fertigwaren, die nur die Geldmenge verringerte, sowie für die Ausfuhr wichtiger Rohstoffe, die für den Aufbau einer weiterverarbeitenden Industrie benötigt wurden, bis hin zu einer gezielten Förderung der außenwirtschaftlichen Transaktionen durch Subventionen, Steuerprivilegien oder Verleihung von Handelsmonopolen v.a. für die Ausfuhr von Fertigwaren, die direkt den Edelmetallzufluß begünstigten oder für die Einfuhr von Rohstoffen, die über den Aufbau einer Exportindustrie indirekt die Handelsbilanz aktivierte. Ferner wurde darauf geachtet, daß die für den Handelsverkehr notwendigen Dienstleistungen (Transport, Versicherung) von inländischen Unternehmen erbracht wurden.

b) Was - daraus abgeleitet - das eigentliche **Integrationskonzept** angeht, so bedarf es der Differenzierung. Es war gewiß kein reines Autarkiekonzept; allenfalls die Position der Bullionisten hätte - konsequent zu Ende gedacht - zu dieser Position führen können. In der modifizierten und differenzierteren merkantilistischen Form wurde der Nutzen der internationalen Arbeitsteilung und somit die Bedeutung des supranationalen Wirtschaftsraumes - als Lieferant für notwendige Rohstoffe bzw. als Abnahmegebiet für die eigenen Fertigprodukte - sehr wohl gesehen, damit ein Integrationsbedarf in den supranationalen Wirtschaftsraum erkannt. Das Integrationskonzept selbst war indessen ganz durch die **Dominanz** monetär ausgerichteter nationalstaatlicher Interessen geprägt; das Prinzip der Gegenseitigkeit bei den handelspolitischen Zugeständnissen - somit ein wie auch immer gearteter **Reziprozitätsgrundsatz** - war in diesem Integrationskonzept nicht angelegt. Ein eigenständiges supranationales Interesse an der Entstehung und Stabilisierung des Integrationsraumes, dem dann nationale Interessen notwendigerweise zumindest partiell hätten untergeordnet werden müssen, wurde nicht anerkannt. Der Integrationsprozeß wurde ausschließlich unter dem Blickwinkel nationaler Interessen gesehen.

Nimmt man Zielsetzung und Implikationen zusammen, so gingen sie von einem ausschließlich **statischen Reichtumsbegriff** aus. Der Reichtum wurde - eine Folge des noch überwiegend statischen Charakters des Wirtschaftsprozesses selbst - als eine vorgegebene Größe gesehen; eine Reichtumsmehrung zugunsten des absoluten Staates oder Herrschers schien, ganz i.S. eines „Null-Summen-Spiels", nur möglich „auf Kosten" der anderen - binnenwirtschaftlich: auf Kosten der Bürger (über Steuerbelastung), außenwirtschaftlich: auf Kosten des Auslands (über Handelsüberschüsse). Damit erhielt das Integrationskonzept zunehmend aggressive Elemente. Soweit in das Integrationskonzept überhaupt Varianten der Handelsvertragspolitik eingesetzt wurden, hatten diese einen typisch bilateralen Charakter; sie wurden unter Einsatz staatlicher Machtmittel meist mit schwächeren Staaten abgeschlossen, um nationale Interessen durchsetzen zu können. Oft wurde dies noch ergänzt durch die Schaffung (und Privilegierung) von Handelskompagnien, die bei der Erschließung neuer Absatz- und Liefergebiete sowie bei der Durchführung von kolonialen Erwerbungen Pionierarbeit zu leisten hatten. In letzter Konsequenz war auch die Durchführung von Handelskriegen - nicht selten flankiert durch militärische Aktionen - ein Bestandteil des Modells.

Insgesamt gesehen, hatte das merkantilistische Integrationskonzept notwendigerweise (politisch) einen instabilen Charakter; und überdies wohnte ihm (sachlich) eine **Widersprüchlichkeit** inne. Das Konzept war - einerseits - darauf ausgelegt, binnen- wie außenwirtschaftlich dynamische Kräfte freizusetzen (Förderung der Produktivkräfte, Intensivierung der internationalen Austauschbeziehungen); doch es war - andererseits - gleichzeitig darauf angelegt, diese dynamischen Kräfte immer wieder dirigistisch und protektionistisch abzuwürgen, um die einseitige Dominanz nationaler Interessen zu wahren. Als die politischen Voraussetzungen (Existenz absolutistischer Staaten) brüchig wurden, und als sich eine neue Sichtweise außenwirtschaftlicher Beziehungen etablierte, stand das Konzept zur Ablösung an.

40) DAS FREIHÄNDLERISCHE INTEGRATIONSKONZEPT

Gegen Ende des 18. Jahrhunderts setzten gravierende Umwälzungsprozesse ein, die unterschiedliche Dimensionen aufwiesen. Die Umwälzungsprozesse hatten - zum einen - eine **ökonomische Dimension**, die in der industriellen Revolution ihren Ausdruck fand. Technologische Entwicklungen (Textilindustrie, Eisenerzeugung) boten zum ersten Mal die Chance, mit wachsender Ausbringung der Produktion die Möglichkeit der Kostendegression zu nutzen, womit freilich die traditionellen (binnenwirtschaftlichen) Absatzmärkte zunehmend „zu eng" wurden. Eisenbahn und Dampfschiffahrt schufen darüber hinaus die Möglichkeit, die Transportwege rascher zu bewältigen und die Transportkosten zu verbilligen. Ein immer leistungsfähigeres Kredit- und Kapitalmarktsystem ermöglichte überdies die Finanzierung dieses technologischen Prozesses, die über die Bildung von großen Kapitalgesellschaften konsequent genutzt wurde. Schließlich übte auch der Produktionsfaktor Arbeit - mit Blick auf die Verfügbarkeit von Arbeitskräften - keine restriktive Funktion aus. Alle diese Aspekte drängten über die Entwicklung des Binnenmarktes hinaus auf eine Expansion der außenwirtschaftlichen Beziehungen. Die Umwälzungsprozesse hatten - zum zweiten - eine **politische Dimension**, die, gestützt auf das Ideengut des Naturrechts (Individualrechte) und des Staatsrechts (Gewaltenteilung), zu einer Ablösung der absolutistischen Herrschaftsstrukturen führte. Im Zuge dieser Entwicklung etablierte sich zunehmend ein aufgeklärtes und selbstbewußtes Bürgertum, das sich nicht nur als Träger dieses ökonomischen „Fortschritts"-Prozesses empfand, sondern daraus auch für sich das Recht ableitete, über diese ökonomischen Transaktionen im Inland aber auch über die Landesgrenzen hinweg, frei von staatlicher Bevormundung, selbst zu entscheiden. Gerade diese politische Dimension implizierte somit in ihrem Selbstverständnis die Forderung, den wirtschaftlichen Prozeß den Individualentscheidungen anzuvertrauen, womit denknotwendig das ökonomische Individualinteresse - vor staatlichem Geldbesitz - eine dominierende Funktion erhielt.

Beide Dimensionen schufen die Voraussetzung dafür, daß sich ein neues ökonomisches Denken entfalten konnte: Der Reichtumsbegriff wurde dynamisiert (Gedanke der Vorteilhaftigkeit der **Arbeitsteilung**); der deistisch begründete Harmoniegedanke wurde auf den Wirtschaftsprozeß übertragen (Gedanke des unter freien Marktbedingungen sich einstellenden **Marktgleichgewichts**). Der freie Unternehmer wird zum Träger dieses Prozesses und gleichzeitig - nicht trotz, sondern wegen seines Gewinnmotivs - zum Vollzugsorgan des gesellschaftlichen **Interessenausgleichs**. Dieses von der Schule der englisches Klassik (Adam Smith, David Ricardo, John Stuart Mill u.a.) systematisch herausgearbeitete Ideengut konnte sich zu einer überzeugenden Alternative zum dirigistischen Konzept des „Ancien Régimes" entwickeln. Es wurde in England zunächst binnenwirtschaftlich umgesetzt, wo 1813 - in Deutschland erst gut ein halbes Jahrhundert später - die de facto schon bestehende Gewerbefreiheit auch de jure an die Stelle der Zunftordnung trat. Um die Mitte des 19. Jahrhunderts wurden diese Gedanken dann auch auf die außenwirtschaftlichen Beziehungen übertragen. Unter dem Einfluß der von Cobden und Bright geführten „Anti-Corn-Law-League" wurden die Zölle für Industrierohstoffe (1842), Getreide (1846) sowie Industriewaren (1860) abgeschafft; überdies kam es zur Suspendierung der Navigationsakte (1849), wonach Einfuhren nach England nur auf englischen Schiffen erfolgen durften.

Die Tatsache, daß dieses liberale Ideengut als erstes in England nicht nur theoretisch entwickelt, sondern auch in die außenwirtschaftspolitische Praxis umgesetzt wurde, war zum einen dem Umstand zu verdanken, daß es erstmals gelungen schien - gestützt auf Ricardos Theorie der komparativen Kosten -, die **Vorteilhaftigkeit** der **internationalen Arbeitsteilung** „für alle" beteiligten Staaten theoretisch nachzuweisen und auf diese Weise das einseitige „Bereicherungsdenken" des Merkantilismus zu überwinden. So konnte gezeigt werden - wenngleich auch unter sehr restriktiven Bedingungen -, daß ein Land von arbeitsteilig ausgerichteten außenwirtschaftlichen Transaktionen nicht „auf Kosten" der anderen Länder (statische Sicht), sondern „zusammen" mit den anderen Ländern (dynamische Sicht) profitiert; begründet wurde hier letztlich die Hypothese von der „konfliktfreien" Weltwirtschaft. Hinzu kam aber zum zweiten, daß der Freihandelsgedanke praktisch den **Interessen** der **englischen Industrie** entgegenkam: England war zu jener Zeit die führende Industrienation (économie dominante), die sich nicht nur technologisch am Weltmarkt überlegen behaupten, sondern überdies auf die Einfuhr billiger Nahrungsmitteln (aus den Commonwealth-Ländern) setzen konnte. Dies hielt die Arbeitslöhne im Inland niedrig und verbesserte somit auch kostenseitig die Wettbewerbsposition Englands. Sieht man einmal von den USA ab, die zwar binnenwirtschaftlich das liberale Prinzip voll umsetzten, außenwirtschaftlich aber die protektionistische Position in der zweiten Hälfte des 19. Jahrhunderts eher noch verschärften, war die Stimmungslage auf dem europäischen Kontinent eher gespalten. Einerseits legten die **Erfahrungen**, die man mit dem Abbau von Durchfuhrzöllen und sonstigen Handelshemmnissen machte, es nahe, diesen Abbau auch auf internationale Wirtschaftsbeziehungen anzuwenden. (Zu denken ist etwa an den deutschen Zollverein, der 1834 - unter Führung Preußens und unter Ausschluß Österreichs - in Kraft trat, und dem die meisten deutschen Länder angehörten; sein Ziel war es, das Zollwesen zu vereinheitlichen und die Zollschranken zwischen den deutschen Ländern abzubauen.) Andererseits bestanden **Interessenkonflikte**. Die Landwirtschaft begrüßte vielfach die Freihandelsidee, weil sie ihr neue Exportchancen für ihre Produkte eröffnete (v.a. Getreideanbau). Demgegenüber lehnte die Industrie den Freihandelsgedanken ab, weil sie sich gegenüber der englischen Konkurrenz noch nicht wettbewerbsfähig fühlte; ihre Forderung nach befristetem Schutzzoll fand nicht nur in der Wissenschaft Widerhall (Friedrich Lists Erziehungsargument), sondern auch in der Praxis in einem maßvollen Protektionismus ihren Niederschlag.

Gleichwohl: Der starke Bevölkerungsanstieg, die Dynamik in der industriellen Entwicklung sowie der zügige Ausbau des Nachrichten- und Verkehrswesens - alle diese Komponenten schufen die Voraussetzungen für eine Intensivierung der außenwirtschaftlichen Transaktionen. Und als die kontinentaleuropäische Industrie den Wettbewerbsvorsprung der englischen Industrie um die Mitte des 19. Jahrhunderts einzuholen begann, waren die sachlichen Bedingungen dafür gegeben, das freihändlerische Integrationskonzept umzusetzen. Der bis dahin dominierende **komplementäre Warenaustausch**, der dem Kriterium der Verfügbarkeit und/oder der absoluten Kostenunterschiede folgte, wurde in der zweiten Hälfte des 19. Jahrhunderts immer mehr ergänzt durch den **substitutiven Warenaustausch**, soweit er den komparativen Kostenrelationen entsprach. Hierbei ist allerdings zu differenzieren. Der substitutive Warenaustausch beschränkte sich auf jene Länder (USA, Kontinentaleuropa), die - dem Vorbild Englands folgend - im Industrialisierungsprozeß als „new-comer" eine gewisse Aufholphase abgeschlossen hatten. Der Handel zwischen den Industrieländern und ihren Kolonien (Entwicklungsländer) behielt seinen komplementären Charakter bei; die Kolonien waren gezwungen, ihren Status als Nahrungs-, Genußmittel- und Rohstofflieferant bzw. als Absatzgebiet für Industriewaren aufrechtzuerhalten. Und sie blieben in dieser Eigenschaft nicht nur politisch, sondern auch ökonomisch an das Mutterland gebunden. Es etablierte und stabilisierte sich dort eine typische **Contra-Struktur** (Konzentration der Produktionsstruktur) im Gegensatz zu einer dem Industrialisierungsprozeß an sich angemessenen **Breiten-Struktur** (Diversifizierung der Produktionsstruktur). Gewiß stand diese Entwicklung im Widerspruch zur Intention der Freihandelsbewegung, die den Ländern die gleichberechtigte Teilhabe am weltwirtschaftlichen Expansionsprozeß sichern sollte. Dennoch wurde in diesem Punkt - bei allen Modifikationen - die merkantilistische Denktradition (i.S. des Primats nationaler Interessen des Mutterlandes) fortgeschrieben; es entstand das, was gemeinhin als „**Freihandelsimperialismus**" bezeichnet wird.

Ungeachtet dieser Differenzierung entstand nun aber die Notwendigkeit, das Integrationsmodell auf eine neue Basis zu stellen. Denn jetzt etablierte sich eine supranationale Integrationszone - der Freihandelsgedanke implizierte notwendigerweise die Marktöffnung der nationalen Wirtschaftsräume -, die nun aber nicht mehr (wie im Merkantilismus und vom Mutterland-Kolonie-Verhältnis abgesehen) von nationalen Interessen dominiert werden konnte, sondern von einem **Interessenkonflikt** zwischen nationalem Interesse (Nutzung des Integrationsraumes) und supranationalem Interesse (Funktionsfähigkeit des Integrationsraumes) geprägt war. Eine Lösung dieses Konflikts mußte auf der Grundlage einer vertraglichen Bindung der Integrationspartner erreicht werden, die nun aber zumindest im Grundsatz durch das **Reziprozitätsprinzip** bestimmt war. Die Bemühungen hierzu setzten völlig konsequent auf den beiden bereits skizzierten Ebenen ein.

a) Zum einen galt es, die **Entstehungsbedingungen** festzulegen, d.h. in der Außenorientierung Regeln über den Grad der **Autonomie** der **Außenwirtschaftspolitik** zu formulieren, um die **Entstehung** des Integrationsraumes auf der Basis der **Marktöffnung** sicherzustellen. Zu diesem Zweck galt es, den Liberalisierungsprozeß auf eine feste vertragliche Grundlage zu stellen. Die nationale Bereitschaft der Länder zur Marktöffnung war hierfür zwar notwendig aber nicht hinreichend, wenn es galt, eine stabile handelspolitische Basis zu schaffen. Um dies zu erreichen, wurde der nationale Abbau von Handelshemmnissen in eine **Handelsvertragspolitik** eingebunden. Diese hatte zwar formal noch einen bilateralen Charakter, der aber materiell in eine Multilateralität überging. Letzteres wurde dadurch erreicht, daß in die Handelsverträge die sog. unbedingte und uneingeschränkte **Meistbegünstigungsklausel** eingebaut wurde. Diese Klausel besagte, daß sich die beiden vertragsschließenden Länder verpflichteten, jene handelspolitischen Zugeständnisse, die sie sich wechselseitig gewährten (Zollabbau, Kontingentsabbau), automatisch auch jenen Drittländern einzuräumen, mit denen sie zu einem späteren Zeitpunkt Handelsverträge abschließen, und umgekehrt die gegenüber dem Drittland eingeräumten Zugeständnisse auch dem ehemaligen Vertragspartnerland zuzugestehen. Auf dieser Basis kam es erstmals zwischen England und Frankreich zum sog. Cobden-Vertrag (1860), dem rasch andere Verträge folgten (1862 zwischen Preußen, Frankreich und dem Deutschen Zollverein - 1863 zwischen England und Belgien - 1868 schlossen Österreich und Rußland eine Reihe solcher Verträge mit anderen europäischen Ländern ab - schon bis 1870 waren mehr als hundert solcher Verträge in Kraft). Mit dieser Vertragsentwicklung war die Voraussetzung dafür geschaffen, daß sich eine **internationale Wettbewerbsordnung** mit einer hohen Mobilität der Güterströme konstituieren konnte, um die internationale Arbeitsteilung nutzen zu können. Die spezifische Konstruktion des Vertragswerks hatte indessen einen ambivalenten Charakter. Auf der einen Seite schuf sie die Voraussetzungen dafür, daß - wegen des im Vertragswerk angelegten „Schneeball-Systems" - der Liberalisierungsprozeß kumulative Züge trug und die Diskriminierung einzelner Länder ausgeschlossen blieb. Auf der anderen Seite war der Prozeß der Marktöffnung für die einzelnen Länder, die sich dem Vertragswerk unterwarfen, außenwirtschafts-„politisch" mit Blick auf nationale Interessenlagen nicht mehr steuerbar. Der Integrationsprozeß war auf Dauer somit nur dann tragfähig, wenn die Länder in der Lage und auch dazu bereit waren, ihre **Allokationsprobleme**, somit die durch die Liberalisierung ausgelösten Herausforderungen an den gesamtwirtschaftlichen Strukturwandel, durch zügige binnenwirtschaftliche Strukturanpassungen rasch zu bewältigen. Je weniger diese Bedingung erfüllt war und je mehr der Strukturwandel Friktionsprobleme schuf, desto mehr mußte das Modell einer politisch nicht mehr steuerbaren Marktöffnung fragwürdig werden.

b) Zum zweiten galt es, die **Stabilisierungsbedingungen** festzulegen, d.h. in der Binnenorientierung Regeln über den Grad der **Autonomie** der **Binnenwirtschaftspolitik** zu formulieren, um die **Stabilisierung** des Integrationsraumes auf der Basis der **gesamtwirtschaftlichen Anpassung** sicherzustellen. Es galt, eine Binnenwirtschaftspolitik zu verhindern, die den Liberalisierungsprozeß im nachhinein gefährden könnte, wenn Staaten chronische Überschuß- oder Defizitkonstellationen in der Zahlungsbilanz nicht mehr hinnehmen konnten oder wollten. Um die hierfür erforderliche Stabilisierung zu erreichen, gingen die Staaten zum **Goldstandard** über. Zu dessen Installierung - wofür es keine weiterreichenden institutionellen oder vertraglichen Regelungen gab - verpflichteten sich die Staaten, ihre Währung in Gold zu definieren (Golddefinition), jederzeit Gold in Inlandswährung - und umgekehrt - umzutauschen (Goldkonversion) und die inländische Geldmenge in Relation zum nationalen Goldvorrat zu halten (Golddeckung). Unter diesen Voraussetzungen waren die Bedingungen dafür geschaffen, daß der bereits skizzierte **Goldautomatismus** - mit seinen Geldmengen-, Preis- und Zahlungsbilanzeffekten - durchwirken und chronische Ungleichgewichte verhindern bzw. entstandene aktuelle Ungleichgewichte bei gegebenem, über Golddefinition und Goldkonversion stabilisierten, Wechselkurs rasch abbauen konnte, ohne daß die Länder zu Interventionen in die außenwirtschaftlichen Leistungstransaktionen greifen mußten. Während England den Goldstandard bereits 1823 einführte, folgten die wichtigsten europäischen Staaten - nach deutlichem Anstieg der Goldproduktion in der Welt - in den 60er und 70er Jahren; die USA, Japan, Indien und Rußland gingen um die Jahrhundertwende zum Goldstandard über. Auf dieser Basis kam es zu einer wichtigen Stabilisierung von Freihandel und freiem Kapitalverkehr. Bei (fast) stabilem Wechselkursgefüge und (relativ) stabilen Zahlungsbilanzkonstellationen erhielten die internationalen Austauschbeziehungen einen enormen Auftrieb. Dies gilt auch, obwohl die Notenbanken immer wieder versuchten, den strengen Zusammenhang von Goldvorrat und Geldmenge durch eine Diskont- und Offenmarktpolitik zu lockern, um Kapitalbewegungen auszulösen, die die Leistungsbilanzungleichgewichte rasch kompensierten: Leistungsbilanzüberschüsse durch Kapitalabflüsse, Leistungsbilanzdefizite durch Kapitalzuflüsse - beides mit dem Ziel, die positiven bzw. negativen Geldmengeneffekte mit ihren Konsequenzen für die nationale Geldpolitik in Grenzen zu halten. (Hinzu kam das Bemühen, durch Verlagerung der Goldankaufs- und Goldverkaufsstellen die Goldversendungskosten - und damit die Goldpunkte - zu manipulieren.) Gleichwohl bleibt auch hier die Einschätzung ambivalent. Auf der einen Seite förderte und stabilisierte der Goldautomatismus zwar die außenwirtschaftlichen Beziehungen, weil er auf einen zügigen Zahlungsbilanzausgleich drängte und so den beteiligten Staaten die Möglichkeit eröffnete, im Integrationsraum zu verbleiben. Allenfalls bei formaler Sicht war eine gewisse Asymmetrie angelegt, als ein Goldabfluß wegen mangelnder Zahlungsfähigkeit deflationäre Anpassungsprozesse um „jeden Preis" erzwang, während ein Goldzufluß zumindest keine Liquiditätsprobleme schuf und hinnehmbar war, soweit eine inländische Preissteigerung akzeptiert wurde und nicht sofort die internationale Wettbewerbsfähigkeit eines Landes negativ tangierte. Materiell erzwang der Goldautomatismus aber auf der anderen Seite immer von den Volkswirtschaften einen Verzicht auf die autonome Gestaltung der Binnenwirtschaft; Wechselkursstabilität und Zahlungsbilanzausgleich erhielten gegenüber der Vermeidung von binnenwirtschaftlichen Inflations- und Deflationsprozessen eine eindeutige Priorität. Letzteres schien so lange vertretbar, als der binnenwirtschaftliche Anpassungsmechanismus rasch und flexibel von den Geldmengen- auf die Preiseffekte und über diese auf die Leistungsbilanzeffekte durchwirkte und damit für die Länder keine **Stabilisierungsprobleme** (chronisch inflationäre oder deflationäre Prozesse) schuf. War dies nicht mehr sichergestellt - eine mangelnde Preisflexibilität nach unten (wegen Vermachtung auf Waren- und Faktormärkten) konnte den zügigen Ausgleich einer defizitären Zahlungsbilanz infrage stellten -, mußte auch das Modell einer konjunkturpolitisch nicht mehr steuerbaren binnenwirtschaftlichen Prozeßentwicklung fragwürdig werden.

Die skizzierten Entstehungs- und Stabilisierungsbedingungen bildeten zweifelsohne das „Herzstück" des freihändlerischen Integrationskonzepts. Aus diesem folgt, daß das Integrationsmodell einen typisch **funktionellen Charakter** hatte. Der Integrationsprozeß wurde nicht durch internationale Organisationen herbeigeführt, ausgestaltet und gesteuert. Die Staaten verpflichteten sich allenfalls, die **Rahmenbedingungen** (Meistbegünstigung, Goldstandard) einzuhalten; der Integrationsprozeß selbst wurde dem **internationalen Marktmechanismus** anvertraut. Gewiß gab es auch institutionalisierte Formen der internationalen Zusammenarbeit auf dem Gebiet des Verkehrswesens und zur Erleichterung des Grenzübertritts von Personen, Gütern und Nachrichten (1855: Donaukommission; 1868: Rheinkommission; 1872: Fahrplankonferenz; 1874: Weltpostverein; 1899: Internationale Vereinigung für gesetzlichen Arbeitsschutz; 1901: Internationales Arbeitsamt; 1919: Internationale Arbeitsorganisation). Ebenso erfolgte eine teilweise Vereinheitlichung auf dem Gebiet der Maße und Gewichte, und es entstanden Vereinbarungen über bestimmte Rechtsverhältnisse (Schutz des gewerblichen und geistigen Eigentums). Aber diese internationalen Organisationen und Vereinbarungen hatten nur den Charakter einer formellen Begleitung des Integrationsprozesses; sie schufen allenfalls technische Voraussetzungen für seine Funktionsfähigkeit. Sie hatten weder die Aufgabe, die Wirtschaftspolitik der Partnerländer zu koordinieren, noch die Funktion, den Integrationsprozeß selbst inhaltlich gezielt zu gestalten. Damit blieb es bei einem funktionellen Charakter des Integrationsmodells - mit seinen Stärken (Schaffung und Stabilisierung der internationalen Arbeitsteilung) aber auch mit seinen Schwächen (struktur- und prozeßpolitische Abhängigkeit der wirtschaftlichen Entwicklung der beteiligten Länder von der Weltwirtschaft). Letztere begründeten von Anfang an eine gewisse Instabilität des Integrationsmodells.

41) ESKALIERENDE DES-INTEGRATIONSPROZESSE

Die Umsetzung der skizzierten Entstehungs- und Stabilisierungsbedingungen (Freihandel, Goldstandard) schuf einerseits die Voraussetzung für eine dynamische Entwicklung der Weltwirtschaft und für eine Intensivierung der internationalen Austauschbeziehungen. Sie begründete andererseits aber eine - politisch nur begrenzt steuerbare - Abhängigkeit der nationalen Volkswirtschaften von der weltwirtschaftlichen Entwicklung. Und letzteres implizierte für die Volkswirtschaften einen ständigen binnenwirtschaftlichen **Anpassungsdruck** - strukturell (Allokationsproblem) wie auch gesamtwirtschaftlich (Stabilisierungsproblem). Dieser Anpassungsdruck war zwar konzeptionell in dem Integrationsmodell angelegt; anders hätte der offene Integrationsraum nicht „funktionieren“ können. Aber der **Anpassungsprozeß** erfolgte nicht immer und unbedingt - wie an sich intendiert - rasch und reibungslos. So gingen Wachstum und Industrialisierung auf der Grundlage einer internationalen Arbeitsteilung einher mit ausgeprägten Schwankungen beim Binnenpreisniveau wie auch bei der gesamtwirtschaftlichen Produktion; nicht selten mündeten Aufschwungsphasen in tiefe und anhaltende Depressionsphasen ein.

Während nun die Vereinigten Staaten sich zwar dem Goldstandard anschlossen, ansonsten aber nie auf ihre protektionistische Schutzzollpolitik verzichteten (Morill-Tarif, 1861), und während demgegenüber England bis zur Weltwirtschaftskrise an den beiden Grundelementen des freihändlerischen Integrationsmodells festhielt und erst dann unter dem Druck der mit der Krise verbundenen Entwicklungen ebenfalls in eine protektionistische Position überwechselte, setzte bei den wichtigsten Ländern des europäischen Kontinents - aber auch in Kanada und Australien - relativ früh eine Wende zur neuerlichen **Schutzzollpolitik** ein. Im Jahre 1879 vollzog Deutschland diese Wende; wenige Jahre später folgten Frankreich, Österreich-Ungarn, Rußland und Italien. Konzentrieren wir uns - pars pro toto - auf die deutsche Situation, so war hier die **Industrie** schon immer protektionistisch ausgerichtet. Diese Grundhaltung kam nun im Zuge der „Gründerkrise“ (1873), die einen langanhaltenden boomartigen Aufschwung beendete und in eine mehrjährige Depressionsphase (bis 1879) einmündete, voll zum

Durchbruch. Als die britische Industrie - bedingt durch rezessive Entwicklungen im eigenen Land - mit ihren Industrieprodukten verstärkt auch auf den deutschen Markt drängte, erhielt der Schutzzollgedanke wieder Auftrieb und durch neues Ideengut zusätzliche Impulse („Schutz der nationalen Arbeit"). Hinzu kam nun, daß die bis dahin eher freihändlerisch ausgerichtete **Landwirtschaft** zunehmend mit einer überseeischen Getreidekonkurrenz auf dem heimischen Markt - bedingt durch kostengünstigere Anbaumethoden und sinkende Transportkosten - konfrontiert wurde und somit ebenfalls verstärkt einen Zollschutz forderte, weil sie sich in ihrer Existenz gefährdet sah. Diese „Allianz" kam schließlich auch dem Wunsch Bismarcks entgegen, dem Reich zusätzliche (Zoll-)Einnahmen zu verschaffen. Doch trotz dieser Wende zu einer neuen Form des **Protektionismus** erfuhr der Welthandel gerade zu jener Zeit eine anhaltend starke Expansion. Die Gründe dürften auf verschiedenen Ebenen angesiedelt sein.

a) Zunächst war der Protektionismus - bei aller vordergründigen Plausibilität - in der **wissenschaftlichen Diskussion** nicht unumstritten. So stand etwa die deutsche Nationalökonomie keineswegs uneingeschränkt und ausschließlich auf der Seite der Protektionisten; dies dokumentieren die scharfen Kontroversen, die im Verein für Socialpolitik zwischen den „Freihändlern" und den „Schutzzöllnern" ausgetragen wurden. Bereits dies führte dazu, daß sich das protektionistische Ideengut nur langsam und gemäßigt - und ohne spürbare Rückwirkungen auf die Welthandelsexpansion - durchsetzen konnte. (Allenfalls die USA behielten ihre protektionistische Tradition bei - McKinley-Tarif, 1890 -, woran auch die unter Präsident Wilson eingeleiteten Liberalisierungsversuche nichts änderten.)

b) Darüber hinaus erwies sich der Protektionismus in der **praktischen Umsetzung** noch als äußerst moderat. Er beschränkte sich auf die Zollpolitik - auf dirigistische Handelshemmnisse wurde verzichtet -, und die Zollpolitik dominierte überdies eher bei Agrarerzeugnissen als bei Industrieprodukten. Die Zollsätze selbst blieben vergleichsweise niedrig. Wichtige andere Bereiche der außenwirtschaftlichen Beziehungen (gerade der Kapitalverkehr) waren von staatlichen Eingriffen fast völlig frei. Schließlich blieb die Meistbegünstigung - trotz gewisser protektionistischer Verschärfungen unter Reichskanzler Bülow - immer noch Bestandteil aller wichtigen Handelsverträge und ermöglichte so den unternehmerischen Dispositionen ein gewisses Maß an Stetigkeit und Sicherheit.

Angesichts dieser Entwicklungstendenzen erwiesen sich die **Wachstumskräfte** der internationalen Austauschbeziehungen - Einbeziehung neuer Regionen in die Weltwirtschaft, Forcierung der Rohstoffförderung im Zuge der Kolonialpolitik, wachsender Bedarf an Auslandsgütern aufgrund zunehmender Arbeitsteilung, Entwicklung neuer Produkte und Industriezweige, Intensivierung des Verkehrswesens, verstärkte Kapitalwanderungen - in ihrer rein **quantitativen Auswirkung** auf das freihändlerische Integrationsmodell als noch stärker als die beginnenden handelspolitischen Restriktionen. Und dennoch lag - mit Blick auf die **qualitative Eigenschaft** des Integrationsmodells - ein **Konzeptwandel** vor. Dieser läßt sich gewiß nicht als Rückwendung zum Merkantilismus interpretieren - schon gar nicht zu dessen Identifikation von nationalem Wohlstand und Edelmetallbesitz. Er trug aber dennoch insoweit zunehmend (neo-)merkantilistische Züge, als das Kriterium des nationalen Interesses wieder Eingang in den Integrationsprozeß und seine konkrete Ausgestaltung, die ja den supranationalen Interessen eine unbedingte Priorität zuwies, fand. Die Staaten sahen verstärkt „volks"-wirtschaftliche Gefahren in einer politisch nicht steuerbaren Marktöffnung und der damit einhergehenden Notwendigkeit, nationale Interessen (gemessen an der Schaffung und/oder Erhaltung bestimmter Produktionsstrukturen sowie der Sicherstellung von Preisstabilität und hohem Beschäftigungsstand) den Funktionsbedingungen des supranationalen Integrationsraumes unterzuordnen. Als die Wohlfahrtsverluste, die aus dieser Unterordnung drohten, höher gewichtet wurden als die Wohlfahrtsgewinne, die aus der unbeschränkten Arbeitsteilung erwartet werden konnten, mußte das Freihandelskonzept fragwürdig werden. Der Konzeptwandel bestand dann notwendigerweise in der Absicht der Staaten, beim Integrationsprozeß wieder verstärkt nationale Gesichtspunkte zu berücksichtigen.

Mit dem Ausbruch des ersten Weltkriegs kamen naturgemäß die internationalen Austauschbeziehungen - zumindest zwischen den kriegsführenden Parteien - zum Erliegen. An ihre Stelle trat der **Wirtschaftsnationalismus**, der auch Wirtschaftsblockaden und Enteignung von ausländischem Eigentum einschloß. (Diese dirigistischen Eingriffe erhielten noch zusätzliche Impulse durch planwirtschaftliche Elemente, wie sie von der Sowjetunion ausgingen, die in Zeiten des Kriegskommunismus fast völlig aus der Weltwirtschaft ausschied.) Doch die „Integrationsidee" selbst - die Einsicht in die Vorteilhaftigkeit der internationalen Arbeitsteilung aber auch in die Notwendigkeit, den dann zu schaffenden Integrationsraum auf eine solide Grundlage der Umsetzung von Entstehungs- und Stabilisierungsbedingungen zu stellen - war durch diese Entwicklung nicht grundsätzlich in Frage gestellt. Gleich nach dem Ende des ersten Weltkriegs entstand als vorrangige Aufgabe zwar die Friedenssicherung; doch sie wurde sehr rasch mit dem Bemühen um den **Neuaufbau** der **Weltwirtschaftsordnung** verknüpft. Der Völkerbund sollte hierfür entscheidende Impulse geben; denn seine Funktionen erstreckten sich auch auf wirtschaftliche Fragen. In dieser Eigenschaft hatte er wichtige Aufgaben - Einberufung von Weltwirtschaftskonferenzen, Durchführung von Wirtschaftshilfen - in Angriff zu nehmen.

a) Was zunächst das Problem der **Entstehungsbedingungen** anging, ließ der Völkerbund mit seinen Aktivitäten rasch erkennen, daß er bestrebt war, die durch den ersten Weltkrieg zwangsläufig entstandene Des-Integration zügig zu überwinden und einen neuen Integrationsprozeß - auf der Grundlage von Freihandel und Meistbegünstigung - einzuleiten: Die liberalen politischen Ideen des Völkerbundes sollten auf die Weltwirtschaftsordnung übertragen werden. Allerdings waren die Entstehungsbedingungen auf einer rein freihändlerischen Basis - unabhängig von der einsetzenden kriegerischen Auseinandersetzung - von vielen Staaten zunehmend als problematisch empfunden worden. Der Versuch, zum Status quo ante - also zu einem Zustand, wie er vor dem neu einsetzenden Protektionismus vorlag - zurückzukehren, mußte somit von vornherein Widerstände auslösen und Schwierigkeiten aufwerfen. Nicht von ungefähr war die Weltwirtschaftskonferenz von Genua (1922) auf diesem Gebiet ohne greifbares Ergebnis geblieben. Auf der folgenden Weltwirtschaftskonferenz in Genua (1927) wollte der Völkerbund zwar noch eine Gegenbewegung zum Protektionismus auslösen; er erreichte aber nur, daß die teilnehmenden Länder sich verpflichteten, wenigstens auf weitere Zollerhöhungen zu verzichten. Allenfalls regional begrenzt kam es zu Versuchen, die Handelsliberalisierung aufrechtzuerhalten bzw. wieder voranzubringen: Auf der Grundlage der Oslo-Konvention (1930) vereinbarten Dänemark, Schweden, Norwegen, Belgien, Holland, Luxemburg und Finnland, sich bei Zollerhöhungen gegenseitig zu informieren; auf der Grundlage der Ouchy-Konvention (1932) vereinbarten Belgien, Holland und Luxemburg einen schrittweisen Zollabbau. Dies waren gewiß pragmatische Ansätze, um einen Schutzzollwettlauf zu verhindern und neue Liberalisierungsschritte zu erreichen. Ein Integrationsmodell mit weltwirtschaftlich umfassend formulierten **Entstehungsbedingungen** konnten sie nicht ersetzen. Damit stand das Freihandelskonzept auf einer sehr instabilen Grundlage, weil die Länder nun grundsätzlich das Recht in Anspruch nahmen, was den Grad der Marktöffnung anging, **nationale Gestaltungsspielräume** für sich zu reklamieren.

b) Zusätzliche Probleme warfen nun die **Stabilisierungsbedingungen** auf. Viele Staaten waren vor dem ersten Weltkrieg zum Goldstandard übergegangen und hatten an diesem - anders als beim Handelskonzept - bis zum Kriegsausbruch festgehalten. Nach Kriegsende versuchten eine Reihe von Ländern, zum alten (Vorkriegs-)Goldstandard zurückzukehren, wobei allerdings dessen Spielregeln zunehmend relativiert wurden, was sich anhand von drei Aspekten dokumentieren läßt.

- Probleme ergaben sich zunächst aus einer fragwürdigen **Golddefinition**. Nationales Prestigedenken aber auch das Bemühen, das Vertrauen in das Weltwährungssystem neu zu begründen, veranlaßten viele Staaten, zur Vorkriegsparität (zumindest annäherungsweise) zurückzukehren. Angesichts der Tatsache, daß aber die Kriegsfinanzierung in vielen Ländern Inflationstendenzen ausgelöst hatte, ergaben sich daraus zwei Konsequenzen. Zum einen folgte daraus, daß Währungen umso mehr eine Überbewertung erfuhren, je eher die Goldparität dem Vorkriegsstandard entsprach; die Verteidigung der Parität erwies sich somit als immer schwieriger. Und dies galt umso mehr, wenn andere Länder eine Goldparität festlegten, die zu einer Unterbewertung ihrer Währung führte. Zum zweiten folgte daraus, daß, je mehr Länder ihre Währung überbewerteten, dies im Umkehrschluß dazu führen mußte, daß dann das Gold selbst letztlich unterbewertet war; und dies wiederum machte die Goldproduktion (gemessen an der Kostenentwicklung) zunehmend unrentabel und begründete notwendigerweise die Gefahr einer deflationsträchtigen weltweiten Unterversorgung mit Gold. (Wenn vielfach die These vertreten wird, daß eine „marktgerechtere" Festlegung der Goldparitäten einige Anpassungsprobleme erleichtert hätten - höhere Goldproduktion -, so ist dem nicht zu widersprechen; die konzeptionell angelegten Probleme wären dadurch aber gewiß nicht gelöst worden.) Diese fragwürdige Golddefinition mußte - zumal Kriegsvorbereitung und Kriegsdurchführung die Goldreserven vieler Länder ohnehin erheblich reduziert hatten - weitere Konsequenzen haben.

- Die problematische Fixierung der Goldparitäten und die drohende Goldknappheit führten nun folgerichtig zur (partiellen) Suspendierung der nationalen Verpflichtung zur **Goldkonversion** und **Golddeckung**: Auf den Weltwährungskonferenzen in Brüssel (1920) und Genua (1922) wurde zwar die Rückkehr zum reinen Goldstandard diskutiert, gleichzeitig aber den Ländern die Möglichkeit eingeräumt - ihnen geradezu empfohlen -, neben dem Gold auch Golddevisen als Reservemedium zu halten. Diese Modifizierung schien durchaus Vorteile zu haben. Definiert man Golddevisen als Devisen, die von jenen Ländern geschaffen werden, die ihrerseits an der Goldkonversion und Golddeckung festhielten und damit faktisch eine Leitwährungsfunktion übernahmen (englisches Pfund, amerikanischer Dollar), war zunächst mit dem Golddevisenstandard die Fassade des Goldstandards aufrechterhalten. Darüber hinaus erhielten nun die Länder eine gewisse Elastizität für ihre binnenwirtschaftliche Geldpolitik, die im reinen Goldstandard ausschließlich an den Goldbestand gebunden war, zurück. Denn sie konnten nun ihrer Interventionspflicht in größerem Umfange nachkommen, also ihre außenwirtschaftlichen Ungleichgewichte durch Variation dieser Reserveposition - Überschüsse durch Aufbau, Defizite durch Abbau ihres Vorrats an Golddevisen - eher „sterilisieren", ohne sie sofort binnenwirtschaftlich (über Goldkonversions- bzw. Golddeckungspflicht) auf die Geldmengenentwicklung durchwirken lassen zu müssen. An die Stelle des Goldautomatismus trat der Interventionsmechanismus. Die Deckungspflicht blieb zwar noch im Grundsatz erhalten, bezog sich nun aber auf eine erweiterte Basis (Gold und Golddevisen). Vor allem aber war es den Staaten mit Zahlungsbilanzdefiziten möglich, den Wechselkurs zu stabilisieren, ohne in die Leistungstransaktionen eingreifen, aber auch ohne auf eine nationale Wirtschaftspolitik verzichten zu müssen, zumindest so lange der Devisenvorrat die Deckungsquote überschritt.

- Diese konzeptionelle Weiterentwicklung entbehrte zwar nicht einer gewissen Folgerichtigkeit, konnte aber dennoch die Labilität des Systems nicht verhindern. Diese ergab sich nämlich nun aus einer gewissen **Asymmetrie** der Anpassungslasten. Leitwährungsländer, die Golddevisen schufen, konnten ihre Defizite durch Hergabe selbstgeschaffener Währung zwar formal abdecken; materiell „funktionierte" dies aber nur so lange, wie ihre Devisen von den Empfängerländern als Reservemedium akzeptiert wurden. Und gerade letzteres war nur so lange unterstellbar, wie international ein **Vertrauen** in ihre Goldkonversionsbereitschaft zu gegebener Goldparität vorhanden war. Ging dieses Vertrauen verloren oder wurden Konversion und/oder Parität gar aufgehoben, mußte das System instabil werden. Die (Nicht-Leitwährungs-)Länder wiederum blieben in ihrer außenwirtschaftlichen Abhängigkeit. Gerieten sie in ein Defizit, waren sie gezwungen, bei Abbau ihrer Reserveposition, die ja allenfalls eine zwar wichtige aber vorratsbedingt befristete Entlastungsfunktion in die nationale Wirtschaftspolitik brachte, eben doch zu Maßnahmen einer Deflationspolitik (Geldmengenreduktion) zu greifen. Dies wiederum „funktionierte" nur so lange, wie eine hinreichende Anpassungsflexibilität der Preise gegeben war, um die notwendigen (negativen) Preiseffekte und (positiven) Leistungsbilanzeffekte auszulösen. War dies nicht gegeben, mußte die Deflationspolitik realwirtschaftliche Rezessionsprozesse (Produktions- und Beschäftigungsrückgänge) auslösen. Wollten freilich die Defizitländer nun aber derartige Rezessionsprozesse nicht hinnehmen, mußte das System auch unter dieser Perspektive instabil werden.

Vor dem Hintergrund dieser drei Aspekte ist der Versuch zu werten, den Goldstandard - wenn auch in modifizierter Form - zu reaktivieren. Auch unter diesem Gesichtspunkt war die Absicht, die Integrationsidee zu erhalten, durchaus erkennbar. Mitte der 20er Jahre kehrten einige Länder zu diesem Modell zurück. Doch die Krisenanfälligkeit war angelegt. Denn gerade in der Modifizierung der **Stabilisierungsbedingungen** wurde - analog zu den Entstehungsbedingungen - das Bemühen immer deutlicher erkennbar, für die binnenwirtschaftliche Anpassung **nationale Gestaltungsspielräume** über den Golddevisenstandard einzubringen, um die völlige außenwirtschaftliche Abhängigkeit zu überwinden.

Bei den skizzierten Entwicklungstendenzen war die Absicht unverkennbar, die beiden Pfeiler des freihändlerischen Integrationskonzepts - Freihandel und Goldstandard - zumindest in der Substanz zu bewahren. Mit Eintritt der **Weltwirtschaftskrise** (1929) zerbrachen jedoch beide Pfeiler; die angelegte Krisenanfälligkeit wurde virulent, und der Des-Integrationsprozeß eskalierte. Nun wird in der Literatur reichlich kontrovers die Frage diskutiert, auf welche Ursachen diese Weltwirtschaftskrise zurückzuführen ist. Mehrere Faktoren - Kriegsfolgen (Reparationen, Kriegsschulden), bestehender Protektionismus, konzeptionelle Defizite des Golddevisenstandards, krisenverschärfende Deflationspolitik, Defizite in der Politikkoordination - mögen hier zusammengewirkt haben, ohne daß sie im folgenden systematisch analysiert werden sollen.[12] Integrationspolitisch bedeutsam war zweifelsohne die Rolle der USA. Sie hatten einerseits ihre Schutzzollpolitik forciert (Fordney-McCumber-Tarif, 1921 - Hawley-Smoot-Tarif, 1930). Die dadurch herbeigeführte Aktivität der Handelsbilanz hatten die USA andererseits flankiert durch eine - aufgrund der Abkehr von den Funktionsbedingungen des reinen Goldstandards nun mögliche - Strategie der „Sterilisierung" der

[12] Einen Überblick vermitteln: K. Borchardt, Wirtschaftliches Wachstum und Wechsellagen 1914 - 1970, Handbuch der deutschen Wirtschafts- und Sozialgeschichte, Bd. 2, Stuttgart 1976 - G. Clausing, Die wirtschaftlichen Wechsellagen 1919 - 1932, Jena 1933 - J.K. Galbraith, The Great Crash 1929, 3. Aufl., London 1972 - W. Grotkopp, Die große Krise, Lehren aus der Überwindung der Wirtschaftskrise 1929/1932, Düsseldorf 1954 - Ch.P. Kindleberger, Die Weltwirtschaftskrise 1929 - 1939, Geschichte der Weltwirtschaft im 20. Jahrhundert, Bd. 4, München 1973 - G. Kroll, Von der Weltwirtschaftskrise zur Staatskonjunktur, Berlin 1958 - A. Predöhl, Das Ende der Weltwirtschaftskrise - Eine Einführung in die Probleme der Weltwirtschaft, Hamburg 1962.

Leistungsbilanzzuschüsse, um im Inland keine wettbewerbsgefährdende Preissteigerung zuzulassen. Die dergestalt stabilisierte Aktivität der Leistungsbilanz war nun aber nur so lange unproblematisch, als die USA durch einen entsprechenden Kapitalexport (von Golddevisen) ihre positive Leistungsbilanz zum Ausgleich brachten und den Partnerländern ihrerseits einen Zahlungsbilanzausgleich ermöglichten - freilich um den Preis einer Verschuldung, was einen solchen Zahlungsbilanzausgleich schon per se als problematisch erscheinen läßt. Als dieser Kapitalexport (Ende 1928) nun aber drastisch zurückging und die US-Kredite sogar zurückgerufen wurden, erwies sich der handels- und geldpolitische Protektions- bzw. Restriktionskurs der USA als ein gravierender Störfaktor im weltwirtschaftlichen Integrationsprozeß. Denn die USA erschwerten den europäischen Industrieländern eine entsprechende Exportsteigerung auf der Grundlage von realen Transfers in die USA; diese wäre aber erforderlich gewesen, um ihren finanziellen Verpflichtungen - Deutsches Reich: Reparationsleistungen; Ententemächte: Kriegsschuldentilgung - nachkommen zu können. Wichtige europäische Industrieländer waren so zu einer massiven Deflationspolitik veranlaßt. Als diese Politik dann allerdings zu Preisverfall, Produktionsrückgang und Massenarbeitslosigkeit führte, ohne letztlich die Zahlungsbilanzstörungen zu korrigieren, mußte sich der Des-Integrationsprozeß verschärfen: Schutzzollwettlauf (jetzt ergänzt durch Kontingente) sowie Abwertungswettlauf (jetzt ergänzt durch Devisenbewirtschaftung) waren die Folge; auch die Meistbegünstigungsklausel wurde durch entsprechende Zusatzverträge mit zunehmend bilateralem Charakter ihrer Wirkung beraubt. England sah sich gezwungen (1931), die Goldparität aufzugeben; die USA sahen sich trotz hoher Währungsreserven und aktiver Leistungsbilanz veranlaßt (1933), den US-Dollar massiv abzuwerten (von ca. 21 US-$ auf 35 US-$ je Feinunze Gold). Letzte „Rettungsversuche“ zur Aufrechterhaltung des Integrationsprozesses scheiterten: Dies gilt einmal für die Bildung des sog. „Goldblocks“ (1933), in dem sich sechs kontinentaleuropäische Länder (Belgien, Frankreich, Holland, Italien, Polen, Schweiz) verpflichteten, den Goldstandard aufrechtzuerhalten; er zerbrach (mit den Abwertungen des französischen Francs und des Schweizer Franken) bereits drei Jahre später. Dies gilt zum zweiten für das Tripartite-Agreement (1936), in dem Frankreich, Großbritannien und die USA zwar schon auf die Festlegung von Paritäten verzichteten und allenfalls zusagten, hinsichtlich ihrer Wechselkurspolitik sich zu konsultieren und aggressive (wettbewerbsverzerrende) Abwertungen zu vermeiden; das Abkommen hatte allerdings keinerlei bindenden Charakter und war jederzeit (binnen 24 Stunden) kündbar.

Insgesamt gesehen war das freihändlerische Integrationskonzept in eine tiefgreifende Des-Integrationsphase eingemündet. Diese trug insoweit (neo-)merkantilistische Züge, als sie von der Notwendigkeit ausging, nationalstaatlichen Interessen - autonome Handelspolitik (nach außen) und autonome Konjunkturpolitik (nach innen) - den Vorrang vor den supranationalen Interessen an der Funktionsfähigkeit des Integrationsraumes (Marktöffnung und binnenwirtschaftliche Anpassung) einzuräumen. Letzteres schien - wie schon betont - vertretbar, als in den Ländern flexible (strukturelle) Allokations- und (gesamtwirtschaftliche) Stabilisierungsprozesse unterstellbar waren. Eine Zielhierarchie, die - bei gegebener Marktöffnung und gegebener Währungskonvertibilität - die Wechselkursstabilität und den Zahlungsbilanzausgleich den binnenwirtschaftlichen Zielsetzungen (Wachstum, Beschäftigung, Preisstabilität) vorordnete, schien deshalb nur so lange vertretbar und politisch umsetzbar, als binnenwirtschaftlich keine Probleme aufgrund struktureller und/oder gesamtwirtschaftlicher Anpassungsrigiditäten und damit einhergehenden Friktionskosten entstanden. Als letzteres nicht mehr gegeben war, schien die Zielhierarchie nicht mehr akzeptabel. Sie wurde abgelöst durch eine Zielhierarchie, die den nationalstaatlichen Zielsetzungen wieder einen eindeutigen Vorrang einräumte. Je mehr die Deflationspolitik in ihrer Aufbaurolle für einen neuerlichen **Konjunkturaufschwung** und einen neuerlichen **Zahlungsbilanzausgleich** versagte und sich die gesamtwirtschaftliche Entwicklung in der Situation eines Unterbeschäftigungsgleichgewichts konsolidierte, desto mehr wuchs den Staaten die Aufgabe zu, sich den binnenwirtschaftlichen Problemen von Wachstum und Beschäftigung gezielt politisch zu stellen (Lord Beveridge: Recht auf Arbeit). Und da das bestehende Integrationsmodell mit seinem funktionellen Charakter keinen institutionalisierten - vertraglich fixierten - Gestaltungsspielraum vorsah, war die Aufkündigung der Rahmenbedingungen aufgrund einer nationalen Interessenlage plausibel und praktizierbar zugleich. Dies mußte nicht nur die Forderungen von John Maynard Keynes nach einer expansiven Konjunkturpolitik provozieren; überdies ermöglichte eine solche Entwicklung ihm, sein Denkmodell - darüber hinaus - für eine „geschlossene Volkswirtschaft" zu entwickeln. Daß dies eine (theoretisch) verengte Sichtweise darstellt, mag als unstrittig gelten. Sie wurzelt (praktisch) aber in dem Umstand, daß sich die Staaten immer mehr außer Stande sahen, den Funktionsbedingungen des supranationalen Integrationsraumes Rechnung zu tragen; sie kündigten sie auf. Marktöffnung (Freihandel) und binnenwirtschaftliche Anpassung (Goldstandard) hatten die Funktion eines integrationspolitischen Regulativs verloren. Zunehmend etablierte sich ein **nationales Autarkiebewußtsein** mit dem Ziel, die Volkswirtschaften von außenwirtschaftlichen Abhängigkeiten zu lösen. Nur so schien es möglich, an die Stelle der internationalen Steuerung die nationale Steuerung des (Binnen-)Wirtschaftsprozesses treten zu lassen. Die Staatsgrenzen erhielten ihre ökonomische Abgrenzungsfunktion zurück. Kriegsvorbereitungen und Zweiter Weltkrieg bildeten dann lediglich den Schlußpunkt dieses **weltwirtschaftlichen Des-Integrationsprozesses**.

42) INTEGRATIONSPOLITISCHER HANDLUNGSBEDARF

Überblickt man die skizzierten Phasen, die das Integrationsproblem durchlaufen hat, so sind grundlegende konzeptionelle Unterschiede im Umgang mit dem Integrationsprozeß auszumachen. Das merkantilistische Konzept sah zwar einen gewissen Integrationsbedarf, wollte diesen aber allein unter nationalstaatlichen Interessen gestalten. Das freihändlerische Integrationskonzept ging demgegenüber von der Vorstellung aus, daß sich die nationalen Interessen den Funktionsbedingungen des supranationalen Integrationsraumes unterordnen müssen. In der Zwischenkriegszeit setzte sich einerseits die Einsicht durch, den Integrationsprozeß nicht einfach nach eigenen nationalen Interessen und auf Kosten von Drittländern gestalten zu können (im merkantilistischen Sinne), sich aber andererseits auch nicht mit seinen nationalen Interessen einseitig vom Integrationsraum abhängig machen zu dürfen (im freihändlerischen Sinne). Die Konsequenz war ein Des-Integrationsprozeß, der zunehmend kumulative Züge trug. Diese dritte Phase hatte somit den **Integrationsprozeß** zwar rückgängig gemacht. Doch die **Integrationsidee**, die Einsicht in die Vorteilhaftigkeit der internationalen Arbeitsteilung, war damit noch nicht widerlegt. So konnte in der Zeit nach dem Zweiten Weltkrieg nahtlos an dieser Integrationsidee angeknüpft werden. Dies erfolgte allerdings in der Erkenntnis, daß die Umsetzung der Integrationsidee und die Ausgestaltung des Integrationsprozesses differenzierter gesehen werden müssen als dies bislang erfolgt war. So war es zwar wenig strittig, daß jede Des-Integration die internationale Arbeitsteilung behindert, die Produktionsstrukturen verzerrt und die Faktorproduktivitäten belastet; und damit war in der wissenschaftlichen wie politischen Diskussion das Ziel auch wenig kontrovers, einen **Re-Integrationsprozeß** einzuleiten mit dem Ziel der Bildung einer funktionsfähigen Weltwirtschaftsordnung, die die internationale Arbeitsteilung optimal nutzt. Gleichzeitig war aber - nach all den gemachten Erfahrungen - ein **Konfliktpotential** angelegt:

a) Auf der einen Seite galt es erneut, für die Länder **verbindliche Spielregeln** über die Einhaltung von Entstehungs- und Stabilisierungsbedingungen zu entwickeln. Der nationale Autonomiespielraum mußte beschränkt werden, um den Integrationsraum funktionsfähig zu machen und zu erhalten. Es konnte also nicht angehen, dem nationalen Interesse den unbedingten Vorrang einzuräumen. Dann wäre die Gefahr zu groß, daß die Staaten auf der Grundlage (neo-)merkantilistischer Zielsetzungen und mit entsprechend eingesetzten Maßnahmen den geöffneten Integrationsraum immer wieder de-stabilisieren könnten, indem sie bei (vermutetem) Bedarf Entstehungs- und Stabilisierungsbedingungen aufkündigten.

b) Auf der anderen Seite mußten diese Spielregeln über gewisse Elastizitäten verfügen, um **nationale Gestaltungsspielräume** zu ermöglichen. Es konnte also auch nicht angehen, dem supranationalen Interesse den unbedingten Vorrang einzuräumen. Die außenwirtschaftliche Verflechtung - allein gestützt auf eine außenwirtschaftliche Marktöffnung und eine binnenwirtschaftliche Anpassung - durfte nicht jene Dominanz zurückgewinnen, die den Staaten jede Möglichkeit nahm, binnenwirtschaftlichen Gefahren für Wachstum, Einkommen und Beschäftigung entgegenzuwirken, wodurch gesellschaftliche Grundziele - wie soziale Sicherheit und Gerechtigkeit -, die inzwischen Eingang in die Charta der Vereinten Nationen gefunden hatten, immer wieder gefährdet werden könnten.

Das Konfliktpotential war also in der Nachkriegszeit angelegt. Es galt eine Synthese zwischen der **Verbindlichkeit internationaler Spielregeln** und der **Ge-**

staltungsmöglichkeit nationaler Politiken zu finden. Und diese Synthese konkretisierte sich in der Notwendigkeit, die Integrationsformen nicht „idealtypisch" zu entwickeln, sondern den Integrationsvoraussetzungen anzupassen. Doch eine solche Anpassung kann die Konfliktsituation nicht ausschließen. Im Gegenteil, sie kommt gerade dann voll zum Tragen, wenn beide - nationale wie supranationale - Interessenebenen expressis verbis anerkannt werden. Die Notwendigkeit einer tragfähigen **Grenzziehung** zwischen beiden Interessenebenen zwingt zu immer wiederkehrender Suche nach Lösungsmöglichkeiten, um die Synthese tragfähig zu machen und zu erhalten. Diesen Suchprozeß gilt es in seiner dreifachen Dimension - weltwirtschaftlich, regionalwirtschaftlich, entwicklungspolitisch - zumindest in seinen Grundelementen im folgenden aufzuarbeiten.

Zu diesem Zweck seien noch einige grundsätzliche Überlegungen vorangestellt. Denn gerade mit Blick auf die Schwierigkeiten, die eine Konfliktlösung mit sich bringen, drängt sich förmlich die Frage auf, ob in dem so definierten Sinne eine Integrationspolitik möglich und notwendig ist. Als Alternative wäre ja denkbar, daß die Staaten fallweise und entsprechend ihren nationalen volkswirtschaftlichen Interessen entscheiden, ob und in welchem Ausmaß sie sich an einem solchen Integrationsprozeß beteiligen. Dabei ist nun zu differenzieren. Die Frage, ob Integrationspolitik politisch **möglich** ist, muß ausgeklammert bleiben; denn sie hängt letztendlich von der politischen Bereitschaft der am Integrationsprozeß teilnehmenden Länder ab, sich verbindlichen „Spielregeln" zu unterwerfen und damit auf einen - je nach Integrationsmodell gestuften - Teil ihrer wirtschaftspolitischen Autonomie zu verzichten. Die Vorstellung, diese Bereitschaft einfach einzufordern, ist zumindest wissenschaftlich nicht „beweisbar", weil hier subjektive Werturteile hinsichtlich der Gewichtung von Autarkiestatus (Wahrung nationaler Interessen) und ökonomischer Effizienz (Nutzung der internationalen Arbeitsteilung) angelegt sind. Eher ist schon eine Sachaussage darüber möglich, ob bestimmte Entwicklungstendenzen diese Bereitschaft erforderlich machen könnten. Damit stellt sich eher die Frage, ob Integrationspolitik sachlich **notwendig** ist. Auch diese Frage ist nicht objektiv zu beantworten. Denn sie bleibt natürlich ebenfalls immer wieder einer politischen Einschätzung vorbehalten, wie hoch das Gewicht jener Faktoren veranschlagt werden kann bzw. sollte, die für die Notwendigkeit einer Integrationspolitik als relevant angesehen werden können. Dennoch eröffnet die zweite Frage zumindest die Möglichkeit, diese Faktoren in ihren Grund herauszustellen.

Beschränken wir uns aus Gründen der Vereinfachung und Übersichtlichkeit auf die sechs wichtigsten Industrienationen - Deutschland (im Interesse der Vergleichbarkeit mit den zurückliegenden Zeiträumen auf die alten Bundesländer begrenzt), Frankreich, Großbritannien, Italien, Japan und die Vereinigten Staaten von Nordamerika[13] -, so sind folgende Befunde festzuhalten:

---

[13] Diese Auswahl entbehrt zwar nicht einer gewissen Willkürlichkeit. Doch es sind immerhin jene Staaten erfaßt, die Mitte der 90er Jahre (in realer Rechnung) ein Bruttoinlandsprodukt von über 1 Billion US-$ (p.a.) erwirtschafteten. Ihr Anteil am Bruttoin-

a) Die bereits getroffene Feststellung, daß ein weltwirtschaftlicher Integrationsprozeß stattgefunden hat, bestätigt sich vollinhaltlich, wenn wir die **außenwirtschaftliche Verflechtung** in Rechnung stellen (vgl. Tabelle 10).

Tabelle 10
Außenwirtschaftliche Verflechtung, in konstanten Preisen
(jahresdurchschnittlicher Anteil am BIP in vH)

Zeitraum / Land	1960 bis 1969	1970 bis 1979	1980 bis 1989	1990 bis 1993
	- Exportquote -			
Deutschland (West)	15,6	21,9	27,9	33,9
Frankreich	10,4	16,2	19,9	23,8
Großbritannien	15,0	19,8	22,8	25,1
Italien	10,7	15,9	18,0	21,7
Japan	4,1	7,1	10,1	11,1
Vereinigte Staaten	4,5	6,1	7,5	10,8
	- Importquote -			
Deutschland (West)	13,1	19,6	23,0	27,7
Frankreich	11,5	16.8	18,9	23,0
Großbritannien	15,9	19,2	22,8	27,4
Italien	11,3	15,6	16,4	21,0
Japan	6,3	8,6	7,9	9,5
Vereinigte Staaten	5,4	7,6	9,4	12,0
	- Außenbeitragsquote -			
Deutschland (West)	+ 2,5	+ 2,3	+ 4,9	+ 6,3
Frankreich	− 1,1	− 0,6	+ 1,1	+ 0,8
Großbritannien	− 0,8	+ 0,6	− 0,0	− 2,3
Italien	− 0,6	+ 0,4	+ 1,6	+ 0,7
Japan	− 2,2	− 1,6	+ 2,2	+ 1,6
Vereinigte Staaten	− 1,0	− 1,5	− 1,9	− 1,2

landsprodukt aller Industrieländer beträgt gut vier Fünftel, ihr Anteil am Weltbruttoinlandsprodukt noch reichlich zwei Drittel. Und die anderen fünf Staaten nehmen immerhin gut die Hälfte des deutschen Warenexports auf (vgl. dazu: Dresdner Bank, Die Weltwirtschaft 1950 bis 1995, Statistische Reihen, September 1996). - Zu den Daten in den Tabellen 10 bis 12 und den Schaubildern 6 bis 8: vgl. OECD, National Accounts, Detailed Tables, Paris, lfd. Jahrgänge.

Was die Entwicklung der realen Exportquoten und Importquoten in den sechs ausgewählten Ländern, definierbar als Anteile der gesamten Leistungsexporte bzw. -importe (Waren, Dienste) am jeweiligen Bruttoinlandsprodukt angeht, sind zwar Unterschiede im Anteils-„Niveau" erkennbar. Diese erklären sich aber durchaus plausibel aus der Größe des relevanten Binnenmarkts: So sind die Quoten in Japan und in den USA deutlich niedriger als in den europäischen Industrienationen. Doch die Anteils-„Entwicklung" ist eindeutig gleichgerichtet. Und diese signalisiert in allen Ländern einen erkennbaren Anstieg der außenwirtschaftlichen Verflechtung: Die ausländische Absorption der inländischen Wertschöpfung steigt anteilsmäßig ebenso deutlich an wie der ausländische Beitrag zum inländischen Gesamtangebot. Die außenwirtschaftliche Abhängigkeit ist somit in einem Ausmaß gestiegen, das eine beliebige nachträgliche Isolierbarkeit der Nationalstaaten vom Weltmarkt - mit Blick auf die dann erforderlichen Strukturwandelprozesse und die damit vermutlich einhergehenden Friktionskosten - zunehmend in Frage stellen dürfte. Ambivalente Entwicklungen erfuhr die **Außenbeitragsquote**, die (cum grano salis) für das außenwirtschaftliche Gleichgewicht steht. Sieht man hier von der deutschen Sondersituation ab, die weit überdurchschnittliche Leistungsbilanzüberschüsse signalisiert, zeigt sich ansonsten ein gewisses Bemühen, defizitäre Quoten in positive Quoten zumindest zu wenden. Teils war dieses Bemühen erfolgreich (wenngleich sich die positiven Quoten in den 90er Jahren wieder zurückbildeten: Frankreich, Italien, Japan), teils blieb die Defizitkonstellation weitgehend erhalten (Großbritannien, USA). Der **Wettbewerb** im **internationalen Leistungsverkehr** könnte härter werden.

b) Die erkennbare Zunahme der außenwirtschaftlichen Verflechtung hat mit innerer Folgerichtigkeit zu einem deutlichen internationalen Verbund in der binnenwirtschaftlichen Entwicklung der Volkswirtschaften - gemessen am Jahresverlauf der **Veränderungsraten** des **realen Bruttoinlandsprodukts** - geführt (vgl. Schaubilder 6 bis 8). Gewiß sind Sonderentwicklungen festzustellen: Die 67er Stagnation in Deutschland dürfte eher „hausgemacht" gewesen sein, zumindest ist sie mit einer weltweiten Abschwächung nicht zu erklären; und die überdurchschnittliche Expansion in Deutschland 1990/91 könnte zum großen Teil auf den deutsch-deutschen Einigungsprozeß (als umfassendes „Konjunkturprogramm" interpretierbar) zurückzuführen sein. Demgegenüber lassen sich die weit überdurchschnittlichen Expansionsraten in Japan in den 60er Jahren als ein gezieltes „Aufholprogramm" interpretieren; eine „Normalisierung" ist inzwischen erkennbar. Ungeachtet dieser Sonderentwicklungen ist aber festzuhalten: Der Konjunkturverbund wird deutlich enger; die krisenhaften Zuspitzungen Mitte der 70er Jahre, Anfang der 80er Jahre und Anfang der 90er Jahre weisen ein hohes Maß an Gleichförmigkeit auf, bei dem allenfalls noch zwischen den Ländern gewisse time-lags erkennbar sind. Dabei kann hier offenbleiben, welches Gewicht exogenen Schocks (etwa den Ölpreiskrisen) zukam, und inwieweit einzelne Länder (passiv) in den Sog der weltwirtschaftlichen Entwicklung geraten sind oder (aktiv) eine „Lokomotivfunktion" übernommen haben. Der **internationale Verbund** der binnenwirtschaftlichen Entwicklung der Volkswirtschaften ist jedenfalls gegeben. Nicht nur die beliebige nationale Isolierbarkeit wird schwieriger, national ergriffene Maßnahmen dürften immer mehr auf andere Länder ausstrahlen.

Schaubild 6
Bruttoinlandsprodukt
(in konstanten Preisen)
Veränderung gegen Vorjahr in v.H.

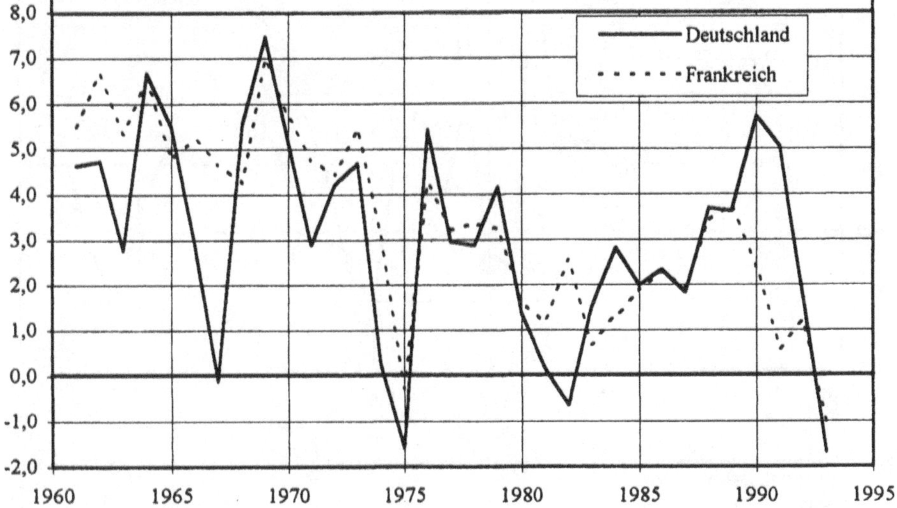

Schaubild 7
Bruttoinlandsprodukt
(in konstanten Preisen)
Veränderung gegen Vorjahr in v.H.

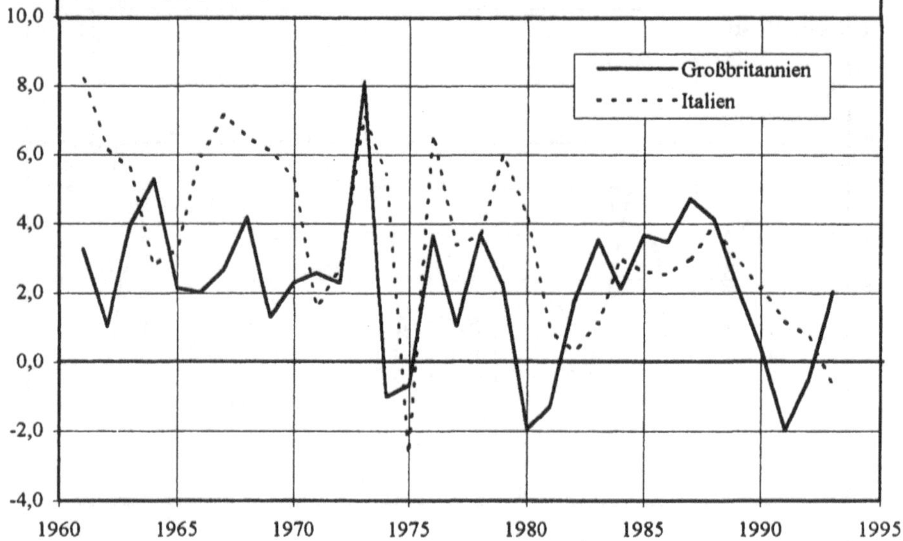

Schaubild 8
Bruttoinlandsprodukt
(in konstanten Preisen)
Veränderung gegen Vorjahr in v.H.

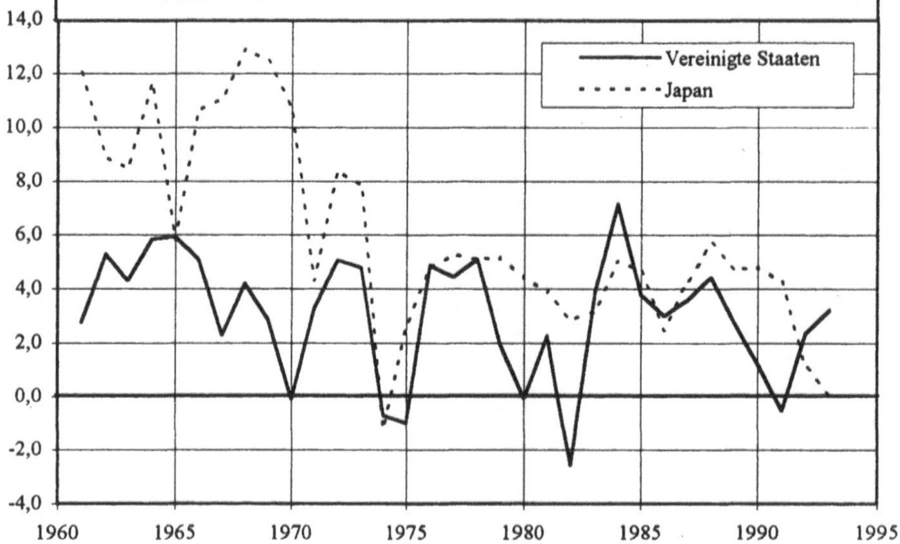

c) Die erkennbare Intensivierung der außenwirtschaftlichen Verflechtung sowie die Existenz des internationalen Konjunkturverbundes gewinnen eine besondere Qualität vor dem Hintergrund einiger ausgewählter Eckdaten der gesamtwirtschaftlichen Entwicklung (vgl. Tabelle 11).

Tabelle 11
Gesamtwirtschaftliche Eckdaten
(Jahresdurchschnitte)

Land / Zeitraum	1960 bis 1969	1970 bis 1979	1980 bis 1989	1990 bis 1993
Bruttoinlandsprodukt, in konstanten Preisen (Veränderung in vH)				
Deutschland (West)	+ 4,5	+ 3,1	+ 1,9	+ 2,7
Frankreich	+ 5,6	+ 3,7	+ 2,1	+ 0,8
Großbritannien	+ 2,9	+ 2,4	+ 2,2	+ 0,0
Italien	+ 5,8	+ 3,9	+ 2,5	+ 0,9
Japan	+10,4	+ 5,3	+ 4,1	+ 2,6
Vereinigte Staaten	+ 4,3	+ 2,8	+ 2,8	+ 1,6
Bruttoinlandsprodukt, Preissteigerung (Veränderung in vH)				
Deutschland (West)	+ 3,3	+ 5,6	+ 2,9	+ 3,7
Frankreich	+ 4,3	+ 9,3	+ 7,4	+ 2,8
Großbritannien	+ 3,9	+12,9	+ 7,7	+ 5,1
Italien	+ 4,3	+13,6	+11,8	+ 6,0
Japan	+ 5,3	+ 8,0	+ 1,8	+ 1,7
Vereinigte Staaten	+ 2,8	+ 7,0	+ 4,9	+ 3,1
Erwerbslosenquote (Arbeitslose, in vH der Erwerbspersonen)				
Deutschland (West)	0,9	2,4	8,4	6,2
Frankreich	1,6	3,9	11,4	12,1
Großbritannien	1,6	3,6	10,7	9,2
Italien	5,2	6,4	12,4	12,9
Japan	1,3	1,7	2,5	2,2
Vereinigte Staaten	4,8	6,2	9,0	7,9

Zum einen wird erkennbar, daß im Zeitraumvergleich (von der Sondersituation der Bundesrepublik Deutschland Anfang der 90er Jahre einmal mehr abgesehen) der **Wachstumsprozeß** an Dynamik deutlich verloren hat, wobei die Streuung der Wachstumsrate gegenüber den 60er Jahren etwas geringer geworden ist, aber immer noch vorliegt. Gleichzeitig konnte der **Preisauftrieb**, der gerade in den 70er Jahren eine drastische Beschleunigung erfahren hatte, wieder gestoppt werden. Ob dieser Erfolg nur um den „Preis" einer abgeschwächten Wachstumsdynamik erreichbar war - letztere sogar bewußt in Kauf genommen wurde, um die Inflationsmentalität zu „brechen" -, mag strittig diskutiert werden. Erkennbar ist aber in jedem Falle, daß, entgegen vielfach beschworener Erwartungen, die neuerliche Rückgewinnung eines höheren Maßes an Preisstabilität nicht zu einer Rückgewinnung einer höheren Wachstumsdynamik führte, sondern eher mit einer weiteren Wachstumsabschwächung einherging. Was überdies deutlich erkennbar wird, ist die Tatsache, daß die nachlassende Wachstumsdynamik wiederum verbunden ist mit deutlichen Fehlentwicklungen am Arbeitsmarkt, gemessen an der **Erwerbslosenquote**. Sieht man von der Sonderentwicklung in Japan ab, erfuhr die Erwerbslosenquote - teilweise schon von einem hohen Sockel in der 60er und 70er Jahren ausgehend (Italien, USA) - in den 80er Jahren einen dramatischen Anstieg, der Anfang der 90er Jahre nur teilweise abgebaut werden konnte.

d) Binnen- wie außenwirtschaftliche Entwicklungstendenzen gingen einher mit spezifischen Grundtendenzen in der gesamtwirtschaftlichen realen Verwendungsstruktur des Bruttoinlandsprodukts (vgl. Tabelle 12). Sieht man einmal wieder von der Sonderentwicklung in Japan ab, wo ein besonders ausgeprägter Rückgang der privaten wie auch öffentlichen Verbrauchsquoten zugunsten der Investitionsquoten erkennbar ist (ohne daß dies die abnehmende Wachstumsdynamik verhindern konnte), so kann im übrigen doch folgende Grundtendenz festgehalten werden: Generell ist - zum einen - ein deutlicher Anstieg des Anteils des **Privaten Verbrauchs** zu konstatieren. Schwankungen zeigen sich - zum zweiten - beim Anteil des **Staatsverbrauchs**; sie vollziehen sich indessen in vergleichsweise engen Margen, und allenfalls in den USA ist im Trend eine etwas ausgeprägtere Rückbildung angelegt. Beide Verbrauchsquoten münden - zum dritten - in eine spezifische Entwicklung der **Investitionsquote** ein, die teilweise eine deutliche Rückbildung (Deutschland, Frankreich, Italien), teilweise eine Stagnation - allerdings auf einem deutlich unterdurchschnittlichen Niveau - verzeichnet (Großbritannien, USA). Insgesamt wird man feststellen müssen, daß - von Japan abgesehen - die Abschwächung der Wachstumsdynamik und die Fehlentwicklungen am Arbeitsmarkt einhergingen mit einer offenbar **schwachen Investitionsdynamik**, die ihrerseits ergänzende Bemühungen um Begünstigung und Stabilisierung des Investitionsprozesses (auch über den außenwirtschaftlichen Leistungsverkehr) provozieren könnten.

Tabelle 12
Verwendungsstruktur, in konstanten Preisen
(jahresdurchschnittlicher Anteil am BIP in vH)

Land / Zeitraum	1960 bis 1969	1970 bis 1979	1980 bis 1989	1990 bis 1993
	- Privater Verbrauch -			
Deutschland (West)	50,8	54,4	55,0	55,1
Frankreich	58,7	57,8	59,4	60,2
Großbritannien	58,2	56,8	59,9	63,1
Italien	53,8	56,8	59,3	62,0
Japan	65,7	62,0	59,3	56,8
Vereinigte Staaten	61,0	64,6	66,7	66,7
	- Staatlicher Verbrauch -			
Deutschland (West)	19,7	19,8	20,2	17,9
Frankreich	19,1	17,5	18,5	18,5
Großbritannien	23,5	22,7	22,2	21,3
Italien	15,9	16,8	17,5	17,5
Japan	13,7	10,7	10,3	9,1
Vereinigte Staaten	21,7	19,5	18,6	17,6
	- Bruttoanlageinvestitionen -			
Deutschland (West)	24,8	22,4	20,0	20,5
Frankreich	22,1	23,7	20,3	20,6
Großbritannien	18,4	18,9	17,7	18,3
Italien	26,1	23,0	19,6	19,4
Japan	23,2	28,8	26,9	31,7
Vereinigte Staaten	17,5	17,2	16,8	16,8

Aus den knapp skizzierten Grundtendenzen können gewiß keine Schlußfolgerungen gezogen werden hinsichtlich der weiteren wirtschaftlichen Entwicklung in den herausgestellten Volkswirtschaften. Was aber erkennbar ist, ist eine **Dilemmasituation**, die von erheblicher integrationspolitischer Relevanz sein kann. Auf der einen Seite zeigt sich eine deutliche Intensivierung der Verflechtungsstruktur und des Konjunkturverbundes; damit steht zu erwarten, daß außen- wie binnenwirtschaftspolitische „Alleingänge" auf wichtige Partnerstaaten durchwirken, Gegenmaßnahmen provozieren und Stabilität und Funktionsfähigkeit des Integrationsraumes gefährden könnten. Auf der anderen Seite zeigen sich ebenso deutliche Fehlentwicklungen - nachlassende Wachstums- und Investitionsdynamik, Fehlentwicklungen am Arbeitsmarkt, partielle außenwirtschaftliche Instabilitäten -, die eben diese außenwirtschaftspolitischen „Alleingänge" auslösen könnten. Es ist genau diese Dilemmasituation, die den integrationspolitischen Handlungsbedarf - nämlich international verbindliche Regeln bezüglich Entstehung und Stabilisierung des Integrationsraumes zu schaffen - immer wieder neu begründen könnte. Nicht von ungefähr verstärkten sich seit den 70er Jahren die Stimmen, die vor einem Aufkommen eines Neo-Protektionismus bzw. Neo-Merkantilismus warnten. Nun könnte man mit guten Gründen einwenden, daß es bislang gelungen ist (zu Einzelheiten vgl. später), das liberale Welthandelsgefüge und somit einen offenen und funktionsfähigen Integrationsraum aufrechtzuerhalten; die Tatsache, daß in der skizzierten Dilemmasituation eine **Instabilität** des Integrationsraumes angelegt ist, bleibt davon unberührt.

Hinzu kommt nun aber noch ein weiteres, was den integrationspolitischen Handlungsbedarf in einem zusätzlichen Licht erscheinen läßt: Verstärkt sind gerade in den 90er Jahren die bereits angesprochenen Tendenzen einer weltweiten **Globalisierung** erkennbar.[14] Hier ist zwar ein Prozeß angelegt, der - mit Blick auf die Existenz multinationaler Unternehmen - kein Novum darstellt. Er wurde aber in den letzten Jahren durch eine Vielzahl von Faktoren begünstigt und konnte so an Tempo gewinnen: Die zunehmende **Marktoffenheit** beschränkt sich nicht mehr auf den Warenverkehr, sondern erfaßt immer mehr den Kapitalverkehr einschließlich der Finanzdienstleistungen. Die Wege für spekulative Finanztransfers werden ebenso offen wie die Möglichkeiten von Direktinvestitionen inländischer Unternehmen im Ausland, die überdies die Grundlage für einen zügigen Transfer von technischem Know-how bilden, steigen. Dieser Prozeß wiederum geht einher mit einer rasanten Entwicklung eines weltweit agierenden **Transport-** und **Kommunikationswesens**, das immer mehr die Voraussetzung schuf für eine weltweite Vernetzung von Forschungs-, Produktions- und Absatzaktivitäten eines multinationalen Unternehmens an verschiedenen Standorten der

---

[14] U. Beck, Die Subpolitik der Globalisierung, in: Gewerkschaftliche Monatshefte, 11-12, 1996 - H. Giersch, Das Jahrhundert der Globalisierung, in: FAZ, Nr. 9, 11.01.1997 - M. Grömling u.a., Weltwirtschaflicher Strukturwandel: De-Industrialisierung und Globalisierung, in: iw-Trends, 3/1996 - H. Grossmann u.a., Regionalisierung, Globalisierung und die Uruguay-Runde des GATT, in: Hamburger Jahrbuch für Wirtschafts- und Gesellschaftspolitik, 36. Jahr, 1991 - H.H. Härtel u.a., Grenzüberschreitende Produktion und Strukturwandel - Globalisierung der deutschen Wirtschaft, Baden-Baden 1996 - O. Issing, Geldpolitik in einer Welt globalisierter Finanzmärkte, in: Außenwirtschaft, 51. Jahrgang, 1996 - R. Jungnickel, Globalisierung: Wandert die deutsche Wirtschaft aus?, in: HWWA-Wirtschaftsdienst, 1996/VI - H.J. Rösner, Globalisierung, Supranationalität und die Arbeitsmarktordnung in Deutschland, in: Hamburger Jahrbuch für Wirtschafts- und Gesellschaftspolitik, 42. Jahr, 1997 - H. Sherman, Globalisierung: Transnationale Unternehmen auf dem Vormarsch, in: ifo-Schnelldienst, 23/1996 - J. Starbatty, Ohne Angst vor einer offenen Welt, in: FAZ, Nr. 21, 25.01.1997 - Th. Straubhaar u.a., Europäische Arbeitsmärkte im Zeitalter der Globalisierung, in: Hamburger Jahrbuch für Wirtschafts- und Gesellschaftspolitik, 42. Jahr, 1997 - H. Trabold, Globalisierung: Falle oder Wohlstandsquelle?, in: DIW-Wochenbericht 23/97.

Welt. Dieser Prozeß mag einerseits **ökonomische Vorteile** - Flexibilität, Stückkostendegression, steigende Skalenerträge - bringen; er kann andererseits mit bedenklichen **sozialen Folgewirkungen** - Beschäftigungsunsicherheit, Einkommensgefälle - einhergehen. Diese Fragen mögen hier ungeprüft bleiben.

Integrationspolitisch bedeutsam ist aber eine wichtige Konsequenz, die diesem Prozeß eine neue Qualität vermitteln könnte. Die zunehmende Möglichkeit (und Androhung) von Produktionsstättenverlagerungen (Export von Arbeitsplätzen und Kapital) reduziert den nationalen **wirtschaftspolitischen Gestaltungsspielraum** der Länder ganz erheblich. Die Schlußfolgerungen, die daraus gezogen werden können, sind allerdings alternativ denkbar. Einerseits könnte daraus der Schluß gezogen werden, daß sich die Staaten dann eben dem internationalen Marktmechanismus unterwerfen müssen und sich allenfalls bemühen können, im internationalen Wettbewerb durch eine entsprechende nationale Wirtschaftspolitik (Geld-, Finanz-, Sozial-, Struktur- und Umweltpolitik) „Standortvorteile" für sich zu gewinnen, ohne noch Rücksicht auf die sozialen Folgen im Binnenraum nehmen zu können. Die Konsequenzen dieser Schlußfolgerung sind aber zu beachten: Die demokratisch legitimierte Gestaltungsinstanz (Staat) unterwirft sich dann letztlich dem Diktat der „global players" (multinationale Unternehmen). Will man diese Konsequenz nicht ziehen, gewinnt der integrationspolitische Handlungsbedarf eine zusätzliche Dimension, nämlich als politisch unabdingbar angesehene „Standards" - über die tradierten Bereiche der Wachstums- und Beschäftigungssicherung hinaus gerade auch im sozialen und ökologischen Bereich - weltweit zu vereinheitlichen und verbindlich zu machen, um auf diese Weise drohenden Produktionsstättenverlagerungen zumindest die Basis zu nehmen, ein „Herunterkonkurrieren" dieser Standards zu vermeiden und insofern letztlich ein bestimmtes Grundzielsystem gesellschaftlicher Werte auch im Zuge der Globalisierung zu bewahren. Integrationspolitik bliebe dann auch in Zukunft nicht nur grundsätzlich eine Aufgabe für die Staatengemeinschaft; sie wäre dann eher immer weiter zu spezifizieren.

III. WELTWIRTSCHAFTLICHE PERSPEKTIVEN

43) VORBEMERKUNG

Schon während des Zweiten Weltkriegs begannen die Planungen für die Nachkriegszeit. Ziel war nicht nur eine politische Neuordnung der Welt, sondern auch eine neuorganisierte internationale Zusammenarbeit auf weltwirtschaftlichem Gebiet. Grundlage waren einmal die Atlantic-Charta (1941) und zum zweiten die Charta der Vereinten Nationen (1945). Die Initiative ging dabei von den USA aus, die einerseits ihre isolationistische Position überwinden wollten, und die sich andererseits zu einer weltwirtschaftlichen Vormacht entwickelt hatten. Beides ließ die Erwartung begründet erscheinen, daß sie bei der Neugestaltung der Weltwirtschaft eine wichtige Rolle spielen und ein hohes Maß an Verantwortung übernehmen würden. Doch die konzeptionellen Grundvorstellungen der damaligen US-Administration - nämlich eine weitgehende Rückkehr zum Status quo ante (welthandelspolitisch auf der Grundlage der Havanna-Charta, weltwährungspolitisch auf der Grundlage eines strengen Fondskonzepts) -, waren umstritten. Wenig kontrovers war zwar die Aufgabenstellung: Durch eine neuerliche Konkretisierung der erforderlichen Entstehungsbedingungen galt es, einen Re-Integrationsprozeß auszulösen, der protektionistischen Gefahren entgegenwirkte. Durch eine neuerliche Konkretisierung der erforderlichen Stabilisierungsbedingungen sollte den Staaten die Möglichkeit gegeben werden, sich im Integrationsraum behaupten zu können. Und überdies schien es ebenso unbestritten, daß es galt, für diese Konkretisierung **neue Akzente** zu setzen.

a) Das erste - freihändlerische - Integrationsmodell hatte einen rein **funktionellen Charakter**. Die Länder waren zwar bereit, ihre Märkte zu öffnen und sich den Regeln des Goldautomatismus zu unterwerfen; der Integrationsprozeß selbst blieb aber allein dem internationalen Marktmechanismus anvertraut, aus dem sich die Länder beliebig lösen konnten - und auch gelöst hatten, als nationale Interessen dies geboten erscheinen ließen. Schon aus formal-rechtlichen Überlegungen war somit das Integrationsmodell instabil. Daraus folgt, daß die Funktionsfähigkeit des Integrationsraumes nicht allein dem Markt überlassen bleiben konnte, sondern eine supranationale **politische Gestaltungsaufgabe** des Integrationsprozesses darstellte. Diese durfte sich aber eben nicht auf einen einmaligen Akt der Konstituierung von Freihandel und Goldstandard beschränken, sondern sie erforderte eine dauerhafte **institutionalisierte Absicherung**, die - sei es auf der Basis von internationaler Koordination, sei es auf der Basis von Kompetenzverlagerung auf supranationale Instanzen - Verhaltenskodices formulieren und Möglichkeiten zur Überwachung ihrer Einhaltung (einschließlich Sanktionsmöglichkeiten bei Nichteinhaltung) haben mußte. Diese institutionalisierte Absicherung mochte vergleichsweise engen Grenzen unterliegen, wenn man - gerade unter weltweiter Perspektive - davon ausgehen mußte, daß an einem solchen Integrationsprozeß Länder mit inhomogenen Ausgangs- und Entwicklungsbedingungen teilnehmen, was die Institutionalisierung zwar nicht per se in Frage stellte, wohl aber die Möglichkeit einer Gleichbehandlung reduzierte. Die politische Gestaltungsaufgabe blieb dennoch gegeben, wollte man dem Integrationsmodell ein höheres Maß an politischer Stabilität vermitteln.

b) Die Konstruktionselemente des ersten - freihändlerischen - Integrationsmodells implizierten für die Länder eine einseitige **außenwirtschaftliche Abhängigkeit**, die ihnen die Möglichkeit nahm, Art, Umfang und Tempo sowohl der Marktöffnung als auch der binnenwirtschaftlichen Anpassung politisch so zu steuern, daß binnenwirtschaftliche Fehlentwicklungen vermieden werden konnten, zumindest reduzierbar waren. Das begründete für die Länder eine den Integrationsprozeß belastende und insoweit fragwürdige Alternative: Entweder am Integrationsprozeß unter den gegebenen Bedingungen teilzunehmen und die nationalen Wohlfahrtsverluste aufgrund von Fehlentwicklungen zu akzeptieren, oder aber aus dem Integrationsprozeß auszuscheiden, um nationale Interessen wahren und Wohlfahrtsverluste vermindern zu können. Damit war auch unter materiellen Gesichtspunkten das Integrationsmodell notwendigerweise instabil. Aus diesen Überlegungen folgt, daß die Funktionsfähigkeit des Integrationsraumes davon abhing, wie es gelang, in die Konstruktionselemente der Entstehungs- und Stabilisierungsbedingungen **Elastizitäten** einzubauen, die es den Ländern möglich machten, im Integrationsraum bleiben und sich dennoch einen gewissen Autonomiespielraum für ihre Außen- wie Binnenwirtschaftspolitik bewahren zu können, um nationalen Interessen Rechnung zu tragen. Auch hier galt im Grundsatz, daß diese Elastizitäten ein um so größeres Gewicht bekommen mußten, je inhomogener die volkswirtschaftlichen Bedingungen der teilnehmenden Staaten waren. Der Einbau von Elastizitäten blieb gleichwohl unverzichtbar, sollte das Integrationsmodell ein höheres Maß an ökonomischer Stabilität erhalten.

Beide Aspekte begründeten für das Integrationsmodell gewiß ein Element der **Uneindeutigkeit** sowohl gegenüber dem merkantilistischen Konzept (Dominanz der nationalen Interessen) als auch gegenüber dem Freihandelskonzept (Unterordnung nationaler Interessen). Denn bei prinzipieller Anerkennung supranationaler Interessen stellte sich jetzt - einerseits - die Frage, wie weit diese reichen kann, ohne nationale Souveränitätsrechte jener Länder, die an einem solchen Integrationsprozeß teilnehmen, in unangemessener Weise zu beschneiden. Dies warf - andererseits - aber wiederum die Frage auf, wie weit der Einbau von Elastizitäten gehen kann, ohne Mißbrauchsmöglichkeiten seitens der teilnehmenden Partnerländer zu eröffnen. Die zwischenzeitlich ein halbes Jahrhundert dauernde Geschichte des Integrationsprozesses unter weltwirtschaftlicher Perspektive ist sowohl auf Welthandelsebene (Entstehung) wie auf Weltwährungsebene (Stabilisierung) letztendlich gekennzeichnet durch das Bemühen, ein höheres Maß an Eindeutigkeit zu gewinnen.

Zuvor sei noch auf eine Besonderheit verwiesen. Zum Zeitpunkt des Beginns der Vertragsverhandlungen waren die meisten der heutigen **Entwicklungs-** und **Schwellenländer** politisch noch nicht unabhängig, sondern hatten einen Kolonialstatus. Nur wenige der hier in Frage kommenden Länder nahmen als unabhängige Nationen an den Konferenzen teil. Dies hatte zur notwendigen Folge, daß das weltwirtschaftliche Integrationskonzept zunächst ganz auf die Interessenlage der **Industrieländer** zugeschnitten war. Sein im Grundsatz freihändlerischer Charakter ging letztlich von der Hypothese aus, daß der Integrationsprozeß über die Arbeitsteilung zu neuen Faktorkombinationen führe, die wiederum die Voraussetzungen für die Maximierung des Faktorertrages bildete, der dann allen Beteiligten zukomme. Im Kern war dieses Integrationskonzept auf einen freien internationalen Marktmechanismus und damit auf eine enge ökonomische Interpretation des Effizienzkriteriums zugeschnitten. Je mehr diese Effizienzhypothese zu relativieren war, weil sie nationale Entwicklungs- und internationale Verteilungsprobleme aufwarf, und je mehr dies in einem **weltwirtschaftlichen Nord-Süd-Gefälle** seinen Niederschlag fand, desto mehr drängte sich zumindest die Notwendigkeit auf, das bestehende Integrationskonzept zu modifizieren, um auch der Interessenlage der Entwicklungsländer Rechnung zu tragen. Und darüber hinaus stellte sich die Frage, ob eine technokratische Modifizierung eines bestehenden Ordnungskonzepts (das im Kern auf spezifische Interessen zugeschnitten war) ausreiche, oder ob nicht das bestehende Ordnungskonzept grundsätzlich in Frage zu stellen und hinsichtlich seiner konzeptionellen Grundelemente weiterzuentwickeln sei. Diese Überlegungen machen es verständlich, daß das Integrationsproblem auch eine typische **entwicklungspolitische Perspektive** gewinnen mußte, deren Analyse jedoch einem gesonderten Kapitel vorbehalten bleiben soll.

44) DAS WELTHANDELSSYSTEM

Nahezu zeitgleich mit dem Bemühen, das Weltwährungssystem auf eine neue Grundlage zu stellen - es mündete in die Gründung des Internationalen Währungsfonds (vgl. Ziff. 45) ein -, entstanden Versuche, ein neues Welthandelssystem auf der Basis einer Neuformulierung der relevanten **Entstehungsbedingungen** zu schaffen. Gestützt auf die Atlantic-Charta und die Charta der Vereinten Nationen kam es zur sog. Havanna-Konferenz (1947/1948). Auf ihr wurde die Havanna-Charta von 54 Staaten paraphiert. Beschlossen wurde die Bildung einer **Internationalen Welthandelsorganisation** (International Trade Organization: ITO), die neben dem Weltwährungssystem einen wichtigen institutionellen Pfeiler einer neuen Weltwirtschaftsordnung darstellen sollte. Ziel war nicht nur ein nachhaltiger Abbau von Handelshemmnissen, sondern auch eine restriktive Bindung der nationalen Handelspolitik sowie eine Einschränkung privater Wettbewerbsbeschränkungen und die Erleichterung von ausländischen Direktinvestitionen. Dadurch sollte der nationale Autonomiespielraum von vornherein auf dem Gebiet der Marktöffnung (also der Umsetzung von Entstehungsbedingungen) wieder drastisch eingeschränkt werden; denn der ITO waren weitgehende supranationale Rechte zur Gestaltung der internationalen Handelsbeziehungen zugewiesen worden. Nun machten die Unterzeichnerstaaten die Ratifizierung des

Vertragswerks von der Billigung durch den amerikanischen Kongreß abhängig. Da die US-Administration aber darauf verzichtete, die Havanna-Charta dem - im Grunde nach wie vor protektionistisch ausgerichteten - US-Kongreß zur Ratifizierung vorzulegen, trat sie nie in Kraft.

Um nun das gesamte Vertragswerk nicht scheitern zu lassen - insbesondere die bereits in Gang gekommenen Zollsenkungsverhandlungen -, wurde im Oktober 1947 von 23 Staaten als multilateraler Vertrag ein **Allgemeines Zoll- und Handelsabkommen** (General Agreement on Tarifs and Trade: GATT) unterzeichnet, das - obwohl es von den Unterzeichnerstaaten noch nicht ratifiziert war - am 1. Januar 1948 in Kraft trat. Die Bundesrepublik Deutschland wurde 1951 Vollmitglied. Anfang der 60er Jahre hatten sich dem Abkommen schon über 50 Nationen angeschlossen, die ca. 90 vH des Welthandels auf sich vereinigten; in den 70er Jahren erhöhte sich die Mitgliederzahl auf über 100 Nationen. Die Zielsetzungen des Abkommens waren eine Erhöhung von Lebensstandard, Beschäftigung und Realeinkommen sowie eine optimale Erschließung der Ressourcen der Welt durch Steigerung von nationaler Produktion und internationalem Güteraustausch. De jure bildete das GATT ein **Handelsabkommen**; de facto hatte es sich zu einer **Handelsorganisation** entwickelt, die von Anfang an auf das handelspolitische Verhalten der Vertragsparteien Einfluß zu nehmen versuchte. Zwar bestand kein Organ mit supranationaler Entscheidungsbefugnis; allenfalls ein GATT-Sekretariat mit Sitz in Genf wurde eingerichtet. Somit waren die Integrationsansätze auf Initiativen, Vermittlungen, Unterrichtungen und Konsultationen - insoweit auf die Bereitschaft zur Kooperation - beschränkt. Gleichwohl war ein wichtiger Schritt zur Institutionalisierung getan. Das Abkommen sah periodische Zusammenkünfte der Partnerländer sowie ein sehr differenziertes Streitschlichtungsverfahren vor. Letzteres reichte von Konsultationen (der Streitparteien) über die Einsetzung von Schlichtungsausschüssen und (bei Nichteinigung) von Expertengruppen, Beschlußfassung über die Annahme deren Berichte, Empfehlungen über ein GATT-konformes Verhalten bzw. über Kompensationsleistungen bis hin zur Ermächtigung von Ländern zu Gegenmaßnahmen (Aussetzung von Zugeständnissen) als letztem Druckmittel zur Durchsetzung von GATT-Beschlüssen.

Es kann nun im folgenden nicht darum gehen, das gesamte GATT-Vertragswerk, einschließlich seiner Weiterentwicklung, einer detaillierten Analyse zu unterziehen.[15] Allenfalls sollen einige Akzente hinsichtlich der Intentionen und Entwicklungsperspektiven des Abkommens gesetzt werden. Dabei bestand das Abkommen zunächst aus drei Teilen: Meistbegünstigung (Teil I); Inländerbehandlung, mengenmäßige Handelsbeschränkungen und Ausnahmeregelungen (Teil II); Organisationsfragen (Teil III); Mitte der 60er Jahre wurde ein weiterer Teil hinzugefügt, der Sonderregelungen für Entwicklungsländer enthielt (Teil IV). Von seiner **Intention** her ruhte das Abkommen auf zwei Pfeilern, die zum Ziel hatten,

[15] Einen detaillierten Überblick vermitteln: Deutsche Bundesbank, Hauser, Heiduk, Jackson, Liebich, Senti und Wagner (vgl. das beigefügte Literaturverzeichnis).

den Grundsatz der **Liberalisierung** mit dem Einbau von **Elastizitäten** auf der Grundlage von Sonderregelungen zu verbinden.

a) Grundsatz der **Liberalisierung**: Zwar zunächst beschränkt auf den Güterverkehr (ohne Agrar- und Textilerzeugnisse) und unter Ausklammerung des Dienstleistungs- und Kapitalverkehrs sollte der Handelsverkehr von allen Hindernissen befreit werden:

- Das bedeutete zunächst, daß der Handelsverkehr dem Prinzip der **Nicht-Diskriminierung** folgen sollte. Dieses weist drei Elemente auf. Einmal das Prinzip der **Meistbegünstigung**: Gewähren sich GATT-Mitgliedsländer Handelsvergünstigungen (Zoll- und Kontingentsabbau), so stehen diese automatisch allen anderen Mitgliedsländern zu. Die bilaterale Verhandlung gewinnt auf diese Weise einen multilateralen Charakter; und Meistbegünstigung besagt dann nichts anderes als eine Verpflichtung zur Nicht-Diskriminierung zwischen ausländischen Produkten durch ein Land (jeweils an der Zollgrenze). Zum zweiten das Prinzip der **Inländerbehandlung**: Es stellt das ergänzende Pendant zur Meistbegünstigung dar und besagt, daß ein ausländisches Produkt, wenn es die Zollgrenze überschritten hat, gegenüber vergleichbaren inländischen Produkten nicht diskriminiert werden darf, wodurch gerade der administrative Protektionismus zurückgedrängt werden sollte. Zum dritten das Prinzip der **Reziprozität**: Nimmt ein Land Handelsvergünstigungen in Anspruch, so muß es zu gleichartigen und/oder gleichwertigen Gegenleistungen bereit sein; will es umgekehrt Handelshemmnisse aufbauen, muß es den Ländern andere Konzessionen anbieten, um sie zu einem Verzicht auf seine Handelsvergünstigungen zu bewegen. Da dies meist schwer ist, erhält der Liberalisierungsgrundsatz eine nicht unwesentliche Stabilisierung. Die Zugeständnisse sowie die Verpflichtung zu ihrer Einhaltung wurden in einer Liste festgehalten.

- Dieses Liberalisierungsprinzip wurde sodann durch Zusatzbestimmungen flankiert. Einmal wurde der Vollversammlung der Vertragsparteien - über bilaterale Zollsenkungen hinaus - die Möglichkeit eingeräumt, in gewissen Zeitabständen allgemeine (multilaterale) Zollverhandlungen, sog. **Zollrunden**, zu veranstalten, ohne daß im Vertrag ein fester Zollsenkungsplan festgeschrieben wurde. Zum zweiten wurden handelshemmende Maßnahmen auf **marktkonforme Instrumente** (Zölle, Abgaben, sonstige Belastungen) reduziert; marktinkonforme Maßnahmen (Verbote, Kontingente) wurden im Grundsatz geächtet. Zum dritten wurde im GATT-Abkommen ein **fairer Wettbewerb** angestrebt, wodurch ein Unterlaufen von Zollgrenzen verhindert werden sollte. Unternehmerisches Dumping bzw. staatliche Subventionen waren zwar nicht per se verboten. Den Vertragsparteien wurde aber die Möglichkeit eingeräumt, wenn inländische Wirtschaftszweige etwa durch das Dumping nachweislich beträchtlich geschädigt würden, Anti-Dumping-Zölle zu erheben; ähnlich können Produkte, die durch das Ausland subventioniert sind, von dem betroffenen Importland mit Ausgleichszöllen belegt werden.

b) Grundsatz der **Ausnahmeregelung**, der auf der Rechtsgrundlage einer Ausnahmegenehmigung (sog. „waiver") einen Verstoß gegen den Grundsatz der Nicht-Diskriminierung letztlich auf vier Ebenen sanktionierte:

- Erstens wurde den vertragsschließenden Parteien das Recht eingeräumt, den zum Zeitpunkt der Vertragsschließung erworbenen „Besitzstand" zu wahren. Konkret bedeutete dies, daß auf jene Präferenzen (z.B. niedrige Zölle), die bei Inkrafttreten des GATT-Abkommens bestanden (sog. **„Alt"-Präferenzen**), der Meistbegünstigungsgrundsatz keine Anwendung finden sollte; diese Präferenzen brauchten somit nicht „multilateralisiert" zu werden. Der Grund für dieses Zugeständnis muß darin gesehen werden, daß anderenfalls die Basis für die weltweiten Liberalisierungsbemühungen erheblich reduziert gewesen wäre. Denn alle Länder, die auf solche Präferenzen nicht hätten verzichten wollen - z.B. Präferenzen zwischen England und den Commonwealth-Ländern oder zwischen europäischen Industrieländern und deren Kolonialgebieten -, wären dann eventuell dem Abkommen nicht beigetreten. Dieses Zugeständnis stützte sich auf die Erwartung, daß die Altpräferenzen im Zuge der Zollrunden an Bedeutung verlieren könnten.

- Zweitens wurde den vertragsschließenden Parteien das Recht eingeräumt, Freihandelszonen zu bilden oder Zollunionen zu gründen, somit also zwischen bestimmten Ländern neue Präferenzsysteme (sog. **„Neu"-Präferenzen**) aufzubauen, die dann logischerweise Drittländern vorenthalten wurden und insofern einen direkten Verstoß gegen den Grundsatz der Meistbegünstigung bedeuten mußten. Voraussetzung für eine solche Präferenzzone war, daß der gemeinsame Außentarif des neu entstandenen Präferenzraumes gegenüber den Drittländern nicht höher (und damit handelsbeschränkender) war als die gewogenen Tarife der an der Präferenzunion teilnehmenden Länder vor deren Bildung. Der Grund für dieses Zugeständnis lag darin, daß man sich davon erhoffte, die Liberalisierung „von oben" (weltweit) durch eine Liberalisierung „von unten" (regional) zu flankieren. Schließlich konnten von den handelsschaffenden Effekten (die sich definitionsgemäß zunächst auf die Präferenzunion beschränkten) Liberalisierungsimpulse auf die Drittländer ausgehen und damit auf Dauer die handelsablenkenden Effekte (zwischen der Präferenzunion und den Drittländern) überkompensieren. Diese Erwartung setzte indessen wiederum eine Integrationsbereitschaft des Präferenzblocks gegenüber Drittländern voraus, damit einen Verzicht auf eine Blockbildungsstrategie zugunsten einer Assoziierungsstrategie, die weitere Länder einbezieht.

- Drittens wurde den vertragsschließenden Parteien - von allgemeinen Erwägungen abgesehen (Schutz von öffentlicher Gesundheit und Sicherheit) - das Recht eingeräumt, zum **Schutze** von **Zahlungsbilanz** oder von **Wirtschaftszweigen**, die aufgrund der durch das GATT-Abkommen veranlaßten Marktöffnung mit einem „übermäßig hohen" Importanstieg konfrontiert waren, zu **diskriminierenden Einfuhrbeschränkungen** greifen zu können, insofern also auch wieder Kontingente einzuführen. Die Kontingente sollten so festgesetzt werden, daß der Einfuhr wichtiger Waren (sog. essentials) der Vorrang eingeräumt wird. Gleichzeitig implizierte die Ausnahmeklausel (escape clause) auch einen Verzicht auf den Reziprozitätsgrundsatz; ein Land konnte Vergünstigungen in Anspruch nehmen, ohne selbst Vergünstigungen gewähren zu müssen. Allerdings war die Inanspruchnahme dieser Sonderregeln an bestimmte Verfahrensvorschriften (Konsultationen mit betroffenen Vertragsparteien) gebunden und auch als zeitlich befristet gedacht. Die Länder waren gehalten, diese Beschränkungen abzubauen, sobald ihre wirtschaftliche Lage dies zuließ.

- Viertens wurden schließlich in das Vertragswerk Ausnahmeregelungen für **Entwicklungsländer** eingebaut. In der ersten Vertragsrevision (1955) wurde Ländern, die am Anfangsstadium ihrer Entwicklung stehen, die Möglichkeit eingeräumt, zu Einfuhrbeschränkungen zu greifen, auch wenn ihre Zahlungsbilanzproblematik Folge der eigenen Entwicklungs- und Industriepolitik und nicht Folge der Marktöffnung war. In der Vertragserweiterung (1965) wurde im Grundsatz die Notwendigkeit anerkannt, das Entwicklungsgefälle abzubauen: Reduzierung der einseitigen Exportabhängigkeit von wenigen Rohstoffen, Stabilisierung der Ausfuhrerlöse, Förderung des Außenhandels, Verzicht der Industrieländer auf Reziprozität bei eigenen Zugeständnissen, Gewährung von Handelspräferenzen (im Rahmen eines allgemeinen Präferenzsystems) nur an Entwicklungsländer. Allerdings unterlagen diese Ausnahmeregelungen dem „Prinzip der Graduation"; mit zunehmender wirtschaftlicher Entwicklung mußten sich die Länder wieder dem GATT-Regelwerk unterziehen.

Stellt man beide Ebenen - Liberalisierungskodex, Ausnahmeregelungen - einander gegenüber, so ist die Intention erkennbar: Die Zielsetzung ist eindeutig eine **Freihandelsorientierung**. Doch diese sollte nicht - politisch gleichsam nicht mehr steuerbar - den Teilnehmerstaaten aufgepfropft, sondern in pragmatischen Schritten, in den Grenzen des Machbaren, umgesetzt werden. Ausdruck dieses Pragmatismus war das schrittweise Vorgehen im Liberalisierungsprozeß und dessen Verknüpfung mit begründeten Ausnahmeregelungen, um den Vertragsparteien, die nicht majorisiert werden sollten, die Möglichkeit zu geben, im Zuge der Marktöffnung nationalen Interessen Rechnung zu tragen. Dabei hatten die Ausnahmeregelungen allerdings keinen Selbstzweckcharakter, sondern waren darauf ausgerichtet, überhaupt den weltweiten Liberalisierungsprozeß möglich zu machen und den Ländern - über den Einbau derartiger **Elastizitäten** - einen Übergang zu einer neuerlichen Marktöffnung zu erleichtern. Insoweit waren die Elastizitäten als Mittel (Hilfe) zur Marktöffnung gedacht - und nicht als Ziel (Freibrief), sich jederzeit über eine mißbräuchliche Anwendung von Ausnahmeregelungen der Marktöffnung zu entziehen.

Vor diesem Hintergrund ist die historische Entwicklung des GATT-Abkommens zu sehen und zu würdigen. Vereinfacht gesehen, können drei Phasen unterschieden werden.

a) Die erste Phase - definierbar als **Liberalisierungsphase** - erstreckte sich über die beiden ersten Jahrzehnte der Existenz des GATT-Abkommens und umfaßte sechs **Zollsenkungsrunden**: Genf (1947), Annecy (1949), Torquay (1950/51), Genf (1955/56), Dillon-Runde (1961/62), Kennedy-Runde (1964/67). Sie können als durchaus erfolgreich angesehen werden. Obwohl die Alt-Präferenzen sich noch als hinderlich erwiesen und die Industrieländer - im Zuge des Übergangs vom spezifischen Zoll zum Wertzoll - den Zollsatz zunächst erhöhten, um Kontingente, die abzubauen waren, zu ersetzen und in den Verhandlungen einen Manövrierspielraum zu gewinnen, kam es zu einem nachhaltigenen Zollabbau. Neben der ersten Runde war es vor allem die Kennedy-Runde, in der ein erheblicher Durchbruch erzielt wurde. Der damalige US-Präsident hatte - im Zuge des Trade Expansion Act (1962) und in der Absicht, den drohenden EG-Protektionismus zu unterlaufen - entgegen der bislang dominierenden protektionistischen Grundhaltung der USA ein weitgehendes handelspolitisches Verhandlungsmandat zum Zollabbau erhalten. Insgesamt wurden in dieser ersten Phase die Zollsätze um ca. 70 vH gesenkt, und in den Zollisten waren ca. 75 vH des Welthandels erfaßt. Allenfalls problematisch zu werten war die Tatsache, daß sich die Zollsenkung auf den gewerblichen Bereich konzentrierte und so zum einen den Agrarsektor und den Textilsektor ausklammerte (was sich noch als sehr konfliktträchtig erweisen sollte). Hinzu kam zum zweiten, daß die Interessenlage der Entwicklungsländer vernachlässigt wurde, die sich aus naheliegenden Gründen - unter Berufung auf ihre Schutzbedürftigkeit - dem Zollabbau häufig verweigerten.

b) Die zweite Phase - definierbar als **Stagnationsphase** - erstreckte sich über die 70er Jahre hinweg und reichte bis etwa Mitte der 80er Jahre. Sie war durch drei Elemente geprägt:

- Zum einen durch die Tatsache, daß die **Rahmenbedingungen** des **Welthandels** erhebliche Belastungen erfuhren: Anfang der 70er Jahre geriet das Weltwährungssystem in eine definitive Krise (vgl. dazu noch später). Gleichzeitig kam es zu massiven Rohstoffpreissteigerungen (v.a. Ölpreise), die dazu führten, daß in vielen Ländern Zahlungsbilanzprobleme und Verschuldungssituationen entstanden. Schließlich schwächte sich in vielen Ländern das Wachstum ab; und dies schuf wiederum Probleme am Arbeitsmarkt.
- Hinzu kam zum zweiten, daß (durch diese veränderten Rahmenbedingungen nicht zuletzt mitausgelöst und gefördert) sich eine neue **Tendenz** zum **Protektionismus** etablierte: Der Subventionswettlauf verschärfte sich; die Länder nahmen zunehmend die - ohnehin nicht hinreichend exakt spezifizierten - Ausnahmeregelungen (gerade die Schutzklausel) in Anspruch, um ihren Zahlungsbilanzproblemen Rechnung zu tragen und gefährdete Industriezweige zu schützen. Überdies gingen Länder immer mehr zu nicht-tarifären Handelshemmnissen über, ergänzt durch sog. Grauzonenmaßnahmen („freiwillige" Exportbeschränkungsabkommen, Marktordnungsverfahren).

- Zum dritten entwickelte sich eine (durch das GATT an sich sanktionierte) **Tendenz** zur **Blockbildung**, die nun aber zur Gefahrenquelle für den freien Welthandel wurde. Und dies war spätestens dann gegeben, als sich in den relevanten Machtblöcken (USA, EG, Japan) die protektionistischen Tendenzen (und damit auch die handelspolitischen Konflikte zwischen den Blöcken) verschärften. Nicht zuletzt lag hier die Gefahr begründet, daß noch mögliche Konfliktlösungen nicht mehr „durch", sondern (wegen dessen institutioneller Schwäche) allenfalls nur noch „neben" dem GATT-Regelwerk erreichbar schienen.

Alle drei Elemente ließen die Notwendigkeit erkennen, einen Neuanlauf zur Eindämmung dieses „Neo-Protektionismus" zu unternehmen.[16] Gestützt auf die „Deklaration von Tokio" (1973) wurde die Durchführung einer siebten Welthandelsrunde - die sog. **Tokio-Runde** - beschlossen. Sie dauerte bis 1979; ca. 100 Nationen nahmen teil. Von Anfang an war klar, daß diese Runde sich nicht auf reine Zollsenkungen beschränken konnte, sondern zunehmend kritischer werdende Fragen - Blockbildung, Subventionen, Präzisierung der Anwendung der

[16] Zu der damaligen Diskussion: B. Ballassa, The „New Protectionism" on the International Economy, in: Journal of World Trade Law, Vol. 12, 1978 - R. Blackhurst u.a., Trade Liberalization, Protectionism, Interdependence, Genf 1977 - R.N. Cooper u.a., Wege zur Erneuerung des internationlen Systems, Triangle Paper Nr. 14, Bonn 1979 - W.v. Dewitz, Die multilateralen Handelsverhandlungen, in: HWWA-Wirtschaftsdienst 1978/X - H. Hasenpflug und D. Kebschull, Handelshemmnisse beim transatlantischen Warenaustausch, in: HWWA-Wirtschaftsdienst 1976/III - A. Herrmann, Handelspolitik in Zeiten dramatischer weltwirtschaftlicher Ungleichgewichte, in: ifo-Schnelldienst 24/1987 - H.G. Johnson, Mercantilism: Past, Present and Future, in: Journal of World Trade Law, Vol 8, 1974 - H. Jürgensen, Protektionismus durch die Hintertür, in: FAZ, 5. April 1976 - G. Koopmann, Entwicklungstendenzen im Welthandel, in: HWWA-Wirtschaftsdienst 1981/X - M.B. Kraus, The New Protectionism. The Welfare State and International Trade, Oxford 1979 - D. Lorenz, Zur Krise des Liberalisierungshandels, in: HWWA-Wirtschaftsdienst 1978/VI - D. Lorenz, Ursachen und Konsequenzen des Neomerkantilismus, in: Schriften des Vereins für Socialpolitik, NF Band 114, 1981 - D. Lorenz, Ein GATT für die Merkantilisten, in: HWWA-Wirtschaftsdienst 1985/X - U. Müller, Die Gefährdung der GATT-Ordnung, in: HWWA-Wirtschaftsdienst 1982/V - B. Nowzad, The Rise in Protectionism, Washington 1978 - K.W. Rothschild, Außenhandelstheorie, Außenhandelspolitik und Anpassungsdruck, in: Kyklos, Vol. 32, 1979 - H.-J. Seeler, Die Zukunft des GATT, in: Jahrbuch für Sozialwissenschaft, 1985 - H. Stadelmann, Mehr Konkurrenz als Partnerschaft, in: FAZ, 24. Januar 1977 - J. Tumlir, Can the International Economic Order be saved?, in: The World Economy, Vol. 1, 1977 - St.J. Warnecke (Hrsg.), International Trade and Industrial Policies. Government Intervention and Open World Economy, London 1978 - F.D. Weiß, Importrestriktionen der Bundesrepublik Deutschland, in: Die Weltwirtschaft 1/1985 - D. Witteler, Tarifäre und nichttarifäre Handelshemmnisse in der Bundesrepublik Deutschland - Ausmaß und Ursachen, in: Die Weltwirtschaft 1/1986 - W.v.d. Wyenbergh, Flucht nach vorn, in: FAZ, 25. Januar 1978 - W.v.d. Wyenbergh, Zwischen Hoffnung und Skepsis, in: FAZ, 17. April 1979 - W.v.d. Wyenbergh, Ortstermin für den Freihandel, in: FAZ, 13. September 1986.

Schutzklausel, Abbau nicht-tarifärer Hemmnisse, Einbeziehung des Agrar- und Textilmarktes - lösen mußte. Doch der Ertrag der Runde war trotz weiterer Zollsenkungen enttäuschend. Viele relevante Fragen wurden zwar behandelt und - darauf gestützt - sog. **Verhaltenskodices** formuliert. Aber der Beitritt zu diesen Kodices war freiwillig. Jedes GATT-Mitglied konnte sich jenen Verhaltenskodex auswählen, dem es - unter Ablehnung anderer Kodices - beitreten wollte. Am Ende ergab sich kein homogenes, allgemein verbindliches Vertragswerk, sondern ein zersplittertes System von Absichtserklärungen. Mitte der 80er Jahre schien die Gefahr des Protektionismus nicht gebannt, sondern eher größer geworden; so waren bereits ca. 50 vH des Welthandels durch Verstöße gegen den Meistbegünstigungsgrundsatz gekennzeichnet.

a) Die dritte Phase - definierbar als **Konsolidierungsphase** - setzte Mitte der 80er Jahre ein. Mit Blick auf den unbefriedigenden Zustand des Welthandelssystems einigten sich die Regierungschefs der sieben führenden Industrienationen auf dem Weltwirtschaftsgipfel in München (Mai 1985) darauf, daß eine neue (achte) Welthandelsrunde erforderlich sei. Gestützt auf die Erklärung der Handelsminister der GATT-Mitglieder von Punta del Este (September 1986) begann die sog. **Uruguay-Runde**. Sie dauerte bis 1994 (Unterzeichnung der Schlußdokumente in Marrakesch); ca. 130 Nationen nahmen teil. Die Zielsetzungen waren ehrgeizig (schließlich galt es die Defizite der Tokio-Runde auszugleichen): Sie reichten über eine weitere Liberalisierung (Abbau von Spitzenzöllen) hinaus. Es erwies sich als unabdingbar, die „Spielregeln“ für den Welthandel - Anwendbarkeit von Schutzklausel, Subventionspraxis, Dumping, öffentliche Auftragsvergabe, nicht-tarifäre Hemmnisse etc. - präziser zu fassen, den Agrar- und Textilbereich in das GATT-Regelwerk einzubeziehen und dieses auf die Bereiche Dienstleistungen, Direktinvestitionen und geistiges Eigentum auszuweiten, sowie die Entwicklungs- und Schwellenländer verstärkt in den Liberalisierungsprozeß einzubinden. Die Ergebnisse dieser Verhandlungsrunde können hier nicht im Detail skizziert werden. Allenfalls sind an dieser Stelle die vier Kernelemente des Abkommens herauszustellen:

- Zum ersten wurde eine **neue Organisationsstruktur** beschlossen: Es wurde die Welthandelsorganisation (World Trade Organization: WTO) als Institution mit eigener Rechtspersönlichkeit gegründet, die gleichermaßen als Dachorganisation („chapeau“) zur zentralen Umsetzung der inhaltlichen Abkommen fungiert. Oberstes Beschlußorgan ist die Ministerkonferenz, die über Abkommensänderungen und Ausnahmeregelungen befindet. Sie tritt alle zwei Jahre zusammen; zwischenzeitlich nimmt ein „Allgemeiner Rat“ diese Funktionen wahr. Es gilt das Prinzip: „Ein Land - eine Stimme“, wobei für Fragen der Meistbegünstigung und Inländerbehandlung Einstimmigkeit erforderlich ist; Ausnahmeregelungen (waiver) erfordern eine Drei-Viertel-Mehrheit, Vertragsveränderungen eine Zwei-Drittel-Mehrheit. (Angestrebt werden Entscheidungen „im Konsens“, die dann eine gewisse Bindung der Vertragspartner involvieren.) Damit verbunden ist ein gestrafftes Streitschlichtungsverfahren und ein Mechanismus zur Überprüfung der Handelspolitiken der GATT-Mitglieder - jeweils auf multilateraler Basis - sowie eine Verschärfung der Sanktionsmöglichkeiten (Trade Policy Review Mechanism: sog. TPRM). Überdies sind nun - mit wenigen Ausnahmen - die Staaten, die dem Abkommen beitreten wollen, verpflichtet (im Gegensatz zur Situation nach der Tokio-Runde), alle Abkommen der Uruguay-Runde zu übernehmen (sog. single-package-Ansatz); ein Beitritt zu ausgewählten Einzelabkommen ist nicht mehr möglich. Diese Weiterentwicklung der Organisationsstruktur deutet auf die Absicht der Vertragsparteien hin, die Umsetzung multilateraler Beschlüsse zu institutionalisieren, somit zu vereinheitlichen und eher sicherzustellen.

- Zum zweiten wurde in Fortschreibung des GATT-Regelwerks eine weitere **Liberalisierung** des **Güterverkehrs** beschlossen. Dies erfolgte einmal durch eine weitere Zollsenkung für gewerbliche Waren (um ca. 40 vH), in die nun auch die Entwicklungs- und Schwellenländer einbezogen wurden. Bis 1999 (teilweise bis 2004) sollen die Zölle um weitere 50 vH reduziert werden. Dies erfolgte überdies durch eine Verschärfung des GATT-Regelwerks; in diesem zweiten Falle sollte v.a. das GATT-Gebot der Nicht-Diskriminierung eine deutliche Bestätigung erfahren - teils, indem bestimmte handelsverzerrende und handelsbehindernde Maßnahmen (Grauzonenmaßnahmen, Investitionsauflagen) verboten wurden, teils, indem für den Einsatz anderer diskriminierender Maßnahmen (Anti-Dumping- und Subventionsausgleichszölle) präziser gefaßte Vorgaben erfolgten. Schließlich wurden - wenn auch mit Ausnahmeregelungen und zeitlichen Stufenplänen verbunden - der Agrarsektor und der Textilsektor in das GATT-Regelwerk einbezogen, wodurch der Liberalisierungsprozeß eine sachliche Ausweitung erfuhr.

- Zum dritten wurde der **Dienstleistungsverkehr** in das GATT-Regelwerk einbezogen (General Aggreement on Trade in Service: sog. GATS). Damit verlor dieses erstmals seinen reinen Gütercharakter und wurde zu einem umfassenden Leistungsabkommen. Dies erscheint deshalb von besonderer Bedeutung, weil zwischenzeitlich nicht nur in den Volkswirtschaften der Dienstleistungssektor an sich, sondern damit auch der grenzüberschreitende Dienstleistungsverkehr eine steigende Bedeutung gewonnen hatte. (Mitte der 90er Jahre erreichte der Leistungsverkehr ca. 6 Bill. US-Dollar, davon etwa 1,2 Bill. US-Dollar Dienstleistungen.) Da mit diesem auch häufig Faktorwanderungen (Arbeit, Kapital) verbunden sind, können Konflikte mit nationalen Bestimmungen (Aufenthaltserlaubnis, Investitionsauflagen) entstehen. Was diesen Teil des Abkommens angeht, erscheinen zwei Aspekte bemerkenswert: Einerseits wird in dem Abkommen der Dienstleistungsbegriff relativ weit gefaßt; er umfaßt nicht nur grenzüberschreitende Transaktionen, sondern auch Dienstleistungen, die mit Faktorwanderungen verbunden sind, womit Meistbegünstigung und Inländerbehandlung gleichermaßen Bedeutung gewinnen. Andererseits beschränkt sich das Abkommen auf Vorgaben für künftige Liberalisierungsschritte („progressive Liberalisierung"), so daß der eigentliche Liberaliserungsprozeß noch ansteht.

- Zum vierten wurde in das Regelwerk der **Schutz geistigen Eigentums** einbezogen (Trade-related Aspects of Intellectual Property Rights: sog. TRIPS). Der Hintergrund dieser Bemühungen ist darin zu sehen, daß Güter und Dienstleistungen einen gewissen Anteil geistigen Eigentums - in Form von Patent-, Marken-, Urheberrechte - enthalten. Wird dieser nicht beachtet bzw. geschützt, ist der Weg frei für Fälschungen und Nachahmungen mit entsprechenden handelsverzerrenden Wirkungen: Sei es, daß die „echte" Ware am Marktzutritt behindert wird; sei es, daß die „falsche" Ware sich einen Marktzutritt erschleicht. Insofern sind in dem Abkommen konsequenterweise Mindestschutzbestimmungen (einschließlich ihrer gerichtlichen Durchsetzbarkeit) angelegt, die es erlauben, die Grundsätze der Meistbegünstigung und der Inländerbehandlung gezielter anzuwenden. Dabei sind die Mitgliedsländer gehalten, die Einzelbestimmungen der Abkommen in nationales Recht umzusetzen.

Überblickt man die drei Entwicklungsphasen und nimmt man die Ergebnisse der Uruguay-Runde als gegeben, so ist das Ergebnis recht eindeutig: Ziel ist es, die **Entstehungsbedingungen** in Richtung Marktöffnung zu konkretisieren und diesen Prozeß zunehmend so zu institutionalisieren, daß die Umsetzung sicherer wird. Ob dieses Ziel erreicht wird, kann zum gegenwärtigen Zeitpunkt nicht definitiv beantwortet werden.[17] Dies gilt v.a. deshalb, weil trotz der inhaltlichen Ausweitung der Bestimmungen zumindest drei Problemkreise, die für die Entwicklung des Welthandelssystems große Bedeutung haben, ungeklärt geblieben sind.

a) Das betrifft zum ersten das Problem der **regionalen Blockbildung**, die an Bedeutung eher gewonnen hat und unter bestimmten Bedingungen ja durchaus GATT-konform ist. Wie gezeigt, löst eine solche Blockbildung Aufschließungseffekte (blockintern) aber auch Abschließungseffekte (blockextern) aus. Welthandelspolitisch dürften letztere solange unproblematisch sein, wie erstere hinreichende Wachstumsimpulse auslösen, die dann die Exportchancen von Drittländern in den Block eher begünstigen. Werden die Exportchancen von Drittländern aber geschädigt - weil die Wachstumsimpulse der Aufschließungseffekte nicht hinreichend sind und dies eher eine Tendenz auslöst, die Abschließungseffekte zu intensivieren -, wird es zu einer Konfliktverschärfung und dann auch zu einer

[17] Vgl. dazu: F. Blankart, Das Ergebnis der Uruguay-Runde: Ein historischer Markstein, Schlußstein oder Startblock?, in: Außenwirtschaft, 49. Jg., 1994 - H. Großmann u.a., Die neue Welthandelsorganisation: Schrittmacher für den Welthandel, in: HWWA-Wirtschaftsdienst 1994/V - A. Herrmann, Nach dem Abschluß der Uruguay-Runde: Protektionismusgefahr geringer?, in: ifo-Schnelldienst, 1-2/1994 - A. Herrmann, Strengere Regeln für den Welthandel: Chancen für weniger Protektionismus?, in: ifo-Schnelldienst 3/1995 - L. Schomerus, Die multinationale Handelsordnung nach der Uruguay-Runde, in: HWWA-Wirtschaftsdienst 1994/II.

Beeinträchtigung der freien Welthandelsbeziehungen kommen. Dieses Spannungsverhältnis zwischen weltweiter und regionaler Liberalisierung ist bislang ungelöst und stellt insoweit eine potentielle Gefahr für ein Welthandelssystem dar.[18]

b) Das betrifft zum zweiten das Problem des Fehlens von international verbindlichen **sozialen** und **ökologischen Standards**. Dies erweist sich - neben deren gesellschaftspolitisch relevanter Eigenwertigkeit - insoweit auch als ein Defizit für die Welthandelsentwicklung, als alternative Positionen denkbar sind: Geht man - einerseits - davon aus, daß das Handelssystem sich allein an der „Produkteigenschaft" orientiert, während das „Produktionsverfahren" Gegenstand nationalen Rechts ist, dann greifen Meistbegünstigung und Inländerbehandlung. Würde ein Land sich gegen Produkte, die auf der Basis (relativ) niedriger Sozial- oder Ökostandards gefertigt werden, wehren (etwa mit Ausgleichszöllen), wäre dies als ein GATT-widriger Protektionismus zu würdigen. Im Grundsatz gälte dies unabhängig davon, ob das Importland seine Industrie, die mit vergleichsweise höheren Standards arbeiten muß, schützen oder das Exportland zu höheren Standards zwingen will. Geht man - andererseits - davon aus, daß die niedrigeren Standards im Exportland Folge GATT-widriger Dumpingmaßnahmen sind, erschienen Einfuhrrestriktionen und/oder die Subventionierung der heimischen Industrie wiederum in einem anderen Licht. Diese Sichtweise setzte indessen wieder voraus, daß der gezielte Dumpingcharakter nachweisbar ist und nicht unterstellt werden muß, daß die niedrigen Standards im (vielleicht ärmeren) Exportland eher Ausdruck der Tatsache sind, daß in der Nutzenfunktion seiner Bürger ein Realeinkommenswachstum höheres Gewicht als hohe Sozial- und Ökostandards hat. Diese alternative Sichtweise macht aber in jedem Falle deutlich, daß das Fehlen von Standards - und sei es nur auf der Basis von Mindeststandards - wegen alternativer Interpretationsmöglichkeiten eine potentielle Chance eröffnet, den Liberalisierungsprozeß zu gefährden.[19]

c) Das betrifft zum dritten das Problem einer hinreichenden **wettbewerbspolitischen Absicherung**. Das hier angelegte Problem ist darin zu sehen, daß Freihandel an sich zwar wettbewerbsfördernd wirken kann, wenn ein erleichterter

---

[18] Vgl. dazu: A. Borrmann u.a., Regionaliserung und Regionalismus im Welthandel, in: HWWA-Wirtschaftsdienst 1994/VII - D. Brand, Konsequenzen der regionalen Blockbildung für die Welthandelsentwicklung, in: ifo-Schnelldienst 12/1992 - W. Kartte, Ein Handelskodex der großen Sieben, in: FAZ, Nr. 39, 15.02.1992 - H. Großmann u.a., Regionalisierung, Globalisierung und die Uruguay-Runde des GATT, in: Hamburger Jahrbuch für Wirtschafts- und Gesellschaftspolitik, 36. Jahr, 1991 - E. Tuchtfeldt u.a., Der nordamerikanische Freihandelsraum - ein neuer Block im Welthandel?, in: Jahrbuch für Sozialwissenschaft 18/1992. 42/1991 - P.J. Lloyd, Regionalisation and World Trade, OECD Economic Studies 18/1992.

[19] Kritisch dazu: N. Berthold u.a., Umwelt- und Sozialklauseln: Gefahr für den Freihandel?, in: HWWA-Wirtschaftsdienst 1996/XI - L. Feld, Sozialstandards und die Welthandelsordnung, in: Außenwirtschaft, 51. Jg. 1996.

Marktzugang für ausländische Anbieter im Inland zu einer höheren Wettbewerbsintensität führt und auf diese Weise die Marktmacht inländischer Anbieter reduziert. Differenzierter ist das Problem aber zu sehen, wenn marktmächtige Unternehmen ihre Machtstellung im Inland ausnutzen, um - gestützt auf hohe Inlandspreise - einen Dumpingexport (auf der Basis von „Unterkosten"-Preisen auf den Auslandsmärkten) durchzuführen. Die betroffenen Länder können dann zwar auf Anti-Dumpingmaßnahmen zurückgreifen (etwa Zölle); doch diese Maßnahmen sind immer in der Grauzone - zwischen der Verhinderung aggressiver Markteroberung durch ausländische Anbieter und dem Schutz ineffizienter inländischer Anbieter - angesiedelt. Insoweit ist nicht auszuschließen, daß Anti-Dumpingmaßnahmen protektionistisch mißbraucht werden können. Will man diesen Mißbrauch verhindern und die Anti-Dumpingmaßnahmen reduzieren, bedarf es - gleichermaßen als Pendant - der Schaffung wettbewerbsrechtlicher Mindeststandards für die Mitgliedsländer. Auch diese Fragen sind noch ungeklärt und eröffnen potentielle Chancen, den gewünschten Liberalisierungsprozeß immer wieder infrage zu stellen.[20]

Solange diese drei Aspekte noch offen sind, bleibt ein liberales Welthandelssystem immer gefährdet, unbeschadet der Fortschritte, die bei der Konkretisierung der Entstehungsbedingungen bislang erzielt werden konnten. Der Versuch, den Entstehungsbedingungen, die bislang primär auf funktioneller Ebene angesiedelt waren, eine verstärkt institutionelle Basis zu geben - die WTO also mit mehr Kompetenzen auszustatten -, kann bei dieser Problemlösung hilfreich sein; einen Einigungs-„Willen" der beteiligten Länder kann er nicht ersetzen.

45) DAS WELTWÄHRUNGSSYSTEM

Noch vor Ende des Zweiten Weltkriegs und vor Beginn der Beratungen um die Neugestaltung des Welthandelssystems entstanden Bemühungen, auch das Weltwährungssystem auf eine neue - an sich doppelseitige - Grundlage zu stellen. Zum einen galt es, die Mitgliedstaaten eines solchen Systems zu einer engen Zusammenarbeit auf dem Gebiet der internationalen Währungspolitik und des zwischenstaatlichen Zahlungsverkehrs zu verpflichten (**Verhaltenskodex**); dies mündete in die Bildung des **Internationalen Währungsfonds** (International Monetary Fund: IMF) ein. Zum zweiten sollte langfristiges Kapital zum Wiederaufbau und zur wirtschaftlichen Entwicklung der Mitgliedsländer bereitgestellt werden (**Finanzhilfe**); dies führte zur Gründung der **Internationalen Bank für**

---

[20] Vgl. dazu: H. Hauser u.a., Is there a Need for International Competition Rules, in: Außenwirtschaft, 49. Jg. 1994 - J.A. Jackson, Alternativ Approaches for Implementing Competition Rules in International Economic Relations, in: Außenwirtschaft, 49. Jg. 1994 - P.A. Messerlin, Should Antidumping Rules be replaced by National or International Competition Rules?, in: Außenwirtschaft, 49. Jg. 1994 - E.U. Petersmann, Proposals for Negotiating International Competition Rules in the GATT-WTO World Trade and Legal System, in: Außenwirtschaft, 49. Jg. 1994.

Wiederaufbau und Entwicklung (International Bank for Reconstruction and Development: IBRD). Beide Ansätze sind sachlich gewiß nicht immer exakt isolierbar, wenn etwa Auflagen im Verhaltenskodex Konsequenzen für die Entwicklungsbedingungen einer Volkswirtschaft haben, oder wenn die Finanzhilfe die Verhaltensweisen beeinflußt. Nicht umsonst verwischen sich zwischenzeitlich die beiden Ansätze. Gleichwohl ist eine unterschiedliche Aufgabenstellung konzeptionell angelegt. Da nun die IBRD nur kurzfristig ihre Mittel für den Wiederaufbau Europas einsetzte, diese Finanzhilfe dann aber frühzeitig (seit 1948) durch den Marshall-Plan (Europaen Recorvery Program: ERP) übernommen wurde (vgl. dazu später), konzentrierte sich die IBRD seit Anfang der 50er Jahre - zusammen mit später gegründeten weiteren Organisationen - auf die Förderung der Entwicklungsländer; ihre Aktivität soll deshalb erst in diesem Kontext diskutiert werden. Wir beschränken uns hier zunächst auf das Weltwährungssystem, soweit dieses - gestützt auf die IMF-Bestimmungen - auf die Verhaltenskodices im internationalen Zahlungsverkehr ausgerichtet ist.

Die Tatsache, daß die Versuche, das Welthandelssystem und das Weltwährungssystem auf eine neue Grundlage zu stellen, nahezu gleichzeitig unternommen wurden, ergab sich nicht von ungefähr: Die konzeptionell angestrebte - wenn auch pragmatisch modifizierte und nur schrittweise durchgeführte - Liberalisierung des Welthandels mußte sich auf ein Weltwährungssystem als Pendant stützen können, das - einerseits - über die Rückkehr zur **Währungskonvertibilität** den freien Welthandel, unter Ermöglichung „erwünschter" (realwirtschaftlich begründeter) und unter Vermeidung „unerwünschter" (spekulativ destabilisierender) Kapitaltransaktionen, sicherstellt; denn jede Devisenbewirtschaftung mußte ihn von vornherein erschweren und unterbinden. Und das Weltwährungssystem sollte - andererseits - den beteiligten Ländern die Chance eröffnen, sich in diesem freien Welthandelssystem zu behaupten, ohne gezwungen zu sein, bei möglichen Leistungsbilanzungleichgewichten durch einen Rückgriff auf **protektionistische Maßnahmen** dieses im nachhinein permanent zu gefährden. Damit war die Zielsetzung im Kern angelegt: Es galt, die **realwirtschaftlichen Entstehungsbedingungen** für den weltwirtschaftlichen Integrationsraum durch **monetäre Stabilisierungsbedingungen** zu flankieren. Letztere bedurften der Lösung zweier Sachprobleme.

a) Einmal galt es, das **Liquiditäts-** bzw. **Reserveproblem** zu lösen: Im Grunde war hier der Versuch angesiedelt, „Geld" in einer internationalen Dimension zu schaffen, das - in Analogie zur grundsätzlichen Gelddefinition - das Kriterium der Maßstabs-, Transaktions- und Reservefunktion erfüllte, und das auf diese Weise die international anerkannte „Mittlerrolle" im zwischenstaatlichen Leistungs- und Kapitalverkehr übernehmen konnte. Die Mitgliedsstaaten waren mit diesem Geld so auszustatten, damit sie im Falle eines Leistungsbilanzungleichgewichts in der Lage waren, bei vorgegebenem Wechselkursgefüge Zahlungsbilanzungleichgewichte zu kompensieren, ohne sofort aufgrund einer Deckungspflicht (gemessen an Gold und Golddevisen) ihre wirtschafts- und währungspolitische Autonomie zu verlieren (Zwang zur binnenwirtschaftlichen Expansions- oder Kontraktionspolitik) oder das Welthandelsgefüge zu stören (Zwang zur außenwirtschaftspolitischen Intervention in den Leistungsverkehr).

b) Zum zweiten galt es, das **Wechselkurs-** bzw. **Anpassungsproblem** zu lösen: Hier war nicht nur eine Grundsatzentscheidung über das Wechselkursregime (völlig fest, völlig flexibel, fest aber korrigierbar) zu treffen. Vor allem mußte eine internationale Übereinkunft darüber herbeigeführt werden, ob, wie und unter welchen Bedingungen die beteiligten Länder bei festen Wechselkursen auf anhaltend positive oder negative Veränderungen ihrer Reserven an internationaler Liquidität, die ja nur eine „vorläufige" Lösung der Ungleichgewichtssituation brachten, reagieren sollten - sei es durch eine zwar nicht willkürliche aber dennoch mögliche Korrektur ihrer Wechselkurse (Aufwertung oder Abwertung), sei es durch Änderung ihrer binnenwirtschaftlichen Währungs- und Wirtschaftspolitik (expansive oder kontraktive Anpassung der Binnenwirtschaft an die Erfordernisse des Zahlungsbilanzausgleichs). Daraus folgt im Grunde: Wenn die Wechselkurskorrektur an Grenzen stieße, stellte sich dann doch das Problem der Begrenzung der binnenwirtschaftspolitischen Autonomie.

Die Sachprobleme waren insoweit vorgegeben; und es war unstrittig, daß ihre Lösung in einem **wechselseitigen Zusammenhang** stand: Eine zu rigide Liquiditätsausstattung mußte die Lösung des Anpassungsproblems überfrachten, weil dies den Anspruch auf eine nationale wirtschaftspolitische Autonomie - mit Blick auf binnenwirtschaftliche Problemlagen: Wachstum, Beschäftigung, Inflationsgefahren - zu sehr einschränkte. Eine völlige Wahrung der nationalstaatlichen Autonomie mußte demgegenüber den Integrationsprozeß gefährden, wenn Länder - bei Ungleichgewichten und ohne binnenwirtschaftliche Anpassungsbereitschaft - sich abschotteten (sei es durch Abwertung ihrer Währung, sei es durch Importrestriktionen), oder wenn, sollte dies vermieden werden, eine unkontrollierte (inflationsträchtige) Liquiditätsversorgung erforderlich wurde, die nun aber wiederum die Geldfunktionen und somit die Glaubwürdigkeit des Reservemediums belastete. Konzeptionell galt es somit, einen Mittelweg zwischen Wahrung **nationalstaatlicher Interessen** (nationale Schutzfunktion) und **Stabilisierung** des **Integrationsraumes** (supranationale Schutzfunktion) zu finden. Die einseitige Wahrung nationalstaatlicher Interessen durfte keinen Vorrang gewinnen, weil ansonsten der Integrationsraum - über protektionistische Schutzmaßnahmen und/oder aggressive Wechselkursmanipulationen - von vornherein gefährdet war. Die einseitige Nachordnung nationaler Interessen durfte aber ebensowenig Vorrang erhalten, weil ansonsten der Integrationsraum - über ein neuerliches Ausscheiden der Mitgliedsländer - immer wieder im nachhinein in Frage gestellt wurde. Beides hatte die Entwicklung in der Zwischenkriegszeit hinlänglich gezeigt und somit - in bemerkenswerter Übereinstimmung zur Welthandelsdiskussion - zu der Überzeugung geführt, daß eine Rückkehr zum Status quo ante der **Goldwährung** nicht infrage kommen konnte. Die Goldwährung hatte zwar die anstehenden Probleme „eindeutig" und scheinbar „optimal" gelöst: Gold determinierte den Wechselkurs („Maßstabsfunktion") und war letztinstanzliches „Transaktions"- und „Reserve"-Medium; und der Goldautomatismus erzwang binnenwirtschaftliche „Anpassungsprozesse“, weil er Wechselkurskorrekturen auf kostenbedingte Bandbreiten reduzierte und eine willkürliche Manipulation ausschloß. Doch die spezifische Reservekonstruktion (Gold) dominierte einseitig die Anpassungskonstruktion (Goldautomatismus). Als diese Konstruktionselemente mit den binnenwirtschaftlichen Problemen in Konflikt gerieten, zerbrach das System, weil es die nationale Schutzfunktion vernachlässigte und der internationalen Schutzfunktion - Wahrung von Freihandel und Goldstandard - den absoluten Vorrang einräumte. Diese Überlegungen führten zu der Erkenntnis, daß es zwar um die Lösung der gleichen Sachprobleme ging (Reserve- und Anpassungsproblem), daß aber in diese Lösung - in völliger Analogie zur Welthandelsdiskussion - ebenfalls **Elastizitäten** eingebaut werden mußten, um nationale Gestaltungsspielräume zur Wahrung der nationalen Schutzfunktion zu eröffnen, ohne wiederum die internationale Schutzfunktion zu sehr zu vernachlässigen.

So unstrittig die formale Zielsetzung des neu zu konzipierenden Weltwährungssystems war, so strittig war ihre materielle Ausgestaltung. Der Konferenz von **Bretton Woods** (1944) lagen zwar eine Reihe von Plänen vor; dominiert wurde die Diskussion durch die Kontroverse zwischen dem (englischen) Keynes-Plan und dem (amerikanischen) White-Plan. Ihre kurze Darstellung hat insoweit mehr als nur dokumentarischen Wert, weil sie eine **konzeptionelle Alternative** sichtbar werden läßt, die wesentliche Elemente der Weiterentwicklung des Weltwährungssystems erklärbar macht.

a) Der **Keynes-Plan**: Dem Keynes-Plan lag ein **Clearing-Konzept** zugrunde, das einer **konzeptionellen Neuentwicklung** des Weltwährungssytems entsprach. Sein Grundgedanke war die Übertragung eines geschlossenen Bankensystems auf die internationale Währungsebene. Im Rahmen einer Clearingstelle sollten sich alle Gutschriften und Lastschriften der Mitgliedsländer, die sich aus Zahlungsbilanzungleichgewichten ergaben, ausgleichen. Die Überschußländer sollten sich verpflichten, über die Clearingstelle den Defizitländern eigene Zahlungsmittel zur Verfügung zu stellen; sie erhielten dafür eine Gutschrift (credit). Die Defizitländer, die - über die Clearingstelle - diese Zahlungsmittel in Anspruch nahmen, erhielten eine Lastschrift (debet). Gut- und Lastschrift werden in einem neugeschaffenen internationalen Geld - dem sog. **Bancor** - definiert. Die Salden glichen sich allerdings nicht nur rechnerisch aus; materiell wäre automatisch **internationale Liquidität**, bestimmt durch die Summe der nationalen Überschußpositionen, geschaffen worden. Und diese hätte insoweit **zusätzlichen Charakter** gehabt, als sie **ohne nationale Vorleistung** entstanden wäre, und ohne daß Gold und/oder nationale Währungen die tradierten Geldfunktionen (Maßstab, Reserve, Transaktion) übernehmen müßten. Die Defizitländer könnten bei Zahlungsbilanzschwierigkeiten auf diese, im Zuge der korrespondierend gegebenen Überschußsituation in anderen Ländern automatisch entstehende, Liquidität zurückgreifen, ohne sofort zu einer binnenwirtschaftlichen Deflationspolitik oder zu einer außenwirtschaftlichen Devalvationspolitik greifen und ohne Währungskonvertibilität und freie Leistungstransaktionen in Frage stellen zu müssen. Dabei sollte der Bancor unbeschränkt übertragbar, in einem bestimmten Goldgewicht definiert und gegen Gold erhaltbar - aber nicht in Gold konvertierbar - sein; Gold war somit allenfalls nur noch bedingtes Reserve- und Transaktionsmedium. Da alle Währungsparitäten gegenüber dem bancor fixiert werden sollten, entstände ein System **fester Wechselkurse**, das allerdings dahingehend **modifiziert** werden sollte, daß Wechselkursänderungen im Grundsatz möglich gewesen wären und allenfalls - wenn sie fünf Prozent überstiegen - der Zustimmung der Clearingunion bedurft hätten. Die **Verschuldungsmöglichkeit** der Mitgliedsländer wäre nicht unbegrenzt gewesen, sondern hinge von nach Außenhandelsanteilen ermittelten Quoten ab (Verschuldungsobergrenze), deren Inanspruchnahme innerhalb einer bestimmten Periode nur in einer vorgegebenen Höhe erfolgen konnte. Überstieg die Verschuldung diese Quote, hätte das Land seine Währung abzuwerten, bei anhaltendem debet-Saldo hätten Abgaben oder eine Hinterlegung von Devisen verlangt werden können. Die **Kreditverpflichtung** der Mitgliedsländer wäre demgegenüber von ihrer Quote unabhängig gewesen; ihre Obergrenze ergäbe sich - im Grenzfall - erst aus der Summe der Verschuldungsobergrenzen aller anderen Mitgliedsländer. Bei anhaltendem Kredit-Saldo wären diese Länder allenfalls gehalten gewesen, durch binnenwirtschaftliche Expansionspolitik, durch Aufwertung ihrer Währung und/oder durch Einfuhrerleichterungen ihren Überschuß abzubauen. Dem Keynes-Plan lagen somit sowohl Elastizitäten in der Reservekonstruktion (Bancor) als auch Elastizitäten im Anpassungsprozeß (Wechselkurskorrektur) zugrunde, was eine gewisse Autonomie der nationalen Wirtschaftspolitiken ermöglichte. Ein binnenwirtschaftliches Durchwirken, also ein Zwang zur Expansionspolitik (im Überschußfall) bzw. zur Kontraktionspolitik (im Defizitfall) und damit ein partieller Verlust der nationalen Autonomie, war zwar nicht per se ausgeschlossen, konnte aber von der Clearing-Union nicht erzwungen werden. Im Kern sollte über die Liquiditätsausstattung, flankiert durch Wechselkurskorrekturmöglichkeiten, die supranationale Schutzfunktion (Transaktionsfreiheit, Währungskonvertibilität) gewahrt bleiben. Im übrigen sollte dieses Modell nur für laufende (reale) Transaktionen Anwendung finden, während die (reinen) Kapitalbewegungen unter administrativer Kontrolle gehalten werden sollten.

b) Der **White-Plan**: Dem White-Plan lag ein **Fondskonzept** zugrunde, das einer **pragmatischen Weiterentwicklung** des bisherigen Weltwährungssystems entsprach. Sein Grundgedanke war die Schaffung eines international verwendbaren Liquiditätsvolumens, das durch Beiträge der Mitgliedsländer an einen internationalen Fonds gespeist und über die Höhe dieser Beiträge begrenzt und insoweit kontrollierbar würde. Die Höhe der Beiträge sollten sich ebenfalls nach Länderquoten richten, die sich ihrerseits an Außenhandelsanteilen, Höhe des Volkseinkommens sowie der Devisenreserven orientieren. Die Beiträge sollten in Gold, nationalen - aber konvertierbaren - Währungen und Schuldverschreibungen eingezahlt werden. Jedes Mitgliedsland hatte dann das Recht, bis zur Höhe seines Beitrags, gegen Hingabe eigener Währung beim Fonds um Kredite (Kauf der benötigten Interventionswährung) nachzusuchen. Über diese Möglichkeit - die sog. **Ziehungsrechte** - wäre dann zwar ebenfalls **internationale Liquidität** geschaffen. Doch diese hätte nun (konzeptionell gesehen) **keinen zusätzlichen Charakter** gehabt, da sie an **nationale Vorleistungen** gebunden war (Beitragspflicht). Überdies behielt das Gold, wenn auch nur anteilsmäßig, eine wichtige Reservefunktion. Dennoch konnten die Defizitländer auch bei diesem Plan auf eine internationale Liquidität über die Ziehungsrechte zurückgreifen, ohne sofort zu einer binnenwirtschaftlichen Deflationspolitik oder außenwirtschaftlichen Devalvationspolitik greifen und ohne Währungskonvertibilität und freie Leistungstransaktionen infrage stellen zu müssen. Auch der White-Plan ging von einem System **fester Wechselkurse** zwischen den Währungen aus, das indessen ebenfalls über die Möglichkeit fallweiser Kurskorrekturen **modifiziert** werden sollte. Die **Verschuldungsmöglichkeit** der Mitgliedsländer wäre hier (im Grundsatz) durch die quotenabhängigen Ziehungsrechte begrenzt. Sie könnte zwar über die Quote hinaus erweitert werden; doch der Fonds könnte dann die Auflage erteilen, Gegenmaßnahmen zur Beseitigung des Zahlungsbilanzdefizits zu ergreifen. Die **Kreditverpflichtung** der Mitgliedsländer wäre aber im White-Plan (im Grundsatz) ebenfalls begrenzt gewesen; denn die Fondsmittel zur Befriedigung von Ziehungsrechten der Defizitländer bestanden in den Beiträgen der Mitgliedsländer und wurden durch diese festgelegt. Sänken die Fondsbestände der Währung eines bestimmten (Überschuß-)Landes, weil Defizitländer diese Währung brauchen und über ihre Ziehungsrechte erwerben, könnte der Fonds diese Währung für „knapp" erklären und sie nach Ländern zuteilen. Eine Erweiterung der Fondsbestände wäre allenfalls denkbar und möglich, wenn ein Überschußland auf Kreditbasis (also über seine Quote hinaus) dem Fonds seine Währung zur Verfügung stellte, was indessen freiwillig gewesen wäre und dem kreditgebenden Land Einflußmöglichkeiten auf die Fondspolitik verschafft hätte. Insgesamt gesehen lagen somit auch dem White-Plan Elastizitäten sowohl auf der Grundlage einer spezifischen Reservekonstruktion (Ziehungsrechte) als auch Elastizitäten im Anpassungsprozeß (Wechselkurskorrektur) zugrunde, was eine gewisse Autonomie der nationalen Wirtschaftspolitik ermöglichte. Im White-Plan war die nationale Autonomie aber eher begrenzt, wenn der Fonds bei Überziehung der Quote den Defizitländern Auflagen erteilte, auf der Grundlage einer größeren Stabilitätsdisziplin Anstrengungen zum Defizitabbau der Zahlungsbilanz zu unternehmen und auf diese Weise Währungskonvertibilität und Transaktionsfreiheit sicherzustellen. Die Kreditgewährung von Überschußländern an den Fonds wäre demgegenüber freiwillig; der Fonds hätte somit keine Möglichkeit, sie zu einer expansiveren Binnenwirtschaftspolitik zu veranlassen. In Analogie zum Keynes-Plan sollten im übrigen auch hier die Fondsmittel nur zur Defizitabdeckung verwendet werden, soweit diese Defizite sich aus den laufenden (realen) Transaktionen ergaben; (reine) Kapitaltransaktionen sollten nicht finanziert werden, was somit ebenfalls deren Kontrolle einschloß.

Stellt man beide Pläne einander gegenüber, so zeigen sie in ihrer Grundkonzeption Gemeinsamkeiten aber auch Unterschiede.

a) Die **Gemeinsamkeiten** bestanden darin, daß der Versuch angelegt war, die realwirtschaftliche Transaktionsfreiheit durch monetäre Währungskonvertibilität zu flankieren. Beides schien nur möglich, wenn in das Weltwährungskonzept eine Stabilität eingebaut wurde. Diese Stabilität sollte - einerseits - durch ein **Fixkurssystem** erreicht werden, das es gegen destabilisierende Kapitalbewegungen abzusichern galt. Und dieses Fixkurssystem konnte wiederum (auch unabhängig von Kapitalbewegungen) nur stabilisiert werden, wenn **Elastizitäten** in das Reserve- und Anpassungskonzept eingebaut wurden, indem die Defizitländer Interventionsmittel erhielten, um das Wechselkurssystem aufrechtzuerhalten, und wenn bei Erschöpfung der Interventionsmittel ihnen die Möglichkeit zur partiellen aber kontrollierbaren Kurskorrektur eingeräumt wurde. Anderenfalls wären sie ja gezwungen gewesen, durch „aggressive" Intervention in den Leistungsverkehr oder durch Wechselkursmanipulation bzw. durch Devisenbewirtschaftung die Zielsetzung des Welthandelssystems wieder infrage zu stellen, wenn eine inflations- oder deflationsträchtige binnenwirtschaftliche Anpassung in Konflikt mit nationalen Zielsetzungen (Wachstum, Beschäftigung, Preisstabilität) treten würde. Die Elastizitäten hatten somit die Funktion, eine nationalstaatliche Autonomie (bedingt) zu wahren und dennoch den Integrationsraum zu stabilisieren. Diese Stabilität war aber - andererseits - nur sicherzustellen, wenn der Einbau derartiger Elastizitäten nicht unkontrolliert - Schaffung eines nicht steuerbaren Liquiditätspotentials, Ermöglichung beliebiger Wechselkursmanipulationen - erfolgte, sondern Grenzen aufzeigte, bei deren Erreichen die Überschuß- oder Defizitländer (auch bei partiellem Verlust ihrer wirtschaftspolitischen Autonomie) zur expansions- oder stabilitätsorientierten **Zahlungsbilanzdisziplin** angehalten waren; die Grenzen hatten somit die Funktion, den supranationalen Integrationsbedingungen Rechnung zu tragen. All dies war unstrittig.

b) Die **Unterschiede** bestanden darin, daß im Keynes-Plan eine größere Elastizität in der Liquiditätsversorgung angelegt war. Die unlimitierten Verpflichtungen der Gläubigerländer, Kredite zur Verfügung zu stellen, die eine „echte" Zusatzliquidität schufen, und die geringeren Einflußmöglichkeiten der Clearing-Union auf die binnenwirtschaftlich ausgerichtete Politik der Defizitländer ermöglichten diesen, auch bei Zahlungsbilanzdefiziten eine eher expansive Wachstums- und Beschäftigungspolitik durchzuführen. Demgegenüber war die Liquiditätsausstattung des Systems im White-Plan durch die (bedingte) Quotenbegrenzung in Verbindung mit der Notwendigkeit, über die Quote Vorleistungen zu erbringen, begrenzt; und die (relativ) größere Einflußmöglichkeit des Fonds implizierte folgerichtig die Chance, über die Bewirtschaftung knapper Reserven, im Defizitfall einen größeren Zwang auf die Mitgliedsländer zur Zahlungsbilanzdisziplin auszuüben. Die Unterschiede erklären sich aus der Plan-„Herkunft": Der Keynes-Plan versuchte, eher den Interessen Englands Rechnung zu tragen, das trotz einer prekären Zahlungsbilanzsituation eine expansive Wachstums- und Beschäftigungspolitik betreiben wollte und von einer zu restriktiven Liquiditätsausstattung Deflationstendenzen befürchtete. Der White-Plan wollte die Interessen der USA wahren, die bei einer zu reichhaltigen Liquiditätsausstattung Inflationsgefahren befürchteten und im übrigen erwarteten, bei (unterstellten) permanenten Leistungsbilanzüberschüssen auf Dauer die Defizite der anderen Länder finanzieren zu müssen, ohne begründete Aussicht, die Kredite (auf der Basis von Bancor-Guthaben) je durch Leistungseinfuhren real einlösen zu können. Hier war der Konflikt angelegt.

Im Juli 1944 einigten sich auf der „Internationalen Währungs- und Finanzkonferenz der Vereinten und Assoziierten Nationen" in Bretton Woods, USA, 45 Nationen auf ein Übereinkommen über die Bildung des **Internationalen Währungsfonds** (künftig: IMF); daneben kam es zur Gründung der Weltbank (vgl. dazu später). Das Abkommen trat Ende 1945 in Kraft; der IMF nahm 1947 - mit Sitz in Washington D.C. - seine Tätigkeit auf. Die Sowjetunion nahm zwar an den Beratungen teil, trat aber dem Abkommen dann nicht bei. Der Beitritt von Rußland und anderen wichtigen osteuropäischen Staaten erfolgte erst in den 90er Jahren. Die Bundesrepublik Deutschland ist seit 1952 Mitglied. Die Schweiz hatte lange Zeit den Status einer „konstruktiven Nicht-Mitgliedschaft", d.h. sie wirkte nur bei einigen wichtigen Maßnahmen mit; inzwischen ist sie auch Mitglied. Gegenüber dem Gründungsjahr hat sich zwischenzeitlich die Zahl der Mitgliedsländer auf 181 etwa vervierfacht. Das Abkommen wurde bislang zweimal (1969, 1978) modifiziert; eine weitere Änderung - Ausschlußmöglichkeit nicht-kooperationsbereiter Mitgliedsländer - steht an.

Es kann nun im folgenden nicht darum gehen, das Abkommen - hinsichtlich Organisationsstruktur sowie technischer Ausgestaltung der einzelnen IMF-Maßnahmen -, im Detail zu analysieren.[21] Schließlich hat es während seines 50-jährigen Bestehens eine Fülle von Modifikationen erfahren. Insoweit steht hier das **konzeptionelle Anliegen** im Vordergrund - seine Problematik und (daraus folgend) seine Weiterentwicklung. Dabei galt von Anfang an eine unstrittige **Zielsetzung**: Das Abkommen sollte das Wachstum des Welthandels (im Interesse einer weltweiten Realeinkommenssteigerung) durch Beseitigung von Devisenbeschränkungen (Abbau von Devisenbewirtschaftung) und durch Sicherstellung stabiler Währungen (gemessen an Preis- und Wechselkursstabilität) fördern. Als Voraussetzung hierfür wurde eine internationale Zusammenarbeit auf dem Gebiet der Währungspolitik als erforderlich angesehen, die Regeln für die Bereitstellung von Finanzmitteln (Liquiditätskonzept) und für den Aufbau eines multilateralen Zahlungssystems auf der Grundlage fester Wechselkurse (Anpassungskonzept) schuf. Bei der **Umsetzung** dominierte im Grunde das Fondsmodell; trotz bestimmter Kompromisse hatte sich letztlich das White-Konzept durchgesetzt. Wenn ein Land dem IMF als Mitglied beitrat, hatte es einen Mitgliedsbeitrag, die sog. **„Quote"**, die sich nach volkswirtschaftlichen Schlüsselgrößen (Bruttoinlandsprodukt, Währungsreserven, Welthandelsanteile) richtet, einzubezahlen; die Höhe der Quote wird im 5-Jahres-Rhythmus überprüft und wurde in den zurückliegenden Jahren auch immer wieder - insgesamt zehnmal - aufgestockt. Mitte der 90er Jahre betrug die Gesamtsumme der Quoten ca. 145 Mrd. SZR; davon

---

[21] Einen detaillierten Überblick hierüber (sowie über die vorliegenden Pläne) vermitteln: Adebahr, Andersen, Aschinger, Deutsche Bundesbank, Halm, Ith, Jarchow, Rueff, Sohmen, Triffin, Wagner, Willms (vgl. das beigefügte Literaturverzeichnis).

entfielen auf die USA ca. 26,5 Mrd. SZR, auf Deutschland und Japan jeweils gut 8 Mrd. SZR, auf Frankreich und Großbritannien ca. 7,5 Mrd. SZR. Zusammen halten sie ca. 40 vH der Gesamtquote. Auf der Jahresversammlung des IMF (September 1997) wurde eine weitere Quotenerhöhung (um fast 50 vH) beschlossen. Die Quote hat sowohl organisationsrelevante als auch ökonomische Funktionen.

Ziehen wir das **Organisationsproblem** vor, so sind drei wichtige Organe zu unterscheiden, die - anders als im Welthandelssystem - von vornherein den Übergang von der funktionalen in die institutionelle Integration signalisieren: Oberstes Beschluß- und Leitungsorgan ist der **Gouverneursrat** (Board of Governers), in den jedes Land ein Mitglied und einen Stellvertreter (in der Regel Notenbankpräsidenten und Finanzminister) entsendet. Er tritt einmal im Jahr zusammen (Jahresversammlung) und entscheidet über Mitgliedsaufnahme oder -ausschluß, Quotenfestlegung, Kreditgewährung, Zuteilung von Ziehungsrechten und Festsetzung von Auflagen. Die laufenden Geschäfte werden vom **Exekutivdirektorium** geführt (Board of Executiv Directors), dessen Mitglieder teils einzelne Länder (derzeit: China, Deutschland, Frankreich, Großbritannien, Japan, Saudi-Arabien und USA), teils Ländergruppen vertreten. Seit den 70er Jahren gibt es noch den sog. **Interimsausschuß** (Interim Commitee), der den sog. 20er-Ausschuß (vgl. später) abgelöst hat. Er hat offiziell zwar nur beratende Funktion; mit seiner Aufgabe, Funktionsfähigkeit und Weiterentwicklung des internationalen Währungssystems zu überwachen, kommt ihm gleichwohl ein wichtiger Stellenwert zu. Die Besonderheit der **Beschlußfassung** ergibt sich daraus, daß das Stimmengewicht (bei 250 Grundstimmen) von den Quotenanteilen abhängt: So verfügen Mitte der 90er Jahre die USA - gemessen an allen Stimmrechten - über nahezu 18 vH der Stimmrechtsanteile (haben also eine Sperrminorität bei Ausschlußbeschlüssen, die ein 85-vH-Votum brauchen), gefolgt von Deutschland und Japan mit knapp 6 vH. Die sieben führenden Industrienationen (Deutschland, Frankreich, Großbritannien, Italien, Japan, Kanada, USA) vereinigen knapp 45 vH der Stimmrechtsanteile auf sich; die Industrieländer insgesamt besitzen knapp 60 vH der Stimmrechtsanteile, obwohl sie nur etwa 13 vH aller Mitgliedsländer repräsentieren. Die 15 EG-Länder besitzen knapp 29 vH der Stimmrechtsanteile.

Unbeschadet dieser Organisationsfragen stellte sich nun die zweifache **Sachproblematik**: das Liquiditäts- bzw. Reserveproblem und das Wechselkurs- bzw. Anpassungsproblem.

a) Was das **Liquiditäts-** bzw. **Reserveproblem** angeht, so ging das IMF-Konzept von der plausiblen Erwartung aus, daß zur Stabilisierung fester Wechselkurse dem Liquiditätskonzept eine wichtige Bedeutung zukommt. Dies gilt nicht für Überschußländer, die bei einem Nachfragedefizit in Bezug auf die Fremdwährung in eigener Währung intervenieren können (Nachfrage nach Fremdwährung), um eine potentielle Aufwertung ihrer Währung zu verhindern. Es gilt wohl aber für Defizitländer, die bei Nachfrageüberhang nach Fremdwährung eben in dieser fremden Währung (Angebotserhöhung) intervenieren müssen, um eine drohende Abwertung der eigenen Währung zu vermeiden. Denn ohne hinreichende internationale Liquidität zur Stabilisierung des Kurses durch Intervention in das Devisenmarktgeschehen wäre - im Defizitfall - ein Land zur Abwertung, zur restriktiven Intervention in die Leistungstransaktionen und/oder zu restriktiven binnenwirtschaftlichen Anpassungen gezwungen. Dieses Liquiditäts- bzw. Reservekonzept gilt es nun hinsichtlich seiner formalen Konstruktion, seiner konzeptionellen Implikation und seiner konzeptionsbedingten Problematik zu prüfen:

- Was die **formale Konstruktion** angeht, war im IMF-Konzept vorgesehen, daß die Länder zur Erreichung ihrer Mitgliedschaft eine Einzahlungsverpflichtung, gemäß ihrer Quote, erfüllen mußten (sog. **Subskription**): zu 25 vH in Gold und zu 75 vH in eigener Währung. Neben dem (organisationsrelevanten) Stimmrecht entscheidet nun die Quote über das **Ziehungsrecht**, somit über das Recht, durch Hingabe eigener Währung beim Fonds Drittwährungen zu kaufen, um mit diesen zur Kursstabilisierung intervenieren zu können. Diese Ziehungsrechte waren nun insoweit quantitativ begrenzt, als die Bestände des Fonds an der Währung des ziehenden Defizitlandes 200 vH der Quote nicht überschreiten durften. Dabei ist zu differenzieren: Ziehungen innerhalb der sog. **Goldtranche** (also 25 vH der Quote) hatten „unbedingten" Charakter, da sie automatisch vom Fonds (zinslos und gebührenfrei) zur Verfügung gestellt werden mußten; sie zählten insofern zur unbedingten Liquiditätsreserve eines Landes und wurden als solche auch in der nationalen Zahlungsbilanz ausgewiesen. Hinzu traten die sog. **Kredittranchen**, wo nun aber das Prinzip der **Konditionalität** griff; denn diese Reserven hatten nur „bedingten" Charakter. Das betraf einmal die sog. „erste Kredittranche"; sie betrug ebenfalls 25 vH der Quote und konnte in Anspruch genommen werden, wenn ein Land „angemessene Bemühungen" („reasonable efforts") zum Defizitabbau unternahm. Hinzu kamen drei weitere - „höhere" - Kredittranchen (je 25 vH der Quote); sie unterlagen einem Konsultations- und Prüfungsverfahren durch den Fonds, in dem das Land einen „substantiellen Nachweis" („substantial justifikation") erbringen mußte, daß es Anstrengungen zum Abbau des Zahlungsbilanzdefizits unternahm. Die Kredittranchen konnten entweder zum Direktkauf von Devisen in Anspruch genommen werden, oder die Inanspruchnahme erfolgte im Rahmen sog. **Beistandskreditvereinbarungen** (stand-by-arrangements), die einem Land Kreditlinien einräumten; letztere gaben diesem dann die Sicherheit, bei Erfüllung der Bedingungen ohne weitere Prüfung Ziehungen durchführen zu können. Insgesamt konnte ein Land bis zu 125 vH seiner Quote - 25 vH in der Reservetranche, 100 vH als Kreditfazilität - als Ziehungsrechte in Anspruch nehmen. Die Kreditfazilitäten waren gebührenpflichtig, zu verzinsen und innerhalb bestimmter Fristen (in der Regel innerhalb 3 bis 5 Jahren - bei günstiger Zahlungsbilanzentwicklung auch früher) zurückzuzahlen; die eigene Währung mußte dann mit Gold oder konvertibler Währung zurückgekauft werden.

- Was die **konzeptionelle Implikation** angeht, so war diese eindeutig: Es sollten in das Liquiditätskonzept insoweit Elastizitäten eingebaut werden, als über den Goldvorrat hinaus, bei dessen Veränderung die Staaten - gemäß den Intentionen des Gold- bzw. Gold-Devisen-Standards - sofort hätten binnenwirtschaftlich „reagieren" müssen, **Zusatzliquidität** geschaffen wurde. Sie schuf ihnen zur Kursstabilisierung eine Interventionsmöglichkeit, ohne gleich zu Wechselkurskorrekturen und/oder Importrestriktionen greifen zu müssen, und räumte ihnen damit gleichzeitig eine binnenwirtschaftliche Autonomie ein. Diese Elastizität war darüber hinaus auch deshalb gegeben, weil Deckungsverpflichtungen (gemessen an Gold- bzw. Golddevisenvorrat) entfielen. Die Implikation hatte aber zwei Konsequenzen. Zum einen konnte die Zusatzliquidität nicht den Charakter einer **langfristig** angelegten, an der ökonomischen **Entwicklung** eines Landes orientierten „Finanz"-Hilfe, sondern allenfalls den Charakter einer **kurzfristigen**, an der **Zahlungsbilanz** orientierten „Überbrückungs"-Hilfe haben. Sie konnte Anstrengungen eines Landes zum Abbau des Zahlungsbilanzdefizits nicht ersetzen, sondern nur die Voraussetzung dafür schaffen, daß dieser Abbau zeitlich gestreckt und insofern binnenwirtschaftlich steuerbar gehalten werden konnte. Eine auf Dauer angelegte Defizitfinanzierung hätte eine zügige Revolvierung der Finanzmittel verhindert. Aber eben diese Revolvierung war erforderlich. Denn die dem Fonds verfügbaren Mittel waren ja durch die Einzahlungen der Gläubigerländer begrenzt. Eine Konditionierung der Kreditfazilitäten, die die Revolvierung sicherstellt, war durchaus folgerichtig. Zum zweiten mußte die Zusatzliquidität **begrenzt** und **kontrollierbar** bleiben. Eine beliebig weitgesteckte Schaffung von Zusatzliquidität hätte das Liquiditätskonzept nicht nur per se fragwürdig gemacht, wenn weltweit ein inflationsträchtiges Liquiditätspotential entstanden wäre, das die Erfüllbarkeit der Geldfunktionen gefährdet hätte. Vor allem hätte dies den Autonomiespielraum der Defizitländer in unangemessener Weise ausgeweitet, weil diese vom Zwang zur Zahlungsbilanzdisziplin befreit worden wären: und letzteres hätte einen logischen Widerspruch zur ersten Konsequenz bedeutet, die die Notwendigkeit einer (relativ) zügigen Rückzahlung der Fondsmittel implizierte, was bei anhaltenden Defiziten gefährdet gewesen wäre.

- Formale Konstruktion und konzeptionelle Implikation waren durchaus kompatibel und schufen gleichwohl **konzeptionsbedingte Probleme**. Sie wurzelten darin, daß in diesem Konzept dem **Gold** nach wie vor eine zentrale Steuerungsfunktion zukam: Gold war nicht nur wegen seiner erwarteten Wertbeständigkeit ein wichtiges Reservemedium (Devisen waren jederzeit dafür zu erhalten). Wegen der anteilsmäßigen Einzahlungspflicht bei der Quote begrenzte das Gold überdies die nationale Einzahlungsmöglichkeiten der Mitgliedsländer und damit das Fondsvolumen, mithin die erreichbare internationale Liquidität. Damit war die Frage aufgeworfen, ob der Anstieg der Weltliquidität hinreichend gesichert war, um den Anstieg des Welthandels zu finanzieren. Je mehr die Goldversorgung des Weltwährungssystems gefährdet war (sinkende Goldvorräte und steigende Produktionskosten gingen einher mit der Zunahme der privaten Horte und des Industriebedarfs), desto eher war eine beliebige Quotenerhöhung erschwert; der Anstieg der Ziehungsrechte schien begrenzt, eine zu restriktive Liquiditätsentwicklung drohte. (Dies war nicht zuletzt die Folge davon, daß man dem White-Plan statt dem Keynes-Plan gefolgt war; letzterer hätte eine höhere Liquiditätsversorgung ermöglicht.) Die Diskussion um das Fondskonzept war insofern kontrovers: Teils wurde in den Kreditfazilitäten bereits eine inflationsträchtige Liquiditätsüberversorgung gesehen, was eine Begrenzung des Reservekonzepts auf das Gold nahegelegt hätte (Rueff); teils wurde eine deflationsträchtige Liquiditätsunterversorgung aufgrund der Fondskonstruktion befürchtet (Triffin). Faktisch setzte sich die Befürchtung einer Unterversorgung durch. Damit war die Voraussetzung dafür gegeben, durch die begrenzte Fondsausstattung nachgerade provoziert, daß das Weltwährungssystem die Tradition der Zwischenkriegszeit fortschrieb, neben dem Gold international anerkannte und begehrte Devisen als Reserven zu halten. Die meisten Währungen hatten allenfalls regionale Bedeutung (englisches Pfund, französischer Franc, portugiesischer Escudo). Eine dominierende Rolle übernahm hier der **US-Dollar**. Dies war weder zwingend noch im IMF-Modell konzeptionell angelegt. Gleichwohl war es plausibel: Das Wirtschaftspotential der USA vermittelte den Reservehaltern die begründete Erwartung, US-Dollar jederzeit in reale Güter und Dienste umwandeln zu können. Gleichzeitig wurde davon ausgegangen, daß Binnen- und Außenwert des US-Dollars aufgrund der erwarteten ausgeglichenen Zahlungsbilanz stabil blieben, so daß bei den Reserven keine Wertverluste zu befürchten waren. Schließlich bestand in den USA ein leistungsfähiger Geldmarkt, der jederzeit Anlagemöglichkeiten für den US-Dollar bot. Nicht zuletzt hatte sich der US-Dollar zur führenden Transaktionswährung entwickelt; denn der internationale Leistungs- und Kapitalverkehr wurde ganz überwiegend in US-Dollar abgewickelt, womit dem US-Dollar faktisch auch die Maßstabsfunktion zukam. Als sich - ergänzend zu diesen Faktoren - die USA bereit erklärten, den US-Dollar jederzeit zu einem festgelegten Preis (1 Unze Feingold = 35 US-Dollar) in Gold umzuwandeln, was in der hohen Goldreserve der USA eine realistische Voraussetzung hatte, war das Junktim zum traditionellen **Goldstandard** faktisch hergestellt. Diese Entwicklung begründete somit den Gold-Devisen-Standard als dominierende Liquiditäts- bzw. Reservekonstruktion: Gold und US-Dollar (in ihrer Eigenschaft als Golddevisen) waren als Reservemedien anerkannt, wobei über die Goldkonversionsgarantie seitens der US-Administration das Gold indirekt und zumindest formal zunächst doch als letztinstanzliches Reservemedium etabliert blieb. Damit erhielt gleichwohl eine nationale Währung eine **Leitwährungsfunktion**: Der US-Dollar wurde nicht nur anerkanntes Maßstabs- und Transaktionsmittel, sondern wegen der Verzinslichkeit und leichteren Übertragbarkeit sogar dem Gold überlegenes Reservemedium.

Ziehen war ein Fazit aus diesen Überlegungen, so ist zu erkennen, daß das Liquiditäts- und Reservekonzept des IMF-Modells hinsichtlich seiner Konstruktion und Implikation zwar formal folgerichtig angelegt war, wegen seiner konzeptionsbedingten Schwächen aber eine offene Flanke aufwies, was seine **Kontrollierbarkeit** begrenzte; denn das Reservekonzept war mit einer - allenfalls national aber nicht international steuerbaren - **Leitwährung** verbunden.

b) Was das **Wechselkurs-** bzw. **Anpassungskonzept** angeht, so ging das IMF-Konzept von der Vorstellung aus, daß der Welthandel sich am ehesten bei einem stabilen Wechselkursgefüge entwickeln konnte. Denn dieses minimierte das Wechselkursrisiko, vermied aggressive Wechselkursmanipulationen und zwang zumindest die Defizitländer - bei Erschöpfung ihrer Liquiditätsreserven - zur Zahlungsbilanzdisziplin. So wurde konsequenterweise davon ausgegangen, daß die nationale Wechselkurspolitik eben nicht nur eine nationale Angelegenheit sei, sondern die Interessen der anderen Länder berühre und deshalb unter internationaler Kontrolle bleiben mußte. Doch anders als beim Goldautomatismus war im Fondskonzept eine **Elastizität** angelegt, die die Irreversibilität des Kursgefüges relativierte. Auch dies schien nur folgerichtig: Denn ohne Kurskorrekturmöglichkeiten wäre ein Land gezwungen, bei Zahlungsbilanzdefiziten und erschöpften Liquiditätsreserven, zu Interventionen in die Leistungstransaktionen und/oder zu binnenwirtschaftlichen Anpassungen zu greifen. Auch dieses Wechselkurskonzept gilt es nun hinsichtlich seiner formalen Konstruktion, seiner konzeptionellen Implikation und seiner konzeptionsbedingten Problematik zu prüfen:

- Was die **formale Konstruktion** angeht, war jedes Land beim Beitritt verpflichtet, mit dem Fonds eine **Anfangsparität**, gemessen in Gold oder US-Dollar, zu vereinbaren: Da der US-Dollar selbst in Gold definiert war (1 Unze Feingold = 35 US-Dollar bzw. 1 US-Dollar = 0,888671 g Feingold), war wegen der Konversionspflicht nicht nur die Existenz von Golddevisen etabliert, sondern die Maßstabsfunktion des US-Dollars offiziell festgestellt. Wenn nun alle Währungen eine feste Relation zum US-Dollar aufwiesen, war automatisch zwischen den Währungen ein festes Wechselkursgefüge geschaffen. Und dieses sollten nun alle Länder durch Intervention am Devisenmarkt - im Überschußfall durch Nachfrage nach ausländischen Devisen, im Defizitfall durch Angebot von ausländischen Devisen - verteidigen. Die Wechselkursstabilität hatte indessen keine absolute Priorität. Zwei Ausnahmen waren vorgesehen. Zum einen war eine **Bandbreite** für jede Währung gegenüber dem US-Dollar: ± 1 vH (also 2 vH-Punkte) festgelegt; so konnten Drittwährungen gegeneinander um ± 2 vH (also in einem Band von 4 vH-Punkten) schwanken, ohne daß eine Interventionspflicht für die Länder begründet worden wäre. Zum zweiten war die Möglichkeit einer **Wechselkurskorrektur** (adjustable pegs) gegeben; die Mitgliedsländer hatten das Recht, bei einem fundamentalen Zahlungsbilanzungleichgewicht, das anderweitig nicht mehr korrigierbar schien, die Wechselkursparität zu verändern. Dieser Fall ist gegeben, wenn einem Land, sind die Reserven an Interventionsmittel erschöpft, als Alternative nur eine (den Freihandel gefährdende) außenwirtschaftlich ausgerichtete Importrestriktion und/oder eine (die Beschäftigung gefährdende) binnenwirtschaftlich ausgerichtete Deflationspolitik bliebe. Der Fonds hatte zwar nicht die Kompetenz, die Mitgliedsländer zu diesem Schritt zu zwingen; die Initiative mußte von den Mitgliedsländern ausgehen. Wohl aber behielt sich der Fonds das Recht vor, eine mißbräuchliche Anwendung des Instruments - wenn sich ein Land durch eine aggressive Abwertung künstliche Wettbewerbsvorteile verschaffen wollte - zu verhindern. Die Wechselkurskorrektur sollte kontrolliert erfolgen: Bei einer Kursänderung bis zu 10 vH bedurfte es der Konsultation, über 10 vH der Zustimmung des IMF; wird die Kurskorrektur ohne Zustimmung vorgenommen, könnte das Land seine Fondsmittel verlieren oder sogar aus dem Fonds ausgeschlossen werden.

- Was die **konzeptionelle Implikation** angeht, so war diese eindeutig: Der Wechselkurs soll im Grundsatz zwar stabil aber anpassungsfähig sein. Daraus folgt - zum einen -, daß eine **Wechselkursfreigabe** vom Fondskonzept nicht abgedeckt war. War die Wechselkursfreigabe zeitlich befristet und konnte sie als wichtiger Schritt zu einer allfälligen Neuadjustierung angesehen werden, wurde die Freigabe allenfalls (pragmatisch) geduldet, aber nie (offiziell) gebilligt. Daraus folgt - zum zweiten -, daß die dennoch mögliche **Wechselkurskorrektur** in diesem Selbstverständnis nicht als ein Instrument gesehen wurde, das aktiv eingesetzt werden konnte, um einem Land Wettbewerbsvorteile zu verschaffen, sondern das - gleichermaßen als „Notlösung" - nur ergriffen werden sollte, wenn die verbleibenden Alternativen den Integrationsprozeß (direkt durch Importrestriktionen, indirekt durch eine Deflationspolitik) gefährdeten. Schließlich folgt - zum dritten - aus diesen Überlegungen, daß eine zugestandene Wechselkurskorrektur sich an realwirtschaftlichen Fundamentaldaten orientieren mußte, um den Einfluß internationaler **Kapitalbewegungen** - die den Wechselkurs sehr wohl tangieren und ihn deshalb eben auch verzerren können - zu verhindern. Diese waren deshalb unmittelbar unter Kontrolle zu halten. So war es nur folgerichtig, daß die Währungskonvertibilität auf reale Leistungstransaktionen reduziert wurde, allenfalls ergänzt durch die sog. Ausländerkonvertibilität, also auf das Recht von Ausländern, Guthaben im Inland in ihr Heimatland oder in ein Drittland zu transferieren. Demgegenüber war die Inländerkonvertibilität, somit das Recht von Inländern, ohne Bezug zu einer realen Transaktion Drittwährungen zu erwerben, nicht zu garantieren, um den Bedarf an Wechselkurskorrekturen (in Häufigkeit und Ausmaß) in Grenzen zu halten. Die hier angelegte Kapitalverkehrskontrolle war zwar plausibel, warf aber die schwer lösbare Frage auf, wie ein durch Leistungsverkehr induzierter und ein spekulationsbedingter autonomer Kapitalverkehr exakt isolierbar waren.

- Formale Konstruktion und konzeptionelle Implikation waren somit ebenfalls kompatibel und warfen dennoch **konzeptionsbedingte Probleme** auf, die sowohl in einer Asymmetrie als auch in einer Uneindeutigkeit des Anpassungskonzepts wurzelten. Die **Asymmetrie** ergab sich daraus, daß Defizitländer eher unter einen Abwertungsdruck ihrer Währung gerieten, wenn ihre Interventionsmittel (Devisenreserven und Ziehungsrechte) erschöpft waren und als Alternative nur die Importrestriktion und/oder eine binnenwirtschaftliche Stabilitätspolitik blieb. Demgegenüber bestand bei den Überschußländern der Aufwertungsdruck nicht so unmittelbar. Sie konnten in eigener Währung intervenieren und so den Wechselkurs beliebig stabil halten, zumindest solange sie bereit waren, im Inland die durch die Intervention ausgelöste Geldmengen- und damit Preiserhöhung hinzunehmen, oder solange es ihnen gelang, durch eine restriktive Geldpolitik den Liquiditätszufluß zu neutralisieren, um Inflationstendenzen zu vermeiden, was durch den Wegfall der Deckungspflicht ja möglich war. Und solange der Kapitalverkehr unter Kontrolle gehalten werden konnte, drohte auch kein über ein Zinsgefälle und einen Zins-Kredit-Mechanismus unkontrollierbarer und die restriktive Geldpolitik konterkarierender Kapitalzufluß. Der vermeintlich höhere Abwertungdruck der Defizitländer unterlag aber darüber hinaus einer **Uneindeutigkeit**, als in der Fondskonstruktion offen blieb, was unter „fundamentalen Zahlungsbilanzungleichgewichten" zu verstehen ist, weil dies eine exakte Lokalisierung der Ursachen des Ungleichgewichts erforderlich machte. Kurzfristige - durch Saisonschwankungen oder konjunkturelle Wechsellagen ausgelöste - Ungleichgewichte machten eine Wechselkurskorrektur überflüssig, weil die Ungleichgewichte sich selbst korrigierten und somit auch die Alternative einer Intervention in die Leistungstransaktionen bzw. einer binnenwirtschaftlichen Anpassungspolitik nicht drohte. Ungleichgewichte, die aus unterschiedlichen binnenwirtschaftspolitischen Zielprioritäten (Beschäftigung, Preisstabilität) und einem dadurch ausgelösten internationalen Preisgefälle entstanden, machten eine Wechselkurskorrektur bei anhaltenden Zieldiskrepanzen funktionslos, weil die Wechselkurskorrektur zu einer einseitig ausgerichteten „Dauerlösung" würde, die überdies kontraproduktiv wäre, wenn sie das Preisgefälle (Preisrückgang durch Aufwertung - Preisanstieg durch Abwertung) aufrechterhielte; hier bliebe nur die Alternative, aus dem Integrationsprozeß auszuscheiden oder sich binnenwirtschaftlich anzupassen. Infrage kämen also allenfalls strukturelle Ungleichgewichte, bei denen sich - unter Beachtung realökonomischer Fundamentaldaten (Wachstum, Technologie, Produktivität, Produktionsstruktur) - die Anfangsparität als „falsch" erwies und deshalb einer Korrektur bedürfte; doch auch hier wäre die Wechselkurskorrektur nur bedingt hilfreich, wenn sie ein Defizitland von dem Zwang befreite, sich den Herausforderungen des Integrationsraumes zu stellen und immer wieder aufs neue Abwertungen provozierte.

Ziehen wir ein Fazit aus diesen Überlegungen, so ist zu erkennen, daß auch das Wechselkurs- und Anpassungskonzept im IMF-Modell hinsichtlich Konstruktion und Implikation zwar formal folgerichtig angelegt war, aber ebenfalls wegen seiner konzeptionsbedingten Schwäche eine offene Flanke aufwies, was seine eindeutige **Steuerungsmöglichkeit** begrenzte. Denn der Anpassungsprozeß - Wechselkurskorrektur oder binnenwirtschaftliche Anpassung - unterlag einer Asymmetrie und Uneindeutigkeit.

Verknüpfen wir nun die beiden Kernelemente des IMF-Modells - Reservekonstruktion und Anpassungskonzept -, sind zunächst grundlegende **Organisationsprobleme** erkennbar. So ist festzustellen, daß das Modell - in bemerkenswerter Analogie zur Neuformulierung des Welthandelssystems - die Belange der **Entwicklungsländer** erheblich vernachlässigte. Die gleichzeitige Gründung der Weltbank, die die langfristige Entwicklungsfinanzierung (Kreditgewährung zur Investitions- und Importfinanzierung) zur Aufgabe hatte, war einerseits folgerichtig; denn konstruktionsbedingt konnte der IMF diese Aufgabe nicht übernehmen, da er auf die Finanzierung kurzfristiger Überbrückungshilfen bei Zahlungsbilanzschwierigkeiten ausgerichtet war. Dies änderte andererseits nichts daran, daß die Konstruktion eine **asymmetrische Machtverteilung** implizierte, die auch den internationalen Zahlungsverkehr tangierte. Dies betraf - zum ersten - die „organisatorische" Machtverteilung, da die Stimmrechtsanteile von den Quoten abhängig war, was den Industrieländern ein deutliches Übergewicht bei der Festlegung der Grundlinien der IMF-Politik gab. Dies betraf - zum zweiten - die „ressourcenbedingte" Machtverteilung (Reserve- und Liquiditätsproblem), da das Volumen der Ziehungsrechte ebenfalls an die Quote gebunden war; der entwicklungsbedingte „Bedarf" an Ziehungsrechten stand somit in einem völligen Widerspruch zum „Anspruch" auf Ziehungsrechte. Dies betraf - zum dritten - die „operationale" Machtverteilung, wenn der vergleichsweise höhere Abwertungsbedarf mit der Möglichkeit einherging, die Wirtschaftspolitik der Entwicklungsländer mit Auflagen zu steuern. In der Folgezeit wurden hier zwar Korrekturen angebracht (Bildung des 20er-Ausschusses, Schaffung von Sonderfazilitäten, Tolerierung ausgeprägterer Abwertungen - vgl. dazu später); doch das Machtungleichgewicht war angelegt.

Unbeschadet dieser Organisationsprobleme, die zwar einen Korrekturbedarf aufwarfen, aber grundsätzlich lösbar schienen, kann als unstrittig gelten, daß die Fondskonstruktion gegenüber dem Goldautomatismus einen **Fortschritt** darstellte: Mit dem Einbau von Elastizitäten (sowohl in das Reserve- als auch in das Wechselkurskonzept) waren wichtige Voraussetzungen dafür geschaffen, daß das Weltwährungssystem ein höheres Maß an Stabilität gewinnen konnte. Und die Institutionalisierung im Gouverneurs- und Exekutivrat schuf eine wichtige Voraussetzung für eine währungspolitische Konsultation und Kooperation zwischen den Notenbanken aber auch zwischen IMF und anderen internationalen Währungsbehörden. Dennoch war ein grundlegendes **Konzeptionsproblem** aufgeworfen, das in einem zweifachen - sich in einer verhängnisvollen Weise wechselseitig beeinflussendem - **Steuerungsdefizit** angelegt war.

a) Wenn vielfach die These vertreten wird, daß das IMF-Modell ein typisches „Schön-Wetter-Konzept" war, dann ist damit folgender Sachverhalt durchaus angemessen umschrieben: Die Funktionsfähigkeit des Modells konnte auf Dauer nur sichergestellt werden, wenn zwischen den Ländern die **Überschuß-Defizit-Konstellationen** immer wieder wechselten. Kritischer wurde es, wenn einzelne Länder anhaltende positive bzw. negative Zahlungsbilanzungleichgewichte aufwiesen. In diesem Falle würde die beitragsabhängige Währung der

Überschußländer in der Fondsreserve auf Dauer „knapp". Dem Fonds bliebe dann nur eine Alternative: Entweder er mußte diese Währung bewirtschaften, was freilich den Grundsatz der Währungskonvertibilität aufhob und freie Transaktionsmöglichkeiten der Defizitländer begrenzte - somit den **Zielsetzungen** des Fondskonzepts diametral entgegenstand, das ja Währungskonvertibilität und Freihandel gewährleisten sollte. Oder der Fonds mußte die Überschußländer um Anleihen ersuchen, diese also bitten, ihm immer wieder (über ihren Beitrag hinaus und dann auf Kreditbasis) eigene Währung zur Verfügung zu stellen - was den **Funktionsbedingungen** des Konzepts diametral entgegenstand, das (i.S. des White-Planes und in Abweichung vom Keynes-Plan) die Überschußländer ja nicht „endlos" verpflichten sollte. Die realwirtschaftlich fundierte Lösung dieses Dilemmas liegt auf der Hand. Die **Überschußländer** hätten zu einer anhaltenden binnenwirtschaftlichen Expansionspolitik und/oder anhaltenden Aufwertung ihrer Währung verpflichtet werden müssen. Dies war aber dem Fonds nicht möglich; denn die Überschußländer konnten, da sie mit eigener Währung intervenierten, den Wechselkurs stabil halten und so eine exportgefährdende Aufwertung vermeiden, gleichzeitig den Kapitalzufluß geldpolitisch sterilisieren und so die Überschußposition festschreiben. Die **Defizitländer** hätten zu einer anhaltenden binnenwirtschaftlichen Restriktionspolitik und/oder anhaltenden Abwertung ihrer Währung verpflichtet werden müssen. Dies war dem Fonds zwar eher möglich, indem er die Zuteilung von Ziehungsrechten an Auflagen hinsichtlich Preis- und Zahlungsbilanzdisziplin band. Doch diese Politik stieß an Grenzen, wenn die Defizitländer von einer Restriktionspolitik Beschäftigungsgefahren und von einer Abwertung Inflationsgefahren befürchten mußten und dann eher dazu neigten, zu Protektionsmaßnahmen zu greifen, die das GATT-Konzept zwar per se nicht ausschloß, wohl aber begrenzen wollte. Hier war ein erstes **Steuerungsdefizit** angelegt, was das Anpassungskonzept anging. Eine realwirtschaftlich nicht fundierte „Lösung" dieses Dilemmas bot sich an: Eine anhaltende Überschuß-Defizit-Konstellation war aufrechtzuerhalten, wenn die Überschußländer - gleichermaßen am Fonds vorbei - die Weltliquidität anreicherten und auf diese Weise den Defizitländern Interventionsmittel an die Hand gaben, damit diese den Wechselkurs stabil halten konnten, ohne zu binnen- oder außenwirtschaftlichen Restriktionen greifen zu müssen.

b) Diese Lösung schien möglich, als sich der Gold-Devisenstandard etablierte und einzelnen Währungen die Rolle einer Leitwährung zuwies. Daraus ergaben sich freilich Konsequenzen. Zunächst entstand eine weitere **Asymmetrie** bei der Ausgleichsnotwendigkeit von Zahlungsbilanzdefiziten: Während „normale" Defizitländer auf ihr Defizit bei Erschöpfung der Interventionsmittel - „irgendwie" - reagieren mußten, bestand dieser Zwang für Leitwährungsländer nicht. Sie konnten ihr Zahlungsbilanzdefizit durch Hingabe eigener Währung abdecken. Dieses Privileg gab den USA die Chance, ihr Leistungsbilanzdefizit zu vernachlässigen und dieses statt mit Kapitalimporten durch Hingabe eigener Währung zu finanzieren. Diese Lösung und seine Tragfähigkeit hatte aber zur Voraussetzung, daß Drittländer bereit waren, den USA - gegen Hingabe eigener Güter und Dienste - goldgarantierte Kredite zu geben, also den US-Dollar in ihre Reserve aufzunehmen, im Vertrauen darauf, daß die USA diese US-Dollar jederzeit in Gold umtauschen würden. Die Stabilität des Reservemediums gründete sich somit nicht auf eine supranational gesteuerte und insoweit international garantierte Absicherung, sondern auf ein **Vertrauen**, das zwar - mit Blick auf die amerikanische Position - eine reale Basis hatte (hoher Goldhort, leistungsfähiger Güter- und Geldmarkt), das aber gleichwohl für die USA die Verpflichtung implizierte, durch eine entsprechende Zahlungsbilanzdisziplin sich dieses Vertrauens auf der Grundlage einer Wertstabilität des US-Dollars auch „würdig" zu erweisen. Gerade diese Funktionsbedingung konnte nicht unbegrenzt erfüllt werden, weil sie einen **logischen Widerspruch** einschloß - vielfach als das sog. Triffin-Dilemma bezeichnet. Einerseits ergab sich ein weltweiter **Liquiditätsbedarf** zur Finanzierung des Welthandels: Je rigider die offizielle Liquiditätsversorgung durch den IMF war, desto mehr entstand die Notwendigkeit, die Weltliquidität mit dem zweiten Reservemedium - eben mit US-Dollars - zu speisen. Dies machte aber ein anhaltendes US-Leistungsbilanzdefizit der USA notwendig, um eine deflationsträchtige, die Entwicklung des Welthandels gefährdende, Unterversorgung mit Liquidität zu vermeiden. Andererseits stand ein permanentes Leistungsbilanzdefizit der USA in Widerspruch zu den Funktionsbedingungen (Vertrauen auf Goldkonversion). Diese Art der Liquiditätsschöpfung mußte somit zwangsläufig an eine **Vertrauensgrenze** stoßen, von da an ein Reservemedium suspekt zu werden begann: Denn mit anhaltendem Leistungsbilanzdefizit war der Verdacht begründbar, daß die USA irgendwann ihrer Goldkonversionsverpflichtung nicht mehr nachkommen könnten. Damit war der Konflikt angelegt: Entweder durch Leistungsbilanzdefizite die weltweite Liquiditätsversorgung zu garantieren (dann aber um den Preis der Vertrauenssicherung), oder durch Leistungsbilanzdisziplin das Vertrauen in das Reservemedium zu sichern (dann aber um den Preis der Gefährdung der weltweiten Liquiditätsversorgung). Hier war somit ein weiteres **Steuerungsdefizit** angelegt.

In diesem doppelten - wechselseitig wirksamen - Steuerungsdefizit wurzelte letztendlich das Konzeptionsproblem. Das IMF-Modell konnte nur solange „funktionieren", wie die Funktionsbedingungen sichergestellt waren, d.h. solange die Zahlungsbilanzungleichgewichte - durch Überbrückungshilfen finanziert - über (partielle) Wechselkurskorrekturen und/oder über (flexible) binnenwirtschaftliche Anpassungen zu korrigieren waren. Wurden die Funktionsbedingungen unterlaufen - befreite ein „zusätzliches" Reservemedium (US-Dollar) die Defizitländer von diesem Anpassungsbedarf -, war eine **latente Gefahr** angelegt: Das Wechselkursregime (stabile Wechselkurse) hatte nur Bestand, solange keine Kapitalbewegungen einsetzten (Spekulationswellen konnte es nicht auffangen); das Liquiditätskonzept hatte nur Bestand, solange ein Vertrauen in seine Wertstabilität gesichert war (anderenfalls waren Spekulationswellen nicht zu vermeiden).

Diese Gefahr war bis gegen Ende der 50er Jahre noch nicht gegeben; der Welthandel nahm einen sehr dynamischen Aufschwung. Dann traten allerdings zwei

Ereignisse ein. Im Jahre 1958 erfolgte - zum einen - der Übergang zur **Währungskonvertibilität**. Sie war an sich nur für reale Transaktionen und für Inlandsguthaben im Besitz von Ausländern vorgesehen (Ausländerkonvertibilität). Doch viele Länder gingen darüber hinaus und führten das Recht von Inländern ein, Inlands- in Auslandswährung umzutauschen (Inländerkonvertibilität). Damit war die Freizügigkeit des Kapitalverkehrs zumindest im Grundsatz gegeben. Wenn auch noch ein Spektrum von Eingriffsmöglichkeiten in den Kapitalverkehr bestand, war gleichwohl das System für **destabilisierende Kapitaltransaktionen** offen. Hinzu kam - zum zweiten -, daß die USA gegen Ende der 50er Jahre erhebliche Goldverluste (allein von 1958 bis 1960 für reichlich 6 Mrd. US-Dollar) erlitten. Als in der öffentlichen Diskussion noch eine „Dollar-Lücke" befürchtet und damit ein steigender Liquiditätsbedarf vermutet wurde, dessen Auffüllung die Goldkonversionsfähigkeit der USA freilich weiter in Frage stellen mußte, entstand eine erste **Vertrauenskrise** gegenüber dem US-Dollar und damit - indirekt - gegenüber dem Weltwährungssystem. Vereinfacht können seither zwei Phasen in seiner Entwicklung unterschieden werden: eine Phase des „Krisenmanagements" und eine Phase des Bemühens um eine „konzeptionelle Weiterentwicklung".

a) Die Phase des **Krisenmanagements** reichte bis 1973. Sie war gekennzeichnet durch das Bemühen, das Weltwährungssystem in seiner herkömmlichen Form aufrechtzuerhalten, es aber durch ergänzende Maßnahmen zu stützen:

- Als die Vertrauenskrise des US-Dollars eine Flucht in das Gold provozierte - zeitweise stieg der Marktpreis auf 40 US-Dollar (je Feinunze) und löste die Gefahr aus, daß Dollar-Besitzer zum amtlichen Preis Gold kauften, um es am freien Markt zu verkaufen, womit die USA noch mehr Gold verloren hätten und ihre Goldkonversionsmöglichkeit noch mehr geschwächt worden wäre -, galt es zunächst, den Goldpreis zu stabilisieren. Neben ergänzenden Maßnahmen - D-Mark-Aufwertung um 5 vH, März 1961 - erklärten sich nicht nur viele Länder bereit, auf die Konversion ihrer US-Dollar-Guthaben in Gold zu verzichten. Vor allem gründete der Zehner-Club (Belgien, Deutschland, Frankreich, Großbritannien, Italien, Japan, Kanada, Niederlande, Schweden, USA) den sog. **Goldpool** (Oktober 1961). Er war gedacht als zentrales Einkaufs- und Verkaufssyndikat von Gold, um durch Interventionen am freien Goldmarkt den offiziellen Goldpreis zu stabilisieren. Doch dies half wenig. Im März 1968 brach der Goldpool zusammen. Die US-Zahlungsbilanzdefizite hatten deutlich zugenommen; es kam zu einer neuerlichen Flucht aus dem US-Dollar in das Gold. Der Goldpreis war nicht mehr zu stabilisieren; die diesbezüglichen Interventionen wurden aufgegeben. Es entstand eine **Goldmarkt-Spaltung**: Auf dem amtlichen Goldmarkt verpflichteten sich die Notenbanken, Gold zum offiziellen Preis (35 US-Dollar je Feinunze) zu tauschen. Am freien Goldmarkt richtete sich der Preis nach Angebot und Nachfrage; er schnellte rasch nach oben und stieg am Ende dieser Berichtsphase auf über 110 US-Dollar (1973). Mit der Goldmarktspaltung konnten der amtliche Goldpreis und die Goldbestände der USA zwar stabilisiert werden (bei ca. 11 Mrd. US-Dollar - Anfang der 50er Jahre waren sie noch doppelt so hoch). Doch dies hatte aus der Sicht des Weltwährungssystems eine erste Konsequenz: Das Gold hatte seine „amtliche" Reservefunktion zwar noch nicht offiziell, aber doch faktisch verloren; denn keine Notenbank war seither mehr bereit, Gold zum garantierten Preis abzugeben, wenn der Marktpreis so deutlich höher liegt. (Zeitweise - 1980 - erreichte der Goldpreis knapp 600 US-Dollar und Mitte der 90er Jahre noch immer etwa 300 US-Dollar.)

- Mit der Stabilisierung der Goldbestände ergab sich freilich ein neues Problem: Es erfolgte ein erheblicher Anstieg der US-Auslandsschulden. Der **Eurogeldmarkt** - vielfach als Euro-Dollarmarkt bezeichnet, weil die US-Dollar reichlich 70 vH seines Volumens ausmachen (der D-Markanteil beträgt ca. 15 vH) - gewann zunehmende Bedeutung. Es handelt sich hier um einen Kreditmarkt, der entstand, als Ende der 50er Jahre die Währungskonvertibilität hergestellt war und die Ostblockbanken ihre Dollar-Guthaben aus Angst vor einer Kontensperrung auf englische Banken verlagerten, die diese auf Kreditbasis weitergaben. Begünstigt wurde diese Entwicklung dadurch, daß Geldanlagen von Ausländern auf dem US-Geldmarkt niedrige Zinserträge erzielten, während ausländische Kreditnehmer mit hohen Zinsen belastet wurden. Hauptanliegen dieses Euromarktes war von Anfang an (und ist noch heute) die multilaterale Verwendung mobilen Kapitals; denn auf dem Eurogeldmarkt werden „Bank"-Guthaben gehandelt, auf den nationalen Geldmärkten demgegenüber „Zentralbank"-Guthaben. Der Eurodollar ist dann definierbar als ein US-Dollar, der von einer Bank - mit Sitz außerhalb der USA - erworben, nach ein- oder mehrmaliger Plazierung bei anderen Banken („Verschiebebahnhof") in andere Währung umgewandelt und dann einem Bankkunden als Kredit zur Verfügung gestellt wird. Die dominierende Rolle spielen dabei europäische Geschäftsbanken sowie ausländische Niederlassungen von Banken der USA, Kanadas und Japans. Entscheidend für die „Mittelversorgung" war von Anfang an das US-Dollar-Angebot; die „Mittelverwendung" diente überwiegend der Außenhandelsfinanzierung. Die **Existenz** des Eurogeldmarktes war von Anfang an umstritten. Zwar wird vielfach darauf hingewiesen, daß der Eurogeldmarkt - eben durch die Bereitstellung liquider Mittel - die Welthandelsexpansion gefördert habe. Aber andererseits wurden von Anfang an Gefahren gesehen: Einmal war zu befürchten, daß wegen der (nun einmal bestehenden) Anonymität des Marktes dieser nicht kontrollierbar sei und insoweit unseriösen Finanzierungspraktiken Vorschub leiste (mangelnde Kontrolle der Bonität der Kreditnehmer). Zum zweiten war nicht auszuschließen, daß die Währungspolitik eines Landes unterlaufen werde, wenn ihr geldpolitischer Restriktionskurs im Inland durch Auslandsfinanzierung konterkariert würde. Zum dritten konnte das Geldvolumen auf dem Eurogeldmarkt eine (inflationsträchtige) Eigendynamik entfalten, wenn ein Euro-Dollar-Multiplikator (über die Erhöhung der Umlaufsgeschwindigkeit der Euroguthaben) sich vom US-Zahlungsbilanz-Ungleichgewicht quasi verselbständige. Alle diese Probleme mußten mit zunehmender US-Auslandsverschuldung steigendes Gewicht erhalten. Sie sollen hier nicht im Detail analysiert werden.[22] (Im Baseler Akkord, 1986/93, wurden zumindest die betriebswirtschaftlichen Erfordernisse - Mindestkapitalausstattung, Eigenkapitalhaftung, internationale Überwachung - festgeschrieben.) Im Kontext mit der Problematik des Weltwährungssystems war aufgrund der Entwicklung des Eurogeldmarktes aber in jedem Falle ein **Spekulationskapital** geschaffen, das zu einer anhaltenden Globalisierung der Finanzmärkte führte, insoweit immer weniger steuerbar wurde und schon frühzeitig ein stabiles Wechselkursregime infrage stellen mußte.

- Mit Blick auf die Tatsache, daß die Goldpreisstabilisierung nur zur Demonetisierung des Goldes, aber nicht zur Verhinderung eines spekulationsanfälligen und international nicht mehr steuerbaren Finanzvolumens (gespeist durch US-Dollars) führte, waren schon früh Versuche unternommen worden, eine nationale Währung von ihrer Verpflichtung zu entlasten, die an sich als er-

[22] Zu Einzelheiten vgl.: A. Besser, Funktion und Dynamik von Finanzinnovationen, Wiesbaden 1996 - Th. Blank, Finanzinnovationen und Geldpolitik, Berlin 1991 - P. Bofinger, Geldpolitische Regulierung und Finanzinnovationen, in: Außenwirtschaft II/III 1987 - R. Caesar, Die Forderungen nach einer Kontrolle des Euro-Marktes: Ihre Berechtigung und ihre Möglichkeiten, in: Konjunkturpolitik, 26. Jg., 1980 - W. Endres, Euro-Märkte: Entstehung - Funktion - Bedeutung, in: Konjunkturpolitik, 30. Jg., 1984 - H. Füllenkemper u.a., Internationale Finanzmärkte unter Innovations- und Liberalisierungsdruck, in: Kredit und Kapital, Heft 4, 1985 - D. Gehrmann, Bedeutung und Probleme der Zahlungsbilanzfinanzierung für die Euro-Finanzmärkte, in: Hamburger Jahrbuch für Wirtschafts- und Gesellschaftspolitik, 23. Jahr, 1978 - F. Grünärml, Fünf Thesen zum gegenwärtigen Stand der Diskussion über die Bestimmungsgründe des starken Wachstums des Euro-Dollarmarktes, in: Jahrbücher für Nationalökonomie und Statistik, Band 194, 1979 - O.F. Hamonda, The Future of the International Monetary System, Aldershot 1989 - B. Heinevetter, Liquiditätsbeschaffung und -vermittlung an den Eurowährungsmärkten und die Struktur des internationalen Bankensystems, in: Kredit und Kapital, Heft 2, 1979 - J. Heubes, Euro-Dollarmarkt und Inflation, in: Konunkturpolitik, 21. Jg., 1975 - V. Hölterhoff, Eurogeldmärkte - Instrumente des internationalen Liquiditätsausgleichs, in: ifo-Schnelldienst, Heft 9/1975 - D. Honeygold, Internationale Finanzmärkte, Cambridge 1989 - J. Käsmeier, Euromärkte und internationale Finanzmärkte, Berlin 1984 - M. Lahnstein, Sollen die Euromärkte kontrolliert werden?, in: HWWA-Wirtschaftsdienst 1979/XI - E. Kapstein, Governing the Global Economy: International Finance and the State, Cambridge 1974 - F.A. Lutz, Eurowährungsmärkte, in: Zeitschrift für die gesamte Staatswissenschaft, 130. Band, 1974 - F. Machlup, Internationale Liquidität, in: Beihefte der Konjunkturpolitik, Heft 20, Berlin 1973 - S. Menrad, Der Eurodollarmarkt als Instrument internationaler Geldschöpfung?, in: Kredit und Kapital, 9. Jg., 1976 - H.W. Meyer, Der Eurowährungsmarkt, seine makroökonomische Problematik und Auswirkungen, in: Außenwirtschaft, Heft 1, 1979 - W. Paulsen, Internationalisierung und Technisierung der Finanzmärkte, Stuttgart 1993 - R.M. Pecchioli, Bankenaufsicht in den OECD-Ländern, Baden-Baden 1989 - H. Remsperger, Finanzinnovationen und Globalisierung der Finanzmärkte, in: HWWA-Wirtschaftsdienst 1987/XI - W. Schröder, Die Globalisierung der Finanzmärkte - Folgen für die Geldpolitik, in: HWWA-Wirtschaftsdienst 1988/VII - R. Widmer, Euromarkt, Eurogeld- und Eurokapitalmarkt, 2. Aufl., Frankfurt 1977.

forderlich angesehene internationale Liquidität zu erhöhen. Somit galt es, das **Liquiditätsvolumen** des Fonds, das gemäß dem IMF-Konzept durch die Quoteneinzahlungen der Mitgliedsländer bestimmt und insoweit begrenzt war - unbeschadet allfälliger Quotenerhöhungen - elastischer zu gestalten. Auf dieser Grundlage kam es zu den **Allgemeinen Kreditvereinbarungen** (General Arrangements to Borrow: AKV), die Anfang 1962 zwischen dem IMF und dem Zehner-Club abgeschlossen wurden. Die AKV sollten dem IMF Finanzmittel auf Kreditbasis zur Verfügung stellen, damit er über Interventionen - Stützungskäufe abwertungsverdächtiger Währungen (zunächst derer des Zehner-Clubs) - eine Destabilisierung des Weltwährungssystems auffangen konnte. Die Inanspruchnahme dieser Kreditlinien war an eine Reihe von Bedingungen geknüpft. Voraussetzung war, daß eine Beeinträchtigung der Währungsordnung durch Bedrohung einer Reservewährung auf der Grundlage spekulativer Kapitalbewegungen zu befürchten war. Der Mobilisierung der AKV-Mittel mußte eine qualifizierte Mehrheit im Gouverneursrat zustimmen, und die Ziehungsbedingungen unterlagen den gleichen Bedingungen wie die herkömmliche Tranchenpolitik. Diese technischen Probleme brauchen hier nicht weiter zu interessieren. Wichtiger ist die intendierte Zielsetzung. Der IMF brauchte Mittel, um das Währungssystem zu stabilisieren. Dieses Anliegen war konzeptionell gewiß folgerichtig. Das Fondsmodell implizierte, ein Vakuum in der Ausstattung mit weltweiter Liquidität zu schaffen. Der US-Dollar und einige andere Währungen (wenn auch begrenzt) mußten in dieses Vakuum eintreten, um ein Liquiditätsdefizit zu vermeiden. Doch mit ihrem Eintritt machten sie sich fragwürdig, d.h. im Sinne des Triffin-Dilemmas spekulationsanfällig. Nicht von ungefähr wurden die Mittel - die an sich 1966 auslaufen sollten und dann doch immer wieder verlängert wurden - zur Stützung des englischen Pfundes, des französischen Franc und des US-Dollars herangezogen. Doch eine „echte" Lösung war dies auch nicht, wenngleich in den IMF-Statuten die Möglichkeit der Kreditaufnahme des Fonds angelegt war. Denn es waren letztendlich keine eigenen Interventionsmittel des IMF. Vielmehr wurden sie dem Fonds auf Kreditbasis und freiwillig zur Verfügung gestellt, konnten also zurückgerufen werden, wenn die Kreditgeber selbst in Zahlungsbilanzschwierigkeiten gerieten. Damit war auch hier trotz formaler Folgerichtigkeit materiell eine Instabilität angelegt.

- Mit Blick auf diese Entwicklung war es nur naheliegend, daß schon früh (seit 1963) Überlegungen einsetzten, dem IMF eigene - über Gold, Quoten und Kreditlinien hinausgehende - Interventionsmittel zu verschaffen. Ziel war es, die Reservefunktion nationaler Währungen durch eine internationale Währung zu entlasten. Unter maßgeblicher Mitarbeit der Zehner-Gruppe kam es 1969 zu einer **ersten Änderung** des **IMF-Abkommens**. Allein die Tatsache, daß es hierfür einer Änderung des Abkommens bedurfte, deutet darauf hin, daß hier der Versuch einer **konzeptionellen Neuorientierung** angelegt war: Es wurden die sog. **Sonderziehungsrechte** (SZR) als neues Reservemedium geschaffen. Sie stellten reine Bucheintragungen beim IMF dar, deren Reservefunktion mit dem Zuteilungsbeschluß automatisch entstand. In dieser Eigenschaft repräsentierten sie zwar keine unmittelbaren nationalen Interventionsmittel, die gehandelt werden konnten; aber sie repräsentierten einen Anspruch eines IMF-Mitgliedslandes auf andere konvertible Währungen, die über den Fonds bezogen werden konnten. Dabei bedurfte es keiner nationalen Eigenleistungen (i.S. von Einzahlungen), damit ein Land darüber verfügen kann; allenfalls die vorangegangenen Einzahlungen (wiederum bestimmt durch die Quote) begrenzten den Umfang der Zuteilung der Sonderziehungsrechte. Ihre Verwendung war an keinerlei wirtschaftspolitische Bedingung geknüpft, was letztlich die binnenwirtschaftspolitische Autonomie festigen sollte. Insofern hatten die SZR-Guthaben den Charakter von unbedingten Währungsreserven, weil sie zur Beschaffung von anderen nationalen Währungen eingesetzt werden konnten, soweit sie wiederum zur Kursstabilisierung bzw. zum Zahlungsbilanzausgleich eingesetzt werden mußten. Während ein Überschußland bis zu 200 vH seiner Quote SZR kaufen und insoweit dem Fonds eigene Währung zur Verfügung stellen mußte, konnte ein Defizitland bis zu 70 vH seiner SZR-Zuteilung (im 5-Jahres-Durchschnitt) Fremdwährung kaufen und zur Kursstabilisierung einsetzen. Überstieg die Inanspruchnahme diese Grenze, mußte sich (zunächst) das Land verpflichten, innerhalb einer bestimmten Frist die SZR zurückzuerwerben (sog. Rekonstitionspflicht), wonach aber immer noch 70 vH der Zuteilung freie Liquiditätsreserven darstellten. (Seit Anfang der 80er Jahre war diese Rekonstitutionspflicht abgeschafft, um den vollen Liquiditätscharakter sicherzustellen.) Zum Zeitpunkt ihrer Schaffung wurden die SZR mit einer Goldwertgarantie ausgestattet (1 Einheit SZR = 0,888671 g Feingold) und damit dem US-Dollar wertmäßig gleichgestellt. Die zugeteilten SZR mußten vom Mitgliedsland verzinst werden (um eine beliebige Inanspruchnahme zu vermeiden), während der SZR-Bestand eines Mitgliedslandes vom IMF verzinst wurde (um die SZR als Reservemedium gegenüber Gold und Golddevisen attraktiver zu machen). Somit hatten die SZR Geld- aber keinen Kreditcharakter (im Gegensatz zu den „normalen" Ziehungsrechten). Sie erhöhten die internationale Liquidität; und die Zuteilung implizierte (eher i.S. des Keynes-Planes) eine zusätzliche und von Eigenleistungen befreite Kaufkrafterhöhung. Damit war aber eine ambivalente Konstellation angelegt. Unter der **konzeptionellen Perspektive** war - einerseits - erstmals der Versuch angelegt, ein **synthetisches Weltgeld** und damit die Voraussetzung dafür zu schaffen, daß der IMF die Funktion einer „Weltzentralbank" übernehmen und die Weltliquidität zentral steuern konnte. Unter der **ökonomischen Perspektive** war dieser Versuch aber - andererseits - nur umsetzbar, wenn der Fonds die Möglichkeit hatte, auch die anderen Elemente der Weltliquidität (Gold, Golddevisen) unter Kontrolle zu halten. War dies nicht der Fall, war von vornherein die Gefahr angelegt, daß eine „reine" (inflationsträchtige) **Zusatzliquidität** entstand. Die Ziehung von SZR war somit notwendigerweise an die Bedingung gebunden, daß ein zusätzlicher, allerdings inflationsneutraler, weltweiter Liquiditätsbedarf (global need) bestand. War diese Bedingung nicht nachweisbar gegeben, mußte die SZR-

Zuteilung mit der gebotenen (quantitativen) „Zurückhaltung“ erfolgen. Aber genau dann konnten die SZR ihre konzeptionelle (qualitative) „Funktion“ nicht erfüllen. Und genau dieses war in der Realität gegeben: Für die Jahre 1970 bis 1972 erfolgte eine erste Zuteilung (gut 9 Mrd. SZR), für die Jahre 1979 bis 1981 eine zweite Zuteilung (gut 12 Mrd. SZR). Der Anteil der SZR an den Weltliquiditätsreserven erreichte aber nur etwa 3 vH; sie konnten also nie die zugedachte (konzeptionelle) Funktion erfüllen. Auch dieser Ansatz war somit zum Scheitern verurteilt, wollte man davon die Lösung der anstehenden Probleme erwarten.

Nimmt man diese vier Schritte insgesamt, so wird erkennbar, daß in dieser Phase trotz des Krisenmanagements die Konstruktionsschwächen des Weltwährungssystems erhalten blieben. Sieht man einmal von der Pfund-Krise (1967) ab, obwohl deren psychologische Bedeutung nicht unwesentlich war - erstmals geriet eine Reservewährung definitiv ins Zwielicht -, nahmen die Turbulenzen zu. Denn ein zentraler Pfeiler des Weltwährungssystems war zerbrochen. Im Sommer 1971 suspendierten die USA ihre **Goldeinlösungsgarantie**; ihre Auslandsverbindlichkeiten betrugen zwischenzeitlich das fünffache ihrer Goldreserve. Im Dezember 1971 kam es auf der Washingtoner Währungskonferenz zum sog. **Smithonian-Abkommen**: Nach einer globalen Neufestsetzung der Wechselkurse - der US-Dollar wurde abgewertet (auf 38 US-Dollar je Feinunze Gold) - und einer Erweiterung der Bandbreite gegenüber dem US-Dollar (auf ± 2,25 vH) glaubte man immer noch, am Grundsatz fester Wechselkurse festhalten zu können. Doch mit Aufgabe der Goldkonversion war ein Einbruch in die Reservekonstruktion erfolgt. Dem bedeutendsten Reservemedium war ein entscheidendes Element der Vertrauensbasis entzogen, das allenfalls über eine ausgeglichene Zahlungsbilanz (Dollar-Verknappung) hätte zurückgewonnen werden können. Als dies nicht erfolgte - in den Jahren 1971/1972 geriet erstmals sogar die US-Handelsbilanz ins Defizit -, war eine Stabilisierung des Weltwährungssystems weniger denn je erreichbar. Die Spekulationswellen setzten sich fort; sie führten zu dramatischen Entwicklungen. Trotz einer neuerlichen Abwertung des US-Dollars um zehn Prozent (auf 42,2 US-Dollar je Feinunze) hatten Japan, die Schweiz und Italien ihre Wechselkurse freigegeben. Damit konzentrierte sich die Spekulation auf die D-Mark. Im März 1973 stellte schließlich die Bundesbank - nach massiven Dollar-Zuflüssen - die Interventionen zur Stützung des Dollar-Kurses ein. Die Devisenbörsen wurden für zwei Wochen geschlossen. Nach ihrer Wiedereröffnung war schließlich ein weiterer Pfeiler des IMF-Abkommens aufgegeben: der Grundsatz **fester Wechselkurse**. Zwar bildeten einige wichtige westeuropäische Industrieländer (BRD, Benelux-Länder, zeitweise Frankreich, Dänemark, Schweden, Norwegen) einen Währungsverbund, in der Absicht, mit einer Bandbreite von ± 2,25 vH die Währungsrelationen wenigstens untereinander stabil zu halten (zu den damit verbundenen Problemen: vgl. später). Doch gegenüber dem US-Dollar wurde der Wechselkurs freigegeben, weil anders die spekulativen Dollarströme nicht aufzufangen waren. Damit waren sowohl das Wechselkursregime (stabile Wechselkurse) als auch die Reservekonstruktion (Gold bzw.

Golddevisen) suspekt geworden. Das IMF-Abkommen war in seiner Substanz gescheitert; eine Reform erwies sich als unumgänglich.

b) Die Phase der **konzeptionellen Weiterentwicklung** setzte ein, als im Jahre 1972 der sog. **Zwanziger-Ausschuß** - der Zehner-Club war um Australien und neun Entwicklungsländer erweitert worden, um letztere in die Reformdiskussion zu integrieren und ihren Interessen mehr Rechnung zu tragen - beauftragt wurde, Ansätze zu einer Reform des Weltwährungssystems zu entwickeln. Von Anfang an hatte der Ausschuß sich darauf geeinigt, zunächst darauf zu verzichten, eine Reform aus „einem Guß" vorzustellen. Statt dessen sollte das Schwergewicht auf ein Sofortprogramm gelegt werden mit dem Ziel, die drängendsten Probleme - drohender Protektionismus und Abwertungswettlauf (Gefahren, die zur gleichen Zeit das Welthandelssystem belasteten) - in den Griff zu bekommen. Auf der Jahresversammlung des IMF in Nairobi (1974) legte der Ausschuß eine „Erste Rohskizze einer Reform" (First Outline of the Reform) vor; ein Jahr später schloß er seine Arbeit ab. Darauf gestützt kam es in Kingston, Jamaika (1976), zu weiteren IMF-Beschlüssen. Der **Interims-Ausschuß** - der Nachfolger des Zwanzigerausschusses - wurde beauftragt, die Reformarbeiten fortzusetzen (evolutionary reform), die dann zur **zweiten Änderung** des **IMF-Abkommens** führten (1978). Die technischen Details der Reform und ihre konkrete Ausgestaltung brauchen hier nicht zu interessieren, zumal die Diskussion reichlich kontrovers verlief und in vielen Belangen noch heute nicht als abgeschlossen gelten kann.[23] Gleichwohl können einige Akzente gesetzt werden.

[23] Zu der damaligen und anschließenden Diskussion vgl.: H. Adebahr, Zwischenphase zur Bewältigung der Ölkrise, in: HWWA-Wirtschaftsdienst 1975/I - K. Boeck u.a., Probleme einer zunehmenden Diversifizierung der Währungsreserven, in: Beihefte zur Konjunkturpolitik, Heft 20, 1973 - K. Boeck, Reform contra Sofortprogramm, in: HWWA-Wirtschaftsdienst 1974/VII - P. Bofinger u.a., Das EWS als Modell für die Weltwährungsordnung, in: HWWA-Wirtschaftsdienst 1988/VII - W. Hankel, Die Zukunft des internationalen Währungssystems, in: HWWA-Wirtschaftsdienst 1976/III - V. Hölterhoff, Plädoyer für eine Reform der Weltwährungsordnung, in: ifo-Schnelldienst 17 - 18/1979 - A. Juchems, Schwachstellen des Weltwährungssystems und Möglichkeiten zu ihrer Beseitigung, in: ifo-Schnelldienst 29/1994 - A. Konrad, Die Wechselkurspolitik des IMF nach Jamaica, in: HWWA-Wirtschaftsdienst 1977/XI - A. Konrad, Der Plan eines Substitutionskontos beim IMF, in: HWWA-Wirtschaftsdienst 1979/VI - H. Krägerau, Reform des internationalen Währungssystems - Einführung und Dokumentation, Hamburg 1974 - F. Machlup, Internationale Liquidität, in: Beihefte zur Konjunkturpolitik, Heft 20, 1973 - H.E. Scharrer, Die Reform der internationalen Währungsordnung, in: Hamburger Jahrbuch für Wirtschafts- und Gesellschaftspolitik, 20. Jahr, 1975 - H.E. Scharrer, Die Steuerung der internationalen Liquidität als aktuelles Problem der Wirtschaftspolitik, in: Hamburger Jahrbuch für Wirtschafts- und Gesellschaftspolitik, 21. Jahr, 1976 - J. Scheidle, Lehren aus dem Scheitern des Bretton-Woods-Systems, in: Die Weltwirtschaft, Heft 1, 1988 - H.C. Sherman, Zur Diskussion um ein verbesertes Weltwährungssystem, in: ifo-Schnelldienst 26 - 27/1986 - M. Teschner, Die Rolle der Sonderziehungsrechte in einem reformierten Weltwährungssystem, in: Beihefte zur Konjunkturpolitik, Heft 20, 1973 - R. Vehrkamp, Fünf Jahre konzertierte Dollarintervention - eine Bestandsaufnahme, in: HWWA-Wirtschafts-

Diese machen deutlich, daß jedes Reformkonzept einmal mehr der wechselseitigen Bedeutung von Liquiditäts- bzw. Reservekonzept und Wechselkurs- bzw. Anpassungskonzept Rechnung tragen muß.

Was die Reform des **Liquiditäts-** bzw. **Reservekonzepts** angeht, schienen die tradierten Reservemedien angesichts des weltweit entstandenen Liquiditätsbedarfs, der gerade im Zeitraum der einsetzenden Reformdiskussion auf eine inflationäre Beschleunigung zurückzuführen war, vordergründig betrachtet insoweit „rehabilitiert", als sie eine vergleichsweise zügige Finanzierung des Welthandels, gerade durch ein relativ geräuschloses Recycling der Öl-Milliarden - sei es direkt in die Defizitländer, sei es indirekt über den Euro-Markt - ermöglichten. An die Stelle des Dollar-Überhangs schien wieder die Dollar-Knappheit getreten. Das Grundsatzproblem - Beibehaltung einer national gesteuerten (spekulationsanfälligen) Leitwährung oder Ersetzung durch ein international gesteuertes (institutionell abgesichertes) Reservemedium - blieb aber dennoch erhalten; und gerade die zweite Alternative wäre einer „echten" Reform nahegekommen. In der Reformdiskussion schälten sich unterschiedliche Ansätze heraus.

- Ein Ansatz stützte sich auf den Vorschlag einer **Re-Monetisierung** des **Goldes**. Das Gold hatte zwar noch nicht de jure wohl aber de facto seit der Goldmarktspaltung (1968) seine Reservefunktion verloren. Denn die Goldmarktspaltung ermöglichte ein Auseinanderdriften von amtlichem und marktbestimmtem (weit höheren) Goldpreis. Keine Notenbank war seither noch bereit, Gold zum amtlichen Preis abzugeben. Dieser Ansatz mündete in die Vorstellung ein, entweder den amtlichen Goldpreis gezielt zu erhöhen, oder ihn mit dem Marktpreis einfach zu verschmelzen. Dies sollte mit dem Recht der Notenbanken verbunden werden, an den freien Goldmarkt zurückzukehren. Formal wäre damit Gold als letztinstanzliches Reservemedium - wenn auch nicht unbedingt obligatorisch, sondern dem Wunsch der jeweiligen Notenbank anheimgestellt - wieder etabliert gewesen. Es hätte den US-Dollar als Reservemedium insofern ersetzen können, als die USA zur Goldkonversion (bei entsprechend höherem Goldpreis) hätten zurückkehren können, was einer Konsolidierung der durch eine nationale Leitwährung gespeisten Devisenreserven gleichgekommen wäre. Bei aller formalen Plausibilität wirft dieser Vorschlag aber dennoch erhebliche Probleme auf. Zum einen stellte sich die Frage, ob und inwieweit dieser Vorschlag mit einer Rückkehr zu einem - vermutlich nicht akzeptablen - Goldautomatismus einhergehen müßte. Denn ohne Deckungspflicht wären anhaltende Überschuß-Defizit-Konstellationen kaum auf Dauer aufrechtzuerhalten; zumindest die Defizitländer könnten alsbald an Reservegrenzen stoßen. Zum zweiten stellte sich die Frage, ob - an-

dienst 1990/IX - G. Volger, Jamaica: Das Ende einer Reform, in: Konjunkturpolitik, 22. Jg., 1976 - E. Wagenhöfer, Die Neufassung des IMF-Abkommens, in: HWWA-Wirtschaftsdienst 1978/X - J. Welcker, Ölschulden als Transferproblem, in: Konjunkturpolitik, 21. Jg., 1975 - M. Willms, Stabile Wechselkurse durch Währungskooperation, in: HWWA-Wirtschaftsdienst 1987/III. - Zur aktuellen Datenlage vgl.: Deutsche Bundesbank, Geschäftsberichte und Monatsberichte (lfd. Veröffentlichung).

gesichts einer begrenzten Goldproduktion und steigenden Goldproduktionskosten sowie einer zusätzlichen privaten Goldnachfrage (Horte, Schmuck, Industriebedarf) - die Finanzierung des Welthandels noch sichergestellt werden könnte; deflationäre Tendenzen wären nicht auszuschließen. Zum dritten stellte sich das Problem, daß auch das Gold unter diesen Bedingungen (nationaler Anpassungsbedarf bei internationaler Verknappung) ein hohes Maß an Spekulationsanfälligkeit aufweisen könnte, wie die Goldpreisentwicklung am freien Markt eindeutig dokumentiert: Der Goldpreis für eine Unze Feingold bewegte sich zwischen gut 100 US-Dollar (1973) und etwa 600 US-Dollar (1980); er ging zwischenzeitlich wieder auf etwa 300 US-Dollar (1997) zurück. Daraus folgt, daß ein solches Reservemedium zwar die „Reserve"-Funktion noch erfüllen könnte - nicht aber (angesichts des hohen Goldbestandes bei den Notenbanken, der reichlich 30.000 Tonnen betragen dürfte) die „Maßstabs"-Funktion und dann auch nur begrenzt die „Transaktions"-Funktion. Damit war dieser Ansatz in letzter Konsequenz zum Scheitern verurteilt, obwohl er von einigen Ländern mit hohem Goldhort (z.B. Frankreich) aus naheliegenden Gründen nachhaltig unterstützt wurde.

- Ein weiterer Ansatz stützte sich auf den Vorschlag, einen **Multi-Reserven-Standard** einzuführen. Nach diesem Vorschlag könnte der US-Dollar dadurch von seiner Leitwährungsfunktion entlastet werden, als andere Währungen, die nicht nur konvertibel sind, sondern sich als relativ wertstabil (sowohl was den Außen- als auch den Binnenwert angeht) erwiesen haben, eine zusätzliche Leitwährungsfunktion übernehmen sollten. (Zu denken wäre etwa an die Deutsche Mark, den japanischen Yen, den Schweizer Franken etc. - also Währungen von Ländern, die schon immer von anderen Ländern in ihrer Reserve gehalten wurden.) Allerdings wurde dieser Vorschlag von den „Reservewährungsländern wider Willen" nicht begrüßt. Vom Volumen her gesehen wären solche Länder gar nicht in der Lage, die Weltliquidität hinreichend zu versorgen; sie müßten nämlich (vermutlich unverantwortbare) hohe Leistungsbilanzdefizite in Kauf nehmen, womit notwendigerweise diese Reservemedien rasch an eine auch ohne Goldkonversionspflicht entstehende Vertrauensgrenze stoßen dürften (Realisierbarkeit solcher Forderungen). Damit wäre die Widersprüchlichkeit und Konfliktträchtigkeit einer Reservefunktion, wie sie bereits beim US-Dollar angelegt war, allenfalls auf mehrere Währungen fortgeschrieben. Die Probleme des Reservekonzepts wären somit nicht beseitigt, sondern eher multipliziert, wenn daraus laufend destabilisierende Kapitalbewegungen entstünden. Das eigentliche Problem ergäbe sich indessen aus einer massiven Liquiditätsaufstockung, wenn der US-Dollar (als bestehende Liquidität) durch andere Leitwährungen nicht ersetzt, sondern ergänzt würde, weil letztere dann faktisch eine zusätzliche Liquidität bedeuteten. Dies wäre nur dann nicht zu erwarten, wenn es zu Verdrängungeffekten des Dollars käme. All diese Überlegungen begründeten von vornherein eine große Skepsis gegenüber einem Multi-Reserven-Standard. Dies gilt - unbeschadet der Tatsache, daß sich in der Realität ein partieller Diversifizierungsprozeß hinsichtlich der internationalen Reservenstruktur herausgebildet hat - jedenfalls im Grundsatz, soweit der Versuch unternommen werden sollte, einen solchen Standard offiziell vorzugeben, zumal nur sehr wenige Währungen infrage kämen, die auf Dauer als Reservewährung akzeptiert würden. Und dann wäre das Vertrauensproblem und damit das Spekulationsproblem nachgerade vorprogrammiert - abgesehen von dem Diskriminierungsproblem, das bei einer Länderauswahl automatisch entstünde.

- Ein dritter Ansatz stützte sich auf den Vorschlag einer völligen **Konsolidierung** der aktuellen nationalen Devisenreserven durch Umwidmung in **Sonderziehungsrechte** (Gedanke des Substitutionskontos). Unterstellt, daß die USA zu einer Zahlungsbilanzdisziplin zurückkehren könnten (weil sie nicht mehr zur weltweiten Liquiditätsversorgung verpflichtet wären), dies aber auch müßten (um die Konsolidierungsaufgabe nicht durch weitere Zahlungsbilanzdefizite zusätzlich zu belasten), reduzierte sich das Konsolidierungsproblem auf die bestehenden Dollar-Reserven (sog. „Altforderungen") in Abgrenzung von den durch ein weiter anhaltendes US-Zahlungsbilanzdefizit begründeten „Neuforderungen". Erstere stellen letztendlich eine „Schuld" der USA - in Form eines Anspruchs der Dollar-Besitzer auf reale Güter und Dienste der USA - dar, deren Einlösung die Gefahr einer weltweiten Deflation durch Liquiditätsverknappung hätte heraufbeschwören können. Als Lösung böte sich an, die Altforderungen in Sonderziehungsrechte und damit in eine Sammelforderung des IMF gegenüber den USA umzuwandeln. Die US-Dollar-Reserven würden den Charakter eines virulenten, spekulationsanfälligen und inflationsträchtigen Liquiditätspotentials verlieren; die Sonderziehungsrechte würden letztinstanzliches Reservemedium. Ein Überschußland bräuchte nur bis zu einer bestimmten Höhe (ceiling) nationale Währungen aufnehmen und könnte den Rest in SZR-Guthaben umwandeln; ein Defizitland könnte nur bis zu einer bestimmten Höhe (Quote) gegen Hingabe von SZR nationale Währungen erwerben und wäre bei Auslaufen der SZR-Quote zur Zahlungsbilanzdisziplin verpflichtet. Dieses Modell wirkt auf den ersten Blick bestechend: Die Weltliquidität wäre international steuerbar und institutionell abgesichert, und die Länder wären zur Zahlungsbilanzdisziplin angehalten - sowohl im Überschußfall (wenn SZR-Guthaben nicht einlösbar würden) als auch im Defizitfall (wenn SZR-Lastschriften an Grenzen stießen). Die Konsequenz wäre freilich, daß der IMF in die Rolle einer Weltzentralbank hineinwüchse - mit allen Kompetenzen für die Festlegung von internationalem Liquiditätsbedarf und nationalen Zuteilungsquoten sowie Zuteilungskonditionen (Verzinsung, Rückzahlbarkeit, wirtschaftspolitische Auflagen). Selbst wenn die Konsolidierung gelänge und mit der SZR-Konstruktion also kein zusätzliches (inflationsträchtiges) Liquiditätspotential entstünde, würde dieses Modell rasch an Grenzen nationaler Souveränitätsrechte stoßen und vermutlich politischen Widerstand hervorrufen.

Nimmt man die drei skizzierten Lösungsvorschläge, so ist ihnen gemeinsam, daß sie einen „idealtypischen" Charakter haben, der an restriktive Funktionsbedingungen gebunden ist. So ist es nur verständlich, daß auf eine grundlegende Reform verzichtet wurde und die Weiterentwicklung des Liquiditäts- bzw. Reservekonzepts eher durch einen **Pragmatismus** denn durch eine („echte") Reform gekennzeichnet war. Drei Elemente sind seit der zweiten Änderung des IMF-Abkommens (1978) hierfür kennzeichnend:

- Das **Gold** hat seine Reservefunktion im Grundsatz verloren; allenfalls besteht die theoretische Möglichkeit, daß die Mitgliedsländer mit qualifizierter Mehrheit (85 vH der Stimmen) beschließen, zum Goldstandard zurückzukehren. Dies schließt zwar nicht aus, daß das Gold als Vermögenswert - mit Blick auf den großen Goldhort - seine Bedeutung behält; der IMF und die nationalen Notenbanken können somit zum Marktpreis und ohne weitergehende Deckungsvorschriften Goldgeschäfte tätigen und so ihre Devisenreserven steuern. Schon Mitte der 70er Jahre wurde Ländern die Möglichkeit eröffnet, ihren Goldhort zum Marktpreis zu beleihen. In jedem Falle gibt es keinen garantierten amtlichen Goldpreis mehr für Goldverkäufe seitens der Notenbanken und auch keine Verpflichtung, zu einem solchen Preis Gold entgegenzunehmen.[24] Die Subskription der Quote beim IMF erfolgt nicht mehr in Gold, sondern in SZR. Diese finden auch - anstelle früherer Goldklauseln - bei internationalen Verträgen und zwischenstaatlichen Transaktionen ausschließliche Anwendung als Recheneinheit. Die Goldwertsicherung der SZR (1 Einheit SZR = 0,888671 g Feingold) ist ebenso entfallen wie die Golddefinition einzelner Währungen. Statt dessen wird der Wert einer SZR-Einheit - jeweils in Landeswährung gerechnet - aus einem abgeleiteten „Marktkurs" ermittelt, der dem Marktwert eines Währungskorbes entspricht. Dieser wurde zunächst (ab 1974) aus 16 Währungen, seit dem zweiten IMF-Änderungsabkommen (1978) aus den fünf wichtigsten Währungen (Deutsche Mark, Französischer Franc, Japanischer Yen, Pfund Sterling, US-Dollar) - gewichtet nach den Anteilen am Welthandel und an den Weltdevisenreserven - berechnet und ständig überprüft. Ende der 70er Jahre hatte der IMF ein Drittel seines Goldvorrates (ca. 50 Mio. Unzen) veräußert. Er hat sie je zur Hälfte zum Buchwert von 35 US-Dollar an die Mitgliedsländer (Restitution) verkauft bzw. zum Marktpreis zugunsten der Entwicklungsländer versteigert; der Mehrwert - Marktwert abzüglich Buchwert - wurde einem Sonderkonto gutgeschrieben (Special Disbursement Account). Die Substitution des Goldes durch die SZR hat freilich nicht dazu geführt, daß letztere zum dominierenden Reservemedium geworden sind; statt dessen wurden die beiden tradierten Reservemedien fortgeschrieben.

[24] Der Neubewertung der Goldbestände seitens der Bundesbank, die im Sommer 1997 in der Diskussion war, stand somit formal-rechtlich nichts im Wege, mag dies auch ordnungs- und geldpolitische Probleme aufwerfen. (Vgl. dazu die Stellungnahme der Deutschen Bundesbank, Monatsbericht vom Juni 1997, sowie D. Dickertmann, Neubewertung der Goldbestände der Deutschen Bundesbank im Zielkonflikt, in: HWWA-Wirtschaftsdienst 1997/VII.)

- Dies betrifft - einerseits - die **originären Ziehungsrechte** auf den Fonds. Gestützt auf eine Reihe von Quotenerhöhungen haben sie zwischenzeitlich an Gewicht und Volumen erheblich zugenommen. Dabei erfuhr die Qualität der Ziehungsrechte eine systematische Ausdifferenzierung: Soweit über die „normalen" Ziehungsrechte hartnäckige (strukturell bedingte oder durch exogene Schocks ausgelöste) Zahlungsbilanzschwierigkeiten nicht überwunden werden konnten, wurden Zusatzfazilitäten - erweiterte Fondsfazilität (Extended Fund Facility), zusätzliche Finanzierungsfazilität (Supplementary Financing Facility), Sonderfazilitäten für Exportausfälle (Compensatory Financing Facility), Strukturanpassungs- und Systemtransformationsfazilitäten - geschaffen. Betragen die „regulären" Ziehungsrechte im Rahmen der Kredittranche 100 vH der Quote, erreichen sämtliche Ziehungsmöglichkeiten zwischenzeitlich 430 vH. Ihre technische Ausgestaltung braucht hier nicht zu interessieren; teilweise waren diese Fazilitäten auch zeitlich begrenzt. Bemerkenswert ist aber allemal der Versuch, über die Ausweitung der Ziehungsrechte internationale Reservemedien zu entwickeln, die die Leitwährungsfunktion einer nationalen Währung entlasten. Immerhin wurden im Zeitraum 1980 bis 1995 Ziehungen von ca. 108 Mrd. SZR durchgeführt - davon in der Reservetranche etwa 10 Mrd. SZR, im Rahmen der regulären Kredittranchen ca. 37 Mrd. SZR, im Rahmen der Zusatzfazilitäten ca. 61 Mrd. SZR. Von daher gesehen, ist das Drängen auf allfällige Quotenerhöhungen verständlich und plausibel zugleich. Überdies sind die Mitgliedsländer verpflichtet, bis zu einer bestimmten Grenze ihre Währungen dem Fonds gegen SZR-Gutschrift zu verkaufen und - allerdings nicht obligatorisch, sondern auf freiwilliger Basis, sofern ein hoher Reservebestand vorliegt - dem Fonds Kredite einzuräumen. In die gleiche Richtung ging das Bemühen, im Zuge von **Kreditvereinbarungen** die Refinanzierungsmöglichkeiten des Fonds zu erweitern. Mit diesem Ziel wurden zwischenzeitlich die sog. „Allgemeinen" Kreditvereinbarungen durch sog. „Neue" Kreditvereinbarungen erweitert. Neben den AKV-Ländern nehmen weitere Länder teil, wodurch die verfügbare Kreditlinie etwa verdoppelt wird (von 17 Mrd. SZR auf 34 Mrd. SZR). Unstrittig dabei ist, daß diese Kreditlinie aber nur in „Notfällen" (Abwehr einer spekulativen Bedrohung des Währungssystems) in Anspruch genommen werden soll.

- Dies betrifft - andererseits - die eigentlichen **Devisenreserven**: Sie haben nach wie vor eine dominierende Position, wenn man bedenkt, daß die Weltdevisenreserven Mitte der 90er Jahre ca. 900 Mrd. SZR betrugen, wobei zwar nach wie vor ca. 60 vH durch den US-Dollar-Bestand, aber immerhin bereits ca. 15 vH durch D-Mark-Bestand und ca. 7 vH durch den Yen-Bestand repräsentiert werden. Es mag hier offen bleiben, ob dies bereits als eine Entwicklung hin zu einem Multi-Reserven-Standard interpretiert werden kann. Als unstrittig kann aber gelten, daß eine Konsolidierung nationaler Währungen - zugunsten einer international steuerbaren Liquidität - nicht erreichbar, politisch offenbar auch nicht gewollt war. Die Gründe für diese Entwicklung einer anhaltenden Devisenbestandserhöhung bei gleichzeitiger Reservediversifizierung hatten gewiß unterschiedlichen Charakter gehabt. Teils mögen die Länder einfach eine eindeutige Präferenz für den Aufbau einer Reserveposition zum Ausdruck gebracht haben, um bei einer möglicherweise drohenden Abwertung ihrer Währung über hinreichend Interventionsmittel (für Stützungsverkäufe) zu verfügen, ohne gleich zu einer Abwertung oder zu einem binnenwirtschaftlichen Restriktionskurs greifen zu müssen. Teils mag der Aufbau dieses Devisenreservebestandes (an sich „unfreiwillige") Folge des Bemühens von Überschußländern gewesen sein, durch Intervention (Stützungskäufe anderer Währungen) der Aufwertung der eigenen Währung entgegenzuwirken, um eine zu große Belastung ihrer Wettbewerbsfähigkeit im internationalen Raum zu vermeiden.

Unter der Perspektive der Entwicklung des Weltwährungssystems gilt aber gleichwohl festzuhalten, daß das Liquiditäts- bzw. Reservekonzept nach wie vor eine „offene Flanke" hat. Denn der größte Teil der internationalen Liquidität wird nicht international gesteuert (mit dem Ziel einer angemessenen internationalen Bedarfsversorgung), sondern hängt von nationalen Gegebenheiten (bedingt durch die konkrete nationale Zahlungsbilanzentwicklung) ab; und seine Existenz impliziert in jedem Falle ein spekulationsanfälliges Potential.

Was die Reform des **Wechselkurs-** bzw. **Anpassungskonzepts** angeht, war eine grundlegende Kontroverse nachgerade vorprogrammiert; schließlich galt es, eine Grundsatzentscheidung über das Wechselkursregime herbeizuführen.

- Gerade nach dem Zusammenbruch des Bretton-Woods-Abkommens lag es auf der einen Seite nahe und wurde vielfach gefordert, zu einem System der völligen **Wechselkursflexibilität** überzugehen. Die Verfechter dieser These gehen davon aus, daß in einem solchen System die Binnenwirtschaftspolitik einen hohen Autonomiespielraum erhalte, was eine um so größere Bedeutung habe, je weniger die Länder bereit oder in der Lage sind, auf diese Autonomie - gerade mit Blick auf unterschiedliche binnenwirtschaftliche Zielsetzungen und strukturelle Voraussetzungen - zu verzichten. Hinzu käme, daß das Liquiditäts- bzw. Reserveproblem seine Bedeutung verlöre, weil die Länder - zumindest im Grundsatz, von der Notwendigkeit der Glättung exorbitanter Schwankungen einmal abgesehen -, keiner Interventionspflicht unterlägen, um den Wechselkurs zu stabilisieren. Schließlich gingen die Befürworter dieses Konzepts davon aus, daß sich der Wechselkurs der Währungen letztendlich an den sog. Fundamentaldaten orientieren würde (Gedanke der Kaufkraftparitätentheorie). Sie ignorieren zwar nicht die Existenz eines gegebenen (virulenten) Spekulationskapitals, was angesichts der Entwicklung der Weltdevisenreserven auch nicht zu vertreten gewesen wäre; sie gehen aber von der Vorstellung aus, daß derartige Kapitalbewegungen auch eine (wechselkurs-)stabilisierende Funktion haben können. Dies wäre dann unterstellbar, wenn die Kapitalanleger einem kurzfristig orientierten Gewinnmotiv folgen und dann eine zügige Realisierung der Spekulationsgewinne durch das Angebot aufwertender Währungen anstreben, wenn die Verkaufspreise die Ankaufspreise für diese Währungen übersteigen und gleichzeitig die Transaktionskosten abgedeckt sind. Dieses Verhalten würde dann quasi-automatisch einem überzogenen Auf- bzw. Abwertungsdruck (sog. „overshooting“) entgegenwirken, setzt indessen voraus, daß die Kapitalanleger insoweit „rationale“ Erwartungen haben, als sie unterstellen, daß der Wechselkurs sich auf Dauer an den realwirtschaftlichen Fundamentaldaten (Wachstums-, Preis- und Zinsdifferenzen) orientiert, eine kurzfristig überschießende Wechselkursänderung sich also alsbald umkehrt. Ist dies nicht unterstellbar, wird das Modell der Wechselkursflexibilität fragwürdig.

- Auf der anderen Seite wurde deshalb die These vertreten, daß die Wechselkursfreigabe erratische Kursbewegungen nicht ausschließen kann und dann ein hohes Maß an Wechselkursrisiko berge. Das eigentliche Problem wird darin gesehen, daß die Wechselkurse eben nicht den „Fundamentaldaten“ folgen, sondern autonomen Kapitalbewegungen unterworfen sind, die dann überschießende Kursbewegungen auslösen.[25] Und daraus wird durchaus folgerichtig der Schluß gezogen, daß eben doch (i.S. orderly market conditions) ein hohes Maß an **Wechselkursstabilität** (auch unter Einschluß möglicher Bandbreiten) geboten sei. Die Vertreter flexibler Wechselkurse wenden hier

[25] Nimmt man den realen Wachstumsprozeß, so hatten die USA - 1960 = 100 - Anfang der 90er Jahre einen Index von ca. 270 erreicht (Frankreich: ca. 300; Deutschland: ca. 270; Schweiz: ca. 200; Großbritannien: ca. 200; Japan: ca. 650). Nimmt man die Preissteigerung des Bruttoinlandsprodukts, so hatten die USA - 1960 = 100 - Anfang der 90er Jahre einen Index von ca. 450 erreicht (Frankreich: ca. 800; Deutschland: ca. 350; Schweiz: ca. 400; Großbritannien: ca. 1200; Japan: ca. 430). - Diese Trends rechtfertigten somit, für sich genommen, nicht die tatsächliche Kursentwicklung, wie sie im Gegenwert für 1 US-Dollar zum Ausdruck kommt:

Jahr Währung	1950	1960	1970	1980	1990	1995
D-Mark	4,2	4,2	3,7	1,8	1,6	1,4
ffrs./FF*	350	4,9	5,6	4,2	5,5	5,0
£	0,4	0,4	0,4	0,4	0,6	0,6
Lit	625	624	625	858	1198	1629
hfl	3,8	3,8	3,6	2,0	1,8	1,6
bfrs	50	50	50	29	33	29
dKr	6,9	6,9	7,5	5,6	6,2	5,6
sKr	5,2	5,2	5,2	4,2	5,9	7,1
sfr	4,4	4,4	4,4	1,7	1,4	1,2
öS	20	26	26	13	11	10
nKr	7,1	7,1	7,1	4,9	6,3	6,3
Kan.$	1,1	1,0	1,1	1,2	1,2	1,4
¥	361	360	360	227	145	94
* 1960 erfolgte eine Währungsumstellung Quelle: Deutsche Bundesbank, Statistisches Beiheft zum Monatsbericht 5, Devisenkursstatistik (lfd. Veröffentlichung).						

häufig ein, daß das Modell der Wechselkursflexibilität sich noch nicht unter „idealen" Testbedingungen entfalten konnte; Dollar-Überhang, Rohstoff- v.a. Ölpreissteigerung, divergierende Zahlungsbilanzentwicklungen etc. mündeten letztendlich in Erwartungsunsicherheiten. So sei es nur verständlich, daß die Wechselkursfreigabe bislang zu „verzerrten" Ergebnissen führen mußte, ohne daß deshalb die These von der inhärenten Stabilität eines flexiblen Wechselkurssystems bereits widerlegt sei. Dies mag plausibel erscheinen, ändert indessen nichts daran, daß die Wechselkurse spekulationsanfällig sind, was - mit Blick auf das gegebene internationale Finanzvolumen - besonders relevant wird und die Erwartung, daß Wechselkurse allein den Fundamentaldaten folgen, in Frage stellen kann. Doch mit der Forderung nach Wechselkursstabilität sind auch wiederum Probleme verknüpft. Zum einen stellt sich die Frage, ob und inwieweit eine Anpassungssymmetrie erreichbar ist, wonach sowohl Defizitländer als auch Überschußländer zur Anpassung (Abwertung bzw. Aufwertung) veranlaßt werden müßten, um einen einseitigen Ab- oder Aufwertungsdruck - mit all seinen Problemen einer Anschlußinflation bzw. einer -depression im Inland - zu vermeiden. Zum zweiten stellt sich die Frage, in welchem Verhältnis Wechselkurskorrektur und binnenwirtschaftliche Anpassung (restriktive oder expansive Binnenwirtschaftspolitik) zu stehen haben, um der Wechselkurskorrektur die Alibifunktion für den Verzicht auf Zahlungsbilanzdisziplin zu nehmen. Zum dritten stellt sich die Frage, ob und inwieweit „Regeln" formulierbar sind, die, gestützt auf objektive Indikatoren, die Festlegung eines angemessenen Kurses ermöglichen aber auch eine notwendige Kurskorrektur anzeigen, unabhängig davon, wie diese technisch durchgeführt wird: sei es im Rahmen einer „Stufenflexibilität" (gleitende Paritätsanpassung, orientiert an Differenzen bei den Fundamentaldaten), sei es im Rahmen eines „crawling-peg" (Bandbreitenerweiterung oder Bandbreitenverschiebung, orientiert an Veränderungen der Fundamentaldaten). Je weniger eindeutig derartige Indikatoren als Determinanten eines Gleichgewichtskurses identifizierbar sind, desto fragwürdiger wird ein Regime der Wechselkursstabilität, das dann im Grunde „Ungleichgewichtskurse" verteidigen müßte. Bei anhaltenden Überschuß-Defizit-Konstellationen - etwa bedingt durch unterschiedliche Zielprioritäten in den Ländern -, die dann Wechselkursänderungserwartungen begründen und spekulative Attacken auslösen, wäre das System der Wechselkursstabilität mit Sicherheit überfordert, wenn man das nun einmal bestehende virulente Spekulationspotential in Rechnung stellt.

- Die beiden vorgestellten Modelle - absolute Wechselkursfreigabe, relative Wechselkursstabilisierung - werfen nur bedingt lösbare Probleme auf. Diese wurzeln letztlich in der Gefahr **spekulativer Kapitalbewegungen**, die entweder per se angelegt sind (bei flexiblen Wechselkursen) oder auch provoziert werden können (bei festen Wechselkursen). Solche Kapitalbewegungen sind aber nicht nur formal möglich (Kapitalverkehrsliberalierung), sondern auch materiell von Gewicht (Spekulationspotential). Vor allem sind sie, gerade mit

Blick auf die Liberalisierung und Globalisierung der Finanzmärkte, national nicht mehr steuerbar. Sie können das realwirtschaftlich angemessene Wechselkursgefüge verzerren und falsche Marktsignale für Außenhandel und Investitionen setzen. Fehlallokationen und Fehlinvestitionen sind die Folgen, von denen - über spill-over-Effekte - auch Drittländer betroffen sein können. Insgesamt wird die internationale Arbeitsteilung belastet. Diese Einsicht mündete in Überlegungen ein, die Kapitalbewegungen besser - und ohne Rückfall in dirigistische Kapitalverkehrskontrollen - in den Griff zu kommen. Ein Vorschlag stützt sich auf die **Besteuerung** von **Finanztransaktionen** (sog. Tobin-Steuer). Ihr Ziel ist - unbeschadet der Frage, wofür die Steuereinnahmen am Ende verwendet werden sollen -, durch eine Abgabe die Spekulation abzuschrecken. (In Rede ist ca. 1 vH einer Devisentransaktion.) Der Vorschlag hat indessen seine Probleme. Einerseits müßte die Abgabe hoch genug sein, um die aufgrund der Wechselkursveränderung erwarteten Spekulationsgewinne zu kompensieren. Andererseits entsteht dann die Gefahr - gerade wenn „reine" (unerwünschte) Finanztransaktionen nicht hinreichend exakt abgrenzbar sind von realwirtschaftlich begründeten, etwa für die Finanzierung von Leistungsverkehr und Direktinvestitionen „erforderlichen" (erwünschten) Finanztransaktionen -, daß neue Allokationsverzerrungen ausgelöst werden. Schließlich müßte die Steuer im internationalen „Gleichschritt" eingeführt werden, um Umgehungstatbestände („Steueroasen") zu vermeiden. Solange diese Fragen nicht gelöst sind, wirft der Vorschlag - bei aller Plausibilität - eher zusätzliche Probleme auf.

- Einen völlig anderen Ansatz wählt - wenngleich den analogen Intentionen folgend - der Vorschlag, um einen **fundamentalen Gleichgewichtskurs** sog. **Zielzonen** (unter Umständen begrenzt auf die Währungen der wichtigsten Industrieländer) zu legen. Dieser Vorschlag stellt insoweit einen Kompromiß zwischen den beiden idealtypischen Wechselkurskonzepten dar, als der Wechselkurs sich innerhalb der Zielzone zwar frei bewegen kann, bei Annäherung an die Zielzonengrenze, in jedem Falle bei Erreichen der Zielzonengrenzen, die Staaten sich aber (öffentlich und glaubhaft) verpflichten, zu einer konterkarierenden Devisenmarktintervention überzugehen (Kauf einer abwertenden Währung - Verkauf einer aufwertenden Währung), und dies in Verbindung mit einer entsprechenden Geldpolitik (restriktive Geldpolitik bei Abwertungstendenzen - expansive Geldpolitik bei Aufwertungstendenzen). Im Kern setzt das Modell darauf, daß die Kapitalanleger - in Erwartung einer Intervention mit entsprechenden Folgen (am oberen Rand: Zinssteigerung und neuerliche Aufwertung der Währung; am unteren Rand: Zinssenkung und neuerliche Abwertung der Währung) - die Spekulation rasch, unter Umständen noch vor Erreichen der Zonengrenzen, abbrechen. Doch auch dieses Modell ist nicht frei von Problemen. Zunächst wirft die Ermittlung des „richtigen" fundamentalen Gleichgewichtskurses, mit Blick auf die angemessene Indikatorenauswahl (Wachstum, Preisstabilität, Zahlungsbilanzausgleich), nur bedingt lösbare methodische Probleme auf; die Zielzone müßte also sehr breit angelegt sein, um von vornherein zu vermeiden, daß „falsche" Kurse verteidigt werden, und um auf diese Weise sicherzustellen, daß der Markt den „richtigen" Kurs herausfinden kann. (In Rede sind Margen von ± 10 vH - was freilich immer eine gegriffene Größe ist.) Je breiter allerdings die Zielzone ist, desto mehr erhält die nationale Geldpolitik zwar einen gewissen Autonomiespielraum zurück, desto größer sind dann aber mögliche Kursausschläge. Dies gewinnt besonders dann an Gewicht, wenn man davon ausgeht, daß die Instabilität der Kurse innerhalb der Zone eher zunimmt, weil die Existenz von (bekannten) Zonengrenzen das Anlagerisiko ja reduziert (Dilemma der Wechselkursflexibilität). Schließlich muß die Zielzone „glaubhaft" gemacht werden können. Doch selbst wenn man unterstellt, daß die Vertragspartner bereit wären, sich an getroffene Absprachen zu halten, obwohl die Interventionspflicht mit unter Umständen problematischen binnenwirtschaftlichen Rückwirkungen ihren Autonomiespielraum reduzierte, bleibt ein Problem, wenn eine Währung hartnäckig am gleichen (oberen oder unteren) Zonenrand verharrte oder sich immer wieder auf diesen zubewegte. Die Zone müßte dann erweitert oder verschoben werden. Dies würde indessen über die bestehende Zone hinausweisende Wechselkursänderungserwartungen auslösen. Die Zone wäre nun eben nicht mehr glaubhaft; und dies dürfte die spekulativen Attacken nicht unterbinden, sondern eher forcieren (Dilemma der Wechselkursstabilität).

Nimmt man die skizzierten Vorschläge insgesamt, so wird erkennbar, daß auch die Lösung des Wechselkurs- bzw. Anpassungskonzepts über keinen „Königsweg" verfügt. In der zweiten Änderung des IMF-Abkommens wurden daraus naheliegende Konsequenzen gezogen:

- Es wird an dem Grundsatz festgehalten, der im Bretton-Woods-Abkommen bereits angelegt war, daß die Wechselkurspolitik eines Landes keine nationale Angelegenheit ist, sondern auch die Interessen anderer Länder berührt. Daraus folgt, daß die Wechselkurspolitik eines Landes einer **internationalen Kontrolle** unterworfen werden muß, die das Ziel hat, eine mißbräuchliche Anwendung zu verhindern - etwa Abwertungen, um künstliche Wettbewerbsvorteile zu erlangen, ohne hinreichende binnenwirtschaftliche Voraussetzungen für einen allfälligen Zahlungsbilanzausgleich zu schaffen. Wechselkursänderungen werden somit per se nicht ausgeschlossen, wohl aber ihre willkürliche Manipulation.

- Es ist einem Land - abweichend vom Bretton-Woods-Abkommen - freigestellt, welches **Wechselkursregime** (flexibel, fest) es wählt. Entscheidet sich ein Land für flexible Wechselkurse, ist es dennoch gehalten, erratische Kursbewegungen zu verhindern. Entscheidet es sich für einen Fixkurs, ist es wiederum frei in der Wahl der Bezugsgröße: SZR, Währungskorb oder eine konvertible Währung; Gold ist allerdings als Bezugsgröße ausgeschlossen. Das Land ist aber immer verpflichtet, über seine Wahlentscheidung (einschließlich seiner Wechselkursänderungen) den IMF unverzüglich zu informieren.

Trotz der formalen Wahlfreiheit - die auch zwischenzeitlich zu sehr unterschiedlichen Wechselkursregelungen geführt hat[26] - dominiert offensichtlich die Absicht, ein relativ stabiles Wechselkursgefüge (geordnete Wechselkursregelungen) zu erhalten, um die Wechselkursrisiken, die einen effizienten Leistungs- und Faktorverkehr belasten könnten, zu minimieren.

- Jedes Land ist verpflichtet - das Bretton-Woods-Abkommen gleichermaßen spezifizierend -, seine Wechselkurspolitik einer **Prüfung** durch den **Fonds** zu unterwerfen. Um eine willkürliche Manipulation zu vermeiden, werden Kriterien (sog. Verdachtsindikatoren: anhaltender Interventionsbedarf, anhaltender Kreditbedarf o.ä.) formuliert, aufgrund derer die Angemessenheit einer Wechselkurspolitik festgestellt werden kann. Ein wesentliches Element dieser Kontrolle ist ein differenziertes Konsultations- und Überwachungsverfahren. Obwohl der Fonds nicht die Möglichkeit hat, direkt in die Wirtschaftspolitik der Mitgliedsländer einzugreifen - allenfalls im Zuge der Konsultationen und über Auflagen bei Kreditgewährungen -, sind diese gleichwohl zu einer stabilitätsorientierten Binnenwirtschaftspolitik (im Interesse der Zahlungsbilanzdisziplin) und - daraus folgend - zur Sicherung eines stabilen Wechselkursgefüges) angehalten.

Nimmt man diese drei Grundsätze zusammen, so machen sie eine enge Kooperation und Konsultation erforderlich. Vor allem die wichtigsten Industrieländer - Gruppe der Sieben (G/7): Deutschland, Frankreich, Großbritannien, Italien, Japan, Kanada, Vereinigte Staaten von Amerika (vermutlich wird in Zukunft Rußland als achtes Mitglied teilnehmen) - bemühen sich in regelmäßigen Abständen um eine Abstimmung ihres wirtschafts- und währungspolitischen Kurses. Die sog. **Weltwirtschaftsgipfel** (zwischen den Regierungs- und Staatschefs) waren nicht von ungefähr auch von dem Bemühen gekennzeichnet - zu denken wäre an das Plaza-Abkommen (September 1985) oder an das Louvre-Abkommen (Februar 1987) -, das Wechselkurssystem auf eine stabilere Grundlage zu stellen, um letztendlich auch einen Beitrag zu einem stabilen Welthandelssystem zu leisten. Natürlich lassen die Erfolge noch Wünsche offen. Die Wechselkursfreigabe nach dem Zusammenbruch des Bretton-Woods-Abkommen hat die Erwartungen, im Selbstlauf ein stabiles Kursgefüge zu erreichen, zwar enttäuscht. Die politischen Absichtserklärungen, ein stabiles Wechselkursgefüge aufrechtzuerhalten, haben dies aber auch nicht vermocht. Deshalb muß offen bleiben, ob es der Wechselkursfreigabe zu danken war, daß die seither zu verzeichnenden Schocks noch relativ elastisch aufgefangen werden konnten, oder eben doch dem Bemühen, zumindest erratische Schwankungen aufzufangen, um eine gewisse Stabili-

[26] Mitte der 90er Jahre bevorzugten von den 181 IMF-Mitgliedsländern 66 Länder (mit einem Welthandelsanteil von reichlich 4 vH) eine feste Bindung ihrer Währung an eine einzelne Währung oder an einen Währungskorb; 63 Ländern (mit einem Welthandelsanteil von eta 55 vH) wählten eine begrenzte Flexibilität (Bandbreite, kontrollierte Wechselkurskorrektur oder kontrolliertes Floating); 52 Länder (mit einem Welthandelsanteil von etwa 41 vH - darunter u.a. US-Dollar, Yen) haben ihren Kurs freigegeben.

tät im Wechselkursgefüge zu erreichen. Doch immer gilt, daß die Probleme eines weltwährungspolitischen Integrationsmodells kein „Patentrezept" ermöglichen angesichts unvermeidbarer Divergenzen bei nationalen wirtschaftspolitischen Zielvorstellungen und Strategien: Der (schon immer bestehende) Nord-Süd-Konflikt und die (nun neu hinzugekommene) Ost-Erweiterung des weltwirtschaftlichen Integrationsprozesses dürften das Welthandels- und das Weltwährungssystem eher noch mit zusätzlichen Herausforderungen konfrontieren.

IV. REGIONALWIRTSCHAFTLICHE PERSPEKTIVEN

46) VORBEMERKUNG

Blicken wir auf die weltwirtschaftlichen Integrationsansätze zurück, so hatten diese primär einen funktionellen Charakter, der überdies mit Ausnahme- und Übergangsregelungen verbunden war. Die Schaffung und Entwicklung von Entstehungsbedingungen (WTO) und Stabilisierungsbedingungen (IMF) zeigen zwar den Versuch einer Institutionalisierung; sie beschränken sich aber doch vielfach auf Koordinierungsfunktionen, ohne den Integrationsprozeß, ungeachtet möglicher Auflagen und Kontrollen, politisch gezielt zu steuern und supranational, gerade mit Blick auf die Außen- und Binnenwirtschaftspolitik der Mitgliedsländer, die zumindest ihre Souveränitätsrechte voll behalten, zu gestalten.

Einen (teilweise) anderen Akzent erhält der regionalwirtschaftliche Integrationsansatz. Er erfolgte aufgrund einer Projizierung des Integrationsproblems auf die spezifische **Raumstruktur** der Weltwirtschaft. Hier zeichnete sich die Tatsache ab, daß durch den Des-Integrationsprozeß zwischen den beiden Weltkriegen bestehende Gravitationsfelder in der Weltwirtschaft besonders betroffen waren. Sehen wir einmal von den spezifischen Integrationsansätzen in Amerika und Asien ab, so galt dies vor allem für das europäische Gravitationsfeld. In diesem Bereich war der Leistungs- und Faktoraustausch am dichtesten, die Störung der internationalen Arbeitsteilung und die damit einhergehende Verzerrung der Produktionsstrukturen somit auch am ehesten spürbar. Dabei war der „Europa"-Gedanke keineswegs neu. Schon Mitte des 19. Jahrhunderts forderte Victor Hugo die „Vereinigten Staaten von Europa", in denen die „Schlachtfelder" durch „Märkte", „Kugeln und Granaten" durch „Stimmrechte" ersetzt werden. Er stieß auf wenig Verständnis. Ebenso scheiterte der Gedanke der „Paneuropa-Union", der Ende der 20er Jahre von Aristide Briand und Gustav Stresemann entwickelt wurde. Doch die Idee blieb erhalten und wurde gleich nach dem zweiten Weltkrieg wieder aufgegriffen, als Winston Churchill (Zürich, 1946) von der „europäischen Völkerfamilie" sprach, die politische Strukturen erhalten müsse, damit in Zukunft Europa in Frieden, Freiheit und Sicherheit leben könne. Insoweit erfuhr das hier angesiedelte Integrationskonzept in zweifacher Hinsicht eine Besonderheit.

a) Der hohe Verflechtungsgrad zwischen den europäischen Nationen, ein relativ homogenes wirtschaftliches Entwicklungsniveau sowie vergleichbare gesellschaftliche Strukturen legten es - zum einen - nahe, den Grad der **Integrationsintensität** allein schon in seiner **ökonomischen Dimension** höher anzusiedeln, als dies weltweit möglich war. Der damit verbundene größere „Aufschließungseffekt" (innerhalb des Integrationsraumes) konnte dann allerdings einhergehen mit einem möglichen „Abschließungseffekt" (gegenüber Drittländern). Dies mußte zwar - wie schon ausgeführt - einerseits „im Grundsatz“ gegen die GATT-Konvention verstoßen (Diskriminierungsverbot), entsprach aber andererseits der „Intention“ des GATT-Abkommens (Liberalisierung) und schien deshalb unter bestimmten Bedingungen auch durchaus zulässig. So war es kein Widerspruch, daß die USA neben dem weltweiten auch den europäischen Integrationsprozeß förderten. Hinzu kam, daß der in der Zeit nach dem Zweiten Weltkrieg rasch sich herausbildende Ost-West-Konflikt es nahelegte, den Wirtschaftsraum Europa zügig aufzubauen und zu stärken - gleichermaßen als „Bollwerk“ gegenüber dem sich etablierenden Ostblock, der sich dem westeuropäischen Integrationsprozeß auch alsbald versagte (zur COMECON-Bildung vgl. später).

b) Gleichzeitig war der ökonomische Integrationsprozeß schon immer überlagert durch den Gedanken einer **europäischen Einigungsidee**. Er erhielt damit - zum zweiten - eine **politische Dimension**. Von Anfang an war der Gedanke einer „Union“ angelegt, der über den Aspekt der ökonomischen Vorteilhaftigkeit zwar einerseits deutlich hinauswies, der aber andererseits dann notwendigerweise Fragen aufwarf: Einmal die Frage, ob die „politische“ Union Voraussetzung für oder Folge von der „ökonomischen“ Union sein soll; zum zweiten die Frage nach der Gestalt dieser politischen Strukturen (Staatenbundlösung oder Bundesstaatlösung) mit unterschiedlich ausgestaltetem Gewicht von Subsidiaritäts- und Solidaritätsprinzip. In jedem Falle war konzeptionell die grundsätzliche Möglichkeit der Kompetenzverlagerung auf supranationale Institutionen (zu Lasten nationaler Institutionen) angelegt. Das „Unionsinteresse“ konnte eine Eigenständigkeit gewinnen.

Ökonomische und politische Dimensionen gingen von Anfang an miteinander einher und prägten die Geschichte des europäischen Integrationsprozesses, ohne daß diese Geschichte zwischenzeitlich bereits ihren definitiven Abschluß gefunden hat, wenn man die Beschlüsse des letzten EU-Gipfels (Amsterdam, Juni 1997) in Rechnung stellt.

47) DIE WIRTSCHAFTLICHE ZUSAMMENARBEIT IN EUROPA

Die Neuorganisation der wirtschaftlichen Zusammenarbeit in Europa ging von Anfang an von der Erkenntnis aus, daß für Europa eine rasche wirtschaftliche Aufbauhilfe erforderlich war, die über spontane Hilfsaktionen (Hilfe bei der Lösung von Ernährungs-, Energie-, Transportproblemen) hinausweisen und in ein umfassendes **Aufbauprogramm** einmünden mußte. Und dieses bedurfte einer gezielten Unterstützung seitens der USA. (Den Anstoß gab die Rede des damaligen US-Außenministers, Alfred Marshall, im Juni 1947 vor Harvard-Studenten, in der er gerade auf diese Notwendigkeit hinwies.) Schon im Sommer 1947 kam es zur Tagung einer „Europäischen Wirtschaftskonferenz“. An ihr nahmen, mit Ausnahme Finnlands und Spaniens, alle europäischen Industrieländer - die Bundesrepublik Deutschland war noch durch die Militärgouverneure vertreten - teil;

die Sowjetunion und die übrigen osteuropäischen Staaten waren zunächst (gemäß der Intention von Marshall) an den Beratungen beteiligt, schieden dann aber aus.

Die Konferenz beschloß ein **Europäisches Wiederaufbauprogramm** (European Recovery Program: ERP), gestützt auf amerikanische Wirtschafts- und Finanzhilfe (der sog. Marshall-Plan). In der „Konvention für europäische wirtschaftliche Zusammenarbeit" hatten sich 17 Staaten verpflichtet, durch Zusammenarbeit diese Hilfe optimal zu nutzen. Zielsetzung dieses Aufbauprogramms war die Modernisierung und Erweiterung von Produktion und Produktionskapazitäten, die Schaffung und Aufrechterhaltung einer inneren und äußeren Stabilität mit hohem Beschäftigungsstand und eine Liberalisierung im Handelsverkehr und Konvertierbarkeit der Währungen im Devisenverkehr. Auf der Grundlage dieser Erklärung wurde 1948 das amerikanische Auslandshilfegesetz beschlossen; noch im gleichen Jahr flossen erste Gelder nach Europa. Ferner kam es im gleichen Jahr zur Gründung der **Organisation für europäische wirtschaftliche Zusammenarbeit** (Organisation für European Economic Cooperation: OEEC). Im Jahr 1949 trat die Bundesrepublik dem Abkommen bei, 1950 die USA und Kanada (allerdings nur als assoziierte Mitglieder und ohne Stimmrecht); andere Länder - Finnland, Jugoslawien, Spanien - nahmen einen Beobachter-Status ein.

Es kann nun auch hier nicht darum gehen, das gesamte Vertragswerk einschließlich seiner Weiterentwicklung im Detail einer Analyse zu unterziehen.[27] Gleichwohl müssen die wesentlichen Gesichtspunkte Berücksichtigung finden. Mit der **Zielsetzung**, durch wirtschaftliches Wachstum den Lebensstandard zu fördern, einen hohen Beschäftigungsstand zu erreichen, finanzielle Stabilität zu wahren und den Leistungs- und Faktoraustausch zu begünstigen, war ein breites Zielspektrum vorgegeben. Es wird - auch noch gegenwärtig - im Rahmen einer bestimmten **Organisationsstruktur** zu erreichen versucht. Oberstes Beschlußorgan ist der **Rat**, dessen Mitglieder durch die Leiter der ständigen Delegationen der Länder (Botschafter) vertreten sind; er legt die Richtlinien der Empfehlungen fest. Seine Sitzungen werden durch einen **Exekutivausschuß** vorbereitet, während die eigentliche Sacharbeit von den sog. **Fachausschüssen** geleistet wird. (Letztere haben sich teilweise erst im Laufe der Zeit - mit Blick auf neuentstandene Aufgaben - entwickelt.) Was die **Beschlußfassung** angeht, so ist im Grundsatz Einstimmigkeit vorgesehen. Allerdings kann ein Land Stimmenthaltung üben; es blockiert damit zwar nicht die Beschlußfassung, ist von ihr aber auch nicht betroffen.

Damit war ein regionales Integrationsmodell zwar angestrebt, ohne daß aber bereits die Umsetzung der herausgearbeiteten Besonderheiten in der ökonomischen wie politischen Dimension angelegt war. Obwohl der Integrationsprozeß sich (zunächst) „nur" auf die westlichen Industrieländer konzentrierte, war der Kreis der Teilnehmerstaaten zu groß, um eine supranational homogene, d.h. nach gemeinsamen, für alle Mitgliedsländer verbindlichen Gesichtspunkten erfolgende

---

[27] Einen detaillierten Überblick vermitteln: Deutsche Bundesbank, Hahn, Möller, Wagner (vgl. das beigrfügte Literaturverzeichnis).

Steuerung und Gestaltung des Integrationsraums zu erreichen. So wies das Integrationskonzept eher Parallelen zu den weltwirtschaftlichen Integrationsansätzen auf: Im Vordergrund stand ganz der Gesichtspunkt der **Politikkoordination**; die Beschlüsse hatten den Charakter von nicht bindenden **Empfehlungen** an die Mitgliedsländer. Konzeptionell gesehen war aber die Neuorganisation der wirtschaftlichen Zusammenarbeit ebenfalls folgerichtig auf die beiden gleichen Grundpfeiler ausgerichtet, die auch im weltwirtschaftlichen Integrationsprozeß relevant waren.

a) Zum einen galt es, eine Neuformulierung der **Entstehungsbedingungen** zu entwickeln. Dies mündete in den Grundsatz der **Liberalisierung** ein. Er beschränkte sich zunächst auf den Handelsverkehr, wurde aber zügig auf den Dienstleistungsverkehr (unsichtbare Transaktionen) ausgeweitet, zumal wichtige Dienstleistungsbereiche (Transport, Versicherung) eng mit dem Warenverkehr verknüpft waren. Ziel war es, einen zügigen Abbau von Handelshemmnissen (Zölle, Kontingente) zu erreichen. Die liberalisierten Waren wurden auf eine sog. „Freiliste" gesetzt (Kodex der Liberalisierung von Handel und unsichtbaren Transaktionen). Wenn auch zum Teil noch Zölle bestehen blieben, war ihre Wirkung doch erheblich reduziert; dies wurde erreicht, obwohl die Staaten zunächst zum Wertzoll übergingen und diesen im Vorfeld erhöhten, um bei den Zollsenkungsverhandlungen „Manövriermasse" zu behalten. Die Aufhebung der Kontingente erwies sich ebenfalls als schwierig, zumal hier Brancheninteressen sehr stark dominierten; so blieb auch ein gewisser Bodensatz an Kontingenten erhalten, zumal einige Staaten sich weigerten, besonders schwachen Produktionszweigen den Schutz zu entziehen. Sieht man von der Landwirtschaft ab, war aber im industriellen Bereich dennoch bald der weitaus größte Teil des Warenverkehrs liberalisiert. Hinzu kam, daß die Mitgliedsstaaten zur Währungskonvertibilität und, damit verbunden, zu einer teilweisen Liberalisierung des Kapitalverkehrs übergingen, deren Regeln dann Ende der 50er Jahre ebenfalls festgeschrieben wurden (Kodex der Liberalisierung des Kapitalverkehrs). Zu diesem Zeitpunkt waren von der OEEC keine weiterreichenden Integrationsfortschritte mehr zu erwarten, zumal sie zunehmend in ein gewisses Spannungsfeld geriet zwischen den weltweiten Liberalisierungsbemühungen (die eine Priorität gewannen) und den regional begrenzten Liberalisierungsansätzen einer europäischen Kernregion (die nicht nur weitergingen, sondern auch konzeptionell einen anderen Ansatz wählten). Erschwerend kam hinzu, daß die OEEC vergleichsweise wenig Zugriffsrechte hatte, um die Liberalisierungskodices zu realisieren, so daß ein gewisser Bestand an Leistungs- und Kapitalverkehrsbeschränkungen erhalten blieb.

b) Zum zweiten galt es, eine Neuformulierung der **Stabilisierungsbedingungen** zu entwickeln. Dies mündete 1950 in die Gründung der **Europäischen Zahlungsunion** (EZU). Ihr Ziel war es, die Konvertierbarkeit der Währungen und den Abbau von Zahlungsverkehrsbeschränkungen zu erreichen und so den Liberalisierungsprozeß zu flankieren und abzusichern. Da man an fixen Wechselkursen festhielt, blieb einmal mehr die Alternative: Fondskonzept oder Clearing-Stelle. Während im Bretton-Woods-Abkommen sich das Fondskonzept durchsetzte, hatte die EZU den Charakter eines multilateralen Verrechnungssystems auf der Grundlage eines automatischen gegenseitigen Kreditmechanismus. Dieser Mechanismus bestand in der (monatlichen) Feststellung aller fälligen Forderungen und Verpflichtungen eines Landes gegenüber den anderen EZU-Ländern, die durch das multilaterale Clearing einer Sammelforderung bzw. -verpflichtung gegenüber der EZU gleichkam. Jedes Land besaß eine Quote, die aber nicht nur die Obergrenze für die Kreditberechtigung eines Defizitlandes darstellte, sondern - im Gegensatz zu den Vorstellungen von Keynes - auch eine Obergrenze für die Kreditverpflichtung eines Überschußlandes bildete. Wurde die Quote bei der Kreditziehung überschritten, konnte zwar eine zusätzliche Kreditgewährung erfolgen; aber das Land verpflichtete sich zur Rückzahlung in Gold. Wurde die Quote bei der Kreditverpflichtung überzogen, konnten über die Quote hinaus sog. „Rallongen" festgesetzt werden; die Gläubigerländer erhielten teils Gold, teils mußten sie an die EZU Kredite gewähren. Da die EZU-Kredite (zunächst) nicht nach einer bestimmten Frist rückzahlbar waren (sog. „Dauerkredit"), entstand die Gefahr einer zu großen Belastung der Gläubigerländer. Seit der EZU-Reform (1954) mußten die Defizitländer sich deshalb zu bestimmten Rückzahlungsraten verpflichten; der Gedanke der automatischen Kreditgewährung blieb aber noch erhalten. Von Anfang an war das Modell indessen als Übergangslösung zur Ermöglichung der Währungskonvertibilität gedacht. Als dieses Ziel erreicht war (1958), wurde die EZU durch das **Europäische Währungsabkommen** (EWA) abgelöst, das die Unionsforderungen schrittweise liquidierte und eine kurzfristige Zwischenfinanzierung - nun aber auf der Grundlage eines Fondskonzepts (der Fonds wurde mit Mitteln der EZU und der Mitgliedsländer gespeist) - organisierte. Bei Zahlungsbilanzschwierigkeiten konnten Mitgliedsländer Kredite erhalten - jetzt aber nicht mehr automatisch, sondern nach Prüfung von Kreditwürdigkeit und Kreditbedürftigkeit und nach Übernahme fester Rückzahlungsverpflichtungen. Diese Kreditgewährung war nach wie vor erforderlich; denn die Mitgliedsländer waren gehalten, die Kursschwankungen innerhalb vereinbarter Grenzen zu halten (Gedanke der „Währungsgarantie"). Ende 1972 trat auch dieses Abkommen außer Kraft; das „Anschluß"-Abkommen zwischen den Notenbanken der Mitgliedsstaaten über eine Wechselkursgarantie wurde 1979 beendet. Für alle Tätigkeiten im Rahmen dieser Abkommen hatte die schon 1930 gegründete Bank für Internationalen Zahlungsausgleich (BIZ), Basel, die Funktion eines Treuhänders bzw. Agenten übernommen mit dem Ziel, die Zusammenarbeit zwischen den Zentralbanken zu fördern und bei internationalen Zahlungsgeschäften mitzuwirken.

Nimmt man beide Ansätze zusammen, so hatte das OEEC-Konzept bei der Neuorganisation der Zusammenarbeit in Europa wichtige Integrationsfortschritte gebracht. Doch mit steigendem Zielerreichungsgrad relativierten sich seine Funktionsvoraussetzungen. So kam es zur Umgründung: Im September 1961 entstand als Nachfolgeorganisation der OEEC die **Organisation für wirtschaftliche Zusammenarbeit und Entwicklung** (Organisation for Economic Cooperation and Development: OECD). Die Organisationsstruktur blieb in ihren Grundzügen erhalten; der Kreis der Mitgliedsländer erweiterte sich ganz wesentlich (USA und Kanada wurden Vollmitglieder; hinzu kamen Australien, Finnland, Japan, Neuseeland, Spanien). Was die Aufgabenstellung angeht, kam es teilweise zu einer Schwerpunktverlagerung:

a) Anders als bei der OEEC, die - in deutlicher Analogie zu den weltwirtschaftlichen Integrationsansätzen - zunächst die **Interessen** der **Entwicklungsländer** weitgehend vernachlässigt hatte, erhielt nun bei der OECD die Förderung unterentwickelter Länder ein zunehmendes Gewicht. Die USA hatten eine stärkere Beteiligung Westeuropas an dieser Aufgabe gefordert und davon auch ihre Vollmitgliedschaft abhängig gemacht; im Anschluß an diese Umorientierung kam es zur Bildung eines gesonderten Ausschusses (vgl. dazu später).

b) Am Liberalisierungsgrundsatz wurde zwar festgehalten. Um Überschneidungen mit dem GATT-Abkommen aber zu vermeiden, wurde der Liberalisierungskodex für den Warenverkehr nicht übernommen; statt dessen wurde ein Schwerpunkt beim **Dienstleistungs-** und **Kapitalverkehr** gesetzt. Die Mitgliedsländer gehen eine grundsätzliche Liberalisierungsverpflichtung ein. In einem Kodex werden jene Dienstleistungs- und Kapitaltransfers festgehalten, die liberalisierungspflichtig sind. Die Mitgliedsländer können jedoch bei zusätzlich beschlossenen Liberalisierungsschritten von vornherein Vorbehalte (Reserven) anmelden; darüber hinaus können sie Ausnahmen in Anspruch nehmen (sog. Derogationsklausel), wenn ihnen nachweislich aus der Liberalisierung Schäden entstehen.

c) Als es Ende der 50er Jahre zur Gründung der Europäischen Wirtschaftsgemeinschaft sowie - im Gegenzug - zur Europäischen Freihandelszone kam (vgl. dazu später), entstand in Europa die naheliegende Gefahr einer Blockbildung mit wechselseitigen Abschließungseffekten. Daraus ergab sich für die OECD eine wichtige **Klammerfunktion**. Es galt, im gesamten europäischen Wirtschaftsraum einen Liberalisierungsrückschritt in Grenzen zu halten, wenngleich die OECD keine Möglichkeit einer gezielten handelspolitischen Beeinflussung hatte.

Neben diesen drei Schwerpunktverlagerungen blieb aber die **Koordinationsfunktion** eine zentrale Aufgabe; sie hatte teils reaktiven ad-hoc-Charakter, teils erwies sie sich als aktiv gestaltende Daueraufgabe:

a) Sie hatte **reaktiven Charakter**, als in den 70er Jahren - teils konzeptionsbedingt, teils durch exogene Schocks (z.B. Ölkrise) mitverursacht - Welthandels- und Weltwährungssystem instabil wurden und die USA ihre Rolle als économie dominante zeitweise einbüßten; es drohten nationale handels- und zahlungsbilanzpolitisch motivierte restriktive (Über-)Reaktionen. Im Frühjahr 1974 verpflichteten sich die OECD-Länder auf der Grundlage einer **Solidaritätserklärung** (sog. „Trade Pledge" - zwischenzeitlich in erweiterter Form auf unbestimmte Zeit verlängert), auf derartige Restriktionen zu Lasten anderer Länder zu verzichten. Nahezu zeitgleich wurde (unter Beteiligung der wichtigsten

OECD-Länder - zunächst mit Ausnahme Frankreichs) die **Internationale Energieagentur** (IEA) gegründet. Sie hatte das Ziel, im Falle einer anhaltenden und schweren Versorgungskrise über eine Verteilungsstrategie eine nationale Energieversorgung sicherzustellen, ferner auf der Grundlage eines Energieprogramms und entsprechenden Produktions- und Preisprojektionen das Informationssystem zu verbessern, schließlich eine bessere Zusammenarbeit von Ölverbrauchs- und Ölexportländern zu erreichen. Überdies galt es, gerade um die Länder zu einem Verzicht auf restriktive Maßnahmen zu bewegen, den **Währungsbeistand** zu verbessern. So unternahm die OECD über die IMF-Aktivitäten (Ölfazilitäten, 1974 - Sonderfinanzierungsvorkehrungen, 1977) hinaus den Versuch, einen eigenständigen finanziellen „Beistandsfonds" (sog. Kissinger-Fonds) zu bilden, dessen Mittel von Mitgliedsländern aufgebracht werden, um nationale monetäre Notstandssituationen zu überwinden. Alle diese Aktivitäten zeigten die Notwendigkeit, elastisch - aber eben koordiniert - auf Herausforderungen zu reagieren.

b) Davon unberührt blieb von Anfang an der **aktive Charakter** der Koordinationsfunktion. Er mußte an Bedeutung gewinnen, je offener der europäische Integrationsraum - gerade aufgrund erfolgreicher Liberalisierungsbemühungen - wurde. Jeder nationale wirtschaftspolitische Alleingang mußte in den Integrationsraum durchwirken und lief Gefahr, bei anderen Partnerländern Abwehrmaßnahmen - handelspolitische Restriktionen oder Wechselkurskorrekturen - auszulösen, damit die Entstehungs- und Stabilisierungsbedingungen mit entsprechenden negativen Wohlfahrtseffekten infrage zu stellen. Der **Koordination** der nationalen **Wirtschaftspolitiken** kam somit steigendes Gewicht zu. Eine besondere Bedeutung gewann hier der **Wirtschaftspolitische Ausschuß** (Economic Policy Committee), der von einzelnen Arbeitsgruppen unterstützt wird. Seine Aufgabe besteht darin, die Zielsetzungen (hinsichtlich Zielprioritäten) wie auch die strategischen Konzepte (Angebots- oder Nachfragesteuerung) bis hin zu Verhaltenskodices (bei der Zahlungsbilanzpolitik) so zu koordinieren, daß eine harmonische Entwicklung im ganzen Integrationsraum möglich wird. Daneben soll der **Ausschuß für Finanzmärkte** die Entwicklung der Geld- und Kapitalmärkte der Mitgliedsländer (einschließlich der Euromärkte) beobachten und Maßnahmen für ihre effizientere Ausgestaltung empfehlen. (Weitere Ausschüsse behandeln sozial- und umweltpolitische Belange.) Zu diesem Zweck stellt die OECD laufend veröffentlichte Länderberichte („Economic Outlook") zur Verfügung, in denen die Entwicklungsperspektiven des Integrationsraumes analysiert und wirtschaftspolitischer Handlungsbedarf der Mitgliedsländer identifiziert werden.

Bei aller konzeptionellen Folgerichtigkeit ist aber festzuhalten, daß der OEEC/OECD-Integrationsansatz nie über einen (unverbindlichen) **Koordinierungscharakter** hinausgekommen ist. Dies macht ihn nicht funktionslos. Die Formulierung von Entstehungs- und Stabilisierungsbedingungen hatte einen wichtigen Beitrag für eine **funktionale Integration** geschaffen. Eine supranationale Steuerung und Gestaltung des Integrationsraumes - somit eine höhere Integrationsintensität einschließlich ihrer politischen Implikationen - war aber weder intendiert noch erreichbar. Dieses Ziel hatte sich die Europäische Gemeinschaft vorgenommen.

48) DIE EUROPÄISCHEN GEMEINSCHAFTEN (PERSPEKTIVEN)

Als im Mai 1948, nahezu zeitgleich mit der OEEC-Gründung, in Den Haag der Europakongreß stattfand, der ein Jahr später zur Gründung des **Europarates** führte, konnte dies durchaus als ein Indiz für das Bemühen gewertet werden, den Europa-Gedanken auf supranationaler Ebene (Ministerrat, Beratende Versammlung, Sekretariat) politisch zu institutionalisieren. Doch mit Blick auf die geringen Kompetenzen der Institutionen erwies sich dies als kein hinreichender Ansatz, eine „politische" Union als Grundlage für eine „ökonomische" Union zu schaffen. Zwar wurden immer wieder (von Rückschlägen, etwa dem Scheitern einer Europäischen Verteidigungsgemeinschaft, 1954, unterbrochen) Anfang der 50er Jahre und Anfang der 60er Jahre Initiativen (sog. Fouchet-Pläne) ergriffen, um eine **Europäische Politische Union** zu errichten. Doch sie stießen letztlich immer wieder an die Grenze einer mangelnden Bereitschaft der einzelnen Länder zu einem nationalen Kompetenzverzicht. Anfang der 70er Jahre kam es dann - als ein Ergebnis des Gipfels von Den Haag (1969) - zu einer Vereinbarung über die **Europäische Politische Zusammenarbeit** (EPZ) mit dem Ziel, über eine wechselseitige Unterrichtung und Konsultation eine Harmonisierung der Standpunkte und - darauf gestützt - ein gemeinsames politisches Vorgehen zu erreichen. Allerdings konnte trotz Erweiterung und Konkretisierung des EPZ-Systems Anfang der 80er Jahre eine verbindliche vertragliche Grundlage für die Bildung einer politischen Union nicht geschaffen werden. Anfang der 90er Jahre wurde nun mit dem Vertragswerk von **Maastricht** erneut versucht, eine gemeinsame Außen- und Sicherheitspolitik sowie eine intensive Zusammenarbeit auf dem Gebiet von Justiz und Inneres zu etablieren. Freilich dürfte zumindest zum gegenwärtigen Zeitpunkt die Erwartung gut begründbar sein, daß es in absehbarer Zeit noch nicht zur Bildung einer Europäischen Politischen Union - i.S. eines „melting pot of people" und in Verbindung mit einem entsprechend umfassenden Verzicht auf Souveränitätsrechte der nationalen Regierungen und Parlamente - kommen dürfte. Diese Entwicklungstendenzen hatten es deshalb plausibel erscheinen lassen und von Anfang an nahegelegt, nicht die „politische Union" als Voraussetzung für die „ökonomische Integration" zu begreifen, obwohl für diese Konstruktion sehr viel spricht, je höher die Intensitätsstufe der Integration angesiedelt ist (vgl. dazu später). In den Vordergrund traten vielmehr die Bemühungen, die ökonomische Integration voranzubringen, um - in Erwartung einer „expansiven Logik" des Integrationsprozesses - darauf zu setzen, daß die politische

Union ein unverzichtbares Pendant zur ökonomischen Union (am Ende also unausweichlich) werden wird.[28]

Der Beginn dieses historischen Prozesses der Europäischen Einigungsbewegung wird im allgemeinen in der Umsetzung des sog. **Schumann-Planes** (Mai 1950) gesehen. Sein Ziel war es, die Kernbereiche der Schwerindustrie (Kohle, Stahl) einer gemeinsamen Aufsichtsbehörde (Haute Autorité) zu unterstellen. Dabei war die politische Zielsetzung - Schaffung von ökonomischen Fakten, damit die dadurch ausgelösten Sachzwänge zu einer politischen Einigung und zu einer dauerhaften Friedenssicherung in Europa führen - von vornherein angelegt. Darauf gestützt, kam es im April 1951 zur Unterzeichnung des Vertrages („Pariser Vertrag") über die **Europäische Gemeinschaft für Kohle und Stahl** (EGKS) - die sog. Montanunion -, der für die Dauer von 50 Jahren angelegt war und 1952 in Kraft trat. Die Unterzeichnerstaaten waren: Belgien, Deutschland, Frankreich, Italien, Luxemburg und die Niederlande. Ohne auf die Details des Vertragswerkes hier einzugehen, ist festzustellen, daß der Vertrag - ganz den politischen Implikationen folgend, nämlich mit dem Integrationsprozeß die Basis für eine politische Union zu schaffen - den höchstmöglichen Integrationsstand anstrebte. Die **Zielsetzung** des Vertrages war es, eine geordnete Versorgung mit den Produkten der Kohle- und Stahlindustrie auf der Basis niedrigster Preise zu sichern, den Verbrauchern einen gleichen Zugang zu den Produkten zu gewährleisten, eine rationale Ausnutzung der natürlichen Hilfsquellen zu ermöglichen (unter Vermeidung von Raubbau), auf die Verbesserung der Lebens- und Arbeitsbedingungen hinzuwirken und gleichzeitig eine geordnete Ausweitung und Modernisierung der Erzeugung zu fördern. Dieses Ziel wurde auf zwei Ebenen zu erreichen versucht.

a) Einmal auf der Ebene der **Intensitätssteigerung der Integration**: Ziel war (unter Berücksichtigung von Übergangsfristen) nicht nur ein Abbau der zwischenstaatlichen Handelsbeschränkungen - Zölle, Kontingente, sonstige Abgaben - für die relevanten Produkte (i.S. einer Freihandelszone), sondern auch die Entwicklung eines gemeinsamen Außentarifs gegenüber Drittländern (i.S. einer Zollunion). Ergänzt werden sollte dies durch eine Freizügigkeit der Arbeitnehmer, mit entsprechend supranationaler Angleichung von Löhnen, wechselseitiger Anerkennung von Bildungsabschlüssen und Sozialversicherungsbedingungen sowie der Entwicklung von gemeinsamen Mitbestimmungsregelungen (Montan-Mitbestimmung). Und flankiert werden sollte dies durch gemeinsame Transport-, Wettbewerbs- und Subventionsrichtlinien (i.S. eines Gemeinsamen Marktes). Schließlich sah der Vertrag die Möglichkeit von Marktregulierungen - Erzeugerquoten bei Angebotsüberhang bzw. Verwendungsprioritäten bei Nachfrageüberhang - vor, flankiert von Eingriffen in die Preisbildung (i.S. einer Wirtschafts-

---

[28] Einen Überblick über das Vertragswerk (hinsichtlich Struktur, Ziele, Organisation) und die nachfolgende Entwicklung seiner konkreten Ausgestaltung vermitteln: Berg, Deutsche Bundesbank, Harbrecht, Kasten, Kohler, Scharrer, Stock, Wagner, Weindl (vgl. das beigefügte Literaturverzeichnis).

union). Ob derartige Eingriffsmöglichkeiten zu einem „überzogenen" Integrationsdirigismus geführt hätten (teilweise sind sie zwischenzeitlich wieder reduziert), mag offen bleiben; eine hohe Integrationsintensität war allemal angestrebt.

b) Zum zweiten auf der Ebene der **Institutionalisierung** der **Integration**: Zur Durchsetzung dieser Integrationsintensität wurde die „Hohe Behörde" (i.S. eines Exekutivorgans) geschaffen, die über weitgehende Eingriffsmöglichkeiten (Empfehlungen, Verordnungen, Bußgelder) verfügte. Zwar mußte der von nationalen Regierungsvertretern gebildete „Besondere Ministerrat" ihren Aktionen mehrheitlich zustimmen - ein nationalstaatliches Interesse blieb also gewahrt. Doch verantwortlich war die Hohe Behörde allein der sog. „Gemeinsamen Versammlung"; diese stellte eine parlamentarische Einrichtung dar, deren Mitglieder allerdings nicht frei gewählt, sondern von nationalen Parlamenten entsandt wurden. Ein „Europäischer Gerichtshof" überwachte schließlich Auslegung und Anwendung des Vertrages und war für die Streitschlichtung zuständig. Diese (formale) Institutionalisierung erfuhr noch insoweit eine (materielle) Ergänzung, als die Haushaltsautonomie der Institutionen - gerade mit Blick auf den sog. Funktionshaushalt, der Anpassungs- und Forschungsbeihilfen bzw. Umstrukturierungsmaßnahmen im Kohle- und Stahlsektor finanzierte - von vornherein ein hohes Gewicht erhielt. Die Erhebung von Umlagen auf Kohle- und Stahlerzeugung wird häufig als erste supranationale („europäische") Steuer gesehen; überdies bestand ein Recht dieser Institutionen auf eigene Kreditaufnahme.

Nimmt man diese Grundtendenzen insgesamt, so ist festzustellen, daß sie eine wichtige Basis für die Weiterentwicklung des europäischen Einigungsprozesses schufen.

Im März 1957 wurden, gestützt auf die Ergebnisse der Konferenz von Messina (1955) und auf der Grundlage eines Sachverständigenberichts („Spaak-Bericht"), die sog. **Römischen Verträge** von den EGKS-Mitgliedsländern unterzeichnet. Sie traten am 1.1.1958 in Kraft und führten zur Gründung der **Europäischen Wirtschaftsgemeinschaft** (EWG). Vollmitglieder waren die EGKS-Staaten; assoziierte Mitglieder waren Griechenland und die Türkei sowie einige afrikanische Staaten, die ehemals Kolonien einiger Vollmitglieder waren. Zeitgleich wurde der Vertrag über die Gründung der **Europäischen Atomgemeinschaft** (EAG bzw. EURATOM) in Kraft gesetzt. Die Gründe, die Atomwirtschaft einer besonderen Organisation zuzuweisen, waren vor allem in der Besonderheit der Kernindustrie zu sehen (Technologie, Finanzbedarf, Sicherheitsprobleme) mit Blick auf ihre hohen Kosten und ihre besondere Aufgabenstellung. Ziel der EAG war es, auf diesem Gebiet einen gemeinsamen Markt zu schaffen zur Sicherung der Versorgung mit Kernenergie für friedliche Zwecke und durch Förderung von Forschung und Investitionen (ohne eine eigene Industrie zu gründen) bei gleichzeitiger Aufstellung einheitlicher Sicherheitsnormen. Während die EAG organisationspolitisch von vornherein über gemeinsame Organe eher an die EWG angebunden war - demgegenüber behielt die EGKS zunächst ihre eigenen Institutionen -, stand sie sachlich, wegen ihres produktspezifischen Charakters, der

EGKS nahe, ohne daß damit (im Zusammenwirken von EGKS und EAG) eine umfassende europäische Energie-, Industrie- oder Technologiepolitik entwickelt wurde. Diese Probleminhalte blieben also nach wie vor eine eigenständige Aufgabenstellung der EWG.

Bevor wir nun auf die integrationspolitischen Implikationen dieses europäischen Integrationsprozesses im einzelnen eingehen, sei vorab auf zwei Entwicklungen verwiesen, die zwar organisationspolitische Relevanz haben, aber weniger die integrationspolitische Substanz berühren (wenn sie auch zusätzliche Sachprobleme aufwerfen).

a) Im Zuge der EWG-Gründung waren in Europa neben den (gewollten) EWG-internen handelspolitischen Aufschließungseffekten auch (befürchtete) handelspolitische Abschließungseffekte gegenüber Drittländern zu erwarten. Eine Reihe von OEEC-Ländern wollten der EWG aus politischen Gründen (Neutralitätspflicht bzw. Wahrung der nationalen Souveränität) und/oder aus ökonomischen Gründen (Strukturgefälle bzw. finanzielle Belastung der nationalen Haushalte) nicht beitreten. So entstanden Versuche, diese Abschließungseffekte durch eine umfassende europäische Liberalisierung mit dem Ziel einer multilateralen Assoziierung mit der EWG („großer Brückenschlag“) zu unterlaufen. Als diese Verhandlungen scheiterten, kam es im Gegenzug zur Gründung der **Europäischen Freihandelszone** (EFTA), die im Mai 1960 in Kraft trat (sog. Stockholmer Konvention). Mitglieder waren: Dänemark, Großbritannien, Norwegen, Österreich, Portugal, Schweden, Schweiz - später kamen Island, Finnland und Liechtenstein hinzu. Dem Vertrag lag, im Gegensatz zur EWG, die Vorstellung einer rein funktionellen Integration zugrunde: Ganz im Vordergrund stand eine interne Handelsliberalisierung (i.S. einer Freihandelszone). Sie sollte durch einen gestuften Abbau der Handelsbeschränkungen (mit Ausnahmen, wenn durch die Handelsliberalisierung Zahlungsbilanzschwierigkeiten für die Vertragspartner entstanden - sog. Schutzklauseln) erreicht werden. Auf der Grundlage einer Warenursprungsregelung sollten jene Güter bevorzugt behandelt werden, die in einem EFTA-Land hergestellt und im EFTA-Raum gehandelt werden. Im übrigen sollten Subventionen abgeschafft, Kartellabsprachen verboten und Antidumpingmaßnahmen möglich werden. Die supranationalen Institutionen (Rat, Ausschüsse, Sekretariat) hatten allerdings geringe Kompetenzen. Ein „Unions“-Gedanke war nie involviert - weder im Sinne einer Zollunion (die handelspolitische Autonomie der EFTA-Länder gegenüber Drittländern blieb gewahrt) noch im Sinne eines Gemeinsamen Marktes oder gar im Sinne einer umfassenden Wirtschafts- und Währungsunion (auch die ordnungs- und wirtschaftspolitische Autonomie der Mitgliedsländer blieb erhalten). Einziges Integrationsorgan (mit Ausnahme eines Sekretariats) war der Rat, in dem jedes Land mit einer Stimme vertreten war. Die Beschlußfassung war in der Regel mehrheitlich; in Sonderfällen war Einstimmigkeit gefordert. Sie war einerseits bindend; doch andererseits konnte der Rat allenfalls Empfehlungen hinsichtlich einer gewissen Koordination der Politikbereiche aussprechen. Die Befürchtungen, daß es in Europa zu sich entgegenstehenden „Handelsblöcken“ kommen könnte, haben sich allerdings nicht erfüllt. Dies dürfte darauf zurückzuführen sein, daß die EFTA nie das politische und ökonomische Gewicht der EWG erhielt. Seit Anfang der 70er Jahre sind wichtige EFTA-Mitglieder ausgeschieden und der EG beigetreten. Mitte der 80er Jahre wurde die Bildung eines **Europäischen Wirtschaftsraumes** (EWR) beschlossen, der formal den EFTA-Raum bestehen läßt, diesen aber seit Anfang der 90er Jahre weitgehend in die integrationspolitischen Vorgaben des zwischenzeitlich entstandenen größeren EG-Marktes einbindet (gerade in Bezug auf die sog. Grundfreiheiten, die Wettbewerbspolitik und die Kohäsionspolitik: vgl. dazu später), zumal schon der Liberalisierungsprozeß innerhalb der EFTA weitgehend der Entwicklung in der EWG folgte.

b) Mit dem Abschluß des sog. Fusionsvertrages zwischen EGKS, EWG und EAG (April 1965), der zwei Jahre später in Kraft trat, kam es zu einer organisatorischen Vereinigung: Es entstanden die **Europäischen Gemeinschaften** (EG). Während Parlament und Gerichtshof durch die römischen Verträge bereits für alle drei Gemeinschaften gemeinsam eingesetzt waren, galt dies nun - mit Modifikationen - auch für Rat und Kommission (zu Einzelheiten vgl. später). Auf der Gipfelkonferenz in Den Haag (1969) wurden dann zwei Weichen gestellt: Zum einen wurde beschlossen, den **Intensitätsgrad** des **Integrationsprozesses** zu erhöhen - einerseits in Richtung Gemeinsamer Markt (vgl. Ziff. 49), andererseits in Richtung Wirtschafts- und Währungsunion (vgl. Ziff. 50). Zum zweiten wurde der Weg für Verhandlungen über eine **Erweiterung** des **Integrationsraumes** freigemacht. Letzteres war als Möglichkeit von Anfang an im Vertragswerk angelegt und auch schon in den 60er Jahren geplant (Beitritt Großbritanniens), scheiterte indessen zweimal (1963, 1967). Dabei kann hier offen bleiben, ob das Veto des französischen Staatspräsidenten de Gaulle oder die mangelnde Bereitschaft Englands, in die bestehenden Verträge einzutreten, den Ausschlag gaben. Jedenfalls konnten Anfang der 70er Jahre die Beitrittsverhandlungen neu einsetzen. Im Grundsatz war dabei unstrittig, daß die EG-Verträge nie zur Disposition (mit dem Ziel von Nachverhandlungen) standen; in Frage kamen allenfalls die Festlegung von Übergangs- und Ausnahmeregelungen (v.a. Anpassungsfristen) sowie die Klärung der „besonderen Beziehungen" der EG zu den nicht-beitrittswilligen EFTA-Ländern. Darauf gestützt kam es zwischenzeitlich zu drei Beitritts-„Wellen": Im Januar 1973 traten Dänemark, Großbritannien und Irland der EG bei; nach einer Übergangsfrist von fünf Jahren mußten sie das EG-Regelwerk übernehmen. (Norwegen hatte an den Verhandlungen zwar teilgenommen; ein negativer Volksentscheid verhinderte dann aber die definitive Teilnahme.) In den 80er Jahren kam es zur sog. Süderweiterung: Im Januar 1981 ist Griechenland, im Januar 1986 sind Portugal und Spanien der EG beigetreten; hier wurde die Übergangsfrist teilweise auf sieben Jahre verlängert. Mitte der 90er Jahre traten, nach positivem Volksentscheid, Finnland, Österreich und Schweden dem zwischenzeitlich auf der Grundlage der Maastricht-Beschlüsse (zu Einzelheiten vgl. später) weiterentwickelten Vertragswerk bei, während das norwegische Volk den Beitritt erneut ablehnte. Zum gegenwärtigen Zeitpunkt besteht die EG somit aus 15 Mitgliedsländern. Aufgrund des deutschen Einigungsvertrages (Oktober 1990) sind die Bundesländer der ehemaligen DDR quasi-automatisch Bestandteil der EG. Ob und wann es zu weiteren Beitritten kommt, ist gegenwärtig nicht abzusehen. In jedem Falle blieb die integrationspolitische Substanz bzw. Intention auch durch die räumliche Erweiterung unverändert.

Die beiden skizzierten Entwicklungslinien hatten somit das EG-Integrationsmodell im Kern unangetastet gelassen. Dieses gilt es nun - mit Blick auf Zielsetzung, Organisationsstruktur und Finanzverfassung - genauer zu analysieren.

a) Was - zum ersten - die **Zielsetzung** des EWG-Vertrags (künftig zit.: EWGV) angeht, so war diese von vornherein auf eine harmonische Entwicklung des Wirtschaftslebens innerhalb der Gemeinschaft ausgerichtet. Eine beständige und ausgewogene Wirtschaftsausweitung sollte im Integrationsraum eine Lebensstandarderhöhung bei größerer Stabilität erreichen und somit eine engere Beziehung zwischen den Mitgliedsstaaten fördern (Art. 2 EWGV). Nimmt man diese programmatische Ausrichtung für sich, so ist bereits eine Besonderheit auszumachen, mit der sich dieses Integrationsmodell von anderen Modellen, bei denen für die beteiligten Staaten allenfalls die ökonomische Nutzung des Integrationsprozesses im Vordergrund stand, deutlich abhebt: Auch ohne politische Vorgabe (wenngleich den angelegten politischen Implikationen folgend) trägt der Integrationsprozeß nicht unwesentliche Züge einer „Solidargemeinschaft"; das **supranationale Interesse** gewinnt gegenüber nationalen Interessen nicht nur Gewicht sondern auch die Qualität einer **Eigenständigkeit**. Dieser Grundgedanke läßt sich anhand der wichtigsten (Teil-)Ziele konkretisieren (Art. 3 EWGV):

- Ziel war zunächst der Abbau von innergemeinschaftlichen Handelsbeschränkungen, wie Zölle, sonstige Abgaben und mengenmäßige Beschränkungen (i.S. einer EWG-intern orientierten **Freihandelszone**); hinzu trat gleichzeitig die Schaffung eines Gemeinsamen Zolltarifs (GZT) und die Entwicklung einer gemeinsamen Handelspolitik gegenüber Drittländern (i.S. einer EWG-extern orientierten **Zollunion**). Damit war von vornherein im Kern der „Unions"-Gedanke angelegt, der im Grundsatz nicht nur einem nationalen Kompetenzverzicht bei der Handelspolitik gleichkam, sondern gleichzeitig die Chance eröffnete, die Handelspolitik am Interesse der Gemeinschaft auszurichten. Dies gilt auch, wenn man berücksichtigt, daß nationale Schutzklauseln (Art. 115 EWGV) bei liberalisierungsbedingten Zahlungsbilanzschwierigkeiten (Befreiung von Liberalisierungspflichten) eingeräumt wurden und die GATT-Konformität zu beachten war, wonach der GZT den gewichteten Durchschnitt der nationalen Tarife nicht überschreiten darf.

- Ziel war darüber hinaus die Schaffung eines **Gemeinsamen Marktes** durch einen Abbau aller Hemmnisse für den freien Personen-, Dienstleistungs- und Kapitalverkehr (Diskriminierungsverbot und Gleichbehandlungsgebot bei Grenzübertritt). Konsequenterweise war damit nicht nur die Forderung verbunden, den Wettbewerb im Gemeinsamen Markt vor Verfälschungen zu schützen und die Rechtsvorschriften (Steuer-, Sozial-, Gesellschafts-, Wettbewerbsrecht) anzugleichen. Hinzu trat die Erwartung, daß in einem offenen Markt „solidarische Hilfe“ notwendig wird. Beschlossen wurde insofern - einmal - die Bildung eines „Europäischen Sozialfonds“; er sollte den Mitgliedsländern teilweise die Kosten erstatten, die ihnen aus Beihilfe, Umschulung und Wiedereingliederung von Arbeitslosen entstehen. Beschlossen wurde - zum zweiten - die Errichtung einer „Europäischen Investitionsbank“; sie sollte durch Darlehen und Bürgschaften die Finanzierung solcher Vorhaben erleichtern, die die Erschließung von weniger entwickelten Gebieten, die Modernisierung von Unternehmen und/oder die Schaffung neuer Arbeitsplätze ermöglichen, soweit die Rentabilität der hierfür erforderlichen Investitionen sichergestellt oder durch Garantie des Mitgliedslandes gewährleistet ist.

- Ziel war schließlich, den Unions-Gedanken insoweit zu stabilisieren, als er auf weitere Gebiete ausgedehnt wurde. War schon die Zollunion als Grundlage des Gemeinsamen Marktes angesehen worden, so wurde diese Idee auch auf andere Bereiche übertragen. Dies betraf unmittelbar einmal das Gebiet der Agrarpolitik (Agrarunion) und zum zweiten den Bereich der Verkehrspolitik (Verkehrsunion); in beiden Bereichen wurden gerade im Interesse der Funktionsfähigkeit des Gemeinsamen Marktes gemeinschaftliche Aufgaben gesehen. Darüber hinaus wurden die Maßnahmen der Konjunktur- und Wechselkurspolitik als eine Angelegenheit von „gemeinsamem Interesse“ angesehen; damit war der Gedanke der **Wirtschafts- und Währungsunion** im Kern bereits angelegt, ohne daß freilich schon konkretere Vorstellungen zu seiner Umsetzung entwickelt wurden. Noch beschränkte man sich auf die Koordinierungsnotwendigkeit der Maßnahmen, soweit diese darauf ausgerichtet waren, Störungen im Gleichgewicht der nationalen Zahlungsbilanzen zu beheben. Zu diesem Zweck wurden Koordinationsinstitutionen geschaffen, die allerdings nur Empfehlungen aussprechen konnten, ohne die Souveränitätsrechte der Mitgliedsländer aufzuheben.

Nimmt man diese Zielvorstellungen insgesamt, so wird erkennbar, daß ein eigenständiges supranationales Interesse (gegenüber den nationalstaatlichen Interessen) von vornherein angelegt war. Mit welcher Verbindlichkeit und inhaltlicher Ausrichtung dieses gemeinsame Interesse politisch umzusetzen war, blieb im Vertragswerk noch weitgehend offen. Hier erwies sich das Fehlen einer Vorgabe über die mögliche Gestalt einer politischen Union als ein deutliches Defizit: Je mehr die Bundesstaatslösung dominierte, desto größeres Gewicht konnte dem Gemeinschaftsinteresse und mit ihm dem **Solidaritätsprinzip**, das sich dann in einem zwischenstaatlichen Lastenausgleich äußert, zugewiesen werden; je mehr die Staatenbundlösung dominierte, desto eher konnte das Gemeinschaftsinteresse durch nationale Interessen zurückgedrängt werden, und desto größeres Gewicht gewann das **Subsidiaritätsprinzip**, das wiederum die Möglichkeit des zwischenstaatlichen Lastenausgleichs reduzierte. Unbeschadet dieser Offenheit bleibt aber dennoch festzuhalten, daß das Gemeinschaftsinteresse in der Zielsetzung des EWG-Integrationsmodells von Anfang an einen eigenständigen Stellenwert hatte.

Überdies enthielt der EWG-Vertrag expressis verbis zwar keine Vorschriften über die geltende Wirtschaftsordnung. Gleichwohl kann aber davon ausgegangen werden, daß eine marktwirtschaftliche Grundordnung vorgegeben ist. Dies erscheint auch durchaus plausibel, zumal dem Gedanken eines ungehinderten und unverfälschten privatwirtschaftlichen Wettbewerbs ein hohes Gewicht zugewiesen wurde. Dennoch werden öffentliche Interventionen - sei es zur Absicherung der marktwirtschaftlichen Ordnung, sei es zur Stabilisierung der Funktionsfähigkeit des Integrationsprozesses - nicht per se ausgeschlossen.

b) Was - zum zweiten - die **Organisationsstruktur** im EWG-Vertrag angeht, so erhielt diese, gerade gestützt auf die spezifische Zielsetzung, bei der das „Gemeinschaftsinteresse“ ein eigenständiges Gewicht gewann, eine besondere Qualität. Der Integrationsprozeß verlor seinen rein funktionellen Charakter, bei dem - unter gegebenen Rahmenbedingungen - der Markt allein die nationale Disziplinierungsfunktion übernahm. Der Integrationsprozeß wurde als politische Gestaltungsaufgabe begriffen, bei der supranationale Instanzen mit eigenständiger Kompetenz diese Disziplinierungsfunktion wahrnehmen sollen. Die „Gemeinschaft“ gewinnt die Qualität einer eigenen Rechtspersönlichkeit und kann in dieser Eigenschaft im völkerrechtlichen Verkehr auftreten. Dies führte zu einer differenzierten Organisationsstruktur:

- Zentrales Entscheidungs- und Rechtsetzungsorgan ist der **Rat der Europäischen Gemeinschaften** (Ministerrat). Jedes Land ist durch ein Mitglied vertreten; je nach anstehenden Sachproblemen sind dies die jeweiligen Ressortminister. Damit ist zunächst zwar gewährleistet, daß nationale Interessen in den Entscheidungsprozeß einfließen können; denn die Ratsmitglieder sind weisungsgebundene Vertreter ihres Landes. (In der EGKS sind die Kompetenzen des Rates zugunsten der Hohen Behörde geringer.) Gleichwohl ist der Rat gehalten, eine supranationale Abstimmung der nationalen Politikbereiche zu erreichen und über einen gemeinsamen Haushalt zu befinden. Für die Beschlußfassung ist im Grundsatz das „einfache“ Mehrheitsprinzip (gemessen an der Zahl der Mitgliedsländer) vorgesehen; vielfach gilt das Prinzip der „qualifizierten“ Mehrheit (mit einer Gewichtung der Stimmrechtsanteile, gemessen an der Größe des Mitgliedslandes). In wichtigen Fragen, die das „vitale Interesse“ eines Mitgliedslandes berühren (z. B. Vertragsinterpretation, Mitgliederaufnahme), ist „Einstimmigkeit“ vorgesehen (Luxemburger Kompromiß, 1966), was ein Vetorecht eines Landes einschließt. Gerade letzteres birgt - bei aller Plausibilität - eine Gefahr für rationale Beschlüsse, wenn es zu „Marathon-Runden“ führt (Einigung auf Grundprinzipien und Vertagung strittiger Punkte), „package deals“ auslöst (Einigung auf kleinstem Nenner durch kunstvolles Ausbalancieren der nationalen Leistungen und Gegenleistungen) oder die „Gemeinschaftsmethode“ begründet (Einigung zu Lasten der Interessen von Drittländern). De facto seit Mitte der 70er Jahre (Pariser Gipfel, 1974), de jure seit Mitte der 80er Jahre (Einheitliche Europäische Akte, 1986) existiert der **Europäische Rat**, bestehend aus den Staats- und Regierungschefs der Mitgliedsländer; er tritt regelmäßig zusammen und verfügt letztlich über eine Art von „Richtlinienkompetenz“, was die Politik der EG angeht. Seither ist auch das Bemühen erkennbar, das Entscheidungsverfahren zu beschleunigen, allerdings ohne den Luxemburger Kompromiß in Frage zu stellen.

- Exekutivorgan ist die **Kommission der Europäischen Gemeinschaften**. Die großen Länder (Deutschland, Frankreich, Großbritannien, Italien und Spanien) sind durch zwei Mitglieder, die anderen Länder durch ein Mitglied vertreten. (In der EGKS entsprach dies der sog. Hohen Behörde.) Die Kommission hat indessen nicht nur für die Einhaltung der Gemeinschaftsbestimmungen zu sorgen; sie ist überdies am Entscheidungs- und Rechtsetzungsverfahren - aufgrund von Initiativrechten und Ausübung von Befugnissen, die ihr nach Vertrag zustehen bzw. ihr durch den Rat übertragen werden - unmittelbar beteiligt: Bestimmungen über Agrar- und Atomenergiesektor; Anwendung von Schutzklauseln und Wettbewerbsbestimmungen; Gewährung von nationalen Beihilfen; Vertragsverhandlungen mit Drittländern. (Der Präsident der Kommission nimmt auch an den Sitzungen des Europäischen Rates teil.) Integrationspolitisch bedeutsam ist, daß die Kommissionsmitglieder zwar von den Mitgliedsstaaten entsendet werden. Doch sie sind zum einen weisungsungebunden, im Grundsatz also nicht dem nationalen Interesse, sondern dem Gemeinschaftsinteresse verpflichtet; und ihre Ernennung bedarf zum zweiten der Bestätigung durch das Europäische Parlament, das gegenüber der Kommission auch ein Mißtrauensvotum einbringen kann. Zwischenzeitlich kann der Rat ohne Vorschlag der Kommission keine Rechtsakte mehr erlassen (von Ausnahmen abgesehen), die Kommission aber auffordern, bestimmte Vorschläge zu unterbreiten. Insgesamt wird erkennbar, daß die Institutionalisierung des eigenständigen Gemeinschaftsinteresses - gerade mit der Stärkung der Position der Kommission - zunehmendes Gewicht gewinnt.

- Die Völker der Mitgliedsländer werden durch das **Europäische Parlament** repräsentiert. Seine Abgeordneten waren zunächst von den nationalen Parlamenten delegiert worden; seit 1979 werden sie direkt gewählt. Die Zusammensetzung ist zwar gewichtet nach der Größe der Länder; gleichwohl werden keine „nationalen“, sondern „politische“ Fraktionen gebildet. Die Rolle des Europäischen Parlaments als Legislative war lange Zeit relativ unbedeutend und beschränkte sich auf Anhörungs- und Beratungsrechte. Zwischenzeitlich - de facto seit Mitte der 70er Jahre, de jure seit Mitte der 80er Jahre (Einheitliche Europäische Akte, 1986) - wurden seine Befugnisse systematisch ausgeweitet. Die Möglichkeiten, an den Beschlüssen des Rates mitzuwirken (v.a. in Haushaltsangelegenheiten), sind erheblich gestiegen. In weiteren Bereichen - Haushaltskontrolle, Rechtsetzungsverfahren, Aufnahme weiterer Mitglieder - ist eine Zusammenarbeit mit dem Parlament zunehmend erforderlich. Beschlüsse von Rat und/oder Kommission bedürfen der Zustimmung des Parlaments (Gedanke der Mitentscheidung: Kodezision). Gestützt auf die Prüfung durch den Europäischen Rechnungshof beschließt das Parlament über die Entlastung der Kommission. Mit Blick auf diese Entwicklungstendenzen wird das Bemühen erkennbar, dem supranationalen Interesse nicht nur direkt über die Kommission, sondern auch indirekt über die demokratische Legitimation zusätzliches Gewicht zu verschaffen; denn gerade diese Legitimation stellt eine wichtige Basis dafür dar, dem supranationalen Interesse eine entsprechende Eigenständigkeit und damit Bedeutung zu vermitteln.

- Als Rechtsprechungsorgan fungiert der **Europäische Gerichtshof**, der aus unabhängigen Richtern besteht, die von Generalanwälten unterstützt werden. Ihm obliegt die Aufgabe, die Einhaltung des Gemeinschaftsrechts (Auslegung und Anwendung der Verträge) zu überwachen. Er entscheidet mit unmittelbarer rechtsverbindlicher Wirkung gegenüber Gemeinschaftsorganen (Rat, Kommission), Mitgliedsstaaten (einschließlich nationaler Gerichte) sowie natürlichen und juristischen Personen. Alle diese Instanzen können den Gerichtshof anrufen, aber auch von ihm verklagt werden. Insoweit kommt ihm eine zentrale Integrationsfunktion zu, nämlich dem Gemeinschaftsrecht (vor nationalem Recht) zum Durchbruch zu verhelfen. (Teilweise sind die nationalen Gerichte gehalten, anhängige EG-relevante Fragen dem Gerichtshof zur Vorentscheidung vorzulegen.) Was die Einklagbarkeit angeht, ist zwischen Primär- und Sekundärrecht zu unterscheiden. Primärrecht stellen die Gründungsverträge (einschließlich Änderungen und Ergänzungen) dar. Unter Sekundärrecht ist das von den Gemeinschaftsorganen - entsprechend der zugewiesenen Kompetenzen - erlassene Recht zu verstehen. Mit Blick auf die Einklagbarkeit ist zu beachten, daß Rat und/oder Kommission unterschiedliche Vorgaben erlassen können: „Verordnungen" (die in allen Teilen verbindlich sind), „Richtlinien" (die nur in der Zielsetzung verbindlich sind, während die Durchführung staatlichen Stellen vorbehalten bleibt), „Entscheidungen" (die sich nur an bestimmte Mitgliedsstaaten und/oder Unternehmen richten) sowie „Empfehlungen" (die den Charakter unverbindlicher Meinungsäußerungen von Rat, Kommission oder Parlament haben, also nicht einklagbar sind). In jedem Falle ist hier die Tendenz angesiedelt, den supranationalen Integrationsprozeß und damit das Gemeinschaftsinteresse nicht nur auf politischer Ebene zu institutionalisieren, sondern ihm eine juristische (einklagbare) Basis zu geben; nicht von ungefähr wird im Gerichtshof ein wichtiger Integrationsfaktor gesehen. Dies gilt gerade mit Blick auf die Tatsache, daß Gemeinschaftsrecht dem nationalen Recht vorgeht.

- Neben diesen vier „hoheitlichen" Entscheidungsträgern sind in die Organisationsstruktur **Nebenorgane** eingebaut, die zwar keine hoheitlichen Rechte ausüben, aber den Entscheidungsprozeß durch Vorbereitung und Beratung begleiten. Relevant wurde der Währungsausschuß, der Ausschuß für Wirtschaftspolitik und der Ausschuß der Zentralbankpräsidenten. In diesen Gremien sollte die Geld-, Finanz- und Wirtschaftspolitik koordiniert werden. Bedeutung hat auch der Wirtschafts- und Sozialausschuß; er soll die relevanten gesellschaftlichen Gruppen in den Mitgliedsländern - Arbeitgeberverbände, Gewerkschaften - in den Willensbildungsprozeß integrieren. Seit Mitte der

70er Jahre ist ein Europäischer Rechnungshof eingerichtet; er prüft die Rechtmäßigkeit und Ordnungsmäßigkeit sowie die Wirtschaftlichkeit der Haushaltsführung der Organe und legt regelmäßig einen Bericht vor. Seit Anfang der 90er Jahre - Maastrichtvertrag - ist ein Ausschuß der Regionen gebildet worden; er soll regionale und lokale Gebietskörperschaften der Mitgliedsländer in den Willensbildungsprozeß einbinden. Ohne auf organisatorische Details einzugehen, wird doch erkennbar, daß hier der Versuch angesiedelt ist, das Gemeinschaftsinteresse nicht nur bei hoheitlichen Entscheidungsträgern anzusiedeln, sondern seiner Umsetzung und Stabilisierung ein breites Fundament zu geben.

Nimmt man diese Organisationsstruktur insgesamt, so gilt festzuhalten, daß die Zielsetzung des Vertrages, nämlich die Etablierung eines eigenständigen supranationalen Gemeinschaftsinteresses, in der Organisationsstruktur einen durchaus konsequenten Niederschlag gefunden hat. Und dies zeigt sich gerade darin, daß die originären Träger dieses Gemeinschaftsinteresses - Kommission, Parlament, Gerichtshof - zwischenzeitlich eher eine Stärkung ihrer Position erfahren haben, mag auch noch vieles offen und strittig sein, was gerade der Gipfel in Amsterdam (Juni 1997) gezeigt hat.

c) Was - zum dritten - die **Finanzverfassung** angeht, so finden Zielsetzung und Organisationsstruktur darin ihren Niederschlag, als auch hier der Unionsgedanke deutlich zum Tragen kommt. Das Haushaltsverfahren selbst ist zwischen Rat, Kommission und Parlament angesiedelt, wobei seit Mitte der 70er Jahre die Haushaltsbefugnisse des Parlaments erheblich erweitert worden sind. Es ist autonom in der Ausgestaltung seines eigenen Teilhaushaltes. Im übrigen hat das Parlament das Recht, den EG-Gesamthaushalt festzustellen und Änderungen auf der Ausgabenseite vorzunehmen, sowie das Recht, die Kommission für die Haushaltsführung zu entlasten. Darüber hinaus erscheinen drei Gesichtspunkte bemerkenswert:

- Der **gemeinsame Wertmaßstab**: Obwohl eine gemeinsame (Europa-)Währung noch nicht vorlag, war von Anfang an das Bemühen angelegt, eine gemeinsame Recheneinheit festzulegen. Die **Recheneinheit** (RE) hatte zwar nicht den Charakter einer europäischen Währung, wohl aber Maßstabsfunktion für alle Tätigkeitsbereiche der Gemeinschaft (v.a. für Haushalt, Agrarmarktordnung und sonstige statistische Erhebungen). Zunächst war die RE an den US-Dollar und dessen Golddefinition gebunden (1 RE = 1 US-Dollar = 0,888671 g Feingold). Angesichts der Turbulenzen im Weltwährungssystem Anfang der 70er Jahre konnte die RE diese Maßstabsfunktion nicht mehr erfüllen, weil unterschiedliche Kursentwicklungen der nationalen Währungen der EG-Länder gegenüber dem US-Dollar zu abweichenden Recheneinheiten bei Umrechnung in nationale Währungen führten bzw. eine große Instabilität der RE begründeten. Mitte der 70er Jahre wurde deshalb die **Europäische Rechnungseinheit** (ERE) geschaffen, die dann - mit Inkrafttreten des Europäischen Währungssystem (vgl. dazu später) - durch die **Europäische Wäh-**

rungseinheit (European Currency Unit: ECU) abgelöst wurde. Seit Anfang der 80er Jahre ist die ECU im Grundsatz die einzige europäische Rechnungseinheit. Ihr Wert wird (wie schon die ERE) nun aus einem Währungskorb abgeleitet, in den alle EG-Währungen, gewichtet nach der (relativen) Wirtschaftskraft des Landes, einfließen. Dabei sollen Korbzusammensetzung und Gewicht der Währungen periodisch überprüft werden. Anfang der 90er Jahre hatten die höchsten Korbanteile die Deutsche Mark (knapp 31 vH), der französische Franc (gut 19 vH), das englische Pfund (gut 12 vH), die italienische Lira und der holländische Gulden (je knapp 10 vH). Werden nun alle Währungen in gleichen Mengen in den Korb eingebracht, sodann - gemäß dem aktuellen Umrechnungskurs - in eine Währung umgerechnet und schließlich die so umgerechneten Währungsbeträge - gemäß ihrem Gewicht - addiert, erhalten wir den Gegenwert für 1 ECU in dieser Währung. (So entsprach Anfang der 90er Jahre 1 ECU etwa 2 DM.) Diese Konstruktion führt dazu, daß die Rechnungs-„Einheit" zwar eindeutig definiert, der Rechnungseinheits-„Kurs" aber nicht unbedingt stabil ist, wenn Wechselkurse zwischen zwei oder mehreren EG-Währungen schwanken, was für die Entwicklung der währungspolitischen Zusammenarbeit nicht unwesentlich ist. Hier genügt es festzuhalten, daß die Gemeinschaftspolitiken und damit die Finanzverfassung sich - gleichermaßen unionsübergreifend - auf eine einheitliche Rechnungseinheit stützen. (Zwischenzeitlich hat sich auch ein privater ECU-Markt - bei dem die ECU als Verrechnungseinheit zwischen europäischen Großbanken und internationalen Unternehmen fungiert - herausgebildet, ohne daß der ECU allerdings alle tradierten Geldfunktionen wahrnimmt.)

- Der **gemeinsame Haushalt**: Sehen wir einmal von einigen Sonderhaushalten (Europäische Investitionsbank, Europäischer Entwicklungsfonds, EGKS-Funktionshaushalt) ab, wird seit dem Fusionsvertrag für EGKS, EWG und EAG ein Gesamthaushaltsplan aufgestellt. Unbeschadet dessen, daß das Volumen des Gesamthaushalts mit ca. 1 vH des EG-Bruttoinlandsprodukts noch relativ bescheiden ausfällt, sind dennoch zwei Aspekte bedeutsam. Erstens sind die Gemeinschaftsorgane hinsichtlich ihrer **Ausgabengestaltung** autonom. Über die „obligatorischen" Ausgaben (die sich aus Vertrag und Rechtsakte ergeben) entscheidet letztinstanzlich der Rat; Änderungsanträge des Parlaments werden wirksam, sofern das Gesamtvolumen der Ausgaben nicht erhöht wird und der Rat nicht mit qualifizierter Mehrheit widerspricht. Über die „nicht-obligatorischen" Ausgaben entscheidet das Parlament. Das Problem ist, daß sich bis Anfang der 90er Jahre eine recht einseitige Ausgabenstruktur herausgebildet hat: Anteilsmäßig an den Gesamtausgaben dominieren die Ausgaben für die Agrarpolitik (ca. 60 vH), gefolgt von Ausgaben für Regionalpolitik und Förderung von Forschung und Industrie (ca. 20 vH) sowie Ausgaben für die Sozialpolitik (ca. 10 vH). Zweitens hat sich bei der **Einnahmegestaltung** der Eigenmittelgedanke systematisch herausgebildet - gleichermaßen ein wichtiges Pendant zur Autonomie bei der Ausgabengestaltung. Bestand zunächst ein System von Finanzbeiträgen der Mitgliedsländer (bei gegebenem Aufbringungsschlüssel), setzte sich der Eigenmittelgedanke seit Anfang der 70er Jahre durch („Eigenmittelbeschluß", 1970). Anteilsmäßig an den Gesamteinnahmen dominieren die Mehrwertsteuer-Eigenmittel (reichlich 50 vH); derzeit sind 1,4 vH der Summe aller steuerpflichtigen Leistungen (der vH-Anteil soll bis 1999 auf 1 vH abgesenkt werden) an den Gemeinschaftshaushalt abzuführen, wobei die Bemessungsgrundlage 55 vH des Bruttosozialprodukts des jeweiligen Mitgliedslandes (bei ärmeren Ländern: 50 vH) nicht übersteigen soll. Eine weitere Einnahmequelle (mit reichlich 20 vH der Gesamteinnahmen) stellen die Einnahmen aus Zöllen (gemäß dem GZT sowie für Montanprodukte) dar, mit denen Einfuhren aus Drittländern belegt werden, sowie Einnahmen aus Agrarabschöpfungen, mit denen die Weltmarktpreise für Importwaren auf das Binnenpreisniveau im EG-Raum heraufgeschleust werden. Die dritte - seit Ende der 80er Jahre relevante - Einnahmequelle (mit ca. 15 vH der Gesamteinnahmen) stellt eine BSP-bezogene Abgabe dar („neue Eigenmittel"); gegenwärtig sollen 1,3 vH des BSP des jeweiligen Mitgliedslandes abgeführt werden, um die Ausgaben-Einnahmen-Lücke zu schließen. Der Rest der Einnahmen ergibt sich aus Sondereinnahmen - etwa Zinsen, Bußgelder, Einkommensteuer für EG-Bedienstete.

- Die **Umverteilungsfunktion** in der Finanzverfassung: Die gemeinsame Durchführung von Sachaufgaben, die dann zu entsprechenden Ausgaben führen, in Verbindung mit der Tatsache, daß die Finanzierung dieser Aufgaben eine nationale Leistungsorientierung - mit Blick auf die BSP-Bezugsgröße - aufweist, läßt es von vornherein nicht vermeiden, daß eine ausgeglichene nationale Nettoposition (sog. Prinzip des „juste retour"), wonach die Finanzierungsleistungen eines Mitgliedslandes (Zahlungen des Landes an die Gemeinschaft) deckungsgleich mit seinen Einnahmen (Zahlungen der Gemeinschaft an das Land) sind, nicht sichergestellt werden kann. Länder mit einem (relativ) hohen Agrarmarktanteil (gemessen am EG-Durchschnitt) werden eben eher überdurchschnittlich von den Agrarmarkthilfen profitieren; Länder mit einem (relativ) niedrigen Entwicklungsstand (gemessen am EG-Durchschnitt) werden eher überdurchschnittlich von Strukturhilfen profitieren. Somit bilden sich notwendigerweise zwei „Klassen" von Mitgliedsstaaten (Nettozahler und Nettoempfänger) heraus. Die Nettozahler sind v.a. Deutschland (das etwa ein Drittel des EG-Haushalts finanziert) und - allerdings mit deutlichem Abstand - Großbritannien, Frankreich, Italien und die Niederlande. Bei der Bewertung dieser Situation ist allerdings zu differenzieren. Einerseits wird diese Umverteilungsfunktion der Tatsache gerecht, daß die EG sich als eine Solidargemeinschaft begreift; die Forderung einer ausgeglichenen Nettoposition hätte dem Subsidiaritätsprinzip einen (zu) einseitigen Stellenwert beigemessen. Andererseits birgt die Umverteilungsfunktion die Gefahr, daß das Solidaritätsprinzip mißbraucht werden kann, wenn es zu einer nachlässigen Haushaltsdisziplin bei den (Netto-)Empfängerländern führt. Dies wiegt besonders schwer, wenn die Relation zwischen dem (absolutem) Standort im Wohlstandsgefälle der Gemeinschaft - gemessen an der Wertschöpfung je Einwohner (was gerade für Deutschland durch die Eingliederung der neuen Bundesländer relevant wird) - und den (relativen) Zahlungsanteilen gestört wird. Sieht man von Sonderregelungen für England ab, ist dieser Grundsatzkonflikt noch keineswegs gelöst; er könnte die Weiterentwicklung der EG noch erheblich belasten, zumal die Kommission den bestehenden Finanzierungsschlüssel über die laufende Finanzperiode (bis 1999) hinaus verlängern will und eine (mögliche) Osterweiterung der EG erhebliche Zahlungen der Gemeinschaft erforderlich machen dürfte.

Nimmt man die Bestandteile der Finanzverfassung insgesamt, so ist festzuhalten, daß diese sich konsequent in die Implikationen von Zielsetzung und Organisationsstruktur einfügen; auch hier ist das Bemühen erkennbar angelegt, ein eigenständiges supranationales Gemeinschaftsinteresse - mithin den Unionsgedanken - zu etablieren.

Faßt man die drei Grundelemente des Vertragswerks - Zielsetzung, Organisationsstruktur und Finanzverfassung - zusammen, so ist die Intention, nämlich die Etablierung des „Unions"-Gedankens und des supranational ausgerichteten „Gemeinschafts"-Interesses erkennbar und an sich formal folgerichtig angelegt. Als freilich auf dem Gipfel in Den Haag (Dezember 1969) eine Bestandsaufnahme hinsichtlich des Erreichten durchgeführt wurde, war das Ergebnis recht ambivalent.

a) Die erste Zielsetzung, binnen einer 12-Jahres-Frist eine (EG-intern orientierte) **Freihandelszone** und eine (EG-extern orientierte) **Zollunion** zu schaffen - zunächst bezogen auf die sechs Gründungsländer -, war fristgemäß erreicht. Die Binnenzölle für den Warenverkehr für gewerbliche Waren sowie die mengenmäßigen Beschränkungen waren beseitigt. Allenfalls in Kraft blieb noch die **Schutzklausel**, die der EWG-Vertrag vorsah (Art. 115 EWGV); danach konnten Mitgliedsländer an ihren Binnengrenzen mengenmäßige Beschränkungen einführen, um sog. „Umwege-Einfuhren" (Einfuhren aus Drittländern über ein EG-Land, das keine Handelsbeschränkungen gegenüber diesen Drittländern aufwies), die ihre Einfuhrquoten überschritten, zu unterbinden. Auch der Handel mit landwirtschaftlichen Produkten war - gemäß den Vorgaben der EG-Agrarmarktordnung - frei. Gleichzeitig war die Zollunion, gemessen an einem gemeinsamen Zolltarif nach außen und einer gemeinsamen Handelspolitik gegenüber Drittländern (Art. 110 ff. EWGV) geschaffen; sie umfaßte vornehmlich eine gemeinsame Einfuhrpolitik, während die Koordination einer gemeinsamen Ausfuhrpolitik (Subventionen, Exportkreditversicherungen) noch Lücken aufwies. Insgesamt gesehen, war der Unionsgedanke aber zumindest auf dem Gebiet der Außenhandelspolitik im Kern angelegt und auch weitgehend umgesetzt.

b) Von Anfang an sollte dieser Unionsgedanke zwar auf zwei Bereiche - auf den Agrarsektor und auf den Verkehrssektor- ausgedehnt werden, ohne daß freilich befriedigende Ergebnisse erreicht wurden. Was die gemeinsame **Verkehrspolitik** angeht - Regeln für den gemeinsamen Verkehr, Bedingungen für die nicht-diskriminierende Zulassung von Verkehrsunternehmen -, blieb es zunächst bei punktuellen Vorgaben. Weiter entwickelt war institutionell die **Agrarunion**. Ihr Ziel war von Anfang an, die Nahrungsmittelversorgung der Bevölkerung zu angemessenen Preisen sicherzustellen, eine Einkommensverbesserung in der Landwirtschaft über Preise (und eben nicht über reine Transferzahlungen) zu gewährleisten und über Rationalisierung die Produktivitätssteigerung in der Landwirtschaft zu forcieren (Art. 39 ff. EWGV). Kernstück wurde eine europäische Marktordnung, die ca. 95 vH aller landwirtschaftlichen Produkte erfaßt; sie enthält - neben einer generellen EG-internen Liberalisierung - ein gemeinsames Preissystem sowie verbindliche Beihilfen, Qualitätsnormen und Handelsregeln. Das Preissystem besteht aus einem Grundrichtpreis (auf der Erzeugerstufe) und einem Interventionspreis (Mindestpreis, der Stützungskäufe seitens öffentlicher Stellen auslöst). Diese Preise werden in Rechnungseinheiten festgelegt und über „repräsentative Umrechnungskurse" („grüne Paritäten") in nationale Währungen umgerechnet. Gegenüber Drittländern wird dieses Preissystem durch ein „Schleusensystem" abgesichert: Bei der Einfuhr werden niedrigere Weltmarktpreise (gemessen an EG-Preisen) über Abschöpfungen hochgeschleust; bei der Ausfuhr werden die höheren EG-Preise (gemessen an Weltmarktpreisen) über Erstattungen herabgeschleust. Die Finanzierung der Marktordnungsausgaben für Interventionen (Ankauf und Lagerung) erfolgt aus einem gemeinsamen Agrarfonds, der in den Gemeinschaftshaushalt integriert ist (sog. „Garantieabteilung"). Daß diese Agrarmarktordnung zwischenzeitlich zu fragwürdigen Ergebnissen geführt hat (Überschußproduktion, Haushaltsbelastungen), ist unbestritten. Sie bedarf der Reform. Dies sei hier aber nicht weiter analysiert. Hauptgrund für die Fehlentwicklungen dürfte sein, daß eine flexible Marktpreisbildung (die einen „natürlichen" Ausleseprozeß bewirkt hätte) über Garantiepreise verhindert wurde, und daß (als dann notwendige Alternative) eine ergänzende gemeinsame Strukturpolitik (Modernisierung und/oder Reduzierung der Zahl der landwirtschaftlichen Betriebe) zunächst fehlte. Sie trat erst in den 70er und 80er Jahren hinzu und wird - teilweise in der nationalen Kompetenz verbleibend - aus EG-Mitteln im Rahmen der sog. „Ausrichtungsabteilung" finanziert. Die Tatsache, daß Anfang der 90er Jahre noch über 90 vH der Agrarausgaben auf die „Garantieabteilung" entfielen, weist auf die Defizite einer gemeinsamen Agrarstrukturpolitik hin.

c) Was freilich die weitergehende Zielsetzung - Gemeinsamer Markt, Wirtschafts- und Währungsunion - angeht, so war diese von ihrer Realisierung noch weit entfernt. Der **Gemeinsame Markt** sollte einen Integrationsraum mit binnenmarktähnlichen Verhältnissen (und ohne Grenzkontrollen) schaffen. Dazu gehören die sog. vier „Grundfreiheiten", d.h. neben einem freien Warenverkehr die Freizügigkeit der Arbeitskräfte (Art. 48 ff. EWGV), die Freiheit der Niederlassung und im Dienstleistungsverkehr (Art. 52 ff. EWGV) und die Freiheit im Kapital- und Zahlungsverkehr (Art. 67 ff. EWGV). Termingerecht umgesetzt war nur die Freizügigkeit der Arbeitskräfte (einschließlich Familienangehöriger); von Ausnahmen abgesehen (Ausübung hoheitlicher Befugnisse oder Tätigkeiten zum Schutz der allgemeinen Interessen eines Landes) können auf der Grundlage einer Verordnung, die im November 1968 in Kraft getreten war, Arbeitnehmer in ein Mitgliedsland frei einreisen (Einreisefreiheit), ohne diskriminiert zu werden eine Beschäftigung ausüben (Beschäftigungsfreiheit) und nach deren Beendigung im Land bleiben (Bleibefreiheit). Erhebliche Restriktionen bestanden noch bei der Niederlassungsfreiheit (Geschäftsgründungen, Leitung von Unternehmen in einem Mitgliedsland - zumal in Sektoren, Banken und Versicherungen, die noch zusätzlich durch Kapitalverkehrsbeschränkungen betroffen waren) sowie im Dienstleistungsbereich (vom Reise- und Tourismusverkehr abgesehen). Ebenfalls war der freie Kapital- und Zahlungsverkehr Restriktionen unterworfen, zumal die Kapitalmarktrichtlinien, die Anfang der 60er Jahre vom Rat erlassen wurden, ohnehin nur eine „gestufte" Liberalisierung vorschrieben. Rat und Kommission sahen hier einen engen Zusammenhang mit der (noch autonomen) nationalen Wirtschafts- und Währungspolitik und wollten den Mitgliedsländern das Recht einräumen, sich von spekulativen Kapitalströmen abzuschirmen. Unbedingt liberalisierungspflichtig waren deshalb nur Kapitaltransaktionen, die einen direkten Bezug zu realen Transaktionen hatten (Handelskredite, Direktinvestitionen); reine Finanzgeschäfte (gerade kurzfristige Transaktionen) waren nicht oder nur bedingt liberalisierungspflichtig. Die **Wirtschafts- und Währungsunion** sollte dann letztlich im Integrationsraum die Voraussetzung für eine gemeinsame Wirtschafts- und Währungspolitik schaffen. Ihre Realisierung war noch in keiner Weise umgesetzt. Dies hing nicht zuletzt damit zusammen, daß man diese Politikbereiche zwar folgerichtig - angesichts der eingeleiteten Liberalisierungsprozesse - als eine Angelegenheit von „gemeinsamen Interesse" sah, aber gleichwohl die nationale Zuständigkeit für diese Politikbereiche aufrechterhalten wollte. So blieb es letztendlich bei einer mehr oder minder unverbindlichen Koordinierungsaufgabe: Ein „Beratender Währungsausschuß" sollte die Währungs- und Finanzlage der Mitgliedsländer beobachten; ein „Gouverneursausschuß", bestehend aus den Präsidenten der Zentralbanken, sollte die Geld- und Währungspolitik (mit Blick auf das noch intakte Fixkurssystem im Weltwährungssystem) koordinieren.

Nimmt man diese Bestandsaufnahme insgesamt, stand folgende Alternative zur Disposition: Entweder sich mit dem Erreichten (Zoll- und Agrarunion) zufriedenzugeben, oder die im Vertragswerk an sich angelegten höheren Integrationsstufen anzustreben. Die Regierungschefs entschieden sich für die zweite Alternative. Dafür gab es gute Gründe. Angesichts des gestiegenen und im Grundsatz freien EG-Binnenhandels - betrug 1958 der Anteil des Intra-EG-Handels am Gesamthandel der Mitgliedsländer noch knapp 30 vH, erreichte er zwischenzeitlich die 50 vH-Grenze - wurde die nationale Wirtschaftspolitik nicht nur programmatisch, sonder auch faktisch zur Angelegenheit eines gemeinsamen Interesses, weil sie zunehmend geeignet war, in den offenen Integrationsraum durchzuwirken und damit diese Offenheit durch Importbeschränkungen (Art. 115) latent immer wieder zu gefährden. So kam es notwendigerweise zu dem Beschluß, die höheren Integrationsstufen anzustreben. Zum einen galt es, die Offenheit des Marktes zu intensivieren und irreversibel zu machen (Gemeinsamer Markt - vgl. Ziff. 49); zum zweiten galt es, die Offenheit des Marktes zu stabilisieren und vor Wechselkursrisiken abzuschirmen (Wirtschafts- und Währungsunion - vgl. Ziff. 50). Die Beschlüsse von Den Haag waren somit konzeptionell durchaus folgerichtig und konsequent; denn erneut ging es um die Schaffung bzw. Weiterentwicklung von für den Integrationsprozeß relevanten **Entstehungs-** und **Stabilisierungsbedingungen**.

49) DIE EUROPÄISCHEN GEMEINSCHAFTEN (DIE EEA)

Definieren wir den Gemeinsamen Markt als einen Integrationsraum mit „binnenmarktähnlichen Verhältnissen", so bedeutet dies, daß die völkerrechtlich relevanten Grenzen zwar beibehalten werden, daß sie aber ihre ökonomische Abgrenzungsfunktion innerhalb des Integrationsraumes verlieren. Das Anliegen, einen so definierten Gemeinsamen Markt zu etablieren, ist somit interpretierbar als eine systematische **Weiterentwicklung** der **Entstehungsbedingungen** des Integrationsraumens. Denn aus dem Wegfall der Abgrenzungsfunktion völkerrechtlicher Grenzen folgt, daß der Leistungsaustausch (Waren, Dienste) sowie der Faktoraustausch (Arbeit, Kapital) ähnlich ungehindert erfolgen können wie im nationalen Wirtschaftsraum. Die Schaffung eines solchen „Gemeinsamen Marktes", der über die auf den Warenverkehr reduzierte Freihandelszone bzw. Zollunion konzeptionell hinauswies, war von Anfang an ein Kernstück des Vertrags (Art. 8 EWGV). Dieser Gemeinsame Markt sollte bis 1970 errichtet und die vier skizzierten **Grundfreiheiten** - freier Warenverkehr, freier Dienstleistungsverkehr und Niederlassungsfreiheit, Freizügigkeit der Arbeitskräftewanderung, Freiheit im Kapital- und Zahlungsverkehr - sollten bis dahin umgesetzt sein. Wie schon gezeigt, war dieses Ziel allenfalls im Bereich des Warenverkehrs (mit Ausnahmen) und bei der Freizügigkeit der Arbeitnehmer erreicht worden. Zwar hatte der Europäische Gerichtshof 1974 festgestellt, daß im EG-Raum Niederlassungs- und Dienstleistungsfreiheit geltendes Recht seien; doch Restriktionen blieben nach wie vor aufrechterhalten. Und die Turbulenzen im Weltwährungssystem hatten (trotz gegenläufiger Ratsrichtlinien 1973/1977) dazu geführt, daß die Kapitalverkehrsliberalisierung zunächst eher zurückgenommen wurde. Erst Anfang der 80er Jahre konnten sich neue Liberalisierungstendenzen im Kapitalverkehr durchsetzen. So war der Gemeinsame Markt noch keineswegs etabliert, zumal es sogar - trotz EG-internen Zollabbaus - im Warenverkehr eher noch zu zusätzlichen administrativen Behinderungen (auf der Grundlage technologischer Normen, Abschottung bei staatlichen Beschaffungsprogrammen) gekommen war. Somit galt es, eine neue Initiative zu entwickeln, um den Gemeinsamen Markt zu realisieren.

Konzeptionell plausibel, wenngleich integrationspolitisch nicht zwingend, war das Anliegen, EG-intern die Grenzkontrollen im Personen- und Autoverkehr (bis auf Stichproben) völlig abzuschaffen. Aufgrund der Initiative von fünf Kern-EG-Ländern (Belgien, Bundesrepublik, Frankreich, Luxemburg, Niederlande) kam es zur Unterzeichnung des **Schengener Abkommen** (Juni 1985), wonach die Grenzkontrollen bis 1992 (dann auf 1995 verschoben) völlig entfallen sollten;

dem Abkommen sind zwischenzeitlich Griechenland, Italien, Österreich, Portugal und Spanien beigetreten, während England und Irland sich das Recht auf Personenkontrollen vorbehielten. Ob das Abkommen ökonomisch Sinn macht (Einsparen der Kontrollkosten), sei hier offen gelassen. Denn sehr rasch wurde erkennbar, daß von einem völligen Verzicht auf Grenzkontrollen auch Gefahren für die innere Sicherheit (Menschen-, Rauschgift-, Waffenhandel, Terroristenproblematik) ausgehen können und die Wirtschaftskriminalität (Steuerflucht, Güterverkehr mit für den Außenhandel nicht zugelassenen Produkten) begünstigt werden könnte. Nicht von ungefähr wurden in einem Zusatzabkommen (Schengen II, Juni 1990) Ausgleichsmaßnahmen als erforderlich angesehen: Zusammenarbeit von Polizei und Justiz, Verschärfung der Kontrollen an den EG-Außengrenzen, Vereinheitlichung von Einreise- und Aufenthaltsbestimmungen (was wiederum zusätzliche Kosten aufwirft). Diese Problematik soll nicht weiter verfolgt werden.

Integrationspolitisch überzeugend - gemessen an den vertraglichen Vorgaben - war demgegenüber die Unterzeichnung der **Einheitlichen Europäischen Akte (EEA)** im Februar 1986. Sie trat nach ihrer Ratifizierung im Juli 1987 in Kraft und stellte eine **erste grundlegende Reform** des **EWG-Vertrages** dar. Neben einer Intensivierung der Europäischen Politischen Zusammenarbeit und einer Erweiterung der Kompetenzen der Gemeinschaftsorgane sollte bis Anfang 1993 der Gemeinsame Markt durch eine definitive Umsetzung der vier Grundfreiheiten realisiert sein. Mit diesem Anliegen hatten die EG-Signatarstaaten nicht nur die ehemalige Zielsetzung des EWG-Vertrags noch einmal definitiv bestätigt. Der Gemeinsame Markt war überdies gedacht als Grundlage für einen Übergang zur Wirtschafts- und Währungsunion - nach wie vor und nicht zuletzt auch als Basis für eine spätere Politische Union. Klammern wir einmal dieses weiter gefaßte Anliegen aus, so war auch die engere **ökonomische Zielsetzung** des Gemeinsamen Marktes - für sich genommen - unstrittig und plausibel zugleich: Neben der Einsparung der Kosten, die aus noch bestehenden und teilweise hinzugekommenen Abschottungen entstanden, sollte letztlich über das relative Produktionsmaximum (nationale Arbeitsteilung, in Verbindung mit freiem Warenverkehr im EG-Raum) hinaus ein absolutes Produktionsmaximum (internationale Arbeitsteilung, in Verbindung mit freiem Faktorverkehr im EG-Raum) erreicht werden. Überdies wurde erwartet, daß - wenn die Wirtschaft von den Möglichkeiten des größeren Integrationsraumes Gebrauch macht - der Wettbewerb im größeren Binnenmarkt durch Freisetzung innovatorischer Kräfte und Stückkostensenkung aufgrund höherer Losgrößen nicht nur (direkt) einen Produktivitätsschub auslöse, sondern (indirekt) einen Beitrag zur Preisstabilität leiste. (In Modellsimulationen wurde ermittelt, daß - freilich nach einer, gemessen an der Beschäftigungsentwicklung, mehrjährigen schmerzhaften Übergangszeit - mit positiven Wachstumseffekten, in Verbindung mit Kostenrückgängen und Preisstabilisierungseffekten sowie auf längere Sicht mit positiven Beschäftigungseffekten gerechnet werden kann. Auf die Darstellung derartiger Modellsimulationen sei hier verzichtet; ihre Tragfähigkeit hängt ohnehin sehr stark von Plausibilität und Stabilität der Modellprämissen und Modellstrukturen ab.)

Nimmt man nun diese Zielsetzung als gegeben, so stellt sich konzeptionell die Frage nach den **Funktionsbedingungen** des Gemeinsamen Marktes.[29] Dabei

[29] Zu Einzelheiten der Diskussion vgl.: R. Bieber u.a. (Hrsg.), One European Market - A critical Analysis of the Commission's Internal Market Strategy, Baden-Baden 1988 - S. Breier u.a., Der Kohäsionsfonds - ein notwendiges Gemeinschaftsinstrument?, in: HWWA-Wirtschaftsdienst 1993/V - B. Busch, Einkommensgefälle in der Europäischen Gemeinschaft, in: iw-Trends 4/1992 - B. Busch u.a., Kohäsion in der Europäischen Union - Eine empirische Analyse, in: iw-Trends 1/1997 - P. Ceccini, Europa 1992 - Der Vorteil des Binnenmarktes, Baden-Baden 1988 - R. Clement, Regionale und sektorale Auswirkungen des europäischen Binnenmarktes - Eine Analyse am Beispiel der Industrie, in: Konjunkturpolitik, 35. Jg. 1989 - H. Dicke, Vollendung des EG-Binnenmarktes - Der Versuch einer Zwischenbilanz, in: Die Weltwirtschaft 1/1989 - J.B. Donges, Die EG auf dem Weg zum Binnenmarkt, Kieler Arbeitspapiere Nr. 360/1989 - G. Fisch, Außenhandels- und entwicklungstheoretische Aspekte der Kohäsionspolitik in der EU, in: Konjunkturpolitik, 39. Jg. 1993 - F. Franzmeyer, Struktur- und Wettbewerbsaspekte neuer Gemeinschaftspolitiken - EG im Zeichen von Binnenmarktvollendung, Süderweiterung, Technologiegemeinschaft und Ausbau der Währungsunion, in: DIW-Vierteljahresheft 4/1987 - F. Franzmeyer, Was kostet die Vollendung des europäischen Binnenmarktes?, in: Konjunkturpolitik, 33. Jg. 1987 - F. Franzmeyer, Zur Kehrseite des Binnenmarktkonzepts, in: Konjunkturpolitik, 39. Jg. 1993 - H. Giersch, Der EG-Binnenmarkt als Chance und Risiko, Kieler Diskussionbeiträge Nr. 147/1988 - D. Grimm u.a., EG 1992 - Strategien, Hindernisse, Erfolgsaussichten, Kieler Diskussionsbeiträge Nr. 152/1989 - J. Gürtler, Erwartete Auswirkungen des Europäischen Binnenmarktes auf die deutsche Industrie, in: ifo-Schnelldienst 16/1988 - A. Herrmann, Außenhandelspolitische Aspekte der Verwirklichung des EG-Binnenmarktes, in: ifo-Schnelldienst 35-36/1989 - A. Herrmann u.a., Die Auswirkungen des Europäischen Binnenmarktes auf die deutsche Wirtschaft und Wirtschaftspolitik, in: ifo-Schnelldienst 5-6/1990 - A. Herrmann, EG-Binnenmarkt - Schwieriger Prozeß der Öffnung für Drittländer, in: ifo-Schnelldienst 1-2/1993 - R. Hrbek, Der mühsame Einstieg in die EG-Reform, in: HWWA-Wirtschaftsdienst 1987/X - G. Koopmann, Handelspolitik der EG im Zeichen des Binnenmarktes, in: HWWA-Wirtschaftsdienst 1989/VIII - R. Langhammer, Auswirkungen der EG-Binnenmarktintegration auf den Außenhandel der Entwicklungsländer, Kieler Arbeitspapiere Nr. 369/1989 - U. Möbius, Handelspolitik der EG im Zeichen der Vollendung des Binnenmarktes und der GATT-Verhandlungen, in: DIW-Wochenbericht 35/1988 - U. Möbius, EG-Binnenmarkt und Handelspolitik gegenüber Entwicklungsländern, in: DIW-Wochenbericht 22/1989 - G. Nerb u.a., Zukunftschancen für Europa - was bringt der Europäische Binnenmarkt nach 1992, in: ifo-Schnelldienst 16/1988 - G. Nerb, Was erwartet die europäische Industrie vom EG-Binnenmarkt?, in: ifo-Schnelldienst 16/1988 - P. Nunnenkamp, Aufhol- und Abkopplungsprozesse im europäischen Binnenmarkt, in: Die Weltwirtschaft 2/1997 -T. Padora-Schioppa, Wirtschafts- und währungspolitische Probleme der Europäischen Integration, Luxemburg 1985 - K. Rögge, Kann der EG-Binnenmarkt bis 1992 realisiert werden?, in: HWWA-Wirtschaftsdienst 1988/III - H.E. Scharrer, EG-Protektionismus als Preis für die Verwirklichung des Europäischen Binnenmarktes, in: HWWA-Wirtschaftsdienst 1986/XII - O. Schlecht, Die Vollendung des Europäischen Binnenmarktes - Ziele, Voraussetzungen und Chancen, in: Konjunkturpolitik, 33. Jg.

kann als unstrittig gelten, daß die **interne Liberalisierung** des **Leistungs- und Faktorverkehrs** - und zwar unabhängig davon, ob noch formal Grenzkontrollen bestehen - unverzichtbar ist und somit eine erste Funktionsbedingung darstellt. Sie beschränkt sich nun nicht mehr auf den freien Leistungsverkehr (einschließlich des Verzichts auf Subventionen und sonstige Exportförderungsmaßnahmen); hinzutreten muß nun der freie Faktorverkehr (einschließlich des Verzichts auf Diskriminierung von Arbeitskräften und Kapital aus anderen EG-Mitgliedsländern). Gleichwohl ist die Liberalisierung nur eine notwendige aber keine hinreichende Funktionsbedingung. Denn die Leistungs- und Faktorströme können sich nun ungehindert im EG-Raum entfalten. Dies bedeutet aber dann, daß bestehende **Wettbewerbsverzerrungen** zwischen den Mitgliedsländern definitionsgemäß an den nationalen Grenzen und mit dem Ziel eines nationalen Schutzes - über Belastungen und/oder Auflagen für Produkte anderer Mitgliedsländer bzw. Entlastungen und Subventionen für eigene Produkte - nicht mehr kompensierbar sind. Dies ist zwar folgerichtig, weil das supranationale Interesse (absolutes Produktionsmaximum) das nationale Interesse (relatives Produktionsmaximum) dominiert, damit aber letzteres gefährden und so den Integrationsprozeß belasten kann. Der Abbau dieser Wettbewerbsverzerrungen mit dem Ziel einer **Harmonisierung der Wettbewerbsbedingungen** wird somit zur unverzichtbar zweiten Funktionsbedingung. Beide Funktionsbedingungen - Liberalisierung und Harmonisierung - implizieren allerdings nicht nur einen nationalen Kompetenzverzicht (Verzicht auf nationale Kompensation sowie auf Aufrechterhaltung von Wettbewerbsvorteilen); nicht von ungefähr wurden die Kompetenzen der Gemeinschaftsorgane erweitert und bei der Willensbildung verstärkt zum Prinzip der qualifizierten Mehrheit übergegangen. Sie stehen darüber hinaus auch in einem wechselseitigen Zusammenhang: Liberalisierung ohne Harmonisierung kann für den Integrationsraum gefährlich werden; Harmonisierung ohne Liberalisierung wird für den Integrationsraum funktionslos.

Es kann nun im folgenden nicht darum gehen, sämtliche „Verordnungen“ und „Richtlinien“ aufzulisten, mit denen die beiden Funktionsbedingungen erfüllt werden sollen. Die **Liberalisierung** wurde systematisch intensiviert; dabei ist bemerkenswert, daß von diesen Grundfreiheiten (mit Ausnahme des Kapitalverkehrs) unmittelbare Rechtswirkungen ausgehen. Nach einem Urteil des Europäischen Gerichtshofs sind sie nach Ablauf der Übergangsfrist rechtswirksam, unabhängig davon, ob der Rat die entsprechenden Durchführungsverordnungen erlassen hat. So ist die Freizügigkeit nicht mehr auf Arbeitnehmer reduziert, sondern umfaßt einen weitergehenden Personenkreis (Studenten, Rentner); die Niederlassungs- und Dienstleistungsfreiheit wird umfassender anwendbar (Ausübung selbständiger Tätigkeit, Anerkennung von Zeugnissen und sonstigen Befähigungsnachweisen, Aufhebung der Beschränkungen im Finanzsektor); Zahlungs- und Kapitalverkehr ist im Grundsatz liberalisiert (von befristeten

1987 - G. Stahl, Die Europäische Gemeinschaft vor einer erneuten Finanzkrise?, in: HWWA-Wirtschaftsdienst 1992/II - I. Thomas, Finanzausgleich und Kohäsion in der Europäischen Union, in: Die Weltwirtschaft 4/1994.

Ausnahmeregelungen abgesehen). Größere Probleme wirft der Grundsatz der **Harmonisierung** auf, der das Ziel eines Abbaus von Wettbewerbsverzerrungen hat. Diese können grundsätzlich drei Ursachen haben: Zum einen privatwirtschaftlich ausgelöste Wettbewerbsbeschränkungen, zum zweiten durch nationales Recht verursachte Wettbewerbsverfälschungen und zum dritten strukturell bedingte Wettbewerbsnachteile. In allen drei Fällen bestand ein spezifischer Harmonisierungsbedarf.

a) Im ersten Fall erhalten wir das Problem einer **Europäischen Wettbewerbspolitik**, die das Ziel hat, fragwürdige privatwirtschaftlich ausgelöste Wettbewerbsbeschränkungen a priori zu verhindern bzw. a posteriori abzubauen. In die gleiche Richtung zielen wettbewerbsverfälschende staatliche Beihilfen, soweit sie nicht ausdrücklich zulässig sind (womit naturgemäß ein gewisses Spannungsverhältnis zur Industriepolitik begründet wird - vgl. dazu später). Die Europäische Wettbewerbspolitik[30] geht davon aus, daß Wettbewerb (für sich genommen) nicht nur eine soziale Dimension (Gewährung von Startchancengleichheit), sondern auch eine ökonomische Dimension (Sicherstellung von stabilem Marktgleichgewicht, leistungsgerechter Einkommensverteilung, maximaler Konsumentensouveränität, optimaler Faktorallokation - in Verbindung mit der Förderung von Anpassungsflexibilität an Nachfrage- und Technologieveränderungen sowie der Förderung von Kreativität, gemessen an Produkt- und Verfahrensinnovationen) hat. Aus der Sicht eines supranationalen Binnenmarktes hat Wettbewerb darüber hinaus nun aber auch eine **integrationspolitische Funktion**, die verhindern soll, daß der angelegte Liberalisierungsprozeß über Wettbewerbsbeschränkungen bzw. deren national unterschiedliche Behandlung unterlaufen wird. Schon im EGKS-Vertrag, dann aber ausdrücklich in den Römischen Verträgen (Art. 85 ff. EWGV), wird dieser Gedanke thematisiert. Verboten und damit nichtig sind - zum einen - Vereinbarungen zwischen Unternehmen (Kartelle, Absprachen, abgestimmtes Verhalten), die geeignet sind, den Wettbewerb und damit den Handel zwischen den Mitgliedstaaten zu beeinträchtigen; ausgenommen sind Bagatellfälle oder Fälle, bei denen keine zwischenstaatliche Auswirkung vorliegt. Vom Verbot ausgenommen können Kooperationen sein, soweit sie der Förderung des technischen und wirtschaftlichen Fortschritts dienen, oder wenn die Verbraucher an den Vorteilen angemessen beteiligt werden. Verboten ist - zum zweiten - die mißbräuchliche Ausnutzung einer marktbeherrschenden Stellung, sei es als vertikaler Ausbeutungsmißbrauch (unangemessene Preise und sonstige Konditionen gegenüber vor- oder nachgelagerten Sektoren), sei es als horizontaler Behinderungsmißbrauch (Diskriminierung der Konkurrenz durch aggressive Unterkostenpreise, Abnahme- oder Lieferverweigerung einschließlich Koppelungsverträge). Während im EG-Vertrag noch keine Fusionskontrolle Berücksichtigung fand, ist durch Verordnung (seit September 1990) ein geplanter Zusammenschluß von Unternehmen von europäischer Dimension gegenüber der Kommission anzeigepflichtig. **Träger** der Wettbewerbspolitik ist die Kommission, deren Ent-

[30] Einen detaillierten Überblick vermitteln I. Schmidt u.a., Europäische Wettbewerbspolitik - Eine Einführung, München 1997.

scheidungen vom Europäischen Gerichtshof überprüft werden. Es kann nun als unstrittig gelten, daß eine Europäische Wettbewerbspolitik (ebenso wie jede nationale Wettbewerbspolitik) in der Grauzone zwischen Schaffung hinreichend wettbewerblicher Strukturen und Behinderung möglicher ökonomischer Effizienz operiert - und insoweit an Grenzen stößt. Dies ist ein wettbewerbspolitisches Grundsatzproblem und kann hier nicht ausgelotet werden. Wichtiger ist, daß bei Gültigkeit des Subsidiaritätsprinzips das europäische Recht erst dann greift, wenn die nationale Gesetzgebung und Rechtsprechung zur Problemlösung überfordert ist, daß dann aber das Gemeinschaftsrecht im Konfliktfall Vorrang vor nationalem Recht genießt. Hier wird unmittelbar der Harmonisierungsgedanke zum Ausdruck gebracht.

b) Im zweiten Fall erhalten wir das Problem einer **Europäischen Rechtsangleichung**, die das Ziel hat, im Binnenmarkt eine einheitliche (überschaubare) Rechtsstruktur zu schaffen und auf dieser Grundlage Wettbewerbsverfälschungen, die aus divergierenden nationalen Rechtsnormen entstehen, entgegenzuwirken, weil diese ansonsten einem ungehinderten Leistungs- und Faktorverkehr entgegenstehen und damit die Funktionsfähigkeit des Binnenmarktes (auch bei gegebenen Grundfreiheiten) in Frage stellen könnten. Dies ist dann der Fall, wenn unterschiedliche Rechtsnormen die Unternehmen in den nationalen Volkswirtschaften mit unterschiedlichen Kosten und/oder sonstigen administrativen Auflagen belasten. Verlieren die völkerrechtlichen Grenzen ihre ökonomische Abgrenzungsfunktion, dann sind derartige Unterschiede über Ausgleichszahlungen und/oder Auflagen beim Grenzübertritt nicht mehr kompensierbar; die Wettbewerbsverfälschungen wirken nun voll durch. Insofern war es nur konsequent, daß von Anfang an (Art. 100 ff. EWGV) auf die Notwendigkeit der Rechtsangleichung hingewiesen wurde. (Schon 1977 ergriff der Rat mit einer Mehrwertsteuerrichtlinie, die die Bemessungsgrundlage für die Mehrwertsteuer harmonisieren sollte, eine erste Initiative.) Betroffen sind nicht nur weite Bereiche des Steuer-, Subventions-, Wirtschafts-, Gesellschafts- und Sozialrechts, sondern auch technische Normen, die Schutzfunktionen ausüben (Arbeitsplatzsicherheits-, Gesundheits-, Verbraucher- und Umweltschutz). Nicht von ungefähr hatte die Kommission, bei Verabschiedung der EEA, ein „Weißbuch" veröffentlicht, wonach über 280 einzelne Harmonisierungsmaßnahmen detailliert aufgelistet wurden; bei Abschluß der Übergangsfrist waren davon ca. 95 vH vom Ministerrat verabschiedet, ca. 80 vH in nationales Recht umgesetzt. Der Europäische Gerichtshof kann (ab 1993) nationale Vorschriften, die dem Gemeinsamen Markt entgegenstehen, zwar außer Kraft setzen. Bestimmte Bereiche (Energie, Telekommunikation) sind freilich von vornherein ausgenommen. Andere Bereiche (Gesundheit, Umwelt) unterliegen Ausnahmebestimmungen; hier kann der Rat allenfalls darauf hinwirken, daß es zu einer Harmonisierung kommt (Rechtsangleichung) oder - nach dem neu eingeführten Art. 100a - mit qualifizierter Mehrheit beschließen, daß ein Mitgliedsland bestimmte Vorschriften anderer Mitgliedsländer als äquivalent anerkennen muß (Rechtstolerierung). Offen mag bleiben, ob es sich anbietet, anstatt den Rechtsangleichungsprozeß sofort und umfassend umzusetzen, diesen eher pragmatisch und in kleinen Schritten einzuleiten - z.B. „Korridorlösung" bei der Mehrwertsteuer, statt sofortige Gleichsetzung; Begrenzung auf „grundlegende" Sicherheits- und Umweltstandards, statt detaillierter technischer Normierung; Festlegung auf „soziale Mindeststandards", statt Nivellierung auf einem bestimmten Niveau. Die Notwendigkeit der Rechtsangleichung bleibt bestehen, so daß auch hier einem **Gemeinschaftsrecht** der Vorrang vor nationalem Recht zukommt, ein nationaler Kompetenzverzicht somit unausweichlich erscheint.

c) Im dritten Fall erhalten wir das Problem einer **Europäischen Strukturangleichung**, die das Ziel hat, die Wettbewerbsfähigkeit der Länder und Regionen zu fördern. Diese Aufgabe resultiert letztlich aus einem nach wie vor bestehenden Strukturgefälle.[31] Die realen gesamtwirtschaftlichen Wachstumsraten (vgl. Tabelle 13), die realen Investitionsquoten (vgl. Tabelle 14) sowie die Produktivitätszuwächse (vgl. Tabelle 15) streuen doch noch erheblich. Und dies hat zur Folge, daß die gesamtwirtschaftliche Bruttolohnkostenbelastung (vgl. Tabelle 16) und die gesamtwirtschaftlichen Preissteigerungsraten (vgl. Tabelle 17) ebenfalls starke Diskrepanzen aufweisen. Diese Entwicklungstendenzen gehen einher mit stark divergierenden Erwerbslosenquoten (vgl. Tabelle 18). Es kann im folgenden nicht darum gehen, eine detaillierte Länderanalyse vorzunehmen oder spezifische Korrespondenzen zwischen diesen ausgewählten Eckdaten herauszuarbeiten. Erkennbar ist allenfalls, daß die Spreizung nicht zunimmt und die „ärmeren" Länder (Griechenland, Irland, Portugal, Spanien) - gemessen an den genannten Eckdaten - partiell durchaus Fortschritte verzeichnen. Auf der anderen Seite bleibt trotz eines gewissen Aufholprozesses nach wie vor ein deutliches Wohlstandsgefälle.[32] Besteht nun ein gemeinsamer Markt, kommt dieses Struk-

[31] Zu den Daten in den Tabellen 13 bis 21: vgl. OECD, National Accounts, Detailed Tables, Paris, lfd. Jahrgänge. (Die Werte sind jeweils gerundet.)

[32]

Bruttoinlandsprodukt je Einwohner in Kaufkraftstandards
- EU-12 = 100 -

	1980	1985	1990	1995
Belgien	106,7	104,3	104,1	110,4
Dänemark	105,4	113,3	105,0	114,3
Deutschland (West)	118,2	118,7	116,9	119,8
England	95,9	99,1	99,8	94,3
Frankreich	114,0	112,8	110,5	105,9
Griechenland	62,7	61,3	57,8	64,7
Italien	102,7	102,3	102,2	101,4
Irland	60,3	61,9	71,6	91,5
Luxemburg	115,7	132,4	145,4	165,4
Niederlande	107,3	104,2	101,8	105,5
Portugal	57,0	55,3	59,8	66,1
Spanien	71,3	70,3	75,0	75,5

Quelle: Institut der deutschen Wirtschaft, Köln.

turgefälle - nicht zuletzt mit Blick auf die stark gestiegene außenwirtschaftliche Verflechtung (vgl. Tabelle 19, 20) und die stark streuenden Ungleichgewichte im Leistungsverkehr (vgl. Tabelle 21) - voll zum Tragen und mündet letztlich in nationale Wettbewerbsnachteile ein, die nun, bei gegebener Rechtsangleichung, nicht mehr beliebig national kompensierbar sind. Betroffen wären nicht nur einige „Grenz"-Unternehmen, sondern oft ganze Regionen oder Branchen. Und dies wiegt um so schwerer, wenn die Kommission aus Gründen der Wettbewerbsneutralität (Art. 92 EWGV) entweder auf ein Beihilfeverbot drängen oder zumindest eine Vereinheitlichung der Beihilfepraxis anstreben müßte. Damit ist die Frage aufgeworfen, wie dieses Gefälle abgebaut werden kann. Unstrittig ist, daß es abgebaut werden muß, weil sonst eine Konvergenz der wirtschaftspolitischen Zielinhalte und damit eine Harmonisierung der wirtschaftspolitischen Maßnahmen nahezu unmöglich und somit der Rückfall in die Zollunion unvermeidbar erschiene. Die Frage nach dem angemessenen Weg kann indessen unterschiedlich beantwortet werden.

Tabelle 13
Bruttoinlandsprodukt, real
(jahresdurchschnitliche Veränderung in vH)

Zeitraum / Land	1960 bis 1969	1970 bis 1979	1980 bis 1989	1990 bis 1993
Belgien	+ 4,8	+ 3,5	+ 1,9	+ 1,4
Dänemark	+ 5,0	+ 2,8	+ 1,9	+ 1,3
Deutschland (West)	+ 4,5	+ 3,1	+ 1,9	+ 2,7
Finnland	+ 4,9	+ 3,9	+ 3,6	- 3,0
Frankreich	+ 5,6	+ 3,7	+ 2,1	+ 0,8
Griechenland	+ 7,6	+ 5,4	+ 1,8	+ 0,9
Großbritannien	+ 2,9	+ 2,4	+ 2,2	+ 0,0
Irland	+ 4,5	+ 4,1	+ 3,2	+ 5,1
Italien	+ 5,8	+ 3,9	+ 2,5	+ 0,9
Österreich	+ 4,5	+ 4,1	+ 2,1	+ 2,2
Niederlande	+ 5,0	+ 3,4	+ 1,7	+ 2,0
Portugal	+ 6,1	+ 5,3	+ 3,0	+ 1,6
Schweden	+ 4,4	+ 2,4	+ 2,1	- 0,8
Spanien	+ 7,7	+ 3,8	+ 3,0	+ 1,4

- Ein Lösungskonzept betont eher das **Subsidiaritätsprinzip** und setzt im übrigen auf die Anpassungsflexibilität und -kapazität des **Marktes**, gestützt auf die Erwartung, daß ein „grenzenloses" Europa allen nütze - den Konsumenten wie den Produzenten, den Ländern im Norden wie den Ländern im Süden -, und daß der Strukturangleichungsprozeß allenfalls ein Problem unterschiedlicher Vorteilsteilhabe sei.

Tabelle 14
Investitionsquote, real
(jahresdurchschnittlicher Anteil am BIP in vH)

Zeitraum / Land	1960 bis 1969	1970 bis 1979	1980 bis 1989	1990 bis 1993
Belgien	21,2	20,2	16,4	19,4
Dänemark	22,4	23,6	17,9	16,2
Deutschland (West)	24,8	22,4	20,0	20,9
Finnland	32,2	29,5	26,0	21,7
Frankreich	22,1	23,7	20,3	20,6
Griechenland	22,1	22,4	14,9	16,5
Großbritannien	18,4	18,9	17,7	18,3
Irland	17,7	22,7	20,4	15,6
Italien	26,1	23,0	19,6	19,4
Österreich	24,9	27,0	23,6	25,0
Niederlande	25,2	22,9	19,5	20,4
Portugal	34,2	33,4	28,9	30,4
Schweden	21,8	20,2	18,6	19,1
Spanien	21,8	24,0	20,3	23,2

Tabelle 15
Bruttoinlandsprodukt, real, je Erwerbstätige
(jahresdurchschnittliche Veränderung in vH)

Zeitraum / Land	1960 bis 1969	1970 bis 1979	1980 bis 1989	1990 bis 1993
Belgien	+ 4,0	+ 3,3	+ 2,2	+ 2,0[2]
Dänemark	-[1]	-[1]	+ 1,2	+ 1,9
Deutschland (West)	+ 4,5	+ 3,0	+ 1,4	+ 1,4
Finnland	-[1]	-[1]	+ 2,7	+ 1,7
Frankreich	+ 4,7	+ 3,1	+ 2,0	+ 0,4
Griechenland	-[1]	-[1]	+ 0,7	+ 0,6
Großbritannien	+ 2,5	+ 2,2	+ 1,7	+ 1,3
Irland	-[1]	-[1]	+ 3,7	+ 4,0[3]
Italien	+ 6,5	+ 3,4	+ 2,1	+ 1,7
Österreich	+ 5,2	+ 3,4	+ 1,9	+ 1,0[2]
Niederlande	+ 3,9	+ 3,0	- 0,5	- 0,0
Portugal	-[1]	-[1]	+ 1,7	+ 1,1
Schweden	+ 3,9	+ 1,4	+ 1,4	+ 2,3
Spanien	+ 7,0	+ 4,0	+ 2,6	+ 2,3

[1] keine vollständige Datenlage - [2] 1990 bis 1992 - [3] 1990 bis 1991

Tabelle 16
Bruttolohnkostenbelastung
(jahresdurchschnittliche Veränderung in vH)

Land / Zeitraum	1960 bis 1969	1970 bis 1979	1980 bis 1989	1990 bis 1993
Belgien	+ 3,4	+ 8,6	+ 3,4	+ 4,8[2)]
Dänemark	–[1)]	–[1)]	+ 3,7	+ 1,6
Deutschland (West)	+ 3,4	+ 5,9	+ 2,6	+ 3,1
Finnland	–[1)]	–[1)]	+ 7,3	+ 0,9
Frankreich	+ 4,0	+ 9,9	+ 6,4	+ 2,6
Griechenland	–[1)]	–[1)]	+ 18,3	+ 11,9
Großbritannien	+ 3,8	+ 13,1	+ 7,9	+ 5,7
Irland	–[1)]	–[1)]	+ 7,1	+ 0,7[3)]
Italien	+ 3,9	+ 13,8	+ 11,0	+ 5,6
Österreich	+ 3,7	+ 6,8	+ 2,5	+ 4,1[2)]
Niederlande	+ 6,3	+ 8,0	+ 1,4	+ 3,1
Portugal	–[1)]	–[1)]	+ 18,5	+ 11,2
Schweden	+ 4,2	+ 9,4	+ 7,6	+ 5,0
Spanien	+ 7,1	+ 15,5	+ 8,0	+ 6,6

[1)] keine vollständige Datenlage - [2)] 1990 bis 1992 - [3)] 1990 bis 1991

Tabelle 17
Bruttoinlandsprodukt, Preissteigerung
(jahresdurchschnittliche Veränderung in vH)

Land / Zeitraum	1960 bis 1969	1970 bis 1979	1980 bis 1989	1990 bis 1993
Belgien	+ 3,3	+ 7,2	+ 4,6	+ 3,4
Dänemark	+ 6,0	+ 9,4	+ 6,3	+ 2,0
Deutschland (West)	+ 3,3	+ 5,6	+ 2,9	+ 3,6
Finnland	+ 5,4	+ 11,5	+ 7,4	+ 2,9
Frankreich	+ 4,3	+ 9,3	+ 7,4	+ 2,8
Griechenland	+ 3,1	+ 12,5	+ 17,9	+ 16,5
Großbritannien	+ 3,9	+ 12,9	+ 7,7	+ 5,1
Irland	+ 4,9	+ 14,1	+ 9,1	+ 1,1
Italien	+ 4,3	+ 13,6	+ 11,8	+ 6,0
Österreich	+ 3,7	+ 6,3	+ 4,0	+ 3,8
Niederlande	+ 5,1	+ 7,7	+ 2,7	+ 2,3
Portugal	+ 3,1	+ 14,3	+ 20,1	+ 12,0
Schweden	+ 4,2	+ 9,0	+ 8,1	+ 5,3
Spanien	+ 6,3	+ 14,6	+ 9,9	+ 6,4

Tabelle 18
Erwerbslosenquote
(jahresdurchschnittlicher Anteil an den Erwerbspersonen in vH)

Zeitraum / Land	1960 bis 1969	1970 bis 1979	1980 bis 1989	1990 bis 1993
Belgien	2,2	4,3	13,9	11,4[2)]
Dänemark	–[1)]	4,0	8,2	9,4
Deutschland (West)	0,9	2,4	8,4	6,2
Finnland	2,0	3,6	4,9	10,5
Frankreich	1,6	3,9	11,4	12,2
Griechenland	–[1)]	–[1)]	6,6	8,3
Großbritannien	1,6	3,6	10,7	9,2
Irland	5,0	7,0	14,4	14,8[3)]
Italien	5,2	6,4	12,4	12,9
Österreich	1,6	1,5	3,3	3,4[2)]
Niederlande	0,8	3,7	11,5	8,0
Portugal	–[1)]	–[1)]	7,4	4,7
Schweden	1,7	2,1	2,7	4,5
Spanien	2,5	4,5	20,7	20,0

1) keine vollständige Datenlage - 2) 1990 bis 1992 - 3) 1990 bis 1991

Tabelle 19
Exportquote, real
(jahresdurchschnittlicher Anteil am BIP in vH)

Zeitraum / Land	1960 bis 1969	1970 bis 1979	1980 bis 1989	1990 bis 1993
Belgien	37,1	51,9	64,2	75,3
Dänemark	24,7	28,9	36,4	44,7
Deutschland (West)	15,6	21,9	27,9	37,5
Finnland	17,5	21,2	24,5	26,0
Frankreich	10,4	16,2	19,9	23,8
Griechenland	8,6	14,0	21,0	30,8
Großbritannien	15,0	19,8	22,8	25,1
Irland	27,9	36,0	55,6	74,4
Italien	10,7	15,9	18,0	21,7
Österreich	18,0	26,4	34,9	41,2
Niederlande	27,8	40,1	47,7	55,8
Portugal	26,3	23,9	30,6	40,4
Schweden	17,2	22,8	27,9	31,6
Spanien	7,1	11,1	16,5	18,8

Tabelle 20
Importquote, real
(jahresdurchschnittlicher Anteil am BIP in vH)

Land / Zeitraum	1960 bis 1969	1970 bis 1979	1980 bis 1989	1990 bis 1993
Belgien	39,6	54,4	60,8	72,6
Dänemark	29,8	35,3	34,7	36,8
Deutschland (West)	13,1	19,6	23,0	31,2
Finnland	18,2	21,5	22,2	24,3
Frankreich	11,5	16,8	18,9	23,0
Griechenland	16,2	21,0	26,1	42,7
Großbritannien	15,9	19,2	22,8	27,4
Irland	35,3	47,6	56,6	61,4
Italien	11,3	15,6	16,4	21,0
Österreich	17,7	25,4	32,6	40,0
Niederlande	28,4	39,1	43,8	50,6
Portugal	34,9	39,7	41,7	60,4
Schweden	19,8	24,4	25,9	29,6
Spanien	7,6	11,8	14,6	21,9

Tabelle 21
Außenbeitragsquote, real
(jahresdurchschnittlicher Anteil am BIP in vH)

Land / Zeitraum	1960 bis 1969	1970 bis 1979	1980 bis 1989	1990 bis 1993
Belgien	- 2,5	- 2,5	3,4	2,8
Dänemark	- 5,2	- 6,4	1,7	7,9
Deutschland (West)	2,5	2,3	4,9	6,3
Finnland	- 0,7	- 0,3	2,4	1,7
Frankreich	- 1,1	- 0,6	1,0	0,8
Griechenland	- 7,5	- 7,0	- 5,1	- 12,0
Großbritannien	- 0,8	0,6	0,0	- 2,3
Irland	- 7,4	-11,6	- 1,0	13,0
Italien	- 0,6	0,4	1,6	0,7
Österreich	0,3	1,0	2,3	1,2
Niederlande	- 0,5	1,0	4,0	5,2
Portugal	- 8,6	- 15,8	- 11,2	- 19,9
Schweden	- 2,7	- 1,6	2,0	2,0
Spanien	- 0,4	- 0,8	1,9	- 3,1

Für diese Position sprechen gewiß gute Gründe. Eine Strukturangleichung kann nicht administrativ „erzwungen" werden, sondern muß ökonomisch effizient gesteuert und von der jeweiligen Bedürfnisstruktur, damit letztlich vom Markt, gelenkt werden. Dennoch ist nicht auszuschließen, daß in einem rein marktwirtschaftlichen Strukturwandelprozeß ein Strukturgefälle sich nicht abbaut, sondern sich eher zementiert oder gar verschärft; Erfahrungen mit dem Nord-Süd-Konflikt bestätigen dies ebenso wie historische Entwicklungstendenzen innerhalb von Industrieländern, denen es nicht gelang, ihr internes Gefälle abzubauen. Die Folge wäre, daß in strukturschwachen Regionen erhebliche soziale Kosten entständen (Kapitalvernichtung, Arbeitslosigkeit) und gleichzeitig Faktorwanderungen - Abströmen von Kapital und von leistungsfähigen Arbeitnehmern in strukturstarke Regionen, was in strukturschwachen Regionen einen Faktorkostenanstieg provozierte, der aber gerade dort nicht „bezahlbar" wäre - das Strukturgefälle aufrechterhielten. Dies widerspräche nicht nur dem erklärten Ziel der Angleichung der Lebensbedingungen in der Gemeinschaft und damit dem vertraglich festgelegten Solidaritätsprinzip (Art. 2 EWGV). Das Lösungskonzept würde vermutlich von den strukturschwächeren Ländern mit Blick auf ihren (relativ) niedrigeren Lebensstandard und höheren Arbeitslosenstand abgelehnt; denn sie müßten befürchten, daß sie letztlich mit ihrem Entwicklungsdefizit die „Kosten" des Binnenmarktes zu tragen hätten.

- Ein alternatives Lösungskonzept betont demgegenüber das **Solidaritätsprinzip** und setzt deshalb auf die Notwendigkeit eines zwischenstaatlichen **Lastenausgleichs** (sog. „Kohäsionspolitik"). Die Intention dieses Lösungskonzepts ist die Schaffung von Fonds für regionale Arbeitsmarkt-, Sozial- und Strukturpolitik. Hier wird davon ausgegangen, daß der Strukturwandel eben nicht nur den Marktmechanismen anvertraut werden könne; Berechnungen zeigen, daß - wenn allein die Grund-Infrastruktur der strukturschwachen Regionen auf 80 vH des EG-Durchschnitts gebracht werden sollte - die Mittel der Regional- und Sozialfonds erheblich aufgestockt werden müßten. Auch diese Position überzeugt. Strittig mag diskutiert werden, ob sich die damit intendierten strukturpolitischen Eingriffe auf ein „passives" Abfedern des Strukturwandels beschränken oder in eine „aktive" Gestaltung des Strukturwandelprozesses (vgl. dazu später) einmünden sollten. Unabhängig davon stellt sich in jedem Fall das Problem der infrastrukturellen Absicherung des Strukturwandelprozesses. Und diese Flankierung könne nach diesem Konzept dem Markt eben nicht anvertraut werden. Diese These läßt sich nicht nur theoretisch begründen (Versagen des Ausschlußprinzips bei öffentlichen Gütern); sie wird auch empirisch bestätigt. Freilich werden sich gegen dieses Lösungskonzept wiederum die strukturstärkeren Länder - mit Blick auf die damit einhergehenden finanziellen Konsequenzen - wehren, weil sie dann befürchten müßten, daß sie nun mit entsprechenden Haushaltsbelastungen die „Kosten" des Binnenmarktes zu tragen hätten.

Der gegenwärtige Diskussionsstand ist strittig, weil beide Positionen Stärken und Schwächen zeigen. Doch soviel scheint sicher, daß (in Grenzen) die kohäsionspolitische Lösung unverzichtbar ist. Dies wurde schon früh so gesehen: Im Jahre 1975 wurde der „Europäische Fonds für regionale Entwicklung" gebildet; er sollte Mittel zur Beseitigung regionaler Ungleichgewichte in der Wirtschaftsstruktur bereitstellen, sofern bestimmte Voraussetzungen erfüllt werden (Schaffung von Arbeitsplätzen). Dieser Gedanke wurde mit der Bildung zusätzlicher Fonds auch konsequent fortgeschrieben. Schon das erste „Delors-Paket" sah eine Verdoppelung des Strukturfonds vor; das zweite „Delors-Paket" (Frühjahr 1992) forderte eine weitere Steigerung des Etatvolumens. Ziel war ein Kohäsionsfonds, der die Finanzierung von Umwelt- und Infrastrukturmaßnahmen in jenen Mitgliedsländern ermöglichen soll, deren Bruttoinlandsprodukt pro Kopf unter 90 vH des Gemeinschaftsdurchschnitts liegt.[33] Natürlich sehen die Kritiker Gefahren, wenn staatliche Ausgaben supranational stärker steigen als national, weil dies den Integrationsprozeß zwar nicht sachlich gefährden, wohl aber politisch desavouieren könnte. In dieser Frage ist zwischenzeitlich ein erheblicher Streit entstanden. Es spricht einiges dafür, daß hier noch Kompromisse erforderlich wenn auch schwierig werden. Dennoch: Das Problem, den supranationalen Strukturangleichungsprozeß zu lösen, bleibt allemal. Zwischenzeitlich erscheint auch zunehmend unstrittig, daß die Kohäsionspolitik ein wichtiges Instrument positiver Integrationspolitik darstelle, wenn sichergestellt wäre, daß die begün-

33

Ausgaben der Strukturfonds
- Jahresdurchschnitte in Millionen ECU -

	1980/84	1985/89	1990/95
Ausgaben der Mittel nach Bereichen			
EAGFL-Ausrichtung (Agr.)	632,8	954,3	2,339,8
Regionalfonds	1.021,0	2.730,9	6.667,5
Sozialfonds	976,8	2.284,9	4.119,7
EU-12	2.630,6	5.970,1	13.127,0
Verteilung der Mittel auf die Mitgliedstaaten			
Belgien	50,5	93,7	159,2
Dänemark	62,8	67,5	81,1
Deutschland (West)	241,1	346,4	1.028,6
England	667,8	1.124,9	1.251,8
Frankreich	460,2	819,8	1.306,9
Griechenland	183,3	587,4	1.526,4
Spanien	0,0	764,7	3.079,8
Irland	257,1	411,4	859,7
Italien	656,0	1.236,3	1.896,0
Luxemburg	3,4	6,9	15,0
Niederland	48,4	83,8	175,9
Portugal	0,0	427,2	1.746,7
EU-12	2.630,6	5.970,1	13.127,0

Quelle: Institut der deutschen Wirtschaft, Köln.

stigten Länder Strukturangleichungs- und Konvergenzbemühungen unternehmen, und daß die Kohäsionsmittel in gezielte Projektförderungen (Infrastruktur, Umwelt) gehen und nicht zur Haushaltskonsolidierung „mißbraucht" werden. Den Nettozahlern könnte überdies eine größere Zahlungsbereitschaft abverlangt werden, da sich - bei entsprechender Infrastrukturförderung - ihre Exportchancen eher erhöhten. Wie tragfähig ein darauf gestützter Kompromiß eingeschätzt werden kann, ist nicht zu prognostizieren. Eine deutliche Erhöhung der Strukturfonds ist festzustellen; und auf dem Gipfel von Edinburgh (Dezember 1992) wurde beschlossen, für den Zeitraum 1994 bis 1999 insgesamt den Strukturfonds mit ca. 140 Mrd. ECU und den Kohäsionsfonds mit ca. 15 Mrd. ECU (jeweils in Preisen von 1992 gerechnet) auszustatten. Dies erscheint - ungeachtet der quantitativen Dimensionen - konsequent und folgerichtig, wenn man „Kohäsion" als Stärkung des wirtschaftlichen und sozialen Zusammenhaltes eines Integrationsraumes interpretiert.

Auf drei Ebenen - Wettbewerbsbeschränkung, Wettbewerbsverfälschung, Wettbewerbsnachteile - wurde ein Harmonisierungsbedarf festgestellt. Er dürfte für die (interne) Funktionsfähigkeit des Gemeinsamen Marktes unerläßlich sein. Darüber hinaus hat das Problem des Gemeinsamen Marktes noch eine zusätzliche (externe) Dimension. Die Frage stellt sich, ob es zu einer „**Festung Europa**" kommt, wonach der die blockinterne Arbeitsteilung begünstigende Aufschließungseffekt mit einem die weltwirtschaftliche Arbeitsteilung belastenden Abschließungseffekt erkauft wird. Dies wird natürlich im Grundsatz von den politisch Verantwortlichen verneint. Gerechtfertigt wird dies zweifach. Zum einen: Weil der Strukturwandel Wachstumsimpulse im EG-Markt bewirke, würden diese auch zusätzliche Importimpulse aus Drittländern auslösen, die schon - für sich genommen - deren Exporte in den EG-Raum eher begünstigten denn schädigten. Zum zweiten komme hinzu, daß die Vereinheitlichung von Grenznormen und Rechtsvorschriften auch die Drittländer begünstige, weil sie nicht mehr so viele nationale Einzelregelungen beachten müßten, so daß auch dies einen Importimpuls aus Drittländern auslösen könnte. Beiden Argumenten ist um Grundsatz nicht zu widersprechen. Dennoch stehen diesen Erwartungen auch zwei Probleme entgegen.

a) Ein erstes Problem ergibt sich aus der Wahrung des **Bestandsschutzes**: De jure ist der Binnenhandel zwar liberalisiert und die Kompetenz für die Handelspolitik auf die Gemeinschaft übergegangen. De facto gibt es aber auch nach Ratifizierung der EEA noch Behinderungen (gegenüber Drittländern), die sich an nationalen Interessen orientieren. Von Bedeutung ist v.a. dies: Aufgrund bestehender Grenzkontrollen war noch eine EG-Binnenmarkt-Segmentierung gewährleistet; gestützt auf die Schutzklausel (Art. 115 EWGV) war es den Mitgliedsstaaten möglich, Waren aus Drittländern, die sich im innergemeinschaftlichen Freiverkehr befinden, von der Gemeinschaftsbehandlung auszuschließen, also ihren Import aus anderen Mitgliedsländern, die nicht abgeschottet sind („Umwegeinfuhren"), zu unterbinden, zumindest zu kontingentieren. (Davon wurde auch reichlich Gebrauch gemacht: Belgien, Frankreich, Irland, Italien.) Entfällt nun die Grenzkontrolle, entfiele auch die Möglichkeit der EG-Binnenmarkt-Segmentierung, soweit sie sich auf die Schutzklausel stützt. Damit wächst aber die Gefahr, den nationalen Schutz zu „vergemeinschaften"; der Schutz würde nun auch jenen Ländern „zugute kommen", die gar nicht geschützt werden wollen, d.h. der Protektionsgrad der Gemeinschaft wäre insgesamt gestiegen.

b) Ein zweites Problem ergibt sich aus der Wahrung des **Zusatzschutzes**: Wenn das Strukturgefälle offen zutage tritt, und wenn eine kohäsionspolitische Lösung an haushaltspolitische Grenzen der Nettozahler stieße, so entsteht mit großer Wahrscheinlichkeit der Wunsch der strukturschwächeren Länder, wenigstens vom Angebotsdruck seitens der Drittländer befreit zu werden. Damit einher ginge ohne Zweifel dann die Forderung an die Gemeinschaft, das Güterangebot aus Drittländern zu reduzieren, zumindest zu begrenzen. Insoweit wäre auch unter dieser Perspektive der Protektionsgrad der Gemeinschaft insgesamt gestiegen.

Nun mag kontrovers diskutiert werden, ob „Bestands"- und „Zusatzschutz" ökonomisch zu rechtfertigen sind. In jedem Falle sind sie beide weder von der „Philosophie" noch von dem „Wortlaut" des EG-Vertrags her begründbar. Schon in der Präambel des EG-Vertrags wird eine Handelspolitik gefordert, die einem fortschreitenden Abbau der Handelsschranken verpflichtet ist. Und die Entschließung des Europäischen Rates (Hannover 1988) beschwor nachgerade den Einklang mit den GATT-Vorschriften, wonach es zu keinem abgeschotteten Binnenmarkt kommen dürfe. Insoweit wird die Protektionismusgefahr zwar bestritten, ohne freilich mehr dafür zu bieten als den Hinweis auf eine Wachstums- und Importeuphorie. Doch es sollte zu denken geben, daß die Kommission inzwischen als Kompensation für die Einführung strengerer Kriterien bei der Anwendung der Schutzklausel gemeinschaftsweite Einfuhrbeschränkungen anstrebt. Vielleicht ahnt die Kommission, daß dies gegen GATT-Vorschriften verstoßen könnte, weshalb sie auf „freiwillige Selbstbeschränkungen" von Drittländern setzt. Natürlich gibt es EG-Länder - etwa Deutschland -, die gegenhalten, vor allem weil sie Retorsionen von Drittländern und damit eine Erschwerung ihrer eigenen Exporte auf den Drittmärkten befürchten. Ob sie sich behaupten können, ist offen. Wie stark die Konflikte sind, zeigt das Beispiel Frankreichs, das die Zustimmung zu einer Reihe von technischen Harmonisierungsrichtlinien von der Verabschiedung des „Neuen Handelspolitischen Instruments" (NHI) abhängig machte, das vor allem Wettbewerbsverzerrungen durch „unerlaubte" Handelspraktiken von Drittländern erfaßt. Bemerkenswert erscheint überdies - unabhängig von konkreten politischen Initiativen -, daß in den bereits erwähnten Modellrechnungen erwartet wird, daß bisherige EG-Importe aus Drittländern durch EG-internen Handel substituiert werden, und daß dies zu einer Verbesserung des EG-Außenbeitrags führe. Bei allen Vorbehalten gegenüber Modellrechnungen wird erkennbar: Es wird bereits hier unterstellt, daß zumindest ein Teil des erhofften Wachstumsgewinns des größeren Binnenmarktes von Drittländern „bezahlt" wird. Und dabei ist die Vermutung nicht ganz unberechtigt, daß die EG - mit Blick auf Retorsionsgefahren seitens der USA und Japans - ihre Marktmacht eher gegen schwächere Handelspartner (etwa Entwicklungsländer) einsetzen könnte: sei es in Form eines Aufbaus von Gemeinschaftskontingenten, sei es in Form des Entzugs der Präferenzierung. Denn „Bestands"- und „Zusatz"-Schutz implizieren ja nichts anderes als die Absicht, Mitgliedsstaaten einer nicht zu starken Konkurrenz auszusetzen, um eben ihre Anpassungskosten zu begrenzen. Betroffen wären dann gerade die Entwicklungsländer. Hier entstände nicht nur die Gefahr, daß diese ganz in die Rolle der Nahrungsmittel- und Rohstofflieferanten gedrängt würden. Diese Gefahr gewinnt noch zusätzliche Dimensionen. Einmal im Agrarbereich. Mit Blick auf den hohen Eigenversorgungsgrad der EG, der heute schon zu fragwürdigen Exportsubventionen führt, die diese Länder am Weltmarkt zurückdrängen, ist es wenig einsichtig, wie diese Länder an der (ohnehin nur vermuteten) Aufschwungsdynamik, die sich dann wohl auch primär im gewerblichen und tertiären Bereich vollzöge, partizipieren können. Zum zweiten im Rohstoffbereich: Wenn Wachstumsimpulse im EG-Raum zwar vorlägen, der technische Fortschritt aber zunehmend eine Importsubstitution bzw. -reduktion ermöglichte, so steht zu vermuten, daß - auch bei einer Freisetzung von Wachstumsimpulsen - die Vollendung des EG-Binnenmarktes eben doch ein Null-Summen-Spiel werden könnte, und daß die Entwicklungsländer dies am ehestens zu befürchten hätten. Die Verantwortung der EG, auch die Entwicklungspolitik als Gemeinschaftsaufgabe zu begreifen, erhält hier eine zusätzliche Dimension (vgl. dazu später).

50) DIE EUROPÄISCHEN GEMEINSCHAFTEN (DIE WWU)

Definieren wir die Wirtschafts- und Währungsunion als Binnenmarkt mit voller Konvertibilität der Währungen bei festen Wechselkursen (oder einer Einheitswährung) und einer einheitlichen („vergemeinschafteten") Wirtschafts- und Währungspolitik, die - mit Blick auf Zielsetzungen und Maßnahmen - für die Mitgliedsländer des Integrationsraumes verbindlich ist, so ist das Anliegen, eine so definierte Union zu etablieren, interpretierbar als eine systematische **Weiterentwicklung** der **Stabilisierungsbedingungen** des Integrationsraumes. Dabei sind drei Vorbemerkungen angezeigt.

a) Zum einen ist der Übergang vom Gemeinsamen Markt zur Wirtschafts- und Währungsunion nicht zwingend. **Theoretisch** kann der Gemeinsame Markt auch bei einer zwischen den Mitgliedsländern unterschiedlichen Wirtschafts- und Währungspolitik „funktionieren", soweit diese durch ein System flexibler Wechselkurse oder durch die Möglichkeit einer fallweisen Kurskorrektur für eine einzelne Währung „abgesichert" ist - sei es, daß diese im nationalen „Alleingang" erfolgt (Auf- oder Abwertung einer Währung gegenüber den anderen Mitgliedsländern), sei es, daß diese sich aus einem „Realignment" ergibt (Neuadjustierung des gesamten Wechselkursgefüges im Integrationsraum). **Praktisch** bedeutete dies aber, daß im Gemeinsamen Markt - über die Möglichkeit einer Wechselkursänderung zwischen den Währungen der Mitgliedsländer - latent ein Wechselkursrisiko besteht, wodurch auch bei Kurssicherungen, die ihrerseits Kosten bedeuten, die Funktionsfähigkeit des Gemeinsamen Marktes (selbst bei erfüllten Liberalisierungs- und Harmonisierungsbedingungen) Belastungen erfahren kann. Die Grundfreiheiten mögen formal gegeben sein; materiell werden sie durch ein Wechselkursrisiko in Frage gestellt. So wird der Übergang vom Gemeinsamen Markt zur Wirtschafts- und Währungsunion eben doch zu einem ersten wichtigen Element der Weiterentwicklung der Stabilisierungsbedingungen.

b) Zum zweiten ist in einer Wirtschafts- und Währungsunion die Schaffung einer Einheitswährung integrationspolitisch nicht zwingend. **Theoretisch** könnte ein irreversibles Fixkurssystem zwischen den Währungen der Mitgliedsländer die gleiche Funktion übernehmen, sofern die Irreversibilität definitiv festgeschrieben ist. **Praktisch** hat die Einführung einer Gemeinschaftswährung aber auch ihre Vorzüge. Diese liegen zunächst im rein ökonomischen Bereich: Die Einheitswährung senkt die „Transaktionskosten“, die beim Geldumtausch entstehen (Bereitstellung von Arbeitsressourcen bei den Banken, Gebühren und Kursverluste beim Umtausch für die Kunden). Ihnen stehen zwar „Umstellungskosten“ bei den Unternehmen der Mitgliedsländer gegenüber; doch diese beschränken sich auf einen Einmal-Effekt, während die Einsparung der Transaktionskosten auf Dauer angelegt ist. Die Vorteile liegen darüber hinaus im meta-ökonomischen Bereich: Die Einheitswährung gewinnt „Symbolkraft“ für den Einigungswillen. (Die rasche Einführung der D-Mark in den neuen Bundesländern ist hierfür bezeichnend.) Hinzu kommt, daß ein Ausscheren aus einem Fixkurssystem - politisch und mit Blick auf fehlende „Rück“-Umstellungskosten - vermutlich leichter fällt als eine neuerliche Einführung einer nationalen Währung. So wird der Übergang von einem Fixkurssystem zu einer Einheitswährung durchaus zu einem zweiten wichtigen Element der Weiterentwicklung der Stabilisierungsbedingungen.

c) Zum dritten ist für die Vergemeinschaftung der Politikbereiche formal unerheblich, ob diese auf der Grundlage einer Politik-„Koordination“ (Abstimmung der nationalen Politiken bei formaler Aufrechterhaltung der nationalen Souveränität) oder auf der Grundlage einer Politik-„Übertragung“ (Kompetenzübertragung auf supranationale Institutionen mit formalem Verzicht auf nationale Souveränitätsrechte) erfolgt. **Theoretisch** reichte eine Koordination der nationalen politischen Entscheidungsprozesse aus, sofern sie in hinreichendem Maße die nationalen Politiken bindet und im Ergebnis für diese verpflichtend ist. **Praktisch** muß aber davon ausgegangen werden, daß die Aufrechterhaltung nationaler Souveränitätsrechte eine größere Gefahr für eine gemeinsame Politik im Integrationsraum darstellt. Dies gilt gerade dann, wenn (wie in der WWU intendiert) vom Einstimmigkeitsprinzip zum Prinzip qualitativer Mehrheitsbeschlüsse übergegangen wird. Damit ist zwar einerseits das Vetorecht eines Landes nicht mehr gegeben; Beschlüsse können nicht mehr beliebig blockiert werden. Andererseits besteht die Gefahr, daß, wenn Länder mit einem „gewichteten“ Stimmenanteil auf die Beschlußlage Einfluß nehmen, „klimatische“ Belastungen bei der Abstimmung nicht auszuschließen sind. Mag die Gewichtung - mit Blick auf Größe und Wirtschaftskraft eines Landes - gerechtfertigt sein, ist darin dennoch die Möglichkeit angelegt, zumindest nicht auszuschließen, daß eine Koalition aus wenigen „Großen“ die Beschlußfassung dominieren und/oder Sperrminoritäten bilden kann, was der Kompromißbereitschaft der „Kleinen“ nicht unbedingt förderlich ist. Damit kann die Politikübertragung an supranationale Instanzen, die per se auf das Gemeinschaftsinteresse eher verpflichtet werden können, ebenfalls als ein drittes wichtiges Element der Weiterentwicklung der Stabilitätsbedingungen angesehen werden.

Ungeachtet dieser drei Vorüberlegungen stellt sich nun aber ein grundsätzliches Problem: Ob der Übergang zur Wirtschafts- und Währungsunion erfolgen und wie weitgehend die Stabilisierungsbedingungen ausgestaltet sein sollen, ist letztendlich eine politische Wertentscheidung, die einer wissenschaftlichen Analyse nicht zugänglich ist. (Objektiv analysierbar sind allenfalls die Vor- und Nachteile der jeweiligen Alternativen.) Nicht von ungefähr setzte hier eine grundlegende Kontroverse ein. Sie wurzelt in der Tatsache, daß die Bildung einer Wirtschafts- und Währungsunion einem - in welcher Ausformung auch immer konzipierten - nationalen Kompetenz- und Souveränitätsverlust gleichkommt; eine Wirtschafts- und Währungspolitik ist im nationalen Alleingang nicht mehr möglich. Dieser Souveränitätsverzicht war zwar bereits in der Zollunion mit einer Vergemeinschaftung der Handelspolitik und erst recht im Gemeinsamen Markt mit der Erfüllung der Liberalisierungs- und Harmonisierungsbedingungen angelegt. Sie gewinnt nun aber eine umfassende Dimension. Dies wirft natürlich sofort Fragen der politischen Bereitschaft auf - nicht nur bei nationalen Regierungen und Parlamenten, sondern auch bei der Bevölkerung. Wie weit diese Bereitschaft geht, ob sie in Kompromißformeln vergrößert werden kann oder den Integrationsprozeß begrenzt, ist ein polit-ökonomisches Problem, das hier nicht geklärt werden kann. Allenfalls ist davor zu warnen, diese Bereitschaft einfach als gegeben zu nehmen; dies dokumentiert eindringlich die öffentliche Diskussion seit Abschluß des Maastricht-Vertrages (vgl. dazu später). Beschränken wir uns auf die engere ökonomische Problematik, so erfordert Kompetenzverzicht letztlich eine **Konvergenz der nationalen wirtschafts- und sozialpolitischen Zielsetzungen**. Integrationspolitisch entscheidend sind nicht die Ziele - für sich genommen -, sondern ihre Angleichung im Integrationsraum. Dies verlangt indessen - bei national zunächst divergierenden Zielvorstellungen - die Bereitschaft zu einem Kompromiß, in jedem Falle eine (mehr oder weniger ausgeprägte) Relativierung der nationalen Position. Diese Relativierung erfordert im Grunde ein politisches „Wollen“, das natürlich sehr stark von der gesellschaftlichen Akzeptanz abhängt, die ihrerseits durch historische Erfahrung und/oder aktuelle Ausgangslage geprägt ist: Ein Volk, das zwei leidvolle Erfahrungen mit Inflation und Geldentwertung gemacht hat, wird dem Ziel der „Preisstabilität“ nun einmal einen hohen Stellenwert zuweisen; und eine Regierung muß dem Rechnung tragen, auch wenn daraus ein gewisser Druck auf Wachstum und Beschäftigung resultieren sollte. Umgekehrt wird ein Land mit niedrigem Lebensstandard und/oder hoher Arbeitslosigkeit nun einmal dem „Wachstums-“ und „Beschäftigungsziel“ einen hohen Stellenwert zuweisen; und eine Regierung muß dem Rechnung tragen, auch wenn dies mit höheren Preissteigerungsraten einherginge. Ähnliches gilt, wenn die Formulierung von ökologischen und technischen Sicherheitsstandards oder von Mindeststandards hinsichtlich der sozialen Absicherung oder der Partizipation gesellschaftlicher Kräfte an der politischen Willensbildung vermeintlich in Konflikt zu Wachstums-, Beschäftigungs- und Preisstabilitätszielen zu geraten drohten und die Konfliktlage dann eben von Land zu Land unterschiedlich gelöst würde.

Über diese Alternativen zu rechten, wäre ebensowenig objektiv möglich wie über den Versuch, Prioritäten zu setzen. Letzteres wäre nur dann angemessen, wenn zwischen diesen Zielen keine Konfliktbeziehungen bestünden: Wenn man etwa unterstellen könnte, daß Preisstabilität geradezu Garant für mehr Wachstum und/oder Beschäftigung wäre bzw. ohne Gefahr für Wachstum und Beschäftigung angestrebt werden könnte. Davon ist indessen nicht unbedingt auszugehen. (Man denke nur an die Phillips-Kurven-Diskussion, die hier freilich nicht ausgelotet werden soll.) Da nun aber Konfliktfreiheit nicht unbedingt unterstellbar ist, entstand frühzeitig eine Grundsatzkontroverse, die sich mit einem zentralen Problem auseinandersetzte: Wenn in einem Integrationsraum national divergierende Ausgangsbedingungen vorliegen und, dadurch ausgelöst, unterschiedliche Zielvorstellungen herrschen, wenn indessen einerseits die Zielkonvergenz eine unverzichtbare Bedingung für die Politikharmonisierung darstellt, weil ja nur bei „gleichen" Zielinhalten bzw. Zielprioritäten eine für alle Partnerländer „gemeinsam" verbindliche Wirtschafts-, Währungs- und Sozialpolitik möglich ist, wenn aber andererseits die Zielkonvergenz eine Konvergenz in den Ausgangsbedingungen (Abwesenheit von Struktur- und/oder Prozeßgefälle) voraussetzt, dann stellt sich die Frage, wie diese Konvergenzprozesse (als Voraussetzung für eine vergemeinschaftete Lage-Ziel-Politik-Korrespondenz) erreichbar sind. Gerade in dieser Frage setzte seit dem Beschluß der Regierungschefs (1969), den Integrationsprozeß über die Zollunion und den Gemeinsamen Markt hinaus weiterzuentwickeln, die Kontroverse ein.

a) Die **Monetaristen** fordern die **sofortige Einführung** einer **Währungsunion** mit einem festen, irreversiblen Wechselkursgefüge. (Die Frage der Einheitswährung stand zunächst nicht zur Disposition.) Sie erwarteten sich davon einen **Zwang** zur wechselseitigen Lage-Ziel-Konvergenz (sog. „**Peitschentheorie**"). Dabei ist zu differenzieren:

- Länder, die ein „überzogenes" Wachstums- und/oder Beschäftigungsziel in den Vordergrund stellten (und das Preisstabilitätsziel vernachlässigten), würden in einem Fixkurssystem rasch Zahlungsbilanzdefizite und damit einen Devisennachfrageüberhang mit Abwertungstendenzen ihrer Währung aufweisen. Um die Abwertung zu verhindern, müßten sie ihre eigene Währung stützen, d.h. das Devisenangebot erhöhen. Dies fände aber seine Grenze in einem bestehenden Devisenvorrat, allenfalls ergänzt durch internationale Kredite oder durch den Zugang zu einem international gespeisten Interventionsfonds. Doch in jedem Falle bedeutete die Intervention - für sich genommen - eine

Verringerung der inländischen Geldmenge mit entsprechenden Zinssteigerungen und Stabilisierungswirkungen für die Preise, aber auch (unter Umständen) mit gewissen Kontraktionswirkungen für Wachstum und Beschäftigung.

- Umgekehrt: Länder, die ein „überzogenes" Preisstabilitätsziel in den Vordergrund rückten (und Wachstum und Beschäftigung vernachlässigten), würden in einem Fixkurssystem rasch Zahlungsbilanzüberschüsse und damit einen Devisenangebotsüberhang mit Aufwertungstendenzen ihrer Währung aufweisen. Um die Aufwertung zu verhindern, müßten sie die fremde Währung mit eigener Währung stützen, d.h. die die Devisennachfrage erhöhen. Hier entstünde zwar kein Reserveproblem, da mit eigener Währung interveniert wird. Gleichwohl bedeutete dies - für sich genommen - eine Erhöhung der inländischen Geldmenge mit entsprechenden Zinssenkungen und Preissteigerungswirkungen, aber auch (unter Umständen) mit gewissen Expansionswirkungen für Wachstum und Beschäftigung.

- Im Grundsatz führten diese Tendenzen zu einer wechselseitigen **Prozeßannäherung** - im Defizitland (Überschußland) geringere (höhere) Wachstums- und Beschäftigungseffekte, aber auch geringere (höhere) Preissteigerungsraten als jeweils gewollt. Und genau dies schaffe somit die unabdingbare Voraussetzung für eine Ziel- und damit Politikharmonisierung. Allerdings ist eine Besonderheit zu beachten: In der Tatsache, daß das stabilitätsorientierte Land kein Reserveproblem hat und damit auch eher in der Lage ist, einen an sich unerwünschten Geldmengenzufluß zu neutralisieren, wurzelt der Gedanke der **asymmetrischen Intervention**. Das bedeutet, daß die Währung eines stabilitätsorientierten Landes im Integrationsraum eine **Ankerfunktion** wahrnehmen kann, weil wachstumsorientierte Defizitländer sich eher den stabilitätsorientierten Überschußländern anpassen müssen - als umgekehrt.

Ob nun, unbeschadet dieses zuletzt erwähnten Sonderproblems, derartige Ablaufsprozesse modellgerecht verlaufen, hängt von einer Vielzahl von Faktoren ab (Symmetrie oder Asymmetrie der Preisflexibilität, konterkarierende oder flankierende Zinsbewegungen und dadurch induzierte Kapitalbewegungen, Preiselastizität der In- und Auslandsnachfrage bzw. des In- und Auslandsangebots). Diese sollen hier - der Einfachheit halber - ungeprüft bleiben. Wichtiger ist die Intention dieses Integrationsmodells. Und diese ist in der Erwartung einer **disziplinierenden Wirkung** eines **festen Wechselkursgefüges** zu sehen, das letztendlich auf Zielangleichung dränge. Am Ende stünde die gewünschte Zielkonvergenz, die unabdingbare Voraussetzung für Politikharmonisierung. Grundsätzlich gilt somit: In diesem Modell ist der Versuch angesiedelt, den „Gemeinsamen Markt" und die „Wirtschafts- und Währungsunion" uno actu umzusetzen. Die Kritiker dieser Position bestreiten nicht die (theoretische) Plausibilität dieses Modells, wohl aber seine (praktische) Umsetzbarkeit. Denn dieses Modell impliziere letztendlich die Bereitschaft der Mitgliedsländer, ihre nationale Zielsetzung - unabhängig von den realwirtschaftlichen Ausgangsbedingungen und der gesellschaftlichen Akzeptanzbereitschaft - zu relativieren, indem sie diese dem Diktat der Zahlungsbilanzsituation unterwerfen. Die Existenz dieser Bereitschaft könne indessen durchaus bezweifelt werden; und dafür gebe es auch gute Gründe: Sei es, daß die Verschiebung der Zielprioritäten grundsätzlich gesellschaftlich und/oder politisch nicht akzeptiert werde; und davon könne vor allem ausgegangen werden, wenn ein ausgeprägtes realwirtschaftliches Strukturgefälle (bei Wachstum, Produktivität und/oder Beschäftigung) hohes Gewicht hätte. Denkbar wäre überdies, daß auch bei grundsätzlich bestehender Bereitschaft, Annäherungsprozesse zu akzeptieren, der Integrationsraum insgesamt mit weltwirtschaftlichen „Schocks" konfrontiert wird (plötzliche Veränderungen bei Weltmarktangebot, Weltmarktnachfrage, Weltmarktpreisen), die die einzelnen Mitgliedsländer unterschiedlich treffen bzw. von ihnen unterschiedlich verarbeitet werden können (sog. asymmetrische Schocks). Sind eine oder gar beide Bedingungen erfüllt, so müsse davon ausgegangen werden, daß die Länder weniger ihre Zielprioritäten, sondern eher das stabile Wechselkursgefüge aufgeben und so den Wechselkursverbund verlassen, damit aber eine zentrale Bedingung des Integrationsmodells einer Wirtschafts- und Währungsunion verletzen. Die Kritiker dieses Ansatzes wenden sich somit nicht gegen ein stabiles Wechselkursgefüge (an sich), sondern gegen seine sofortige Umsetzung, weil sie in ihm eher einen **Sprengsatz** für den Integrationsprozeß sehen.

b) Die **Ökonomisten** fordern deshalb demgegenüber, daß die Wirtschafts- und Währungsunion nicht uno actu mit dem Gemeinsamen Markt umgesetzt werden sollte. Vielmehr sollten die Mitgliedsländer unter dem Schutz flexibler Wechselkurse oder einer fallweisen Kurskorrektur die Möglichkeit erhalten, ihre Leistungsbilanzungleichgewichte, die aus einem bestehenden Struktur- und/oder Prozeßgefälle resultieren, gleichermaßen an der „Außenfront" aufzufangen, ohne sie in die Binnenwirtschaft durchwirken zu lassen. Dieses Schutz vermittelte ihnen dann gleichzeitig die **Chance** - die sie dann aber auch konsequent nutzen müßten -, durch entsprechende nationale Maßnahmen der Geld-, Fiskal-, Struktur- und Beschäftigungspolitik eine **Konvergenz** der **Ausgangsbedingungen** mit dem Ziel einer Struktur- und Prozeßangleichung zu erreichen (Abbau von Wachstums-, Preis-, Produktions- und Beschäftigungsgefälle und der damit verbundenen Gefahr anhaltender, struktureller Leistungsbilanzungleichgewichte). Erst wenn dies gegeben sei, erwachse daraus die realwirtschaftlich fundierte Möglichkeit zur Zielkonvergenz; ohne die Chance wäre der Zwang eher kontraproduktiv, weil er die Wirtschafts- und Währungsunion latent gefährdete. Und erst wenn die Konvergenz der Ausgangsbedingungen gegeben sei, könnte eine Zielkonvergenz unterstellbar und eine für den Integrationsraum gemeinsam verbindliche Wirtschaftspolitik möglich und damit eine Währungsunion mit einem festen, irreversiblen Kursgefüge oder einer Einheitswährung installiert werden. Letztere hätte dann erst Bestand (sog. „**Krönungstheorie**") und wäre eher funktionsfähig als eine erzwungene Union, für deren Funktionsbedingungen die realwirtschaftlichen Voraussetzungen fehlen. Grundsätzlich gilt: In diesem Modell ist die Forderung angesiedelt, „Gemeinsamer Markt" und „Wirtschafts- und

Währungsunion" zeitlich gestaffelt umzusetzen. Diese Gegenposition entbehrt zwar auch nicht einer gewissen Plausibilität, muß aber - neben theoretischen Problemen (modellgerechte Funktionsfähigkeit freier Wechselkurse bzw. fallweiser Wechselkurskorrekturen) - gegen sich gelten lassen, daß auch sie nicht ohne Implikationen auskommt: Sie geht von gegebenen, zumindest von in einem überschaubaren Zeitraum erreichbaren realwirtschaftlichen und konjunkturellen Anpassungsprozessen in den Mitgliedsländern aus, die in eine Konvergenz der wirtschaftlichen Entwicklung einmünden und damit die Voraussetzung für eine supranationale Zielsetzung schaffen. Wenn nun die Ökonomisten den Monetaristen vorwerfen, daß ein Bereitschaftsdefizit hinsichtlich der Zielkonvergenz zu einem Sprengsatz für ein „voreilig" eingeführtes Fixkurssystem und damit für eine Wirtschafts- und Währungsunion werden könnte, müssen sie sich fragen lassen, weshalb diese Bereitschaft (ohne externe Disziplinierung und allein auf der Basis der Freiwilligkeit) nun einfach als gegeben unterstellbar sein soll. (Nicht selten wird gerade hier das polit-ökonomische Argument angesiedelt, daß Politiker eher geneigt seien, sich auf derartige „Disziplinierungszwänge" zu berufen, um im eigenen Land unpopuläre Maßnahmen - etwa um ein höheres Maß an Preisstabilität zu erreichen oder Haushaltsdifizite zu verringern - durchsetzen zu können.) Anders gewendet: Fehlt die Prozeß- und Strukturangleichung, oder wird sie zwar tendenziell erreicht, von einem Land aber noch nicht als hinreichend angesehen, fehlt auch die Bereitschaft zur nationalen Zielrelativierung und damit zu einer blockübergreifenden Zielkonvergenz. Und dann bedeutete das ökonomistische Modell, daß der Schritt vom „Gemeinsamen Markt" zur „Wirtschafts- und Währungsunion" in eine ungewisse Zukunft verlagert würde; an die Stelle des „Sprengsatzes" trete dann die **Vertagung**.

Stellt man beide Modellansätze einander gegenüber, so kommen hier nicht nur Unterschiede in der Erwartung der grundsätzlichen Erfüllbarkeit von Implikationen zum Ausdruck. Dahinter verbargen sich auch „handfeste" politische Interessen. Länder, die dem Wachstum und der Beschäftigung Priorität zuwiesen (etwa Frankreich oder Belgien), bezogen eine eher „monetaristische" Position; sie erhofften sich davon vermutlich, ihre Ziele aufrechterhalten zu können und bei potentiellen Zahlungsbilanzdefiziten Zugang zu einem gut dotierten Interventionsfonds zu erhalten, der ihnen hinreichende Interventionsmittel zur Kursstabilisierung zur Verfügung stellt. Länder, die dem Preisstabilitätsziel ein höheres Gewicht zuwiesen (etwa die Bundesrepublik oder die Niederlande), bezogen eine eher „ökonomistische" Position; sie befürchteten, Abstriche beim Ziel der Preisstabilität machen und am Ende eben diesen Interventionsfonds finanzieren zu müssen.

Unbeschadet dieses konkreten Konflikts wird man konstatieren können, daß die Diskussion um die Einführung der Wirtschafts- und Währungsunion von Anfang an (und im Grunde bis in die Gegenwart) von dieser Grundsatzkontroverse geprägt war. Seit der Ratsentschließung von Den Haag (1969) lassen sich cum grano salis drei Phasen unterscheiden - der Europäische Wechselkursverbund, das Europäische Währungssystem, die Europäische Wirtschafts- und Währungsunion -, in denen versucht wurde (bzw. wird), den Unionsgedanken zu etablieren.

a) Der **Europäische Wechselkursverbund**: Vor dem Den Haag-Gipfel wurden - anders als beim Ziel eines Gemeinsamen Marktes - keine konkreten Vorstellungen über die Bildung einer Wirtschafts- und Währungsunion entwickelt. Die nationale Wirtschafts- und Währungspolitik wurde zwar als eine „Angelegenheit von gemeinsamem Interesse" betrachtet; und es wurde auch ein Koordinationsbedarf für die Politikbereiche gesehen. Doch die zu diesem Zweck gegründeten Institutionen (Wirtschaftsausschuß, Währungsausschuß, Gouverneursausschuß) hatten allenfalls eine beratende Funktion. Die nationale Kompetenz sollte erhalten bleiben. Doch nicht zuletzt unter dem Eindruck beginnender Turbulenzen im Weltwährungssystem schien eine währungspolitische Zusammenarbeit zwischen den Ländern der Gemeinschaft immer drängender, um den bestehenden Integrationsstand aber auch den (zumindest intendierten) weitergehenden Integrationsprozeß nicht zu gefährden. Das Anliegen des Gipfels war insoweit zwar konsequent; das Ergebnis war freilich ambivalent:

- **Konzeptionell** wurde erstmals der Versuch unternommen, eine Wirtschafts- und Währungsunion zu erreichen. Gestützt auf ein Memorandum der Kommission (Barre-Plan, Februar 1969) entwickelte eine Arbeitsgruppe unter der Leitung des luxemburgischen Ministerpräsidenten Werner einen **Stufenplan** zur Bildung einer **Wirtschafts-** und **Währungsunion** (der sog. Werner-Plan), der dann auch zur Grundlage einer Ratsentschließung (März 1971) wurde. In der ersten Stufe (bis Ende 1973) sollten die Bandbreiten zwischen den Währungen der EG-Mitgliedsländer enger gehalten werden, als sie gegenüber dem US-Dollar bestanden; überdies sollten die nationalen Politikbereiche zwar koordiniert werden, um bei den wirtschaftlichen Entwicklungen zwischen den EG-Ländern Konvergenzprozesse auszulösen, aber noch voll in der nationalen Kompetenz bleiben. In der zweiten Stufe (bis Ende 1979) war es die Absicht, die Politikbereiche, gestützt auf gemeinsame Richtlinien, zu harmonisieren, um sie dann durch Kompetenzübertragungen an EG-Organe systematisch zu „vergemeinschaften". In der dritten Stufe (ab 1980) sollten die institutionellen Voraussetzungen für eine Wirtschafts- und Währungsunion (Schaffung eines wirtschaftspolitischen Entscheidungsgremiums sowie eines gemeinschaftlichen Zentralbankensystems) geschaffen werden. Dieser Stufenplan war gewiß folgerichtig angelegt.

- **Politisch** wurde der Stufenplan ebenso folgerichtig abgestützt. Die Ratsentschließung enthielt zwar **Kompromisse**: So wurde die Institutionalisierung - ein Zugeständnis an Frankreich - in ihrem Gewicht reduziert, um eine höhere nationale Souveränität aufrechtzuerhalten. Gleichzeitig wurde - ein Zugeständnis an Deutschland - eine „Verfallsklausel" eingebaut, d.h. nach fünf Jahren sollte geprüft werden, ob Konvergenzerfolge erreicht wurden und das Modell festgeschrieben werden könne. Aber im **Grundsatz** wurde am Plan festgehalten; der Pariser Gipfel (Oktober 1972) erneuerte die Absichtserklärung, die Beziehungen zwischen den EG-Ländern in eine Europäische Union umzuwandeln. Gleichzeitig wurden - über die bestehenden Koordinierungsbemühungen und Konsulationsverpflichtungen hinaus - flankierende Maßnahmen beschlossen, die ein notwendiges Pendant zum Wechselkursverbund (und den damit begründeten Interventionsverpflichtungen der Mitgliedsländer zur Wechselkursstabilisierung) bildeten. Das schon seit 1970 bestehende Beistandssystem und der Ratsbeschluß über eine verstärkte Zusammenarbeit der Zentralbanken wurde zweifach ergänzt: Im Januar 1972 trat das **mittelfristige Währungsbeistandssystem** in Kraft. Es beruhte auf dem Grundgedanken einer gegenseitigen Kreditgewährung, wobei für jedes Land eine Obergrenze für Beitragspflicht und Kreditmöglichkeit bestand. Die Verzinsung kurzfristiger Kredite wurde nach wie vor von der jeweiligen Zentralbank, die Verzinsung mittelfristiger Kredite nun aber vom Rat festgelegt. Im April 1973 wurde der **Europäische Fonds für währungspolitische Zusammenarbeit** (EFWZ) gegründet; er sollte die Verengung der Bandbreiten durch Intervention in Gemeinschaftswährungen, durch Saldenausgleich und durch eine gemeinsame Reservepolitik fördern. Von seiner Intention her war er durchaus auf eine spezifische Rolle in einem Europäischen Zentralbankensystem zugeschnitten. Wie im Weltwährungssystem wurde folgerichtig die Notwendigkeit gesehen, Anpassungs- und Liquiditätskonzept kompatibel auszugestalten. Darauf gestützt hatte die Kommission noch 1973 ein **Aktionsprogramm** für die zweite Stufe des Werner-Plans verabschiedet; und in der **Konvergenzrichtlinie** des Rates (1974) wurde eine Annäherung der Wirtschaftspolitik im EG-Raum (Koordinierung der Wirtschaftspolitik, Entwicklung von Orientierungsdaten, Harmonisierung der Steuern) eingefordert.

- **Praktisch** ist das Modell, obwohl es folgerichtig konzeptionell angelegt und politisch flankiert wurde, hinsichtlich seiner **Umsetzung** gescheitert. Eine Konvergenz und Politikharmonisierung wurde nicht erreicht. Der Plan kam über seine erste Stufe nicht hinaus. Bereits der Wechselkursverbund blieb latent gefährdet. Noch wurde an ihm im Grundsatz festgehalten. Mit dem Smithonian-Abkommen (1971) schien die Weltwährungskrise beigelegt: Es kam zu einem Realignment und zu einer Erweiterung der Schwankungsmarge gegenüber dem US-Dollar auf 4,5 vH (± 2,25 vH), was im Extremfall zwischen Drittländern eine Marge von 9 vH (± 4,5 vH) bedeutete. Demgegenüber wurde durch Ratsbeschluß (März 1972) eben diese Bandbreite EG-intern halbiert (auf 2,25 vH bzw. ± 1,125 vH); es entstand die **Schlange im Tunnel**. Die Bandbreite gegenüber dem US-Dollar bildete den „Tunnel", d.h. die EG-Währungen konnten innerhalb des Tunnels gegenüber dem US-Dollar frei schwanken, und erst bei Erreichen der Grenzen der Bandbreite mußte der Tunnel durch Intervention in US-Dollar gestützt werden. Die Stabilisierung des Tunnels war insoweit ein US-Dollar-Problem. Die EG-Währungen konnten sich untereinander nur innerhalb der „Schlange" bewegen; und diese mußte dann mit Gemeinschaftswährung von den Mitgliedsländern gleichzeitig gestützt werden - mit den entsprechenden binnenwirtschaftlichen Rückwirkungen. Als der US-Dollar nun nicht mehr zu stabilisieren war und deshalb freigegeben wurde (1973), entfiel der Tunnel; es entstand der **Floating-Block**. Die „Schlange" bewegte sich nun zwar frei (die US-Dollar-Interventionen erübrigten sich), blieb aber in sich als Wechselkursverbund erhalten. Dies hatte freilich zur Konsequenz, daß, wenn eine Währung gegenüber dem ("frei floatenden") US-Dollar auf- oder abwertete, dies entsprechende Folgen für die anderen Gemeinschaftswährungen hatte (korrespondierende Auf- oder Abwertung), wobei dann national unerwünschte Rückwirkungen auf die Binnenwirtschaft der einzelnen Mitgliedsländer nicht auszuschließen waren. Die Stabilität des europäischen Wechselkursverbundes war somit erheblichen Belastungen unterworfen. Schließlich scheiterte er; es kam zu einem abwechselnden Beitritt und Austritt von Ländern. (Neben den EG-Kernländern schlossen sich England, Irland und Dänemark zeitweise dem Verbund an - kurze Zeit später traten England und Irland, dann auch Italien und Frankreich wieder aus dem Verbund aus.) Am Ende blieb eine Spaltung in einen in sich stabilen Wechselkursverbund (Dänemark, Deutschland und die Benelux-Staaten) und floatenden Währungen der anderen EG-Länder.

Zieht man ein Fazit aus diesen drei Aspekten, so wird erkennbar: Trotz Vorbehalte und Kompromisse implizierte der Europäische Wechselkursverbund faktisch eine „monetaristische" Vorleistung. Doch eine Konvergenz der Wirtschaftspolitiken wurde damit nicht erzielt, die „ökonomistische Position" schien also eher bestätigt. Das Scheitern mag gewiß auch EG-externe Ursachen gehabt haben; zu denken ist an die krisenhafte Zuspitzung im Welthandels- und Weltwährungssystem, ergänzt durch den ersten Ölpreisschock. Es war aber auch EG-intern begründet: Als im Laufe der 70er Jahre in den damaligen EG-Ländern das reale Wachstum sich deutlich abschwächte (vgl. Tabelle 13), die Preissteigerung sich beschleunigte (vgl. Tabelle 17), die Erwerbslosenquote sich teilweise drastisch erhöhte (vgl. Tabelle 18) und die gleichzeitige Divergenz in diesen Prozessen zu teilweise massiven Wechselkurskorrekturen führten (vgl. Tabelle 22), war eine Konvergenz der Wirtschaftspolitiken nicht erreichbar - damit auch nicht der Übergang zu einer Wirtschafts- und Währungsunion. Der erste Ansatz war somit gescheitert.

Tabelle 22
Devisenkursentwicklung
(Kassa-Mittelkurse in DM)

Land / Zeitraum		1960	1970	1980	1990	1995
Belgien	(100 bfrs.)	8,37	7,35	6,22	4,84	4,86
Dänemark	(100 dkr)	60,51	48,63	32,25	26,12	25,57
Finnland	(100 Fmk)	-	-	48,82	42,25	32,83
Frankreich	(100 FF)	85,05	65,97	43,01	29,68	28,72
Griechenland		-	-	-	-	-
Großbritannien	(1 £)	11,71	8,74	4,23	2,88	2,26
Irland	(1 Ir£)	-	-	3,74	2,67	2,30
Italien	(1000 Lir)	6,72	5,82	2,12	1,35	0,88
Österreich	(100 S)	16,07	14,11	14,05	14,21	14,21
Niederlande	(100 hfl)	110,59	100,85	91,46	88,76	89,27
Portugal	(100 Esc)	14,59	12,77	3,64	1,13	0,96
Schweden	(100 Skr)	80,71	70,32	42,94	27,29	20,12
Spanien	(100 Ptas)	-	5,23	2,54	1,59	1,15

b) Das **Europäische Währungssystem** (EWS):[34] Trotz dieser negativen Erfahrungen wurde gleichwohl am Grundgedanken einer Wirtschafts- und Währungsunion - und im Kern erneut auf der Basis einer monetaristischen Vorleistung - festgehalten. Unter maßgeblichen Impulsen des französischen Staatspräsidenten Valéry Giscard d'Estaing und des deutschen Bundeskanzlers Helmut Schmidt kam es zur Bildung des Europäischen Währungssystems. Gestützt auf Verordnungen und Entscheidungen des Rates über die Festlegung einer neuen Rechnungseinheit und über den mittelfristigen finanziellen Beistand (Dezember 1978) sowie auf Abkommen zwischen den Zentralbanken über die Funktionsweise des EWS und über den kurzfristigen Währungsbeistand (März 1979), trat das EWS im März 1979 in Kraft. Erklärtes **Ziel** war die Schaffung einer „stabilen Währungszone in Europa", wobei der Stabilitätsbegriff prozeßpolitisch die Preisniveaustabilität, integrationspolitisch aber auch die Wechselkursstabilität involvierte. Was die **Mitgliedschaft** angeht, so gehörten alle Notenbanken der EG-Mitgliedsländer dem EWS an. Teils wurden ihnen Ausnahmeregelungen zugestanden - etwa sich am Wechselkurs- bzw. Interventionsmechanismus nicht zu beteiligen (England, Griechenland) oder zumindest größere Bandbreiten für Wechselkursschwankungen in Anspruch nehmen zu können (Italien, Portugal). Teils wurden mit Nicht-EG-Ländern Assoziierungsabkommen verabredet, indem sie die Möglichkeit erhielten, ihre Währungen an die Europäische Währungsein-

[34] Einen detaillierten Überblick vermitteln: Deutsche Bundesbank, Hellmann, Jarchow, Kleinheyer und Scharrer (vgl. das beigefügte Literaturverzeichnis).

heit zu binden (Finnland, Österreich, Schweden) und auf der Basis von Swap-Abkommen zu stützen (Norwegen). Das EWS sollte - nach einer zweijährigen Anlaufzeit (die dann bis 1985 verlängert wurde) - in ein endgültiges System überführt werden, wurde allerdings bislang nur in technischer Hinsicht modifiziert.

Konzeptionell stellte es eine Weiterentwicklung des im Kern „monetaristisch" ausgerichteten europäischen Wechselkursverbundes dar, wenngleich das Regelwerk umfassender und systematischer angelegt war. Im Grundsatz stützte es sich auf drei Pfeiler: die Schaffung des ECU als gemeinsame europäische Rechnungseinheit (i.S. eines einheitlichen Maßstabskonzepts), die Entwicklung eines Wechselkurs- und Interventionssystems (i.S. eines nationalen Anpassungskonzepts) und die Entwicklung eines finanziellen Beistandssystems (i.S. eines supranationalen Liquiditätskonzepts).

- Das **Maßstabskonzept**: In konzeptioneller Weiterentwicklung der Europäischen Rechnungseinheit wurde die **Europäische Währungseinheit** (European Currency Unit: ECU) geschaffen. Sie ist als Währungskorb definiert, der sich aus festen Beträgen der Währungen der Mitgliedsländer zusammensetzt; diese sind nach Höhe des Sozialprodukts, dem Anteil am innereuropäischen Handel und den Quoten am Beistandssystem gewichtet. Jedes Mitgliedsland legt - in Abstimmung mit den Partnerländern - für seine Währung einen **Leitkurs** in ECU fest. Er ermittelt sich aus (gegebenen) bilateralen Leitkursen oder bei Neueintritt eines Landes in das EWS aus (gegebenen) bilateralen Tageskursen oder (gewünschten) Leitkursen. Werden für alle Währungen der Mitgliedsländer solche Leitkurse festgelegt, läßt sich daraus auf der Grundlage des jeweiligen ECU-Leitkurses für eine Währung ein **Gitter bilateraler Leitkurse** für alle Währungen der Mitgliedsländer in ECU (parity grid) ableiten. (Sind Währungen im Währungskorb enthalten, obgleich deren Länder am Interventionsmechanismus nicht teilnehmen, fallen für diese Währungen quasi-automatisch zwar auch Leitkurse an, die indessen dann nur fiktiven Charakter haben und somit keine Anpassungsmechanismen begründen.) Kommt es nun zwischen Währungen der Mitgliedsländer bilateral zu Wechselkursschwankungen, so ergibt sich daraus ein ECU-Tageskurs, der vom ECU-Leitkurs abweichen kann. Die Abweichung wird durch den **Abweichungsindikator** gemessen. Wird nun eine zulässige Bandbreite für Schwankungen des ECU-Leitkurses festgelegt, schwankt der Abweichungsindikator zwischen 0 vH (wenn der ECU-Tageskurs einer Währung gegenüber allen anderen Korbwährungen den jeweiligen bilateralen ECU-Leitkursen entspricht) und ± 100 vH (wenn der ECU-Tageskurs einer Währung gegenüber allen anderen Korbwährungen gleichzeitig an die obere oder untere Bandbreitengrenze stößt). Die mögliche Abweichung hängt indessen nicht nur von Devisenmarktprozessen ab, sondern auch vom Gewicht der Währung im Währungskorb: Die maximal mögliche Abweichung ist um so höher (geringer), je geringer (höher) das Gewicht der Währung im Währungskorb ist; schließlich kann eine Währung nicht gegenüber „sich selbst" schwanken. Die so definierte ECU übernimmt nun einheitlich die Maßstabsfunktion für die Gemeinschaft. Diese betrifft einerseits die Ermittlung des Abweichungsindikators, sie betrifft andererseits die Wahrnehmung der „klassischen" Geldfunktionen - allerdings begrenzt auf die Transaktionen zwischen den Mitgliedsländern und zwischen diesen und den Gemeinschaftsorganen, insoweit (mit wenigen Ausnahmen) nicht für den übrigen Wirtschaftsverkehr. Sie nimmt - zum einen - die **Recheneinheitsfunktion** wahr, d.h. alle Transaktionen werden in ECU berechnet und verbucht; sie nimmt - zum zweiten - die **Reservefunktion** wahr, d.h. die Notenbanken erhalten einen Bestand an ECU, indem sie einen bestimmten Anteil ihrer Gold- und Dollarreserven (20 vH) gegen ECU-Gutschrift an den EFWZ auf der Basis revolvierender Swaps übertragen; sie nimmt - zum dritten - die **Transaktionsfunktion** wahr, d.h. die ECU kann zwar nicht unmittelbar für Zahlungen im innereuropäischen Transaktionsverkehr verwandt werden, wohl aber sind Teile des ECU-Bestandes jeweils mobilisierungsfähig und dienen dann indirekt als Zahlungsmittel zumindest für die Notenbanken.

- Das **Anpassungskonzept**: Im Grundsatz gilt ein modifiziertes Fixkurskonzept. Die bilateralen Leitkurse sollen - in einer gewissen konzeptionellen Analogie zum Zielzonenmodell - verteidigt werden. Allerdings ist eine Schwankungsmarge von ± 2,25 vH zulässig, die in Sonderfällen und vorübergehend erweitert werden kann. In der Regel werden von einem Land Gegenmaßnahmen erwartet, wenn der Abweichungsindikator den Wert von 75 vH (**Abweichungsschwelle**) übersteigt. Denkbar sind **interne währungs- und wirtschaftspolitische Maßnahmen** (um einseitigen inflatorischen oder deflatorischen Prozessen entgegenzuwirken), mit dem Ziel, indirekt eine Stabilisierung des Leitkurses zu erreichen. Denkbar sind **externe Devisenmarktinterventionen** (Kauf abwertender bzw. Verkauf aufwertender Währungen), um eine direkte Stabilisierung des Leitkurses zu erreichen; die Intervention kann in Gemeinschaftswährungen aber auch in US-Dollar erfolgen, wenn im ersten Falle unerwünschte Geldmengeneffekte vermieden werden sollen. Dabei ist zu trennen. Unverzichtbar sind die **obligatorischen Interventionen**: Hier müssen die Notenbanken auf das Marktgeschehen reagieren, wenn eine Währung den oberen bzw. unteren Interventionspunkt erreicht. Daneben sind **intra-marginale Interventionen** denkbar: Hier agieren die Notenbanken mit Zustimmung der Zentralbank, die die Interventionswährung emittiert, schon vor Erreichen der Interventionspunkte, um durch eine Beeinflussung des Marktgeschehens einer spekulativen Eigendynamik der Wechselkursentwicklung - durch „Umdrehen" bestehender Auf- oder Abwertungstendenzen - entgegenzuwirken. Sind dauerhafte Spannungen im Wechselkursverbund zu erwarten (etwa aufgrund ausgeprägter struktureller oder prozessualer Divergenzen), bleibt als dritte Möglichkeit die **ECU-Leitkursänderung**. Hierbei ist nun eine Besonderheit zu beachten: Da alle Währungen über ein ECU-Paritätengitter miteinander verknüpft sind, bedeutete eine isolierte Veränderung einer bilateralen Leitkurskonstellation eine Veränderung des gesamten Paritätengitters und damit eine Änderung der ECU-Leitkurse aller beteiligten Währungen. Daraus folgt, daß eine einseitige nationale Wechselkursveränderung - gewissermaßen im Alleingang - nicht mehr möglich ist, sondern der Zustimmung aller Partnerländer im Rahmen eines umfassenden **Realignments** bedarf, das die Leitkurse aller Währungen dann korrigiert und neu festlegt. Eine beliebige nationale Wechselkurskorrektur wird somit erschwert. Dies entspricht auch durchaus der Intention der EWS-Konstruktion, wonach eben nicht die Wechselkurskorrektur, sondern die binnenwirtschaftliche Konvergenz der Prozeßabläufe - und damit auch der Prozeßpolitiken - die Stabilität des Integrationsraumes sicherstellen soll.

- Das **Liquiditätskonzept**: Fehlt nun einerseits diese Konvergenz, soll aber andererseits die Stabilität des Wechselkursgefüges nicht beliebig zur Disposition gestellt werden, bleibt am Ende nur die Stabilisierung des Wechselkursgefüges über Devisenmarktinterventionen. Hier entsteht dann sofort wieder das Asymmetrieproblem: Während Überschußländer in eigener Währung intervenieren können (Kauf von abwertenden Währungen), sind Defizitländer gezwungen, in fremder Währung zu intervenieren (Verkauf von aufwertenden Währungen). Für letztere entsteht damit aber einmal mehr ein Reserveproblem, wenn die eigenen Reserven und die mobilisierungsfähigen ECU-Guthaben erschöpft sind. Die Schaffung einer EG-übergreifenden Liquidität, auf die die Schuldnerländer bei Bedarf zurückgreifen können, stellt insoweit folgerichtig ein flankierendes Instrument des EWS-Modells dar. Dabei ist zu differenzieren. Die **sehr kurzfristige Finanzierung**: Da die Länder zumindest im Rahmen der obligatorischen Intervention in unbegrenzter Höhe mit Gemeinschaftswährungen intervenieren müssen, über diese Währungen aber nicht unbedingt im erforderlichen Umfang verfügen, enthält das EWS-Abkommen (als originäres Element) die Möglichkeit der Länder, unter Einschaltung des EFWZ und auf der Basis einer gegenseitigen Kreditgewährung in unbegrenzter Höhe auf Partnerwährungen zurückzugreifen. Die mit einer bestimmten Partnerwährung intervenierende Zentralbank unterrichtet die diese Währung emittierende Zentralbank und erhält von ihr eine entsprechende Gutschrift. Beim EFWZ wird die Schuldnerzentralbank belastet, die Emissionszentralbank erkannt (jeweils errechnet nach dem ECU-Tageskurs). Die entstehenden Salden werden zu einem Satz verzinst, der einem gewogenen Durchschnitt repräsentativer Geldmarktsätze entspricht; seit dem Basel-Nyborg-Abkommen (1987) sind die Kredite binnen 3,5 Monaten in der Gläubigerwährung (aber auch in US-Dollar - nicht in Gold) rückzahlbar. Eine Prolongation um drei Monate - maximal bis zur doppelten Höhe der Schuldnerquote der betreffenden Zentralbank im kurzfristigen Beistandssystem - kann ohne Zustimmung der Gläubigerzentralbank erfolgen; eine weitere Verlängerung bedarf der Zustimmung der Emissionszentralbank. Neben dieser spezifischen EWS-Konstruktion bestehen noch zwei weitere Kreditmechanismen, die zwar kein originärer Bestandteil des EWS-Modells darstellen, aber konzeptionell in dieses integriert sind und in die gleiche Richtung wirken. Der **kurzfristige Währungsbeistand**: Er stützt sich auf ein Abkommen zwischen den Zentralbanken von 1970 (1985 modifiziert) und bildet ein System einer kurzfristigen gegenseitigen Kredithilfe, die auch von Nicht-EWS-Ländern in Anspruch genommen werden kann. Die Kreditgewährung ist kurzfristig (3 Monate Laufzeit - mit der Möglichkeit einer zweimaligen Verlängerung), wird vom EFWZ verwaltet und zu Marktsätzen verzinst. Sie erfolgt bei vorübergehenden Zahlungsbilanzdefiziten, die auf „zufälligen Schwierigkeiten" oder „unterschiedlichen Konjunkturentwicklungen" beruhen. Die Zentralbanken sind im Rahmen ihrer Gläubigerquoten zur Finanzierung des Währungsbeistandes verpflichtet. (Sie betrugen Anfang der 90er Jahre - EG-12 - knapp 18 Mrd. ECU; die größten Quoten, mit knapp 3,5 Mrd. ECU, hielten Deutschland, Frankreich und England.) Die Inanspruchnahme wird durch Schuldnerquoten begrenzt. (Sie betrugen Anfang der 90er Jahre - EG-12 - knapp 9 Mrd. ECU; die größten Quoten, mit ca. 1,75 Mrd. ECU, hielten Deutschland, Frankreich und England.) Gläubiger- und Schuldnerquoten können durch sog. Rallongen aufgestockt werden (ca. 9 Mrd. ECU), die ein Land bis maximal der Hälfte in Anspruch nahmen kann, so daß ein Kreditplafond von nahezu 18 Mrd. ECU besteht. Die Kreditgewährung bedarf eines einstimmigen Beschlusses der Zentralbankpräsidenten, erfolgt aber automatisch, d.h. ohne wirtschafts- und währungspolitische Auflagen. Der **mittelfristige Währungsbeistand**: Er stützt sich auf ein Abkommen zwischen den Mitgliedstaaten von 1971, wonach Mitgliedstaaten mit Zahlungsbilanzproblemen mittelfristig (mit einer Laufzeit von 2 bis 5 Jahren) von anderen Mitgliedstaaten bis zu bestimmten Höchstgrenzen Darlehen erhalten können. Das System wurde - unter dem Eindruck der ersten Ölkrise (1973) - durch eine „Gemeinschaftsanleihe" erweitert, wonach die Gemeinschaft Mittel aufnehmen kann, um sie an Länder mit Zahlungsbilanzschwierigkeiten weiterzuleiten. Seit 1988 sind beide Elemente zu einem „einheitlichen System" verknüpft. (Der Gesamtplafond betrug Anfang der 90er Jahre - EG-12 - ca. 14 Mrd. ECU; die höchsten Quoten, mit ca. 2,7 Mrd. ECU, hielten Deutschland, Frankreich und England.) Die Darlehensvergabe - in der Regel darf ein Land bis 50 vH seiner Quote in Anspruch nehmen - erfolgt aufgrund eines Kommissionsvorschlags durch Beschluß einer qualifizierten Ratsmehrheit; sie ist konditioniert, d.h. an die Auflage gebunden, daß ein Land Maßnahmen ergreift, um eine geordnete Zahlungsbilanzsituation wieder zu erreichen.

Mit Blick auf die drei skizzierten Grundpfeiler wird man dem EWS-Regelwerk eine gewisse **konzeptionelle Folgerichtigkeit** nicht absprechen können. Gleichwohl sind auch Schwächen erkennbar. Der Abweichungsindikator kann versagen, wenn Korbwährungen floaten oder höhere Bandbreiten in Anspruch nehmen, oder wenn es in der Gemeinschaft zu Blockbildungen - zwischen stabilitätsbewußten und weniger stabilitätsbewußten Ländern - kommt, die es von vornherein verhindern, daß ein Land seine maximale (die obligatorische Intervention auslösende) Abweichungsschwelle erreicht. Auch das Anpassungskonzept hat den Charakter einer gewissen Unverbindlichkeit. Die Länder sind nicht verpflichtet, eine der relevanten Maßnahmen - Intervention, Realignment oder binnenwirtschaftliche Anpassung - zu ergreifen; bei Verzicht darauf, hat es allenfalls die Gründe hierfür darzulegen. Daraus folgt, daß das EWS-Regelwerk letztendlich doch von der Konvergenzbereitschaft der Mitgliedsländer „lebt". Fehlt diese und stößt die Defizitfinanzierung an Grenzen, steht das stabile Kursgefüge - und damit die Grundlage einer Wirtschafts- und Währungsunion - zur Disposition. Der Hinweis darauf, daß die Häufigkeit der Realignments in der Startphase (bis Mitte der 80er Jahre) weit höher als seither war, übertüncht dieses Problem. Und mag auch als unstrittig gelten, daß gerade im Durchschnitt der 80er Jahre und zu Beginn der 90er Jahre die Preissteigerungen (mit Ausnahmen) sich erheblich zurückbildeten (vgl. Tabelle 17), bleibt die Frage offen, ob dies dem EWS-Regelwerk zuzuschreiben ist - oder ob die „Ankerfunktion" der D-Mark in Verbindung mit der jeweils nationalen Einsicht in die Notwendigkeit, die in den 70er Jahren sich herausbildende „Inflationsmentalität" (auch um den „Preis" von Abschwächung des realen Wachstums und Erhöhung der Erwerbslosenquote) zu brechen, die größere Rolle spielte. Schließlich sind noch erhebliche Diskrepanzen bei den Preissteigerungsraten auszumachen.

c) Die **Europäische Wirtschafts- und Währungsunion** (EU): Unbeschadet dieser ambivalenten Einschätzung des EWS war bereits in der Einheitlichen Europäischen Akte das Ziel verankert, schrittweise eine **Wirtschafts-** und **Währungsunion** (WWU) zu erreichen. Gestützt auf den Bericht einer Arbeitsgruppe (sog. Delors-Bericht) hatte der Europäische Rat beschlossen (Juni 1989), die erste Stufe der WWU im Juni 1990 beginnen zu lassen und diese spätestens 1999 zu etablieren. Im Dezember 1991 wurde ein diesbezüglicher Vertragsentwurf („Vertrag über die Europäische Union" - künftig: EUV bezeichnet) von den Staats- und Regierungschefs der EG-Länder in Maastricht gebilligt und im Februar 1992 von den Außen- und Finanzministern unterzeichnet. Nach der EEA stellt der EUV eine **zweite grundlegende Reform** des **EWG-Vertrages** dar. Eine Konkretisierung war in jedem Falle erforderlich, weil der Schritt zum Gemeinsamen Markt insoweit eine offene Flanke aufwies, als noch ungeklärt blieb, wie seine Funktionsvoraussetzungen zu sehen sind: Mit nationaler wirtschafts- und währungspolitischer Autonomie (und dann mit Wechselkursflexibilität oder fallweiser Wechselkurskorrektur) oder bei festem, irreversiblen Wechselkursgefüge bzw. Einheitswährung (dann aber mit Harmonisierung der Wirtschafts- und Währungspolitik). Das Vertragswerk von Maastricht soll nun praktisch diese Lücke schließen; und dies - wie in der EEA programmatisch angelegt - mit Blick auf die zweite Alternative, die letztendlich die nationalen Wirtschafts- und Währungspolitiken in einen supranationalen Konsens einbinden sollte. Hierbei sei die Frage offen gelassen, ob noch andere Motive eine Rolle gespielt haben - Konsolidierung der EG, um der osteuropäischen Herausforderung gerecht zu werden; rechtzeitige Einbindung des (zu) starken Deutschlands (Gedanke des „DM-Imperialismus"). Derartige Erwägungen sind gewiß nicht auszuschließen. Überdies ist das Vertragswerk nicht auf diese Aufgabe reduziert; zumindest zwei zusätzliche

Pfeiler sind mit beschlossen worden: einmal eine gemeinsame Außen- und Sicherheitspolitik, zum zweiten eine Zusammenarbeit auf dem Gebiet von Justiz und Inneres. Im folgenden sollen diese beiden Pfeiler ausgeklammert bleiben; wir beschränken uns auf die Beschlüsse zur Wirtschafts- und Währungsunion (WWU).[35]

---

35 Zu Einzelheiten der Diskussion vgl.: G. Aschinger, Ist die Europäische Währungsunion realisierbar?, in: Schriften des Vereins für Socialpolitik NF, Bd. 247/1996 - G. Aschinger, Probleme auf dem Weg zum Euro, in: HWWA-Wirtschaftsdienst 1997/X - N. Berthold, Der Weg zur Europäischen Währungsunion - Unüberwindbare Hindernisse?, in: Außenwirtschaft 47. Jg./1992 - N. Berthold, Europa nach Maastricht - Sind die währungspolitischen Fragen gelöst?, in: HWWA-Wirtschaftsdienst 1992/I - P. Bofinger, Das Europäische Währungssystem und die geldpolitische Koordination in Europa, in: Kredit und Kapital 3/1988 - P. Bofinger, Europäische Zentralbank versus Europäisches Währungssystem, in: HWWA-Wirtschaftsdienst 1992/IX - P. Bofinger, Die Europäische Währungsintegration in der Stufe II, in: HWWA-Wirtschaftsdienst 1994/XII - B. Braasch u.a., Konvergenz oder Divergenz im EWS, in: HWWA-Wirtschaftsdienst 1991/I - H. Bruggmann, Die EG auf dem Weg zur Wirtschafts- und Währungsunion - Eine Zwischenbilanz, in: Außenwirtschaft, 48. Jg./1993 - W. Filc, „Harte“ oder „gehärtete“ ECU für Europa, in: HWWA-Wirtschaftsdienst 1991/IV - W. Filc, Die Hard-ECU - Eine Ersatz-D-Mark oder ein trojanisches Pferd?, in: HWWA-Wirtschaftsdienst 1991/IV - F. Franzmeyer, Wer erhält den Zugang zu einer EG à la Maastricht, in: HWWA-Wirtschaftsdienst 1993/V - F. Franzmeyer, Hemmnisse für die monetäre Integration?, in: DIW-Wochenbericht 51-52/1993 - F. Franzmeyer, Europäische Währungsunion: Reale Konvergenz unentbehrlich, in: DIW-Wochenbericht 31/1996 - M. Frenkel u.a., Fiskalpolitischer Harmonisierungszwang durch die Europäische Währungsunion, in: HWWA-Wirtschaftsdienst 1991/III - Th. Gäckle, Die Begrenzung von Budgetdefiziten in einer Europäischen Währungsunion, in: HWWA-Wirtschaftsdienst 1992/V - R. Hasse, Konvergenzkriterien des Masstricht-Vertrages: Können sie Glaubwürdigkeit erzeugen?, in: DIW-Sonderheft 151/1994 - H. Hauser, Die Ergebnisse von Maastricht zur Schaffung einer Europäischen Währungsunion, in: Außenwirtschaft 47. Jg./1992 - B. Herz u.a., Die Phase der Europäischen Wirtschafts- und Währungsunion, in: HWWA-Wirtschaftsdienst 1990/VI - G. Horn u.a. Kurskorrektur auf dem Weg nach Maastricht erforderlich, in: DIW-Wochenbericht 46/1996 - R. Hrbek, Das Vertragswerk von Maastricht: Die EG auf dem Weg zur Europäischen Union, in: HWWA-Wirtschaftsdienst 1992/III - H.J. Jarchow, Zum Post-EWS-System, in: HWWA-Wirtschaftsdienst 1996/X - R. Jochimsen, Europäische Wirtschafts- und Währungsunion: Auf Biegen und Brechen?, in: Außenwirtschaft 51. Jg./1996 - Ch. Koenig u.a., Die Europäische Union - Der Vertrag von Maastricht, Tübingen 1995 - W. Kösters, Europäische Zentralbank und Preisniveaustabilität, in: Hamburger Jahrbuch für Wirtschafts- und Gesellschaftspolitik, 36 Jahr/1991 - H. Lehment u.a., Die Europäische Wirtschafts- und Währungsunion: Probleme des Übergangs, in: Die Weltwirtschaft 1/1992 - W. Leibfritz, Wohin führt die Europäische Währungsunion?, in; ifo-Schnelldienst 11/1992 - R.M. Marquardt, Vom Europäischen Währungssystem zur Europäischen Wirtschafts- und Währungsunion, Frankfurt/Main 1994 - H. Matthes, Adäquate Regeln für die Fiskalpolitik der EG-Länder?, in: HWWA-Wirtschaftsdienst 1992/VIII - H. Matthes, Währungsunion mit der Peripherie?, in: HWWA-Wirtschaftsdienst 1992/XII - H. Matthes, Die Europäische Währungsunion - Eine Politik ohne Alternative, in: HWWA-Wirtschaftsdienst 1996/XI - A. Oberhauser, Geknebelte Be-

Ziel des Vertragswerkes ist es, ein stetiges, inflationsfreies und umweltverträgliches Wachstum bei hohem Beschäftigungsniveau und sozialem Schutz sowie Steigerung von Lebensstandard und Lebensqualität zu erreichen und dabei einen hohen Grad der Konvergenz der Wirtschaftsleistung, des wirtschaftlichen und sozialen Zusammenhaltes sowie die Solidarität zwischen den Mitgliedsländern zu fördern (Art. 2 EUV). Zu diesem Zweck soll die Wirtschafts- und Finanzpolitik koordiniert und auf Haushaltsdisziplin verpflichtet werden. Eine einheitliche Geld- und Wechselkurspolitik soll sich vorrangig am Ziel der Preisstabilität ausrichten. Ein außenwirtschaftliches Gleichgewicht soll - unter Beachtung des Grundsatzes einer von Wettbewerb geprägten offenen Marktwirtschaft bei Liberalisierung des Kapitalverkehrs (auch) gegenüber Drittländern - angestrebt werden. Die Gründung eines „Kohäsionsfonds" soll in Ergänzung zu den schon bestehenden Strukturfonds (Agrar-, Regional-, Sozialfonds) den wirtschaftlichen und sozialen Zusammenhalt und die Solidarität zwischen den Mitgliedsstaaten fördern. Dabei ist zu differenzieren.

- Auf dem Gebiet der **Wirtschaftsunion** dominiert das **Subsidiaritätsprinzip:** Die Gemeinschaft soll eigene Zuständigkeiten (mit supranationalem Entscheidungsbedarf) nur auf den Gebieten erhalten, wo nationale Maßnahmen die angestrebten Ziele nicht befriedigend erreichen. Flankierend soll deshalb aber der Kohäsionsfonds eingerichtet werden, um dem Solidaritätsprinzip Rechnung zu tragen. In den Vordergrund tritt hier die **Koordination** der relevanten Politikbereiche, gestützt auf die vom Rat erarbeiteten **Grundzügen für die Wirtschaftspolitik**, flankiert durch ein weiter ausgebautes System der **multilateralen Überwachung**, um die Konvergenz der Politiken zu fördern.

---

schäftigungspolitik - Eine Folge der Maastricht-Kriterien, in: Mitteilungen aus der Arbeitsmarkt- und Berufsforschung 29 Jg./1996 - R. Peffekoven, Die Finanzen der Europäischen Union, Mannheim - Leipzig - Wien - Zürich 1994 - R. Pohl, Erweiterte Bandbreiten im EWS: Ein notwendiges Provisorium, in: DIW-Wochenbericht 36/1993 - R. Pohl, Ankerwährungsprobleme auch in einer Europäischen Währungsunion, in: DIW-Sonderheft 151/1994 - Ch. Randzio-Plath, Die aktuelle Währungssituation in der Europäischen Gemeinschaft, in: HWWA-Wirtschaftsdienst 1993/X - H. Sandte, Möglichkeiten zur Auslegung der Fiskalkriterien für den EWU-Beitritt, in: HWWA-Wirtschaftsdienst 1996/XII - H.E. Scharrer, Europäische Währungsunion: Kein Feld für politische Kompromisse, in: HWWA-Wirtschaftsdienst 1991/X - H.E. Scharrer, Probleme einer Europäischen Wirtschafts- und Währungsunion nach Maastricht, in: Hamburger Jahrbuch für Wirtschafts- und Gesellschaftspolitik, 37. Jahr/1992 - H. Schlesinger, Der Weg zu einer Europäischen Wirtschafts- und Währungsunion, in: HWWA-Wirtschaftsdienst 1991/V - Ch. Schmidt u.a., Maastricht II - Bedarf es realer Konvergenzkriterien?, in: HWWA-Wirtschaftsdienst 1995/X - B. Seidel, Die öffentlichen Haushalte in den EU-Ländern: Konsolidierung braucht Zeit, in: DIW-Wochenbericht 40/1996 - J. Stehn, Wettbewerbsverfälschungen im Binnenmarkt - Ungelöste Probleme nach Maastricht, in: Die Weltwirtschaft 1/1993 - S. Utzig, Der Weg in die Europäische Währungsunion, in: HWWA-Wirtschaftsdienst 1991/III - M. Wegner, Braucht der Europäische Binnenmarkt eine gemeinsame Währungsordnung?, in: ifo-Schnelldienst 11/1989 - F. v. Willeke, Inflationsgefahren einer Europäischen Währungsunion, in: HWWA-Wirtschaftsdienst 1992/VI.

Stellt der Rat fehlende Übereinstimmung der nationalen Wirtschaftspolitiken mit den Grundzügen fest, kann er Empfehlungen an ein Mitgliedsland aussprechen und diese veröffentlichen. Besondere Bedeutung hat hier die **Fiskalpolitik**, die nicht vergemeinschaftet ist und deshalb besondere **Grundsätze** zu beachten hat: keine geldpolitische Akkommodierung von Haushaltsdefiziten, keine Haftung der Gemeinschaft und einzelner Mitgliedsländer für Verschuldungen anderer Mitgliedsländer, Vermeidung übermäßiger Defizite. Der letztere Fall wird an bestimmten Kriterien (Neuverschuldung: 3 vH des BIP, Gesamtverschuldung: 60 vH des BIP) gemessen. Werden die Kriterien nicht erfüllt, ist zu prüfen, ob Sonderfaktoren zu berücksichtigen sind und in welche Richtung sich die festgestellten Kennziffern (hin zum oder weg vom Normwert) bewegen; wird ein exzessives Defizit festgestellt, verfügt der Rat über Sanktionsmaßnahmen - Suspendierung der Darlehenspolitik, Hinterlegung unverzinslicher Einlagen, Verhängung von Geldbußen -, um auf die nationale Haushaltspolitik der Mitgliedsländer einzuwirken.

- Kernstücke der **Währungsunion** sind eine unwiderrufliche Fixierung der Wechselkurse zwischen den Mitgliedsländern als Vorstufe für die Einführung einer Einheitswährung, dem EURO, und eine einheitliche, vorrangig dem Ziel der Geldwertstabilität verpflichtete Geld- und Währungspolitik. Im Grundsatz enthält das Vertragswerk zwei Elemente, die letztendlich in eine **Vergemeinschaftung** der Geldpolitik münden. Zum einen wurde ein **Stufenplan** festgeschrieben: In der ersten Stufe (bis Ende 1993) sollte das Vertragswerk ratifiziert, einvernehmlich über den Sitz der Europäischen Zentralbank (EZB) entschieden, ein hohes Maß an Konvergenz (bei Preisen und öffentlichen Haushalten) erreicht und der Gemeinsame Binnenmarkt (Abbau aller Kapitalverkehrsbeschränkungen) vollendet sein. In der zweiten Stufe (ab 1994) gelten die Grundsätze für die Haushaltspolitik. Ferner sollte das neugegründete Europäische Währungsinstitut (EWI) seine Arbeit aufnehmen; es soll die nationalen Geldpolitiken, die in dieser zweiten Stufe noch in der nationalen Zuständigkeit bleiben, koordinieren (operative Funktion) und die gemeinsame Geldpolitik instrumentell vorbereiten (analytische Funktion). Frühestens 1997, spätestens Anfang 1999 (dann aber mit einem Automatismus, soweit nicht die opting-out-Klausel greift), soll der Übergang in die dritte Stufe erfolgen, in der die Wechselkurse definitiv fixiert werden, was letztlich den Übergang zu einer gemeinsamen Währung möglich macht. Gleichzeitig wird die Geldpolitik an ein Europäisches System der Zentralbanken (ESZB - bestehend aus einer Europäischen Zentralbank, EZB, und den nationalen Zentralbanken) übertragen. Dabei müssen nicht sofort alle EU-Länder der WWU beitreten; Ende 1996 sollte ermittelt werden, welches Land die Konvergenzkriterien (s.u.) erfüllt: Wenn die Mehrheit der Länder willens und in der Lage sind, einer WWU beizutreten, soll die EZB installiert und die Geldpolitik vergemeinschaftet werden. Spätestens 1998 soll durch qualifizierte Mehrheit im Rat der Staats- und Regierungschefs entschieden werden, welche EU-Mitglieder der WWU beitreten, unabhängig davon, ob sie eine

Mehrheit der 15 Mitgliedsländer repräsentieren. Zum zweiten wurden **Konvergenzkriterien** festgeschrieben, anhand derer geprüft werden kann, ob der Übergang zur dritten Stufe bzw. die Aufnahme eines Landes erfolgen kann. Dabei wurden vier Konvergenzkriterien festgelegt, die im Jahr vor der Prüfung erfüllt sein müssen. Erstens: „Anhaltende Preisstabilität", d.h. die Veränderungsrate des vergleichbaren Verbraucherpreisindex darf nur maximal 1,5-vH-Punkte über dem Durchschnitt der drei preisstabilsten Länder liegen. Zweitens: Die Zinssätze langfristiger Staatsschuldverschreibungen dürfen maximal 2-vH-Punkte höher sein als der Durchschnitt der drei Mitgliedsstaaten mit der niedrigsten Inflationsrate. Drittens: Ein Land muß am Wechselkursverbund teilgenommen und die bestehenden Bandbreiten zwei Jahre ohne Spannungen eingehalten, zumindest keine Abwertung seiner Währung auf eigene Initiative durchgeführt haben. Viertens: Die öffentliche Haushaltslage (insgesamt, d.h. aller Gebietskörperschaften und Sozialversicherungsträger) muß „auf Dauer tragbar" sein, d.h. die Budgetdefizite dürfen maximal 3 vH, die Bruttogesamtverschuldung aller Gebietskörperschaften maximal 60 vH des nominalen Bruttoinlandsprodukts betragen; bei Nichterfüllung kann geprüft werden, ob die Abweichung nur „unwesentlich" ist, auf Sonderfaktoren zurückgeführt werden kann, ein Trend der Anpassung zu registrieren ist, oder ob ersatzweise die „Goldene Haushaltsregel" (wonach die öffentliche Verschuldung zumindest die öffentlichen Investitionen nicht überschreitet) herangezogen werden kann.

Überblickt man diese Vertragselemente, so ist eine formale Konsistenz durchaus erkennbar. Vor allem wird die konzeptionelle Neuorientierung sichtbar. Zum einen: An die Stelle einer „modifizierten" Wechselkursstabilität tritt deren absolute Normierung (gerade wenn es zum EURO kommt). Zum zweiten: An die Stelle der bedingten Tolerierung mangelnder wirtschaftspolitischer Konvergenz (in Verbindung mit einem finanziellen Beistandssystem) tritt der Zwang zur Konvergenz (über die Konvergenzkriterien und ohne Beistandssystem). Gleichwohl hat frühzeitig Kritik an der materiellen Ausgestaltung eingesetzt, die bis in die Gegenwart anhält.[36] Sie ist auf drei Ebenen angesiedelt.

---

36 Das Modell, das dem Maastricht-Vertrag zugrunde liegt, war wissenschaftlich wie politisch umstritten. Um die Mitte des Jahres 1992 hatten in einem Memorandum 60 deutsche Ökonomieprofessoren (offensichtlich eher der „ökonomistischen" Position nahestehend) dem Vertragswerk Schädlichkeit und Überflüssigkeit zugleich bescheinigt. Offenbar als Antwort darauf sahen 50 europäische Wirtschaftswissenschaftler (wohl eher aus „monetaristischer" Sicht - und mit Blick auf das bestehende EWS) zur Währungsunion keine Alternative; de facto sei sie bereits erreicht. Gleichzeitig zeigte sich eine tiefgreifende Unsicherheit in der Bevölkerung. Mit knapper Mehrheit hatten Mitte 1992 die Dänen das Vertragswerk abgelehnt (ca. 51 vH); mit einer ebenso dünnen Mehrheit hatten wenig später die Franzosen zugestimmt. Was die „Beitrittskandidaten" anging, stimmten allenfalls die Österreicher im Juni 1994 mit überzeugender Mehrheit dem Beitritt zu (knapp 67 vH), bei den Finnen war die Zustimmung im Oktober 1994 schon verhaltener (gut 57 vH); und noch schwächer votierten im

- Auf der ersten Ebene - mit eher **ordnungspolitischem Charakter** - sind Defizite im Vertragswerk dahingehend festzustellen, daß die vergleichsweise präzisen Vorgaben für den Übergang in eine Wirtschafts- und Währungsunion (Stufenabfolge, Konvergenzkriterien) nicht verbunden sind mit ebenso präzisen Vorstellungen über die politische Union. Von den theoretisch denkbaren Alternativen, zuerst die politische Union (vor der Wirtschafts- und Währungsunion) festzulegen, politische und ökonomische Union gleichzeitig umzusetzen, oder der Wirtschafts- und Währungsunion eine Vorreiterrolle zur politischen Union zuzuweisen, hat man sich für die dritte Variante entschieden. Dies macht einerseits Sinn, wenn man unterstellt, daß die Schaffung eines „Vereinten Europas" zumindest zum gegenwärtigen Zeitpunkt unrealistisch erscheint. Andererseits sind Vorstellungen über die Grundelemente einer politischen Union mit Transparenz hinsichtlich der Kompetenzverteilung zwischen Legislative, Judikative und Exekutive auf Dauer unverzichtbar.

November 1994 die Schweden (gut 52 vH), während die Norweger im gleichen Monat den Beitritt (mit gut 52 vH) ablehnten. Frühzeitig wurde den Engländern bescheinigt, daß sie mit dem Vorbehalt von Ausstiegsklauseln (keine unbedingte Teilnahme an der Wirtschafts-, Währungs- und Sozialunion - sog. „opting-out") einen größeren „Realitätssinn" bewiesen hätten; und nicht von ungefähr wurde bei einem zweiten Referendum im Mai 1993 auch in Dänemark die dann doch noch erfolgte Zustimmung (mit ca. 57 vH) nur mit entsprechenden Zugeständnissen erreicht. Nahezu zeitgleich kam es nach Abschluß des Maastricht-Vertrages zu massiven Währungsturbulenzen (September 1992). Sie wurden rasch als Signal dafür interpretiert, daß die Frage, wie der Vertrag auszulegen und anzuwenden sei, noch als offen gelten könne. Die massive Ausweitung der Bandbreiten zwischen den Wechselkursen der am Wechselkursmechanismus des Europäischen Währungssystem beteiligten Länder einige Zeit später (August 1993) - mit Ausnahme zwischen D-Mark und holländischem Gulden wurde die Bandbreite von 4,5 vH auf 30 vH erweitert - signalisierte ein weiteres: nämlich daß solche Ereignisse als Suspendierung des Vertragswerkes interpretiert werden könnten, daß zumindest die Umsetzung der im Maastricht-Vertrag angelegten Wirtschafts- und Währungsunion zeitlich verschoben werden müßte. Denn gerade diese Währungsturbulenzen mochten zwar vordergründig „erklärbar" sein - etwa mit Blick auf das (wegen der Kapitalverkehrsliberalisierung) zunehmende Gewicht der Währungsspekulation in Verbindung mit einer restriktiven Politik der Deutschen Bundesbank und mit der Existenz von abwertungsverdächtigen Währungen (v.a. Pfund und Lira). Man müßte dann aber daraus folgern, daß nicht das Integrationskonzept, sondern die Devisenmärkte den Integrationsprozeß hinsichtlich Inhalt und Tempo steuern. Gleichwohl wäre nicht auszuschließen, daß derartige Krisen (auch) Ausdruck einer politisch-konzeptionellen Krise des europäischen Integrationsprozesses sein könnten, wenn das in einer Wirtschafts- und Währungsunion angelegte Integrationstempo eher als „Sprengsatz" denn als „Beschleunigungselement" für den Europagedanken angesehen werden müßte. Zwischenzeitlich hat die Diskussion eine neue (zusätzliche) Dimension erhalten, als seit der Jahreswende 1997/1998 beim Bundesverfassungsgericht eine Verfassungsbeschwerde anhängig ist. Die Beschwerdeführer befürchten von der EU-Währungsunion einen „unermeßlichen Schaden für Europa und für Deutschland" und wollen erreichen, daß Deutschland, das durch die Bundesregierung handelt, verpflichtet wird, die Politik der Währungsunion aufzugeben.

Dies gilt allein schon mit Blick auf die Akzeptanzbereitschaft seitens der Bevölkerung, bei der die Furcht vor einem überzogenen, funktionsunfähigen Zentralismus bei gleichzeitigem Verlust der eigenen Souveränität eine nicht unwesentliche Rolle spielen dürfte. Solche Vorstellungen sind darüber hinaus erforderlich, weil die politische Union, je nach Ausgestaltung, unterschiedlich auf die Funktionsweise der Wirtschafts- und Währungsunion zurückstrahlen kann. Dies betrifft nicht nur die Rolle und die Befugnisse des Europäischen Parlaments als demokratisch legitimierte Entscheidungs- und Kontrollinstanz, sondern auch das Problem politischer Sanktionsmechanismen, wenn etwa Mitgliedsländer Konvergenzbedingungen verletzen. Schon hier herrscht Unklarheit. So kann der Rat z.B. mit qualifizierter Mehrheit bei einem Land ein übermäßiges Defizit „feststellen", ihm Anpassungsmaßnahmen „empfehlen", diese Empfehlungen „veröffentlichen" und Berichte über Anpassungsbemühungen „einfordern" - er hat aber allenfalls Sanktionsmöglichkeiten jedoch kein Klagerecht (Art. 104c EUV). Noch schwerer wiegt die Unklarheit hinsichtlich der Grundsatzfrage, ob diese Union in letzter Konsequenz, in Anwendung des Solidaritätsprinzips, eine „Solidar"-Gemeinschaft repräsentiert (mit Finanzausgleichsmechanismen zwischen den Mitgliedsländern: wie z.B. die BRD), oder ob sie, in Anwendung des Subsidiaritätsprinzips, eine „Staaten"-Gemeinschaft (mit Eigenverantwortlichkeit der Mitgliedsländer: wie z.B. die USA) darstellen soll. Die erste Variante böte natürlich eher Möglichkeiten, zumindest vergleichbare (wenn auch nicht identische) Lebensbedingungen im Gesamtbereich der EU zu erzielen, eröffnete aber auch Chancen für ein „moral-hazard"-Verhalten einzelner Mitgliedsländer: Sie ermöglichte ihnen (oder ermunterte sie geradezu), eine Wirtschaftspolitik zu betreiben, die - unter Vernachlässigung der Preis- und/oder Haushaltsdisziplin - dem Wachstums- und Beschäftigungsziel Vorrang einräumte, in der berechtigten Erwartung, bei Leistungsbilanz- oder Haushaltsdefiziten von den anderen Mitgliedsländern, gerade wenn diese an der Aufrechterhaltung der WWU interessiert sind, unterstützt zu werden. Die „Währungs"-Union könnte dann rasch zur „Transfer"-Union deformieren, für die die Steuerzahler jener Länder bezahlen müßten, die ein höheres Maß an Preis- und Haushaltsdisziplin zeigen. Die zweite Variante schlösse zwar gezielte Infrastruktur- und Regionalfördermaßnahmen (im Rahmen einer Kohäsionspolitik) nicht aus, ermöglichte aber die Anwendung der „non-bail-out"-Klausel, wonach einem Mitgliedsland bei fiskalpolitischem Fehlverhalten nicht geholfen wird. Hier wäre ohne Zweifel eher ein Disziplinierungszwang angelegt; und dieser ginge sogar über die EWS-Konstruktion, wo Leistungsbilanz- und Haushaltsdefizit allenfalls mit Abwertung der Währung oder Zinsanstieg „bestraft" wurden, insoweit hinaus, als nun Schulden in Währungseinheiten zurückbezahlt werden müßten, die ein Land selbst nicht mehr herstellen kann. Damit könnte einem Land also definitiv Zahlungsunfähigkeit drohen, weil schließlich nur noch die EZB das Notenausgabemonopol hat (Art. 105a EUV). Freilich wird die Union (politisch) labiler, wenn auf die Funktionsfähigkeit des Marktmechanismus zur Strukturanpassung nicht unbedingt gesetzt werden kann, die

Kohäsionspolitik ebenfalls an haushaltspolitische Grenzen stößt, und einige Länder bei aufgezwungener strikter Haushaltsdisziplin dann schlechtere Entwicklungschancen bei Wachstum und Beschäftigung für sich sehen würden. In dieser Grundsatzfrage keine hinreichende Klarheit geschaffen zu haben, ist zweifellos ein erhebliches Defizit des Vertragswerkes: Einerseits wird die Intention der Solidargemeinschaft eingefordert (Art. 2 EUV) und finanzieller Beistand - bei außergewöhnlichen Ereignissen, die sich der Kontrolle eines Landes entziehen - nicht völlig ausgeschlossen (Art. 103a EUV); andererseits wird die prinzipielle Gemeinschaftshaftung für nationale Körperschaften abgelehnt (Art. 104b EUV).

- Auf einer zweiten Ebene - mit eher **prozeßpolitischem Charakter** - geht es um die Frage, ob die WWU ihrer Intention, eine „Stabilitätszone" zu sichern, gerecht werden kann. (Gerade hier sind die größten Befürchtungen angesiedelt, die nicht selten emotional übersteigert werden: Man will nicht die „gute D-Mark" gegen „Esperantogeld" eintauschen.) Auf dieser Ebene wird sehr vielschichtig argumentiert. Hier stellt sich - zum ersten die Frage, warum nur **nominelle Konvergenzkriterien** (Preise, Zinsen, Wechselkurse, Haushalt) herangezogen wurden, während reale Konvergenzkriterien (Lebensstandard, Infrastrukturausstattung, Produktivität, Beschäftigung) unberücksichtigt blieben. Dies wäre nur vertretbar, wenn man innerhalb der Union auf - marktbestimmte und/oder kohäsionspolitisch abgestützte - reale Strukturanpassungen setzen könnte. Wäre dies allerdings nicht unterstellbar, erwiese sich eine Beschränkung auf nominale Konvergenzkriterien als ein erhebliches Defizit. Denn dann wäre bei bestehendem realen Gefälle bereits hier ein „Sprengsatz" angelegt. Die Lösung über Faktorpreisdifferenzierung könnte sich bei hoher Arbeits- und Kapitalmobilität spätestens dann als kontraproduktiv erweisen, wenn aufgrund dadurch ausgelöster Arbeitskräfte- und Kapitalwanderungen das Strukturgefälle zementiert würde. Es stellt sich - zum zweiten - die Frage, ob statt einer „relativen" nicht besser eine „absolute" **Preisobergrenze** als Konvergenzrichtlinie hätte formuliert werden müssen. Hinsichtlich der inneren Logik der Konvergenzbedingung bedarf es gewiß nur einer „relativen" Rate. Dann freilich ist die Gefahr nicht auszuschließen, daß, auch bei hohem Stabilitätsbewußtsein eines Landes, die anderen Länder bis zum Übergang in die dritte Stufe inflationieren; der Einstiegssockel für das Ziel Preisstabilität wäre dann vergleichsweise hoch. Dies wäre nur vermeidbar, wenn zumindest einige wenige Länder eine rigide Stabilitätspolitik betrieben. Davon einfach auszugehen, ist zwar nicht selbstverständlich, kann aber mit Blick auf die jüngsten Erfahrungen, wo die Bereitschaft, eine Inflationsmentalität zu brechen, doch erkennbar wurde, auch nicht einfach ausgeschlossen werden. Unstrittig ist - zum dritten -, daß die EZB ein hohes Maß an Unabhängigkeit aufweist, die auch eine wichtige Voraussetzung für eine geldwertsichernde Politik darstellt. Diese ist formal eher noch höher anzusiedeln als jene der Deutschen Bundesbank. Denn es fehlt nicht nur die Möglichkeit der Wiederberufung von Direktoriumsmitgliedern; hinzu kommt, daß, anders als im Bundesbankgesetz, wo das Ziel „nur" ist, die „Währung" zu sichern, in der WWU-Konstruktion das Ziel „Preisstabilität" expressiv verbis vorgegeben ist (Art. 105 EUV). Gleichwohl: Wegen des begrenzten Akzeptanzproblems in vielen Ländern (hinsichtlich Wachstums- und Beschäftigungsgefahren bei einer „überzogenen" Stabilisierungsdisziplin) ist nicht auszuschließen, daß höhere Preise mehrheitlich akzeptiert werden; die formale **Unabhängigkeit** hilft dann wenig. Wenn in diesem Zusammenhang Defizite bei der politischen Union eher positiv gesehen werden, weil der Druck einer supranationalen Zentralinstanz auf die EZB entfalle, so ist das nur bedingt hilfreich, wenn an die Stelle der Zentralinstanz eindeutige Mehrheiten im Ministerrat treten. Letzteres gilt - zum vierten - auch mit Blick auf die Tatsache, daß die EZB in der **Wechselkurspolitik** gegenüber Drittländern nicht souverän ist. Zwar ist der Rat gehalten, bei (ihm möglichen) Wechselkursfestlegungen gegenüber Drittwährungen das Preisstabilitätsziel zu beachten (Art. 109,2 EUV). Strebte nun der Rat bestimmte (mehrheitlich akzeptierte) Wechselkurs-„Ziele" an, um negative Folgen des Floatens des EURO gegenüber Drittwährungen zu vermindern, würde die EZB bei einer EURO-Überbewertung indirekt doch in eine (unter Umständen inflationsträchtige) Interventionspflicht genommen. Hinzu kommt - zum fünften -, daß sich die nationalen Gebietskörperschaften bei der EZB zwar nicht verschulden dürfen (Art. 104,1 EUV); doch wenn die Akzeptanz höherer Preissteigerungsraten bestünde, und wenn dies einhergehen würde mit der Bereitschaft, nationale Budgetdefizite (auch bei geltender Non-bail-out-Klausel und an sich prinzipiell geltendem Haftungsausschluß der Gemeinschaft) doch geldpolitisch zu akkommodieren, ginge dies definitiv zu Lasten der Preisstabilität. Unstrittig mag sein, daß die Konvergenzkriterien geeignet wären, stabilitätsgefährdende „trojanische Pferde" aus der WWU herauszuhalten. Denn über den Beitritt entscheiden alle Mitglieder mit qualifizierter Mehrheit; eine Sperrminorität aus stabilitätsbewußten Ländern wäre durchaus (theoretisch) denkbar und auch (politisch) herstellbar. Allerdings wären die Richtlinien nur Empfehlungen für den Rat; er müßte sich nicht daran zu halten. Eine „politische" Interpretation mit vielfältigen und nicht unbedingt immer unplausiblen **Toleranzgrenzen** und Ausnahmeregelungen ließe sich durchaus gut begründen und wäre deshalb nicht von vornherein auszuschließen. Letzteres wird um so mehr relevant, als sich zumindest die 60-vH-Klausel (Staatsschuld in vH des BIP) schon heute als unrealistisch erweist. Für einige Länder müßten - auch bei relativ günstigen Wachstumsbedingungen - Anpassungszeiten von 20 bis 30 Jahren zugrundegelegt werden, um das Kriterium zu erfüllen. Die gleiche Möglichkeit einer Sperrminoritätsbildung kann sich überdies aber auch negativ auswirken, wenn ein Land Mitglied der WWU ist, der Rat nun aber für ein Land ein „übermäßiges" Budgetdefizit feststellen soll. Sachlich verböte sich ein „benign neglect"; politisch käme dies einem massiven Affront gleich. Unbeschadet ohnehin zweifelhafter Sanktionsmechanismen, kann sich aber rasch eine Sperrminorität aus Ländern bilden, die (vielleicht auch) „potentielle" Defizitkandidaten sind oder werden könnten. Die Folge davon wäre, daß die (gemeinschaftliche) Einflußnahme auf eine echte **Budgetdisziplinierung** eng begrenzt würde; geldpolitische Akkommodierung oder Transfers würden dann eher wahrscheinlicher, um den Integrationsprozeß und damit die Stabilität der Union insgesamt nicht zu gefährden. Schließlich gewinnt - zum sechsten - das Problem **asymmetrischer Schocks** seinen definitiven Stellenwert; bei einem stabilen Wechselkursgefüge (oder gar einer Einheitswährung) sind diese nun ja nicht mehr über nationale Wechselkurskorrekturen aufzufangen, was im EWS noch möglich gewesen wäre. Entweder müßten Faktorpreisdifferenzen die Ausgleichsfunktion übernehmen, oder es wären einmal mehr zwischenstaatliche Transfers gefordert. Dies wird gerade dann relevant, wenn man eine zu starke Faktorpreisdifferenzierung aus ökonomischen Gründen (Gefahr der Zementierung des Strukturgefälles auf Grund von Wanderungsanreizen) oder aus sozialen und gesellschaftspolitischen Gründen (Verstoß gegen die Idee der Verteilungsgerechtigkeit bzw. gegen die im Vertragswerk intendierte Idee der Solidargemeinschaft) vermeiden, diese zumindest begrenzen will. Zuletzt stellt sich - zum siebten - die Frage, welche Bandbreite für **Wechselkursschwankungen** als „normale" Referenzgröße für den Übergang in die dritte Stufe eigentlich zugrundegelegt werden sollte. Bei Abschluß des Vertrages schien die Stabilität der EWS-Paritäten und damit auch die fixierte Bandbreite (4,5 vH) noch unstrittig. Zwischenzeitlich mußte diese aber deutlich erhöht werden (30 vH). Vielfach wird dies eher als hilfreich angesehen: Teils als eine Chance für viele Länder, sich für den definitiven Beitritt zur WWU zu qualifizieren; teils als Hilfe zur Abwehr spekulativer Attacken gegen ein (dann) stabiles Wechselkursregime. Gemäß der Logik der ökonomistischen Position wäre diese Sichtweise plausibel; gemäß der WWU-Intention, die ja letztlich auf ein stabiles Wechselkursgefüge ausgerichtet ist, implizierte die Bandbreitenerweiterung eine Relativierung des Vertragswerkes. Doch die Frage der normalen Referenzgröße bleibt nun offen. Alle skizzierten Bedenken sind nicht zwingend. Im Grundsatz wurzeln sie in dem institutionellen Tatbestand, daß nur die Geldpolitik „vergemeinschaftet" ist, während die Finanzpolitik noch bei den (völkerrechtlich souveränen) Mitgliedsländern angesiedelt bleibt, somit allenfalls „koordiniert" werden kann (und dies bei ungeklärten Sanktionsmechanismen). Das wirft die Frage auf, ob die Finanzpolitik als Funktion der Geldpolitik begriffen werden kann, was das Stabilitätsziel eher sicherstellte und den Koordinationsbedarf begrenzte; oder ob letztlich die Geldpolitik eine Funktion der Finanzpolitik (und ergänzend der Wechselkurspolitik) wird, was das Stabilitätsziel gefährden könnte und einen erheblichen Koordinations- und Sanktionsbedarf begründete. Im Grunde stützen sich die Bedenken gegen den Vertrag im letzteren Falle auf unterstelltes finanzpolitisches Fehlverhalten (mit Ausnahme der asymmetrischen Schocks und spekulativer Devisenmarktreaktionen). Ob dieses Fehlverhalten gegeben sein wird, ob eine expansiv ausgerichtete Fiskalpolitik mit Blick auf Wachstumsschwäche und Arbeitslosigkeit überhaupt als „Fehl"-Verhalten identifizierbar wäre, ist eine offene Frage, über die trefflich gestritten werden kann. Insoweit kann nicht als objektiv erwiesen gelten, daß das WWU-Regelwerk per se inflationsträchtiger ist als das EWS-Regelwerk. Entscheidend ist aber die Tatsache, daß diese Instabilitäten bei der gegebenen Vertragskonstruktion zumindest nicht ausgeschlossen werden können; und dies weist auf weitere Defizite im Vertragswerk hin.

- Auf einer dritten Ebene - mit eher **strukturpolitischem Charakter** - wird das Problem diskutiert, inwieweit eine „aktive" Strukturpolitik, interpretierbar als eine europaweite Industriepolitik zur Stärkung der technologischen Basis und damit zur Sicherung der europäischen Wettbewerbsfähigkeit (Art. 130 EUV), geboten sei. Die hier angesiedelte Problematik wurde - zumindest in der öffentlichen Diskussion - weitgehend durch die Stabilitätsproblematik überlagert. Gleichwohl hat sie einen nicht unwesentlichen Stellenwert, der im Spannungsfeld zwischen Kohäsions-, Industrie- und Wettbewerbspolitik angesiedelt ist und von daher nicht nur einen grundsätzlichen, sondern auch einen integrationspolitisch relevanten Charakter hat.[37] Sie wäre dann in einem Dreieck von Politik, Gesellschaft und Wissenschaft anzusiedeln und letztendlich von der Vorstellung getragen, daß sich die Gemeinschaft bei der Förderung ausgewählter Sektoren, bei denen in Zukunft hohe Wachstums- und Beschäftigungseffekte vermutet werden können, engagieren sollte: Sei es in Form von Kostenübernahme (Subventionierung von Forschungs- und Entwicklungsausgaben), sei es in Form von handels- und/oder wettbewerbspolitischen Ausnahmeregelungen (Schutz vor konkurrierenden Importen, Befreiung von Kartellverboten). Begründet wird eine derartige Industriepolitik recht unterschiedlich. Zum einen wird in Schlüsseltechnologien (Bio-, Informations-, Werkstoff-, Energie- und Raumfahrttechnologie) eine Abhängigkeit Westeuropas von bzw. eine Rückständigkeit Westeuropas gegenüber Japan und den Vereinigten Staaten beschworen, die es „gezielt" abzubauen gelte, wenngleich derartige Abhängigkeiten auch als Ausdruck einer internationalen Arbeitsteilung gewertet werden könnten. Zum zweiten wird darauf verwiesen, daß die Einführung neuer Technologien mit hohen Fixkosten verbunden sei, und daß gerade im Zusammenhang mit Forschungs- und Entwicklungsausgaben der Unternehmen „externe Effekte" auftreten (technologischen Wissen), die sowohl Eigenschaften eines öffentlichen Gutes haben (weil sie auch nachgelagerten Branchen zugute kommen), als auch neue technologische Impulse in anderen Branchen auslösen (und insoweit eine wichtige

[37] Zu Einzelheiten vgl.: U. Immenga, Wettbewerbspolitik contra Industriepolitik nach Maastricht, in: DIW-Sonderheft 151, 1994 - E. Kantzenbach, Wettbewerbspolitik versus Industriepolitik, in: Maastricht II, Entwicklungschancen und Risiken der EU: Erweiterung, Vertiefung oder Stagnation?, Beihefte der Konjunkturpolitik, Nr. 44, 1996 - D. Keller, Eine gezielte Förderung von Schlüsselbranchen für Europa?, in: HWWA-Wirtschaftsdienst 1992/IV - W. Kösters, Freihandel versus Industriepolitik, in: HWWA-Wirtschaftsdienst 1992/I - I. Schmidt, Wettbewerbspolitik versus Industriepolitik in der EG, in: Maastricht II - Entwicklungschancen und Risiken der EU: Erweiterung, Vertiefung oder Stagnation?, Beihefte der Konjunkturpolitik, Nr. 44, 1996.

Komplementaritätsfunktion übernehmen). Ob diese Argumente hinreichen, um eine aktive Strukturpolitik zu begründen, wird seit eh und je kontrovers diskutiert, wobei die Diskussion nicht selten durch ordnungspolitische „Vorurteile" (Marktergebnisse sind per se „gut" - politische Vorgaben sind per se „schlecht") überlagert wird. Vernachlässigt man diese ideologische Kontroverse, so bleibt folgendes festzuhalten. Die Gegner einer solchen aktiven Strukturpolitik argumentieren mit dem Hinweis, daß solche Strukturwandelprozesse in eine (unbekannte) Zukunft gerichtet seien, weshalb sie in der Gegenwart hinsichtlich Produkt- und Produktionsverfahrensinnovationen gar nicht prognostizierbar seien. Der Versuch ihrer Steuerung wäre dann Ausdruck „angemaßten Wissens" der politischen Entscheidungsträger (v. Hayek); und er würde allenfalls in einen „Subventions"- statt in einen „Leistungs"-Wettbewerb ausmünden. Gegen dieses Argument ist recht wenig einzuwenden. Denn es wäre fragwürdig, wenn eine flexible, ökonomisch effiziente Bedarfsorientierung administrativ unterbunden und am Ende der Schumpeter-sche Pionierunternehmer von einem reinen „Rent-seeking"-Verfahren abgelöst würde. Allerdings übersieht dieser Vorbehalt das Problem, daß Strukturgestaltungen nicht unbedingt (nur) eine Prognosefähigkeit voraussetzen, sondern auch Ausdruck einer politisch gewollten Strukturerhaltung bzw. -förderung sein können, wobei die politische Willensbildung überdies nicht gleichzusetzen wäre mit staatlich-bürokratischen Vorgaben, sondern auch ein Ergebnis gesellschaftlicher Arrangements sein könnte, innerhalb derer die öffentliche Hand, die Wissenschaft und die Vertreter gesellschaftlicher Gruppierungen (Arbeitgeber- und Arbeitnehmervereinigungen) ihre Vorstellungen, Erwartungen und Bewertungen einbringen und auf diese Weise die Akzeptanz solcher Vorgaben eher fördern könnten. Dann verlagerte sich die Alternative: Es ginge nicht um richtige oder falsche Prognosen, sondern um die Normierung durch den Markt (ökonomische Kriterien) oder durch eine institutionalisierte Öffentlichkeit (politische Kriterien); und so gesehen wäre beides subjektiv. Diese Kontroverse kann hinsichtlich ihrer grundsätzlichen Dimension hier nicht ausgelotet werden. Gleichwohl ergeben sich Bedenken hinsichtlich der hier relevanten integrationspolitischen Dimension. Wenn nämlich in diesem Zusammenhang die aktive Industriepolitik - wie offensichtlich im Maastrichter Vertragswerk intendiert - mit einer Relativierung der restriktiven Beihilfepraxis (Art. 92 EUV) und der restriktiven Behandlung von Fusionskontrolle und Kartellverbot (Art. 85 ff. EUV) einherginge, und wenn sie dazu führte, daß die Schutzklausel (Art. 115 EUV) eine extensive Auslegung erführe oder gar an Gewicht gewänne, dann käme dies einem Rückschritt hinter die Intentionen der EEA gleich. Ob dies politisch so gewollt ist, sei dahingestellt; ein drittes Defizit im Vertragswerk ist allemal auszumachen.

Nimmt man die drei skizzierten Kritikebenen (Ordnungs-, Prozeß- und Strukturpolitik) insgesamt, so bleibt eine ambivalente Einschätzung zurück: Die Intention des Vertragswerks von Maastricht war zwar folgerichtig und plausibel angelegt. Der Gemeinsame Markt brauchte - wollte man seine Belastung durch Wechselkursrisiken vermeiden - eine konzeptionelle Weiterentwicklung zur Wirtschafts- und Währungsunion. Dennoch zeigt deren konkrete Ausgestaltung noch erhebliche Defizite. Ob diese durchschlagen, wird entscheidend von der Harmonisierungsdisziplin der Mitgliedsländer abhängen. Diese kann allerdings nicht allein und vordergründig als Problem der „politischen" Disziplin angesehen werden. Ein nach wie vor bestehendes Strukturgefälle sowie divergierende Stabilitäts-, Haushalts- und Zahlungsbilanzprobleme implizieren, gerade mit Blick auf das Akzeptanzproblem, auch politische Zwänge, die ein zu restriktives Regelwerk in der Tat zum Sprengsatz machen können. Insoweit kann die ökonomistische Position und mit ihr alle Bedenken, die gegen eine zu rasche und undifferenzierte Umsetzung der WWU angemeldet werden, noch nicht als widerlegt gelten, mögen sie sich auch eher auf (subjektive) Befürchtungen denn auf (objektives) Wissen stützen. Hinzu kommt nun aber, daß diese Problematik noch durch drei Grundsatzfragen überlagert wird:

- Zum ersten entsteht die Frage, ob das skizzierte WWU-Modell überhaupt sachlich umsetzbar ist (**Problem der Realisierbarkeit**). Dies setzt nicht nur die Erfüllung der institutionellen Bedingungen, sondern auch der Konvergenzkriterien voraus. Was die **institutionellen Bedingungen** angeht (Kapitalverkehrsliberalisierung, Unabhängigkeit der nationalen Notenbanken, systematische Überwachung und Förderung der Koordination der Wirtschaftspolitiken und der nationalen Haushaltsdisziplin), hat der Europäische Rat im Dezember 1996 (Dublin) noch weiteren Handlungsbedarf gesehen und entsprechende Beschlüsse (Überwachung, Prüfverfahren, Sanktionen) gefaßt. Was die **Konvergenzkriterien** angeht, sind im Laufe des Jahres 1996 die meisten Währungen in dem engeren Wechselkursverbund geblieben oder dorthin zurückgekehrt (die Währungen Englands, Griechenlands und Schwedens floaten). Größere Probleme werfen die binnenwirtschaftlichen Konvergenzkriterien auf. Nicht von ungefähr hat der Rat auf der gleichen Tagung - gestützt auf die Konvergenzberichte des Europäischen Währungsinstituts und der Kommission - festgestellt, daß die Voraussetzungen für die Einführung der WWU 1996 noch nicht gegeben sind, und daß deshalb nach einer Konvergenzprüfung im Frühjahr 1998 (auf der Basis der 97er Daten) die WWU erst im Jahre 1999 beginnen soll. Die Situation 1996 war in der Tat eindeutig. Nur zwei Länder erfüllten alle Kriterien; und zwei Drittel der Mitgliedsländer verletzten gerade die Fiskalkriterien. Ob sich diese Situation im Laufe des Jahres 1997 verbessert, kann hier ungeprüft bleiben; Anstrengungen sind erkennbar. Das eigentliche Problem setzt mit der Frage ein, was geschieht, wenn die Konvergenzbedingungen auch 1997 von einigen Ländern nicht erfüllt sein sollten. Es bleibt dann eine logische Alternative. Einerseits besteht die Möglichkeit einer **Modifizierung** der Konvergenzkriterien und/oder des Zeitplans für die Umsetzung der WWU. Das Problem dieser Alternative ist nicht nur, daß für die Politik erhebliche Glaubwürdigkeitsprobleme entstünden, die Erwartungsunsicherheiten für die Wirtschaftssubjekte (Vertagung auf „unbestimmte" Zeit) mit negativen ökonomischen Effekten (Investitionsattentismus) begründeten; hinzu kommt, daß eine „glaubwürdige" Konvergenz eine unabdingbare Voraussetzung für eine tragfähige Politikharmonisierung darstellt.[38] Andererseits bliebe dann nur die Möglichkeit einer zeitlichen **Abstufung** des WWU-Beitritts der einzelnen Länder. Diese würde die Akzeptanz der WWU-Bildung in jenen Ländern eher erleichtern, die die Kriterien erfüllen; und es würde die Akzeptanz in jenen Ländern nicht überstrapazieren, wo die Voraussetzungen noch nicht erfüllt sind. Ein „Kerneuropa", das zentrifugale Kräfte eher bremste, aber gleichwohl offen für weitere Beitrittsländer wäre und überdies einer vermeintlich „pragmatischen" Aufweichung der Konvergenzkriterien und/oder der Zeitplanung entgegenwirkte, könnte den Unionsgedanken eher fördern. Doch auch diese Strategie ist nicht frei von Gefahren: Abgesehen von dem damit verbundenen politischen Diskriminierungseffekt (der um so schwerer wöge, wenn EWG-Gründungsmitglieder betroffen wären), bliebe zu fragen, wie eine Trennung zwischen „Kern"- und „Rand"-Europaländern praktisch (mit Blick auf die Existenz „gesamt"-euro-

---

38

Stand der Konvergenzkriterien
- 1996 -

Kriterien / Land	Preiskriterium[1])	Zinskriterium[2])	Fiskalkriterien: Finanzierungssaldo[3])	Fiskalkriterien: Schuldenstand[4])
Belgien	2,0	6,5	- 3,4	130,0
Dänemark	2,3	7,2	- 1,7	70,2
Deutschland	1,3	6,2	- 3,8	60,7
Finnland	1,2	7,1	- 2,6	58,8
Frankreich	2,1	6,3	- 4,1	56,2
Griechenland	8,2	14,8	- 7,4	111,8
Großbritannien	3,0	7,9	- 4,8	56,3
Irland	2,1	7,3	- 0,9	72,8
Italien	3,9	9,4	- 6,8	123,6
Luxemburg	1,5	6,3	1,4	6,4
Niederlande	1,5	6,2	- 2,4	78,5
Österreich	1,9	6,3	- 3,9	69,8
Portugal	2,9	8,6	- 4,1	65,8
Schweden	0,9	8,0	- 3,6	77,7
Spanien	3,5	8,7	- 4,4	70,3
Referenzkriterium	2,6	9,1	- 3,0	60,0

[1]) Veränderung der Verbraucherpreise gegen Vorjahr in vH
[2]) Rendite langfristiger öffentlicher Anleihen in vH
[3]) Finanzierungssaldo der öffentlichen Haushalte in vH des BIP
[4]) Bruttoschuldenstand der öffentlichen Haushalte in vH des BIP
Quelle: Deutsche Bundesbank, Geschäftsbericht 1996.

päischer Institutionen: Rat, Kommission, Parlament) umsetzbar wäre.[39] Gewicht hätte auch das „free-rider"-Problem, wenn bestimmte Länder die Vorteile des Binnenmarktes für eigene Exporte und/oder Inanspruchnahme von Kohäsions- und Strukturmitteln für sich zwar reklamieren würden, gleichzeitig aber sich den Harmonisierungs- und den damit verbundenen Disziplinierungszwängen entzögen und sich auf diese Weise am Binnenmarkt Wettbewerbsvorteile verschafften. Nicht auszuschließen wäre überdies, daß Kapitalströme in die Länder wandern, denen mit der Eröffnung des Beitritts eine höhere Leistungsfähigkeit amtlich attestiert wird, was über eine Kapitalverknappung (und Zinssteigerung) in den zunächst ausgeschlossenen Ländern das Strukturgefälle gegenüber den Kernländern eher forcierte. Der Unionsgedanke könnte allzu leicht desavouiert werden. Beide Alternativen sind nicht frei von Problemen; die Möglichkeit einer reibungslosen Umsetzbarkeit der WWU muß in jedem Falle infrage gestellt werden.[40]

- Zum zweiten entsteht die Frage, ob das WWU-Modell politisch hinreichend stabilisierbar ist (Problem der **Flankierung**). Nach wie vor gilt als unstrittig, daß ein enger Zusammenhang zwischen der Weiterentwicklung zur WWU und der Forcierung des Gedankens der Politischen Union besteht. Die Frage reduziert sich aber nicht auf das Problem der **Kompetenzerweiterung** der Gemeinschaftsorgane - sei es in Form der direkten Vergemeinschaftung (Geldpolitik), sei es in Form der erweiterten Möglichkeit, eine Politikkoordination zu erzwingen (Finanzpolitik) -, sondern mündet letztlich ein in die Frage der **politischen Legitimation** der Gemeinschaft und ihrer Organe. Nicht von ungefähr wird zwischenzeitlich - wenngleich strittig - die Frage diskutiert, ob die Europäische Union eine „Wirtschaftsregierung" brauche, die die Leitlinien der Wirtschafts- und Sozialpolitik für den gesamten europäischen Integrationsraum vorgibt und in dieser Eigenschaft ein notwendiges

[39] Ein Hinweis auf das latente Konfliktpotential bietet das Beispiel Großbritanniens: Ende Oktober 1997 hatte die britische Regierung beschlossen, in Anwendung der opting-out-Klausel, der WWU im Jahre 1999 noch nicht beizutreten und eine „Periode der Stabilität" abzuwarten. Unter ökonomistischer Sicht mag dieses Verhalten - unter Vorgabe konkreter Beitrittsbedingungen - als durchaus rational eingestuft werden. (Vgl. dazu: T. Gruber u.a., Der britische Weg zur Währungsunion - ein konstruktives „opting later", in: HWWA-Wirtschaftsdienst 1997/XII.) Unter integrationspolitischer Sicht zeichnen sich die Konsequenzen bereits ab: Auf dem Gipfeltreffen in Luxemburg (Dezember 1997) haben die Staats- und Regierungschefs beschlossen, daß nur jene EU-Länder, die an der EURO-Zone teilnehmen, über die sie betreffenden Koordinationsprobleme der Wirtschaftspolitik beraten. Die anderen Staaten sollen nur zur Beratung in Fragen von gemeinsamen Interesse allenfalls zugelassen werden.

[40] In letzter Konsequenz bleibt es immer eine Frage der „Güter-Abwägung": Mit Blick auf die Kosten der „Umsetzung" (angesichts der Defizite des Vertragswerks); und mit Blick auf die Kosten der „Vertagung" (angesichts der Attentismuseffekte und möglicher Währungsturbulenzen, bei denen gerade die D-Mark eine - neuerliche - Aufwertung erfahren dürfte). Eine solche Güterabwägung dürfte allerdings immer spekulative Erwartungen einschließen.

Gegengewicht zur europäischen Zentralbank darstelle. Deren Unabhängigkeit würde dadurch zwar im Grundsatz nicht infrage gestellt, aber könnte gleichwohl eine politische Relativierung erfahren, zumal die EZB zu einer in der Sache bedingt angemessenen, aber in jedem Falle einseitigen Ausrichtung am Ziel der Preisstabilität verpflichtet ist, die notwendigen Wachstums- und Beschäftigungseffekte dann aber vernachlässigt zu werden drohten. Das Problem kann gegenwärtig nicht als ausdiskutiert gelten, zumal das unabdingbare Pendant hierzu - die demokratische Legitimation (das Europäische Parlament als letztinstanzliches Legislativorgan) - noch keineswegs voll etabliert ist. Hinzu treten Sachprobleme: Die Notwendigkeit, den **Stabilitätspakt**, wie er im skizzierten WWU-Modell intendiert ist und im Vordergrund steht, durch einen **Beschäftigungspakt** zu ergänzen, mag - mit Blick auf die bestehende Wachstumsschwäche und Arbeitslosigkeit - gut begründbar sein; und eine vergemeinschaftete Wirtschaftspolitik mag diesem Ansinnen förderlich sein. Dieses wird jedoch kontrovers diskutiert. Denn die Diskussion mündet in die Frage ein, ob eine solche Ergänzung nicht am Ende zu einer Aufweichung der Stabilitätskriterien führen könnte. Dies ist indessen eine Grundsatzfrage, die hier nicht ausgelotet werden kann. Davon unberührt bleibt die Erkenntnis, daß eine beschäftigungspolitische Flankierung des Integrationsprozesses unverzichtbar ist, soll die Europäische Union eine hinreichende Stabilisierung erfahren.[41]

- Zum dritten entsteht die Frage, ob das WWU-Modell, das mit zusätzlichen Herausforderungen konfrontiert wird, diese in hinreichendem Umfang integrieren und bewältigen kann (Problem der **Zusatzbelastung**). Relevant werden zwei Bereiche. Einmal der Bereich der **sozialen Dimension** der EU: Im

[41] Bedenkt man, daß 1997 in den EU-Ländern ca. 18 Mio. Menschen arbeitslos gemeldet sind (was einer Erwerbslosenquote von ca. 10,6 vH entspricht), so erscheint eine einseitige Betonung der Stabilitätserfordernisse per se als willkürlich, es sei denn, man geht von der (allenfalls theoretisch aber empirisch kaum belegbaren) Hypothese aus, daß „Preisstabilität" der einzige Garant für „Beschäftigungssicherheit" sei. Dies mag strittig diskutiert werden, schöpft aber das Problem nicht aus. Bedenkt man überdies, daß die Erwerbslosenquoten in der EU stark streuen - zwischen knapp 4 vH (Luxemburg) und knapp 20 vH (Spanien) -, so erweisen sich die Erwartungen der Staats- und Regierungschefs, wie sie auf dem Beschäftigungssondergipfel (November 1997) vorgetragen wurden, wonach die Verringerung der Arbeitslosigkeit in erster Linie eine nationale Aufgabe der Mitgliedsstaaten (ihrer Unternehmen und Gewerkschaften) sei, und daß deshalb Zielvorgaben für die Gemeinschaft unangemessen und verzichtbar seien, zumindest aus ökonomistischer Sicht als eine schwerwiegende integrationspolitische Hypothek. Entscheidend ist nicht die Frage, ob die Beseitigung der Arbeitslosigkeit eine (dem Solidaritätsprinzip verpflichtete) Gemeinschaftsaufgabe oder eine (dem Subsidiaritätsprinzip verpflichtete) Länderaufgabe ist. Strittig mag auch diskutiert werden, ob das Bemühen, die Arbeitslosigkeit zu reduzieren, zu nicht vertretbaren Inflations- und Haushaltsrisiken führen muß. Entscheidend ist, daß am Arbeitsmarkt keine Konvergenz gegeben ist, die eine homogene Geld- und Finanzpolitik möglich machte.

Grundsatz war schon immer unstrittig, daß - in konsequenter Anwendung des Solidaritätsprinzips - in der europäischen Gemeinschaft die wirtschaftliche Dimension (Wachstum, Stabilität) durch eine soziale Dimension ergänzt werden müsse (Garantie sozialer Grundrechte: Beschäftigung, v.a. Bekämpfung von Langzeitarbeitslosigkeit und Eingliederung von Jugendlichen in das Erwerbsleben, Arbeitsrecht, Arbeitsumwelt, Ausbildung, soziale Sicherheit, Kündigungsschutz, Gesundheitsschutz, Koalitions- und Mitbestimmungsrecht), und daß die (erforderliche) Harmonisierung nicht zu einer Nivellierung auf niedrigstem Niveau führen dürfe. Schon in den 70er Jahren entstanden Versuche, im Rahmen von Aktionsprogrammen und Richtlinien sozialpolitische Fortschritte zu erreichen und über Sozialfonds abzusichern. Im Dezember 1989 wurde (zunächst ohne Zustimmung Englands) die „Charta der sozialen Grundrechte der Arbeitnehmer" verabschiedet; sie wurde erst 1997 auch von England unterzeichnet. Ihr Grundanliegen soll zwar bei der Bildung der europäischen Union fortgeschrieben werden. Doch Gemeinschaftskompetenzen und tragfähige Harmonisierungsansätze bestehen nach wie vor nicht. Insofern bleiben hier noch eine Reihe offener Fragen.[42] Zum zweiten im Bereich der **Osterweiterung** der EU: Nach dem Zusammenbruch der kommunistischen Zentralverwaltungswirtschaften in Osteuropa stellte sich hier rasch ein (ordnungspolitisches) Transformations- und ein (wirtschaftspolitisches) Aufbauproblem; die damit verbundenen Fragen können hier ausgeklammert bleiben. Sollte es indessen zu einer Integration ausgewählter osteuropäischer Staaten kommen - schließlich wurde auf dem Luxemburger Gipfel (Dezember 1997) beschlossen, daß im Jahre 1998 mit Estland, Polen, Slowenien, Tschechien, Ungarn und Zypern (nicht mit der Türkei) Beitrittsverhandlungen aufgenommen werden sollen -, entsteht nicht nur für die Beitrittskandidaten ein enormes Anpassungsproblem; auch für die EU ergeben sich zusätzliche Koordinationsfragen und nicht zuletzt neue Herausforderungen für die Kohä-

---

[42] Zu Einzelheiten vgl.: H. Berié, Europäische Sozialpolitik - Von Messina bis Maastricht, in: G. Kleinhenz (Hrsg.), Soziale Integration in Europa I, Schriften des Vereins für Socialpolitik NF, Bd. 222/1, Berlin 1993 - D. Hermann, Die Systeme sozialer Sicherheit im europäischen Einigungsprozeß, in: Zeitschrift für Sozialreform, Vol. 35/1991 - A. Kortios, Soziale Dimension und Kohäsion - Ergänzung oder Widerspruch, in: HWWA-Wirtschaftsdienst 1990/IV - D. Meyer, Die Sozialcharta als Gegenstück zum EG-Binnenmarkt?, in: HWWA-Wirtschaftsdienst 1990/X - K.-H. Paqué, Die soziale Dimension des EG-Binnenmarktes - Theorie, Bestandsaufnahme und Kritik, in: Die Weltwirtschaft 1/1989 - Ch. Randzio-Plath, Neue Initiativen zur Beschäftigungspoltik - Zur Sozialverträglichkeit der EU, in: HWW-Wirtschaftsdienst 1996/X - F. Schulz-Nieswandt, Regionale Wohlstandsunterschiede als Problem einer sozialpolitisch relevanten regionalen Entwicklungspolitik in der EG, in: G. Kleinhenz (Hrsg.), Soziale Integration in Europa II, Schriften des Vereins für Socialpolitik NF, Bd. 222/2, Berlin 1996 - R. Vaubel, Das Sozialpolitische Abkommen von Maastricht widerspricht dem Subsidiaritätsprinzip, in: L. Gerken (Hrsg.), Europa 2000 - Perspektive wohin?, Freiburg 1993 - K. Vogler-Ludwig, Soziale Aspekte des Europäischen Binnenmarktes, in: ifo-Schnelldienst 25/1989.

sionspolitik der Gemeinschaft (mit Blick auf finanzielle Zusatzbelastungen). Auch hier bleiben noch eine Reihe offener Fragen.[43]

Die drei angesprochenen Problemkomplexe werfen Fragen auf, die hier allenfalls angesprochen aber noch nicht definitiv beantwortet werden konnten. Der Vertrag von Amsterdam (Maastricht II, Juni 1997) wird vielfach - nach EEA und WWU - als **dritte grundlegende Änderung** des EWG-Vertrags angesehen. Sein Ziel war es, dem Europäischen Einigungsprozeß ein höheres Maß an gesellschaftlicher Akzeptanz zu vermitteln. Erreicht werden sollte dies durch eine Verbreiterung der demokratischen Legitimation, die Schaffung einer größeren Transparenz bei den Entscheidungsprozessen, die Wahrung einer sozialen Balance (Einbeziehung der Sozialcharta und eines Beschäftigungskapitels) und durch die Vorbereitung der regionalen Erweiterung. Vielfach wurden Erwartungen enttäuscht; es blieb bei programmatischen Absichtserklärungen. Dennoch wurde erkennbar, daß der Europäische Einigungsprozeß eine hohe Integrationsstufe erreicht hat. Sein irreversibler Charakter wird vermutlich nicht mehr zur Disposition gestellt werden können.[44]

---

[43] H. Brücker, Europäische Union: Osterweiterung beschleunigt Konvergenz, in: DIW-Wochenbericht 14/97 - D. Cassel, Anpassungsbedarf der Europäischen Union bei der Osterweiterung, in: Maastricht II - Entwicklungschancen und Risiken der EU: Erweiterung, Vertiefung oder Stagnation?, Beiheifte der Konjunkturpolitik, Nr. 44/1996 - M. Dauderstädt, Osterweiterung der EU - Lösung ohne Problem, in: HWWA-Wirtschaftsdienst 1995/X - S. Franke, Europa vom Atlantik bis zum Ural - Vision, Illusion oder absehbare Realität?, in: HWWA-Wirtschaftsdienst 1997/X - F. Franzmeyer, EG-Konzept überdenken - Integrationskonsequenzen der Neuorientierung ost-mitteleuropäischer Staaten, in: Konjunkturpolitik, 37. Jg./1991 - H. Gabrisch, Gesamtwirtschaftliche Anpassungsprozesse in mittel- und osteuropäischen Ländern nach einem Beitritt zur EU, in: Maastricht II - Entwicklungschancen und Risiken der EU: Erweiterung, Vertiefung oder Stagnation, Beiheifte der Konjunkturpolitik, Nr. 44/1996 - U. Möbius, Zu den Assoziationsverträgen der EG mit Polen, Ungarn und der Tschechoslowakei, in: DIW-Wochenbericht 50/91 - Ch. Weise, Osterweiterung der EU: Finanzierung erfordert Reformen, in: DIW-Wochenbericht 49/96.

[44] Kurz nach Abschluß der Arbeiten an diesem Lehrbuch wurden vom Statistischen Bundesamt, Wiesbaden, für 1997 erste vorläufige Daten der VGR für die Bundesrepublik Deutschland veröffentlicht (vgl. FAZ, Nr. 50, 28.02.1998). Danach hatte die Bundesrepublik das Defizitkriterium in der Europäischen Abgrenzung der VGR, die die öffentlichen Krankenhäuser dem Unternehmenssektor und nicht dem Staatssektor zurechnet, mit – 2,7 vH (bei einer Neuverschuldung von 96,5 Mrd. DM) deutlich erfüllt. Nicht erfüllt wäre das Verschuldungskriterium, das einen Wert von reichlich 61 vH erreichte, was indessen vor dem Hintergrund der Folgelasten des deutschen Einigungsprozesses gut begründbar wäre. Obwohl die Daten bei Abschluß dieser Arbeit nicht unumstritten waren, wird man davon ausgehen können, daß der Beitritt der Bundesrepublik zur EWWU gesichert erscheint. Von den übrigen 14 EU-Ländern dürfte nur Griechenland das Defizitkriterium (mit – 4 vH) verfehlen. Da Dänemark, Großbritannien und Schweden bereits angekündigt haben, daß sie nicht von Anfang an an der EWWU teilnehmen wollen (obwohl sie das Defizitkriterium ebenfalls erfüllen), könnte die EWWU mit 11 Mitgliedsländern starten.

51) EIN EXKURS: DER RAT FÜR GEGENSEITIGE WIRTSCHAFTSHILFE

Im Januar 1949 wurde in Moskau der **Rat für Gegenseitige Wirtschaftshilfe** (RGW) - bekannt auch als **Council for Mutual Economic Assistance** (COMECON) - gegründet. Gründungsmitglieder waren Bulgarien, Polen, Rumänien, die Tschechoslowakei, die UdSSR und Ungarn. Noch im gleichen Jahr war Albanien beigetreten, das allerdings - ohne formellen Austritt - die Mitarbeit in den 60er Jahren eingestellt hatte und seither nicht mehr als Vollmitglied betrachtet wurde. Kurze Zeit später (1950) wurde die (damalige) DDR Vollmitglied. Mit der Mitgliedschaft der Mongolei (1962), Kubas (1972) und Vietnams (1978) erhielt der RGW eine trans-europäische Dimension, ohne allerdings den „Block"-Charakter zu verlieren. Im Jahre 1964 schloß Jugoslawien einen Assoziierungsvertrag mit dem RGW ab. Im Zuge des Transformationsprozesses zur Marktwirtschaft in den osteuropäischen Staaten und den Mitgliedstaaten der ehemaligen Sowjetunion war dann allerdings nicht nur das in den dem RGW angehörenden Ländern vorherrschende zentralverwaltungswirtschaftliche Ordnungsmodell obsolet geworden, sondern mit ihm auch das Integrationskonzept, das diese Länder entwickelten und das konzeptionell auf sie zugeschnitten war. Im Grunde schon seit Mitte der 80er Jahre setzten erste Deformationserscheinungen ein, die sich dann gegen Ende der 80er Jahre - nicht zuletzt unter dem Einfluß der Wende in der UdSSR-Außenpolitik (Aufhebung der sog. Breschnew-Doktrin, die von einer „beschränkten Souveränität" der sozialistischen Staaten ausging) - verstärkten. Mitte des Jahres 1991 wurde der RGW faktisch aufgelöst. Seither zeichnet sich (mit Ausnahmen) das Bemühen der ehemaligen RGW-Partnerländer ab, sich in die internationale Arbeitsteilung zu integrieren und in den entstandenen Institutionen (IMF, GATT) mitzuarbeiten; teilweise ist eine EU-Mitgliedschaft geplant.

So gesehen haben die nachfolgenden Überlegungen eher dokumentarischen Charakter. Gleichwohl wird deutlich und kann gezeigt werden, daß - ungeachtet der erheblichen Unterschiede gegenüber den westlichen Industrieländern sowohl auf ideologischem Gebiet (statt demokratischer Grundordnung bestand ein diktatorischer Herrschaftsanspruch der kommunistischen Partei) als auch auf außenpolitischem Gebiet (statt Gleichberechtigung souveräner Staaten dominierte ein Hegemonialanspruch der Sowjetunion) und schließlich auf ordnungspolitischem Gebiet (statt marktwirtschaftlicher Grundorientierung herrschte eine zentralverwaltungswirtschaftliche Planung und Verwaltung der Volkswirtschaften vor) - **integrationspolitische Sachprobleme** entstanden, die teils grundsätzlichen Charakter hatten, insoweit bei rein formaler Betrachtung der EG-Problematik nicht unähnlich sind. Teils wiesen die Integrationsprobleme aber auch RGW-spezifischen Charakter auf und erlauben dann materiell eine Abgrenzung von dem EG-

Integrationsmodell.[45] Die Gründungsprotokolle wurden nie veröffentlicht; allenfalls liegt ein Kommuniqué über die Gründungskonferenz vor. Erst gut ein Jahrzehnt später erhielt der RGW eine Satzung; sie wurde auf der Ratstagung im Dezember 1959 in Sofia unterzeichnet und war im April 1960 in Kraft getreten. Die Motive, die zur RGW-Gründung geführt haben, dürften auf zwei Ebenen anzusiedeln sein:

a) Einmal auf **meta-ökonomischer, politischer Ebene**: Als sich gegen Ende des Zweiten Weltkriegs die Alliierten auf die Abgrenzung von Interessensphären einigten, bot dies der Sowjetunion einen willkommenen Anlaß (und auf der Basis militärischer Präsenz auch die Möglichkeit), ihren politischen Einfluß auf die Länder Osteuropas auszudehnen. Dies erfolgte letztendlich mit dem Ziel, den Herrschaftsbereich der Sowjetunion zu vergrößern und den Geltungsbereich der kommunistischen Ideologie zu erweitern. (Mit dieser Intention erklärt sich auch der trans-europäische Charakter des Konzepts, der sich zwischenzeitlich herausgebildet hatte.) Gestützt auf diese politische Vorgabe hatte die Sowjetunion andere osteuropäische Staaten - etwa die Tschechoslowakei und Ungarn - „veranlaßt", auf Mittel des Marshall-Planes, an denen sie durchaus interessiert waren, zu verzichten. Im Gegenzug kam es dann zur RGW-Gründung, womit - in der „offiziellen" Version - der Boykott der Handelsbeziehungen seitens der USA bzw. die durch den Marshall-Plan initiierten möglichen Abschließungseffekte des OEEC-Raumes „konstruktiv unterlaufen" werden sollten. Tatsächlich konnten (und sollten) - in der Realität - die osteuropäischen Länder über eine intensive Handelsverflechtung politisch enger an die UdSSR gebunden werden. Nicht von ungefähr wurden in Handelsabkommen (1950) festgelegt, daß - ohne Rücksicht auf den eigenen volkswirtschaftlichen Bedarf - in den folgenden Jahren 75 vH der Exporte der osteuropäischen Länder in die UdSSR fließen sollten.

b) Zum zweiten auf **ökonomischer, konzeptioneller Ebene**: Mit der politischen Einflußnahme wurde faktisch auch das sowjetische ordnungpolitische Modell der (zunächst rigiden) Zentralverwaltungswirtschaft auf die Partnerländer übertragen. Dies hatte zur Folge, daß damit auch der Außenwirtschaftsverkehr einer zentralen Lenkung unterworfen werden mußte, um zu verhindern, daß ein „freier" Außenwirtschaftsverkehr die „geplante" Binnenwirtschaftsentwicklung unterlief. Damit war aber die Außenwirtschaftspolitik der RGW-Staaten (für sich genommen) in dem bereits herausgearbeiteten Grundsatzkonflikt angesiedelt: Entweder einen Autarkiestatus zu erreichen, um die Binnenwirtschaftsplanung abzusichern und dem Außenhandel - soweit wegen unabweisbarem Importbedarf unvermeidbar - eine „Lückenbüßerfunktion" zuzuweisen (dann aber um den Preis eines Verzichts auf die ökonomischen Vorteile einer internationalen Arbeitsteilung); oder aber die weltwirtschaftliche Arbeitsteilung optimal zu nutzen (dann

[45] Einen Überblick über das Vertragswerk (hinsichtlich Struktur, Ziele, Organisation) sowie die Entwicklung seiner konkreten Ausgestaltung vermitteln: Bethkenhagen, Bundeszentrale für politische Bildung, Damus, Faddejew, Kaser, Seiffert, Steffens, Uschakow (vgl. das beigefügte Literaturverzeichnis).

aber um den Preis einer Belastung der Binnenwirtschaftsplanung mit nicht-planbaren Veränderungen der Weltmarktdaten: Angebots- und Nachfragestrukturen sowie Preise). Konzeptionell bot der RGW insoweit eine „Zwischenlösung“, als er die Möglichkeit eröffnete, einerseits die Arbeitsteilung über den nationalen Raum hinaus zu intensivieren, sie aber andererseits auf den Handel zwischen Zentralverwaltungswirtschaften zu begrenzen, um die gesamtwirtschaftliche Entwicklung in den Volkswirtschaften nach wie vor planbar zu halten.

Nimmt man diese beiden Ebenen jeweils für sich, so ist eine formale Analogie zum Integrationskonzept der EG durchaus erkennbar: Auch dort ging einerseits formal die politische Zielsetzung (Europäische Union) mit der ökonomischen Zielsetzung (Förderung der Arbeitsteilung im Integrationsraum) einher. Dennoch werden andererseits materielle Unterschiede sichtbar: Anders als in der EG war hier der Unionsgedanke gleichzeitig durch den Hegemonialanspruch eines Integrationspartners (statt politischer Souveränität aller Integrationspartner) belastet; und die Arbeitsteilung war von vornherein auf den Integrationsraum begrenzt und machte politisch (Souveränitätsdefizite) wie auch sachlich (Planabsicherung) eine beliebige Multilateralität der Austauschbeziehungen unmöglich. Gerade letzteres mußte von vornherein die ökonomische Effizienz des Integrationsmodells reduzieren. Und dies wog um so schwerer, als - unabhängig vom Integrationsprozeß - allein aufgrund der ordnungspolitischen Vorgaben (Motivationsdefizite aufgrund des fehlenden Privateigentums an Produktionsmitteln - Flexibilitätsdefizite aufgrund der zentralen Lenkung der Individualentscheidungen) die gesamtwirtschaftliche Effizienz ohnehin begrenzt bleiben mußte. Den Wirtschaftssubjekten war es von vornherein nicht möglich, sich den Weltmarktbedingungen und ihren Veränderungen elastisch anzupassen; diese Aufgabe übernahm aus ordnungspolitischen Gründen offiziell das Außenhandelsmonopol. Doch das Außenhandelsmonopol konnte diese Rolle materiell auch nicht ausfüllen; denn es mußte sich aus Gründen der Planungssicherheit an dem vorgegebenen Integrationsraum orientieren.

Verknüpft man beide Ebenen, so ist eine weitere formale Analogie zum Integrationskonzept der EG erkennbar, die letztlich in einem **Konfliktpotential** zwischen beiden Ebenen wurzelte. Im EG-Konzept stellte sich das Problem, im Interesse der Nutzung der blockinternen Arbeitsteilung die Intensitätsstufe der Integration möglichst hoch anzusiedeln, was indessen einen systematischen Souveränitätsverzicht auf nationale Wirtschaftspolitik - in letzter Konsequenz: Vorstellungen über die Ausgestaltung der politischen Union - erforderlich machte. Dies erklärt den (skizzierten) mühsamen Weg von der Zollunion über den Gemeinsamen Markt zur Wirtschafts- und Währungsunion, machte es aber gleichwohl möglich, präzise Integrationsziele zu entwickeln und - bei allen Problemen, die deren Umsetzung aufwarf und noch aufwirft - **pragmatische Lösungen** zumindest anzustreben. Im RGW-Konzept stellte sich das Problem demgegenüber eher als ein **Grundsatzkonflikt** dar: Je mehr die politische Zielsetzung und der angelegte Hegemonialanspruch der Sowjetunion dominierte, desto mehr zwang dies nicht nur zu einem Bilateralismus, sondern auch zu einer blockinternen Form der

Arbeitsteilung, die nun aber nicht unbedingt ökonomischen Effizienzbedingungen, sondern einer politischen Vormachtstellung, insoweit allenfalls den Interessen der Hegemonialmacht, Rechnung trug. Sollten umgekehrt die anderen RGW-Partner überhaupt eine Chance zu erhalten, ihre ökonomischen Interessen zu wahren, bedurfte es für sie größerer Souveränitätsrechte. Je weiter die Souveränitätsrechte der Partnerländer indessen wiederum gesteckt wurden, desto schwieriger wurde es, ein übergreifendes Gemeinschaftsinteresse zu formulieren. Dies erklärt es, warum das RGW-Konzept (wie das EG-Konzept) ebenfalls spezifische Entwicklungsphasen durchlaufen mußte, ohne daß indessen (anders als im EG-Konzept) das Kernanliegen des Integrationskonzepts, die sog. **Grundprinzipien** der **internationalen sozialistischen Arbeitsteilung**, eine hinreichende Klärung und Präzisierung erfuhr. Wenn letztendlich trotz vermeintlich „idealer" Umsetzungsbedingungen (gemeinsame Ideologie, auf die alle Partner verpflichtet waren - gemeinsame ordnungspolitische Rahmenbedingungen, die eher die Voraussetzung schufen, eine Umsetzung zu erzwingen) das RGW gescheitert ist, so lag dies nicht nur an den ohnehin gegebenen Effizienzgrenzen, sondern an eben diesem Grundsatzkonflikt. Er findet in einer unterschiedlichen Ausformung der Entwicklungsphasen, die das RGW-Konzept erfahren hat, seinen Niederschlag.

a) Die erste Phase reichte von der Gründung des RGW (1949) bis zur Verabschiedung eines Statuts (1959). Sie war gekennzeichnet durch einen dominanten **Hegemonialanspruch** der Sowjetunion und einen daraus abgeleiteten dominanten **Bilateralismus** der außenwirtschaftlichen Beziehungen zwischen den Partnerländern und der UdSSR. Die Phase war im Grunde eine Fortsetzung dessen, was schon in den 20er Jahren Lenin als „sozialistische Weltwirtschaft" konzipiert hatte, deren Zweck er allein in der Steigerung des Industriepotentials der Sowjetunion sah. Diesem Anliegen mußten die Bedürfnisse und ökonomischen Interessen der anderen Länder untergeordnet werden. Dieser Gedanke wurde voll in die RGW-Gründung hineingetragen: Das politische Ziel (Sicherstellung der politisch-ideologischen Vormachtstellung der UdSSR) dominierte eindeutig das ökonomische Ziel (sinnvolle Arbeitsteilung im RGW-Integrationsraum). Die Folgen dieser Politik bestanden darin, daß die tradierten handelspolitischen West-Ost-Beziehungen unterbrochen wurden. Die RGW-Länder mußten ihre Exportstrategien auf die Sowjetunion neu ausrichten, und diese erhielt ihrerseits für die anderen RGW-Länder als Rohstofflieferant eine zunehmende Bedeutung. Hinzu kam, daß die Handelsbeziehungen meist auf bilateraler Ebene erfolgten, auf deren Grundlage die UdSSR ihre Interessen gegenüber den anderen RGW-Ländern durchsetzte. In dieser ersten Phase entwickelten zwar die anderen RGW-Länder auf einer (ihrerseits aufgezwungen) zentralverwaltungswirtschaftlichen Grundlage eigene volkswirtschaftliche Entwicklungspläne. Und somit zeichnete sich auch konsequenterweise die Notwendigkeit ab, die volkswirtschaftlichen Entwicklungspläne besser aufeinander abzustimmen. Aufgrund einer „Anregung" der UdSSR sollte sich die Abstimmung von der „Zirkulationssphäre" (zwischenstaatlicher Handel) auf die „Produktionssphäre" (zwischenstaatliche Spezialisierung) verlagern. Doch je mehr der eigentliche Zweck der sowjetischen Integrationsbemühungen zu einer systematischen Erhöhung der Arbeitsnormen führte, dies aber nicht im Interesse der eigenen wirtschaftlichen Entwicklung der Länder, sondern um ihren Exportverpflichtungen in die UdSSR nachkommen zu können, und je mehr dies von den Mitgliedsländern so auch erkannt wurde, desto mehr setzte dies zentrifugale Kräfte frei. Die Aufstände in der DDR (1953) und in Ungarn (1956) hatten - ungeachtet ihrer politischen Motive - auch in dieser Form des Integrationsmodells ihren Ursprung. Damit entwickelte sich zunehmend ein Wandel in dem Selbstverständnis des RGW; in der zweiten Hälfte der 50er Jahre verstärkte sich die Diskussion um die Herstellung einer vollen Gleichberechtigung aller RGW-Mitgliedsländer. Dies lockerte zwar die Beziehungen der übrigen RGW-Länder zur Hegemonialmacht, löste aber zwischen diesen nun neue Spannungen aus: Die weniger entwickelten RGW-Staaten (Bulgarien, Polen, Rumänien) leiteten aus diesem Gleichberechtigungsgrundsatz ein Recht auf Hilfe seitens der weiterentwickelten RGW-Länder (DDR, Tschechoslowakei, Ungarn) ab. Diese Hilfe wäre aber wiederum ohne Beeinträchtigung der Entwicklungschancen ihrer eigenen Volkswirtschaft nicht zu leisten gewesen und stieß deshalb dort verständlicherweise auf heftigen Widerstand. Ungeachtet ohnehin gegebener außen- und ordnungspolitisch bedingter Effizienzbelastungen bestand am Ende dieser ersten Phase ein strukturelles Entwicklungsgefälle zwischen den RGW-Partnern, das die Integrationsbemühungen zusätzlich beeinträchtigte. Hinzu kam, daß eine objektive Kosten- und Preisbasis fehlte - Preise wurden politisch gesetzt und erfüllten nicht unbedingt die Funktion von Knappheitsindikatoren -, die es erlaubte, für ein Mitgliedsland einen Integrationsnutzen zu ermitteln.

b) Die zweite Phase reichte von der Abfassung des RGW-Status (1959) bis zur **Multilateralisierung** des Konzepts (1964). Hauptanliegen einer statuarischen Absicherung (die - gemäß der Satzung der Vereinten Nationen - dazu führte, daß das RGW als internationale Organisation anerkannt wurde) war es, dem Integrationskonzept eine eindeutigere Grundlage zu vermitteln. Die **Zielsetzung** des RGW-Konzepts war nun ausgerichtet auf eine weitere Vertiefung und Vervollkommnung der Zusammenarbeit und Entwicklung der („sozialistischen") ökonomischen Integration, der planmäßigen Entwicklung der Volkswirtschaften, der Hebung des Industrialisierungsstandes und der Produktivität, um eine Annäherung und Angleichung des Entwicklungsniveaus und des Wohlstands der Partnerländer zu erreichen. So war im Kern durchaus ein Solidaritätsprinzip (Niveauangleichung) angelegt. Bemerkenswert dabei ist, daß mit der Anerkennung der **nationalen Souveränität** und **Gleichberechtigung** der Hegemonialanspruch eines Landes einerseits zurückgedrängt wurde; gleichzeitig blieb andererseits mit der Wahrung des **gegenseitigen Vorteils**, in Verbindung mit einer **kameradschaftlichen gegenseitigen Hilfe**, der Solidaritätsgedanke (gegenseitige Hilfe) erhalten. Die **Organisationsstruktur** wies folgende Organe auf: Oberstes Beschlußorgan war die **Ratstagung**, die legislative Funktion hatte und die RGW-Politik auf der Basis von „Empfehlungen" festlegte. Sie bestand aus weisungsgebundenen Regierungsdelegationen, wobei letztinstanzlich die im Statut nicht vorgesehene Konferenz der Partei- und Regierungschefs entschied. Vollzugs- und Kontrollorgan war das **Exekutivkommitee**, das die von den Mitgliedsländern eingegangenen Verpflichtungen überwachte, die volkswirtschaftlichen Entwicklungspläne der Mitgliedsländer koordinierte und die Kooperation förderte. Zunehmende Bedeutung erhielten die **ständigen Kommissionen**, teils als Branchenkommissionen für einzelne Industriezweige (Schwerindustrie, Chemie, Elektrotechnik etc.), teils als Fachkommissionen für gemeinsame Anliegen (Außenhandel, Finanzwesen, Kreditvergabe etc.), die der Ratstagung und dem Exekutivkommitee Vorschläge für die wirtschaftliche Zusammenarbeit machen konnten. Die administrative Verwaltung wurde von einem **Sekretariat** wahrgenommen. Bemerkenswert ist, daß - als Konsequenz des Souveränitätsanspruchs - die Empfehlungen einerseits einstimmig erfolgen sollten. Andererseits konnten die einzelnen Länder den Empfehlungen zustimmen oder sich für „nicht interessiert" erklären; im letzteren Falle waren sie von der weiteren Beratung der Empfehlungen ausgeschlossen, aber an die Empfehlungen selbst auch nicht gebunden. Mit dieser Konstruktion war zwar die Voraussetzung dafür geschaffen, daß jedes RGW-Land seine eigene Entwicklungsstrategie planen und umsetzen konnte; doch der Integrationsprozeß wurde damit nicht gefördert, sondern eher belastet. Die angestrebte Spezialisierung - und die damit intendierte Arbeitsteilung - wurde nicht erreicht, da die Länder an ihrem nationalen Entwicklungskonzept festhielten. Das blockinterne Strukturgefälle blieb erhalten. Und dies hatte naheliegende Konsequenzen für den blockinternen Binnenhandel: Er blieb auf einen - nun weniger politisch erzwungenen als sachlich unabweisbaren - Bilateralismus reduziert; denn das Volumen des zwischenstaatliche Handels orientierte sich wegen seines planbedingten Naturaltauschcharakters an jenem Land, das die jeweils geringeren Exportmöglichkeiten aufwies, weil Länder mit Exportüberschüssen diese (über Zusatzimporte) nicht realisieren konnten.

c) Die dritte Phase setzte Anfang der 60er Jahre ein und reichte bis zur Verabschiedung des sog. Komplex-Programms (1971). Die Vorstellung Chruschtschows, im RGW eine überstaatliche, gemeinschaftliche Wirtschaftsplanung einzuführen, war am Widerstand Rumäniens gescheitert. Die 1962 verabschiedeten „Grundprinzipien einer internationalen sozialistischen Arbeitsteilung" waren nicht nur ideologisch überlagert (Einhaltung der Prinzipien des Marxismus-Leninismus), sondern auch weitgehend unspezifiziert (Schaffung „richtiger" Proportionen der Volkswirtschaften, Herbeiführung einer „rationalen" Standortverteilung der Produktivkräfte, Gewährleistung einer „effektiveren" Nutzung der Arbeits- und Materialressourcen). So entstand das Bemühen, zumindest die strenge Bilateralität der Intra-Block-Beziehungen zugunsten einer **Multilateralität** des **Güter-** und **Kapitalaustausches** zu überwinden, um innerhalb des RGW die Effizienz der Integration über eine Handelsintensivierung zu steigern. Mit diesem Ziel wurde (1964) zum einen ein Abkommen über die Multilateralisierung des blockinternen Verrechnungssystems auf der Basis RGW-intern konvertierbarer Rubel (Transferrubel: TRbl) vereinbart. Zum zweiten wurde die Internationale Bank für wirtschaftliche Zusammenarbeit (IBWZ) gegründet. Diese doppelseitige Konstruktion, die dem EZU-Mechanismus nicht unähnlich war, hatte letztlich das Ziel, einen multilateralen Saldenausgleich zwischen den Mitgliedsländern herbeizuführen und diesen mit kurz- und mittelfristigen Kreditgewährungen zu finanzieren. Zum Ausgleich der „Verrechnungsspitzen" wurde die Bank mit Finanzmitteln ausgestattet, die von den Mitgliedsländern aufzubringen waren. Damit schien zumindest technisch eine Voraussetzung für eine Handelsintensivierung geschaffen, die den Bilateralismus hätte überwinden können; denn die RGW-Länder konnten nun (theoretisch) wechselseitig ihre Importe mit transferierbarem Rubel bezahlen. Dies hatte auch organisationspolitische Konsequenzen: Seit 1967 wurde das Einstimmigkeitsprinzip dergestalt modifiziert, daß ein Land nicht mehr mit seinem Vetorecht Ratsbeschlüsse blockieren konnte; freilich konnte es sich nach wie vor für „nicht-interessiert" erklären und war damit auch nicht an die Beschlüsse gebunden. Doch starrer Bilateralismus, langfristige Lieferverträge und der Mangel vergleichbarer Preise (die Weltmarktpreise wurden der Verrechnung nicht zugrunde gelegt) versagten dem System einen nachhaltigen Erfolg, zumal die RGW-Bank außerplanmäßige Importe nur in geringem Umfang kreditierte. Hier wird deutlich, wie sehr der Integration durch die nationale Planung Grenzen gesetzt waren. Fehlte eine supranationale Spezialisierung (wenn auch nur auf den Integrationsraum begrenzt), behielt der Außenhandel seine Funktion als „Lückenbüßer" für binnenwirtschaftliche Planungsfehler (Lösung von Engpaß- und Überschußproblemen). Dann aber erhielt auch der TRbl allenfalls eine Recheneinheitsfunktion, nicht jedoch bei politisch fixierten Preisen, eine Transaktions- und Wertaufbewahrungsfunktion, wenn Verrechnungsguthaben (aus Exportüberschüssen) nicht unbedingt realisierbar (für Zusatzimporte) sind. Der Multilateralität war dann die Basis entzogen. Kommt es aber nicht zu einer Multilateralität, richtet sich das Außenhandelsvolumen nach wie vor nach dem Land mit den geringeren Exportmöglichkeiten, weil sonst kein bilateraler Ausgleich möglich ist. Dadurch blieben aber viele Handelsmöglichkeiten ungenutzt; die Effizienz der Integration blieb gering.

d) Die vierte Phase setzte mit der Verabschiedung des sog. **Komplexprogramms** (Bukarest, Juli 1971) ein und reichte bis Mitte der 80er Jahre. Im Zuge der schon Anfang der 60er Jahre entstandenen Reformdiskussion im Ostblock, die eher grundsätzlich-ordnungspolitisch ausgerichtet war, kam es gegen Ende der 60er Jahre auch zu einer **Neubewertung des Außenhandels**. Er sollte nicht mehr nur „Lückenbüßer", sondern „Wachstumsfaktor" sein. Teils war die Rede von einer „exportorientierten Wachstumspolitik"; es wurden Reformen gefordert, die eine „Ökonomisierung und Rationalisierung" des Außenhandels ermöglichen sollten. Das Komplexprogramms hatte somit eine weitere Vertiefung und Vervollkommnung der sozialistischen, ökonomischen Integration - erstmals wurde der Integrationsbegriff überhaupt offiziell verwendet - zum Ziel, um in einem Zeitraum von 15 bis 20 Jahren einen Zusammenschluß der beteiligten Mitgliedstaaten auf der Grundlage angeglichener Entwicklungsniveaus zu erreichen. Als Voraussetzung wurde (einmal mehr) die Notwendigkeit einer **blockübergreifen-**

den Spezialisierung und **Arbeitsteilung** - mithin die Entwicklung eines **supranationalen Gemeinschaftsinteresses** - durchaus folgerichtig gesehen. Zu diesem Zweck wurde - über die Abstimmung der nationalen Entwicklungspläne hinaus - eine Vertiefung der wissenschaftlich-technischen Zusammenarbeit angestrebt. Ergänzend hierzu wurde die Internationale Investitionsbank gegründet, deren Hauptaufgabe in der Förderung der blockinternen Arbeitsteilung lag. Dies erfolgte durch die Finanzierung von Investitionsvorhaben, die der zwischenstaatlichen Spezialisierung und Kooperation der Produktion dienten, oder die von „gemeinsamem Interesse" für die RGW-Länder waren (z.B. Aufbau einer gemeinsamen Rohstoff- und Brennstoffbasis). Auch Ansätze zu einer „Gemeinschaftspolitik" gegenüber Drittländern - bislang nicht vorgesehen - waren Mitte der 70er Jahre erkennbar. Der RGW erhielt das Recht, mit Drittländern oder internationalen Organisationen Verträge abzuschließen, wobei allerdings der Vertragsinhalt im Einzelfall von der Ratstagung festgestellt wurde. Doch eine nationale Souveränitätsbeschränkung intendierte auch das Komplex-Programm nicht; die Integrationserwartungen waren von vornherein sehr gering angesetzt. Nach wie vor blieben die Integrationshemmnisse evident; sie resultierten aus dem immer noch bestehenden Entwicklungsgefälle zwischen den RGW-Staaten. Und eine „Spezialisierung" auf gegebenem Niveau implizierte letztlich eine „Zementierung" dieses Gefälles, was sich insbesondere für jene Länder negativ auswirken mußte, deren Industrialisierungsgrad noch relativ niedrig war. Deshalb orientieren sich diese nach wie vor an der binnenwirtschaftlichen Industrialisierung, während die „Industrieländer" im RGW eigentlich an einem billigen Rohstoffbezug interessiert waren. Am Ende scheiterte auch dieser Integrationsansatz am Vorrang nationaler Entwicklungsinteressen. Die Zusammenarbeit reduzierte sich auf eine Plankoordination, implizierte aber keine supranationale Planungsvollmacht. Der Bilateralismus blieb erhalten; auch das Bemühen, den Intra-Block-Handel auf der Basis „harter" Westwährung (v.a. US-Dollar) abzuwickeln, da der TRbl seine Geldfunktionen einbüßte, eine Multilateralität aber erreicht werden sollte, war nur sehr bedingt erfolgreich. So zählte der Außenhandel nach wie vor zu dem Bereich mit dem höchsten Zentralisierungsgrad; Außenhandels- und Valutamonopol dominierten und mündeten in (reale) Kompensationsgeschäfte. Das Mißverhältnis zwischen dem Anteil der RGW-Länder am Welthandel und an der Weltindustrieproduktion war evident. Der Grundkonflikt zwischen supranationaler Spezialisierung und nationalen Entwicklungsplanungen blieb erhalten und wurde (im Zweifel) zugunsten der letzteren gelöst. Der RGW-Gipfel (Juni 1984) und das „Komplex-Programm 2000" (Dezember 1985) signalisierten einmal mehr die Absicht, die RGW-interne Arbeitsteilung (v.a. Rohstoffbezug aus der UdSSR, steigende Exporte industriell gefertigter Konsum- und Produktionsgüter in die UdSSR) festzuschreiben und die wissenschaftliche Zusammenarbeit auf ausgewählten Gebieten (Elektronik, Automatisierung, Kernenergie, Biotechnologie, neue Werkstoffe) zu intensivieren. Doch an der Grundstruktur der RGW-Zusammenarbeit sollte sich nichts mehr ändern.

Mit dem Amtsantritt Gorbatschows war faktisch die letzte (einigermaßen abgrenzbare) Entwicklungsphase des RGW abgeschlossen.[46] Auf der RGW-Jahrestagung in Bukarest (November 1986) wurde die bisherige Zusammenarbeit scharf kritisiert; die Diskussionen über grundlegende Wirtschaftsreformen setzten ein. Das RGW-Konzept erfuhr allerdings dann seine definitive De-Stabilisierung; eine umfassende Umorientierung stand an. Sie mündete indessen nicht in eine Neuorganisation eines RGW ein. Die RGW-Länder erkannten zunehmend die Notwendigkeit, sich der Integration in die Weltwirtschaft zu stellen - und dies auf der Basis gegebener Angebots-, Nachfrage- und Preisstrukturen. Nicht nur die allgemeine Wirtschaftsreform, sondern auch diese zusätzliche Integrationsaufgabe hat bereits schwierige Anpassungs- und Umstrukturierungsprozesse in den ehemaligen RGW-Ländern ausgelöst; sie können noch nicht als abgeschlossen gelten. Integrationspolitisch bedeutsam ist aber die Erkenntnis - und hier unterscheidet sich (bei allen Differenzen) das RGW-Konzept nicht vom EU-Konzept -, daß ein erfolgreicher Integrationsprozeß der Entwicklung und Umsetzung eines supranationalen Gemeinschaftsinteresses bedarf, mithin eines nationalen Autonomie- bzw. Souveränitätsverzichts. Die EU-Länder haben sich auf diesen Weg begeben; die RGW-Länder hatten sich dieser Einsicht - aus verständlichen politischen Gründen, mit Blick auf den Hegemonialanspruch eines Partners - verschlossen. So mußte ihr Modell ungeachtet ohnehin bestehender Effizienzgrenzen scheitern. Wollen sie keinen Rückfall in ineffiziente Autarkiepositionen, werden sie sich neuen Integrationsbedingungen stellen müssen.

---

[46] Zur Reformdiskussion (gerade seit dem Komplexprogramm und bis zum Scheitern) vgl.: K. Bolz, 25 Jahre Rat für Gegenseitige Wirtschaftshilfe, in: HWWA-Wirtschaftsdienst 1974/IV - H. Machowski, Außenwirtschaftliche Reformen in den RGW-Staaten, in: Östliche Wirtschaftssysteme und ihre Wandlungen, Beihefte zur Konjunkturpolitik 17/1970 - H. Machowski, Internationale Wirtschaftsorganisationen der RGW-Länder, in: DIW-Vierteljahresheft 2/1977 - H. Machowski, Rückwirkungen der sowjetischen Reformpolitik auf die Zusammenarbeit im „Rat für Gegenseitige Wirtschaftshilfe" (RGW), in: Außenwirtschaft, 44. Jg., 1989 - H. Machowski, Annäherung der Sowjetunion an das GATT, in: DIW-Wochenbericht 48/1989 - H. Mayrzedt, Die Europäische Gemeinschaft (EG) und der Rat für Gegenseitige Wirtschaftshilfe (RGW) im Vergleich, in: Außenwirtschaft, 37. Jg., 1982 - B. Thanner, Neuorientierung im Außenhandel der RGW-Länder, in: ifo-Schnelldienst 28-29/1987 - B. Thanner, Nachfolgeorganisation für den RGW nicht in Sicht, in: ifo-Schnelldienst 8-9/1991. - A. Zwass, Inwieweit transferierbar sind die RGW-Währungen, in: Kredit und Kapital, 1979.

V. ENTWICKLUNGSPOLITISCHE PERSPEKTIVEN

52) DIE PROBLEMLAGE

Wie bereits im Rahmen der Grundsatzproblematik der Integrationspolitik herausgearbeitet wurde, erfordert der Integrationsprozeß - zum ersten - die Schaffung von „Spielregeln“ hinsichtlich der **Entstehungsbedingungen** (als Voraussetzung dafür, daß sich ein Integrationsraum durch Marktöffnung der beteiligten Staaten überhaupt bilden kann) sowie hinsichtlich der **Stabilisierungsbedingungen** (als Voraussetzung dafür, daß die sich beteiligten Staaten im offenen Integrationsraum dann auch behaupten können). Die Erfüllung dieser Voraussetzungen erfordert - zum zweiten - einen **nationalen Autonomieverzicht** der beteiligten Staaten beim Einsatz ihres außen- und binnenwirtschaftspolitischen Instrumentariums. Die Möglichkeit bzw. Bereitschaft der Staaten hierzu hängt aber - zum dritten - wiederum ab vom Grad der **Homogenität** bei den sozialökonomischen Ausgangsbedingungen und Entwicklungsperspektiven in den beteiligten Ländern - von grundsätzlichen, meta-ökonomisch motivierten Souveränitätsansprüchen abgesehen. Dabei gilt im Grundsatz: Je höher der Grad der Homogenität ist, desto höher kann - gemessen am nationalen wirtschaftspolitischen Autonomieverzicht - die Integrationsstufe bzw. -intensität angesiedelt werden. Je geringer dieser Homogenitätsgrad ist, desto schwächer ist die erreichbare Integrationsintensität. Die letztere Aussage bedarf nun allerdings unter entwicklungspolitischen Perspektiven der Differenzierung; denn sie erlaubt eine alternative Sichtweise.

a) Denkbar ist, daß bei den Ausgangsbedingungen zwar zwischen den am Integrationsprozeß beteiligten Ländern noch eine Inhomogenität vorliegt, daß aber die Vermutung gut begründbar ist, wonach Länder mit vergleichsweise schlechteren Ausgangsbedingungen (gemessen am bislang erreichten Entwicklungs-**Niveau**) gleichwohl Entwicklungsperspektiven (für den weiteren Entwicklungs-**Prozeß**) aufweisen, die eine **eigendynamische Entwicklung** und damit einen Aufholprozeß und einen steigenden Homogenitätsgrad im Vergleich zu den bereits weiterentwickelten Staaten erwarten lassen. In diesem Falle bedeutete eine „geringere Integrationsintensität“, daß in die Integrationsbedingungen allenfalls Elastizitäten aufgrund von **Ausnahmeregelungen** bei den Entstehungsbedingungen (Befreiung von Liberalisierungsverpflichtungen und von der Anwendung des Reziprozitätsprinzips) und bei den Stabilisierungsbedingungen (Zugeständnisse bei der Wechselkurspolitik und höhere Kreditfazilitäten bei der Liquiditätszuweisung) eingebaut werden müßten. Ziel wäre dann, diesen Ländern einen gegenüber den Industrieländern größeren Autonomiespielraum zu gewähren, der - etwa in Analogie zur Listschen Schutzzollargumentation (infant-industry-Argument) - durchaus zeitlich befristet und/oder an Auflagen gebunden sein kann.

b) Denkbar ist aber auch, daß bei den Ausgangsbedingungen (gemessen am erreichten Entwicklungs-**Niveau**) zwischen den am Integrationsprozeß beteiligten Ländern nicht nur eine ausgeprägte Inhomogenität vorliegt, sondern daß darüber hinaus die Vermutung begründbar ist, wonach Länder mit schlechteren Ausgangsbedingungen zusätzlich mit Sonderfaktoren konfrontiert sind, die den zukünftigen Entwicklungs-**Prozeß** insoweit belasten, als sie **keine eigendynamische Entwicklungsperspektive** und damit auch keinen Aufholprozeß erwarten lassen, weshalb eher ein konstanter oder gar steigender Inhomogenitätsgrad, im Vergleich zu den weiterentwickelten Ländern, wahrscheinlich zumindest nicht auszuschließen ist. In diesem Falle bliebe die Notwendigkeit zwar erhalten, in den Integrationsprozeß Elastizitäten (im genannten Sinne) einzubauen. Doch dies reichte dann nicht aus. Der Integrationsprozeß gewänne mit einer **entwicklungspolitischen Perspektive** eine zusätzliche Qualität: Die Länder bedürften der gezielten - noch zu konkretisierenden - **aktiven Unterstützung** durch exogene Impulse seitens der entwickelten Industrienationen, um sich in die Weltwirtschaft integrieren zu können.

Diese formale **Differenzierung** ist gewiß materiell in einer „Grauzone" angesiedelt: Zum einen stellt sich die Frage, welche Qualität und welches eindeutig operationalisierbare Gewicht der unterstellten „Eigendynamik" bzw. den vermuteten „Sonderfaktoren" zukommt, um überhaupt ein einzelnes Land diesen Länderkategorien zuordnen zu können. Zum zweiten geht es um die Frage, ob diese Differenzierung eine eindeutige **Segmentierung** begründet, wonach definitiv unterstellt werden muß, daß die Sonderfaktoren nicht aus eigener Kraft überwunden und keine eigendynamische Prozesse erreicht werden können. Gleichwohl erlaubt diese Differenzierung zunächst einmal die Feststellung, daß von „den" Entwicklungsländern nicht gesprochen werden kann, sondern zumindest eine wichtige Trennung angezeigt ist. Wir registrieren einmal die Existenz von sog. **Schwellenländern**: Es sind Länder der ersten Kategorie, die einen gewissen Industrialisierungsgrad erreicht haben, der - auch bei noch vorliegendem niedrigen Entwicklungsniveau - eine Eigendynamik der wirtschaftlichen Entwicklung erwarten läßt. Daneben bestehen die eigentlichen **Entwicklungsländer**: Dies sind die Länder der zweiten Kategorie, die von Sonderfaktoren belastet sind, die eben diese Eigendynamik verhindern. Im übrigen können auch die ehemaligen RGW-Länder, die bis Anfang der 90er Jahre einen eigenständigen „Block" bildeten, diesen beiden Länderkategorien jeweils zugeordnet werden; sie bilden deshalb inzwischen keine analytische Besonderheit, sondern stellen allenfalls, bei Zuordnung zur zweiten Kategorie, eine Zusatzverpflichtung für die Geberländer dar. Aus dieser Abgrenzung folgt, daß die Integrationspolitik dann eine entwicklungspolitische Perspektive hat, wenn es gilt, in den Ländern der zweiten Kategorie ein **Entwicklungsniveau** zu schaffen, das nicht nur - für sich genommen - die Unterentwicklung abbaut, sondern darüber hinaus die Länder erst in die Lage versetzt, sich in den Prozeß der internationalen Arbeitsteilung zu integrieren.

Die Aufgabenstellung ist damit in ihrer Zielsetzung im Grundsatz eindeutig. Und seit Ende des Zweiten Weltkriegs, als Punkt IV der sog. Truman-Deklaration vor dem US-amerikanischen Kongreß, 1949, zum ersten Mal überhaupt den Begriff der Entwicklungsländer enthielt und diese Zielsetzung thematisierte, entwickelte sich - etwa zeitgleich mit der Diskussion um eine (Neu-)Etablierung des Welthandels- und Weltwährungssystems - ein Bewußtsein von der Notwendigkeit, dem weltweiten Integrationsprozeß diese zusätzliche entwicklungspolitische Perspektive zu vermitteln: Entwicklungspolitik wird seither als ein elementarer - nicht selten vielfach überzogen als der wichtigste - Teil der Außenwirtschaftspolitik der Industrieländer begriffen. (Entwicklungspolitik aus der Perspektive der Entwicklungsländer selbst ist demgegenüber Teil deren allgemeiner Wirtschaftspolitik; diese ist dann zwar gehalten, die Entwicklungspolitik der Industrieländer so zu flankieren, daß kontraproduktive Effekte vermieden werden, ist aber gleichwohl nicht identisch mit dem hier anstehenden Problem.) Die Existenz eines deutlichen **Wohlstandsgefälles** (Nord-Süd-Gefälle) ging dabei einher mit einem Prozeß der **Entkolonialisierung** (zumindest im politisch-völkerrechtlichen Sinne) und gab diesem Bewußtsein erhebliche Impulse. Dies hat dazu geführt, daß das Problem seither und über die gesamte Nachkriegszeit hinweg nicht nur auf „höchster" internationaler politischer Ebene diskutiert wird,[47] sondern auch eine anhaltende wissenschaftliche Diskussion ausgelöst hat, die sich mit der Frage auseinandersetzt, ob das Problem mit den tradierten analytischen Kategorien der Wirtschaftstheorie behandelt werden kann, oder ob das Problem eine eigenständige Disziplin der Entwicklungstheorie bzw. -politik erfordert und zu welchen Konsequenzen dies führt.[48]

Dennoch ist diese entwicklungspolitische Aufgabe nicht unumstritten. Nicht selten wird eine aktive Hilfe als unnütz und schädlich bezeichnet. Eine solche Argumentation mag einerseits auf den ersten Blick recht vordergründig erscheinen, wenn sie mit dem lapidaren Hinweis begründet wird, daß auch die heutigen Industrieländer einmal „arm angefangen" und sich dann „von selbst" entwickelt hätten. Denn eine solche Argumentation ignoriert die (mögliche) Existenz von Sonderfaktoren, die einer beliebig unterstellbaren Möglichkeit der Eigendynamik entgegenstehen könnten. Andererseits läßt sich diese Skepsis aber auch durchaus rational begründen. Ein undifferenzierter Aufruf zur Entwicklungshilfe kann sich - zum ersten - als ineffizient erweisen, wenn eine solche Hilfe, in Verbindung mit der Übernahme ungeeigneter ausländischer Entwicklungsmodelle, auf Defizite bei Institutionen, Kapazitäten und Verhaltensweisen in den Entwicklungsländern

---

[47] Vgl. dazu: United Nations Report on Economic Development of Under-Developed Countries, 1951 - Pearson-Report, Partners in Development, 1969 - UN-Charta über die „Rechte und Pflichten von Staaten", 1974 - UN-Erklärung über die „Errichtung einer neuen internationalen Wirtschaftsordnung", 1974 - Brandt-Report, North-South-Commission, A Programme for Survival, 1980 - Neyere-Report, South-Commission, The Challenge to the South, 1990.

[48] Einen Überblick über den gesamten hier angesiedelten Problemkomplex vermitteln: Borrmann, Braun, Deutsche Bundesbank, Donges, Esters, Glaubitt, Hemmer, Körner, Lachmann, Mende, Sauter, Timmermann, Wagner, H., Wagner, N. (vgl. das beigefügte Literaturverzeichnis).

selbst stößt, die sie wirkungslos machen, bzw. wenn die Hilfe als Ersatz für Eigenanstrengungen (miß-)verstanden wird und Eigeninitiativen blockiert (Schaffung von „**nicht-entwicklungsbewußten**" **Entwicklungsländern**). Er kann sich - zum zweiten - als kontraproduktiv erweisen, wenn die Hilfe im Nehmerland, statt die Bevölkerung zu begünstigen, eine bestehende Sozialstruktur (Diktatur, herrschende Oligarchien) stabilisiert, die eher an der Aufrechterhaltung ihrer Macht- und Besitzverhältnisse denn an der Entwicklung des Landes interessiert ist (Schaffung von „**entwicklungsfeindlichen**" **Entwicklungsländern**). Schon grundsätzlich, aber noch mehr, wenn die ersten beiden Aspekte greifen, wird die Hilfe - zum dritten - polit-ökonomisch fragwürdig, wenn die damit einhergehende unvermeidbare Belastung in den Geberländern einseitig zu Lasten einer breiten Bevölkerungsschicht mit einer eher unterdurchschnittlichen Einkommensentwicklung erfolgt - am Ende unterstützen die „Armen" in den reichen Ländern die „Reichen" in den armen Ländern (Schaffung von „**entwicklungsunwilligen**" **Geberländern**).

Trotz dieser Vorbehalte bleibt unstrittig, daß eine aktive Hilfe seitens der entwickelten Industrieländer ein notwendiges Element der Integrationspolitik ist, und daß die damit verbundenen Aufgaben eher noch drängender geworden sind. Es sind zwei Gründe, die diese Erwägung stützen.

a) Ein erster Begründungskomplex hat einen eher **altruistischen Charakter** und begreift die Entwicklungsaufgabe in ihrer **Eigenwertigkeit**. Diese Sichtweise resultierte zunächst aus einer weltpolitischen (Neu-)Konstellation, die entstanden war, als viele Entwicklungsländer ihre politische Unabhängigkeit gewonnen und die weltpolitischen Kräfteverhältnisse (etwa in der Generalversammlung der UNO) sich deutlich verschoben hatten. Angesichts des bestehenden **Ost-West-Konflikts** und des damit einhergehenden „Wettlaufs der Systeme" verbot sich eine einseitige egoistische Nutzung handelsstrategischer Vorteile und eine Vernachlässigung entwicklungspolitischer Perspektiven seitens der westlichen Industrieländer. Diese Entwicklung erzwang eine zumindest partiell altruistisch angelegte Hilfe, ohne daran gleich wieder politische Forderungen, etwa die Einbindung in das „westliche Lager" zur Abwehr des kommunistischen Hegemonialanspruchs, zu knüpfen. (Als die USA dies mißachteten, mußten sie erfahren, daß ihre „Hilfs"-Bereitschaft in vielen Entwicklungsländern eher Ressentiments weckte.) Mit dem Abbau des Ost-West-Konflikts hat dieses Motiv zwar an Gewicht verloren, dürfte aber - mit Blick auf weltpolitische Krisenherde - nach wie vor seine Bedeutung haben. Ein weiteres Argument, das eine altruistische Pflicht zur Hilfe, angesichts des bestehenden Wohlstandsgefälles, rechtfertigen könnte, ergäbe sich dann, wenn man davon ausgehen müßte, daß der (Unter-) Entwicklungsstand vieler Länder auch eine Folge einer bestimmten **Ausbeutungs- und Herrschaftsstrategie** der entwickelten Industrienationen während der Kolonialzeit darstellt. Dieses Motiv mag sich ebenfalls relativieren, wenn man zusätzlich berücksichtigt, daß in der Kolonialzeit von vielen Kolonialländern in ihren Kolonien eine Infrastruktur entwickelt wurde (Bildung, Gesundheit, Verkehr), die vielleicht nicht ausreichend gewesen sein mag, aber von diesen Ländern aus eigener Kraft vermutlich nicht hätte geschaffen werden und darüber hinaus eine gewisse Grundlage für einen eigendynamischen Aufschwung hätte bilden können. Mögen also wichtige Argumente für eine altruistische Entwicklungskonzeption relativierungsbedürftig sein und die Forderung fragwürdig machen, daß eine „echte" Hilfe sich nicht an den Interessen des Geberlandes orientieren dürfe, bleibt gleichwohl ein **Wohlstandsgefälle**. Und allein dessen Existenz mag eine Pflicht zur Hilfe (aus ethischen oder religiösen Gründen) durchaus gut begründen.

b) Ein zweiter Begründungskomplex hat einen eher **egoistischen Charakter** und begreift die Entwicklungspolitik in ihrer **Funktionalität**. Diese Sichtweise resultiert aus der Tatsache, daß die Weltwirtschaft gerade zusammen mit den Entwicklungsländern - als Abnehmer und Lieferanten von Waren und Diensten - eine Einheit bildet, was eine Integration der Entwicklungsländer in die Weltwirtschaft geboten erscheinen läßt, will man nicht deren Peripherisierung hinnehmen. Dies läßt sich unterschiedlich rechtfertigen. Anders als im Merkantilismus und in der Kolonialzeit können Abnahme- und Lieferverpflichtungen nicht mehr politisch (gar militärisch) erzwungen werden. Wenn aber die Industrieländer, gemessen an ihrer steigenden Produktion, neue Absatzmärkte (für ihre Produkte) und Bezugsmärkte (für ihre Nahrungsmittel und Rohstoffe) brauchen, so bedarf es einer Intensivierung der **internationalen Arbeitsteilung**, einschließlich einer strukturellen Veränderung und Anpassung. Dies erfordert aber die Fähigkeit der Entwicklungsländer hierzu und bei Bedarf einer Hilfestellung aus „wohlverstandenem Interesse" der Industrieländer. (Nicht zuletzt die Ölkrise Mitte und Ende der 70er Jahre hat das Versorgungsproblem vieler Industrieländer - angesichts begrenzter eigener Rohstoffvorkommen - besonders deutlich sichtbar gemacht.) Neben diesen Motiven gewinnen zunehmend zwei weitere Überlegungen an Gewicht, die die Entwicklungsaufgabe im Interesse der Industrieländer selbst plausibel erscheinen lassen. Dies betrifft zum einen das **Migrationsproblem**: Je weniger die Entwicklungsaufgabe bewältigt wird, desto größer ist die Gefahr, daß Menschen aus ärmeren Ländern in reichere Länder drängen und dort gesellschaftliche Destabilisierungsprozesse auslösen (Eingliederungs- und Überfremdungsprobleme). Und es betrifft zum zweiten die **Umweltproblematik**: Je weniger die Entwicklungsaufgabe gelöst wird, desto größer wird die Gefahr, daß - gemessen an der Präferenzfunktion in den Entwicklungsländern - ein Entwicklungsprozeß, ungeachtet ökologischer Effekte, von diesen Ländern erzwungen wird, was dann auch die Industrieländer - gleichermaßen grenzüberschreitend - treffen kann.

Beide Begründungskomplexe haben keinen Ausschließlichkeitscharakter. Sie erfordern eine gleichberechtigte, ausgewogene Beachtung. Dies mag im Einzelfall inhaltlich schwer konkretisierbar und politisch nicht immer einfach umsetzbar sein. Eine rein altruistische Motivation begründete Vorbehalte in den Industrieländern; eine rein egoistische Motivation schaffte Ressentiments in den Entwicklungsländern. Doch wie ihre Gewichtung auch im konkreten Fall erfolgt, verweisen sie trotz aller Vorbehalte auf die Notwendigkeit, dem Integrationsprozeß (auch) eine entwicklungspolitische Perspektive zu vermitteln.

Damit ist allerdings die Problemlage noch nicht voll ausgelotet. Denn nimmt man auch die entwicklungspolitische Aufgabe als gegeben, bleibt als Problem die **Identifikation** der relevanten Länder. Die Abgrenzung der Entwicklungsländer von Schwellen- und Industrieländern ist zwar konzeptionell wesentlich, für eine empirisch operationale Identifizierung aber nicht hinreichend. Hierzu ist ein Maßstabskriterium erforderlich. Die Tatsache freilich, daß (rein intuitiv) mit einem Entwicklungsland eine Reihe von **Merkmalen** verknüpft werden - geringe Nahrungsmittelversorgung und Sach- bzw. Humankapitalausstattung, niedriger Technologiestand mit geringer Arbeits- und Kapitalproduktivität, hohe Arbeitslosigkeit, Dominanz des Primärsektors, hohe Säuglingssterblichkeit, geringe Lebenserwartung, hohe Analphabetenquote, unzureichende Infrastruktur, unterentwickelte politische Partizipation etc. -, deutet darauf hin, daß ein eindimensionaler Entwicklungsindikator nicht hinreichend ist. Eine Objektivität bei der Identifikation (mit Blick auf alternative Gewichtungsmöglichkeiten der Einzelmerkmale) dürfte ohnehin nicht erreichbar sein. Dies gilt insoweit auch für das Kriterium des **Pro-Kopf-Einkommens**, das erstmals Anfang der 50er Jahre von einer UN-Expertengruppe als Merkmalsindikator herangezogen wurde. Sieht man im Vorfeld davon ab, daß allein schon die Ermittlung selbst mit großen Unsicherheiten behaftet ist, weil notwendigerweise Schätzgrößen (hinsichtlich Wertschöpfung und Bevölkerung) einfließen, enthält das Kriterium auch **systematische Fehler**.

a) Gemäß der **Berechnungsmethode** des Sozialprodukts werden nur Marktströme berücksichtigt. Eigenleistungen im **Subsistenzbereich**, die in den Entwicklungsländern gerade im Agrarbereich und als Dienstleistungen in Großfamilien eine nicht unwesentliche Rolle spielen, fließen somit in die Ermittlung nicht ein, was das Einkommensgefälle gegenüber anderen Ländern „überzeichnen" könnte. Weitere Probleme entstehen aus der Notwendigkeit, das Sozialprodukt in eine einzelne Währung umzurechnen, um eine **Vergleichbarkeit** zu erreichen. Eine derartige Umrechnung kann aber nur bedingt den eigentlichen Kaufkraftparitäten Rechnung tragen, wenn der gleiche Währungsbetrag in den einzelnen Ländern preis- und/oder kostenbedingt eine unterschiedliche Kaufkraft aufweist. Verzerrungen können sich auch aus der Wahl der Referenzwährung (gerade bei flexiblen Wechselkursen) ergeben. Schließlich entbehrt die Wahl des **Schwellenwertes**, bei dessen Unterschreiten ein Land als Entwicklungsland gelten sollte, nicht einer gewissen Willkürlichkeit.

b) Bei der **Interpretation** des Sozialprodukts pro Kopf ergeben sich zusätzliche Probleme, wenn Durchschnittswerte zugrundegelegt werden. Dabei wird notwendigerweise das Verteilungsproblem vernachlässigt. Dies hat aber besonders dann Gewicht, wenn davon ausgegangen werden muß, daß eine **Einkommens-** und **Vermögenskonzentration** bei den oberen Schichten der Gesellschaft vorliegt. Ist diese Konzentration nun in den Entwicklungsländern höher als in anderen Ländern - was im allgemeinen aufgrund der gegebenen Sozialstruktur und der daraus resultierenden Machtverhältnisse unterstellbar ist -, dürfte eine Durchschnittsbetrachtung das Einkommensgefälle bei den unteren und mittleren Schichten gegenüber vergleichbaren Schichten in anderen Ländern eher „unterzeichnen" und nicht hinreichend erkennbar machen, daß in bestimmten Ländern weite Teile der Bevölkerung die Grenze zur **absoluten Armut**, die nicht mehr die Befriedigung der elementaren Grundbedürfnisse erlaubt, unterschreiten.

c) Nach der **Konzeption** der Sozialproduktberechnung ist schließlich zu berücksichtigen, daß die Identifikation von (ökonomischem) Wachstum und (gesellschaftlicher) Wohlfahrt nur begrenzt zulässig ist, wenn man berücksichtigt, daß letztere durch zusätzliche Faktoren (Bildung, Gesundheit, Sicherheit, technischer Standard etc.) mitbestimmt wird. Die Eindimensionalität des Einkommensindikators stößt damit definitiv an Grenzen der Aussagefähigkeit und erfordert (an sich) ein mehrdimensionales System von **Sozialindikatoren**. Doch hierbei entstehen nicht nur erneut Probleme der zuverlässigen empirischen Erfassung. Hinzu treten Fragen, mit welchem Gewicht derartige Sozialindikatoren in einen Gesamtindikator einfließen können (bzw. müssen), und wo ein Schwellenwert für einen solchen Gesamtindikator festgemacht werden kann, was wiederum kaum objektiv begründbar ist.

Gemessen an diesen drei systematischen Fehlerquellen wird erkennbar, daß eine objektive Identifizierung eines Entwicklungslandes wohl kaum eindeutig möglich ist. Was bleibt, ist ein **pragmatisches Vorgehen**, bei dem das Pro-Kopf-Einkommen - ergänzt durch Industrialisierungsgrad, Lebenserwartung, Analphabetenquote - eben doch im Vordergrund steht.[49] Der Befund ist recht eindeutig und läßt sich in vier Grundthesen zusammenfassen:

a) Mitte der 90er Jahre zeichnet sich noch immer ein drastisches Wohlstandsgefälle ab, wobei zusätzliche Indikatoren, wie etwa Lebenserwartung und

---

[49] Die Trennung in marktwirtschaftlich orientierte Industrieländer (erste Welt), planwirtschaftlich-sozialisitische Länder (zweite Welt) und durch Naturaltausch geprägte Entwicklungsländer (dritte Welt) hilft ohne Indikatorensystem nicht weiter, zumal die „zweite" Welt ohnehin zwischenzeitlich als eigenständige Ländergruppe obsolet geworden ist. Die von den UN zusätzlich herausgearbeitete Liste besonders benachteiligter Ländergruppen - einmal die LLDC (least developed countries - i.S. besonders armer Länder), zum zweiten die MSAC (most serously affected countries - i.S. von Ländern, die von weltwirtschaftlichen Krisen besonders betroffen sind) - ist wichtig, wenn es darum geht, den akuten Hilfsbedarf zu lokalisieren, befreit aber auch nicht von der Klassifikationsnotwendigkeit. Eine Sonderrolle spielen überdies die sog. OPEC-Staaten, die häufig unter formalen Gesichtspunkten den Entwicklungsländern zugeordnet werden, obwohl sie teilweise ein hohes Pro-Kopf-Einkommen aufweisen. Die Weltbank unterscheidet: Länder mit niedrigem Einkommen (bis 730 US-Dollar), Länder mit mittlerem Einkommen - untere Kategorie (bis etwa 3.000 US-Dollar), obere Kategorie (bis etwa 8.200 US-Dollar) - und Länder mit hohem Einkommen. (Vgl. Weltbank, Weltentwicklungsbericht 1997, Washington D.C. 1997; den Tabellen 23 - 26, die gerundete Werte enthalten, liegt eben diese Quelle zugrunde.)

Bildungsstand, hiermit unverkennbar positiv korrespondieren. In den letzten Jahren war das reale Pro-Kopf-Einkommen gerade bei den ärmeren Ländergruppen sogar rückläufig und dürfte die „Spreizung“ noch deutlich verstärkt haben (vgl. Tabelle 23).

Tabelle 23
Weltwirtschaftliche Entwicklungsdaten

Aggregat / Länderklasse	Bevölkerung in Mio 1995	BSP pro Kopf in $ (gew.) 1995	BSP pro Kopf ϕ Veränd. (gew.) in vH 1985/95	Lebenserwartung (gew.) in Jahren 1995	Analphabeten (gew.) in vH der Erwachsenen 1995
Länder mit niedrigem Einkommen					
- Gesamt	3.180	430	3,8	63	34
- ohne China/Indien	1.050	290	- 1,4	56	46
Länder mit mittlerem Einkommen					
- untere Kategorie	1.153	1.670	- 1,3	67	-
- obere Kategorie	438	4.260	0,2	69	14
Länder mit hohem Einkommen	902	24.930	1,9	77	-
Welt	5.673	4.880	0,8	67	-

b) Mit diesem Entwicklungsgefälle korrespondiert deutlich erkennbar auch eine typische Produktions- und Beschäftigtenstruktur, wonach mit steigendem Pro-Kopf-Einkommen die Anteile des Primärsektors geringer werden zugunsten des Sekundär- und Tertiärsektors, was einen entsprechend steigenden Industrialisierungsgrad und Technologiestandard und damit auch ein höheres Produktivitätspotential signalisiert (vgl. Tabelle 24).

c) Ebenso deutlich korrespondiert mit diesem Entwicklungsgefälle, gemessen an den relativen, d.h. auf die Größe der Ländergruppe bezogenen Anteilen des Außenhandelsvolumens am Welthandel, daß das Ausmaß der Integration in die Weltwirtschaft mit dem Ziel, die Vorteile der internationalen Arbeitsteilung zu nutzen und - gemessen an den Devisenreserven - sich darin zu behaupten, eher gering ist (vgl. Tabelle 25).

Tabelle 24
Weltwirtschaftliche Entwicklungsdaten

Aggregat / Länderklasse	Anteile am BIP, (gew.) in vH, 1995			Anteile an den Erwerbstätigen (gew.) in vH, 1990		
	Landwirtschaft	Industrie	Dienstleistung	Landwirtschaft	Industrie	Dienstleistung
Länder mit niedrigem Einkommen						
- Gesamt	25	38	35	69	15	16
- ohne China/Indien	33	25	41	67	12	21
Länder mit mittlerem Einkommen						
- untere Kategorie	13	36	49	36	27	37
- obere Kategorie	9	37	53	21	27	52
Länder mit hohem Einkommen	2	32	66	5	31	64
Welt	5	33	63	49	20	31

Tabelle 25
Weltwirtschaftliche Entwicklungsdaten

Aggregat / Länderklasse	Warenausfuhr in Mrd. $ 1995	Wareneinfuhr in Mrd. $ 1995	Bruttowährungsreserven in Mrd. $ 1994
Länder mit niedrigem Einkommen			
- Gesamt	245	252	119
- ohne China/Indien	65	86	37
Länder mit mittlerem Einkommen			
- untere Kategorie	520	608	137
- obere Kategorie	373	379	180
Länder mit hohem Einkommen	3.997	4.038	1.031
Welt	5.145	5.246	1.467

d) Beschränkt auf die Länder mit einem aktuellen Bestand von mehr als 10 Mrd. US-Dollar Auslandsschulden zeigt sich deutlich (auch bei gegebener Streuung) eine erhebliche Belastung vieler Länder - gemessen an der durch eigene Wertschöpfung und Ausfuhr finanzierbaren Rückzahlungs- und Schuldendienstverpflichtungen -, die sich zwischenzeitlich sogar noch drastisch erhöht hat (vgl. Tabelle 26).

Tabelle 26
Weltwirtschaftliche Entwicklungsdaten

Aggregat / Land	Auslandsschulden, 1995			Schuldendienst in vH der Gesamtausfuhr, 1995
	in Mrd. $	in vH des BSP	in vH der Gesamtausfuhr	
Vietnam	26	130	396	5
Bangladesch	16	56	298	13
Nigeria	35	141	275	12
Indien	94	28	201	28
Angola	11	275	314	13
Pakistan	30	50	258	35
China	118	17	77	10
Côte d'Ivoire	19	252	419	23
Ägypten	34	73	208	15
Indonesien	108	57	203	31
Philippinen	39	52	122	16
Marokko	22	71	201	32
Syrien	21	135	337	5
Bulgarien	11	92	163	19
Ecuador	14	84	263	27
Algerien	33	83	264	39
Kolumbien	21	28	139	25
Peru	31	54	400	15
Polen	42	36	127	12
Thailand	57	35	77	10
Türkei	74	44	178	28
Rußland	120	38	127	7
Venezuela	36	49	160	22
Brasilien	159	24	270	38
Tschechien	17	37	67	9
Malaysia	34	43	41	8
Chile	26	43	128	26
Ungarn	31	73	174	39
Mexiko	166	70	171	24
Argentinien	90	33	320	35
Länder mit niedrigem und mittlerem Einkommen	2.066	40	151	17
(nachrichtl.: 1980)	(616)	(21)	(87)	(13)

Bei allen Vorbehalten gegenüber den Berechnungsmodalitäten ist der **Trend** doch eindeutig: Es ist ein Wohlstandsgefälle zu registrieren, das nicht nur für sich genommen fragwürdig ist und politisch immer brisanter werden könnte, sondern darüber hinaus einen Integrationsprozeß dieser Länder in die Weltwirtschaft erheblich belasten dürfte. Die systematischen Fehler bei seiner Ermittlung mögen formal gegeben sein, dürften indessen materiell nicht in einem Ausmaß ins Gewicht fallen, das diese Aussage relativieren könnte.

53) URSACHEN DER UNTERENTWICKLUNG

Die Einsicht in die Notwendigkeit, der Integrationspolitik eine zusätzliche entwicklungspolitische Perspektive zu vermitteln, hat seit Ende des Zweiten Weltkriegs der Entwicklungsländerforschung erhebliche Impulse verliehen. Die davon erwartete Herausbildung einer umfassenden **Entwicklungstheorie** hätte im Grunde eine dreifache Aufgabe gehabt: Einmal die Ursachen einer Unterentwicklung bestimmter Länder zu erklären (**Diagnose-Funktion**), zum zweiten daraus die erwarteten Entwicklungsperspektiven abzuleiten (**Prognose-Funktion**) und schließlich - darauf gestützt - angemessene Strategien zur Überwindung des Status quo der Unterentwicklung zu entwerfen (**Programm-Funktion**). Nun ist die Entwicklungsproblematik in der nationalökonomischen Forschung an sich nicht neu; schon früh versuchte sie, die Entwicklungsbedingungen einer Volkswirtschaft systematisch herauszuarbeiten. Vielfach mündete sie in die bekannte Kontroverse ein, ob - marktwirtschaftliche Bedingungen einmal unterstellt, da auf sie die Kontroverse zugeschnitten ist - ein Prozeß der „schöpferischen Zerstörung" unterstellbar ist, der eine wenn auch nicht immer unbedingt stetige so doch anhaltende Wachstumsentwicklung erwarten läßt, oder ob eine „Stagnationsphase" erwartet werden muß, worauf auch immer diese zurückgeführt werden könnte (tendenzieller Fall der Profitquote bzw. der Grenzleistungsfähigkeit des Kapitals, zunehmende Wachstumsbeschränkung aufgrund der Sättigung des Bedarfs, restriktive Wachstumsbedingungen aufgrund der ökologischen Nebenwirkungen). Diese Kontroverse soll hier nicht ausgelotet werden. Wichtiger ist dies: Obwohl die Fragestellung bekannt ist, registrieren wir auf die Entwicklungsländer bezogen ein Theorie- und damit Erklärungsdefizit. Die **Stufentheorie** ist zwar in der Lage, alternative Entwicklungsstufen einer Wirtschaftsgesellschaft anhand charakteristischer Eigenschaften und Rahmenbedingungen zu identifizieren, versagt aber, wenn es gilt, die Frage zu beantworten, welche Voraussetzungen erfüllt sein müssen, damit es zu einem Übergang von der einen in die nächste Entwicklungsstufe kommt. Die **Wachstumstheorie** ist zwar in der Lage (je nach Sichtweise: neoklassisch, postkeynesianisch), alternative Bedingungen für einen stetigen Wachstumspfad zu formulieren - höhere Investitions- und Sparbereitschaft, Forcierung des technischen Fortschritts -, reduziert diese aber auf formale Gleichgewichtsbedingungen für einen stetigen Wachstumspfad, ohne die Frage zu prüfen, ob die Wachstumsbedingungen in Entwicklungsländern erfüllbar sind - und dies nicht zuletzt mit Blick auf die Frage, ob eine Eigendynamik erwartet werden kann, oder ob Sonderfaktoren identifizierbar sind, die gerade diese Eigendynamik behindern.

Die Gründe für dieses Theoriedefizit - mit Blick auf eine umfassende, konsistente Theorie, die alle drei genannten Funktionen erfüllt - sind vielschichtig. Ein Grund ist gewiß in der **Mehrdimensionalität** des Entwicklungsprozesses zu sehen. Das bedeutet, daß das Phänomen der „Unter"-Entwicklung keinen eindimensionalen Charakter aufweist und somit auch keine monokausale Deutung zuläßt. Vor allem dürften alle Versuche einer „rein" ökonomischen Erklärung - angesichts möglicher psychologischer, kultureller und/oder politischer Verursachungsfaktoren - an Grenzen stoßen. (Der Hinweis, daß die Kapitalakkumulation zu gering ist, mag noch so richtig sein, wird aber zur Leerformel, wenn offen bleibt, warum ein Akkumulationsdefizit vorliegt.) Diese Mehrdimensionalität dürfte überdies die Möglichkeit der **Allgemeingültigkeit** einer Theorie (in Raum und Zeit) begrenzen. Denn die Wahrscheinlichkeit wird größer, daß bei einer Vielzahl möglicher und als Entwicklungshindernis identifizierbarer Faktoren - unterstellt, daß sie überhaupt einer empirischen Überprüfbarkeit zugänglich sind - immer ein Faktor in einem Land nicht vorliegt, dieses aber gleichwohl den Charakter eines Entwicklungslandes hat. (Konsequenterweise müßte i.S. der Falsifizierbarkeit einer Theorie dieser Faktor aus der Theorie eliminiert werden bzw. die Theorie dürfte nur jene Faktoren enthalten, die nachweislich in allen Ländern gegeben sind.) So kann das Fehlen einer umfassenden Entwicklungstheorie nicht überraschen.

Im folgenden soll nun weder der Versuch unternommen werden, diese Lücke zu schließen, noch der Versuch, auf sämtliche Einzeltheorien einzugehen. Wir beschränken uns statt dessen auf die Herausarbeitung einiger zentraler Faktoren, die nicht nur (im allgemeinen) ein Entwicklungshindernis darstellen, sondern (im besonderen) der eigendynamischen Entwicklung entgegenstehen können, ohne daß damit Dominanz oder gar Ausschließlichkeit dieses Faktors unterstellt werden soll.

a) **Meta-ökonomische Ursachen**: Relevant werden kann hier - zum einen - die **klimatische Entwicklung**, die nicht nur zur Verschlechterung der Anbau- und Erntebedingungen führt (Versteppung und sonstige Verschlechterung von Bodenbeschaffenheit, einschließlich dem Auftreten damit verbundener, von den Ländern selbst nicht finanzierbarer Lagerhaltungsproblemen), sondern auch die menschliche Leistungsfähigkeit aber auch -bereitschaft tangieren kann: Je menschenfeindlicher die Umwelt ist, desto mehr ist der Mensch herausgefordert, sich darin zu behaupten (und umgekehrt). Eine wichtige Rolle dürften - zum zweiten - gesellschaftliche **Bewußtseinsbildungsprozesse**, bis hin zu einer kontemplativen Welteinstellung, spielen, soweit diese die Entfaltung eines individuellen Bedürfnisses nach Leistung (gerade im Gegensatz zu Max Webers These von der Bedeutung der calvinistischen Arbeitsethik) behindern. Sie führen letztlich zu Defiziten bei der Empathiefähigkeit, einer Form der geistigen Beweglichkeit, die den Einzelnen in die Lage versetzt, sich in einer anderen Situation als der gegebenen vorzustellen, sich in neue Aspekte einer anderen Umwelt einzufühlen und sich damit zu identifizieren. Diese Defizite sind gerade in traditionellen Gesellschaftsformen (ohne Bildung, Massenmedien und Partizipation der Menschen an sie betreffende politische Entscheidungen) anzutreffen. Und sie erschweren - zum dritten - den **kulturellen** und **sozialen Wandel**, der Flexibilität, Kreativität und Risikobereitschaft auch und gerade im ökonomischen Bereich voraussetzt und dort Produktionsumwege und schöpferische Zerstörung (i.S. Schumpeters) auslöst. Insgesamt wird damit die **Modernisierung** dieser Gesellschaften verhindert, wobei der Status der Industrieländer meist zur Norm (i.S. einer „Verwestlichung") für den Aufholprozeß gemacht und ein Verfehlen dieser Norm dann letztlich als gleichbedeutend mit Unterentwicklung angesehen wird. Damit bedarf es einer Reihe **evolutorischer Bedingungen** - Rationalitätsbewußtsein, Anreiz zu Produktivitäts- und Lebensstandardsteigerung, Erhöhung von sozialer und ökonomischer Chancengleichheit in Verbindung mit beruflicher Mobilität, effizienten Verhaltensweisen und Institutionen -, um eine ökonomische Entwicklung auszulösen. Und sie müssen verknüpft werden mit einem Wandel im **politischen System**, das neben der nationalen Unabhängigkeit (Staatenbildung) zur Etablierung bzw. Erweiterung politischer **Handlungsalternativen** führt, die Mobilität, Wohlfahrt, Partizipation - letztlich: einen Übergang von autoritären zu demokratisch-wettbewerblichen Strukturen - erfordern. Denn erst dann werden bessere Voraussetzungen für Identifikation, Legitimation, Integration und Penetration geschaffen. Daraus folgt: Je mehr diese Ursachen dominieren, desto schwieriger wird es für ein Land, einen eigendynamischen Entwicklungsprozeß einzuleiten.

b) **Strukturalistisch-dualistische Ursachen**: Denkbar ist nun, daß die metaökonomischen Ursachen partiell überwunden werden. Dies kann auf sog. **Mobilisierungsfaktoren** zurückgeführt werden, die exogen verursacht, d.h. durch den Kontakt mit anderen - entwickelten - Sozialsystemen ausgelöst werden. Ein neues Wertesystem etabliert sich und schafft eine neue Wertskala. So kommt es zu einem Import eines Entwicklungsbewußtseins, das einerseits mit einem „Sprung nach vorn" einen Entwicklungsprozeß erreichen will, das andererseits aber im gleichen Land auf unverbundene Strukturen stößt und Konflikte begründet. Auf der einen Seite besteht noch ein ursprüngliches Gesellschaftssystem, gekennzeichnet durch traditionell (teilweise religiös) unterbaute Schichtungs- und autoritäre Herrschaftsstrukturen bei gleichzeitig noch großer Bedeutung der sog. „Primärgruppen" (Familie, Sippe, Stamm); hinzu treten statische Verhaltens- und Verfahrensweisen in Wirtschaft und Gesellschaft sowie akzeptierte Ungleichheiten in der Einkommens- und Besitzverteilung. Auf der anderen Seite wirken nun auf dieses ursprüngliche Gesellschaftssystem die Mobilisierungsfaktoren - getragen von einer geistigen Eliteschicht (Lehrer, Ärzte, Unternehmer, Ingenieure) - ein, geprägt durch das Erlebnis politischer Macht in den entwickelten Staaten, des Angebots neuer Konsumartikel, der Chancen des materiellen und gesellschaftlichen Aufstiegs aufgrund eines neuen Erwerbs- und Fortschrittsstrebens und der Vorteile von rationellen Verfahrensweisen in Wirtschaft und Gesellschaft. Damit kommt es zu einem **sozialen Dualismus** zweier Gesellschaftssysteme, der in aller Regel auf den technologischen, ökonomischen und regionalen Bereich ausstrahlt. Im **traditionellen System** dominieren statische, traditionelle Produktionsverfahren mit hoher Arbeitsintensität und geringer Arbeitsproduktivität sowie geringer technologischer Entwicklung; sie schaffen letztendlich „zurückbleibende" Regionen mit geringer Einkommensentwicklung. Im **fortschrittlichen System** dominieren dynamische, rationale Produktionsverfahren mit hoher Kapitalintensität und Arbeitsproduktivität sowie hoher technologischer Entwicklung; sie lassen letztlich „fortgeschrittene" Regionen mit hoher Einkommensentwicklung entstehen. Je mehr sich nun der Dualismus über eine **Segmentierung** beider Gesellschaftssysteme stabilisiert, desto geringer sind von vornherein die Ausbreitungseffekte (spread-Effekte) zu veranschlagen; der „moderne" (eher kleinere) Sektor wird zur Enklave, die häufig exportorientiert ist, ohne eine nachhaltige Entwicklung des ganzen Landes auszulösen. Umgekehrt: Kommt es dazu, daß der Dualismus instabil wird und es zu einer **Durchlässigkeit** der Systeme kommt, entstehen gesellschaftliche und politische Konflikte, die ebenfalls die Entwicklungschancen nachhaltig tangieren können. So kann über erwartungsbedingte Wanderungsbewegungen in fortgeschrittene Regionen dort das Fortschrittspotential sogar gefährdet werden; oder über freisetzungsbedingte Wanderungsbewegungen in zurückgebliebene Regionen wird dort die Unterentwicklung noch verschärft. Die Entwicklung wird konterkariert (sog. Kontereffekte). Daraus folgt: Je mehr diese dualistische Struktur dominiert, desto mehr erscheint ebenfalls ein eigendynamischer Entwicklungsprozeß gefährdet.

c) **Demographische Ursachen**: Nimmt man als Entwicklungsindikator das Pro-Kopf-Einkommen (bei aller Problematik), so enthält dieser definitionsgemäß das **Bevölkerungswachstum**, das dann als vorgegebene Größe in die Berechnung einfließt. Ist nun davon auszugehen, daß die Bevölkerung - gemäß den Erwartungen der klassischen Bevölkerungstheorie - rascher wächst als das verfügbare Sozialprodukt, ist per se ein Rückgang des so definierten Entwicklungsindikators angezeigt. Aber auch dann, wenn es gelingen sollte, ein rascher wachsendes Sozialprodukt zu erreichen, das für eine bestimmte Frist das Bevölkerungswachstum überkompensiert und so einen Anstieg des Pro-Kopf-Einkommens ermöglicht, ist nicht auszuschließen, daß Mechanismen ausgelöst werden, die - als eine **Bevölkerungsfalle** wirkend - zwar ein anhaltendes Wachstum nicht verhindern, wohl aber den Anstieg des Pro-Kopf-Einkommens wieder rückgängig machen. Dies ist dann zu erwarten, wenn ein steigendes Pro-Kopf-Einkommen rasch einen sich beschleunigenden Bevölkerungsanstieg - Rückgang der Sterberate, Anstieg der Geburtenrate - auslöst, der dann den Entwicklungserfolg wieder zunichte macht. Natürlich ist dieser Zusammenhang nicht zwingend. So ist denkbar, daß ein hoher Bevölkerungsanstieg auch als Herausforderung genommen wird, um durch Einführung neuer Techniken - etwa im Agrarbereich, um eine dauerhafte Besserversorgung der Bevölkerung zu ermöglichen, oder im gewerblichen Bereich, um dort die Arbeitsproduktivität zu steigern - ein nachhaltig höheres Wachstum zu erreichen. Überschritt dieses sogar auf Dauer die kritische Höhe des Existenzminimums, ständen steigende Teile des Einkommens der Ersparnis und damit der Finanzierung der Kapitalakkumulation für reale Investitionen zur Verfügung, ein eigendynamischer Wachstumsprozeß könnte somit durchaus erreicht werden. Denkbar ist überdies auch, daß ein Anstieg des Pro-Kopf-Einkommens nicht unbedingt sofort zu einer steigenden Geburtenrate führt, wenn sich die Menschen der Vorzüge eines steigenden Lebensstandards bewußt werden und zu Geburtenkontrolle und Familienplanung übergehen, oder wenn letzteres durch eine gezielte Bevölkerungspolitik erreicht wird. Ob also eine Bevölkerungsfalle besteht, ist nicht definitiv auszumachen. Es spricht indessen einiges für die Vermutung, daß ihre eigendynamische Überwindung nicht per se unterstellbar ist, sondern ein nachhaltiges Sozialproduktwachstum, also bereits einen erfolgreichen Entwicklungsprozeß, zur Voraussetzung hat. Ist dies nicht gegeben, dürfte der Bevölkerungsfalle nach wie vor eine hohe Bedeutung zukommen.

Nimmt man diese drei skizzierten Ursachenkomplexe zusammen, so weisen sie bei allen Unterschieden auf einen gemeinsamen Befund: Wenn diese Ursachen vorliegen, ist die Erwartung eines eigendynamischen Entwicklungsprozesses zwar nicht per se auszuschließen aber auch nicht einfach unterstellbar. Eine eindeutige Aussage erscheint kaum zulässig. Begründbar ist eher die Vermutung, daß, wenn die Ursachen überwunden werden sollen, es dann eines **nachhaltigen Schocks** (big push) auf der Grundlage einer Kapital- und Investitionsbildung bedarf, der entsprechende Bewußtseinsbildungsprozesse schafft, dualistische Strukturen überwindet und die Bevölkerungsfalle verhindert. Damit verschiebt sich aber die Fragestellung. Entscheidend ist nicht, ob diese Ursachen überwindbar sind, sondern ob ein solcher big-push erwartet werden kann. Und hier sind zusätzliche Zweifel angezeigt. Dies gilt gerade mit Blick darauf, daß - unbeschadet der drei genannten Ursachen - in den Entwicklungsländern ein Prozeß der **zirkulären Selbstverursachung** angelegt ist. Hierin wurzelt der Gedanke des „Teufelskreises", wonach sich ein Unterentwicklungsstand selbst reproduziert: Die einzelnen Elemente des Teufelskreises sind dann gleichzeitig Ergebnis und Ursache der Unterentwicklung. Diese Selbstverursachung läßt sich sowohl im binnenwirtschaftlichen Kreislauf als auch in der außenwirtschaftlichen Verflechtung festmachen.

a) Der **binnenwirtschaftliche Kreislauf**: Unterstellt, daß in einem Land eine zu geringe Investitionsbildung und damit Kapitalausstattung vorliegt, so begrenzt diese den möglichen Wachstumsprozeß: $W = f(I)$; um höhere Investitionen inflationsfrei zu finanzieren, bedarf es einer höheren Ersparnis: $I = f(S)$; die Ersparnis bestimmt sich freilich nach der Höhe des Volkseinkommens: $S = f(Y)$; das Volkseinkommen hängt aber wiederum vom Wachstumsprozeß ab: $Y = f(W)$. Der Kreis hat sich geschlossen, die zu geringe Kapitalbildung reproduziert sich von der **Investitionsfinanzierung** her gesehen. In die gleiche Richtung wirkt, wenn die zu geringe Investition zu einer zu geringen Kapitalausstattung der Arbeitsplätze führt, die die Arbeitsproduktivität begrenzt, mit der Folge eines niedrigen Lohnes, der seinerseits bei der dann unterstellbaren hohen marginalen Konsumneigung keine Voraussetzung für ein höheres Sparvolumen bietet. Dieser

Teufelskreis bleibt auch dann noch existent, wenn wir einen endogen erreichbaren und/oder exogen verursachten Volkseinkommensanstieg in Rechnung stellen, nun aber der sog. Demonstrationseffekt greift: Der Kontakt der primär davon profitierenden Oberschicht mit entwickelten Industrieländern läßt dann die Verbrauchsneigung steigen, so daß erneut die Finanzmittel für die erforderlichen Investitionen fehlen. Wird somit schließlich die Investitionsfinanzierung gefährdet, so wird dieses Dilemma flankiert von Seiten der **Investitionsbereitschaft**. Da wachstumsbedingt die Entwicklung des Volkseinkommmens bzw. produktivitätsbedingt die Entwicklung der Lohneinkommen nur schwach ausgeprägt ist, bleibt die Massenkaufkraft gering und damit, auch bei hoher marginaler Konsumneigung, die Güternachfrage. Der Demonstrationseffekt ändert daran nichts, wenn der mögliche Anstieg des Volkseinkommens nur bei einer geringen Oberschicht angesiedelt ist und sich nicht unbedingt auf den Binnenmarkt ausrichtet (Import ausländischer Luxusgüter). Die schwache Güternachfrage reduziert die Absatzerwartungen und damit die Investitionsbereitschaft; das ohnehin nur begrenzt verfügbare Kapitalangebot drängt dann eher in Finanz- denn in Sachinvestitionen oder führt gar zur Kapitalflucht. Mögen in vielen Ländern noch zusätzliche Defizite bei der **institutionellen Infrastruktur** (Bankensystem, Steuersystem) bestehen, so ändert dies nichts daran, daß von vornherein und unabhängig von institutionellen Bedingungen Defizite sowohl beim Kapitalangebot als auch bei der Kapitalnachfrage gegeben sind. Der Teufelskreis stabilisiert sich; Wachstumsschwäche und Unterkapitalisierung reproduzieren sich. Ein eigendynamisches Ausbrechen aus diesem Kreis wird nur in engen Grenzen und hohen Initialzündungen möglich sein, die aber endogen, also aus dem binnenwirtschaftlichen Kreislauf selbst heraus, eben nicht erwartet werden können. Die Frage stellt sich, ob Impulse, ausgelöst durch die außenwirtschaftliche Verflechtung, unterstellbar sind.

b) Die **außenwirtschaftliche Verflechtung** (der **Dependenzansatz**): Vielfach wird der unterentwickelte Zustand vieler Länder darauf zurückgeführt, daß diese Länder - auch bei politischer Souveränität und allein aufgrund ihrer außenwirtschaftlichen Verflechtung - in eine strukturelle Abhängigkeit von den Industrieländern geraten sind. Diese Abhängigkeit der Entwicklungsländer (Peripherie) von den Industrieländern (Zentrum) kann sich vielschichtig äußern. Zunächst ist davon auszugehen, daß die Export- und Importstruktur der Industrieländer güter- und/oder ländermäßig breit diversifiziert, der Außenhandelssektor der Entwicklungsländer eher eng strukturiert ist; nicht selten liegt sogar eine Konzentration auf ein Produkt oder ein Land vor. Dies dränge die Entwicklungsländer, mit Blick auf Absatz- und Bezugsmöglichkeiten, von vornherein in eine größere Abhängigkeit. Diese Abhängigkeit äußere sich dann in einem **asymmetrischen Warenaustausch**, weil die Industrieländer eine größere Verhandlungsstärke am Weltmarkt haben, die sie in die Lage versetze, gewinnorientierte Preisstrategien zu entwickeln und die Produktivitätsgewinne an die eigenen Produktionsfaktoren weiterzugeben, während die Entwicklungsländer zu absatzorientierten Preisstrategien gezwungen sind und ihre Produktivitätsgewinne über

Preiszugeständnisse an die Industrieländer weiterleiten müssen; die Wohlfahrtsgewinne aus dem Außenhandel fließen somit einseitig zu. Diese Entwicklung dürfte sich mit der Existenz **multinationaler Unternehmen** eher noch verschärft haben; nicht selten wird in ihnen ein verlängerter Arm der Industrieländer gesehen. Häufig gehen Repräsentanten von Industrieländern oder multinationalen Konzernen in den Entwicklungsländern Allianzen mit einer „kollaborierenden Führungsschicht" ein, die eher die Position der Industrieländer vertritt, weil sie mehr ein Interesse an der Aufrechterhaltung ihrer Privilegien hat als an der Entwicklung des Landes. In seiner rigiden Fassung geht der Dependenzansatz über die rein-ökonomische Sichtweise hinaus und mündet in die Unterstellung eines **strukturellen Imperialismus** („Herrschaft des Weltkapitalismus") ein, der überdies auch zu politischen, sozialen und kulturellen Abhängigkeiten führe, eine Hypothese, die dann freilich einer empirischen Prüfung (und Falsifizierbarkeit) immer schwerer zugänglich wird. Der Dependenzansatz wurde von Anfang an strittig diskutiert. Einen Dominanz- oder gar Ausschließlichkeitsanspruch kann er gewiß nicht begründen. Einige Elemente sind in der Realität allerdings durchaus auszumachen; und sie dürften zumindest wichtige Hindernisse für eine eigendynamische Entwicklung darstellen.

c) Die **außenwirtschaftliche Verflechtung** (der **Elastizitätenansatz**): Konzeptionell geht dieser Ansatz von den gleichen Voraussetzungen aus, wonach sich - auch als Folge der Kolonialzeit - eine spezifische Form der internationalen Arbeitsteilung herausgebildet hat. Viele Entwicklungsländer wurden in die Rolle des Nahrungsmittel- und Rohstofflieferanten gedrängt, während die Industrieländer (nicht selten protektionistisch abgesichert) diese Rohstoffe weiterverarbeiteten, sich mit Konsum- und Investitionsgütern selbst versorgten und den Außenhandel mit Industrieprodukten vornehmlich unter sich bestritten. Damit wurden die **Exportstrukturen** zunehmend **asymmetrisch**. Im Exportsortiment der Industrieländer dominieren die industriellen Fertigwaren; in jenem der Entwicklungsländer dominieren Nahrungsmittel und Rohstoffe - sehr häufig mit einer hohen Konzentration auf ein oder wenige Produkte. Und letzteres hat nun nicht nur zur Konsequenz, daß sich diese Form der Arbeitsteilung von vornherein als entwicklungsfeindlich erweisen mußte, weil wichtige Wachstumseffekte einer eigenen industriellen Weiterverarbeitung unterbunden wurden. Diese Form der Arbeitsteilung weist notwendigerweise zwei zusätzliche entwicklungspolitisch verhängnisvolle Implikationen auf, ohne daß die Argumentation auf den diffusen und einer empirischen Prüfung kaum zugänglichen Machtbegriff zurückgreifen muß (vgl. Abbildung 23): Zum einen ist davon auszugehen, daß das **Exportangebot** der **Entwicklungsländer** an die Industrieländer (A) stark **preisunelastisch** ist, weil es an den Faktor „Boden" gebunden ist und von klimatisch bedingten Ernte- oder technisch bedingten Abbauvoraussetzungen abhängt. Zum zweiten ist die **Importnachfrage** der **Industrieländer** nach Produkten der Entwicklungsländer (N) ebenfalls stark **preis-** und auch **einkommensunelastisch**; weltwirtschaftliches Wachstum und/oder Preiszugeständnisse der Entwicklungsländer lösen eher unterdurchschnittliche positive reale Importnachfrageeffekte aus. Und im Zusammenwirken dieser Konsequenzen ergibt sich nun ein weiterer Teufelskreis. Der Versuch, höhere **Deviseneinnahmen** zu erzielen, um den big-push exogen zu finanzieren, weil dessen Finanzierung endogen an Grenzen stößt, zwingt die Entwicklungsländer (soweit der Weg über den eigenen Industriegüterexport verwehrt ist), das Angebot in ihrem („originären") Exportsortiment zu erhöhen (A_1). Dies bindet nicht nur erhebliche Ressourcen für Produktionssteigerung oder für Erschließung neuer Anbaufelder und/oder Rohstoffquellen (von ökologischen Effekten abgesehen), sondern macht gleichzeitig erhebliche Preiszugeständnisse erforderlich, um ein höheres Angebot bei den Industrieländern absetzen zu können. Schon bei gegebener Nachfragefunktion (N) sinken die Absatzpreise stärker als die positiven Mengeneffekte steigen; die Folge ist, daß die Deviseneinnahmen eher sinken ($x_2 \cdot p_2 < x_1 \cdot p_1$). Das Problem verschärft sich noch, wenn die Industrieländer dazu übergehen, ihren Selbstversorgungsgrad im Agrarbereich zu erhöhen oder den Rohstoffbezug durch Substitutionsgüter zu ersetzen, was einer (Links-)Verlagerung der ohnehin preisunelastischen Importnachfrage (N_2) gleichkommt; die Deviseneinnahmen sänken noch weiter ($p_3 \cdot x_3 < p_2 \cdot x_2$). Am Ende führte dieser Ansatz dazu, daß die Deviseneinnahmen rückläufig sind und das reale Austauschverhältnis sich bei konstanten Ausfuhrpreisen von Industrieprodukten eher verschlechtert. Auch hier wäre der Teufelskreis geschlossen: Der Versuch, Deviseneinnahmen zu steigern, mündete in Mindereinnahmen; und das Problem verschärfte sich noch, wenn gleichzeitig die Industriegüterpreise, die im Importsortiment der Entwicklungsländer eine große Rolle spielen, sogar noch stiegen.

Abbildung 23
Exportbedingungen der Entwicklungsländer

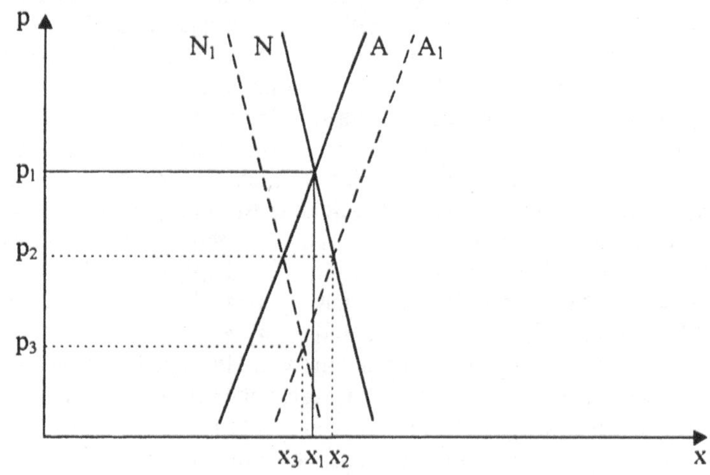

Ziehen wir ein Fazit aus diesen Überlegungen, so ist ein vielschichtiger Ursachenkomplex auszumachen. Die Ursachen mögen in den einzelnen Ländern ein unterschiedliches Gewicht haben, was der Herausarbeitung einer allgemein-gültigen Entwicklungstheorie (an deren Anfang notwendigerweise die Ursachenanalyse steht) entgegenwirkt. Erkennbar dürfte aber sein: Wenn bestimmte Ursachen vorliegen (tradierte Verhaltensweisen, sozialer Dualismus, Bevölkerungsfalle), so bedarf es einer nachhaltigen **Initialzündung**, um eine eigendynamische Entwicklung auszulösen. Wenn aber darüber hinaus eine zirkuläre Selbstverursachung (Reproduktion der binnen- und/oder außenwirtschaftlich bedingten Unterentwicklung) angelegt ist, dann kann diese Initialzündung von den Ländern selbst - interpretierbar als **endogener** Impuls - nicht erwartet werden; sie muß von einer **entwicklungspolitischen Perspektive** der Integrationspolitik - interpretierbar als **exogener** Impuls - durch die Industrieländer selbst getragen sein.

54) PROBLEME DER ENTWICKLUNGSSTRATEGIE

Wenn aus der Ursachenanalyse gefolgert werden kann, daß die Integrationspolitik einer originären entwicklungspolitischen Perspektive bedarf, die über allgemeinverbindliche Spielregeln im Welthandels- und Weltwährungssystem hinausweist, so ist gleichwohl davon auszugehen, daß die Umsetzung einer solchen Perspektive Belastungen unterliegt. Sie resultieren daraus, daß der **nach-koloniale Integrationsprozeß** gegenüber dem **kolonialen Integrationsprozeß** einen entscheidenden **konzeptionellen Wandel** erfahren hat. An die Stelle des Verhältnisses von „Mutterland" zur „Kolonie" trat das Verhältnis zwischen gleichberechtigten Staaten mit eigenen Zielsetzungen und hoheitlichen Möglichkeiten. Die koloniale Integration war auf die Interessen des Mutterlandes an „seiner" Kolonie als Nahrungsmittel- und/oder Rohstofflieferant ausgerichtet. Und die Träger des Integrationsprozesses waren - ganz im Sinne einer rein funktionellen Integration - Unternehmen aus dem Mutterland, deren Aktivität (einschließlich Investitions- und Transfersicherheit) vom Mutterland politisch und militärisch abgesichert war. (Gerade in dieser Sicherungsfunktion wurzeln ja die Elemente des Dependenz- bzw. Imperialismusgedankens.) Konkret bedeutete dies: Die entwicklungspolitische Perspektive reduzierte sich - ebenfalls im Sinne der funktionellen Integration - auf kommerzielle Interessen eben dieser Träger. Sie implizierte zwar Fördermaßnahmen, die aber primär auf den Ausbau der sog. „Kontra"-Struktur (Nahrungsmittel, Rohstoffe) und zu Lasten der „Breiten"-Struktur (diversifizierte Industrialisierung) ausgerichtet waren. Diese Qualität der Integration mochte zwar formal dem Grundsatz komparativer Kostenunterschiede gerecht werden; faktisch wahrte sie aber einseitig die Interessen des Mutterlandes. Diese Feststellung gilt auch dann, wenn man den partiellen (Mit-) Ausbau der „Infra"-Struktur zwar in Rechnung stellt, dieser sich aber ebenfalls an der vorgegebenen Form der Integration ausrichtete. Und sie gilt erst recht, wenn die Stabilisierung einer feudalen Oberschicht damit einherging, die eher an ihren Privilegien statt an einer anderen Qualität des Integrationsprozesses interessiert war.

Entsteht nun aufgrund der politischen Selbständigkeit der Entwicklungsländer die Notwendigkeit, einen nach-kolonialen Integrationsprozeß in die Wege zu leiten, so ergibt sich allein aus der Tatsache, daß gleichberechtigte souveräne Staaten einander gegenübertreten, daß - zum einen - der Integrationsprozeß seinen tradierten funktionellen Charakter verliert und zu einer **politischen Gestaltungsaufgabe** wird, also einer institutionellen Form bedarf, und daß - zum zweiten - in diese Gestaltungsaufgabe **entwicklungspolitische Eigeninteressen** der Entwicklungsländer einfließen, die Gestaltungsaufgabe also eine neue Qualität erhält. Doch genau dies impliziert Konflikte. Die Entwicklungsländer haben zwar einerseits ihre (politische) Bindung an das Mutterland verloren; sie sind aber andererseits weltwirtschaftlich „heimatlos" geworden und sehen sich dem Diktat von Marktkräften ausgeliefert. Die Länder befürchten - unter diesem Diktat und unabhängig von konkreten Machtverhältnissen - die Gefahr einer zirkulären Selbstverursachung und Stabilisierung der Unterentwicklung und reklamieren deshalb für sich (auch und gerade als „Preis" für das Erbe aus der Kolonialzeit) eine Wahrung dieses entwicklungspolitischen Eigeninteresses. Die Entwicklungsländer fordern zwar einerseits hierzu eine aktive Unterstützung seitens der Industrieländer (unter Zurückdrängung deren Eigeninteressen), um auf diese Weise eine Phase der eigendynamischen Entwicklung zu erreichen; sie wollen aber andererseits ihre politische Souveränität und ihre nationale, kulturelle und soziale Identität wahren und nicht in neue - nun eben ökonomische - Abhängigkeiten (von ausländischen Regierungen und/oder Unternehmen) geraten. Die „Modernisierung" wird gleichermaßen als notwendig wie auch als gefährlich angesehen.

Diese Konfliktsituation hat (politisch) dazu geführt, als Grundprinzip den Gedanken der **Partnerschaft** zwischen Industrie- und Entwicklungsländern bei der Erarbeitung einer entwicklungspolitischen Konzeption in den Vordergrund zu stellen. Er soll dabei die Eigenständigkeit beider Ländergruppen - Geber- wie Nehmerländer - anerkennen. Konkret bedeutet dies: Einmal die **gemeinsame Auswahl** der Projekte, wobei die Regierung des Geberlandes erst auf Antrag des Entwicklungslandes tätig werden sollte. Zum zweiten die **Teilung** der **finanziellen Lasten**, wobei das Entwicklungsland nur die Ausgaben übernehmen sollte, die keine Devisen kosten und das entwicklungsgebende Land sich nach bestimmten Zeitabschnitten immer mehr von der Finanzierung der Projekte lösen sollte. Zum dritten schließlich die **gemeinsame Durchführung** der Projekte, wobei sich die Projekte von Anfang an im Eigentum der Entwicklungsländer befinden sollten. Der Gedanke der Partnerschaft läßt sich oft nicht reibungslos durchführen und wird noch zusätzlich belastet, wenn von den Entwicklungsländern einige Projekte entgegen jeder wirtschaftlichen Vernunft in Angriff genommen werden (sog. Prestige- oder Schaufensterprojekte). Grundsätzlich soll der Partnerschaftsgedanke aber immer in der Form durchgeführt werden, daß **Hilfe** zur **Selbsthilfe** gewährleistet wird. Neben diesem partnerschaftlichen Grundprinzip werden im allgemeinen noch drei formale **Grundsätze** der **Entwicklungspolitik** herausgestellt: Die Entwicklungshilfe soll (erstens) **langfristig** ausgerichtet sein: Sie soll weder improvisieren noch sich an spezifisch politischen Konstellationen orientieren; an die Stelle einer „Projekthilfe" soll eine „Programmhilfe" treten, die darüber hinaus nicht nur auf ein Haushaltsjahr beschränkt werden sollte. Die Entwicklungshilfe soll (zweitens) **umfassend** sein: Sie soll alle Ebenen des Entwicklungsprozesses beinhalten, vor allem aber an die gegebenen kulturellen, soziologischen und psychologischen Bedingungen anknüpfen. Die Entwicklungshilfe soll (drittens) **pluralistisch** und dezentralisiert angelegt sein: Zumindest im Grundsatz sollte keine Ausschließlichkeit einer nationalen Entwicklungshilfe (im Hinblick auf nationale Ressentiments seitens der Entwicklungsländer) vorliegen.

Bei aller Plausibilität dieser formalen Grundsätze kann dies nicht über die bestehenden materiellen Probleme und Schwierigkeiten hinwegtäuschen. Denn diese führen in die eigentlichen Strategiekontroversen. Sie entstehen notwendigerweise dann, wenn es darum geht, über die Förderung eines konkreten Projektes hinaus eine entwicklungspolitische **Gesamtstrategie** zu entwickeln. Die hier relevanten Probleme sind auf drei Ebenen - Ordnungsstrategie, Entwicklungsstrategie, Integrationsstrategie - angesiedelt und werden auf allen drei Ebenen kontrovers diskutiert.

a) Das Problem der **Ordnungsstrategie**: Die Frage der ordnungspolitischen Grundkonzeption wird schon eh und je kontrovers diskutiert. Das liberale Konzept einer marktwirtschaftlichen Grundorientierung stützt sich einerseits auf ökonomische Effizienzüberlegungen (Hypothese vom „Staatsversagen") und wird andererseits meta-ökonomisch untermauert (Marktwirtschaft als Pendant zu einer demokratischen Grundordnung). In jeder staatlichen Intervention - soweit sie über die Schaffung einer Rahmenordnung hinausgeht - wird eine Beeinträchtigung der unternehmerischen Flexibilität und Kreativität gesehen, letztlich eine Gefahr für die Demokratie. Das etatistische Konzept einer dirigistischen Grundorientierung stützt sich einerseits auf soziale Effizienzüberlegungen (Hypothese vom „Marktversagen") und wird andererseits meta-ökonomisch untermauert (Staat als Garant der wohlfahrtsstaatlichen Entwicklung). In jeder Liberalisierung - soweit sie über eine pragmatische Flexibilisierung und Delegierung von Entscheidungsprozessen hinausgeht - wird eine Gefahr für das Solidaritätsbewußtsein und ein Verstoß gegen gesamtwirtschaftliche Notwendigkeiten und Zwänge gesehen. Diese Grundkontroverse soll hier nicht ausgelotet werden. Gleichwohl hat sie auch in der entwicklungspolitischen Strategiediskussion eine nicht unwesentliche Rolle gespielt, zumal sie von Anfang an in einem **meta-ökonomischen Grundkonflikt** angesiedelt war. Auf der einen Seite wurde früh erkannt, daß die Entfaltung neuer Bewußtseinsbildungsprozesse sowie der Übergang zu Evolution und Modernisierung neuer partizipatorischer Handlungsalternativen im politischen Raum bedarf, letztlich einen Übergang zu demokratisch-wettbewerblichen Strukturen erfordert. Auf der anderen Seite wurde aber auch gesehen, daß ein Aufeinandertreffen von rasch sich entwickelnden wirtschaftlich-technischen Strukturen und traditionellen gesellschaftlichen Strukturen einen

„cultural lag" schafft, der innerhalb eines Landes zu Kommunikations- und Integrationsschwierigkeiten führt und eine Orientierungslosigkeit (Wertunsicherheit) hervorruft. Eine neue Persönlichkeitsethik, die Leistungsfähigkeit und -bereitschaft begründet, soll zwar entstehen; gleichzeitig wird aber der Staat als Planer und Exekutor aufgerufen. Dies war nicht zuletzt auch eine Folge des kolonialen Erbes, wo ein Gewöhnungsprozeß an die „Verwaltung" durch das Mutterland begründet war. Der Staat wird dann als Ersatz („Säkularisierung") für überwundene tradierte Gemeinschaftsformen angesehen wird. Genau dieser Grundkonflikt spiegelt sich nun auf der entwicklungspolitischen Ebene wider:

- Die Vertreter des **liberalen Konzepts** sehen eine erfolgreiche wirtschaftliche Entwicklung eingebettet in einen ständigen Prozeß des Strukturwandels, der sich an frei artikulierten Bedarfswünschen orientiert, und denen sich die Unternehmen rasch und flexibel anpassen müssen, gesteuert durch Marktpreise (die Knappheiten indizieren) und durch Faktorproduktivitäten (die Kosten signalisieren) und finanziert durch freiwillige Ersparnisse, die inflationären Nachfrageüberhängen entgegenwirken. Eine bürokratische Gängelung würde - von fragwürdigen Nebeneffekten (Korruption, Verwaltungskosten) abgesehen - derartige Anpassungsprozesse allenfalls erschweren oder durch falsche Signale verhindern. Jede „Zwangsindustrialisierung" (gestützt auf eine „Vollbeschäftigungsideologie") laufe nämlich Gefahr, den angelegten Strukturwandelprozessen entgegenzuwirken und darüber hinaus die „natürlichen Verhältnisse", geprägt durch kulturelle und gesellschaftliche Gegebenheiten, zu ignorieren. Von einer aufoktroyierten Industrialisierung befürchtet man eine Vernachlässigung des landwirtschaftlichen Unterbaus, dessen Produktivität im Interesse einer besseren Versorgung der Gesellschaft gefördert werden soll, ferner eine Überführung des ländlichen „Halbproletariats" in ein industrielles „Ganzproletariat", sowie inflationistische Tendenzen (bei Kreditfinanzierung) bzw. Wachstumsschwäche (bei Lähmung der unternehmerischen Initiative durch Steuerprogression). Schließlich bestehe die Gefahr von Fehlleitungen von Produktionsfaktoren, und gleichzeitig drohe eine Verfälschung der strukturellen Außenwirtschaftsbeziehungen entgegen den Regeln der komparativen Kosten. Auf diese Kernhypothesen gestützt, wird die **Rolle** des **Staates** beschränkt auf die Schaffung einer Rechts- und Wettbewerbsordnung, die den sozialökonomischen Ordnungsbedingungen einer pluralistischen Gesellschaftsstruktur gerecht wird (allenfalls erweitert um die schrittweise Liquidation feudaler Überreste, etwa durch eine Bodenreform, die kleine landwirtschaftliche Besitzeinheiten ermöglicht), sowie auf die Schaffung einer Infrastruktur (Bildungs-, Gesundheits- und Verkehrswesen), soweit sie den Charakter eines öffentlichen Gutes hat oder wegen hohem finanziellen Aufwand und/oder geringer Rentabilität vom Markt nicht, zumindest nicht ausreichend bedarfsgerecht, zur Verfügung gestellt wird, aber wegen ihrer Eigenwertigkeit (Versorgungsdefizite der Bevölkerung) bzw. Funktionalität (Basis der wirtschaftlichen Entwicklung) unverzichtbar ist.

- Die Vertreter des **dirigistischen Konzepts** sehen zwar auch in der wirtschaftlichen Entwicklung einen Strukturwandelprozeß und betonen ebenfalls die Notwendigkeit, daß der Staat eine Rechts- und Wettbewerbsordnung schaffen und eine infrastrukturelle Ausstattung sicherstellen muß. Was indessen den gesamtwirtschaftlichen Entwicklungsprozeß angeht, betrachten sie diesen als eine **politische Gestaltungsaufgabe**. Sie stützen ihre Argumentation dabei auf die Vermutung, daß der Gefahr einer zirkulären Selbstverursachung der Unterentwicklung, die eine hinreichende Kapitalbildung (binnenwirtschaftlich) und einen hinreichenden Devisenzufluß (außenwirtschaftlich) verhindert, eine zu große Bedeutung zukomme, wenn diese Entwicklungen allein dem Marktprozeß anvertraut würden. Hinzu komme noch, daß nur durch eine Planung die ohnehin schon bestehende und durch den Wachstumsprozeß sich sogar verschärfende Ungleichheit der Einkommens- und Vermögensverteilung begrenzt werden könne. Damit werde die Planung der wirtschaftlichen Entwicklung eine Aufgabe der Regierung. Erforderlich sei eine rasche Kapitalakkumulation, um den Lebensstandard der Bevölkerung zu heben. Die Konzeption der staatlichen Planung wird nicht zuletzt auch als eine realistische Reaktion auf die gegebene Gesellschaftsordnung und Ausgangssituation angesehen. Die Entwicklung könne nicht dem Markt überlassen werden. Dies wird im allgemeinen dreifach begründet: Einmal mit der mangelnden subjektiven Investitionsfähigkeit und -bereitschaft der Unternehmen, sodann mit der Überfülle der wünschbaren Investitionsobjekte, die eine gewisse Prioritätensetzung durch den Staat erforderlich mache, und schließlich mit dem anderen „Planungshorizont" des staatlichen Investors, der den gemeinsamen „sozialen" Profit besser übersehen könne als die Privatwirtschaften, die nur den „individuellen" Profit im Auge haben. Allein durch eine Gesamtplanung sei eine bessere Synchronisation der zahlreichen Investitionsobjekte möglich. Der einzige Weg, um eine mögliche Inflation zu verhindern, bestehe in der Erhöhung der Agrarproduktion sowie in einer raschen Industrialisierung, die Nachfrageüberhängen entgegenwirkt, und die überdies gleichzeitig die Arbeitskräfte absorbiert, die im Primärsektor freigesetzt werden. Und die staatliche Planung rechtfertige sich schließlich dann, wenn es zu einer sektor- und/oder regionalspezifischen Segmentierung komme, bei der die Kontereffekte die spread-Effekte eher dominierten.

Stellen wir beide Konzepte einander gegenüber, so erscheint eine Diskriminierung weder eindeutig noch objektiv möglich.[50] Die **Eindeutigkeit** wird begrenzt,

---

[50] Zu Einzelheiten vgl.: T. Amelung, Zum Einfluß von Interessengruppen auf die Wirtschaftspolitik in Entwicklungsländern, in: Die Weltwirtschaft 1/1987 - D. Berg-Schlosser, Leistungen und Fehlleistungen politischer Systeme der Dritten Welt als Kriterium der Entwicklungspolitik, in: Konjunkturpolitik, 31. Jg., 1985 - K. Fasbender, Marktwirtschaft - Eine effizienz- und sozialorientierte Wirtschaftsordnung für die Dritte Welt?, in: Hamburger Jahrbuch für Wirtschafts- und Gesellschaftspolitik, 35. Jahr, 1990 - A. Halbach u.a., Mehr Markt: ein Rezept für Entwicklungsländer?, in: ifo-

weil über das Gewicht der einzelnen Determinanten allenfalls hypothetische Schätzurteile möglich sind. Die **Objektivität** scheitert daran, daß die ordnungspolitische Entscheidung in ein Problem der Güterabwägung zwischen ökonomischer Effizienz (gemessen an der Wachstumsleistung) und sozialer Effizienz (gemessen an Partizipation, Verteilungsgerechtigkeit, hoher Beschäftigung, Vermeidung ökologischer Defizite) eingebettet ist. Diese Abwägung wird vermutlich immer in die Frage einmünden, inwiefern (marktbestimmte) ökonomische Effizienz nur indirekt und mit zeitlicher Verzögerung erreicht werden kann, oder ob sich zusätzlich auch eine soziale Effizienz und eine gesellschaftliche Akzeptanz einstellt. Kann allerdings davon nicht ausgegangen werden, so daß der Entwicklungsprozeß schließlich durch eine mangelnde gesellschaftliche Akzeptanz sogar noch gefährdet werden könnte, müsse er, unter Beachtung sozialer Effekte, planbar gehalten werden. So wird die Ordnungsstrategie immer in dem Spannungsverhältnis einer (möglichst) ideologiefreien **mixed economy** eingebettet bleiben müssen.

b) Das Problem der **Entwicklungsstrategie**: Mit diesem Problem verbindet sich die Frage, nach welchem **inhaltlichen Programm** - über die Auswahl von Einzelprojekten hinaus - ein Entwicklungsprozeß ausgerichtet werden soll. Der Hinweis, es gelte das **gesamtwirtschaftliche Wachstum** zu forcieren (um das Wohlstandsgefälle der Entwicklungsländer gegenüber den Industrieländern abzubauen) und ein **Produktivitätspotential** zu entwickeln (um eine erfolgreiche Integration in die Weltwirtschaft zu ermöglichen), ist dabei wenig hilfreich. Denn diese Forderung setzt zu vordergründig „Wachstum" und „Produktivität" mit „Entwicklung" in der Erwartung gleich, daß damit die anstehenden Probleme gelöst werden. Eher wird diese Forderung zwischenzeitlich grundsätzlich relativiert, wonach die Absicht, mit Hilfe des Wachstums - gemessen an dem „Modernisierungskriterium" - das Niveau der Industrieländer erreichen zu können, die Ressourcen und die ökologische Belastbarkeit der Welt in einer Weise überstrapazieren könnte, daß allenfalls ein **nachhaltiges Wachstum** (sustainability growth) möglich und erreichbar ist, das den Interessen der heutigen Generation gerecht wird, ohne die Chancen künftiger Generationen zu gefährden. Trotz dieser wichtigen Modifikation bleibt die Notwendigkeit, die **Komponenten** dieses **Wachstumszieles** zu spezifizieren. Relevant werden vier Teilkomponenten.

- Die **Grundbedarfskomponente**: Sie stützt sich auf die Erfahrung, daß die Erwartung sich nicht erfüllt hat, wonach mit steigendem Wachstum das Armutsproblem automatisch beseitigt werde (sog. trickle-down-effekt). Damit gelte es, den Grundbedarf an privaten Gütern (Nahrung, Kleidung, Wohnung) und öffentlichen Gütern (Bildung, Gesundheit, Verkehr) unmittelbar und gezielt zu befriedigen, um das Problem der absoluten Armut zu lösen. (Vielfach wird daran die Forderung gebunden, ein Mindestmaß an Partizipation der Bevölkerung an den politischen Entscheidungsprozessen zu gewährleisten.)

Schnelldienst 10-11/1985 - D. Schumacher, Marktwirtschaft: Kein Patentrezept für Entwicklungsländer, in: DIW-Wochenbericht 48/1985.

Relevant werden hierbei direkte Transferleistungen (real, monetär), öffentliche Investitionen, gezielte Umverteilungsmaßnahmen (Bodenreform) sowie die Schaffung zusätzlicher Beschäftigungsmöglichkeiten. Das Problem dieser Komponente ergibt sich - zum einen - daraus, daß das Konzept nicht eindeutig operationalisierbar ist (Festlegung von Zielgruppen und Armutsschwellen), und - zum zweiten - daraus, daß das gesamtwirtschaftliche Wachstumspotential belastet werden kann, wenn die Erfüllung des Grundbedarfs zu viele Ressourcen bindet und im übrigen die Eigeninitiative unterlaufen wird.

- Die **Infrastrukturkomponente**: Sie stützt sich auf die Erfahrung, daß die Infrastruktur nicht nur (mit Blick auf die Bedarfskomponente) Eigenwertigkeit hat, sondern sowohl real (Bildung, Gesundheit, Verkehr) als auch institutionell (funktionsfähiges Verwaltungs-, Banken-, Finanzsystem) eine wichtige Voraussetzung für eine erfolgreiche gesamtwirtschaftliche Entwicklung darstellt. Wegen fehlendem Ausschlußprinzip, hohem Finanzbedarf und geringer Rentabilität hat sie vor allem den Charakter eines öffentlichen Gutes. Das Problem dieser Komponente setzt dort ein, wo die Integration der Leistungsbereiche nicht hinreichend beachtet wird. Dies ist der Fall, wenn von vornherein zu viele Ressourcen gebunden werden; diese Gefahr besteht vor allem dann, wenn Prestigeobjekte in Angriff genommen werden, ohne daß - gemessen am tatsächlichen Bedarf - eine hinreichende Absorptionsmöglichkeit gegeben ist. Denkbar ist überdies, daß Folgekosten nicht in Rechnung gestellt werden (unmittelbar für die laufende Unterhaltung - mittelbar aus der Entstehung externer Effekte), die noch zusätzliche Ressourcen in Anspruch nehmen. In jedem Falle fehlen dann die Mittel für die anderen Wachstumskomponenten. Mag somit der Bedeutungswert der Infrastrukturausstattung unstrittig sein, bedarf sie gleichwohl einer langfristigen Planung, die die Kosten-Nutzen-Relation in Rechnung stellt.

- Die **Urproduktionskomponente**: Sie geht von der Vorstellung aus, daß die Förderung der Urproduktion (Landwirtschaft, Rohstoffe) nach wie vor einen wichtigen Stellenwert im entwicklungspolitischen Gesamtkonzept haben sollte. Dieser Komponente wird ebenfalls teilweise Eigenwertigkeit zugewiesen (bessere Nahrungsmittelversorgung der eigenen Bevölkerung); teilweise werden in diesen Bereichen wegen der gegebenen Faktor- und Ressourcenausstattung nach wie vor die entscheidenden Vorteile bei der Verfügbarkeit sowie den komparativen Kosten gesehen, die noch am ehesten günstige Exportaussichten vermuten lassen. Somit gelte es, diese Bereiche gezielt zu fördern - sei es extentiv durch Erschließung weiterer Böden und Rohstoffquellen, sei es intensiv durch Produktivitätssteigerung (Saatgut, Bewässerung, Schädlingsbekämpfung, Düngung, Einsatz neuer Technologien). Das Problem dieser Komponente ist darin zu sehen, daß sie Gefahr läuft, die bestehende Struktur der weltwirtschaftlichen Arbeitsteilung zu zementieren; und wenn der bereits skizzierte „Teufelskreis" - Rückgang der terms of trade und der

Deviseneinnahmen - bestehen bliebe, könnte dieses Konzept die wirtschaftliche Entwicklung eher gefährden denn fördern.

- Die **Industrialisierungskomponente**: Sie geht von der Vorstellung aus, daß der Industrialisierungsprozeß letztlich doch den ausschlaggebenden „Entwicklungsmotor" darstellt, weil in den anderen drei Konzepten die wirtschaftliche Entwicklung eines Landes zumindest nicht direkt angelegt ist, bei Überbetonung sogar gefährdet werden kann. Investition und Kapitalakkumulation sind somit unstrittige Bestandteile eines Konzepts, das einen hinreichenden Wachstumsprozeß erreichen soll. Sehen wir einmal davon ab, daß gerade bei der Umsetzung dieser Komponente die eigentliche ordnungspoltische Kontroverse angelegt ist, und unterstellen wir einmal, daß eine hinreichende Kapitalbildung (inflationsfrei) möglich ist, entsteht die Frage nach der inhaltlichen Ausgestaltung, die allerdings wiederum alternativ denkbar ist. Das Konzept eines ausgewogenen Wachstums (balanced growth) geht davon aus, daß wegen möglichen Marktengen in den erforderlichen Absatzsektoren die notwendigen Investitionen unterbleiben und fordert deshalb eine breit gefächerte Investitionsstruktur, die das sektorspezifische Gewicht der Produktions- und Nachfrageentwicklung in allen relevanten Sektorverflechtungen berücksichtigt. Dieses Konzept erfordert aber letztlich eine Überschaubarkeit und demzufolge Planbarkeit der gesamtwirtschaftlichen Investitionsstruktur und impliziert somit eher dirigistische Elemente. Das Konzept eines unausgewogenen Wachstums (unbalanced growth) unterstellt, daß Mittelknappheit und mangelnde Überschaubarkeit einer Schwerpunktsetzung bedürfen in der Erwartung, daß diese Schwerpunkte auf andere Bereiche ausstrahlen (Schaffung von Nachfrage, Auslösung neuer Investitions- und Produktionsimpulse), was dann eher dem marktwirtschaftlichen Anpassungsprozeß überlassen bleiben könnte. Beide Strategien implizieren Gefahren (Planungsdefizite beim dirigistischen Konzept - Ausbreitungsdefizite beim marktwirtschaftlichen Konzept), was vermutlich die Ausschließlichkeit einer Variante problematisch machen könnte.

Alle vier Strategiekomponenten können (per se) als unstrittig gelten; und dies gilt auch für die Notwendigkeit einer angemessenen Gewichtung. Was kontrovers bleibt, ist das Problem der **Priorität**. Einerseits wird die These vertreten, daß nur eine Wachstumsforcierung die anstehenden Probleme (Armut, Unterbeschäftigung) löse. Jeder Versuch, uno actu die Einkommens- und Vermögensverteilung zu ändern oder eine Beschäftigungszunahme zu erzwingen, könnte eben dieses Wachstum gefährden (Verminderung der Leistungs- und Investitionsbereitschaft, Verhinderung moderner Technologien). Hier erhielte das Industrialisierungs- und Wachstumsziel die Priorität, in der Erwartung, daß die Verteilungs- und Beschäftigungsziele nur a posteriori durch und nicht a priori gegen Wachstum erreichbar sind, mögen sie auch kurzfristig vernachlässigt werden müssen. Andererseits wird die These vertreten, daß gerade Verteilung und Beschäftigung die drängenden Probleme darstellen, die eben nicht vernachlässigt werden dürfen: Zum einen sei zu befürchten, daß die erhofften trickle-down-Effekte nicht oder mit zu großer zeitlicher Verzögerung auftreten, was die Akzeptanz des Wachstumsziels im nachhinein gefährden könnte. Zum zweiten sei zu erwarten, daß die Setzung der Priorität bei einer sozialverträglichen Einkommensverteilung und bei einer raschen Beschäftigungsforcierung über damit verbundene Nachfrageimpulse das Wachstumsziel eher förderte denn behinderte. Am Ende bleibt auch die Entwicklungsstrategie eingebettet in ein Spannungsverhältnis, das alle relevanten Entwicklungsziele berücksichtigen muß.

c) Das Problem der **Integrationsstrategie**: Mit diesem Problem verbindet sich die Frage, ob überhaupt und mit welcher **Intensität** sich die Entwicklungsländer den Herausforderungen der weltwirtschaftlichen Arbeitsteilung stellen sollen. Mit Blick auf die bestehende binnenwirtschaftliche Entwicklungsproblematik gewinnt freilich diese Frage eine spezifische Qualität: Denn sie läßt sich nicht auf das Problem reduzieren, inwieweit - ganz im Sinne des Theorems der komparativen Kosten - eine weltwirtschaftliche Arbeitsteilung angestrebt werden soll, von der alle beteiligten Länder „profitieren", sondern unter welchen Bedingungen der Integrationsprozeß eine zusätzliche und als erforderlich angesehene **entwicklungspolitische Perspektive** erhalten kann. Vor diesem Hintergrund verliert das Problem seine modelltheoretisch klarer faßbare Eindeutigkeit und begründet eine differenzierte Sichtweise, die letztlich in drei unterschiedliche Integrationsstrategien mündet.

- Die „engste" Integrationsstrategie stellt das Konzept der **Importsubstitution** dar. Es stützt sich auf die als gegeben unterstellten spezifischen Bedingungen der Welthandelsstruktur - Abhängigkeitsvermutung, Elastizitätenproblematik - und folgert daraus die Erwartung, daß die Entwicklungsländer bei einer Integration in die Weltwirtschaft nur „verlieren" können (Rückgang der terms of trade und der Deviseneinnahmen). Daraus wird dann (formal folgerichtig) die Forderung abgeleitet, daß die Entwicklungsländer sich von der Weltwirtschaft abkoppeln, den Import auf das unabweisbare Mindestmaß reduzieren (Importverbote, Devisenbewirtschaftung und prohibitive Zollpolitik) und dafür gezielt Exporte einsetzen (Exportsubvention) sollten. Ziel dieser Strategie ist letztlich, die verfügbaren Ressourcen für die Binnenmarktentwicklung einzusetzen. Dieses Konzept hätte zweifelsohne den Vorzug, ein höheres Maß an Bedarfsgerechtigkeit (Orientierung an der Binnennachfrage) zu entwickeln und könnte gleichzeitig die internationale Wettbewerbsfähigkeit vernachlässigen, böte also die Voraussetzung dafür, im Interesse der Verteilungsgerechtigkeit auf Lohndumping zu verzichten und im Interesse der Beschäftigungssteigerung arbeitsintensive, wenngleich technologisch „rückschrittlichere", Produktionsverfahren einsetzen zu können. Bei aller Plausibilität hat diese Strategie aber auch ihre Schwächen. Eine völlige Abkoppelung vom Weltmarkt wird nicht möglich sein angesichts eines unabweisbaren Importbedarfs an Technologie, Rohstoffen und Kapitalgütern, der dann doch einen Devisenbedarf schafft, der durch Exporte „verdient" werden muß. Bei Vernachlässigung der Wettbewerbsfähigkeit wären aber die Exporte gefährdet; und dies begründete eher Verschuldungsprobleme. Vor allem aber setzt dieses Konzept einen entwickelten, zumindest zügig entwickelbaren Binnenmarkt voraus. Angesichts einer gegebenen (Unter-)Entwicklungssituation kann aber gerade davon nicht ausgegangen werden. Geringe Einkommen und hohe Arbeitslosigkeit begründen Nachfrageschwäche und die Gefahr einer zu geringen privatwirtschaftlichen Produktions- und Investitionsbereitschaft. Die außenwirtschaftlich bedingte zirkuläre Selbstverursachung der Unterentwicklung könnte (in Grenzen) vermieden werden; die binnenwirtschaftlich bedingte zirkuläre Selbstverursachung würde eine um so größere Bedeutung gewinnen. Die erwartete take-off-Phase wird dann eben nicht erreicht. Inzwischen wird das Importsubstitutionskonzept weitgehend als gescheitert angesehen.

- Die „weiteste" Integrationsstrategie stellt das Konzept der **Exportsubstitution** dar. Es geht von der Hypothese aus, daß gerade dem Export - über den unterstellten Exportmultiplikator - die höchsten binnenwirtschaftlichen Wachstumseffekte zugeschrieben werden können. Deshalb seien die Entwicklungsländer gut beraten, sich den weltwirtschaftlichen Herausforderungen so zu stellen, daß sie die tradierten Industrieländerexporte (partiell) substituieren und über steigende Produktivitätszuwächse eine ständige Steigerung ihrer Wettbewerbsfähigkeit erreichen. Der Vorteil dieses Konzepts wäre darin zu sehen, daß es zu einer Veränderung der Weltmarktstruktur käme, die bisherige (einseitige) Abhängigkeiten und Elastizitäten abbaute. Bei aller Plausibilität hat aber auch diese Strategie ihre Schwächen. Zunächst ist die Wirkung des Exportmultiplikators von vornherein gering einzuschätzen, wenn der für die Umsetzung dieses Konzepts erforderliche Technologie- und Kapitalgüterbedarf (um eine Wettbewerbsfähigkeit zu erreichen) einen hohen Importbedarf impliziert und eine infrastrukturelle Mindestausstattung (Facharbeiterstamm, technisches Know-how) voraussetzt, die aber nicht gegeben ist, so daß der mögliche Wachstumseffekt gar nicht genutzt werden kann. Und der trickle-down-Effekt wäre überdies gering einzustufen, wenn eben wegen der erforderlichen Wettbewerbsfähigkeit eine technologie- und kapitalintensive Produktion notwendig wird, die die anstehenden Beschäftigungs- und Verteilungsprobleme nicht löst, sondern eher verschärft. Eine Exportindustrie, deren Entwicklungschancen (für sich genommen) durchaus als erfolgreich angesehen werden könnten, würde dann aber gleichwohl zur Enklave in einem Land. Dies könnte die Segmentierung von Regionen und/oder Branchen eher stabilisieren, so daß die „spread"-Effekte gerade nicht erwartet werden können. Auch das Exportsubstitutionskonzept muß insoweit als fragwürdig angesehen werden.

- Zwischen beiden „Extrem"-Lösungen bewegt sich die Strategie der **Exportdiversifizierung**: Danach sollten die Entwicklungsländer sich zwar in die Weltwirtschaft integrieren (im Gegensatz zur Importsubstitutionsstrategie), aber ohne mit Exporten der Industrieländer um den Preis mangelnder spread-Effekte zu konkurrieren (im Gegensatz zur Exportsubstitutionsstrategie). Dabei könnten die tradierten Exportbereiche (Nahrungsmittel, Rohstoffe) zwar beibehalten und auch gefördert werden, gerade wenn der Export für die Entwicklungsländer ein wichtiges Ventil für die Überschußproduktion darstellt und durch einen anhaltenden Güteraustausch produktivitätssteigernde Wirkungen ausgehen. Doch um die Zementierung tradierter Weltmarktstrukturen zu vermeiden (mit ihren skizzierten Nebeneffekten), bedarf es der Exportdiversifizierung - ganz im Sinne der komparativen Arbeitsteilung. Gemäß den Intentionen des Faktorproportionentheorems sollten sich die Entwicklungsländer auf die industrielle Herstellung und den Export jener Güter konzentrieren, bei denen sie (bei gegebener Faktorausstattung) nicht nur einen „natürlichen" Wettbewerbsvorsprung haben, sondern wo eher die Voraussetzungen für einen höheren Exportmultiplikator (wegen geringerem Importbedarf) und für höhere spread-Effekte (wegen höheren Einkommens- und Beschäftigungswirkungen) gegeben sind. Der Erfolg dieser Strategie setzt indessen voraus, daß - zum einen - die Entwicklungsländer in die Lage versetzt werden, den Aufbau einer solchen Industrie, gestützt auf den Listschen „Erziehungsschutzzoll"-Gedanken, protektionistisch abzusichern und bei Bedarf zusätzliche Fördermaßnahmen für den Export zu ergreifen. Hinzu kommen muß - zum zweiten -, daß die Industrieländer bereit sind, ihre Märkte für diese Produkte auch dann zu öffnen, wenn ihre Konkurrenzprodukte an Wettbewerbsfähigkeit einbüßen. Erst dann erhielte die Integrationspolitik die zusätzliche entwicklungspolitische Perspektive.

Nimmt man die Elemente einer entwicklungspolitischen Gesamtstrategie zusammen, so wird erkennbar, daß bei allen drei Teilstrategien Kontroversen angesiedelt sind; und die Plausibilität alternativer Positionen hängt vielfach von vorgegebenen Schätzurteilen und Verlaufshypothesen ab. Dies befreit dennoch nicht von der Notwendigkeit, alle drei Teilstrategien zu einer konsistenten, widerspruchslosen Gesamtstrategie zusammenzuführen, um einen punktuellen und am Ende kontraproduktiven Interventionismus zu vermeiden. Vor allem wird die Integrationspolitik auf Dauer nur dann erfolgreich sein, wenn sie die Probleme dieser Strategieelemente in Rechnung stellt.

55) ENTWICKLUNGSPOLITISCHE ANSÄTZE

Als die Beratungen über die Neufassung eines Welthandels- bzw. Währungssystems begonnen wurden, waren die Entwicklungsländer wegen fehlender politischer Souveränität noch stark unterrepräsentiert. So kann es nicht überraschen, daß das GATT- und IMF-Regelwerk zunächst ganz auf die Interessen und Belange der Industrieländer zugeschnitten war, der geplante Integrationsprozeß also noch keine entwicklungspolitische Perspektive enthielt. Im Integrationskonzept blieb die Frage ungeprüft, ob die Entwicklungsländer sich in diesem Integrationsraum behaupten können. Im Grundsatz hatte sich daran bis Mitte der 60er Jahre nichts geändert. Dies gilt zumindest, was die konzeptionelle Sicht angeht, und obwohl **entwicklungspolitische Aktivitäten** recht früh einsetzten.

a) Zeitgleich mit der Gründung des Internationalen Währungsfonds (Bretton Woods, 1944) wurde die Internationale Bank für Wiederaufbau und Entwicklung (International Bank für Reconstruction and Development: IBRD) errichtet; sie nahm mit Sitz in Washington 1946 ihre Geschäftstätigkeit auf. Satzungsgemäß setzte sie ihre Mittel zunächst zum Wiederaufbau Europas ein. Nach Anlaufen des European Recovery Program (etwa seit 1950) steht im Zentrum ihrer Tätigkeit die wirtschaftliche Förderung der Entwicklungsländer mit Krediten. Da nun aber die IBRD ihre Ausleihungen über Mittel refinanziert, die sie an internationalen Kapitalmärkten (v.a. in den USA) aufnehmen muß, kann sie die Kredite auch nur zu kommerziellen Bedingungen zur Verfügung stellen. Bei aller Plausibilität dieses Ansatzes, den Entwicklungsprozeß durch **Kredithilfe** zu unterstützen und vorzufinanzieren, stößt er an Grenzen, wenn viele Entwicklungsländer die damit verbundenen Schuldendienstverpflichtungen nicht leisten können; eine Weiterentwicklung dieses Ansatzes schien geboten (vgl. dazu später).

b) Im Punkt-IV-Programm Präsident Trumans (1949) war ebenfalls der Versuch angelegt, eine Integration der Entwicklungsländer in die Weltwirtschaft herbeizuführen. Ziel war es, die Entwicklungsländer an den wissenschaftlichen und technischen Kenntnissen und Erfahrungen der Industrieländer teilhaben zu lassen (sog. know-how- und show-how-Politik). Gestützt auf den Gedanken der Partnerschaft sollte teils multilateral (technisches Hilfsprogramm der UNO) teils bilateral (technical assistence) technische Hilfe zur Verfügung gestellt werden: Errichtung von technischen Lehranstalten, Forschungsinstituten und Musterbetrieben, Entsendung von Wissenschaftlern und Facharbeitern zur Beratung, Ausbildung von Praktikanten und Studenten in den Industrieländern, Vertiefung des Informations- und Dokumentationsaustausches. Das Programm sollte aber kein „Marshall"-Plan sein; eine unmittelbare Kapitalhilfe sollte nur insoweit erfolgen (und im übrigen ausschließlich aus privaten Quellen stammen), als sie zur Durchführung der technischen Hilfe erforderlich und produktiv absorbierbar war. Bei aller Plausibilität dieses Ansatzes, den Entwicklungsprozeß durch **technische Hilfe** zu flankieren, stößt auch er an Grenzen, wenn die Nutzungsmöglichkeit des technologischen Fortschritts durch Kapital- und Devisenmangel behindert wird.

c) Ein dritter Ansatz setzte sich mit der Einsicht durch, daß den Entwicklungsländern **Ausnahmeregelungen** beim geltenden GATT- und IMF-Regelwerk eingeräumt werden müssen. Dies betraf einmal die welthandelspolitischen Regelungen, als erstmals 1955 durch Revision des GATT-Vertrags und dann 1965 auf der Grundlage der Ergänzung des Statuts durch einen Teil IV den Entwicklungsländern Ausnahmen vom Liberalisierungskodex eingeräumt wurden. Dies betraf zum zweiten die weltwährungspolitischen Regelungen, als den Entwicklungsländern ein höheres Maß an Wechselkursflexibilität bzw. -korrekturmöglichkeit eingeräumt wurde; überdies wurden erstmals 1963 (über die normalen Kredittranchen hinaus) sog. „Sonderfazilitäten" zur kompensierenden Finanzierung von Erlösschwankungen der Rohstoffexportländer geschaffen. Dieser Ansatz ist ebenfalls nicht unplausibel. Doch wies auch er Defizite auf; denn er entwickelte zwar

Ausnahmeregelungen für Entwicklungsländer, die über jene für Industrieländer hinausgingen, hielt aber im Grundsatz am GATT- und IMF-Regelwerk fest, das indessen auf die Belange und Möglichkeiten der Industrieländer zugeschnitten war und insoweit keine entwicklungspolitische Perspektive enthielt.

Insgesamt gesehen wird erkennbar, daß eine entwicklungspolitische Perspektive im Integrationsprozeß allenfalls pragmatisch aber nicht konzeptionell angelegt war: Kapitalhilfe setzt Leistungsfähigkeit voraus (um den Schuldendienst leisten zu können), technische Hilfe setzt Nutzungsmöglichkeit voraus (um eine Absorption zu ermöglichen), Ausnahmen von einem bestehenden Konzept (Liberalisierungskodex bei Entstehungsbedingungen; Zahlungsbilanzdisziplin bei den Stabilisierungsbedingungen) mögen den Integrationsprozeß zwar erleichtern, führen aber nicht zu einem eigenständigen Integrationskonzept. Die Vereinten Nationen zogen daraus die Konsequenz. Im Dezember 1964 beschlossen sie, die **Welthandelskonferenz** (United Nations Conference on Trade and Development: UNCTAD) zu errichten. Sie ist ein ständiges Organ der UN-Vollversammlung mit Sitz in Genf.[51] Ihr Ziel ist es, im Rahmen des weltweiten Integrationsprozesses die Belange der Entwicklungsländer eher zu vertreten, als dies bei GATT und IMF gegeben war. Damit war erstmals berücksichtigt, daß ein Integrationsprozeß, der eine entwicklungspolitische Perspektive enthalten sollte, einer institutionellen Form mit eigener Qualität bedurfte. Als Mitglied sind alle Länder zugelassen, die UN-Mitglied sind; die Bundesrepublik Deutschland war von Anfang an Vollmitglied. Die Mitgliedsländer (inzwischen sind es knapp 190) waren zunächst - von der Sonderstellung der VR China abgesehen - in vier Gruppen untergliedert: afro-asiatische Entwicklungsländer (Gruppe A), westliche Industrieländer (Gruppe B), lateinamerikanische Entwicklungsländer (Gruppe C) und sozialistische Länder (Gruppe D). Die Mitgliedsländer der Gruppen A und C hatten sich von Anfang an zur „Gruppe der 77“ zusammengeschlossen (inzwischen sind es etwa 130 Länder). Aufgrund der Absicht, den internationalen Handel auf der Grundlage von Richtlinien zu fördern, die die Interessen der Entwicklungsländer stärker berücksichtigen, mußte es naturgemäß zu Überschneidungen mit den Aufgaben von GATT und IMF kommen. Dabei versuchten die Entwicklungsländer von Anfang an, die Befugnisse der UNCTAD auszuweiten (gedacht war an Aufsichtsrechte über GATT und IMF) und sie in eine UN-Sonderorganisation umzuwandeln, deren Beschlüsse dann eine höhere Verbindlichkeit gehabt hätten. Angesichts der bestehenden Mehrheitsverhältnisse in der UNO hätten die Entwicklungsländer die Welthandels- und Weltwährungspolitik dominieren können, weshalb die Industrieländer hier ihr Veto einlegten.

Oberstes Beschlußorgan der UNCTAD ist die Vollversammlung, die in der Regel im Abstand von vier Jahren tagt. Dazwischen nimmt ein Welthandels- und Entwicklungsrat die Aufgaben der Organisation - Durchführung von zurückliegen-

---

[51] Einen detaillierten Überblick darüber vermitteln.: Berg, Deutsche Bundesbank, Gilsmann, Heiduk, Kebschull, Stadermann, Wagner, Wang (vgl. das beigefügte Literaturverzeichnis).

den Entschließungen, Vorbereitung weiterer Beschlußvorlagen - wahr; er wird von Hauptausschüssen (Rohstoffe, Industriewaren, Finanzfragen, Technologietransfers etc.) unterstützt. Ein Generalsekretariat übernimmt die laufenden Geschäfte. Die Beschlüsse haben zwar keinen rechtsverbindlichen Charakter, implizieren aber eine gewisse moralische Verpflichtung, wenn ein Land einer Resolution zustimmt und nicht ausdrücklich seine abweichende Meinung zu Protokoll gibt. Immer häufiger zeichnet sich das Bemühen ab, Resolutionen „im Konsens" (einstimmig) zu verabschieden, um den Grad der Verbindlichkeit zu erhöhen. Damit gewinnt besonderes Gewicht, daß sich die Tätigkeit der UNCTAD in dem Spannungsfeld zwischen (steigenden) Forderungen der Entwicklungsländer und (sinkender) Zugeständnisbereitschaft der Industrieländer bewegt. Bislang haben neun Verhandlungsrunden stattgefunden; eine zehnte Runde ist für das Jahr 2000 (in Thailand) vorgesehen. Gemessen an den Forderungen der Entwicklungsländer sind die Ergebnisse dieser Verhandlungsrunden als eher dürftig einzustufen; gleichwohl wurden Akzente gesetzt (zu deren Inhalt und Problematisierung vgl. Ziff. 56 und 57).

- **UNCTAD-I** (Genf, 1964): Die Forderungen der Entwicklungsländer, internationale Rohstoffabkommen abzuschließen, die Marktzugangsbeschränkungen der Industrieländer für Produkte der Entwicklungsländer abzubauen und Regelungen über die Substitutionskonkurrenz zu treffen, konnten sich nicht durchsetzen. Allerdings verpflichteten sich die Industrieländer, 1 vH ihres Volkseinkommens als öffentliche Kapitalhilfe und private Leistungen den Entwicklungsländern zur Verfügung zu stellen.

- **UNCTAD-II** (New Delhi, 1968): Auch diese Vollversammlung wurde durch die Diskussion über Rohstoff- und Handelspolitik geprägt (Abschluß von Abkommen zur Preisstabilisierung, Abbau von Handelsbeschränkungen, Neuregelung bei der Substitutionskonkurrenz synthetischer Produkte), ohne daß eine Einigung erzielt wurde. Allerdings wurde die Bezugsgrundlage der 1-vH-Klausel (davon 0,7 vH öffentliche Hilfe) auf das Bruttosozialprodukt erhöht und ein allgemeines Präferenzzollsystem für Entwicklungsländer entwickelt.

- **UNCTAD-III** (Santiago de Chile, 1972): Erneut standen Rohstoff- und Handelspolitik im Vordergrund (Abschluß von Abkommen, Abbau von Marktzugangsbeschränkungen, Marktregulierung bei den Produkten der Substitutionskonkurrenz); und erneut kam es zu keiner Einigung. IMF und IBRD waren allenfalls aufgefordert, Maßnahmen zur Exporterlösstabilisierung zu ergreifen. Beschlossen wurden Unterstützungsmaßnahmen für die ärmsten Entwicklungsländer und die Bildung der Zwanziger-Gruppe, um die Entwicklungsländer an der erforderlichen (Neu-)Gestaltung der Weltwährungsordnung zu beteiligen.

- **UNCTAD-IV** (Nairobi, 1976): Nachdem schon 1974 eine UNO-Sondergeneralversammlung ein „Aktionsprogramm über die Schaffung einer Neuen Weltwirtschaftsordnung" beschlossen und eine UNO-Vollversammlung die

„Charta der wirtschaftlichen Rechte und Pflichten der Staaten“ verabschiedet hatte, wurde in Nairobi das sog. „Integrierte Rohstoffprogramm“ vorgelegt. Zusammen mit Vorstellungen über eine Neuordnung des Weltwährungssystems, einer Neuregelung im Schuldenwesen, beim Technologietransfer und bei der Kontrolle multinationaler Unternehmen bildete es das Modell einer „Neuen Weltwirtschaftsordnung“, ohne daß von den Industrieländern eindeutige und bindende Verpflichtungen eingegangen wurden.

- **UNCTAD-V** (Manila, 1979): Im Vordergrund stand hier die weltweite Gefahr eines zunehmenden Protektionismus; Industrie- und Entwicklungsländer sprachen sich einhellig für einen Abbau der Handelsbeschränkungen aus. Im Bereich der Rohstoffpolitik gelangte man zu keinen weiteren Fortschritten; auch die Forderung der Entwicklungsländer, für den Industriewarenhandel verbindliche quantitative Ziele (Weltmarktanteile) zu formulieren, wurde abgelehnt. Beschlossen wurde ein weiteres Sofortprogramm für die ärmsten Entwicklungsländer.

- **UNCTAD-VI** (Belgrad, 1983): Im Handelsbereich wurden keine weitergehenden Beschlüsse gefaßt, abgesehen davon, daß es zu einer neuerlichen Absage an den Protektionismus kam. Die Industrieländer sollten sich zum Abbau bestehender und zum Verzicht auf die Einführung neuer Einfuhrbeschränkungen verpflichten; ferner wollten die Entwicklungsländer den Dienstleistungsverkehr der UNCTAD-Aufsicht unterwerfen. Gleichzeitig verzichteten die Entwicklungsländer auf einen generellen Schuldenerlaß. Die Industrieländer wurden verpflichtet - über das 1-vH-Ziel hinaus -, noch 0,15 vH des BSP den ärmsten Entwicklungsländern als Kapitalhilfe zur Verfügung zu stellen.

- **UNCTAD-VII** (Genf, 1987): Angesichts der laufenden Uruguay-Runde traten die handelspolitischen Kontroversen eher in den Hintergrund. Allerdings wurden die Voraussetzungen dafür geschaffen, daß der „Gemeinsame Fonds“, der im Rahmen des Integrierten Rohstoffprogramms die sog. buffer-stocks (Ausgleichslager) für die (abzuschließenden) Rohstoffabkommen finanzieren sollte, seine Arbeit ausnehmen konnte. Des weiteren wurden Erleichterungen bei Umschuldungskonditionen, insbesondere für hochverschuldete Länder, beschlossen.

- **UNCTAD-VIII** (Cartagena de Indias, 1992): Zunehmend trat die Vorstellung in den Vordergrund, eine „Partnerschaft zur Entwicklung“ zu erreichen, um eine effiziente und gerechte Weltwirtschaft zu schaffen. Hierzu wird es als erforderlich angesehen, Konfrontationen zwischen den Ländern zu vermeiden und Kooperation und Solidarität untereinander zu verstärken. Ohne daß dies in konkrete Beschlüsse einmündete, wurde betont, daß eine einseitige Interessendurchsetzung nicht hinreicht, um den weltwirtschaftlichen Herausforderungen gerecht zu werden.

- **UNCTAD-IX** (Midrand, 1996): Neben der Übereinkunft über eine institutionelle Reform der Organisation mit der Absicht, gezielter auf das Leben in den Entwicklungsländern einzuwirken, läßt die Abschlußerklärung erkennen - „nachhaltiges“ Wachstum in einer „globalisierten“ und „liberalisierten“ Weltwirtschaft -, daß man von veränderten Rahmenbedingungen ausgeht, die einen Verzicht auf dirigistische Konzepte angesichts einer sich neu etablierenden Globalisierung und der Beachtung externer Effekte nahelegt.

Nimmt man diese Beschlußlage insgesamt, so mag sie einerseits inhaltlich - gemessen an den Wünschen der Entwicklungsländer und mit Blick auf das noch Mitte der 90er Jahre vorliegende Entwicklungsgefälle - nicht zu befriedigen; andererseits trafen nun einmal gegenläufige Interessen aufeinander. Nun kann die Fülle der Forderungen (der Entwicklungsländer) und Gegenpositionen (der Industrieländer) hinsichtlich ihrer technischen und organisatorischen Details hier nicht ausgelotet werden. Erkennbar wird am Beratungsverlauf aber in jedem Falle: Soll dem Integrationsprozeß gleichzeitig eine entwicklungspolitische Perspektive vermittelt werden, so schälen sich zu deren Umsetzung zwei Kernansätze heraus, die auf allen UNCTAD-Konferenzen (wenn auch zum Teil mit unterschiedlicher Gewichtung) eine zentrale Rolle spielten und über Kredite zu kommerziellen Bedingungen, Technologietransfers und Ausnahmeregelungen beim GATT- und IMF-Regelwerk hinausweisen: Einmal wird die Notwendigkeit gesehen, das für die Entwicklung erforderliche Kapital den Entwicklungsländern direkt zur Verfügung zu stellen. Zum zweiten wird die Notwendigkeit gesehen, den Entwicklungsländern die Möglichkeit einzuräumen, das benötigte Kapital durch eigene Warenexporte selbst zu verdienen. Beide Ansätze sind nicht frei von Problemen. Dabei wird generell die These vorangestellt werden können, daß sich beide Ansätze konstruktiv ergänzen müssen. „Hilfe“ und „Handel“ sind zwar vom Ansatz her alternative Strategien, sie bedürfen aber der Kombination; denn „Hilfe“ ohne „Handel“ denaturierte zur Almosengabe, und „Handel“ ohne „Hilfe“ wäre weitgehend funktionslos. Dabei setzt sich inzwischen immer mehr die Überzeugung durch, daß die Kombination beider Ansatzpunkte durchaus variabel gestaltet werden kann: So ist es - je nach Entwicklungsniveau - denkbar, daß bei den eigentlichen Entwicklungsländern die „Hilfe“, bei weiterentwickelten Schwellenländern der „Handel“ die dominierende Rolle übernehmen muß bzw. kann, ohne daß damit die prinzipielle Existenzberechtigung beider Ansatzpunkte in Frage gestellt werden kann. Und beide Ansatzpunkte verweisen auf eine Gemeinsamkeit: Wenn bei gegebenen Marktbedingungen ein „Teufelskreis“ (wegen außen- und/oder binnenwirtschaftlichen Restriktionen) unterstellt werden muß, ist eine **endogene Kapitalbildung** nicht in hinreichendem Umfang zu erwarten. Dies erfordert also eine **exogene Kapitalbildung**, die aber letztlich realwirtschaftliche Opfer (Realtransfer) oder monetäre Opfer (Kapitaltransfer) der Industrieländer impliziert.

56) ENTWICKLUNG UND HANDEL

Geht man davon aus, daß am Integrationsprozeß zwischenzeitlich völkerrechtlich souveräne und politisch selbstbewußte Entwicklungsländer mit eigenen Interessenlagen (mit-)beteiligt sind, und nimmt man die programmatische Forderung „Hilfe zur Selbsthilfe" ernst, so folgt daraus - nicht zuletzt gestützt auf das sozialethische Prinzip der **Subsidiarität** -, daß die **Selbsthilfe**, d.h. die Chance der Länder, das zu ihrer wirtschaftlichen Entwicklung erforderliche Kapital durch eigene Leistungsausfuhren selbst zu erwirtschaften, ein wesentliches und unverzichtbares Element des Integrationsprozesses darstellt, soll Kapitalhilfe nicht zur Almosenabgabe denaturieren. Diese Feststellung gilt - zum einen - im Grundsatz unabhängig von der Frage, ob die Kapitalhilfe zeitlich der Selbsthilfe vorangehen sollte (um erst eine leistungsfähige Exportindustrie aufzubauen), oder ob die Selbsthilfe von vornherein möglich werden sollte (um Kapitalhilfe verzichtbar oder zumindest reduzierbar zu machen). Und die Feststellung läßt - zum zweiten - deutlich erkennen, daß beide Ansätze insoweit in einem wechselseitigen Zusammenhang stehen, als Hilfe um so drängender wird, je mehr die Möglichkeiten zur Selbsthilfe reduziert bleiben (und umgekehrt). Schließlich macht die Feststellung - zum dritten - plausibel, warum die Entwicklungsländer gerade bei den ersten UNCTAD-Runden die Handelspolitik in den Vordergrund rückten, und die Industrieländer sich veranlaßt sahen - nachdem die Verhandlungen darüber gescheitert waren -, zumindest Zugeständnisse auf dem Gebiet der Kapitalhilfe zu machen.

Konzeptionell sind damit einmal mehr die **Entstehungsbedingungen** des Integrationsprozesses angesprochen. Ihre Analyse gewinnt nun aber insoweit eine zusätzliche Qualität, als sie sich mit der Frage auseinandersetzen muß, ob die Entstehungsbedingungen in ihrer herkömmlichen Fassung es zulassen, daß eine **entwicklungspolitische Perspektive** eingebaut werden kann. Der GATT-Liberalisierungskodex setzt mit dem Ziel der Optimierung der weltwirtschaftlichen Arbeitsteilung primär auf wechselseitige Marktöffnung und freie Marktpreisbildung, allenfalls durch Ausnahmeregelungen modifiziert. Und dies wirft notwendigerweise die Frage auf, ob diese tradierte Fassung bei einer entwicklungspolitisch erweiterten Zielsetzung hinreichend tragfähig oder ob sie überfordert ist und dann selbst in Frage gestellt werden müßte. Die Frage läßt sich konkretisieren, wenn wir - wie bereits skizziert - die Notwendigkeit unterstellen, daß zur inhaltlichen Ausgestaltung des Integrationsprozesses eine Strategie der **Exportdiversifizierung** geboten erscheint, weil nur sie die beiden „Extremlösungen" (reine Import- oder Exportsubstitution) vermeidet und den Entwicklungsländern einen Integrationsprozeß ermöglicht, der sie nicht überfordert und gleichzeitig ihrem binnenwirtschaftlichen Entwicklungsbedarf gerecht wird. Gehen wir von dieser Strategie aus, so enthält sie - aus ihrer inneren Logik heraus gesehen - zwei Elemente, die beide bei den Industrieländern eine Bereitschaft zu Zugeständnissen erforderlich machen.

a) Zum einen - als „defensives" Strategieelement interpretierbar - geht es darum, in den Entwicklungsländern eine **leistungsfähige Exportproduktionsstruktur** aufzubauen und diese (bei Bedarf) gegen den Konkurrenzdruck aus Industrieländern zu schützen. Letzteres wird gerade dann relevant, wenn diese Exportstruktur, um eben dem Kriterium der Diversifizierung Rechnung zu tragen, nicht auf den Bereich der Urproduktion (Nahrungsmittel, Rohstoffe) reduziert bleiben, sondern eine weiterverarbeitende Industrie einschließen soll. Denn diese hätte dann den Vorteil, daß die Länder nicht nur die einseitige Welthandelsstruktur überwinden, sondern darüber hinaus - bei Nutzung der eigenen Rohstoffbasis und korrespondierendem Einsatz arbeitsintensiver Technologien - den Import- und damit Devisenbedarf für Vorprodukte und Kapitalgüter begrenzen könnten. Dieses Strategieelement würde somit nicht nur den **binnenwirtschaftlichen Entwicklungsnotwendigkeiten** (Auslösung von Einkommens- und Beschäftigungseffekten), sondern auch den **außenwirtschaftlichen Integrationsbedingungen** (Schaffung von tragfähigen Exportstrukturen) gerecht.

b) Zum zweiten - als „offensives" Strategieelement interpretierbar - geht es darum, den Entwicklungsländern **korrespondierende Exportmöglichkeiten** zu eröffnen. Dieses Element wäre theoretisch durch eine gezielte Abwertung der Währungen der Entwicklungsländer zu erreichen. Doch eine Abwertung wäre dann nicht hilfreich, wenn - wegen der gegebenen Elastizitätenproblematik - die Deviseneinnahmen von vornherein rückläufig würden, und wenn - wegen der Gefahr einer inländischen Anschlußinflation - die Exportchancen noch zusätzlich gefährdet würden. So gesehen, enthält die offensive Strategie notwendigerweise drei Teilaspekte. Zum ersten wird erforderlich, beim Export von Gütern der Urproduktion (Nahrungsmittel, Rohstoffe) eine **Sicherung** der **Devisenerlöse** der Entwicklungsländer zu ermöglichen, die die spezifische Elastizitätenproblematik in Rechnung stellt. Zum zweiten stellt sich das Problem, wie die Reduktion der Exporte der Entwicklungsländer durch Substitutionsprodukte der Industrieländer begrenzt werden kann, um einen zusätzlichen **Rückgang** der **Devisenerlöse** der Entwicklungsländer zu vermeiden. Zum dritten geht es um die Frage, wie eine Steigerung der Exporte von Produkten der weiterverarbeitenden Industrie in die Industrieländer erreicht werden kann, um eine **Zunahme** der **Devisenerlöse** der Entwicklungsländer zu bewirken. Dabei stehen alle drei Teilaspekte in einem wechselseitigen Zusammenhang. Je weniger ein Rückgang der Devisenerlöse aufgrund der Substitutionskonkurrenz und/oder eine Steigerung der Devisenerlöse durch Industrieprodukte erreicht werden kann, desto mehr tritt die Sicherung der Devisenerlöse für die „originären" Produkte in den Vordergrund.

Stellt man beide Strategieelemente einander gegenüber, so wird ein **wechselseitiger Beziehungszusammenhang** deutlich erkennbar: Der Aufbau einer leistungsfähigen Exportstruktur wird ohne korrespondierende Exportmöglichkeiten funktionslos und erzwingt dann am Ende doch - indirekt - einen Rückfall in das Importsubstitutionskonzept. Die Schaffung von Exportmöglichkeiten wird ohne Aufbau einer diversifizierenden Exportstruktur ebenfalls fragwürdig, weil dies dann - indirekt - zur Aufrechterhaltung der herkömmlichen Welthandelsstrukturen führen muß. Mit Blick auf beide Strategieelemente ergeben sich folgende Sachverhalte.

a) Was das **defensive Strategieelement** angeht, so ist eine GATT-Konformität durchaus unterstellbar, indem der ohnehin angelegte „Schutzgedanke" (i.S. des Einbaus einer gewissen elastischen Anpassungsflexibilität) insoweit entwicklungspolitisch konsequent genutzt wird, als er die Entwicklungsländer weitergehender als die Industrieländer von **Liberalisierungsverpflichtungen** und der Anwendung des **Reziprozitätsgrundsatzes** befreit, soweit dies durch entwicklungspolitisch relevante Gegebenheiten angezeigt ist. Der dem GATT-Abkommen hinzugefügte Teil IV zielt genau in diese Richtung und wurde in den anschließenden GATT-Runden - gerade in der Tokio-Runde - bekräftigt. Den Entwicklungsländern ist somit die Möglichkeit eingeräumt, geringere Liberalisierungsschritte als die Industrieländer zu unternehmen. Davon wurde auch reichlich Gebrauch gemacht, wobei tarifäre wie nicht-tarifäre Handelshemmnisse eine Rolle spielten. Damit sind - bei aller Plausibilität - allerdings eine Fülle von Problemen verbunden: Zum einen ist diese Vorzugsbehandlung offen für alternative **Zielsetzungen**. So kann nicht ausgeschlossen werden, daß allokationspolitische Ziele (Unterstützung einer Importsubstitutionsstrategie), zahlungsbilanzpolitische Ziele (Abbau eines vermeidbaren Leistungsbilanzdefizits) und/oder fiskalpolitische Ziele (Ausgleich für ein nicht hinreichend funktionsfähiges Steuersystem) die eigentlichen integrationspolitischen Ziele (Aufbau einer leistungsfähigen Exportindustrie i.S. des Listschen Erziehungsarguments) überlagern oder ihnen gar entgegenstehen. Zum zweiten schafft die Vorzugsbehandlung nicht nur (im Einzelfall) die Chance zu einer mißbräuchlichen Nutzung, indem Prestige- und Treibhausprojekte gefördert werden, sondern (im Grundsatz) die Gefahr, daß eine optimale **weltwirtschaftliche Arbeitsteilung** behindert wird. Zum dritten ist die Möglichkeit nicht auszuschließen, daß, wenn der Aufbau einer weiterverarbeitenden Industrie einherginge mit Direktinvestitionen von Unternehmen aus Industrieländern und diese Investoren - gestützt auf privatwirtschaftliche Renditeüberlegungen - anderen Motiven, wie Erschließung von neuen Märkten im Entwicklungsland, Umgehen von Einfuhrbarrieren, Nutzung von Steuer- und/oder Lohnkostenvorteilen, den Vorrang geben und mit restriktiven Bedingungen, wie etwa **Absatzbeschränkungen** auf den Binnenmarkt, verknüpfen, das Integrationsziel eher gefährdet würde. Unbeschadet der Problematik dieses defensiven Strategieelementes, das eine ständige kritische Überprüfung erforderlich und bei Bedarf sogar einen partiellen Abbau notwendig macht, um Fehlentwicklungen für die Entwicklungsländer selbst zu vermeiden,[52] bleiben gleichwohl

[52] Vgl. dazu: M. Finger u.a., The Political Economy of Administered Protection, in: The American Economic Review, 1982 - A. Gälli u.a., Wechselwirkungen von Entwicklungspolitik, Handels-, Struktur- und Beschäftigungspolitik, Köln 1982 - H. Hauser, Das Interesse der Entwicklungsländer an einer Stärkung des General Agreement on Tariffs and Trade (GATT), in: Außenwirtschaft, 43. Jg., 1988 - R.E. Hudec, Developing Countries in the GATT Legal System, London 1987 - J. Jungfer, Die Hem-

zwei Feststellungen. Erstens ist das defensive Strategieelement, soweit von mißbräuchlicher Nutzung befreit, ein **notwendiger Bestandteil** einer Integrationsstrategie, die über Exportdiversifizierung dem Integrationsprozeß eine entwicklungspolitische Perspektive vermitteln soll; und für seine Umsetzung können die Voraussetzungen durchaus als gegeben unterstellt werden, ohne daß deshalb das GATT-Regelwerk im Grundsatz in Frage gestellt ist. Zweitens ist das defensive Strategieelement indessen kein **hinreichender Bestandteil** einer solchen Integrationsstrategie - nicht von ungefähr enthielten die UNCTAD-Runden parallel dazu von Anfang an die drei skizzierten offensiven Strategieelemente, die nun allerdings einer Differenzierung bedürfen.

b) Was das **offensive Strategieelement** angeht, so entspräche der Strategie der entwicklungspolitisch angemessenen Exportdiversifizierung, daß - zum einen - die Entwicklungsländer sich auf jene Produkte konzentrieren, bei denen sie in der industriellen Weiterverarbeitung wegen der gegebenen Faktorausstattung (Arbeitskräfte, Rohstoffe) einen komparativen Kostenvorteil besitzen, und daß - zum anderen - die Industrieländer auf den Schutz jener Industrien verzichten, bei denen sie einen entsprechend komparativen Nachteil besitzen. Die Konsequenzen liegen auf der Hand: Voraussetzung wäre eine umfassende **Marktöffnung** seitens der Industrieländer und eine **Produktionsstättenverlagerung** für diese Produkte in die Entwicklungsländer. Diese Strategie wiese dann auch ein hohes Maß an GATT-Konformität auf. Doch die Erfahrung zeigt, daß die Industrieländer genau diese Bedingungen nicht erfüllt haben. Zwar haben die GATT-Zollsenkungsrunden einen drastischen Zollabbau gebracht; doch der dadurch erzielte Freihandelsraum kam in erster Linie jenen Industrieprodukten zugute, die die Industrieländer unter sich tauschten, während die höchsten Zollsätze - gerade mit Blick auf die sog. effektive Protektion - sich vor allem auf jene Produkte konzentrierten, bei denen die Entwicklungsländer komparative Vorteile aufwiesen. Das **Allgemeine Präferenzsystem** (APS), wonach den Entwicklungsländern Handelserleichterungen im Zollbereich eingeräumt werden, relativiert dies kaum, da die Zollbefreiung oft auf mengenmäßig geringe Quoten beschränkt ist, und die Quoten rasch ausgeschöpft sind. Ergänzt wird dieser Protektionismus noch durch nicht-tarifäre Handelshemmnisse (Kontingente, Exportselbstbeschränkungsabkommen). Die Industrieländer rechtfertigen diese protektionistische Strategie teilweise mit dem Verdacht, daß die Entwicklungsländer ihre Integration in den Welthandel gleichermaßen „gewaltsam" mit einem sozial kaum vertretbaren Lohn-, Öko- und Sozialdumping zu erreichen versuchten. Eine wichtige Rolle dürfte aber auch spielen, daß eine solche Strategie in den Industrieländern Beschäftigungsprobleme schaffen und insoweit einen enormen struktur- und arbeitsmarktpolitischen Handlungsbedarf begründen würde. Ob und inwieweit diese Argumente tragen - schließlich ist die Erhaltung eines (an sich gefährde-

mung des Wirtschaftswachstums in Entwicklungsländern durch Devisenbewirtschaftung, in: ORDO 37, 1986 - R.J. Langhammer, Die Sonderbehandlung der Entwicklungsländer im GATT. Eine Nutzen- und Kostenbilanz, in: Die Neuordnung des GATT, Beihefte der Konjunkturpolitik, Heft 34, 1987.

ten) Arbeitsplatzes in den Industrieländern ebenfalls mit einer erheblichen fiskalpolitischen Belastung verbunden -, und ob die Industrieländer sich nicht doch zu Zugeständnissen bereit finden müssen[53], sei hier offen gelassen. Festzustellen bleibt in jedem Falle, daß - zum einen - die Verhinderung dieses offensiven Strategieelementes der Exportdiversifizierung seitens der Industrieländer nur bedingt GATT-konform und mit den Prinzipien eines freien Welthandels vereinbar ist. Vor allem aber kommt - zum zweiten - hinzu, daß diese Verhinderung einer offensiven Strategie der Exportdiversifizierung die Entwicklungsländer förmlich zwingt, bei der offensiven Strategie „Lösungen" in ihrem „originären" Exportbereich (Nahrungsmittel, Rohstoffe) zu suchen, soll die Handelsstrategie - und damit der Handel als Selbsthilfe - nicht völlig scheitern. Denn je größer die Chancen bei der Marktöffnung liegen, desto größer ist die Möglichkeit der Exportdiversifizierung, desto geringer der Bedarf, Lösungen im Rohstoffbereich zu suchen. Umgekehrt: Je geringer diese Chancen sind, desto größer wird der Druck auf die Industrieländer, Zugeständnisse im Nahrungsmittel- und Rohstoffbereich zu machen. Und dieser Druck verschärft sich, wenn das Problem der Substitutionskonkurrenz, die einen zusätzlichen Devisenrückgang bei den Entwicklungsländern bewirken könnte, ungelöst bleibt, weil man hiervon ordnungspolitisch fragwürdige Marktregulierungen befürchtet.

Geht man davon aus, daß die „defensive" Strategie nicht hinreichend ist und die „offensive" Strategie einer Exportdiversifizierung durch Restriktionen seitens der Industrieländer begrenzt wird, so drängt sich zunehmend das Problem der **Sicherung** der **Devisenerlöse** auf Nahrungsmittel- und Rohstoffbasis in den Vordergrund. Nicht von ungefähr verhärteten sich Mitte der 70er Jahre, als die ersten drei UNCTAD-Runden hinsichtlich dieser alternativen handelspolitischen Ansätze faktisch gescheitert waren, die Konflikte und kulminierten in der Frage, ob Lösungen im Rahmen des GATT-Regelwerks überhaupt erreichbar sind, oder ob es - mit Blick auf die entwicklungspolitische UNO-Beschlußlage - nicht einer „Neuen Weltwirtschaftsordnung" bedarf. Konkret mündete dies in die Frage, ob die Sicherung der Devisenerlöse bei **Beibehaltung** einer freien Weltmarktpreisbildung möglich ist oder nur durch **Ausschaltung** einer freien Weltmarktpreisbildung erreicht werden kann.

a) Die erste Variante liegt dem sog. **Lomé-Akommen** zu Grunde.[54] Es handelt sich hier um ein Abkommen zwischen der EG und Entwicklungsländern

---

[53] M. Finger u.a., Dumping and Antidumping: The Rhetoric and the Reality of Protection in Industrial Countries, in: WBRO, 1992 - U. Möbius u.a., Ein internationaler Liberalisierungsplan: Handelshemmnisse gegenüber Industrieprodukten aus Entwicklungsländern und Wege zu ihrem Abbau, München 1994.

[54] Zu Einzelheiten des Abkommens: J. Becker, Die Partnerschaft von Lomé: Eine neue zwischenstaatliche Kooperationsform des Entwicklungsvölkerrechts, Baden-Baden 1979 - M. Collins, Die Stabilisierung der Exporterlöse in der AKP-EWG-Konvention von Lomé, Bonn 1984 - H. Gerth-Wellmann, Das AKP-EG-Abkommen: Bilanz und Perspektiven, München 1979 - H. Gerth-Wellmann, Die industrielle Zusammenarbeit zwischen der EG und den AKP-Staaten im Rahmen der Lomé-Politik, München 1980 -

Afrikas, der Karibik und des Pazifiks (sog. AKP-Staaten). Bereits 1964 kam es zwischen den meisten assoziierten afrikanischen Staaten und der EG zu einem Abkommen über Handelspräferenzen (Jaunde-Abkommen), das 1969 erweitert wurde (Arusha-Abkommen). Mit dem Beitritt Großbritanniens ergab sich die Notwendigkeit einer Vereinheitlichung der Präferenzen mit den Commonwealth-Staaten. Eine Rolle dürfte auch gespielt haben, daß der politische Druck der Entwicklungsländer auf die Industrieländer, die Hilfestellung zu forcieren, zunahm. So kam es zwischen der EG und 46 AKP-Staaten zum ersten Lomé-Abkommen (Lomé I/1975), dem weitere Abkommen - Lomé II/1979, Lomé III/1984 und Lomé IV/1989 (das auf eine Laufzeit von 10 Jahren angelegt ist und dem zwischenzeitlich 69 AKP-Staaten angeschlossen sind) - folgten. Das Abkommen hat globalen Kooperationscharakter und deckt das gesamte Spektrum entwicklungspolitischer Instrumente ab. Gleichwohl brauchen die einzelnen Bestimmungen, die neben einer technischen und industriellen Zusammenarbeit Maßnahmen der direkten finanziellen Hilfe umfassen, nicht im Detail zu interessieren. (Lomé IV griff überdies neue Probleme auf: Bevölkerungspolitik, Umweltpolitik, regionale Strukturpolitik, unmittelbare Verminderung der Schuldenlast durch Umwandlung von Darlehen in nichtrückzahlbare Zuschüsse.) Integrationspolitisch relevant sind zwei Pfeiler.

- Zum einen enthält das Abkommen auf der Ebene der **Handelspolitik** die Bereitschaft der EG, für fast alle gewerblichen Waren und landwirtschaftlichen Erzeugnisse einen **freien Marktzugang** einzuräumen. Die AKP-Länder sind nicht zur **Reziprozität** verpflichtet; sie müssen den EG-Ländern also nicht die gleichen Zugeständnisse einräumen. Sie sind wohl aber zur Meistbegünstigung verpflichtet, sie müssen somit den EG-Länderexporten die gleichen Bedingungen einräumen wie den Exporten aus Drittländern. Der vermeintliche Fortschritt relativiert sich indessen, wenn man berücksichtigt, daß diese Vorzugsbehandlung von den AKP-Staaten kaum genutzt werden kann, weil Industriewarenexporte in ihrem Exportsortiment nur geringfügig vertreten sind.

- Zum zweiten (und das ist bedeutsamer) enthält das Abkommen auf der Ebene der **Rohstoffpolitik** die Bereitschaft der EG, im Rahmen eines Systems der

H. Gerth-Wellmann, Die Lomé-Politik der EG: Entstehungsbedingungen, Ergebnisse und Perspektiven, München 1984 - R. Hasse u.a., Das Abkommen von Lomé - Übergang oder Alternative zu einer neuen Weltwirtschaftsordnung?, Köln 1978 - B. Hürni, Ist das Abkommen von Lomé für die beteiligten Entwicklungsländer ein wirksames Instrument der Entwicklungshilfe?, in: Außenwirtschaft, 1975 - H. Krämer, Der Beitrag der Abkommen von Jaunde und Lomé zur Eingliederung der afrikanischen Staaten in den Welthandel, in: Die Weltwirtschaft 1/1976 - R. Osterkamp, Die Neuverhandlung des Lomé-Abkommens: Hintergründe und weltwirtschaftliche Beurteilung, in: ifo-Schnelldienst, 24/1978. - M. Perdowsi (Hrsg.), Die Verträge von Lomé zwischen Modell und Mythos: Zur Entwicklungspolitik der EG in der Dritten Welt, München 1983 - E. Spittler, Funktionsanalyse, Wirksamkeit und Alternativen der Sysmin-Regelung in den AKP-EWG Abkommen und Lomé, Baden-Baden 1994.

Exporterlösstabilisierung (sog. STABEX-Modell) den Devisenerlös für die AKP-Staaten zu sichern. (Einen Sonderfall stellt das ergänzende SYSMIN-Finanzierungssystem dar. Es wird für die Ausfuhr von Bergbauerzeugnissen relevant; geraten Unternehmen aus dem Bergbausektor in Schwierigkeiten, erhalten die Länder Mittel - zwischenzeitlich als nicht-rückzahlbare Zuschüsse -, um ihren Unternehmen Darlehen zur Rationalisierung und Umstrukturierung zu gewähren.) Das STABEX-Modell erfaßt zwischenzeitlich etwa 50 Agrarprodukte, Rohstoffe und Halberzeugnisse. Sinkt nun der Erlös aus EG-Importen für ein Produkt, dessen Exportanteil am Gesamterlös einen bestimmten vH-Anteil erreicht (sog. Abhängigkeitsschwelle) um einen bestimmten vH-Satz (sog. Auslösungsschwelle) - beide Schwellen können für besonders arme Länder reduziert werden -, so hat das Land Anspruch auf Ausgleichszahlungen seitens der EG, die seit Lomé IV als nicht rückzahlbare Zuschüsse gewährt werden. Im Rahmen des Europäischen Entwicklungsfonds werden zwischenzeitlich ca. 12 Mrd. ECU (knapp 11 Mrd. ECU für STABEX- und SYSMIN-Modell, der Rest für zusätzliche Strukturanpassungshilfen) dafür bereitgestellt.

Verknüpft man beide Ansätze, so ist ihnen eine gewisse **Folgerichtigkeit** nicht abzusprechen: Die materiellen, durch die Exportstruktur bedingten Defizite bei allenfalls formal gegebenem freien Marktzugang werden über die Erlösstabilisierung zu kompensieren versucht. (Sie ist im übrigen günstiger als die IMF-Ausgleichsfinanzierung, da letztere durch die Quoten begrenzt, rückzahlbar und verzinslich ist.) Entscheidend ist, daß die Stabilisierung der Devisenerlöse ohne Eingriffe in die Marktpreisbildung selbst zu erreichen versucht wird. Doch das Modell hat auch seine **Schwächen**: Die EG-Mittel sind begrenzt (einen ausgeprägten Preisverfall könnten sie unter Umständen nicht auffangen); das Modell hat diskriminierende Elemente (nur Exporte in die EG werden abgesichert, was bi-polare Handelsbeziehungen begünstigt), die Erlösstabilisierung ist nur nominal ausgerichtet, sichert insoweit nicht die reale Kaufkraft der Devisenerlöse (was eine Indexierung erfordert hätte, die die EG-Staaten aber ablehnten). Eine Erlössteigerung ist per se nicht angelegt; denn das Modell bleibt im Kern eine Notlösung, weil eine realwirtschaftliche Exportdiversifizierung, ein integraler Bestandteil der offensiven Strategie im Interesse einer Devisenerlössteigerung, nicht angelegt ist. (Diese wird eher verhindert, weil der Diversifizierungsdruck schwächer ist). Das Lomé-Modell mag als Fortschritt gewertet werden; dem Integrationsproblem in seinem umfassenden Sinne wird es nur bedingt gerecht.

b) Die zweite Variante liegt dem sog. **Integrierten Rohstoffprogramm** zugrunde.[55] Schon auf den ersten UNCTAD-Konferenzen war abzusehen, daß sich

---

[55] Zu Einzelheiten vgl.: H. Adebahr, Rohstoffabkommen und Welthandelsordnung, in: Wirtschaftsdienst IX/1975 - J. Fitter, Die Strategie der Dritten Welt: Eine neue Weltwirtschaftsordnung, in: Jahrbuch für Sozialwissenschaft, Band 27, 1976 - H. Hesse, Die Diskussion über die Neuordnung der Weltwirtschaft, in: Wirtschaftsdienst X/1976 - H. Jonas u.a., Die Neuordnung der Weltwirtschaft, Bonn - Bad Godesberg 1976 - D. Kebschull u.a., Das integrierte Rohstoffprogramm, Hamburg 1977 - D. Kebschull,

die Verteilungskonflikte zwischen den Entwicklungs- und den Industrieländern verhärteten - zumal die Forderungen der Entwicklungsländer nach Marktöffnung der Industrieländer und nach Marktregulierungen für Substitutionsprodukte auf den Widerstand der Industrieländer stießen. Auf UNCTAD IV (1976) wurde dann das **Integrierte Rohstoffprogramm** vorgelegt. Es war von Anfang an nicht nur zwischen Entwicklungs- und Industrieländern umstritten; auch zwischen den Industrieländern wurde es kontrovers diskutiert: Während es von Deutschland, England, Japan und den USA scharf abgelehnt wurde, standen Belgien, Frankreich, Niederlande, Norwegen und Schweden dem Programm eher positiv gegenüber. In seiner Konstruktion ging das Programm von folgenden Überlegungen aus. Einerseits können die Rohstoffpreise (wenn sie denn primäre Einnahmequelle sind) wegen der gegebenen Elastizitätenproblematik und den damit verbundenen Instabilitäten, vor allem aber wegen der im Trend angelegten Rückgänge der Deviseneinnahmen und des realen Austauschverhältnisses, nicht mehr der freien Weltmarktpreisbildung anvertraut werden. Andererseits scheitern reine Produzentenkartelle, wenn sie keinen hinreichend hohen Weltmarktanteil abdecken und die Abnehmer nur bedingt auf die Produkte angewiesen sind - insgesamt das „Außenseiterproblem" nicht zu lösen ist. Der Grundgedanke des Programms war somit eine unmittelbare **Einbindung** der **Industrieländer**.

- Die **Ziele** des Programms waren - neben einer umfangreicheren Unterstützung der Entwicklungsländer bei der Weiterverarbeitung ihrer Rohstoffe und einer entsprechenden Exportdiversifizierung - die Vermeidung starker Preis- und Erlösschwankungen (stable prices) bei gleichzeitiger Verbesserung der terms of trade der Entwicklungsländer (just prices). Dies sollte erreicht werden durch Herauslösung wichtiger Rohstoffe aus dem freien Welthandel und Abschluß von Rohstoffabkommen (also eine multilaterale Kauf- und Lieferverpflichtung für Rohstoffe) in Verbindung mit der Gründung eines Gemeinsamen Fonds (Common Fund), der nicht nur die Finanzierung internationaler Ausgleichslager übernehmen, sondern auch das Recht erhalten sollte, in „kritischen Situationen" an den Rohstoffmärkten zu intervenieren. Absicht war, den Exporterlösschwankungen und erst recht dem Exporterlösverfall entgegenzuwirken. Die Industrieländer waren zunächst keine bindenden Verpflichtungen eingegangen. Erst Ende der 80er Jahre entwickelte sich der Ge-

Kurswechsel in der Rohstoffpolitik, in: Wirtschaftsdienst I/1979 - D. Kebschull, Auf dem Weg zur neuen Weltwirtschaftsordnung, in: Wirtschaftsdienst V/1977 - F. Kneschaurek, Das Ringen um eine neue Weltwirtschaftsordnung: Hoffnungen und Befürchtungen, in: Außenwirtschaft, 33. Jg., 1978 - J. Kühn, GATT und die neue Weltwirtschaftsordnung, in: Wirtschaftsdienst X/1975 - W. Michalski, Die neue Weltwirtschaftsordnung, in: Hamburger Jahrbuch für Wirtschafts- und Gesellschaftspolitik, 21. Jahr, 1976 - E. v. Pilgrim, Regulierung der internationalen Rohstoffmärkte und neue Weltwirtschaftsordnung, in: ifo-Schnelldienst 16/1977 - E. v. Pilgrim, Internationale Rohstoffabkommen bisher wenig erfolgreich, in: ifo-Schnelldienst 15/1985 - K. Seitz, Die Verhandlungen über einen gemeinsamen Rohstoff-Fonds, in: Wirtschaftsdienst II/1978 - M. Tietzel, Überblick über bestehende Rohstoffabkommen, in: Außenwirtschaft, 12. Jg., 1977.

meinsame Fonds zu einer selbständigen Rohstofforganisation, die mit Pflichtbeiträgen (ca. 470 Mio. US-Dollar) und freiwilligen Beiträgen (ca. 270 Mio. US-Dollar) der Industrieländer ausgestattet wurde. Er hat zwei „Schalter“: Der erste Schalter dient als Haftungskapital für Kreditaufnahmen des Fonds und soll nur in Notfällen - zur Überwindung kurzfristiger Liquiditätsschwierigkeiten - in Anspruch genommen werden; aus dem zweiten Schalter sollen Maßnahmen auf bestimmten Rohstoffsektoren (Forschung, Produktivitätssteigerung, Vermarktung) finanziert werden. Allein schon die finanzielle Ausstattung - etwa im Vergleich zu den STABEX-Mitteln - dokumentiert die relativ geringe Bedeutung des Programms. Darüber hinaus stellten sich von Anfang an Konstruktionsprobleme.

- Aus grundsätzlicher Sicht wurde von den Kritikern beanstandet, daß das Konzept mit seinen eindeutig dirigistischen Elementen dem GATT-Liberalisierungskonzept widerspreche. Das ist formal richtig, wird aber materiell als (Gegen-)Argument fragwürdig, wenn die Industrieländer ebenfalls gegen den Liberalisierungsgrundsatz (Marktöffnung) verstoßen, die Entwicklungsländer auf den Rohstoffbereich verweisen und die Elastizitätenproblematik gerade dort eine Erlösstabilisierung oder gar -steigerung nicht zuläßt. Der Skepsis gegenüber freihändlerischen Konzepten ist dann eine gewisse Plausibilität und Berechtigung nicht abzusprechen.

- Aus pragmatischer Sicht sind indessen die Bedenken gegenüber dem Programm eher begründbar. Wir verfügen zwar über gewisse Erfahrungen mit Rohstoffabkommen: Weizen (1944), Zucker (1953), Zinn (1956), Kaffee (1962), Olivenöl (1963), Kakao (1972), Naturkautschuk (1980), tropische Hölzer (1983), Jute (1984). Alle wiesen einerseits erhebliche Konstruktionsmängel auf, die aber andererseits primär auf Ausnahmesituationen (Überschüsse oder Verknappungen) zugeschnitten waren, so daß sie nicht unbedingt repräsentativ sind. Nichtsdestoweniger muß festgehalten werden, daß - nur in Grenzen lösbare - Probleme bestehen bleiben. Gehen wir einmal von der Grundthese aus, daß ein realer Ressourcentransfer mit diesem Konzept wohl nur erreicht werden kann, wenn es gelänge, die Rohstoffpreise über einem - wie auch immer zu definierenden - Gleichgewichtspreis zu halten, so tauchen zwangsläufig eine Fülle von Problemen auf: Außenseiterproblem und die Frage der Sanktionsmöglichkeiten; induzierte Überproduktion mit teuren buffer stocks und/oder dirigistischen Produktionsquoten (in Rohstoffländern) bzw. Verwendungsauflagen (in Abnehmerländern); Verminderung der Diversifizierungsanreize; Benachteilung rohstoffarmer Entwicklungsländer bei gleichzeitiger Bevorzugung rohstoffreicher Industrieländer; Erlösrückschläge durch Rohstoffsubstitution und/oder Drosselung des Rohstoffverbrauchs; Inflationsbeschleunigung bei Rohstoffpreisindexierung. Diese Gefahren können - wie teilweise vorgeschlagen - durch stufenflexible Abkommen (Preisgestaltung nach Diversifizierungsaspekten und/oder innerhalb verschiebbarer Bandbreiten) gemildert werden; zu beseitigen sind sie aber nicht. Nur muß man dies sehen: Wenn ein solches integriertes Rohstoffprogramm aus Gründen der

Praktikabilität verworfen werden müßte, bliebe das weltwirtschaftliche Verteilungsproblem ungelöst.

Stellen wir beide Varianten einander gegenüber, so zeigen sie - trotz ihres unterschiedlichen ordnungspolitischen Ansatzes - eine wichtige Gemeinsamkeit: Das offensive Strategieelement bleibt reduziert auf die Sicherung der Devisenerlöse auf der Grundlage der gegebenen Rohstoffbasis; das notwendige Pendant dieses Strategieelementes - die Exportdiversifizierung - droht vernachlässigt zu werden. Die Möglichkeiten der Selbsthilfe bleiben begrenzt, ganz abgesehen davon, daß die entwicklungspolitische Perspektive dieser Form des Integrationsprozesses (Aufbau einer weiterverarbeitenden Industrie mit entsprechenden Multiplikatoreffekten im eigenen Land) eine zusätzliche Belastung erfährt.

57) ENTWICKLUNG UND KAPITALHILFE

Geht man davon aus, daß im Rahmen der programmatischen Forderung „Hilfe zur Selbsthilfe" die Selbsthilfe trotz ihres im Grundsatz anerkannten Stellenwertes Restriktionen unterliegt, weil die Quelle der Selbsthilfe, die eigenen Leistungsausfuhren, allenfalls eine Devisenerlösstabilisierung aber keine Devisenerlössteigerung zuläßt, so folgt daraus - nicht zuletzt gestützt auf das sozialethische Prinzip der **Solidarität** -, daß die Fremdhilfe eine unverzichtbare Bedeutung gewinnt. Hier geht es darum, daß das für die wirtschaftliche Entwicklung erforderliche Kapital von den Industrieländern den Entwicklungsländern direkt zur Verfügung gestellt werden müßte. Mit Blick auf den bereits thematisierten wechselseitigen Zusammenhang gilt dies um so mehr, je restriktiver die Möglichkeiten der Selbsthilfe einzuschätzen sind.

Konzeptionell sind damit einmal mehr die **Stabilisierungsbedingungen** des Integrationsprozesses angesprochen, deren Analyse nun aber ebenfalls insoweit eine zusätzliche Qualität gewinnt, als sie sich mit der Frage auseinandersetzen muß, ob in die Stabilisierungsbedingungen in ihrer herkömmlichen Fassung eine **entwicklungspolitische Perspektive** eingebaut werden kann. Diese fand im IMF-Stabilisierungskodex ihren Niederschlag, der mit dem Ziel der Stabilisierung der weltwirtschaftlichen Arbeitsteilung in letzter Konsequenz auf Zahlungsbilanzdisziplin und auf binnenwirtschaftliche Stabilität setzte, allenfalls durch Ausnahmeregelungen modifiziert (Wechselkurskorrektur, befristete kreditäre Überbrückung von Zahlungsbilanzdefiziten). Als Alternative stellte sich die Frage, ob diese tradierte Fassung bei der hier anstehenden erweiterten Zielsetzung überfordert ist und einer Weiterentwicklung bedarf. Und diese Weiterentwicklung läßt sich ebenfalls konkretisieren, wenn wir davon ausgehen, daß sie sich nicht in einer kreditären und an kommerziellen Gesichtspunkten orientierten sowie durch gegebene kapitalmarktbestimmte Konditionen dominierten Überbrückung von Kapitaldefiziten erschöpfen kann, weil diese - im Zusammenhang mit damit einhergehenden Schuldendienstverpflichtungen (Verzinsung, Rückzahlung) - neue Kapitalabflüsse begründete und die Kapitaldefizite wieder vergrößerte. Dabei soll die Bedeutung einer kreditären Vorfinanzierung nicht gering geachtet werden, wenn diese produktiv absorbiert wird und zum Aufbau einer leistungsfähigen Industrie beiträgt. Doch wenn sie die Voraussetzung für eine allfällige Bedienung der Schuldendienste schaffen soll, muß mit ihrer Hilfe ein Realtransfer in die Kapitalgeberländer - auf der Grundlage der Exportdiversifizierung - möglich sein. Und wenn eben dies an Grenzen stößt, wird die rein kreditäre Überbrückung unzureichend, wenn nicht funktionslos: Die Kredithilfe (mit wechselseitigen Verpflichtungen) muß durch die Kapitalhilfe (durch einseitige monetäre Transfers) flankiert werden, die einmal mehr bei den Industrieländern eine Bereitschaft zu Zugeständnissen (jetzt monetärer Art) erforderlich macht. Das Problem hat zwischenzeitlich ebenfalls zwei Dimensionen:

a) Zum einen - als „defensive" Dimension interpretierbar - geht es um die Frage der **Behandlung** der aufgelaufenen **Verschuldung** der Entwicklungsländer. Dieses Problem erfuhr Anfang der 80er Jahre eine dramatische Zuspitzung, als eine Reihe von Ländern sich außerstande sahen, ihren Schuldendienstverpflichtungen noch nachzukommen. Das Problem betrifft nicht nur die Kapitalgeber (bei denen Sicherheit und Rentabilität ihrer Forderungen unmittelbar gefährdet wären), sondern auch die Schuldner (bei denen Bonität und Kreditwürdigkeit in Frage ständen).

b) Zum zweiten - als „offensive" Dimension interpretierbar - geht es um die Frage der (institutionellen und konditionalen) **Ausgestaltung** eines zusätzlichen **Kapitaltransfers** (i.S. der eigentlichen Kapitalhilfe). Dieses Problem stellte sich im Grundsatz immer als eine Solidaritätspflicht der Industrieländer, gewann aber um so größere Bedeutung, je mehr das Subsidiaritätsprinzip gefährdet wurde und die Konflikte zwischen Entwicklungs- und Industrieländern sich verhärteten, weil letztere sich den handelspolitischen Forderungen der Entwicklungsländer verweigerten.

Stellt man beide Dimensionen einander gegenüber, so ist auch hier ein **wechselseitiger Beziehungszusammenhang** auszumachen: Je weniger das Verschuldungsproblem gelöst ist, desto mehr erfährt die Ausgestaltung weiterer Kapitaltransfers Belastungen - und umgekehrt. Doch der Beziehungszusammenhang hat auch eine Kehrseite: Je nachhaltiger die Kapitaltransfers erfolgen (und produktiv absorbiert werden), desto größer wird die Chance, daß die Empfängerländer in die Lage versetzt werden, ihre Schuldendienstleistungen zu erbringen, desto eher verliert das Verschuldungsproblem seine Brisanz.

a) Was die **defensive Dimension** angeht, so hatte sich Anfang der 80er Jahre ein erheblicher Schuldenstand der Entwicklungsländer (v.a. in Lateinamerika) herausgebildet. Die Funktionsfähigkeit der internationalen Kapitalmärkte schien gefährdet; viele Entwicklungsländer gerieten in Zahlungsbilanzschwierigkeiten. Die Gründe hierfür waren gewiß vielschichtig und lassen sich - jeweils auf ein Land bezogen - nicht verallgemeinern. Teilweise lagen grundlegende **Strukturfaktoren** vor (anhaltendes Leistungsbilanzdefizit und Verschlechterung der terms of trade in Verbindung mit protektionistischen Tendenzen bei den Industrieländern); teilweise wurden diese Strukturfaktoren durch **exogene Schocks** überlagert (massive Ölpreisverteuerung, Abschwächung der Weltkonjunktur, Zinsanstieg am internationalen Kapitalmarkt, Aufwertung des US-Dollars, nachlässige Kreditvergabe an die Entwicklungsländer). Schließlich mag **internes Fehlverhalten** (hohe Budgetdefizite, akkommodierende expansive Geldpolitik, ineffiziente Kapitalverwendung bis hin zu Kapitalflucht) hinzugekommen sein. Wie auch immer die Ursachen länderspezifisch zuzuordnen sind - es entstand Handlungsbedarf. Damit war aber die Frage aufgeworfen, wie mit der Verschuldungssituation umgegangen werden sollte.[56] Die Vorschläge, deren technische Ausgestaltung hier nicht im Detail diskutiert werden soll, bewegen sich in einer großen Bandbreite:

- Am nächstliegenden und entwicklungspolitisch konsequentesten wären alle Maßnahmen, die auf eine **Verbesserung** der **Leistungsbilanz** ausgerichtet sind: Exportdiversifizierung, Importsubstitution, Erhöhung der Exportgüterpreise. Diese Variante stößt indessen an Grenzen, die teils im Protektionismus der Industrieländer, teils in der begrenzten Möglichkeit der Importsubstitution begründet liegen. Der (skizzierte) Stand der handelspolitischen Möglichkeiten ist allenfalls auf eine Devisenerlösstabilisierung, nicht aber auf eine (erforderliche) nachhaltige Devisenerlössteigerung ausgerichtet.

- Vielfach (gerade von den Entwicklungsländern selbst) wurde deshalb ein allgemeiner und umfassender **Schuldenerlaß** (Moratorium) gefordert. Dies könnte zu einer erheblichen Belastung der Kapitalgeber führen und wurde von den Industrieländern auch abgelehnt. Es wäre auch aus der Sicht der Schuldnerländer problematisch, wenn diese von jeglichem Zwang zu binnenwirtschaftlichen Anpassungsmaßnahmen befreit würden, und es würde zumindest den privaten Kapitalmarkt für Kredite an Entwicklungsländer zum Versiegen bringen. Zwischenzeitlich haben die Entwicklungsländer auf ein umfassendes Moratorium verzichtet; im Gegenzug haben sich die Industrieländer bereit erklärt, im Einzelfall (etwa die LLDC- und MSAC-Länder betreffend) und bilateral einem Schuldenerlaß zuzustimmen.

---

[56] Zu Einzelheiten vgl.: B. Fischer, Ansätze zur Lösung der Verschuldungskrise in Entwicklungsländern - Erfahrungen von Brasilien, Mexiko und Peru, in: Die Weltwirtschaft 2/1987 - H. Gischer u.a., Die internationale Schuldenkrise: Bestandsaufnahme und Ausblick, in: Kredit und Kapital 1/1991 - D. Hoffmann, Wege aus der Schuldenkrise, in: HWWA-Wirtschaftsdienst, 1987/XI - H.J. Huss u.a., Finanzinnovationen und Schuldenerlaß - Wege zu einem effizienten Management der Auslandsschulden von Entwicklungsländern?, in: Die Weltwirtschaft 2/1987 - A. Konrad, Verschuldungskrise und Verschuldungsmodelle, in: Kredit und Kapital 1/1987 - H.J. Petersen, Entwicklungsländer - Exporte und Verschuldungskrise, in: DIW-Wochenbericht 39/1989 - H.J. Petersen, Verschuldungskrise der Entwicklungsländer: Zeichen, aber keine Wunder, in: DIW-Wochenbericht 33/1989 - H.J. Petersen, Überschuldung der Entwicklungsländer, in: DIW-Wochenbericht 48/1990 - J. Riedel, Ausländische Direktinvestitionen zur Milderung des Schuldendrucks in der Dritten Welt: ein tragfähiger Ansatz?, in: ifo-Schnelldienst 13-14/1988.

- Zwischen beiden „Extrem"-Lösungen bewegen sich Modelle der **Umschuldung**, die mit einer Reduktion der Schuldendienstbelastung einhergehen (können). Zu denken wäre an unterschiedliche Ansätze: Verlängerung der Laufzeiten, in Verbindung mit tilgungsfreien Zeiten und Re-Finanzierungskrediten; Umwandlung von Forderungen in Anleihen; Umwandlung von privaten Forderungen in private Beteiligungen, die dann den Charakter von Direktinvestitionen hätten; Umwandlung von privaten in öffentliche Forderungen; absolute Begrenzung und/oder Quotierung der Schuldendienstleistungen und Bindung an die Leistungsfähigkeit des Schuldnerlandes.

Welche Variante im Rahmen der defensiven Dimension gewählt wird, ändert nichts an zwei Sachverhalten: Mag sich in den letzten Jahren die Verschuldungs-„Diskussion" etwas entspannt haben (einige exogene Schocks haben an Gewicht verloren), so hat sich die Verschuldungs-„Situation" eher verschärft. Und daraus folgt: Auch eine partielle Lösung des Verschuldungsproblems kurierte allenfalls an Symptomen. Das eher grundsätzliche Problem der Kapitalhilfe bleibt davon unberührt.

b) Was somit die **offensive Dimension** angeht, so war die Grundidee, wegen der begrenzten Möglichkeiten einer endogenen Kapitalbildung einen exogenen Kapitalzufluß (aus den Industrieländern in die Entwicklungsländer) zu ermöglichen, dem kein Realtransfer (aus den Entwicklungsländern in die Industrieländer) gegenübersteht. Der Kapitalzufluß erhielte somit eine entwicklungspolitische Dimension. Dabei dürfte dieser Dimension dann zunehmende Bedeutung zukommen, wenn der Realtransfer restriktiven Bedingungen unterworfen ist. Nun mag ein Aspekt unstrittig sein: Jeder (rein) monetäre Transfer von Kapital setzt voraus, daß er mit einer **produktiven Absorption** (also einer Erhöhung des Produktionspotentials) verbunden werden kann, weil er ansonsten Gefahr läuft, allenfalls ein realwirtschaftlich ineffizientes **Inflationspotential** zu schaffen. Diese Bedingung gilt auch dann, wenn die produktive Absorption nicht mit der Möglichkeit der Exportdiversifizierung verknüpft und insofern primär auf die Binnenmarktentwicklung ausgerichtet wäre. Unbeschadet dieser Grundbedingung sind - mit Blick auf die Ausgestaltung - unterschiedliche Varianten denkbar:

- Ein erster Ansatz, der im übrigen unmittelbar an die frühe US-amerikanische Entwicklungsstrategie anknüpft, liegt bei den **privaten Direktinvestitionen** in Entwicklungsländern. Solchen Direktinvestitionen wird im allgemeinen deshalb eine große entwicklungspolitische Bedeutung beigemessen, weil sie - einerseits - wegen ihres Beteiligungscharakters (anders als private Lieferanten- und/oder Bankkredite) die Verschuldungslage der Entwicklungsländer nicht zusätzlich belasten, und weil man - andererseits - davon ausgeht, daß mit diesen Direktinvestitionen gleichzeitig technisches Know-how vermittelt wird, womit eher die Garantie gegeben wäre, daß das Kapital nicht zu „unproduktivem" Demonstrationskonsum, sondern zu „produktiven" Investitionen verwendet wird. Diese positiven Erwartungen haben dazu geführt, daß in einigen Industrieländern sogar ein Instrumentarium der steuerpolitischen Begünstigung des Kapitalexports geschaffen wurde, wobei indessen rasch erkennbar wurde, daß die Kapitalexportförderung nur dann der entwicklungspolitischen Implikation gerecht wurde, wenn sie mit einer **Leitungsfunktion** der Investitionen verknüpft war: Regionale Differenzierung (zur Wahrung der Bedarfsorientierung), sektorale Differenzierung (zur Wahrung der Wachstumsorientierung) und Verwendungsdifferenzierung (zur Wahrung der Beschäftigungsorientierung), um jene Kapitalexporte zu begünstigen, die in Länder fließen, die einen echten Kapitalmangel aufweisen, und in denen überdies ein nachhaltiger Entwicklungs- und Beschäftigungseffekt erwartet werden kann. Gleichwohl stehen dieser Variante Probleme entgegen. Diese ergeben sich einmal aus der Sicht der **Investoren**: Sie bestehen in der (begrenzten) Finanzkraft der Unternehmen, in der (begrenzten) Rentabilität der Investitionsobjekte und in der (unabdingbaren) Sicherheit der Investitionen (Schutz vor Enteignung, Gewährleistung des Kapitalrücktransfers, Spielraum für partnerschaftliche Ausrichtung). Probleme ergeben sich aber zum zweiten auch aus der Sicht der **Entwicklungsländer**. Diese sehen (erstens) die Gefahr, daß die privaten Direktinvestitionen sich primär an Rentabilitätskriterien (der Unternehmen) und nur sekundär an Entwicklungskriterien (der Entwicklungsländer) orientieren und somit in kapitalintensive Produktionen fließen (die das Arbeitsmarktproblem vernachlässigen), Monostrukturen begünstigen (die das Diversifikationsproblem vernachlässigen), und daß sie Renditeobjekte bevorzugen (die kein Produktionspotential schaffen). Die Entwicklungsländer sehen (zweitens) die Gefahr, daß aus den Direktinvestitionen durchaus (auch) negative zahlungsbilanzrelevante Folgewirkungen entstehen können, wenn die Investoren ihre Gewinne, statt (im Inland) zu reinvestieren, in das Heimatland re-transferieren (also Kapitalexport betreiben). Die Entwicklungsländer sehen (drittens) die Gefahr, daß die Direktinvestitionen primär darauf ausgerichtet sind, den Binnenmarkt zu „erschließen" und (über Auflagen) die Exportdiversifizierung von vornherein zu unterbinden. All diese Bedenken gewinnen noch an Gewicht, wenn die Direktinvestitionen vornehmlich von multinationalen Unternehmen durchgeführt werden, weil deren Existenz nicht nur Probleme für die nationale Wirtschaftspolitik des Entwicklungslandes schafft (wegen der „territorialen Deckungsungleichheit" von politischer Gestaltungsfähigkeit des Staates und ökonomischem Aktionsfeld des Unternehmens), sondern auch Allianzen mit vorliegenden Herrschaftsstrukturen begründet, die den Entwicklungsbedarf aus Eigeninteresse (Sicherung der Privilegien) vernachlässigen.

- Alle die Probleme münden in einen zweiten Ansatz ein, der von der Vorstellung ausgeht, den Kapitaltransfer zu **entprivatisieren**. Die privaten Direktinvestitionen sollen zwar nicht vernachlässigt werden; doch der Kapitaltransfer soll von ausschließlich privaten Rentabilitätsüberlegungen freigehalten werden. Hier wurzelt die Forderung nach **öffentlicher Kapitalhilfe**. Der 1961 im Zuge der „Umwidmung" der OEEC in die OECD gegründete **Ausschuß**

für Entwicklungshilfe (Development Assistance Commitee: DAC) vereinigt fast alle OECD-Länder (außer: Griechenland, Island, Luxemburg, Türkei), die derartige bilaterale Hilfe leisten. Er formuliert Normen für die öffentliche Entwicklungshilfe (Official Development Assistance: ODA), die sich letztlich an den UNCTAD-Beschlüssen orientieren. Dabei läßt sich die ODA definieren als Leistungen aus öffentlichen Haushaltsmitteln ohne Rückzahlungspflichten seitens der Empfänger bzw. bei Kreditzusagen mit einem sog. **Zuschußelement**, das angibt, in welcher Höhe auf Gegenleistungen beim Schuldendienst verzichtet wird. (Im DAC-Durchschnitt beträgt das Zuschußelement etwa 80 vH, für die LLDC nahezu 100 vH.) Seine Höhe hängt von Zinssatz, Laufzeit und Zahl der tilgungsfreien Jahre ab. Ohne auf technische Berechnungsmodalitäten einzugehen - die Ermittlung des sog. „Zuschußäquivalents", welches das eigentliche „Opfer" des Geberlandes ausweist, zeigt, daß dieses Opfer um ca. 15 vH niedriger liegt als die amtlich ausgewiesenen Zahlen der Entwicklungshilfe -, ist vor allem auf drei Problemkomplexe hinzuweisen, die die Diskussion um die öffentliche Kapitalhilfe beherrschen. Einmal stellt sich das Problem, ob diese Kapitalhilfe nach dem „Gießkannen"-Prinzip erfolgen oder auf bestimmte Länder und/oder Projekte konzentriert werden sollte. Aus rein ökonomischer Perspektive (und angesichts der Tatsache, daß die Mittel begrenzt sind) bietet sich der zweite Weg an. Die Probleme liegen indessen auf der Hand: Eine **Konzentration** der **Kapitalhilfe** (vor allem, wenn sie vom Geberland selbst vorgenommen wird) impliziert die Gefahr der politischen Diskriminierung. Um diesen Problemen zu entgehen, bietet sich ein Übergang von der bilateralen Kapitalhilfe zur multilateralen Kapitalhilfe an: Die Geberländer leiten ihre Mittel nicht direkt zu den Empfängerländern, sondern beteiligen sich an internationalen Organisationen, die diese Mittel besser koordinieren und kontinuierlicher einsetzen können. Eng damit zusammen hängt auch das Problem der **Lieferbindung**. Eine solche Bindung ist unterschiedlich möglich: entweder an Warenlieferungen des Kapitalgeberlandes oder an bestimmte Projekte im Nehmerland; denkbar ist auch eine partielle Bindung (Lieferung in bestimmte Regionen). Es liegt auf der Hand, daß die Ressentiments in den Entwicklungsländern um so stärker sind, je ausgeprägter Bindungsauflagen sind, da sie die Empfängerländer diskriminieren, vor allem, wenn die Geberländer die Bindung noch preispolitisch nutzen, was eine Realwertminderung der Kapitalhilfe implizierte. Die Tatsache, daß in den Geberländern die Kapitalhilfe haushalts- und arbeitsmarktpolitischen Restriktionen unterliegt, hat dazu geführt, daß die Lieferbindung (wenn auch von Land zu Land unterschiedlich) noch stark ausgeprägt ist und mit zunehmenden Beschäftigungsproblemen in den Industrieländern an Gewicht noch gewinnen könnte. (Im DAC-Durchschnitt unterliegt immer noch etwa ein Drittel der Kapitalhilfe solchen Lieferbindungen.) Schließlich ist festzuhalten, daß die Industrieländer, von Ausnahmen abgesehen (Frankreich, Niederlande, Schweden, Norwegen), die bestehende **Vereinbarung**, 0,7 vH des Bruttosozialprodukts als öffentliche Kapitalhilfe zur Verfügung zu stellen, nicht eingehalten haben, was die nationale Ausrichtung der öffentlichen Kapitalhilfe desavouieren könnte. (Anfang der 90er Jahre wurde im DAC-Durchschnitt ca. 0,35 vH erreicht; Deutschland liegt bei etwa 0,4 vH.)

- Diese Probleme münden wiederum in einen dritten Ansatz ein, der von dem Gesichtspunkt getragen ist, die nationale Kapitalhilfe international zu organisieren. Auf weltweiter Ebene gewann hier die sog. **Weltbankgruppe** eine zentrale Bedeutung; sie besteht zwischenzeitlich aus vier Institutionen. Die **Internationale Bank für Wiederaufbau und Entwicklung** (International Bank for Reconstruction and Development: IBRD) wurde parallel zum IMF gegründet (1944) und nahm 1946 ihre Tätigkeit auf; Mitglieder sind die IMF-Staaten. Sie nimmt Mittel an den internationalen Finanzmärkten auf (Ausgabe von mittel- und langfristigen Schuldverschreibungen - seit den 80er Jahren ergänzt durch kurzfristige Mittel) und gewährt zu kommerziellen Bedingungen und mit Rückzahlungsverpflichtung Darlehen und Kredite an Regierungen der Empfängerländer zur Finanzierung von (nachweislich) produktiven Investitionsvorhaben. Die **Internationale Finanzkooperation** (International Finance Cooperation: IFC) wurde später gegründet (1956) und hat die Aufgabe, die privatwirtschaftliche Initiative in Entwicklungsländern zu fördern (Errichtung und Modernisierung privater Unternehmen), indem sie gemeinsam mit privaten Kapitalgebern - aber auf Beteiligungsbasis und ohne Rückzahlungsverpflichtung der Entwicklungsländer - Investitionsprojekte fördert, soweit nicht privates Kapital in ausreichendem Umfang zur Verfügung steht. Sie finanziert sich meist aus Einzahlungen der Mitgliedsländer - neuerdings auch durch Refinanzierung an den Kapitalmärkten. Die **Internationale Entwicklungsorganisation** (International Development Association: IDA) wurde unter dem Aspekt gegründet (1960), daß gerade die ärmsten Entwicklungsländer nicht in der Lage waren, Kredite zu kommerziellen Bedingungen bei der IBRD aufzunehmen. Die IDA hat somit die Aufgabe, Finanzierungsmittel zu „weicheren“ Bedingungen (Unverzinslichkeit, längere Laufzeiten, mehr tilgungsfreie Jahre) zur Verfügung zu stellen. Zur Refinanzierung ist sie deshalb auf Kapitalzeichnung und sonstige zinslose Beiträge der Mitgliedsländer angewiesen, die in sog. „Wiederauffüllungsrunden“ der IDA diese Mittel zur Verfügung stellen. Die **Multilaterale Investitions-Garantie-Agentur** (Multilateral Investment Guarantee Agency: MIGA) wurde relativ spät gegründet (1988) und hat die Aufgabe, ausländische Direktinvestitionen in Entwicklungsländern zu fördern, indem sie nicht-kommerzielle Risiken abdeckt und die Entwicklungsländer bei der Projektauswahl berät. Sie refinanziert sich aus Kapitalzeichnungen der Mitgliedsländer, wobei je 10 vH in konvertiblen Währungen bzw. Schuldscheinen eingezahlt werden müssen. Es soll im folgenden weniger auf die technischen Details von Mittelaufbringung und Mittelvergabe eingegangen werden: Das Gesamtkapital der vier Institutionen betrug Anfang der 90er Jahre zusammen ca. 215 Mrd. US-Dollar, die (kumulierten) Darlehenszusagen von IBRD und IDA betrugen ca. 270 Mrd. US-Dollar, die wichtigsten Kapitalgeber sind Deutschland (ca. 17 Mrd.

US-Dollar), Frankreich (ca. 13 Mrd. US-Dollar), Japan (ca. 26 Mrd. US-Dollar), England (ca. 14 Mrd. US-Dollar) und die USA (ca. 44 Mrd. US-Dollar). Davon abgesehen gilt festzuhalten: Die Weiterentwicklung der Weltbankgruppe war entwicklungspolitisch einerseits konsequent, da anstelle des Kredits die (echte) Kapitalhilfe trat; andererseits war die Hilfe nur unter administrativen Gesichtspunkten internationalisiert, unter finanziellen Gesichtspunkten behielt sie ihren nationalen Charakter (Kapitalzeichnung) mit seinen Restriktionen - Zahlungsbereitschaft der einzelnen Länder -, die letztendlich wiederum von der nationalen Haushaltslage abhängen.

- Genau hier setzte ein vierter Ansatz ein: Er konzentrierte sich darauf, das Weltwährungssystem unmittelbar entwicklungspolitisch zu nutzen, um eine echte **Internationalisierung** zu erreichen. Die Diskussion hierüber setzte in den 70er Jahren ein. Die Forderungen erstreckten sich von höherer Beteiligung der Entwicklungsländer am Entscheidungsprozeß im IMF, über höhere IMF-Quoten, bis hin zu einem erleichterten Zugang zu den IMF-Kreditfazilitäten. Am umstrittensten war jedoch ein Vorschlag, der erstmals auf der Jahresversammlung des Internationalen Währungsfonds und der Weltbank im September 1970 in Kopenhagen entwickelt wurde. Dort präsentierten die Entwicklungsländer den Vorschlag, zwischen **Schaffung** bzw. **Verteilung** der **Sonderziehungsrechte** einerseits und der **Entwicklungshilfe** andererseits eine Verbindung herzustellen (den sog. „link"). Danach sollte ein Teil der Sonderziehungsrechte, die die Industrieländer erhalten, den Entwicklungsländern als Kapitalhilfe zur Verfügung gestellt werden. Ende Mai 1973 wurde diese Forderung in Washington auf der Sitzung der Stellvertreter des Zwanziger-Komitees zur Reform der Weltwährungsordnung bekräftigt. Die Begründung dieser Forderung ist zweifach zu sehen: Erstens, aus technischer Sicht, vermied diese Form der Kapitalhilfe alle jene Probleme, die mit der Förderung privater Direktinvestitionen verknüpft sind; und die Nationalbudgets würden nicht durch öffentliche Hilfe belastet. Zweitens, aus politischer Sicht, fühlten sich die Entwicklungsländer von dem bislang praktizierten Quotenschlüssel bei der Zuteilung von Sonderziehungsrechten benachteiligt. Die Forderung ging somit dahin, nicht nur Sonderziehungsrechte des IMF, sondern - gekoppelt an die SZR-Zuteilung an die Industrieländer - zusätzliche Kapitalhilfe aus der synthetischen Weltliquidität zu erhalten. Die organisatorischen Alternativen („direkter" oder „indirekter" link) sind mehr formaler Natur. In jedem Falle sollte die IDA zusätzliche Finanzmittel für die Entwicklungshilfe erhalten. Die Vorstellungen über den Umfang der link-Quoten gingen weit auseinander; sie reichten von 25 vH bis 75 vH der den Industrieländern zufließenden Sonderziehungsrechte. Die Haltung der Industrieländer zum link war zwar nicht ganz einheitlich; so standen ihm zum Beispiel Großbritannien und Italien eher positiv gegenüber. Dennoch überwog die Ablehnung, die in sehr strikter Form auch von der Bundesrepublik Deutschland vertreten wurde. Es sind vor allem drei Argumente, die die Ablehnung begründeten: Zum ersten denaturierte der „link" den Charakter der Sonderziehungsrechte, die als „reserves to hold" und nicht als „reserves to spend" konzipiert sind und deshalb primär der kurzfristigen und zeitweiligen Überbrückung von Zahlungsbilanzschwierigkeiten dienen sollten. Nicht umsonst hat man Währungsfonds und Weltbank organisatorisch getrennt, und nicht umsonst unterstehen die Sonderziehungsrechte der Rekonstitutionspflicht, d.h. müssen fünf Jahre nach Zuteilung zurückgezahlt sein. Gerade dies dürfte bei langfristigen Entwicklungsprojekten nicht zu erfüllen sein. Im übrigen widerspräche der „link" insofern der SZR-Konzeption, als diese eine diskontinuierliche, von der internationalen Liquidität abhängige, Zuteilung vorsieht, die Entwicklungsländer aber eine kontinuierliche Kapitalhilfe brauchten. Zum zweiten könnte die Gefahr bestehen, daß es zu einer „unheiligen" Allianz zwischen Entwicklungsländern und Industrieländern (mit permanentem Zahlungsbilanzdefizit) kommen konnte. Die Gefahr wäre weniger darin zu sehen, daß dies zu einer unkontrollierten SZR-Aufblähung führen müßte - hier könnten Länder Sperrminoritäten bilden -, wohl aber in der Inflationsgefahr, die nun einmal von einer Zusatzliquidität selbst ausgeht, wenn die reale Absorption nicht sichergestellt ist. Zum dritten entstände dann ein Problem für das Weltwährungssystem selbst, wenn seine Reform davon abhinge, daß die SZR in eine immer wichtigere Funktion hineinwüchsen. Hierfür wäre allerdings unabdingbare Voraussetzung, daß weltweit ein Vertrauen in ihre Stabilität und Funktionsfähigkeit bestünde, die bei Zweckentfremdung und Inflationsgefahr gefährdet würde. So attraktiv der „link" erscheinen mag - weil er das Kriterium der „Zusätzlichkeit" mit dem Kriterium der „Multilateralität" optimal verknüpfte -, wurde er dennoch abgelehnt. Was er bewirkte, war eine Öffnung des IMF (auch) für Aufgaben der Entwicklungsfinanzierung, konkretisiert in der Möglichkeit der Entwicklungsländer, ihre Vorstellungen in die Ausgestaltung des Weltwährungssystems einzubringen.

Nimmt man die Varianten der offensiven Dimension der Kapitalhilfe insgesamt, so ist zu konstatieren, daß ihr Stellenwert zwar folgerichtig gesehen wird, daß aber auch ihre Umsetzung Restriktionen unterliegt. Sie wurzeln letztlich darin, daß jeder Verzicht auf eine synthetische Zusatzliquidität bei den Geberländern ein Opfer verlangt (Haushalts- bzw. Steuerbelastung) und die Opferbereitschaft an Grenzen stößt.

LITERATURVERZEICHNIS*

Adebahr, Hubertus
Währungstheorie und Währungspolitik
(Außenwirtschaft Band I)
Berlin 1978

Adebahr, Hubertus u.a.
Außenhandel und Weltwirtschaft
(Außenwirtschaft Band II)
Berlin 1987

Altvater, Elmar
Die Weltwährungskrise
3. Aufl., Frankfurt/Main 1973

Andersen, Uwe
Das internationale Währungssystem zwischen nationaler Souveränität und supranationaler Integration
Berlin 1977

Aschinger, Franz
Das Währungssystem des Westens
2. Aufl., Frankfurt/Main 1973

Bachmann, Heinz
Zollpolitik und Entwicklungsländer
Tübingen 1965

Behnke, Ernst-August
Monetäre Außenwirtschaftstheorie
München - Wien 1994

Berg, Hartmut
Zur Funktionsfähigkeit der Europäischen Wirtschaftsgemeinschaft
Göttingen 1972

---

* Das nachfolgende Literaturverzeichnis beschränkt sich, um die Übersichtlichkeit zu wahren, auf ausgewählte Monographien und Sammelwerke, die in das Thema allgemein oder in grundlegende Schwerpunktbereiche einführen. Wo zur häufig kontrovers geführten Diskussion von Sonderproblemen ergänzend auf einzelne Beiträge in Sammelbänden oder wissenschaftlichen Fachzeitschriften zurückgegriffen wurde, ist dies an Ort und Stelle in Fußnoten kenntlich gemacht. - Der Leser, der sich zu einzelnen Gebieten in Überblicksartikeln kundig machen will, sei verwiesen auf das „Handwörterbuch der Wirtschaftswissenschaften (HdWW)“, 9 Bände, Stuttgart - Tübingen - Göttingen 1977 ff. (Hrsg.: Willi Albers u.a.), sowie auf das „Handwörterbuch der Volkswirtschaft (HdV)“, 2. Aufl., Wiesbaden 1980 (Hrsg.: Werner Glastetter u.a.). Über einzelne Fachausdrücke informiert das „Lexikon der internationalen Wirtschaftsbeziehungen“, München - Wien 1996 (Hrsg.: Thomas Plümper) sowie das „Wirtschaftslexikon“, 8. Aufl., München - Wien 1996 (Hrsg.: Artur Woll).

Berg, Hartmut
Internationale Wirtschaftspolitik
UTB 563, Göttingen 1976

Bernholz, Peter
Außenpolitik und internationale Wirtschaftsbeziehungen
Frankfurt/Main 1966

Bethke, Volker u.a.
Multinationale Unternehmen und Entwicklungsländer
Hamburg 1975

Bethkenhagen, Jochen u.a.
Integration im Rat für Gegenseitige Wirtschaftshilfe
2. Aufl., Berlin 1976

Birnstiel, Ekkehard
Theorie und Politik des Außenhandels
Stuttgart - Berlin - Köln - Mainz 1982

Bochud, Francois
Zahlungsbilanz und Währungsreserven
Tübingen 1970

Bombach, Gottfried u.a. (Hrsg.)
Beiträge zur Theorie der Außenwirtschaft
Berlin 1970

Bombach, Gottfried u.a. (Hrsg.)
Zur Theorie und Politik internationaler Wirtschaftsbeziehungen
Tübingen 1981

Borchert, Manfred
Außenwirtschaftslehre - Theorie und Politik
4. Aufl., Wiesbaden 1992

Borrmann, Axel u.a.
Zum Verhältnis von Außenwirtschafts- und Entwicklungspolitik
Hamburg 1975

Bosman, Hans (Hrsg.)
The future of international monetary system
Leyden 1970

Brandes, Henning
Der Euro-Dollarmarkt
Wiesbaden 1968

Braun, Gerald
Nord-Süd-Konflikt und Dritte Welt
2. Aufl., Paderborn 1988

Broll, Udo
Internationaler Handel
München - Wien 1993

Bundeszentrale für politische Bildung (Hrsg.)
Rat für gegenseitige Wirtschaftshilfe
Schriftenreihe Band 259
Bonn 1987

Claassen, Emil-Maria
Weltinflation
München 1978

Damus, Renate
RGW - Wirtschaftliche Zusammenarbeit in Osteuropa
UTB 879, Opladen 1979

Dennert, Juergen
Entwicklungshilfe - geplant oder verwaltet?
Bielefeld 1968

Deutsche Bundesbank
Weltweite Organisationen und Gremien im Bereich von Währung und Wirtschaft
Frankfurt/Main 1997

Deutsche Bundesbank
Europäische Organisationen und Gremien im Bereich von Währung und Wirtschaft
Frankfurt/Main 1997

Dieckheuer, Gustav
Internationale Wirtschaftsbeziehungen
3. Aufl., München - Wien 1995

Donges, Juergen B.
Außenwirtschafts- und Entwicklungspolitik
Berlin - Heidelberg - New York 1981

Donges, Juergen B.
Deutschland in der Weltwirtschaft
Mannheim - Leipzig - Wien - Zürich 1995

Dorner, Kurt
Probleme einer weltwirtschaftlichen Integration der Entwicklungsländer
2. Aufl., Basel - Tübingen 1974

Einzig, Paul
The Euro-Dollar-System
5. Aufl., London 1973

Esters, Günther (Hrsg.)
Nord-Süd-Politik
Bonn - Bad Godesberg 1977

Ethier, Wilfried
Moderne Außenwirtschaftstheorie
3. Aufl., München - Wien 1994

Faddejew, Nicolai
Der Rat für Gegenseitige Wirtschaftshilfe
Berlin (Ost) 1975

Fischer, Wolfram
Die Weltwirtschaft im 20. Jahrhundert
Göttingen 1979

Fohrbeck, Sebastian
Eine neue Weltwirtschaftsordnung? Grenzen und Möglichkeiten
Saarbrücken 1978

Forstmann, Albrecht
Grundlagen der Außenwirtschaftstheorie
Berlin 1956

Franzmeyer, Fritz u.a.
Überstaatlicher Finanzausgleich und Europäische Integration
Bonn 1976

Frey, Bruno S.
Internationale Politische Ökonomie
München 1985

Friedensberg, Ferdinand (Hrsg.)
Die internationalen Währungsprobleme in der Weltwirtschaft der Gegenwart
Berlin 1967

Gehrmann, Dieter u.a.
Monetäre Integration in der EWG
Hamburg 1972

Ghaddar, Ali
Außenwirtschaftstheorie
2 Bd., Bielefeld 1971

Giersch, Herbert (Hrsg.)
Integration durch Währungsunion?
Tübingen 1971

Glaubitt, Klaus u.a.
Elemente einer neuen Weltwirtschaftsordnung
Tübingen - Basel 1979

Glismann, Hans-Hinrich u.a.
Weltwirtschaftslehre
(Band I. Außenhandel und Währungspolitik)
UTB 1424, 4. Aufl., Göttingen 1992

Glismann, Hans-Hinrich u.a.
Weltwirtschaftslehre
(Band II. Entwicklungs- und Beschäftigungspolitik)
UTB 1451, 3. Aufl., Göttingen 1987

Gonschior, Peter
Hemmnisse bei der Koordination nationaler Konjunkturpolitiken in den Europäischen Gemeinschaften
Baden-Baden 1976

Groeben, Heinrich v.d. (Hrsg.)
Die Europäische Union als Prozeß
Baden-Baden 1980

Gröner, Helmut u.a. (Hrsg.)
Internationale Wirtschaftsordnung
Stuttgart - New York 1978

Größl-Gschwendtner, Ingrid
Zahlungsbilanz- und Wechselkurstheorie
München - Wien 1991

Grünarml, Frohmund
Multinationale Unternehmen und staatliche Wirtschaftspolitik
Göttingen 1975

Gutowski, Armin (Hrsg.)
Der neue Protektionismus
Hamburg 1984

Gutowski, Armin (Hrsg.)
Die internationale Schuldenkrise - Ursachen, Konsequenzen, Historische Erfahrungen
Berlin - München 1986

Haberler, Gottfried
Der internationale Handel
erw. Neuaufl., Berlin 1970

Habermann, Wolfgang
Probleme der Zahlungsbilanzpolitik der Europäischen Gemeinschaften
Bern - Frankfurt/Main 1974

Halm, George N.
Geld, Außenhandel und Beschäftigung
4. Aufl., Berlin 1966

Halm, George N.
Probleme der internationalen Geldreform
Berlin 1975

Hahn, Hugo u.a.
Die OECD - Organisation für wirtschaftliche Zusammenarbeit und Entwicklung
Baden-Baden 1976

Hankel, Wilhelm
Währungspolitik
2. Aufl., Stuttgart 1972

Harbrecht, Wolfgang
Europa auf dem Wege zur Wirtschafts- und Währungsunion
Bern - Stuttgart 1981

Harbrecht, Wolfgang
Die Europäische Gemeinschaft
UTB 746, 2. Aufl., Stuttgart 1984

Harrod, Roy F.
Die internationalen Wirtschaftsbeziehungen
Bern 1948

Hasse, Rolf u.a.
Außenwirtschaftliche Absicherung zwischen Markt und Interventionismus
Frankfurt/Main 1975

Haubold, Dietmar
Direktinvestitionen und Zahlungsbilanz
Hamburg 1972

Hauser, Heinz u.a.
Das neue GATT
2. Aufl., München - Wien 1995

Heidhues, Franz
Zur Theorie der internationalen Kapitalbewegungen
Tübingen 1969

Heiduk, Günter
Die weltwirtschaftlichen Ordnungsprinzipien von GATT und UNCTAD
Baden-Baden 1973

Hellmann, Reiner
Europäische Wirtschafts- und Währungsunion
Baden-Baden 1972

Hellmann, Reiner
Das Europäische Währungssystem (Kritische Einführung mit Dokumentation)
Baden-Baden 1979

Hemmer, Hans-Rimbert
Wirtschaftsprobleme der Entwicklungsländer
2. Aufl., München 1988

Hillmann, Arthur
The Political Economy of Protection
London - Paris 1989

Issing, Otmar
Leitwährung und internationale Währungsordnung
Berlin 1965

Issing, Otmar (Hrsg.)
Wechselkursstabilisierung, EWS und Weltwährungssystem
Hamburg 1988

Ith, Hans
Die Sonderziehungsrechte und die internationale Währungsreform
Diessenhofen 1975

Jackson, John H.
The World Trading System
Cambridge 1989

Jägeler, Franz-Jürgen
Die Rohstoffabhängigkeit der Bundesrepublik Deutschland
Hamburg 1975

Jarchow, Hans-Joachim u.a.
Monetäre Außenwirtschaft
(Band I. Monetäre Außenwirtschaftstheorie)
UTB 1184, Göttingen 1982

Jarchow, Hans-Joachim u.a.
Monetäre Außenwirtschaft
(Band II. Internationale Währungspolitik)
UTB 1335, Göttingen 1984

Jonas, Rainer u.a. (Hrsg.)
Die Neuordnung der Weltwirtschaft
Bonn - Bad Godesberg 1976

Jürgensen, Harald (Hrsg.)
Gestaltungsprobleme der Weltwirtschaft
Göttingen 1964

Kaiser, Marin u.a.
Entwicklungspolitik
Heidelberg - Wien 1986

Kaser, Michael
COMECON
2. Aufl., London - New York - Toronto 1967

Kasten, Hans
Der Funktionswandel des Goldes
Frankfurt/Main 1970

Kasten, Hans
Die Europäische Wirtschaftsintegration
UTB 690, München 1978

Kebschull, Dietrich u.a.
Das integrierte Rohstoffprogramm
Hamburg 1977

Kebschull, Dietrich u.a.
Handels- und Entwicklungspolitik im Nord-Süd-Dialog: Rückblick und Ausblick nach UNCTAD VI
Hamburg 1985

Keller, Klaus
Die internationale Konjunktursynchronisation
Bern - Stuttgart 1982

Kleinheyer, Norbert
Die Weiterentwicklung des Europäischen Währungssystems
Berlin 1987

Körner, Heiko (Hrsg.)
Zur Analyse von Institutionen im Entwicklungsprozeß und in der internationalen Zusammenarbeit
Berlin 1989

Kohler, Beate u.a.
Wirtschafts- und Währungsunion für Europa
2. Aufl., Bonn 1971

Konrad, Anton
Zahlungsbilanztheorie und Zahlungsbilanzpolitik
München 1979

Krägenau, Henry
Reform des internationalen Währungssystems
Hamburg 1974

Kruse, Alfred
Die Außenwirtschaft - Die internationalen Wirtschaftsbeziehungen
Neuaufl., Berlin 1972

Külp, Bernhard
Außenwirtschaftspolitik
Tübingen 1978

Küng, Emil
Zahlungsbilanzpolitik
Tübingen - Zürich 1959

Lachmann, Werner
Entwicklungspolitik
(I. Grundlagen)
München - Wien 1994

Lemper, Alfons
Handel in einer dynamischen Weltwirtschaft
München 1974

Lemper, Alfons
Handelstheorie als Erfahrungswissenschaft
München 1975

Liebich, Fritz
Das GATT als Zentrum der Internationalen Handelspolitik
Baden-Baden 1971

Liepmann, Peter
Geldtheoretische und geldpolitische Probleme des Euro-Dollar-Marktes
Berlin 1971

Lipfert, Helmut
Nationaler und internationaler Zahlungsverkehr
2. Aufl., Wiesbaden 1970

Lipfert, Helmut
Einführung in die Währungspolitik
7. Aufl., München 1973

Lucius, Ralph-René
Währungsintegration ohne wirtschaftliche und politische Integration
Frankfurt/Main 1972

Luckenbach, Helga (Hrsg.)
Theorie der Außenwirtschaftspolitik
Berlin - Heidelberg - New York 1979

Machlup, Fritz
International Monetary Economics
London 1976

Maillet, Pierre
Die Europäische Wirtschaftsgemeinschaft im Ausbau
Baden-Baden 1972

Maizels, Alfred
Industrial growth and world trade
Cambridge 1963

Majer, Helge u.a.
Der internationale Konjunkturzusammenhang
Tübingen 1974

Marquardt, Ralf-Michael
Vom Europäischen Währungssystem zur Europäischen Wirtschafts- und Währungsunion
Frankfurt/Main 1994

Mende, Tibor
Überfluß und Armut - Entwicklungspolitik vor der Entscheidung
Düsseldorf 1972

Meyer, Gerd
Sozialistische Systeme
UTB 812, Opladen 1979

Möller, Hans
Internationale Wirtschaftsorganisationen
Wiesbaden 1960

Möller, Hans
Außenwirtschaftspolitik
Wiesbaden 1961

Möller, Hans
Das Ende einer Weltwährungsordnung?
München 1972

Myrdal, Gunnar
Internationale Wirtschaft - Probleme und Aussichten
Berlin 1958

Ohlin, Bertil
Interregional and International Trade
Cambridge 1963

Orlowski, Dieter
Die internationale Wettbewerbsfähigkeit einer Volkswirtschaft
Göttingen 1982

Pascaly, Franz-Joachim
Internationale Arbeitsteilung in EWG und COMECON
München 1970

Peffekoven, Rolf
Die Finanzen der Europäischen Union
Mannheim - Leipzig - Wien - Zürich 1994

Predöhl, Andreas
Außenwirtschaft
2. Aufl., Göttingen 1971

Roosa, Robert
Monetary Reform of the Worl Economy
New York 1965

Rose, Klaus (Hrsg.)
Theorie der internationalen Wirtschaftsbeziehungen
3. Aufl., Köln - Berlin 1971

Rose, Klaus
Theorie der Außenwirtschaft
11. Aufl., München 1992

Rothschild, Kurt
Marktform, Löhne, Außenhandel
Wien - Frankfurt/Main - Zürich 1966

Rueff, Jacques
Inflation und Weltwährungsordnung
Erlenbach - Zürich - Stuttgart 1963

Rueff, Jacques
The Role and the Rule of Gold - An Argument
Princeton 1965

Sachs, Klaus-Michael
EG-Handelspolitik und zwischenstaatliche Kooperationsabkommen
Baden-Baden 1976

Sachs, Rudolf
Grundriß der Außenwirtschaft
2. Aufl., Wiesbaden 1973

Sattler, Andreas
Die Europäischen Gemeinschaften an der Schwelle zur Wirtschafts- und Währungsunion
Tübingen 1972

Sauter, Hermann (Hrsg.)
Wirtschaftspolitische Reformen in Entwicklungsländern
Berlin 1991

Schäfer, Wolf
Der Euro-Dollarmarkt
Tübingen 1971

Scharrer, Hans E. (Hrsg.)
Europäische Wirtschaftspolitik - Programm und Realität
Bonn 1974

Schmidt, Johann
Probleme des Neo-Kolonionalismus
Berlin 1963

Schmidt, Susanne
Kapitalverkehrskontrollen und ihre Wirkung
Hamburg 1977

Schmitt, Mathias
Entwicklungshilfe als unternehmerische Aufgabe
Frankfurt/Main 1965

Schneider, Erich
Zahlungsbilanz und Wechselkurs
Tübingen 1968

Seiffert, Wolfgang
Das Rechtssystem des RGW
Baden-Baden 1982

Sell, Axel
Einführung in die internationalen Wirtschaftsbeziehungen
Berlin - New York 1991

Senti, Ricard
GATT - Allgemeines Zoll- und Handelsabkommen als System der Welthandelsordnung
Zürich 1986

Senti, Ricard
GATT - WTO. - Die neue Welthandelsordnung nach der Uruguay-Runde
Zürich 1994

Shams, Rasul
Wechselkurstheorie und -politik
München - Wien 1985

Siebert, Horst
Außenwirtschaft
UTB 212, 5. Aufl., Stuttgart 1991

Sohmen, Egon
Wechselkurs und Währungsordnung
Tübingen 1973

Sohns, Reinhold
Theorie der internationalen Arbeitsteilung
Stuttgart 1976

Stadermann, Hans-Joachim
Weltwirtschaft
UTB 1510, Tübingen 1988

Steffens, Robert
Integrationsprobleme im Rat für Gegenseitige Wirtschaftshilfe
Hamburg 1974

Stock, Walter
Die Europäische Wirtschafts- und Währungsunion
Berlin 1972

Stratman, Guenter
Der Internationale Währungsfonds
Göttingen 1972

Ströbele, Wolfgang u.a.
Außenwirtschaft - Einführung in Theorie und Politik
München - Wien 1995

Stützel, Wolfgang
Währung in weltoffener Wirtschaft
Frankfurt/Main 1973

Tietzel, Manfred
Internationale Rohstoffpolitik
Bonn - Bad Godesberg 1977

Timmermann, Vincenz
Entwicklungstheorie und Entwicklungspolitik
Göttingen 1982

Triffin, Robert
Gold and the Dollar-Crisis, the Future of Convertibility
New Haven 1960

Triffin, Robert
Wegweiser vom Währungswirrwarr
Berlin 1967

Uschakow, Alexander
Integration im RGW (COMECON)
2. Aufl., Baden-Baden 1983

Veit, Otto
Grundriß der Währungspolitik
3. Aufl., Frankfurt/Main 1969

Voelkel, Rudolf
Entwicklungshilfe als Weltproblem
Frankfurt/Main 1963

Wagner, Antonin
Verwaltete Währung
Bern - Stuttgart 1977

Wagner, Helmut
Wachstum und Entwicklung
München - Wien 1993

Wagner, Helmut
Einführung in die Weltwirtschaftspolitik
3. Aufl., München - Wien 1995

Wagner, Norbert u.a.
Ökonomie der Entwicklungsländer
UTB 1230, Stuttgart 1983

Wang, Jen-Huong
Die Konferenz der Vereinten Nationen über Handel und Entwicklung (UNCTAD) als neuer Faktor in der internationalen Organisation des Welthandels
Bamberg 1970

Weindl, Josef
Europäische Gemeinschaft (EU)
2. Aufl., München - Wien 1994

Werner, Horst
Die Kontrolle internationaler Kapitalbewegungen
Köln 1976

Willeke, Franz-Ulrich (Hrsg.)
Die Zukunft der D-Mark - Eine Streitschrift zur Europäischen Währungsunion
München - Landsberg am Lech 1997

Willgerodt, Hans u.a.
Wege und Irrwege zur Europäischen Währungsunion
Freiburg 1972

Willgerodt, Hans
Die Krisenempfindlichkeit des internationalen Währungssystems
Berlin 1981

Willms, Manfred
Internationale Währungspolitik
München 1992

Wulff, Manfred
Ungelöste Probleme der Außenwirtschaftstheorie
Stuttgart 1968

Ziock, Hermann
Entwicklungshilfe - Bausteine für die Welt von morgen
Frankfurt/Main 1966

Zottmann, Anton
Theorie und Politik der Außenwirtschaft
Stuttgart 1967

STICHWORTVERZEICHNIS

www.ingramcontent.com/pod-product-compliance
Lightning Source LLC
LaVergne TN
LVHW092150300926
849161LV00002B/231